3rd Edition

투자론

안승철 · 임병진 · 장승욱

명경사
MYUNGKYUNGSA

제3판을 내면서

우리나라 증권시장은 증권투자 규모의 급속한 증가와 자본시장의 글로벌화로 인한 외국인 투자자의 증가로 세계에서도 중요한 증권시장의 하나로 자리 잡고 있다. 현대 증권시장은 세계금융시장의 개방화로 국가 간의 경계가 없어지고, 주가의 동조화 현상으로 시간적인 간격도 사라지고 있다. 또한 정보기술과 금융공학의 발달로 새로운 금융상품과 투자기법이 끊임없이 개발되고 있다. 미국의 서브프라임모기지 사태에서 야기된 글로벌 금융위기를 경험한 사례에서 보듯이 국가경제에서 증권시장이 얼마나 중요한 역할을 한다는 것을 잘 알 수 있는 것이다.

이와 같이 증권시장이 국가경제에서 차지하는 비중이 막중하며, 시장에서 투자자가 증권의 분석과 선택에 있어 전문적인 투자이론에 대한 지식 활용이 증가되고 있기 때문에 재무관리에서 투자론의 비중은 점점 커지고 있다. 한편, 빠르게 변하고 있는 금융환경 하에서 투자자들은 증권에 관한 단편적인 지식을 넘어 자산관리에 대한 체계적인 이해와 활용, 위험관리 능력의 배양이 더욱 필요한 것이다.

이 책은 저자들이 기존에 출간한 투자론 제1판과 제2판을 기본으로 하여, 증권투자에 대한 기본적인 이론을 보다 체계적으로 정리하여 독자들에게 투자이론에 대한 지식을 최대한 쉽게 전달하고자 서술하였다. 경영학에서 투자론 만큼 이론과 실무가 밀접하게 관련되어 있는 교과목도 드물다고 할 수 있기에, 투자이론에 대한 실무적인 측면을 강조하고 적용하였다. 이를 위해 제3판에서는 최근에 변경된 증권제도를 최대한 반영하여 최신 내용을 학습할 수 있도록 하였으며, 독자의 이해를 돕기 위해 실무적인 사례를 가급적 많이 제시하였다.

이 책을 개정하면서 기존에 구성된 각 편과 장들을 투자이론의 주제별로 재구분하면서, 총 6편 16장으로 재편하였다.

제1편 투자론의 기초에서는 투자이론에서 다루는 다양한 이론들을 이해하기 위해 투자론에서 배우는 주요 학습내용을 소개하고, 금융시장과 금융자산의 종류, 그리고 증권시장의 제도와 증권시장지표 등 투자정보에 관해 서술하였다.

제2편 주식의 가치평가와 분석에서는 주식의 가치평가방법에 대한 내용이 서술되어 있다. 전통적인 주식가치평가모형들과 기본적 분석방법, 기술적 분석, 그리고 효율적 시장가설에 대한 내용을 독자들의 이해를 돕기 위해 적절한 사례를 통해 쉽게 서술하였다.

제3편 포트폴리오이론과 자산가격결정모형에서는 현대 투자이론의 기본이 되는 주요 이론들을 서술하였다. 포트폴리오이론과 자본자산가격결정모형(CAPM), 차익거래가격결정모형(APM)의 도출과 적용을 학습한다.

제4편 채권의 가치평가와 투자전략에서는 채권의 가치평가모형을 서술하고, 채권의 투자전략을 종류별로 언급하였다.

제5편 파생금융상품에서는 최근 들어 그 활용이 급증하고 있는 파생금융상품에 대해 설명한다. 선물과 옵션의 기본개념과 이를 응용할 수 있는 투자전략을 사례를 통해 분석하고 공부한다.

제6편은 포트폴리오 관리와 투자성과 평가로서, 통합적 투자관리 측면에서 포트폴리오 관리와 위험관리의 방법, 그리고 투자성과의 평가에 관한 주제를 다루었다. 실제 예로, 우리나라 국민연금의 자산배분과 위험조정평가 사례를 소개하였다.

각 장의 마지막 부분에는 연습문제와 해답을 제시하여 주요 내용을 다시 한번 정리하도록 하였다. CFP와 AFPK 자격시험 기출문제와 유사한 문제도 추가하였다. 한편, 부록에는 우리나라 재무금융투자 전문인력 자격시험의 종류를 망라하여 소개하였다.

이 책은 투자론을 처음 배우는 학부 학생들을 위한 것이나, 이 책의 많은 내용을 한 학기에 전부 배운다는 것은 어려울 것이다. 따라서 강의하시는 교수님께서 학생들 수준과 수업 편의에 따라 내용을 선별하거나 장별 순서를 바꾸어 강의하시기를 권하는 바이다. 투자론을 처음 배우는 학생들을 대상으로 한다면, 제4편~제6편은 생략하여도 무방할 것이다. 그리고, 증권시장의 기초를 이미 학습한 학생을 대상으로 한다면, 제1편의 2장-3장은 생략되어도 무방하다. 이 책에서는 전통적인 투자분석인 주식가치평가모형과 기본적 분석방법 등을 제2편에 서술하고 있으나, 교수님 편의에 따라 현대 투자이론의 핵심 내용인 제3편의 포트폴리오이론과 자산가격결정모형을 먼저 강의하는 것도 좋은 방법이라 생각한다.

이 책의 출간에는 저자들의 기존 출간된 투자론을 교재로 채택해 주셨고, 격려를 보내주신 많은 대학의 선배 동료교수님 여러분의 충고와 조언이 큰 힘이 되었다. 그리고 이미 출간되어 있는 선배 동료 교수님들의 훌륭한 투자론 교재와 전문서를 참고하지 않고는 이 책의 집필이 불가능했으리라 본다. 저자들은 이 책을 통해 현대 투자론의 내용들을 최선을 다해 독자들에게 쉽게 전달하려고 노력을 하였으나, 아직도 미진한 부분이 많이 남아 있을 것이다. 독자 여러분의 끊임없는 질책과 관심을 부탁드린다. 부족한 부분은 모두 저자들의 책임이고, 차후 계속 보완하리라 약속한다.

끝으로 이 책이 좋은 교재가 되도록 격려하여 주신 명경사의 한의명 사장님과 편집부 노고에 깊은 감사를 드린다.

2020년 2월

저자들 씀

제2판을 내면서

투자론을 출간한지도 5년이 지났다. 그동안 증권시장의 제도와 투자환경이 많이 바뀌었다. 큰 변화 중의 하나는 증권시장의 가격제한폭이 2015년 6월 15일부터 기존 ±15%에서 ±30%로 확대된 것이다. 가격제한폭 확대로 시장 효율성이 높아지고 기업가치가 제대로 평가받는 시장이 만들어질 것으로 기대할 수 있겠지만 정보 접근이 어려운 개인투자자는 투자위험을 줄이기 위해 직접투자보다는 펀드 같은 간접투자상품으로 발길을 돌릴 가능성이 높아졌다.

또한 2013년 7월에 새로운 중소기업전용시장인 코넥스시장이 막을 올렸다. 코넥스는 성장 가능성이 크지만 기존 유가증권(코스피)시장이나 코스닥 시장의 상장 조건에 못미치는 성장초기 단계 중소벤처기업의 주식을 전문적으로 거래하는 곳이다.

이와 같은 투자환경의 변화가 너무 크기 때문에 자자들은 제2판 내는 일을 더 이상 미룰 수가 없었다. 제2판에서 변화되거나 강조한 내용들은 다음과 같다.

첫째, 1장에서는 자본시장과 금융투자업에 관한 법률에 따른 금융상품의 구분 및 투자자 유형 구분을 수정 보완하였으며, 2장에서도 자본시장과 금융투자업에 관한 법률에 따라 관련 용어와 구조 등을 수정하였다. 그리고 각종 펀드, ELW, ETF 등의 예를 최근 자료로 변경하였다.

둘째, 3장에서는 코넥스시장이 개설되었기 때문에 관련 내용을 추가하였다. 또한 우리나라의 대표적인 장외시장으로, 한국금융투자협회가 운영하는 K-OTC(Kofia Over The Counter Market)관련 내용을 추가하였다.

셋째, 4장에서 한국 경제의 성장성을 반영하여 지수의 장기적인 성과를 최적화하고 국내 주식시장을 대표할 수 있도록 소수의 대표종목으로 구성한 주가지수인 KTOP 30 지수를 추가하였다. 또한 코스닥 시장의 흐름을 잘 반영하는, 기술주 중심의 시장대표지수인 KOSDAQ 150 지수를 추가하였다.

넷째, 9장에서는 행동재무이론에 대한 내용을 보완하여 행동재무이론에 대한 이해의 폭을 넓힐 수 있게 하였다.

다섯째, 10장 주식의 가치평가 분석에서는 우리나라 기업들의 PER와 PBR의 장기 추세를 제시하고, 2014년 자료를 이용하여 산업별 및 국가별 PER와 PBR의 비교를 추가하였다. 11장 기본적 분석에서는 2013년도와 2014년도의 최근 자료를 이용하여 분석하였으며, 표준비율로 산업평균비율 뿐만 아니라 전년도의 재무비율을 이용하여 보다 세밀한 기업분석이 가능하도록 했다.

여섯째, 이론적인 내용이 대부분인 2편의 경우에는 틀을 그대로 유지하면서 문장을 매끄럽게 다듬고, 예제는 저금리와 같은 현실을 반영하여 무위험이자율, 투자수익률 등의 수치를 하향 조정하였다.

일곱째, 코스피200선물 코스피200옵션 등 부록으로 선물 상품명세서와 옵션 상품명세서 를 각각 추가하였다.

제2판을 출간하는데 많은 도움을 준 여러분께 감사의 뜻을 전하고 싶다. 먼저, 제2판을 낼 수 있도록 독려하여 주신 한의명 명경사 사장님께 감사드리고, 편집과 교열을 맡아주시고 출간에 신경을 써주신 문용 상무님과 편집원 직원 여러분께 고마운 마음을 전한다. 또 부족한 투자론 책을 교재로 선정하여 따끔한 충고를 해주신 교수 여러분께 감사의 뜻을 전한다.

마지막으로, 사랑으로 인내하며 저자들이 제2판을 쓸 수 있도록 시간을 할애해준 가족들에게 고마운 마음을 표한다.

2015년 7월 말 압량벌에서

저자들 씀

초판 머리말

최근 대학 강의에서 투자론은 매우 인기있는 교과목으로 자리잡고 있다. 증권시장은 한 국가의 실물경제를 그대로 반영해 주는 거울 역할을 하기 때문에 증권시장의 상황을 파악하고 주가에 영향을 주는 요인을 분석하는 것은 증권에 투자하는 투자자뿐만 아니라 국민 개개인에 있어서도 매우 중요한 관심사이기 때문이다.

우리 경제에서 증권시장의 역할은 날로 커지고 있으며, 증권시장에서 투자자가 증권의 분석과 선택, 그리고 위험관리를 하는데 있어 포트폴리오이론을 비롯한 전문적인 투자이론에 대한 지식의 활용이 크게 증가되고 있다. 우리나라 증권시장은 주식투자 규모와 직접금융의 확대로 증권거래 규모가 증가되고 있으며, 자본시장의 국제화와 외국인투자자의 증가로 비약적인 발전을 이루어 세계의 중심적인 증권시장의 하나로 떠오르고 있다.

최근에는 투자자의 부를 증가시키는데 있어 전통적 투자개념뿐만 아니라 선물이나 옵션과 같은 파생금융상품을 이용한 위험회피수단에 대한 관심이 높아지고 있으며 그와 관련된 신종상품들도 봇물처럼 증권시장에 쏟아져 나오고 있다. 이제, 부의 증식 수단이 전통적인 저축을 이용하는 차원에서 위험프리미엄에 상응되는 수익을 보장하는 투자상품을 추구하는 차원으로 그 패러다임이 완전히 바뀌고 있다.

이러한 변화되는 투자환경에서 본서는 투자에 대한 기존의 이론을 체계적으로 정리하고, 학생들에게 투자이론에 대한 명확한 개념을 전달하고자 서술하였다. 이 책에서는 이론의 설명뿐만 아니라 증권시장에서의 실무적인 측면을 강조하고 적용능력을 높이고자 노력하였다. 투자이론을 쉽게 이해하고 응용하는 방법을 돕기 위해 본문에서 예제를 충분히 제시하였고, 연습문제도 가능한 충분히 제공하였다. 연습문제에는 CFP와 AFPK 자격시험에 대비하여 기출문제와 유사한 객관식 문제도 첨가하였다. 또, 본문에서 최근의 새로운 증권상품과 변경된 증권제도를 최대한 반영하여 최신 내용을 학습할 수 있도록 하였다. 본문에서 특정 내용을 설명하면서 독자들이 흥미를 가질 만한 부분이나 시사적인 내용은 '참고박스'를 통하여 전달하도록 하였다.

본서는 총 6편 18장으로 구성이 되어 있으며, 투자자산의 평가와 투자자산의 관리 차원에서 크게 두 부분으로 구분하여 서술하였다. 제1편 투자론의 기초(제1장~제4장)에서는 투자론의 개념, 증권시장 및 금융자산의 종류에 대해서 개괄하고, 증권시장의 제도와 투자정보에 대하여 서술하였다. 제2편에서 제5편까지는 투자자산의 평가와 관련된 내용이 주를 이루고 있으며, 제6편은 투자자산의 관리와 관련된 부분이다.

제2편 포트폴리오이론과 자본시장 균형(제5장~제9장)에서는 위험과 포트폴리오분석, 자본자산가격결정모형(CAPM)과 차익가격결정모형(APM)과 같은 자산가격결정모형을 다루고, 증권시장의 효율성에 대해 설명한다. 제3편 주식의 가치평가와 분석(제10장~제12장)에서는 주식의 가치평가모형을 소개하고, 증권분석의 방법인 기본적 분석과 기술적 분석을 다룬다. 제4편 채권의 가치평가와 분석(제13장~제14장)에서는 채권의 가치평가모형을 소개하고 채권의 투자전략에 대해 언급한다. 제5편 파생금융상품(제15장~제16장)에서는 선물거래와 옵션거래에 대한 기본적인 이론을 서술하면서 이를 위험관리와 연계시켜 설명한다.

제6편 포트폴리오관리와 투자성과 평가(제17장~제18장)에서는 통합적 포트폴리오관리 차원에서 투자관리 방법과 투자성과를 평가하는 방법에 대해 서술한다. 본서의 마지막 부분에는 금융투자전문인력 자격시험의 종류와 응시방법에 대한 내용을 부록으로 수록하였다.

이 책을 교재로 하여 강의함에 있어서, 투자론을 처음 배우는 학생들을 대상으로 한다면 제4편~제6편까지는 생략하거나 요약하여 강의하여도 무방할 것이다. 그리고, 증권시장론을 이미 학습한 학생을 대상으로 한다면 제1편 2장~4장까지의 내용은 생략하여도 무방하다. 이 책에서는 현대 투자이론의 핵심이라 할 수 있는 포트폴리오이론과 자산가격결정모형의 중요성을 강조하는 측면에서 제2편을 먼저 서술하였으나, 교수자에 따라 전통적 투자분석 방법을 소개한 제3편을 먼저 강의하는 것도 좋은 방법이다.

본서는 저자들이 대학에서 강의해 온 투자론 강의노트를 기초로 하여 서술한 것이다. 그러나 이미 출간된 훌륭한 투자론 교재와 전문서의 도움이 없이는 집필이 불가능했으리라 본다. 이 책에서는 현대 투자이론을 체계적으로 독자에게 전달하고자 노력하였으나 아직도 부족한 부분이 많이 남아 있다. 부족한 내용은 앞으로 계속 가다듬고 보완하는 노력을 하리라 약속한다.

그동안 본서가 출간되기까지 많은 분들의 노고가 있었다. 출간을 허락하여 주신 한의명 명경사 사장님과 김우곤 부장님께 감사를 드리고, 특히 편집과 교열을 맡아주시고 출간에 온갖 정성을 기울이신 임기택 부장님과 편집부 직원 여러분께 심심한 사의를 드린다. 또 이 책이 나오기까지 마음으로 격려하여준 주변의 교수님들께 감사를 드린다. 무엇보다도, 따뜻한 사랑으로 열심히 후원하여준 가족들에게 감사의 말씀을 전한다.

2010년 2월 말 압량벌에서

저자들 씀

| 차례 |

제1편 투자론의 기초

제 1 장 투자론의 이해

제 2 장 증권시장과 금융자산

제 3 장 증권시장의 제도와 시장지표

제 12 장 채권투자전략

제1편 투자론의 기초

제1장 투자론의 이해

제2장 증권시장과 금융자산

제3장 증권시장의 제도와 시장지표

수입이 발생하면 그 일부는 현재 소비를 하고 나머지는 미래의 소비를 위해 투자를 하게 된다. 투자 대상으로 주식과 채권과 같은 금융자산 또는 주택이나 금과 같은 실물자산에 투자하기도 한다. 따라서 투자자는 최적의 투자 의사결정을 위해 투자와 관련된 기본 개념이나 이론을 체계적으로 학습할 필요가 있다.

본서 제1편은 투자자가 알아야 할 가장 기본적인 개념과 함께 투자자산의 매매와 관련한 제도와 정보를 다루고 있다. 제1편은 모두 3장으로 구성되어 있다. 1장에서는 투자대상과 투자의 정의 등 투자론의 기초가 되는 개념과 투자론의 학습 내용을 다루고 있다. 2장에서는 투자자산의 매매가 이루어지는 증권시장과 투자의 대상이 되는 금융자산의 종류와 특성에 대해 다룬다. 3장에서는 증권의 발행시장과 유통시장과 함께 매매거래제도를 설명하고 주가지수를 중심으로 한 시장지표에 대해 다루고 있다.

제1장

투자론의 이해

• 학습내용

- 투자대상과 투자의 의의
- 투자결정기준–투자수익과 투자위험
- 투자와 투기
- 투자자 유형과 투자관리
- 투자론의 학습내용

■ 연습문제

제1장에서는 현대 투자론의 기본 개념과 투자론의 학습내용을 개관한다. 투자의 정의와 투자의 대상으로 금융자산과 실물자산이 무엇인지 이해하고 투자론의 중요한 개념이 되는 투자수익률의 구성요인 및 투자대상의 가치측정에 대해 알아본다. 또한, 투자도 하나의 관리과정이란 점에서 투자계획, 투자실행, 그리고 투자평가의 관리과정을 단계별로 살펴본다. 이와 함께 투자론에서 학습하는 내용을 차례로 소개한다.

제1절 투자의 의의

1. 투자대상

투자의 대상은 실물자산과 금융자산으로 구분할 수 있다. 실물자산(real assets)은 토지, 공장, 기계 등과 같은 재화와 용역을 생산할 수 있는 유형자산과 재화와 용역의 생산에 사용되는 인적자원의 지식과 기술 등과 같은 무형자산이 해당된다. 금융자산(financial assets)은 재화와 용역을 생산하는데 직접 이용되는 자산이 아니라 실물자산의 이용으로 획득되는 소득에 대한 청구권(claims)을 가지는 자산을 의미한다. 주식이나 채권, 예금 등이 금융자산에 해당된다. 예를 들어, 주식을 소유하는 주주는 기업의 이익에 대한 배당청구권을 가지게 된다.

투자론에서는 투자의 대상으로 금융자산을 다루며, 금융자산 중에서도 주식과 채권, 파생금융상품 등에 그 초점을 맞춘다. 금융자산은 무위험자산과 위험자산으로 구분된다. 무위험자산(risk-free asset)은 미래의 수익에 대한 불확실성이 없는 자산으로 만기가 짧은 정기예금이나 양도성예금증서(CD), 정부가 발행한 국채 등이 대표적인 예이다. 위험자산(risky asset)은 미래의 수익이 불확실한 자산으로 주식이 대표적인 예이다. 한편, 금융상품은 각각의 특성에 따라 [그림 1-1]과 같이 포괄적으로 분류된다. 먼저, 금융상품은 투자성 여부에 따라 금융투자상품과 비금융투자상품으로 나눌 수 있다. 여기에서 투자성이란 투자 원본의 손실 가능성을 의미한다. 투자성이 있는 금융투자상품은 다시 원본초과손실 여부에 따라 증권과 파생상품으로 분류된다. 증권의 경우에는 투자자의 손실이 최대로 커지더라도 증권의 매입금액보다 커지지 않지만 파생상품의 경우에는 기초자산의 가격변화에 따라 추가적인 지급의무를 지게 된다. 파생상품은 선도계약, 선물계약, 옵션 및 스왑의 네 가지 유형으로 나누어지며, 거래소 시장에서의 거래 여부에 따라 장내파생상품과 장외파생상품으로 나누어진다.

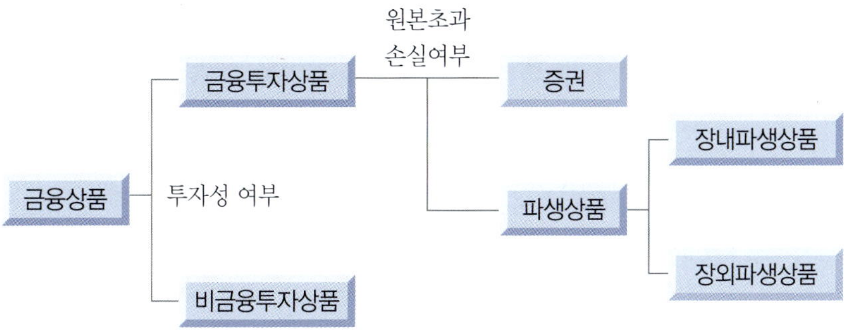

그림 1-1
금융상품의 분류

2. 투자의 의의

투자(investment)란 '현재 소비를 희생하여 미래이득을 바라는 행위'라고 정의된다. 그런데 투자수익은 일정한 시간적 틀 안에서 얻어지며, 현재의 희생은 확실하나, 미래이득은 불확실하다는 사실을 고려하여 보다 구체적으로 투자의 의미를 정의하면 다음과 같다. 투자란 '확실한 현재소비를 희생하여 불확실한 미래이득을 기대하는 행위'라 할 수 있다.

여기에서 미래이득[1)]이란 현재 희생에 대한 대가를 의미한다. 구체적으로 미래이득은 화폐의 시간가치(time value of money)에 대한 보상과 위험에 대한 보상(risk premium)으로 구성된다. 화폐의 시간가치는 무위험자산을 사용함에 있어서 시간에 대한 대가이며, 이는 무위험이자율로 보상이 된다. 또 위험보상은 위험자산에 대해 비내위험을 감수한 대가로 지급하는 프리미엄이다.

예를 들어, 정기예금이나 국공채는 무위험자산이므로 이자 형태로 주로 시간에 대한 일정한 보상을 받는다. 그러나 주식에 투자를 하면, 주가는 발행기업의 미래상황이나 경영성과, 또 국가의 경제상황 등에 따라 변동된다. 이에 따라 불확실성에 대한 보상이 필요한 것이다. 이러한 내용을 정리하면 다음과 같다.

---

1) 미래이득을 기대수익률 또는 요구수익률(투자자가 특정 투자안에 투자하여 최소한도 요구하는 수익률)이라고도 한다.

미래이득=화폐의 시간가치에 대한 보상+위험 보상(리스크 프리미엄)
=시간에 대한 대가+미래 위험을 감수한 대가
=이자율(무위험자산 수익률)+위험보상률

3. 투자대상의 가치와 위험

투자대상의 가치는 투자수익률과 위험의 함수관계에 의해 결정된다. 이때, 투자대상의 투자수익률의 계산은 미래의 기대수익률로 측정한다. 즉,

투자대상의 가치 = f(투자수익률, 위험)
= f(기대수익률, 위험)

이때 투자자의 기대수익률은 '시간에 대한 보상(time value of money)+위험에 대한 보상(risk premium)'이다. 투자자는 투자대상이 가져다 줄 예상수익과 위험의 관점에서 투자대상을 평가한다. 투자대상의 기대수익률이 높을수록, 그리고 위험이 작을수록 좋은 투자대상으로 평가된다. 위험이 높은 투자대상에는 일반적으로 높은 기대수익률이 요구되므로 양자 사이에는 상충관계(trade-off)가 존재한다. 즉, 투자대상의 위험요인의 크기가 클수록 투자자의 요구수익률은 상승하며, 위험이 높은데도 기대수익률이 낮다면 투자자들은 위험이 높은 투자대상을 회피하므로 시장가격은 하락하게 된다. 이를 위험-수익의 상충관계(risk-return trade-off)라 한다. 즉, 투자대상의 위험이 높을수록 기대수익률은 높으며, 투자대상의 위험이 낮을수록 기대수익률이 낮아짐을 의미한다.

투자대상의 위험요인은 영업위험과 재무위험, 유동성 위험 및 포트폴리오 위험이 있다. 영업위험(operating/business risk)은 기업 고유의 영업적 특성으로 발생되는 위험이며, 재무위험(financial risk)은 기업의 재무구조 및 자본조달 방법에 의해 발생되는 위험이다. 한편, 유동성 위험(liquidity risk)은 자산의 환금성 정도에서 기인되며, 포트폴리오 위험(portfolio risk)은 포트

폴리오[2)]를 구성하여도 제거되지 않는 위험으로 이를 체계적 위험(systematic risk)이라고도 한다.

4. 저축, 투자 및 투기의 개념

저축(saving)은 일정 기간 은행에 예금하는 것과 같이 단순히 시간에 대한 대가를 바라는 현재 소비의 희생을 의미한다. 예를 들어, 정기예금처럼 위험 부담이 없는 투자행위라 할 수 있다.

그러나 투자와 투기는 구분하기가 매우 힘이 든다. 투기(speculation)는 투자대상에 대한 면밀한 정보분석 없이 단기간에 고수익을 획득하려는 행위라 할 수 있다. 두 가지 측면에서 투자와 투기를 구분하여 보자. 정보수집의 측면에서 투기는 합리적인 정보수집과 분석과정 없이 수행하는 단순 투자행위라 할 수 있다. 한편, 기간적 측면에서 보면 투기는 비교적 단기에 이득을 취하려는 투자행위이다. 그러나 정보분석과 활용의 정도와 투자기간의 장단기를 구분하기가 쉽지 않고 또, 이를 구분한다는 자체가 주관적인 측면이 있다. 그리고 투자와 투기 양자 모두 그 대상은 동일하며, 또 미래이득을 바라고 현재 소비를 희생한다는 점에서 동일하기 때문에 이에 대한 구분은 무의미하다.

투자론에서는 구태여 투자와 투기를 구분하지 않는다. 따라서 투기도 광의로 투자의 범주에 속한다고 할 수 있다. 이러한 측면에서 투기는 '고위험-고수익 투자'라 볼 수 있다.

---

2) 포트폴리오(portfolio)란 여러 자산들의 집합을 의미한다. 자세한 내용은 제3편에서 전개된다.

제2절 투자관리

투자자가 이성적이라면 투자를 통하여 부의 극대화를 추구함으로써 자신의 효용을 극대화한다. 자본시장이 균형상태에 있을 때는 수익과 위험 사이에 상충관계가 있으므로, 현실적으로 투자자는 일정한 투자수익 하에서 위험을 최소화하거나 아니면 일정한 위험 하에서 수익을 극대화하는 목표를 세워야 한다. 이러한 목표를 달성하기 위해 투자자는 투자관리과정과 투자분석기법을 알아야 한다. 투자론의 내용은 투자목표를 달성하기 위한 투자관리에 관한 이론적 체계라 할 수 있다.

1. 투자자의 유형

일반적으로 투자위험의 감수능력에 따라 투자자의 유형은 전문투자자와 일반투자자로 구분된다. 전문투자자란 개인투자자의 상대적 개념으로, 저축 또는 기타의 방법으로 조성된 개인 또는 법인들의 자금을 증권시장에서 운용하는 법인형태의 투자자나, 자기자본이나 연기금 등을 운용하는 법인형태의 투자자이다. 따라서 전문투자자는 대량의 자금력을 동원하여 고도의 전문지식과 투자기법으로 시장의 크기를 좌우하는 과점적인 투자자로서 유통시장의 장세에 큰 영향을 미치는 제도화된 투자기관(기관투자자)을 의미한다. 우리나라의 경우에는 금융투자상품에 관한 전문성 구비여부, 소유자산 규모 등에 비추어 투자에 따른 위험감수능력이 있는 투자자를 전문투자자로 규정하고 있다. 이는 금융상품이 복잡·다양화되고 금융거래에 내재하는 정보의 비대칭성 문제를 해결하여 자본시장의 건전한 발전을 위해서는 투자자의 전문성을 고려한 효율적인 투자자 보호가 필요하고, 자본시장에 참여하는 투자자들의 투자규모, 거래능력의 다양화를 고려한 차별적인 보호장치가 필요하기 때문이다.

그리고 일반투자자란 전문투자자 이외의 개인과 법인으로, 일반투자자에 대해서는 설명의무·적합성 원칙 등 과거 보다 강화된 투자자 보호장치가 적용된다.

투자이론에서는 이들 투자자가 투자수익의 획득을 위해서 이성적으로 투자활동을 수행한다고 가정한다. 즉, 투자자의 유형으로 위험회피투자자를 가정하고 있다. 이는 투자자의 합리성을 전제로 투자이론을 전개하는 것이 된다.

2. 투자관리과정

투자도 일종의 관리과정이라 할 수 있으므로, 투자자는 설정된 투자목표를 달성하기 위해 일련의 활동, 즉 계획(plan), 실행(do) 및 평가(see)의 활동을 하는데 이를 투자관리과정이라 한다. 투자관리과정은 다음과 같은 절차를 거치게 된다.

계획

① **종목선정**: 어떤 투자대상에 투자할 것인가를 고려한다.

② **자산배분**: 투자수익과 위험이 다른 투자자산에 자금을 어떻게 배분할 것인가를 고려한다. 즉, 포트폴리오의 구성과 관련하여 어떤 방법으로 분산투자를 할 것인가를 고려하는 것이다.

③ **투자시점의 포착**: 투자수익을 보다 높일 수 있는 투자시점은 언제인가를 고려한다. 즉, 적절한 매도 및 매입시점을 판단하여야 한다.

실행

투자자산의 매입, 매도 및 보유 및 교체와 관련된 투자의사결정을 한다.

평가

① 투자목표의 달성 여부를 평가한다.

② 투자성과를 평정한다.

③ 이미 구성된 포트폴리오를 조정하고, 필요하다면 이를 재구성한다.

④ 설정한 투자목표와 실제의 성과를 비교하고 평가하여 피드백(feed-back)을 수행한다.

제3절 투자론의 학습내용

투자론(investments)은 투자자가 투자목표를 달성하기 위해서 수행하는 체계적인 투자관리과정을 연구하는 학문이라 할 수 있다. 이때 투자관리과정은 크게 다음 두 가지로 나눌 수 있다.

첫째, 투자자산을 평가하고 선택하는 과정이다. 즉, 수많은 투자대상 중에서 어떠한 자산에 투자해야 할 것인가를 결정하는 과정이다. 이는 본서의 내용 중에서 대부분을 차지하는 부분으로 제2편, 제3편, 제4편 및 제5편에서 학습한다.

둘째, 선택된 투자자산을 관리하는 과정이다. 이는 선택된 투자대상들의 포트폴리오관리 및 투자성과의 평가를 수행하는 내용이다. 본서의 제6편에서 학습한다.

1. 투자자산의 평가 및 선택

1) 투자대상, 증권시장의 제도 및 투자정보

본서의 제1편 투자론의 기초에서 투자자들의 선택 가능한 투자대상과 증권시장의 제도 및 투자정보에 대해 학습한다. 투자론에서 투자대상은 금융자산이고 이 중에서도 주식과 채권에 관한 것이 대부분이다. 이와 더불어 투자신탁과 증권시장의 제도, 증권시장 지표, 그리고 투자정보 등에 대해 학습한다.

2) 투자자산 평가방법

본서의 제2편 주식의 가치평가와 분석에서는 투자자들이 투자자산을 평가하는 방법을 학습한다. 투자자산의 평가방법에는 투자대상을 개별적으로 분석하느냐 또는 둘 이상 복수 증권들의 결합관계를 분석하느냐에 따라 개별자산평가법과 포트폴리오분석법 두 가지로 나누어진다. 보통 이 두 가지 방법은 상호 결합하여 사용한다. 먼저, 개별자산평가방법을 사용하여 개별 기업의 가치를 분석한 후, 포트폴리오분석을 하는 것이 일반적이다.

(1) 개별자산평가법

개별자산평가법은 증권분석(security analysis)을 통하여 이루어진다. 증권분석의 방법에는 기본적 분석방법과 기술적 분석방법이 있다.

기본적 분석(fundamental analysis)은 증권의 내재가치(intrinsic value)를 추정한 다음, 주가의 과소평가 및 과대평가 여부를 판단하여 과소평가된 주식은 매입하고, 과대평가된 주식은 매도하여 초과수익을 획득하는 것이 목표이다. 기본적 분석에서 투자자산 평가의 기본원리는 증권에 투자했을 때 획득되는 미래의 현금흐름을 적절한 할인율로 할인하여 현재의 이론적 주가를 추정하는 과정을 거친다. 다음은 현재 주가를 평가하는 기본모형이다.

$$P_0 = \sum_{t=1}^{n} \frac{CF_t}{(1+r)^t}$$

여기서, P_o : 현재 시점에서 이론적 주가(=내재가치)
CF_t : t기의 현금흐름
r : 할인율

위 식에서 추정되는 주가는 기업의 내재가치이다. 내재가치가 현재 시장가치(market value)보다 낮으면 주가는 과대평가되어 있다고 판단하고 해당 주식을 매도한다. 반대로 내재가치가 시장가치보다 높다면 주가는 과소평가되어 있다고 보고 해당 주식을 매입하는 의사결정을 한다. 이러한 의사결정과정을 요약하면 다음과 같다.

내재가치 < 시장가치(= 현재의 실제 주가)
⇒ 주가가 과대평가됨 → 주식매도

내재가치 > 시장가치(= 현재의 실제 주가)
⇒ 주가가 과소평가됨 → 주식매입

기본적 분석방법은 개별기업의 미래이득, 재무구조, 수익성, 성장성 및 배당 등 기업 자체에 대한 미시적 분석뿐만 아니라, 그 기업이 속한 산업구조, 산업내에서 경쟁, 경기상황 및 경제적 여건 등 거시적인 내용을 포함하여 종합적으로 분석한다.

한편, 기술적 분석(technical analysis)은 과거의 주가 움직임이 미래에도 반복된다고 가정한다. 그러므로 과거의 증권가격, 거래량 추세 및 변동형태 등을 파악하여 미래주가를 예측할 수 있다고 본다. 기술적 분석은 주로 선도표, 봉도표 등과 같이 주로 차트(chart)를 이용하여 분석하기 때문에 차트분석기법이라고도 한다. 기술적 분석은 주로 실무계에서 주식의 매매시점을 파악하는 데 많이 이용되고 있다.

(2) 포트폴리오 분석

포트폴리오 분석(portfolio analysis)은 여러 종류의 증권과의 결합관계에서 투자가치를 평가하여 선택하는 방법이다. 가장 바람직한 증권들의 결합이 어떤 것인가를 탐색하는 것이 포트폴리오 분석의 초점이다. 일정한 기대수익 하에서 투자위험을 최소화할 수 있는 효율적 분산투자의 방법을 찾는 것도 포트폴리오 분석의 한 예이다.

3) 투자자산 평가요인 분석

적절한 투자자산을 선택하기 위해서는 자산을 평가하기 위한 요인들을 분석하여야 한다. 투자자산의 평가요인 분석은 본서의 제3편 포트폴리오 이론과 자본시장균형에서 학습한다.

투자자산은 수익(return)과 위험(risk)의 관점에서 평가하여야 한다. 기업의 가치[3]는 다음과 같이 그 기업이 발행한 주식의 수익률과 위험에 의해 결정된다.

기업가치(= 주가) = f(수익률, 위험)

마코위츠(Markowitz)[4]는 포트폴리오(portfolio)를 구성하는 투자자들이 '위험-수익 상충관계'를 고려하여 효용을 극대화시킬 수 있는 투자를 할 수 있는가를 분석하여, 포트폴리오이론의 기초를 구축하였다. 포트폴리오를 구성함으로써 개별자산의 위험이 분산되므로 이성적인 투자자는 투자대상으로 개별자산이 아니라 포트폴리오의 수익과 위험을 관심의 대상으로 한다.

4) 증권가격 결정

제3편 포트폴리오이론과 자본시장균형에서 투자자산의 가격이 시장에서 어떻게 결정되는가를 자산가격결정모형(asset pricing model)을 이용하여 분석한다. 우리가 학습하는 자산가격결정모형으로 대표적인 것은 자본자산가격결정모형(CAPM), 차익거래가격결정모형(APM)이 있다.

자본자산가격결정모형(Capital Asset Pricing Model: CAPM)은 1960년대 초에 샤프(Sharpe), 린트너(Lintner) 및 모신(Mossin) 등의 학자가 개발하였다.[5] 이 모형에서 자산의 가격결정은 증권시장의 전반적인 가격동향요인

---

3) 투자이론에서는 일반적으로 기업의 가치는 그 기업의 주가에 반영되어 있다고 본다.

4) Harry Markowitz, "Portfolio Selection," *Journal of Finance*, 1952, pp. 77–91.

5) W. F. Sharpe, "Capital Asset Prices: A Theory of Equilibrium under Conditions of Risk," *Journal of Finance*, 1964, pp. 425–442.; J. Lintner, "The Valuation of Risky Assets and the Selection of Risky Investments in Stock Portfolios and Capital Budgets," *Review of Economics and Statistics*, 1965, pp. 13–37.; J. Mossin, "Equilibrium in a Capital Asset Market," *Econometrica*, 1966, pp. 768–783.

이라 할 수 있는 시장포트폴리오(market portfolio)에 의해 결정된다고 보고 있다. CAPM은 증권의 가치평가에 있어서 오늘날까지 가장 중요한 가격결정모형 역할을 하고 있다.

차익거래가격결정모형(Arbitrage Pricing Model: APM)은 1976년 로스(Ross)에 의해 제시되었다. 이 모형은 자산의 가격은 1개 요인에 의해 결정되는 것이 아니라, 여러 요인(공통요인)들에 의해 결정된다고 보고 있다.[6)]

5) 선물, 옵션 및 위험관리

제5편 파생금융상품에서는 파생금융상품의 개념과 원리를 학습한다. 파생금융상품이란 외환, 예금, 채권·주식 등과 같은 기초자산으로부터 파생된 금융상품을 의미하며, 선물과 옵션, 스왑 등이 그 대표적인 예이다.

선물(futures)은 장래의 일정한 시점(결제일)에 일정량의 특정 상품을 미리 정한 가격(선물가격)으로 매매하기로 맺은 계약을 의미한다. 옵션(options)은 장래 특정일 또는 일정기간 내 미리 정해진 조건으로 상품을 사거나 팔 수 있는 권리를 매매하는 계약이다. 한편, 스왑(swaps)은 서로 다른 금리 또는 통화로 표시된 부채를 상호 교환하는 거래로 동일한 통화이지만 금리가 다른 금리스왑, 같은 금리이지만 결제통화가 다른 통화스왑 및 외환시장에서 외국통화 현물과 같은 액수의 선물을 교환하는 거래 등이 있다.

이론적인 측면에서 1973년 블랙과 숄즈(Black & Scholes)에 의해 옵션가격결정모형(Option Pricing Model: OPM)이 개발되었다.[7)] OPM은 1980년 이후 파생금융상품을 이용한 투자가 본격화되면서 이자율, 환율 및 주가 변동위험을 효과적으로 관리하기 위한 모형으로 이용되고 있다.

최근 금융시장에서는 투자위험을 관리하기 위한 수단으로 파생금융상품을 통한 각종 투자기법을 활발하게 활용하고 있다.

---

6) S. Ross, "The Arbitrage Theory of Capital Asset Pricing," *Journal of Economic Theory*, 1976, pp. 343-362.

7) F. Black & M. Scholes, "The Pricing of Option and Corporate Liabilities," *Journal of Political Economy*, 1973, pp. 637-654.

2. 투자관리와 투자성과 평가

제6편 포트폴리오 관리와 투자성과 평가에서는 투자자산의 구성과 관리방법에 대해 학습한다. 아울러 포트폴리오의 평가에 대해서도 학습하게 된다.

투자자산의 관리에는 소극적 투자관리(passive investment management)와 적극적 투자관리(active investment management)가 있다. 이 두 방법의 차이점은 시장효율성의 정도에 따라 초과수익의 가능성을 전제로 하느냐 아니면 전제로 하지 않느냐에 있다. 소극적 투자관리는 자본시장이 효율적이라는 것을 전제한다. 소극적 투자관리는 잘 분산된 포트폴리오만 보유함으로써 시장평균 수익을 모색한다. 이는 시장초과수익을 획득하는 것이 목적이 아니라, 시장평균인 균형수익 획득을 목적으로 하고 있다. 즉, 시장평균 수익의 달성과 그에 해당하는 시장위험을 부담하는 전략이라 할 수 있다.

적극적 투자관리는 시장이 비효율적일 수 있다는 전제를 한다. 시장이 비효율적이라는 전제 하에 과소평가 또는 과대평가된 종목을 탐색하여 저평가 주식은 매입하고, 고평가된 주식은 매도하는 투자행위를 한다. 이는 시장수익률보다 높은 투자수익률(초과수익률)의 달성을 지향하는 것이다. 즉, 시장 초과수익률 획득을 목적으로 하는 전략이라 할 수 있다.

주요용어

- 투자(investment)
- 금융자산(financial assets)
- 위험자산(risky asset)
- 비금융투자상품
- 위험에 대한 보상(risk premium)
- 기대수익률(expected return)
- 영업위험(operating/business risk)
- 유동성 위험(liquidity risk)
- 체계적 위험(systematic risk)
- 투자자(investor)
- 일반투자자
- 전문투자자
- 기본적(fundamental analysis)분석
- 기술적(technical analysis)분석
- 파생금융상품(derivatives)
- 소극적 투자관리(passive investment management)
- 적극적 투자관리(active investment management)
- 실물자산(real assets)
- 무위험자산(risk-free asset)
- 금융투자상품
- 화폐의 시간가치(time value of money)
- 요구수익률(required return)
- 위험-수익의 상충관계(risk-return trade-off)
- 재무위험(financial risk)
- 포트폴리오 위험(portfolio risk)
- 투기(speculation)
- 포트폴리오이론(portfolio theory)
- 자본자산가격결정모형(CAPM)
- 차익가격결정모형(APM)
- 옵션가격결정모형(OPM)
- 시장효율성(market efficiency)

연/습/문/제

01 투자론에서 연구대상이 되는 투자대상에 대해 언급하라.

02 금융상품의 분류에 대해 설명하라.

03 위험–수익의 상충관계를 예를 들어 설명해 보라.

04 투자와 투기에 대해 논의해 보라.

05 투자자 유형에 대해 설명하라.

06 최근의 국내 · 외 경제 상황과 증권시장 상황을 논의해 보라.

07 소극적 투자관리와 적극적 투자관리에 대해 비교 설명하라.

제2장

증권시장과 금융자산

• 학습내용

- 금융시장의 기능과 증권시장
- 주요 증권
  - 보통주, 우선주, 회사채, 국공채 및 특수채, 수익증권, 뮤추얼펀드, 파생금융상품, 주가연계금융상품, 단기금융상품, 자산유동화증권

■ 연습문제

투자자가 금융자산에 투자하기 위해서는 금융자산의 매매가 이루어지는 금융시장을 잘 이해하여야 한다. 제2장에서는 금융시장의 역할과 종류를 학습하고 또한 금융시장에서 거래되는 다양한 금융상품에 대하여 그 투자특성을 파악한다.

금융시장에서 발행되고 유통되는 여러 가지 금융상품은 자금부족 주체의 입장에서 보면 자금의 조달수단이 되지만 자금제공자인 투자자의 입장에서 보면 부의 증식을 위한 투자기회가 된다. 금융시장은 자금의 중개기관의 존재 여부에 따라 직접금융시장과 간접금융시장으로 분류된다. 또 거래되는 금융자산의 만기에 따라 장기금융시장과 단기금융시장으로 구분된다. 보통 장기금융시장을 증권시장이라 부르고 단기금융시장을 화폐시장이라 부른다. 이러한 시장에서 거래되는 주식, 채권, 수익증권, 뮤추얼 펀드, 파생금융상품, 그리고 단기금융상품 등 다양한 투자상품의 특성을 이해하는 것이 제2장의 목표이다.

제1절 금융시장과 증권시장

자금의 거래가 이루어지는 조직화된 시장을 금융시장(financial market)이라 한다. 금융시장은 자금의 공급자와 수요자 사이의 자금을 거래할 수 있는 매개기능을 한다. 금융시장에서는 금융자산 혹은 증권이 발행 및 거래되고 또 그 가격이 형성된다. 이에 따라 금융시장은 협의로 증권시장(security market)이라고도 한다.

금융시장은 [그림 2-1]과 같이 직접금융시장과 간접금융시장으로 구분된다. 직접금융시장은 주식이나 채권과 같은 금융자산을 투자자가 직접 매입하고 매도하는 시장이다. 간접금융시장은 금융기관이 투자자가 예치한 자금을 모아서 자금수요자에게 대출을 하는 중개역할이 이루어지는 시장을 말한다.

직접금융시장에는 자금시장, 자본시장, 외환시장 및 파생금융시장이 있다.

자금시장은 화폐시장(money market) 또는 단기금융시장이라고도 하며 1년 미만의 만기를 가진 단기금융상품이 거래되는 시장으로 시장참가자들이 일시적인 자금수급의 불균형을 조정하기 위해 활용한다. 자금시장에서 유통되는 금융상품은 유동성이 높고 현금화가 비교적 쉽다는 특성이 있다. 콜, 환매조건부채권(repurchase agreement: RP), 양도성예금증서(certificated deposit: CD), 신종기업어음(commercial paper: CP) 등이 화폐시장을 통해 거래되는 금융상품의 예이다.

자본시장(capital market)은 장기금융시장이라고도 하며 협의의 자본시장의 개념으로 증권시장이라고도 한다. 자본시장은 채권시장과 주식시장으로 구분된다. 채권시장은 자금조달을 위해 정부나 기업이 발행한 만기가 1년 이상인 채권인 국채, 회사채, 금융채 등이 거래되는 시장이며, 주식시장은 기업이 자기자본을 조달하는 발행시장과 기업이 발행한 주식이 수요와 공급에 의해 형성된 가격으로 거래되는 유통시장으로 구분된다. 주식시장에서는 주주의 소유지분을 나타내는 보통주와 우선주 등이 거래되고, 투자이론에서 가장 핵심적인 시장이기도 하다.

외환시장은 서로 다른 종류의 통화가 거래되는 시장으로 거래 당사자에 따라 외국환은행간 외환매매가 이루어지는 은행간시장(inter-bank market)과 은행과 비은행 고객간에 외환매매가 이루어지는 대고객시장(customer market)으로 구분할 수 있다. 은행간시장은 금융기관, 외국환중개기관, 한국은행 등이 참여하여 대량으로 외환거래가 이루어지는 도매시장의 성격을 가지며 일반적으로 외환시장이라 할 때는 은행간시장을 의미한다.

◀ 그림 2-1
금융시장의 분류

출처 및 참고: 한국은행, 한국의 금융시장(2012).

파생금융상품시장은 금융상품의 가격변동 위험과 신용위험 등 위험 관리를 위해 고안된 선물이나 옵션, 스왑 등과 같은 파생금융상품이 거래되는 시장이다. 우리나라의 파생금융상품시장은 외환파생상품을 중심으로 발전되어 왔으나, 1990년대 중반 이후 주가지수 선물 및 옵션, 채권선물 등이 도입되면서 거래수단이 다양화되고 거래규모도 크게 확대되고 있다. 파생금융상품은 기초자산의 유형에 따라 주식, 금리, 통화, 신용 관련 상품 등으로 구분된다. 파생상품시장은 각종 금융거래에 따르는 위험을 낮은 비용으로 헷지(hedge)하는 데 활용되고 추가적인 수익을 얻을 기회도 제공하나 레버리지 효과(leverage effect)가 매우 커서 그 이면에는 대규모의 손실 가능성도 내재해 있다.

한편, 직접금융시장은 발행시장과 유통시장으로 구분할 수 있다. 발행시장(primary market)은 증권의 발행 주체인 기업이 필요한 자금을 유가증권을 매출하여 조달하는 기능을 하는 시장이다. 유통시장(secondary market)은 발행시장을 통해 매출된 증권이 거래되는 시장으로 증권의 유동성 확보와 공정한 가격을 형성하는 기능을 한다.

간접금융시장에서는 기업의 금융거래에 금융중개기관이 개입한다. 금융중개기관은 금융에 관한 전문성을 갖춘 금융기관으로서 자금의 공급자로부터 자금을 예치받아 이를 자금의 수요자에게 공급해 줌으로써 직접거래에 따른 문제점을 해결한다. 은행은 간접금융에서 금융중개인 역할을 하는 대표적인 기관이다.

[그림 2-2]에서 직접증권은 발행자(자금의 수요자)가 자금을 조달하기 위해 자신의 신용을 담보로 발행하는 증권을 말한다. 직접증권은 양도가 가능하며, 주식이나 채권 등이 대표적이다. 한편, 금융기관은 흑자 주체로부터 자금을 빌려서 다시 적자 주체에게 빌려주는 역할을 한다. 이 과정에서 금융기관이 자신의 신용을 담보로 발행하는 증권을 간접증권이라고 한다. 금융기관은 간접증권을 발행하여 잉여자금을 흡수하고 이를 자금수요자에게 직접 대출하거나 수요자가 발행한 직접증권을 매입하여 자금을 공급한다.

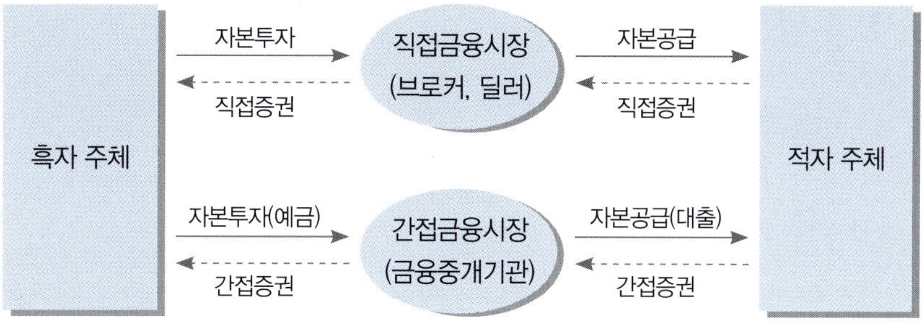

◀ 그림 2-2
직접금융시장과 간접금융시장

투자론에서는 직접금융시장을 대상으로 하며, 그 중에서 증권시장이 주로 연구대상이 된다.

제 2 절 증권의 종류

금융시장에서 거래되는 증권의 종류는 기본적으로 [그림 2-3]과 같이 주식과 채권, 증권투자신탁, 파생금융상품과 기타 단기금융상품이 있다.

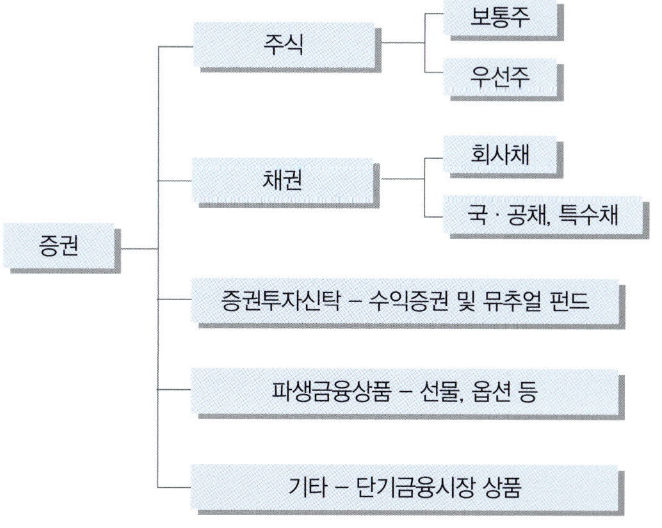

◀ 그림 2-3
증권의 종류

1. 주식

1) 보통주

(1) 의의

보통주(common stock)는 기업의 장기자본조달의 가장 중요한 원천으로 자본금을 형성한다. 보통주 납입금은 기업 설립 시에는 기본적인 납입자본(paid-in capital)이 되며, 기업의 자금이 필요할 경우에는 자본금의 증자를 통하여 추가로 조달한다.

보통주의 주주는 기업에 대한 소유지분 비율만큼 기업경영에 간접적으로 참여하며, 소유지분에 비례하여 배당금을 받는다. 그러나, 주가와 배당금은 기업의 영업실적에 따라 변동되기 때문에 주식은 채권 등과 같은 고정소득증권에 비해 보다 높은 투자위험을 가진다.

(2) 주주의 권리

보통주 주주는 회사경영에 참여할 권리를 가질 뿐만 아니라 주주총회에서 결의권, 감사 및 이사선임권과 해임권, 주주총회 소집권을 가진다. 또한 보통주 주주는 이익배당청구권, 신주인수권, 주식전환청구권, 잔여재산 분배청구권 등과 같은 경제적 이익획득의 권리를 아울러 가진다. 그런데 일반 주주들은 주주의 권리획득을 위해 주식을 취득한다기 보다 주식 매매차익으로 얻는 자본이득(capital gain)과 기업에서 결산기에 지급하는 배당(dividend)으로 인한 이익의 추구가 주식투자의 주목적이기 때문에 이들이 주주총회에 참석하여 이상의 모든 권리를 행사하지는 않는 편이다. [그림 2-4]는 한 상장기업의 정기주주총회 소집통지서의 예이고, [그림 2-5]는 배당금지급통지서의 예이다.

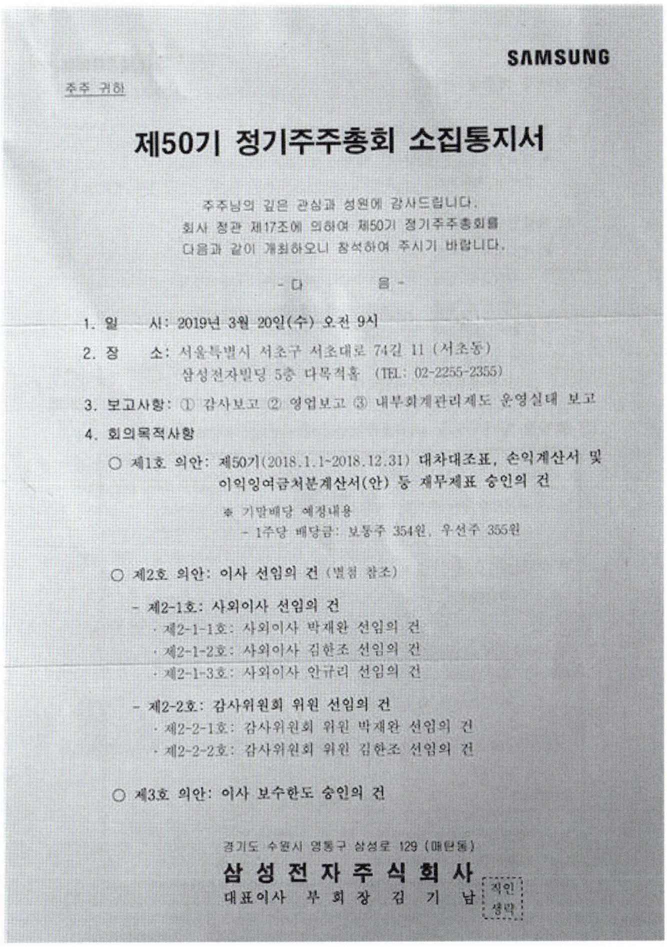
SAMSUNG

주주 귀하

제50기 정기주주총회 소집통지서

주주님의 깊은 관심과 성원에 감사드립니다.
회사 정관 제17조에 의하여 제50기 정기주주총회를
다음과 같이 개최하오니 참석하여 주시기 바랍니다.

- 다 음 -

1. 일 시: 2019년 3월 20일(수) 오전 9시
2. 장 소: 서울특별시 서초구 서초대로 74길 11 (서초동)
   삼성전자빌딩 5층 다목적홀 (TEL: 02-2255-2355)
3. 보고사항: ① 감사보고 ② 영업보고 ③ 내부회계관리제도 운영실태 보고
4. 회의목적사항

○ 제1호 의안: 제50기(2018.1.1-2018.12.31) 대차대조표, 손익계산서 및 이익잉여금처분계산서(안) 등 재무제표 승인의 건

※ 기말배당 예정내용
- 1주당 배당금: 보통주 354원, 우선주 355원

○ 제2호 의안: 이사 선임의 건 (별첨 참조)

- 제2-1호: 사외이사 선임의 건
  - 제2-1-1호: 사외이사 박재완 선임의 건
  - 제2-1-2호: 사외이사 김한조 선임의 건
  - 제2-1-3호: 사외이사 안규리 선임의 건
- 제2-2호: 감사위원회 위원 선임의 건
  - 제2-2-1호: 감사위원회 위원 박재완 선임의 건
  - 제2-2-2호: 감사위원회 위원 김한조 선임의 건

○ 제3호 의안: 이사 보수한도 승인의 건

경기도 수원시 영통구 삼성로 129 (매탄동)

삼 성 전 자 주 식 회 사
대표이사 부 회 장 김 기 남 (직인 생략)

◀ 그림 2-4
정기주주총회
소집 통지서의 예

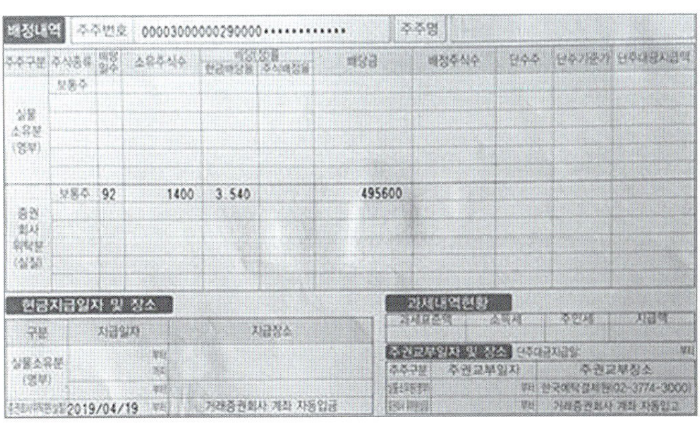
배정내역 주주번호 00003000000290000•••••••••••• 주주명

주주구분	주식종류	배정일수	소유주식수	배정비율 현금배당률	배정비율 주식배정률	배당금	배정주식수	단주수	단주기준가	단주대금지급액
실물소유분(명부)	보통주									
증권회사위탁분(실질)	보통주	92	1400	3.540		495600				

현금지급일자 및 장소

구분	지급일자	지급장소
실물소유분(명부)		
증권회사위탁분(실질)	2019/04/19	거래증권회사 계좌 자동입금

과세내역현황

과세표준액	소득세	주민세	지급액

주권교부일자 및 장소

주주구분	주권교부일자	주권교부장소
		한국예탁결제원(02-3774-3000)
		거래증권회사 계좌 자동입고

◀ 그림 2-5
배당금
지급 통지서의 예

(3) 보통주의 종류

보통주는 발행될 때 가지는 성격에 따라 액면주와 무액면주, 기명주와 무기명주, 의결권주와 무의결권주, 그리고 유상주와 무상주 등으로 구분된다.

주권의 액면이 지정되어 있는 주식을 액면주라 하고, 액면이 정해지지 않은 주식을 무액면주라 한다. 우리나라의 경우, 현행 상법상 1주의 액면가액을 100원 이상으로 발행하도록 규정하고 있다.[1] 그런데 주주들은 액면가보다 해당 주식의 시장가에 관심이 많을 것이다. 또 주식이 처음으로 증권시장에 상장될 때 시장가격으로 발행되기 때문에 액면가가 무의미한 경우도 많다. 미국의 경우는 무액면주가 일반적이다.

주주명부에 주주이름이 기재된 주식을 기명주라 하며, 이름이 기재되지 않는 주식을 무기명주라 한다. 기명주의 경우는 현 주주를 명확하게 파악하여 권리관계를 명확히 할 수 있는 장점이 있으나, 거래 때마다 명의를 변경해야 하는 번거로움이 있다.

1주당 1의결권이 부여된 주식을 의결권주라 하며, 보통주는 주로 의결권주의 성격을 갖는다. 무의결권주는 결의권이 없는 주식으로 상장법인의 경우 무의결권주의 총수는 발행주식 총수의 1/4 이상 초과되는 것을 금지하고 있다. 또 주주총회의 결의에 있어 의결권 없는 주주가 가진 주식의 수는 발행주식의 총수에 산입하지 않는다. 무의결권주의 종류로는 우선주와 자사주가 있다.

우리나라의 보통주 성격은 액면주이면서, 기명주와 의결권주 성격을 동시에 가지고 있다. [그림 2-6]은 보통주 주권의 예이다.

한편, 기업은 자기자본을 늘릴 필요가 있을 경우에는 일정 범위 내에서 증자를 하게 된다. 증자에는 자본금의 증자방식에 따라 유상증자와 무상증자가 있다. 유상증자는 투자자가 기업이 새로 발행하는 주식(신주)을 획득하면서 신주배정비율에 해당하는 현금을 납입해야 하는 증자방식이다. 무상증

---

1) 우리나라의 경우, 거래소 상장기업의 경우는 액면가가 5,000원인 경우가 대부분이고, 코스닥 상장기업은 500원인 경우가 많은 편이다.

◀ 그림 2-6

보통주 주권의 예

앞면:

뒷면:

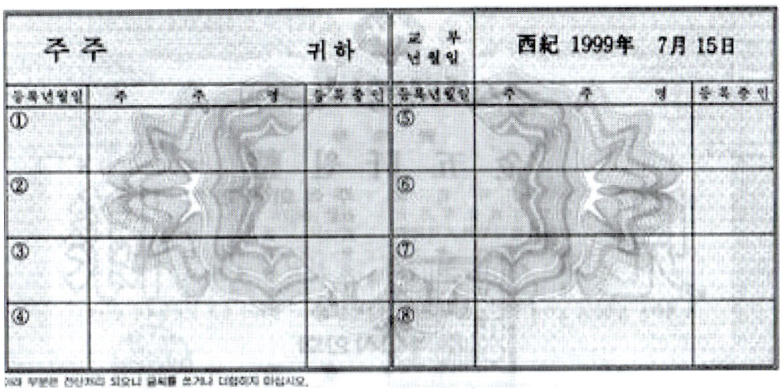

자는 기업의 자기자본에 해당하는 자산재평가적립금 내지 자본준비금 등과 같은 자본잉여금과 이익잉여금 등을 자본금으로 전입하는 방법으로 증자하는 방식이다. 이때 주주들은 실질적인 현금납입을 하지 않고 배정비율에 따라 무상으로 신주를 교부받는다. 유상주는 유상증자를 하면서 발행되는 주식이며, 무상주는 무상증자를 하면서 발행되는 주식이다. 그런데 유상주·무상주 양자 모두 보통주의 기본적인 특성은 동일하게 가진다.

참고 박스

주식예탁증서

주식예탁증서(depositary receipts: DR)는 국제 간에 주식의 유통수단으로 이용되는 대체증권을 의미한다. 국내 상장기업은 DR을 통해 해외주식시장에 진출이 가능하고, 외국 투자자들은 자국 내에서 국외기업의 DR을 일반 주식처럼 매입하고, 거래할 수 있다. 이러한 DR의 거래는 투자자들이 외국 증권시장에서 외국주식을 직매수할 경우 직면할 수 있는 통화, 청산, 언어 및 관습 등의 문제로부터 자유로울 수 있다. 일반적으로 미국주식예탁증서(American depositary receipts: ADR), 세계주식예탁증서(global depositary receipts: GDR), 그리고 유럽주식예탁증서(European depositary receipts: EDR) 등이 가장 많이 사용되고 있다.

2) 우선주

(1) 의의

우선주(preferred stock)[2]는 잔여재산 청구권과 이익배당 청구권에 대해 보통주 주주보다 우선적인 권리를 가지는 대신에 의결권이 없는 주식을 말한다. 우선주는 자기자본을 형성한다는 점에서 보통주의 성격을 가지지만, 확정배당을 지급한다는 점에서 사채(부채)의 성격을 가지는 이중적인 특성을 지닌다. 그러나, 우선주를 통해 조달된 자본은 법률적으로나 회계장부 상으로 자기자본으로 정의된다. 우선주는 보통주보다 배당 등을 우선적으로 지급받을 수 있다는 특성으로 인해 명칭이 정해졌다.

우선주 주주에 대해서 기업은 약정된 배당을 반드시 지급해야 한다. 그러나, 기업의 사정으로 당해 연도에 무배당이 실시되었다면 차기 배당결의 때까지 우선주 주주에게도 의결권이 발생된다.

2) 우리나라에서는 1986년도에 동양맥주(현 오비맥주㈜)에서 최초로 발행되었다.

(2) 우선주의 종류

우선주에는 기본적인 특성에 따라 여러 가지 종류가 있다. 누적적 우선주는 당기에 지급되지 않은 미지급 배당금을 차기에 누적하여 지급하며, 비누적적 우선주는 당해 연도의 미지급 배당금이 차기로 이월되지 않는다. 참가적 우선주는 약정된 배당금 이외에 보통주에 배당을 지급한 후에도 잔여이익이 남아있으면 추가적으로 초과배당의 지급을 청구할 수 있다. 그러나 비참가적 우선주는 약정된 배당금만 지급한다. 의결권부 우선주는 일정한 의결권이 부여된 우선주이며, 무의결권부 우선주는 의결권이 없는 주식이다. 전환우선주는 일정 시기에 일정한 가격으로 보통주로 전환 가능한 우선주이며, 비전환우선주는 보통주로 전환되지 못한다.

우리나라에서 발행된 우선주의 경우는 대부분 비누적적·비참가적·무의결권부 및 비전환우선주의 특성을 동시에 가지고 있다. 그러나 최근에 발행되는 신형우선주의 경우는 전환우선주도 일부 존재한다.

(3) 우선주 발행의 장단점

우선주를 발행할 때, 기업 입장과 투자자 입장에서 각각 다른 장단점이 존재한다. 먼저, 우선주를 발행하면 기업 입장에서는 다음의 장점이 있다.

첫째, 우선주는 만기가 없기 때문에 영구적 자기자본이 형성되어 재무구조 개선의 기회로 삼을 수 있다.

둘째, 기업이 배당금을 적정시기에 지급하지 못하는 경우라도 이는 법적으로 채무불이행이 아니기 때문에 사채의 이자불지급에 따른 재무불이행과는 달리 융통성이 있다. 따라서 재무상태가 좋지 않을 경우에는 우선주 배당금 지급을 연기하는 것이 가능하다.

한편, 투자자 입장에서는 우선주를 보유하면 확정 배당을 받을 수 있다는 장점이 있다.

우선주를 발행하면 기업의 입장에서 단점도 있다. 우선주 배당금은 보통주 배당금과 같이 납세후 순이익에서 지급된다. 그러므로 고정비용(배당금)

이 지출되는데도 불구하고 회사채를 발행할 경우에 얻을 수 있는 이자비용의 감세효과(tax shield)가 나타나지 않는다. 그러므로 우선주 발행은 회사채 발행에 비해 기업의 자본비용을 상승시키는 요인이 된다.

한편, 투자자 입장에서는 기업의 사정에 따라 배당을 받지 못할 가능성도 있으며, 의사결정 시에 의결권이 제한되며, 또한 추가적 이익이 발생했을 때 이익분배에 참가하는 것이 제한되는 단점이 있다.

2. 채권

1) 회사채

(1) 의의

회사채는 기업이 일반 투자자로부터 장기간에 걸쳐 거액의 자금을 조달하기 위해 발행한 부채성 유가증권이다. 계약에 따라 일정기간 후 원금을 상환하고 그동안 이자를 지급하는 것을 약정한다. 회사채를 발행할 때 반드시 만기(maturity), 이자(coupon rate) 및 액면가(face value)가 제시되어야 한다. 이를 회사채 발행의 3대 요건이라 한다.

투자자 입장에서 회사채는 미리 약정된 이자라는 고정소득을 얻을 수 있는 고정소득증권(fixed-income securities)의 특성을 지닌다. 회사채 매입은 보증기간 동안 확정이자를 받을 수 있다는 장점이 있는 반면, 이자율변동 위험과 기업의 채무불이행 위험으로 인해 원금과 이자가 손실될 가능성이 있다는 단점이 있다.

(2) 회사채의 종류

일반 회사채

회사채의 종류는 이자지급 방법에 따라 쿠폰부 사채, 할인채, 영구채 및 복리채 등이 있다. 쿠폰부 사채(coupon bond)는 일정 기간에 일정 이자를

◀ 그림 2-7
회사채 견본

지급받고 만기에 원금을 상환하는 형태의 채권으로, 우리나라의 대부분의 회사채가 여기에 해당된다. 할인채(discount bond)는 사채발행 시 액면금액에서 이자에 해당되는 금액을 차감한 낮은 금액으로 발행 후, 만기에 액면금액을 지급하는 방식이다. 영구채(permanent bond)는 만기가 없으며 이자를 영구히 지급받는 방식이다. 복리채(compounding bond)는 이자를 기간별로 지급하지 않고 만기까지 이자를 복리로 투자한 다음, 만기에 액면금액과 이자를 상환하는 방식이다.

담보 여부에 따라 담보사채와 무담보사채가 있다. 담보사채(secured bond)는 사채발행 시 부동산이나 유가증권 등을 담보로 하여 발행한다. 무담보사채(debenture/unsecured bond)는 담보없이 발행된다. 또한 보증 여부에 따라 보증사채는 원리금 지급을 금융기관 등 제3자가 보증을 하며, 무보증사채는 금융기관의 보증없이 발행되는 사채이다.

상환방법에 따라 수의상환사채, 감채기금부사채, 정시분할사채 및 만기일시상환사채 등으로 구분된다. 수의상환사채(callable bond)는 발행기업이 만기 이전에 언제든지 상환가능한 사채이다. 발행회사는 일정한 상환가격(call price)으로 기발행한 회사채를 매입할 수 있는 권리를 갖고 있다. 감채기금부사채(sinking fund bond)는 사채상환에 필요한 금액을 정기적으로 적립하는 사채이다. 정시분할사채(redemption by amortization bond)는 사채발행 후 일정거치기간이 지난 후 사채를 분할상환하는 사채이며, 만기 일시 상환사채(balloon payment bond)는 만기에 일시에 원금을 상환하는 사채이다.

우리나라에서 발행되는 사채는 일반적으로 쿠폰부, 담보, 보증 및 만기일시상환의 특성을 동시에 지니고 있는 것이 많다. [그림 2-7]은 전형적인 무기명식 쿠폰부 보증채권의 견본이다.

특수 회사채

특수 회사채는 사채를 발행할 때 특정의 옵션이 부여되어 있는 특수한 사채로 전환사채, 신주인수권부사채 및 수의상환사채가 있다.

전환사채(convertible bond: CB)는 투자자에게 일정기간 후 사채를 발행한 기업의 주식으로 전환할 수 있는 권리가 부여된 사채이다. 전환사채는 사채로서의 장점과 주식으로서의 장점을 동시에 보유한다고 할 수 있다. 이런 이유로 전환사채의 이자율은 일반사채보다 낮은 편이다.

신주인수권부 사채(bond with warrants: BW)는 발행회사가 유상증자를 할 때 사채 보유자도 채권에 약정된 비율로 주주와 마찬가지로 신주를 인수할 수 있는 권리를 부여한 사채이다.

수의상환사채(callable bond)는 사채발행회사가 이미 발행된 사채를 만기 이전에 임의로 상환이 가능한 사채이다. 상환가격(call price)은 대개 사채 액면가보다 높으며 만기에 가까울수록 낮아진다. 수의상환사채는 이자율 하락이 예상되는 경우에 기존에 발행한 사채를 상환하고 낮은 이자율로 새로운 사채를 발행하여 자금을 재조달하는 방법을 통해 자금조달에 유연성을 제공할 수 있다는 장점이 있다.

2) 국·공채와 특수채

(1) 국·공채

국가나 지방자치단체가 재정사업이나 특정 사업의 재원조달을 목적으로 발행하는 채권이다. 예를 들어, 정부의 재정적자 보전, 재정수지 불균형 조정, 도로, 철도, 상수도 등 기간산업의 건설을 목적으로 국고채가 발행될 수 있다.

투자자 입장에서 국·공채의 장점으로는 원리금 지급이 안정적이며, 이자소득에 대해 면세가 되거나 또는 사채보다 낮은 세율을 적용하는 채권이 많다는 점이다. 그러나 국·공채는 수익률이 낮으며 시장성이 적다는 단점도 있다. 우리나라의 경우, 국·공채는 국고채와 국민주택채권을 제외하고는 거래가 활발하지 않은 편이다.

(2) 특수채

한국은행이나 한국토지주택공사 등 특별법에 의해 설립된 법인이 발행하는 채권이다. 예를 들어, 한국은행은 통화유통의 안정을 위해 통화안정증권을 발행하고, 산업은행은 산업자금의 안정적 조달을 위해 산업금융채권을 발행한다. [그림 2-8]은 우리나라의 경우 국·공채와 특수채의 종류를 나열한 것이다.

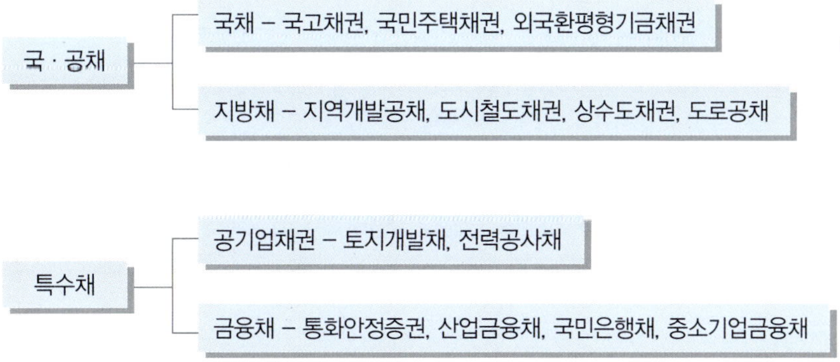

◀ 그림 2-8
국 · 공채와 특수채 종류

3. 수익증권과 뮤추얼 펀드

1) 의의

집합투자기구(펀드)는 집합투자를 수행하기 위한 기구로서 2인 이상에게 투자권유를 하여 모은 자금을 주식 및 채권 등 재산적 가치가 있는 투자대상자산을 취득·처분 등의 방법으로 운용한 후 그 결과를 투자자에게 배분하여 귀속시키는 간접투자상품이다.

집합투자를 위한 재산의 집합체인 집합투자기구는 통상 '펀드(fund)'라 지칭되며, 동일한 펀드에 투자한 투자자간에 동등한 권리를 갖는다는 수익자 평등의 원리와 운용결과를 그대로 분배하는 실적배당원칙이 기본원리이다.

집합투자기구는 설립형태에 따라 계약형(contractual type)과 회사형(corporate type)으로 나눌 수 있다.[3] 집합투자기구 중 투자신탁(investment trust)은 계약형 집합투자기구이며, 투자회사 등은 회사형 집합투자기구이다.

계약형은 위탁자인 집합투자업자 즉, 투자신탁(investment trust)이 수탁회사와의 신탁계약에 의거 수익증권(beneficiary certificate)을 발행하고 이를 통해 수익자인 투자자로부터 자금을 모아 증권 등의 자산에 투자하여 그 수익을 투자자에게 분배하는 방식으로 일본과 유럽국가들이 주로 채택하고 있다. 국내 집합투자기구 대부분이 투자신탁방식으로 이루어지고 있다.

회사형은 투자전문가가 투자전문회사를 설립하고 이 회사의 주식(또는 지분증권)을 투자자가 매입하는 형태로 미국의 뮤추얼펀드(mutual fund)에서 발전된 제도이다.

일반투자자는 수익증권을 매입하여 계약형 투자신탁에 투자하거나, 뮤추얼 펀드가 발행하는 주식을 매입함으로써 증권에 간접투자 할 수 있다.

---

3) 한국의 금융제도(2012), 한국은행 참고

2) 증권투자신탁의 형태

증권투자신탁은 조직 형태에 따라 [그림 2-9]와 같이 계약형 투자신탁에는 단위형과 기금형(추가형)이 있으며, 회사형 투자신탁은 폐쇄형과 개방형으로 구분된다.

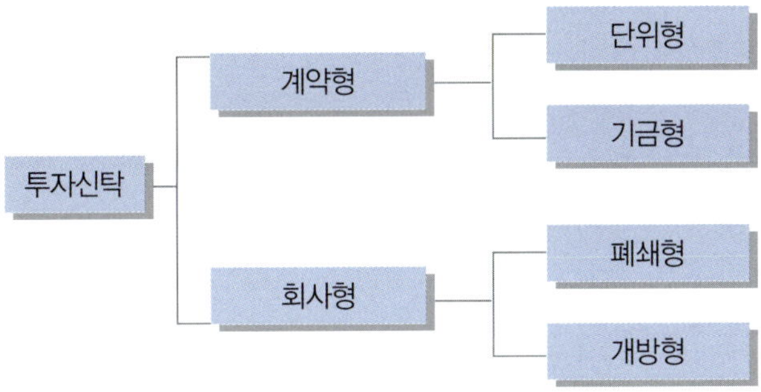

◀ 그림 2-9 증권투자신탁의 형태

(1) 계약형 투자신탁

계약형 투자신탁은 신탁계약에 의해 조직·운영되는 투자신탁으로 위탁자(집합투자업자), 수익자, 수탁자 및 판매회사로 구성된다. [그림 2-10]은 계약형 투자신탁의 구조를 나타내고 있다. 여기서 위탁자(truster)는 신탁재산의 운용을 중심으로 하는 업무인 수익증권을 발행·매출하고 운용하는 역할을 한다. 수탁자(trustee)는 신탁회사로 위탁자와의 신탁계약에 따라 재산의 보관·출납, 수익증권에 관련된 사무업무, 회계업무, 증권의 보관·신탁 업무를

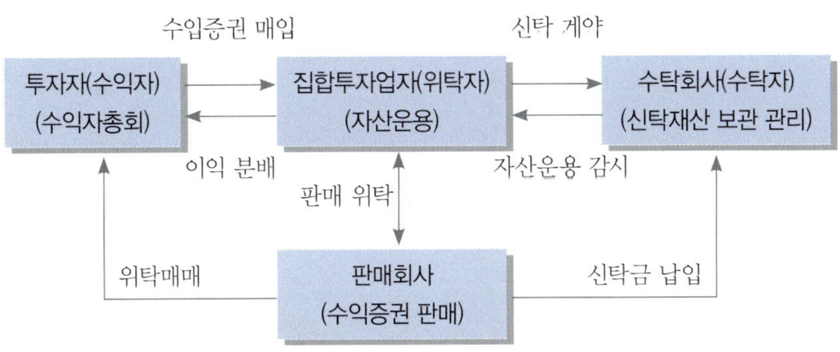

◀ 그림 2-10 계약형 투자신탁의 구조

수행한다. 보통 은행과 같은 금융기관이 수탁자 역할을 한다. 수익자(beneficiary)는 자금의 제공자인 투자자로서 이익분배 청구권을 가진다. 판매회사는 수익증권을 판매하는 기관으로 은행, 증권회사 등이다.

계약형 투자신탁의 종류는 단위형과 기금형이 있다. 단위형(unit type)은 원칙적으로 일정한 신탁계약기간이 정해지며, 신탁재산을 일정금액으로 한정시켜 계약기간 만료 시까지 독립된 투자신탁으로 운영한다. 단위형은 정해진 계약기간 중 환매는 불가능하며, 원본추가도 불가능하다. 그러나 해약에 의한 원본 감소는 가능하다.

참고 박스

환매

환매(repurchase)는 투자신탁회사가 고객에게 판매한 수익증권을 고객이 원할 때 되사는 것을 의미한다. 고객의 입장에서는 저축한 금액(수익증권을 매입한 금액)의 일부 금액 또는 원리금을 인출하는 것이 된다. 만기 환매 시에는 수수료가 없다. 그러나 중도 환매시에는 위약수수료를 납부해야 한다. 이는 계약위반으로 인한 위약금에 해당된다. 우리나라는 보통 3일 환매제를 시행하고 있다.

기금형(fund type)의 경우는 일정한 계약기간이 없으며, 처음 설정한 신탁재산액에 추가시킬 수 있기 때문에 추가형이라고 한다. 계약기간이 일정기간으로 한정되지는 않으므로 항상 환매가능하며 원본추가도 가능하다.

〈표 2-1〉은 우리나라 주식형 펀드의 예를 보여주고 있다.

(2) 회사형 투자신탁

회사형 투자신탁은 뮤추얼 펀드(mutual fund)라 하며, 미국에서 발달된 제도이다. 증권투자를 목적으로 하는 주식회사 형태의 투자회사(뮤추얼 펀드)를 설립하고 이 회사가 발행주식을 일반투자자에게 매각 및 거래하는 형태이다.

펀드명	소유형	순자산액(억 원)	6개월 수익률(%)
삼성KODEX자동차 상장지수(주식)	기타인덱스	192	23.66
한국투자중소밸류자(주식)(A)	중소형주식	354	19.43
미래에셋TIGER화장품상장지수(주식)	기타인덱스	104	19.20
한국투자롱텀밸류자 1(주식)(C5)	일반주식	113	16.47
KB주주가치포커스(주식)A	일반주식	46	15.50
한국밸류10년투자중소형자(주식)종류A	중소형주식	139	14.54
미래에셋TIGER가격조정상장지수(주식)	기타인덱스	217	14.19
한국밸류10년투자 1(주식)(C)	일반주식	5,000	13.59
KB중소형주포커스자(주식)AClass	중소형주식	823	13.50
삼성KODEX 경기소비재상장지수(주식)	기타인덱스	105	13.50
미래에셋TIGER중국소비테마상장지수(주식)	기타인덱스	2,369	13.49
한국밸류10년투자퇴직연금배당자(주식)(C)	배당주식	100	12.23

자료: http://www.funddoctor.co.kr/ 기준일: 2019년 5월 15일

▲표 2-1
주식형 펀드의 예

이때, 신탁재산으로 펀드를 형성하고, 이 펀드에 주식회사 형태의 법인격이 부여된다. 이처럼 회사형 투자신탁은 펀드 자체가 주식회사 형태로 운용되는 것이 계약형 투자신탁과의 가장 큰 차이점이라 할 수 있다. 회사는 보통주, 우선주 및 사채 등을 발행하여 자금을 조달하고 정관에 따라 자산을 운용한다.

뮤추얼 펀드는 법인 자격을 부여받은 주식회사 형태의 증권투자회사이지만, 보통의 회사와는 달리 사무실도 직원도 없는 서류상으로만 존재하는 회사(paper company)이다. 따라서 뮤추얼 펀드를 운용하는 데 관여되어 있는 자산운용회사, 판매회사, 일반사무수탁회사, 자산보관회사 등과 같은 여러 회사들이 업무를 분담함으로써 유지되고 운영된다.

회사별로 보면 판매회사(주로 증권사와 은행)는 뮤추얼 펀드(증권투자회사)의 모집과 판매업무를 대행하며, 자산운용회사는 판매회사가 모집한 자금

으로 유가증권 등에 투자·운용하는 업무를 수행한다. 일반사무관리회사는 뮤추얼 펀드(증권투자회사)의 주식발행, 발행주식의 명의개서, 운용결과의 계산업무 등을 맡는다. 자산보관회사는 증권투자회사의 자산을 보관·관리하는 업무를 수행한다.

회사형 투자신탁의 종류는 투자자금의 운용방법에 따라 폐쇄형과 개방형으로 나누어진다. 폐쇄형(closed-end type)은 투자자의 자금을 자본금으로 하여 주식과 채권을 발행하고, 발행된 주식은 증권거래소에 상장되어 거래된다. 모집된 투자자의 자금은 증권에 분산투자된다. 투자자(주주)는 직접 투자신탁회사에 상환청구할 수 없고 증권시장에서 해당 투자신탁회사의 증권을 매도하여 투자자금을 회수하는 것이 가능하다. 개방형(open-end type)은 폐쇄형과 달리 보통주만 발행한다. 투자신탁회사는 투자자 환매요구가 있을 때 언제라도 상환해 주어야 한다. 이에 따라 언제나 증자 및 감자가 가능하다. 개방형은 미국의 뮤추얼 펀드(mutual fund)가 전형적인 예이다.

이상에서 설명한 계약형 투자신탁과 회사형 투자신탁의 특성을 요약하여 비교하면 〈표 2-2〉와 같다.

표 2-2 ▼ 계약형 투자신탁과 회사형 투자신탁의 특성 비교

구분	계약형 투자신탁	회사형 투자신탁(뮤추얼 펀드)
설립형태	신탁약관에 의한 신탁계약	펀드 자체가 법인격을 가진 주식회사
발행유가증권	수익증권	주식
투자자의 법적 지위	수익자	주주
설립규제	설립요건 엄격	설립이 상대적으로 용이
통제제도	감독기관의 감독	주주에 의한 자율적 규제
금융상품 성격	저축수단(만기 존재)	투자수단(계속기업)

집합투자기구를 투자대상별로 구분하면 〈표 2-3〉과 같이 증권, 단기금융(MMF), 부동산, 특별자산, 혼합자산 등 5종류로 구분된다.

증권집합투자기구는 집합투자재산의 50%를 초과하여 증권 및 이를 기초자산으로 하는 파생상품에 투자하는 집합투자기구이다. 단기금융집합투자

◀표 2-3
투자대상에 따른 집합투자기구 유형

유형		분류기준
증권	채권형	자산총액의 60% 이상 채권에 투자
	주식형	자산총액의 60% 이상 주식에 투자
	혼합주식형	자산총액 중 주식에 투자할 수 있는 최고편입한도가 50% 이상
	혼합채권형	자산총액 중 주식에 투자할 수 있는 최고편입한도가 50% 이하
	투자계약증권	자산총액의 60% 이상을 투자계약증권에 투자
	재간접형	자산총액의 40% 이상을 집합투자증권에 투자
단기금융(MMF)		자산을 주로 단기성자산(콜론, CP, CD 등)에 투자
부동산		50% 이상을 부동산에 투자
특별자산		50% 이상을 특별자산(증권, 부동산 이외의 투자대상)에 투자
혼합자산		집합투자기구관련 규정의 제한을 받지 않는 집합투자기구

자료: 금융투자협회

기구는 집합투자재산 전부를 단기금융상품에 투자하는 집합투자기구이며, 부동산집합투자기구는 집합투자재산의 50%를 초과하여 부동산, 이를 기초자산으로 한 파생상품, 부동산 개발과 관련된 법인에 대한 대출 및 부동산과 관련된 증권에 투자하는 집합투자기구이다. 특별자산집합투자기구는 집합투자재산의 50%를 초과하여 특별자산(증권 및 부동산을 제외한 투자대상자산)에 투자하는 집합투자기구이다. 마지막으로 혼합자산집합투자기구는 집합투자재산을 운용함에 있어서 증권, 부동산, 특별자산집합투자기구관련 규정의 제한을 받지 않는 집합투자기구이다.

4. 파생금융상품

파생금융상품(derivative securities)은 선물(futures), 옵션(option) 등과 같이 현물자산의 가격변동에 근거하여 가격이 형성되는 금융상품이다. 파생금융상품은 다음과 같은 기능을 가지고 있다.

첫째, 기초자산의 가격변동에 의해 발생되는 위험을 회피하는 것이 가능하다. 선물거래는 가격변동위험을 회피하고 싶은 투자자가 이러한 위험을 선호하는 투기자에게로 위험을 전가시킬 수 있는 수단을 제공해 주며, 이를 통해 투자자들은 가격변동위험으로부터 벗어날 수 있게 된다.

둘째, 다양한 투자전략을 제공한다. 최소한의 손실과 적정 이익을 보장하는 포트폴리오를 구성하는 것이 가능하다. 파생금융상품은 투자자에게는 가격변동위험을 제거하기 위한 수단으로 이용되며, 투기자에게는 고위험-고수익 투자상품으로 이용된다. 또 차익거래자에게는 현물과 선물 간의 가격차이를 이용하여 차익거래나 스프레드거래와 같은 새로운 투자기회를 제공한다. 옵션의 경우에서도 콜옵션과 풋옵션의 매입·매도를 다양하게 결합하거나 주식, 채권 등과 옵션을 결합함으로써 여러 가지 형태의 수익흐름을 가진 투자수단을 만들어낼 수 있다. 따라서 투자자들은 각자의 위험에 대한 선호나 향후 가격 변화에 대한 예상에 따라, 또는 자신의 자금사정이나 투자목적에 따라 적합한 투자전략을 다양하게 구사할 수 있다.

셋째, 레버리지 효과(leverage effect)를 기대할 수 있다. 현물자산 투자에 비하여 훨씬 작은 금액으로 보다 많은 수익을 올릴 수 있는 수단을 제공한다. 따라서 파생금융상품을 이용하면 투자자금에 비해 수익률의 폭이 커지는 레버리지 효과가 발생한다.

우리나라의 경우 파생금융상품시장은 1996년 5월 주가지수 선물시장이 개설되면서 본격적으로 시작되었다. 이어서 1997년 7월 주가지수 옵션시장이 도입되었다. 1999년 4월 부산에 한국선물거래소가 개장되면서 달러선물, CD 금리선물 및 금선물 등이 거래되었다. 그리고 2001년 1월부터 개별주식 옵션거래가 시작되었다. 2001년 12월에는 코스닥50옵션이 상장되었으며, 2002년 5월에는 국채선물옵션, 2002년 12월에는 통안증권금리선물, 2003년 8월에는 5년국채선물이 상장되었다. 2005년 11월에는 스타지수선물시장이 개설되었으며, 2006년 5월부터 엔화선물과 유러화선물시장이 개설되었다. 2007년 8월에 선물시장제도가 단일화되었으며, 2008년 7월부터 돈육선물거래가 시작되었다.

현재 거래되고 있는 파생금융상품은 주가지수상품으로 코스피200선물, 코스피200옵션, 코스피200섹터지수선물 및 스타지수선물이 있으며, 변동성지수상품으로 코스피200변동성지수선물이 있다. 개별주식상품으로는 개별주식선물과 개별주식옵션이 있다. 채권금리상품으로는 3년국채선물, 5년국채선물, 및 10년국채선물이 있으며, 통화상품으로는 미국달러선물, 미국달러옵션, 엔선물, 유로선물, 위안선물 및 KRX300 선물 등이 있다. 한편, 상품선물로는 금선물, 돈육선물, 미니금선물이 거래되고 있다.

5. 주가연계 금융상품

주가연계 금융상품에는 은행의 ELD, 증권사의 ELS, 투자신탁회사의 ELF, ELW, ETF 그리고 DLS 등이 있다. 이들 금융상품은 원금의 대부분을 채권 등 안전자산에 투자하고 여기서 생기는 이자를 주가지수나 주식 관련 상품에 투자해 추가수익을 얻을 수 있게 설계되어 있다.

(1) 주가연계예금(ELD)

ELD(equity-linked deposit: 주가연계예금)는 은행의 정기예금에 가입하는 방식을 취한다. 2002년 국내에 처음 도입된 예금상품으로서 주가연계증권(ELS)이나 주가연계펀드(ELF)와 마찬가지로 주가연계상품(equity linked notes: ELN)의 한 종류로 주가연계상품 중에서 가장 안전한 상품으로 평가된다. 정기예금의 특성상 어떠한 경우에도 원금은 예금자보호법에 의해 1인당 5천만원까지 보장되고, 지급이자는 주가지수나 주식가격에 연동하여 결정된다. 기존의 일반예금과 다른 점은 주식 관련 옵션이 내재되어 있으며, 이 내재옵션에 따라 주가연계예금의 성격과 판매가격이 결정된다. 투자구조는 투자액의 대부분을 정기예금에 예입하고, 여기서 나오는 이자를 주가지수 옵션 등 파생상품으로 운용하여 발생한 수익을 고객에게 지급하는 방식으로 이루어진다.

ELD는 주가지수가 높아질수록 고수익을 얻을 수 있으며, 투자에 따른 손실이 발생하더라도 원금이 보장되기 때문에 안정적이면서도 정기예금보다는 높은 금리를 원하는 투자자에게 적합한 상품이라고 할 수 있다. 또 생계형·세금우대형으로 가입하면 세금절감의 효과도 얻을 수 있다. 단, 중도에 해지할 경우에는 수수료를 물어야 하기 때문에 경우에 따라 원금이 손실될 수도 있으며, 또 주가의 변동에 따라 수익률의 상한과 하한을 정해 놓고 있다는 점을 유의하여야 한다.

(2) 주가연계증권(ELS)

ELS(equity-linked securities: 주가연계증권)는 개별주식의 가격이나 주가지수에 연계되어 투자수익이 결정되는 유가증권이다. 자산을 우량채권에 투자하여 원금을 보존하고 일부는 주가지수 옵션 등 파생금융상품에 투자해 고수익 획득을 목적으로 하는 금융상품으로, 2003년 증권거래법 시행령에 따라 상품화되었다. 일반적으로 ELN(equity-linked note)으로도 불리고, 넓은 의미로는 신주인수권 증서인 워런트(warrant)도 포함된다.

ELS의 만기는 3개월~3년이며, 주식이나 채권에 비해 손익구조가 복잡하다. 또한 원금과 수익을 지급받지 못할 위험성도 있고 투자자가 만기 전에 현금화하기가 어렵다는 특징도 지닌다. ELS는 주가지수가 상승할 때 일정한 수익을 얻을 수 있도록 하는 상품, 주가지수 등락구간별 수익률에 차이가 나게 하는 상품 등 다양한 유형이 있는데, 일반적으로 원금보장형·원금부분보장형·원금조건부보장형의 세 가지로 나뉜다. 원금보장형은 보수적이거나 안정적인 투자자가 선호하며, 원금부분보장형은 적극적인 투자자가, 원금조건부보장형은 공격적인 투자자가 선호한다.

ELS는 투자자에게는 투자선택의 폭을 넓히고, 증권회사에는 수익구조를 변화시켜 증권업 활성화에 기여하는 것으로 평가된다. 또한 주식이나 주가지수 이외에도 원자재와 금과 같은 실물에 연계되거나, 물가지수나 채권지수 등에 연계되는 등 그 범위가 다양해지고 있다.

참고 박스

ELS의 예

1. 상품개요

항 목		내 용
종목명		삼성증권 제[23275]회 주가연계증권 (고위험, 원금비보장형)
기초자산		EUROSTOXX50, NKY225, S&P500
모집총액		20,000,000,000원
1증권당 액면가액		10,000원
1증권당 발행가액		10,000원
발행수량		2,000,000 증권
최소청약금액		최소 100만원부터 1만원 단위
청약기간	청약시작일	[2019년 12월 05일]
	청약종료일	[2019년 12월 11일] (단, 청약종료일 당일은 13시까지 청약접수) (청약기간이후 청약취소 불가) 표 아래 '유의사항'을 참고하시기 바랍니다. ※ 숙려기간: [2019년 12월 09일]부터 [2019년 12월 11일]까지
납입일		[2019년 12월 11일]
배정 및 환불일		[2019년 12월 11일]
발행일		[2019년 12월 12일]
만기일 (예정)		[2022년 12월 09일]
만기평가일 (예정)		[2022년 12월 09일]
만기상환금액 지급일(예정)		[2022년 12월 14일]

2. 권리의 내용

(1) 기준가격 결정일 및 평가방법

- 최초기준가격 : 2019년 12월 11일 종가
- 중간기준가격 : 2020년 06월 11일, 2020년 12월 11일,
  2021년 06월 11일, 2021년 12월 10일,
  2022년 06월 10일 각 종가
- 최종기준가격 : 2022년 12월 09일 종가

(2) 손익구조

구분	내 용	투자수익률(세전)
자동조기/만기상환	① 1차 중간기준가격 결정일에 각 기초자산의 해당 중간기준가격이 모두 최초기준가격의 95%보다 크거나 같게 되는 경우 연 5.80% ② 위 ①의 경우가 발생하지 않고, 2차 중간기준가격 결정일에 각 기초자산의 해당 중간기준가격이 모두 최초기준가격의 92.5%보다 크거나 같게 되는 경우 ③ 위 ②의 경우가 발생하지 않고, 3차 중간기준가격 결정일에 각 기초자산의 해당 중간기준가격이 모두 최초기준가격의 90%보다 크거나 같게 되는 경우 ④ 위 ③의 경우가 발생하지 않고, 4차 중간기준가격 결정일에 각 기초자산의 해당 중간기준가격이 모두 최초기준가격의 85%보다 크거나 같게 되는 경우 ⑤ 위 ④의 경우가 발생하지 않고, 5차 중간기준가격 결정일에 각 기초자산의 해당 중간기준가격이 모두 최초기준가격의 80%보다 크거나 같게 되는 경우 ⑥ 위 ⑤의 경우가 발생하지 않고, 최종기준가격 결정일에 각 기초자산의 해당 최종기준가격이 모두 최초기준가격의 75%보다 크거나 같게 되는 경우	연 5.80%
만기상환	⑦ 위 ⑥의 경우가 발생하지 않고, 최초기준가격 결정일(불포함) 이후 최종기준가격 결정일(포함) 이전에 하나의 기초자산이라도 종가에 최초기준가격의 50% 미만으로 내려간 적이 없는 경우	연 5.80%
	⑧ 위 ⑥의 경우가 발생하지 않고, 최초기준가격 결정일(불포함) 이후 최종기준가격 결정일(포함) 이전에 하나의 기초자산이라도 종가에 최초기준가격의 50% 미만으로 내려간 적이 있는 경우	−100% ~ −25%

(3) 투자손익 사례 : 1억원을 투자한 경우

- 자동조기상환
  - 1차 중간기준가격결정일(2020.06.11)에 EUROSTOXX50지수, NKY225 지수, S&P500지수가 각각 최초기준가격×95%인 경우
    ⇒ 1억 290만원(= 1억원 + 6개월간 수익 290만원)을 상환 받음
- 만기상환
  - EUROSTOXX50지수가 종가에 최초기준가격×50% 미만으로 하락한 적이 있고, EUROSTOXX50지수의 최종기준가격이 최초기준가격의 65%, NKY225지수의 최종기준가격이 최초기준가격의 65%, S&P500지수의 최종기준가격이 최초기준가격의 65%인 경우
    ⇒ 6,500만원(=1억원×65%)을 상환 받으므로 원금손실 3,500만원 발생
- 최대손실가능금액 : 1억원 투자 시 투자원금 전체

3. 예상 손익구조 그래프

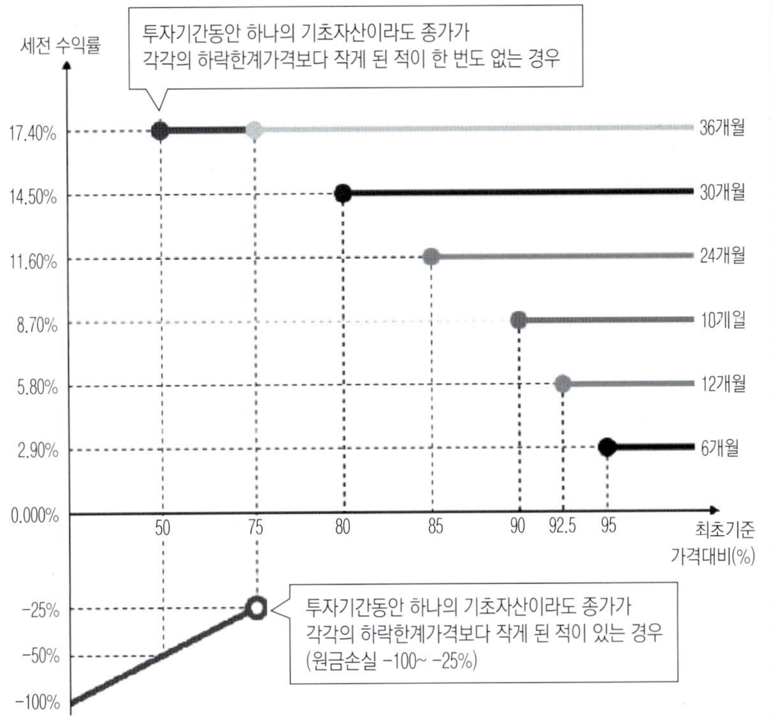

가. (가정) 1억원 투자

- 기초자산 [EUROSTOXX50], [NKY225], [S&P500]의 최초기준가격이 각각 10,000, 10,000, 10,000인 경우

나. 손실 사례

- 만기일까지 투자수익이 발생하는 상환조건이 충족된 적이 없고 만기일까지 [EUROSTOXX50], [NKY225], [S&P500]의 가격이 어느 하나라도 낙인구간(각각 5,000, 5,000, 5,000) 미만으로 하락한 적이 있고, 하나의 기초자산이라도 최종기준가격이(종가) 최초기준가격 대비 75%미만인 경우 아래와 같이 손실 실현

구분	내 용	손실률
사례 1	만기일에 [EUROSTOXX50], [NKY225], [S&P500]의 최종기준가격이 각각 10,000, 10,000, 6,500일 때(더 많이 하락한 [S&P500] 가격 기준) → 1억원 + [1억원×(−35%)] = 6,500만원 상환	−35%
사례 2	만기일에 [EUROSTOXX50], [NKY225], [S&P500]의 최종기준가격이 각각 10,000, 10,000, 5,500일 때(더 많이 하락한 [S&P500] 가격 기준) → 1억원 + [1억원×(−45%)] = 5,500만원 상환	−45%
사례 3	만기일에 [EUROSTOXX50], [NKY225], [S&P500]의 최종기준가격이 각각 10,000, 10,000, 4,500일 때(더 많이 하락한 [S&P500] 가격 기준) → 1억원 + [1억원×(−55%)] = 4,500만원 상환	−55%
사례 4	만기일에 [EUROSTOXX50], [NKY225], [S&P500]의 최종기준가격이 각각 10,000, 10,000, 0일 때(더 많이 하락한 [S&P500] 가격기준) → 1억원 + [1억원×(−100%)] = 0원 상환 (전액 손실)	−100%

(3) 주가연계펀드(ELF)

ELF(equity-linked fund: 주가연계펀드)는 파생상품펀드의 일종으로, 투자신탁회사들이 ELS 상품펀드에 편입하거나 자체적으로 원금보존 추구형 펀드를 구성하여 판매하는 형태의 상품으로 주로 자산운용사가 특정 ELS 상품을 펀드에 편입시키는 방법으로 운용한다. ELF는 2003년 1월부터 판매되고 있다. 대부분의 펀드자산은 국공채나 우량회사채 등 안전자산에 투자하여 만기때 원금을 확보한다. 나머지 자산은 증권회사에서 발행한 ELS Warrant(권리증서)에 편입해 펀드 수익률이 주가에 연동되도록 설계한다. 따라서 ELF는 펀드의 수익률이 주가나 주가지수 움직임에 의해 결정되는 구조를 가지게 된다.

ELF는 수익구조에 따라 다양한 종류가 있는데, 그 중에서 원금보장형과 조기상환형이 대표적인 형태이다. ELF의 기본적 수익구조는 ELS와 거의 차이가 없다. ELD와 달리 ELF와 ELS는 투자원금 손실을 입을 가능성이 존재하지만, ELD에 비해 상대적으로 수익구조가 다양하고 고수익을 추구한다. 즉, 고위험-고수익 상품의 특성을 가진다.

(4) 파생결합증권(DLS)

DLS(derivatives-linked securities: 파생결합증권)은 유가증권과 파생금융상품이 결합한 형태의 증권으로 기초자산의 가치변동에 따라 수익이 결정된다. 기초자산은 주식, 이자율, 환율, 신용위험 및 실물(원유 등) 등 매우 다양하다. 따라서 합리적으로 가격이 매겨질 수 있다면 무엇이든 파생결합증권의 기초자산이 될 수 있기 때문에 상품개발 범위가 무궁무진하다.

파생결합증권은 원래 넓은 의미로 주가연계증권(ELS)을 포함하는 포괄적인 개념이다. 그러나 대개 주가 및 주가지수만을 기반으로 하는 ELS를 제외한 나머지 자산을 기초자산으로 삼고 있는 파생증권을 가리키는 용어로 쓰이고 있다.

기본구조는 주가연계증권와 동일하며 펀드로 따지면 자산운용사들이 설정하는 실물펀드와 흡사하다. 좁은 의미의 파생결합증권은 2005년 3월 이후 국내 시장에서 발행이 가능해졌고 그동안 주로 국내 증권사들이 외국계 증권사나 투자은행으로부터 만들어진 상품을 들여와 일반 투자자나 법인에 판매해 왔다. 무보증 회사채의 성격을 가지고 있으며 원금 및 수익은 사전에 발행증권사가 결정해 조건에 따라 명시한다.

파생결합증권은 원금파생결합증권보장 정도(100% 원금보장, 90% 원금보장, 비보장 등), 옵션의 종류 및 투자 기간 등에 따라 매우 다양한 구조를 만들 수 있어 시장상황 혹은 투자자의 투자성향에 따라 탄력적인 상품구성이 가능하다는 특징을 지닌다. 또한 파생결합증권은 주가연계증권에 비하여 다양한 기초자산으로 상품설계가 가능하며, 투자와 헤지목적으로 파생결합증권에 투자할 수 있으며, 펀드매니저의 운용성과에 따라 수익률이 결정되는 것이 아니라 사전에 정해진 결정방식에 따라 쿠폰이나 최종수익률이 결정되는 특징을 가지고 있다.

(5) 주식워런트 증권(ELW)

ELW(equity-linked warrant: 주식워런트 증권)는 특정 주식의 가격 또는 주가지수의 변동과 연계하여 미리 정해진 방법에 따라 만기 시 주권의 매매 또는 현금을 수수하는 권리가 부여된 증권을 말한다. 다시 말해 특정 종목의 주가 상승이 예상될 경우, 해당 종목의 주식을 모두 사지 않더라도 일부 자금을 투자해 주식으로 바꿀 수 있는 권리만 매입한 후, 차익을 올릴 수 있는 증권이다. ELW의 대상종목은 유동성이 풍부한 KOSPI100 구성종목과 주식바스켓, KOSPI200 지수 등이며, 만기는 최소 3개월 이상 3년 이내이다.

가령, (주)해모수의 현재 주가가 50,000원인 상황에서 투자자 주몽 씨가 이 회사의 주식을 1년 뒤에 60,000원에 살 수 있는 ELW콜을 100원에 샀다고 하자. 1년이 지났을 때 (주)해모수의 주가가 70,000원까지 오를 경우, 투자자 주 씨는 ELW의 권리를 행사해 60,000원에 주식을 사서, 현재의 시세인 70,000원에 팔 수 있다. 이때 투자자 주 씨는 1년 전에 ELW를 산 가격

100원을 빼더라도 9,900원의 투자수익을 올릴 수 있다. 반대로 주가가 60,000원 이하라면, 행사할 수 있는 권리를 포기해 자신이 투자한 100원만큼만 손해를 보면 된다. 만기 전이라도 투자자 주 씨는 자신이 투자한 100원보다 올랐을 경우, 즉 주가가 60,100원 이상 오른다면 언제든지 팔아서 시세차익을 올릴 수 있다.

한편, 미래 주가가 하락을 예상하는 경우 ELW풋을 매수함으로써 시세차익을 올릴 수 있다. 예로, 강나루 주식회사의 주가가 현재 100,000원인 상황에서 투자자는 이 회사의 주식을 1년 뒤에 90,000원에 팔 수 있는 ELW풋을 100원에 샀다고 하자. 1년이 지난 후 강나루주식회사의 주가가 80,000원으로 하락하였다면 투자자는 현재 시장가격인 80,000원에 주식을 매수하고 ELW의 권리를 행사하여 90,000원에 매도할 수 있다. 이 경우 1년 전에 ELW를 산 가격 100원을 빼더라도 9,900원의 투자수익을 올릴 수 있다.

다음 〈표 2-4〉는 ELW 종류와 거래의 예를 보여주고 있다.

▼표 2-4
ELW의 종류와 거래의 예

종목명	현재가	전일대비	매도호가	매수호가	거래량	거래대금	기초자산 현재가	행사가격	최종 거래일	전환비율 (%)
신영E196SK하이닉콜	15	0	0	10	2,373,020	35,595,350	74,500	87,700	2019/08/08	0.01
신영E201SK하이닉콜	50	0	60	5	1,218,020	60,900,950	74,500	80,600	2019/10/10	0.01
KBE334SK하이닉풋	50	-5	65	5	4,001,000	200,050,000	74,500	71,100	2019/08/08	0.01
KBE139엘지디스풋	50	5	0	5	3,124,430	156,224,050	17,800	17,400	2019/07/11	0.05
미래E633SK하이닉콜	50	50	0	0	6,464,030	323,201,600	74,500	79,000	2019/08/08	0.01
미래E706삼성전자콜	40	5	40	35	4,735,520	165,745,750	42,550	45,500	2019/09/11	0.02
NHE101한화케미콜	60	25	60	5	4,774,020	258,160,850	21,500	21,300	2019/06/13	0.05
NHE102한화케미풋	45	-20	45	40	1,905,520	90,250,250	21,500	20,100	2019/07/11	0.05
한국E620SK하이닉콜	50	0	0	5	4,040,020	202,001,050	74,500	81,600	2019/10/10	0.01
한국E803삼성전자콜	35	0	40	30	2,414,490	84,507,200	42,550	47,600	2019/11/14	0.02

자료: 한국거래소, 2019년 6월 4일

(6) 상장지수펀드(ETF)와 상장지수증권(ETN)

ETF(exchange traded fund: 상장지수펀드)는 KOSPI200과 같은 특정지수 및 특정자산의 가격 움직임과 수익률이 연동되도록 설계된 펀드로 펀드 자체가 거래소에 상장되어 일반 주식과 같은 방법으로 매매할 수 있는 금융상품이다. 예를 들어, KOSPI200지수를 추종하는 ETF의 경우 KOSPI200지수를 구성하는 종목들을 지수비중대로 편입하여 펀드를 구성하고 이를 바탕으로 ETF증권을 발행하기 때문에 이 ETF의 수익률은 KOSPI200지수의 움직임을 따라가게 된다. 따라서 ETF를 매입한다는 것은 ETF가 대상으로 하는 주가지수를 매입하는 것과 동일하다고 할 수 있다. 그러므로 ETF는 개별주식의 장점인 매매 편의성과 적은 투자자금으로도 분산투자가 가능하며 개별종목에 대한 정보나 분석없이 주식시장 전체 또는 특정 산업의 전반적인 흐름에 대한 판단을 기초로 투자할 수 있기 때문에 기관투자자는 물론 개인투자자도 손쉽게 이용할 수 있다.

또한 ETF는 일반 펀드에 비해 운용보수가 저렴할 뿐만 아니라 매매 시 증권거래세가 부과되지 않아 거래비용을 최소화할 수 있어 낮은 투자비용이 지출된다는 장점이 있다. ETF 가격은 대상지수의 움직임을 충실히 반영할 뿐만 아니라 펀드를 구성하고 있는 현물주식 바스켓 내역과 순자산가치를 매일 공표하기 때문에 상품의 투명성이 높으며, ETF는 거래소에 상장되어 주식처럼 거래되므로 일반 펀드와는 달리 매매체결시점에 확정된 가격으로 현금화할 수 있어 높은 환금성을 가지는 장점이 있다. 〈표 2-5〉는 ETF의 종류와 거래의 예를 보여주고 있다.

한편, ETN(Exchange Traded Note: 상장지수증권)은 기초지수 변동과 수익률이 연동 되도록 증권회사가 발행하는 파생결합증권으로서 주식처럼 거래소에 상장되어 거래되는 증권이다. ETN은 2000년 이후 본격화된 세계경제의 저금리·저성장 상황에서 새로운 투자수단에 대한 요구에 부응하여 도입되었다. ETN는 일반투자자가 접근하기 어려웠던 해외지수, 원자재, 금리, 변동성 등 여러 가지 기초자산과 매도·매수 등 다양한 운용전략 상품으로

종목명	현재가	대비	추정 NAV	기초 지수	매도 호가	매수 호가	거래량	거래대금	기초 지수명	운용회사
KOSEF 200	26,925	−65	26,989.74	267.78	26,925	26,910	67,193	1,809,479,240	코스피 200	키움투자자산운용
KODEX 200	26,750	−50	26,825.78	267.66	26,750	26,745	6,590,143	176,501,748,345	코스피 200	삼성자산운용
KODEX 반도체	19,720	−90	19,712.76	2,017.23	19,720	19,710	3,757	73,984,820	KRX 반도체	삼성자산운용
KODEX 은행	7,390	65	7,405.36	762.31	7,390	7,380	26,422	195,011,110	KRX 은행	삼성자산운용
KODEX 자동차	14,620	165	14,603.87	1,489.81	14,605	14,580	1,879	27,483,750	KRX 자동차	삼성자산운용
TIGER KRX 100	43,230	−180	43,228.95	4,317.59	43,230	43,110	0	0	KRX 100	미래에셋자산운용
TIGER 은행	7,610	70	7,614.36	762.40	7,610	7,590	158	1,198,190	KRX 은행	미래에셋자산운용
TIGER 반도체	20,080	−100	20,088.48	2,017.23	20,080	20,035	175	3,502,675	KRX 반도체	미래에셋자산운용
TIGER 방송통신	8,845	105	8,851.06	888.35	8,855	8,840	16,370	145,424,965	KRX 방송통신	미래에셋자산운용
TREX 중소형가치	7,585	15	7,612.68	7,561.39	7,615	7,585	6	45,515	MKF 중소형 가치	유리에셋

자료: 한국거래소, 2019년 6월 4일

▲표 2-5
ETF의 종류와 거래의 예

투자대상의 다양화, 주당 가격이 높아 소액투자자가 어려웠던 고가 우량주의 소액 분산 투자가 가능하다는 장점이 있다. 또 ETN은 ETF보다 발행절차가 간소하고 운용방식의 제약이 적어 투자자들이 원하는 다양한 상품을 보다 신속하게 시장에 공급할 수 있고, 해외 주식시장 간접투자가 가능하며 해외 우량기업의 국내상장과 유사한 효과를 가질 수 있다는 특징을 가진다.

6. 단기금융상품

단기금융상품은 화폐시장(money market)에서 거래되는 만기가 1년 미만인 상품으로, 위험이 낮고 유동성이 높다는 특성을 가지고 있다. 발행 주체에 따라 단기금융상품을 발행하는 목적은 다르다. 정부나 금융기관은 주로 유동성 조정의 목적으로 이를 발행하고, 기업은 단기자금을 조달할 목적으로 화폐시장을 이용하여 이를 발행한다.

(1) 콜

콜(call)은 콜론(call loan)·콜머니(call money)의 약칭으로 일시적으로 자금이 부족한 금융기관이 자금이 여유있는 다른 금융기관에 자금을 빌려달라고 요청하는 것으로 아주 단기에 회수되는 대차라는 점에서 콜이라는 이름으로 불린다. 금융기관은 예금의 인출, 어음교환 결제, 내국환 결제 등에 대비하여 일정의 지급준비금을 준비하고 있어야 하는데, 콜자금은 지급준비금의 일부를 이루고 있다. 따라서 콜자금은 용이하고 신속하게 회수되어야 한다. 이러한 콜자금의 대차가 이루어지는 추상적 시장이 콜시장(call market)이다.

콜시장의 구조는 [그림 2-11]과 같다. 그림에서 볼 수 있듯이, 콜론(call loan)은 자금에 여유가 있는 금융기관이 콜중개기관을 통해 빌려주는 자금을 의미하고, 콜머니(call money)는 자금이 필요한 금융기관이 콜중개기관을 통해 빌리는 자금을 말한다.

콜거래에서 적용되는 이율이 콜금리(call rate)이다. 콜금리는 금융시장 전체의 자금흐름을 비교적 민감하게 반영하므로 통상 시중의 단기 실세 금리 지표로 활용되고 있다. 콜금리는 금융시장의 수급사정에 의해서 변동되는데 한국은행이 통제하여 우리나라의 통화정책 방향을 결정하는 데 이용한다.

그림 2-11 ▶
콜시장의 구조

(2) 통화안정증권

통화안정증권(currency stabilization bond)은 중앙은행이 공개시장조작을 통해 통화공급을 조정 내지 안정시키기 위하여 발행하는 통화성 특별유통증권이다. 한국은행은 국채나 정부보증채권 이외에 통화안정증권을 발행하여 공개시장에서 매매할 수 있도록 하고 있으나 공개시장조작의 대상이 될 만한 국공채 발행이 저조하고 유통시장이 미약하기 때문에 통화안정증권을 발행하여 제한적으로 공개시장조작을 실시하고 있다.

한국은행이 공개시장에서 통화안정증권을 매각하면 본원적 화폐의 유통량이 감소된다. 반면, 한국은행이 공개시장을 통해 통화안정증권을 환매 또는 상환하면 본원적 화폐의 유통량이 증가될 것이다. 통화수축이 필요한 경우에는 공개시장에서 이를 발행할 수 있으며, 반대로 통화공급이 필요한 경우에는 이를 환매하거나 만기 전에 상환하여 시중의 자금량을 조절한다.

통화안정증권의 발행방법은 일반을 대상으로 하는 공모발행과 특정 금융기관을 대상으로 하는 상대매출이 있다. 공모발행은 할인방식으로 발행되며, 만기는 최단 14일부터 최장 546일까지 있으나 365일물이 대부분을 차지하고 있다.

(3) 양도성예금증서

양도성예금증서(certificate deposit: CD)는 일정한 기간 동안 자금을 예치하기로 약정한 정기예금증서에 대하여 양도를 가능하게 함으로써 정기예금에 유동성을 부여한 것으로 소유자에게 원금 및 약정이자를 지급하는 고정소득증권이다. 즉, 은행이 정기예금에 대하여 발행하는 무기명의 예금증서로 예금자는 이를 금융시장에서 자유로이 매매할 수 있다. 보통 30일 이상 1년 이내의 만기를 가지며, 필요에 따라 만기일 이전이라도 매각이 가능하다.[4]

---

4) 양도성예금증서는 현금지불기(cash dispenser: CD)와 구별하기 위하여 NCD라고도 한다.

(4) 기업어음

기업어음(commercial paper: CP)은 신용도가 높은 우량기업이 자금조달을 목적으로 발행하는 단기의 무담보약속어음으로서 기업이 금융시장 실세금리 수준으로 어음을 발행하고, 금융회사가 이를 인수하여 일반고객에게 매출하고 있다. 기업어음은 직접적인 상거래를 수반하는 상업어음(real paper)[5]과는 구분되는 융통어음이다. 이자율은 투자기간의 구분없이 발행기업의 신용도 및 실세금리의 변동에 따른 변동금리가 적용되나, 중도해약의 경우 양도성예금증서(CD)보다 높은 해지수수료를 내야 한다. 만기는 보통 1년이다.

(5) 환매조건부채권

환매조건부채권(repurchase agreements: RP)은 일정기간이 경과한 후에 다시 매입하는 조건으로 채권을 매도(환매조건부 채권 매도)함으로써 금융기관이 단기자금을 조달하는 금융수단으로 경과기간에 따른 확정이자를 지급하는 채권이다. 이는 만기 전에 채권을 매각할 때 발생하는 불이익을 방지하고 채권의 유동성을 높이기 위해 만들어진 제도인데, 주로 은행이나 증권회사에서 발행한다.

RP는 주로 금융기관이 보유한 국공채나 특수채·신용우량채권 등을 담보로 발행하므로 환금성이 보장되는 이점이 있다. 예금자 보호대상에 해당되지 않지만, 판매기관 및 보증기관의 지급보증이 있으며 우량채권의 경우는 담보력이 높기 때문에 비교적 안정성이 높은 편이다. 발행 목적에 따라 여러 가지 형태가 있는데, 흔히 은행이나 증권회사 등의 금융기관이 수신 금융상품의 하나로 고객에게 직접 판매한다.

---

5) 상업어음은 기업의 직접적인 상거래와 관련하여 발행하는 어음이며, 기업에서는 만기 전 은행을 통해 할인하여 자금화시킨다. 상업어음은 진성어음(real bills)이라고도 한다.

(6) 표지어음

금융기관이 어음금액을 다시 나누어 재발행하고 이를 개인이나 기관투자가에게 판매하는 융통어음으로 기업이 자금조달을 목적으로 발행하는 기업어음, 무역어음, 팩토링어음 등을 기반으로 한다. 현재는 종합금융회사만이 표지어음을 취급할 수 있다. 반면, 표지팩토링어음은 투자금융회사 또는 종합금융회사가 중소기업이 보유하고 있는 각종 진성어음을 할인해 주고 이를 기반으로 하여 이들 금융회사의 명의로 어음을 발행하여 일반에게 매출하는 어음이다.

7. 자산유동화증권

자산유동화증권은 1980년대 중반 이후 미국에서 각종 채권 및 자산의 유동화를 목적으로 개발하였다. 유동성이 낮은 자산을 유동성이 높은 증권으로 전환시키는 것을 자산유동화라 한다. 금융기관이 보유하고 있는 유동성이 낮은 자산을 집합하고 이 집합된 자산으로부터 나오는 현금흐름을 기초로 새로운 증권을 발행함으로써 자산유동화를 할 수 있다. 이때 새롭게 발행된 증권을 자산유동화증권(asset backed securities: ABS)이라 한다. 미국의 서브프라임 모기지(sub-prime mortgage: 비우량주택담보채권)도 자산유동화증권의 일종이다.

유동하자산은 다양한 참여자들의 위험-수익에 대한 선호도를 보다 잘 만족시킬 수 있다는 특징이 있다. 유동화 대상이 되는 자산의 종류로는 초기의 주택저당담보부채권(mortgage backed securities: MBS) 이후 다른 자산에까지 확대 적용되면서 최근에는 자동차 할부금융, 대출채권, 신용카드 대출, 부동산 담보부대출, 매출채권, 리스채권 등도 그 대상이 되고 있다.

주 요 용 어

- 금융시장(financial market)
- 직접금융시장(direct financial market)
- 간접금융시장(indirect financial market)
- 장기채권시장(bond market)
- 주식시장(stock market)
- 화폐시장(money market)
- 발행시장(primary market)
- 유통시장(secondary market)
- 보통주(common stock)
- 우선주(preferred stock)
- 회사채(corporate bond)
- 쿠폰부 사채(coupon bond)
- 할인채(discount bond)
- 영구채(permanent bond)
- 전환사채(convertible bond: CB)
- 신주인수권부 사채(bond with warrants: BW)
- 수의상환사채(callable bond)
- 증권투자신탁(investment trust)
- 감채기금부 사채(sinking fund bond)
- 정시분할사채(redemption by amortization bond)
- 만기 일시 상환사채(balloon payment bond)
- 수익증권(beneficiary certificate)
- 뮤추얼 펀드(mutual fund)
- 파생금융상품(derivative securities)
- 선물(futures)
- 옵션(option)
- 콜론(call loan)
- 주가연계예금(ELD)
- 주가연계증권(ELS)
- 주가연계펀드(ELF)
- 주식워런트증권(ELW)
- 파생결합증권(DLS)
- 상장지수펀드(ETF)
- 콜(call)
- 통화안정증권(currency stabilization bond)
- 헤지(hedge)
- 양도성예금증서(certificate deposit: CD)
- 기업어음(commercial paper: CP)
- 환매조건부채권(repurchase agreements: RP)
- 자산유동화증권(ABS)
- 주택저당담보부채권(MBS)

연/습/문/제

01 우리나라 증권시장에서 어떠한 국내 · 외 증권사와 자산운용사가 영업하고 있는지 조사해 보라.

02 이들 금융기관들이 판매하고 있는 펀드의 종류를 조사해 보라.

03 증권회사에서 판매하고 있는 금융상품의 종류를 조사해 보라.

04 최근 3년 동안 우리나라의 시중이자율(실세금리) 추이를 조사하여 이를 우리나라 경제상황과 결부시켜 서술해 보라. 예를 들어 CD금리, 회사채 AA-등급 수익률, 국고채 수익률 추이 등과 경기변화 등을 분석해 본다.

05 최근 3년 동안 미국 연방준비이사회(Federal Reserve Board: FRB)의 금리 추이와 우리나라 콜금리 추이 등을 결부시켜 논의를 하고, 필요하다면 매분기 추세를 도표로도 작성해 보라.

06 다음 중 단기 유동성상품에 해당되지 않는 것은? (AFPK 유사문제)

① 통화안정증권(currency stabilization bond)

② 기업어음(CP)

③ 주택저당증권(MBS)

④ 양도성예금증서(CD)

07 다음 주식에 관한 사항 중 올바른 것은? (AFPK 유사문제)

가. 주주의 권리는 이익배당청구권, 신주인수권 등 경제적 이익획득에 한정된다. 나. 주주의 회사에 대한 권리와 의무는 주식단위로 형성된다. 다. 주주는 주식을 인수한 가액의 범위 내에서 채무에 대한 책임을 진다. 라. 주식회사는 주주총회, 이사회, 감사의 세 기관을 가져야 한다.

① 가-나 ② 가-다 ③ 나-다 ④ 나-라

제 3 장

증권시장의 제도와 시장지표

• 학습내용

- 증권시장의 기능
- 증권의 발행시장 : 의의, 구조, 기업공개와 상장, 무상증자와 유상증자
- 증권의 유통시장 – 의의, 구조
- 증권매매 거래제도
- 증권시장지표
- 주가지수

■ 연습문제

주식이나 채권과 같은 금융상품에 투자하기 위해서는 주식과 채권이 발행되는 발행시장과 이미 발행된 증권을 매매하는 유통시장의 특성과 매매제도에 대한 기본적인 지식을 갖추어야 한다.

본장에서는 발행시장에서 증권발행의 방법, 기업공개와 상장요건, 유·무상 증자를 통한 증권발행에 대해 살펴본다. 증권의 유통시장에서는 시장의 종류와 구조, 그리고 투자자가 기본적으로 알아야 할 증권매매 거래제도를 구체적으로 학습한다.

성공적인 투자를 위해서는 무엇보다도 필요한 투자정보를 제대로 파악할 필요가 있다. 이를 위해 주식이나 채권의 시장상황을 파악할 수 있는 증권시장지표와 투자정보에 관해서 학습한다. 주가지수는 어떤 의미를 가지고 있으며 대표적인 주가지수에는 어떤 종류가 있으며 이들이 어떤 방식으로 작성되고 있는지를 학습하게 된다.

제1절 증권시장의 개요

1. 증권시장의 기능과 효율성

증권시장(security market)은 증권의 발행과 거래가 원활히 이루어지도록 서비스를 제공하는 역할을 한다. 이러한 역할을 수행하기 위해 증권시장은 증권이 적절한 가격으로 발행되고 신속하게 거래가 이루어지도록 하는 기능을 한다. 이러한 기능을 효율적으로 수행하기 위해 증권시장은 발행시장(issuing market)과 유통시장(circulating market)으로 나누어진다.

이상적인 증권시장이 성립하기 위해서는 정보의 투명성과 효율성이 전제되어야 한다. 이는 증권시장이 완전시장이어야 한다는 것을 의미한다. 완전시장(perfect market)이란 자금의 효율적인 배분기능이 완벽하게 수행되어 적정한 증권가격이 형성되는 시장을 의미한다. 증권시장은 다음 세 가지 효율성을 갖추었을 때 완전시장이 된다고 할 수 있다.

운영효율성(operational efficiency)

증권거래와 관련하여 거래비용(수수료), 세금, 정보수집비용 등 어떠한 부대비용도 존재하지 않는 상태를 의미한다.

분배효율성(allocational efficiency)

증권가격이 수요와 공급이 일치하는 수준에서 형성되어 자금이 공정하게 배분되는 상태를 말한다. 이를 가격효율성(pricing efficiency)이라고도 한다.

정보효율성(informational efficiency)

모든 이용 가능한 정보가 현재의 증권가격에 충분히, 그리고 신속히 반영되는 상태를 말한다.

이들 세 가지 효율성이 잘 작동할 때 증권시장은 효율적 시장이라 할 수 있다. 효율적 시장이 성립될 때 증권시장은 가장 이상적인 시장이 된다. 효율적 시장(efficient market)은 시장효율성을 충족시키는 시장이며, 모든 이용 가능한 정보가 현재 증권가격에 충분히 반영되어 있는 시장을 말한다.

효율적 시장 하에서 정보효율성, 운영효율성 및 배분효율성이 작동하면서 적정 증권가격이 결정된다. 이러한 과정을 요약하면 [그림 3-1]과 같다.

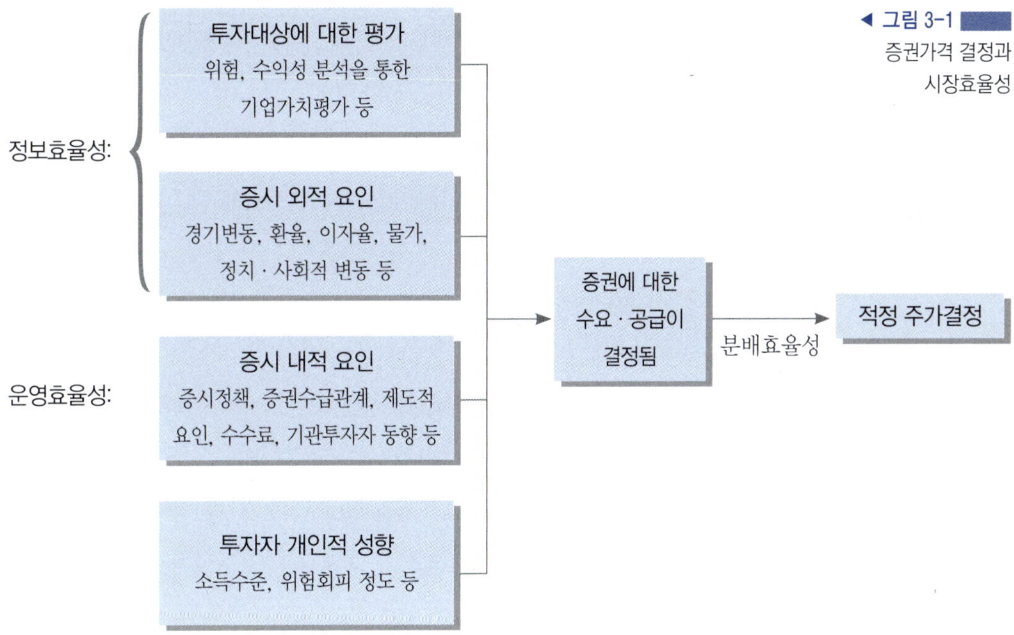

◀ 그림 3-1
증권가격 결정과 시장효율성

증권의 가격은 증권에 대한 수요와 공급에 의해 결정된다. 이러한 수요와 공급은 투자대상에 대한 평가와 증시의 내외적 요인 및 투자자 개인의 투자 성향에 따라 결정되는 것이다. 즉, 각 요인별로 적절한 효율성이 작동되어야 적정 주가가 형성되는 것이다. 투자대상에 대한 평가와 증시의 외적 요인에 관련해서는 정보효율성이 작동되는 것이며, 증시의 내적 요인과 관련해서는 운영효율성이 작용한다. 그리고 자본이 공정하게 배분되어 적정 주가가 형성될 수 있도록 역할을 하는 것은 분배효율성이다. 이러한 적정 주가의 결정과정에서 중요한 제도적 역할을 하는 것이 증권시장이다.

2. 우리나라 증권시장의 역사

우리나라 증권시장은 1956년 2월 대한증권거래소가 설립되어 같은 해 3월에 최초로 개장되었다. 증권시장이 개장된 초기에는 채권이 주로 거래되어 특기할만한 증권투자지표가 없었다. 1962년부터 채권시장이 주식시장으로 전환되면서 종합적인 시황을 파악하기 위한 주가지수의 필요성이 대두됨에 따라 1963년 5월 19일부터 동년 12월 24일까지의 채용종목 주가평균을 100으로 하여 1964년 1월 4일부터 우리나라 최초의 주가지수인 수정주가평균지수가 발표되었으며, 1972년에는 KCSPI(Korea Composite Stock Price Index)를 산출 발표하였다. 이후 증권시장이 질적인 면뿐만 아니라 양적인 면에서도 성장하여 1983년에는 시가총액식 지수인 현행 코스피지수(KOSPI)를 1980년 1월 4일을 기준시점으로 산출하여 발표하고 있다.

1988년 전산매매를 개시하고, 1992년 외국인의 국내 주식 직접투자를 허용한 이후, 1990년대 중반에 접어들면서부터 증권시장은 가시적인 성장을 거듭해 오고 있다. 1996년에는 주가지수선물시장과 ㈜코스닥증권시장이 개설되었으며, 1997년에는 주가지수옵션시장이 개설되었다. 1998년에는 코스닥위원회가 설립되었고, 1999년에는 금융 및 외환자유화 진전에 따른 환율 및 금리변동성 증가에 대한 헤지수단으로 파생상품 제공을 활성화하기 위한 한국선물거래소가 설립되었다. 2000년대에 들어와서도 매년 새로운 상품시장이 개설되면서 다양한 증권의 거래가 활성화되었다. 2005년에 증권 및 파생상품의 공정한 가격 형성과 거래의 안정성 및 효율성 도모를 위해 증권거래소, 선물거래소, 코스닥위원회, ㈜코스닥증권시장 등 4개 기관을 통합한 한국증권선물거래소(KRX)가 출범하였다. 2009년에는 상호를 한국거래소로 변경하여 오늘에 이르고 있다. 시장이 통합된 이후 상장기업 수와 거래대금, 시가총액은 크게 증가하였고, 파생상품시장은 짧은 역사에도 불구하고 세계적인 시장으로 자리잡고 있다. 우리나라 증권시장의 발자취를 주요 제도가 실시된 연도별로 정리하면 다음과 같다.

◀표 3-1
우리나라 증권시장의 역사

1956.	02.11 대한증권거래소 설립
	03.03 증권시장 개장
1962.	04.01 주식회사제 대한증권거래소로 전환
1963.	05.03 공영제 한국증권거래소로 전환
1974.	12.06 한국증권대체결제(주) 설립
1977.	09.20 한국증권전산(주) 설립
1979.	07.02 증권거래소 명동에서 여의도로 이전
	09.24 국제증권거래소연맹(FIBV) 가입
1988.	03.03 전산매매 개시
1992.	01.03 외국인의 국내주식 직접투자 허용
1994.	06.15 KOSPI 200 발표
1996.	05.03 주가지수선물시장 개설
	05.17 ㈜코스닥증권시장 설립
	07.01 코스닥시장 개설
1997.	01.03 코스닥지수 발표
	07.07 주가지수옵션시장 개설
	09.01 증권거래소 매매체결 전면 전산화
1998.	05.25 외국인 주식투자한도 완전 철폐
	10.12 코스닥위원회 설립
	12.07 토요일 휴장 실시
1999.	02.06 한국선물거래소 설립
	03.29 국채전문유통시장 개설
	09.29 국채국채선물 상장
2000.	07.03 신주인수권증권시장 개설
	10.05 코스닥50지수 발표
2001.	01.30 코스닥50선물 상장
	12.14 코스닥50옵션 상장
2002.	01.28 개별주식 옵션시장 개설
	02.25 환매조건부채권(RP) 매매시장 개설
	05.10 국채선물옵션 상장
	10.14 주식 시간외거래 20분 확대/유가증권시장 상장지수펀드(ETF)시장 개설
	12.06 통안증권금리선물 상장
2003.	04.09 주가연계증권(ELS) 거래소 상장
	04.28 코스닥시장 상장지수펀드(ETF) 시장 개설
	08.22 5년국채선물 상장
	12.01 장개시전 시간외 시장 개설
2004.	01.29 '한국증권선물거래소법'(법률 제7112호) 제정
2005.	01.27 한국증권선물거래소(KRX) 출범
	06.01 KRX100 지수 발표

2005.	10.28 KRX100 ETF 상장
	11.07 스타지수 선물시장 개설
	12.01 주식워런트(ELW) 증권시장 개설
2006.	01.02 유동성공급자(LP) 제도 도입
	05.26 엔화선물, 유로화선물시장 개설
	09.22 증권선물거래소 기업공개 추진계획 확정
2007.	01.19 채권매매시스템 수출계약 체결
	08.17 외국기업 최초 상장
	08.27 선물시장제도 단일화
	10.10 해외ETF 최초 상장
2008.	02.25 10년 국채선물시장 개설
	05.06 개별주식 선물시장 개설
	07.21 돈육선물시장 개설
2009.	02.04 상호변경(한국증권선물거래소 → 한국거래소)
	07.29 국고채 ETF 최초 상장
	09.21 FTSE 선진국지수 편입
	11.16 CME연계 코스피200선물 야간시장 개장
2010.	09.13 미니금선물시장 개설
	08.30 Eurex 연계 코스피200옵션 글로벌시장 개설
2011.	01.11 라오스 증권시장 개설(지분 49% 출자)
2012.	03.30 석유전자상거래시장 개설
	04.18 캄보디아증권시장 개장(지분율 45%)
2013.	07.02 코넥스시장 개설
2014.	03.03 장외파생상품 자율 청산 개시
	03.24 KRX금시장 개설
	11.17 상장지수증권(ETN) 시장 개설
2015.	01.12 온실가스배출권거래시장 개설
	08.03 코스닥 주식선물시장 개설
	10.05 위안선물시장 개설
2016	06.27 해외지수선물(EuroStoxx50 Index Futures) 최초 상장
	06.29 우리지수(KOSPI 200) 기반 ETF 최초 해외 상장
	11.14 KRX 스타트업 시장(KSM) 개설
2017.	06.26 ETF선물 최초 상장
2018.	03.26 KRX300선물, 코스닥150옵션 상장

제 2 절 증권의 발행시장

1. 발행시장의 의의와 기능

발행시장(issuing market)은 새로운 증권을 발행함으로써 발행자, 즉 발행주체가 장기적인 자본을 조달하는 시장이다. 또 이미 발행된 증권도 일반에게 매각하여 자금을 조달하는 시장도 포함한다. 발행시장은 유가증권을 모집하고 매출하는 기능을 수행한다. 유가증권의 모집이란 신규로 발행되는 유가증권의 취득을 투자자에게 권유하는 행위를 의미하며, 매출은 이미 발행된 증권을 증권시장을 통하여 투자자에게 판매하는 행위를 의미한다.

2. 증권발행의 형태와 방법

1) 증권의 발행형태

증권의 발행형태에는 직접발행과 간접발행 형태가 있다. 직접발행(direct issuing)은 발행회사가 투자자에게 자본시장을 통해 증권을 직접 매출하는 방식이다. 간접발행(indirect issuing)은 발행회사와 투자자 사이에 중개기관(인수기관)이 참여하여 증권발행의 중개역할을 하는 형태이다. 일반적으로 증권발행은 주로 간접발행의 형태를 띠게 된다.

간접발행에서 중개역할을 하는 인수기관은 증권발행의 사무적 처리, 증권의 인수기능, 그리고 위험을 분산하는 역할을 하며 주로 증권회사가 이를 담당한다. 이때, 인수기관은 증권발행과 매출에 따른 위험을 분산하기 위해 인수단(syndicate)을 구성한다. 인수단에는 여러 증권회사들이 주관회사(underwriter)로서 참여한다. 주관회사는 인수업무를 주관하는 대표주관사회사(managing underwriter)와 공동으로 업무를 수행하는 공동주관회사(co-underwriter)로 구성된다.

2) 증권의 발행방법

증권의 발행방법은 인수기관의 증권처리 방법에 따라 총액인수와 잔액인수 및 모집주선 등 세 가지 형태가 있다.

총액인수(firm commitment)는 발행된 증권을 모두 인수기관이 매입하여 인수한 후, 증권시장을 통해 일반투자자에게 다시 매각하는 방법이다. 인수기관은 증권의 매매차익으로 이득을 획득하게 되지만, 발행 주체의 위험은 모두 인수기관에 전가되게 된다.

잔액인수(stand-by agreement)는 인수기관이 발행주체의 발행업무를 협조하는 형태이다. 모집기간이 경과된 후에는 매출되지 않은 증권의 잔량을 모두 인수기관이 판매 또는 보유하게 된다. 모집기간 중에는 발행주체가 위험을 부담하지만, 모집기간 후에는 인수기관이 위험을 부담한다.

모집주선(best-effort basis)은 인수기관이 증권의 발행사무만을 담당하는 형태이다. 이때, 인수기관은 발행위험을 부담하지는 않는다.

한편, 발행된 증권의 수요자를 구하는 방법에 따라 사모와 공모로 분류할 수 있다. 사모(private placement)는 특수관계에 있는 자에게 주식을 인수시키는 방법으로, 증권시장에서 특정 투자자에게 직접 모집하는 직접모집 방법과 기업의 주주나 종업원, 이해관계자를 대상으로 모집하는 연고모집 방법이 있다.

공모(public offering)는 불특정 일반투자자를 대상으로 증권시장을 통하여 증권을 매출하는 방식이다. 공모발행은 사모발행에 비해 발행 규모가 큰 경우에 많이 이용한다. 즉, 발행 규모가 크므로 공모를 통한 간접발행을 이용하면 인수기관에 발행사무를 위탁하고 위험을 분산시키는 효과가 있다.

3. 기업공개와 상장

회사의 발행된 주식이 증권시장에서 거래되려면 해당 주식을 상장시켜야 한다. 그런데 주식을 상장하기 위해서는 상장에 앞서 기업을 공개하여야 한다.

기업공개(going public/open to public)는 회사의 발행된 주식의 소유를 분산시켜 일반투자자의 투자대상이 되게 하는 것이다. 기업을 공개하면 소유와 경영의 분리가 촉진되어 경영이 투명해지며, 대규모 장기자금을 증권시장을 통하여 용이하게 조달할 수 있으며, 부의 재분배가 촉진된다는 이점이 있다. 그러나 주식이 공정한 가격을 형성하고 자유롭게 거래될 수 있도록 하기 위해서는 정규화된 시장, 즉 거래소를 통해 매매하는 것이 유리하다.

특정기업의 주권이 거래소에서 매매되기 위해서는 일정한 요건을 충족해야 하는데, 거래소가 정한 요건을 통과한 기업의 주권을 거래소에서 거래할 수 있도록 허용해 주는 것은 상장이라고 한다. 상장의 대상이 되는 주권은 주식뿐만 아니라 채권, ETF, 파생상품 등 각종 증권에 해당한다.

대표적으로 한국거래소의 주식 상장기준을 살펴보자. 현재 한국거래소는 주식 거래시장으로 유가증권시장, 코스닥시장 및 코넥스시장을 운영하고 있고 각 시장별로 상장요건을 달리 규정하고 있다. 다음 〈표 3-2〉에 유가증권시장에 상장하기 위한 신규상장요건을 정리하였다. 유가증권시장은 코스닥시장이나 코넥스 시장에 비해 엄격한 상장요건을 설정하고 있다.

▼ 표 3-2
유가증권시장의 상장요건

<table>
<tr><th colspan="2">상장요건</th><th>일반회사</th><th>지주회사</th></tr>
<tr><td rowspan="2">규모
요건
(모두)</td><td>기업 규모</td><td>자기자본 300억원 이상</td><td>좌동</td></tr>
<tr><td>상장주식수</td><td>100만주 이상</td><td>좌동</td></tr>
<tr><td>분산
요건
(모두)</td><td>주식수</td><td>다음 중 하나만 충족하면 됨.
① 일반주주소유비율 25%이상 또는 500만주 이상(다만, 상장예정주식수 5천만주 이상 기업은 상장예정주식수의 10% 해당 수량)
② 공모주식수 25% 이상 또는 500만주 이상(다만, 상장예정주식수 5천만주 이상 기업은 상장예정주식수의 10% 해당 수량)
③ 자기자본 500억이상 법인은 10%이상 공모하고 자기자본에 따라 일정규모이상 주식 발행
– 자기자본 500억~1,000억원 또는 기준시가총액 1,000억~2,000억 : 100만주 이상</td><td>좌동</td></tr>
</table>

<table>
<tr><td rowspan="3"></td><td></td><td>– 자기자본 1,000억~2,500억원 또는 기준시가총액 2,000억~5,000억 : 200만주 이상
– 자기자본 2,500억원 이상 또는 기준시가총액 5,000억 이상 : 500만주 이상
④ 국내외동시공모법인은 공모주식수 10% 이상 & 국내공모주식수 100만주 이상</td><td>좌동</td></tr>
<tr><td>주주수</td><td>일반주주 700명 이상</td><td>좌동</td></tr>
<tr><td>양도제한</td><td>발행주권에 대한 양도제한이 없을 것</td><td>좌동</td></tr>
<tr><td rowspan="4">경영 성과 요건 (택1)</td><td>매출액 및 수익성</td><td>• 매출액 : 최근 1,000억원 이상 및 3년 평균 700억원 이상
• 최근 사업연도에 영업이익, 법인세차감전계속 사업이익 및 당기순이익 각각 실현 &
• 다음중 하나 충족
① ROE : 최근 5% & 3년 합계 10% 이상
② 이익액 : 최근 30억원 & 3년 합계 60억원 이상
③ 자기자본 1천억원 이상 법인 :
최근 ROE 3% 또는 이익액 50억원 이상이고 영업현금흐름이 양(+)일 것</td><td>좌동</td></tr>
<tr><td>매출액 및 기준시가총액</td><td>• 최근 매출액 1,000억원 이상 &
• 기준시가총액 2,000억원 이상
* 기준시가총액 = 공모가격×상장예정주식수</td><td>좌동</td></tr>
<tr><td>기준시가총액 및 이익액</td><td>• 기준시가총액 2,000억원 이상 &
• 최근 이익액 50억원 이상</td><td>좌동</td></tr>
<tr><td>기준시가총액 및 자기자본</td><td>• 기준시가총액 6,000억원 이상 &
• 자기자본 2,000억원 이상</td><td>좌동</td></tr>
<tr><td rowspan="3">안정성 및 건전성 요건</td><td>영업활동기간</td><td>• 설립후 3년 이상 경과 & 계속적인 영업활동 (합병 등이 있는 경우 실질적인 영업활동기간 고려)</td><td>좌동 (주요자회사의 실질적인 영업활동 기간 고려)</td></tr>
<tr><td>감사 의견</td><td>• 최근적정, 직전 2년 적정 또는 한정(감사범위 제한에 따른 한정의견 제외)</td><td>좌동(개별 및 연결재무제표)</td></tr>
<tr><td>매각제한 (보호예수)</td><td>• 최대주주등 소유주식 & 상장예비심사신청전 1년 이내 최대주주등으로부터 양수한 주식 : 상장 후 6월간
• 상장예비심사신청전 1년 이내 제3자배정 신주 : 발행일로부터 1년간. 단, 그날이 상장일로부터 6월 이내인 경우에는 상장 후 6월간</td><td>좌동 (금융지주회사의 경우 최대주주 등 소유주식 매각제한 제외)</td></tr>
</table>

자료: 한국거래소 홈페이지(http://www.krx.co.kr/index.jsp), 2019년 6월 4일 기준

코스닥시장의 상장 요건은 〈표 3-3〉과 같으며, 제시된 바와 같이 일반기업(벤처기업 포함), 기술성장기업에 따라 상장요건이 다소 차이가 있다.

마지막으로 코넥스시장의 진입 요건은 〈표 3-4〉와 같다. 코넥스시장은 초기 중소·벤처기업이 자금 조달에 용이하도록 최적화한 시장으로 유가증권시장이나 코스닥시장에 비해 상당히 완화된 진입 요건을 설정해 두고 있다.

▼표 3-3 코스닥시장의 상장요건

<table>
<tr><th rowspan="2">구분</th><th colspan="2">일반기업(벤처포함)</th><th colspan="2">기술성장기업*</th></tr>
<tr><th>수익성 · 매출액기준</th><th>시장평가 · 성장성 기준</th><th>기술평가특례</th><th>성장성 추천</th></tr>
<tr><td>주식분산
(택일)</td><td colspan="4">1. 소액주주 500명&25%이상, 청구후 공모 5% 이상(소액주주 25% 미만시 공모 10%이상)
2. 자기자본 500억 이상, 소액주주 500명 이상, 청구후 공모 10%이상 & 규모별 일정주식수 이상
3. 공모 25% 이상 & 소액주주 500명</td></tr>
<tr><td rowspan="2">경영성과 및
시장평가 등
(택일)</td><td rowspan="2">1. 법인세차감전계속사업이익 20억원[벤처: 10억원] & 시총 90억원
2. 법인세차감전계속사업이익 20억원[벤처: 10억원] & 자기자본 30억원[벤처: 15억원]
3. 법인세차감전계속사업이익 있을것 & 시총 200억원 & 매출액 100억원[벤처: 50억원]
4. 법인세차감전계속사업이익 50억원</td><td rowspan="2">1. 시총 500억 & 매출 30억 & 최근 2사업연도 평균 매출증가율 20% 이상
2. 시총 300억 & 매출액 100억원이상[벤처 50억원]
3. 시총 500억원 & PBR 200%
4. 시총 1,000억원
5. 자기자본 250억원</td><td colspan="2">1. 자기자본 10억원
2. 시가총액 90억원</td></tr>
<tr><td>• 전문평가기관의 기술 등에 대한 평가를 받고 평가결과가 A등급 이상일 것</td><td>• 상장주선인이 성장성을 평가하여 추천한 중소기업일 것</td></tr>
<tr><td>감사의견</td><td colspan="4">최근사업연도 적정</td></tr>
<tr><td>경영투명성
(지배구조)</td><td colspan="4">사외이사, 상근감사 충족</td></tr>
<tr><td>기타 요건</td><td colspan="4">주식양도 제한이 없을 것 등</td></tr>
<tr><td>질적 요건</td><td colspan="4">기업의 성장성, 계속성, 경영의 투명성 및 안정성, 기타 투자자 보호, 코스닥시장의 건전한 발전, 업종별 특성, 고용창출효과 및 국민경제적 기여도 등을 종합 고려</td></tr>
</table>

* 기술성장기업 : 전문기관 기술평가(복수) 결과 A & BBB 등급 이상인 기업

자료: 한국거래소 홈페이지(http://www.krx.co.kr/index.jsp), 2019년 4월 17일, 개정규정 기준

대신 지정자문인제도를 도입하여 코넥스시장 건전성 유지와 투자자 보호를 위한 장치도 사용하고 있다. 지정자문인은 기업의 코넥스시장 상장을 지원하도록 함은 물론 상장예정법인의 상장적격성을 심사하고 지정자문인 계약 해지 등을 통해 부실기업을 선제적으로 퇴출시키는 역할을 담당한다.

표 3-4 ▶ 코넥스시장의 진입 요건 (외형 요건)

구분	일반기업(벤처포함)	비고
주권의 양도제한	주식의 양도제한이 없을 것 * 다만, 법령 또는 정관에 의해 제한되는 경우로서 그 제한이 코넥스시장에서의 매매거래를 저해하지 않는다고 인정되는 경우는 예외	–
감사의견	최근 사업연도 감사의견이 적정일 것	–
지정자문인	지정자문인 1사와 선임계약을 체결할 것	특례상장은 제외
중소기업 여부	중소기업기본법 제2조에 따른 중소기업에 해당될 것	–
액면가액	100원, 200원, 500원, 1,000원, 2,500원, 5,000원 중 하나일 것	액면주식에 한함

자료: 한국거래소 홈페이지(http://www.krx.co.kr/index.jsp), 2019년 6월 4일

참고 박스

최초공모(IPO)

최초공모(initial public offering: IPO)는 증권의 자산가치와 수익가치를 평가하여 최초공모주식의 가격을 결정하는 것이다. 주식의 자산가치와 수익가치는 다음과 같이 산정한다.

- 자산가치 = 직전연도의 순자산 ÷ 발행주식 총수
  순자산 = 자산 − 타인자본
- 수익가치 = 향후 2년간 추정이익 ÷ 자본환원율
  여기서, 자본환원율 = 시중은행 정기예금 이율의 1.5배

공모가격의 결정

기업공개 시 공모가격을 결정하기 위해서는 청약이전에 기관투자자와 증권회사(일반투자자)들로부터 사전 수요조사(희망매수가격과 수량)를 실시한다. 이를 수요예측이라 하는데, 대표주관회사와 발행회사는 수요예측 결과를

감안하여 공모가격을 협의하여 결정한다. 다만, 공모예정금액이 50억원 미만인 경우에는 수요예측에 의하지 않고 다음과 같은 방법 중 하나를 선택하여 공모가격을 선택할 수 있다.

- 인수회사와 발행회사가 협의하여 정한 단일 가격
- 대표주관회사가 사전에 정한 방법에 따라 청약자로부터 경매의 방식으로 청약을 받은 후 일정가격 이상의 청약에 대해 배정하는 경우에는 당해 청약자의 청약가격
- 대표주관회사가 사전에 정한 방법에 따라 청약자로부터 경매의 방식으로 청약을 받은 후 산정한 단일 가격

참고 박스

제일모직 공모주 청약 및 상장 사례

1) 개요

2014년 12월 10일~11일에 걸쳐 이루어진 제일모직 공모주 청약에서 30조원이 넘는 시중자금이 몰렸다. 2010년 5월 삼성생명이 세운 공모주청약 증거금 기록(19조 8,000억원)을 깨며 최고기록을 다시 썼다. 이러한 성공의 이유로, 제일모직은 삼성그룹 지배구조 최상단에 위치한데다 오너지분이 많고, 사업영역이 다양해 매출구조가 안정적이며 부동산과 삼성생명 지분 등 자산가치가 매우 높다는 점을 들고 있다. 다음은 제일모직 공모주 청약의 개요이다.

총공모주식 수 : 2,874만 9,950주
일반공모 물량 : 575만주
주당 공모가격 : 53,000원(액면가 100원)
일반공모 규모 : 1조 5,237억원(기관투자자 50%, 공모주하이일드펀드 10%, 개인투자자 40% 배정)
청약일 : 2014년 12월 10일~11일
청약금 납입기일 : 12월 15일
상장일 : 12월 18일
주관회사 : KDB대우증권(대표주관회사), 우리투자증권, 씨티그룹글로벌마켓증권, JP모건, 삼성증권, KB투자증권, 하나대투증권(공모금액의 0.8% + α 의 수수료 수입)

청약자금 규모 : 30조 635억원
수요예측 : 2014년 12월 3일-4일

2) 수요예측

수요예측이란 기업공개(IPO)를 할 때 공모가격을 결정하기 위해 대표주관회사가 공모예정기업의 공모희망가격을 제시하고 그에 대한 수요상황(가격 및 수량)을 파악하는 절차를 말한다. 일반투자가를 대상으로 공모주를 청약받기 전 기관투자자 등으로부터 수요를 조사하는 방식으로 공모가격을 결정한다.

주요 공모주 기관투자자 수요예측결과

기업	수요예측 일자 (2014년)	희망공모가 밴드(원)	수요예측경쟁률	일반청약 경쟁률	공모가 (원)
삼성 SDS	10월 29일~30일	15만~19만	651.5대1	134.1대1	19만
파티게임즈	11월 4일~5일	1만500~ 1만 3,000	224.1대	736.2대1	1만 3,000
디에이테크놀로지	11월 5일~6일	6,000~8,600	56.2대11	489.5대1	6,600
텔콘	11월 10일~11일	1만2,500~ 1만4,500	162.9대1	482.2대1	1만 4,500
제일모직	12월 3일~4일	4만 5,000~ 5만 3,000	200대1	194.1대1	5만 3,000

3) 상장 전후 시장상황과 주가 움직임

일자(2014년)	종가(원)	등락	수익률(%)	KOSPI(pt.)	수익률(%)	비고
12월 15일(월)				1,920.36	▼0.07	
12월 16일(화)				1,904.13	▼0.85	
12월 17일(수)				1,900.16	▼0.25	
12월 18일(목)	113,000*	▲7,000	▲6.60	1,897.50	▼0.14	상장일
12월 19일(금)	129,500	↑16,500	↑14.60	1,929.98	▲0.73	

주) *공모주는 상장당일 오전 8시~9시에 공모가의 90%~200% 범위내에서 시초가가 결정된다. 제일모직은 공모가(발행가) 53,000원에서 100% 상승한 106,000원에 시초가가 형성되었다. 시초가가 결정된 이후부터는 다른 종목과 동일한 조건을 적용받는다. 상장 당일 주가 움직임은 시가 106,000원, 저가 99,200원, 고가 116,000원, 그리고 종가는 113,000원이었다.

* 2015년 9월 2일 제일모직은 삼성물산과 합병되었다.

4. 증자를 통한 주식발행

1) 무상증자

무상증자(bonus issue)는 신주 발행에 대해 기존 주주의 신주 가격에 해당하는 금액의 납입없이 자기자본에 해당되는 자산재평가적립금, 주식발행초과금 등과 같은 자본잉여금을 자본금으로 전입하여 증자하는 형태이다. 이때 늘어나는 자본금 규모에 해당되는 발행주식수는 증가되나, 자기자본 자체는 변화가 없다.

무상증자가 일어나면 기존 주주는 증자비율만큼 무상으로 신주를 배정받게 된다. 기업 입장에서는 총자본의 변화없이 잉여금이 자본금으로 전환되어 자본금만 증가되므로 실질적인 현금유입이 발생되지 않는다. 이때 증자비율 만큼 발행주식수가 늘어나므로 그만큼 주가는 하락된다. 이를 무상증자 시의 권리락이라 한다.

권리락(ex-rights)이란 상장기업의 유·무상증자 시에 구주식에 포함되어 있던 신주인수권이 없어짐으로써 주가가 하락하는 것을 의미한다. 무상증자 시 권리락 주가는 다음과 같이 계산한다.

$$\text{권리락 주가} = \frac{\text{권리부 주가}}{1 + \text{무상증자비율}}$$

이때 권리부 주가(rights on stock price)는 권리락 주가를 산정할 때 이용되는 기준주가이다. 무상증자가 일어나면 투자자가 가진 무상증자 전후의 해당 주식의 총시장가치는 다음과 같이 계산된다.

무상증자 전의 총시장가치 = 주당가격 × 소유주식수(구주)

무상증자 후의 총시장가치 = 주당가격 × 소유주식수(구주 + 신주)

무상증자 후 투자자의 소유주식수는 늘어나지만 권리락으로 인해 무상증자 후 주가는 하락하므로 무상증자 전후의 총시장가치를 산정한 결과는 동일하게 된다. 따라서 무상증자 전과 무상증자 후의 주주의 부 내지 기업의 가치는 동일하다.[1]

예제 1

자본금이 10억원(발행주식수 200,000주)인 한라(주)가 20%의 무상증자를 실시한다고 하자. 현재 주가가 30,000원이라 할 때, 이론적 권리락 주가를 구하고, 이 기업의 무상증자 전후의 시장가치를 구하라.

풀이 이론적 권리락 주가 $= \dfrac{30,000}{1+0.2} = 25,000$(원)

무상증자 전 시장가치 = 30,000원 × 200,000주 = 60억원

무상증자 후 시장가치 = 25,000원 × 240,000주 = 60억원

따라서 무상증자 전후의 무등(주)의 총시장가치는 변함이 없다.

권리락일은 신주배정기준일 하루 전날이다. 따라서 신주를 배정받기 원하는 투자자는 해당 주식을 권리락일의 하루 전(권리부일)에 매입하여야 한다.

그림 3-2 ▶ 권리부 주가와 권리락 주가의 예

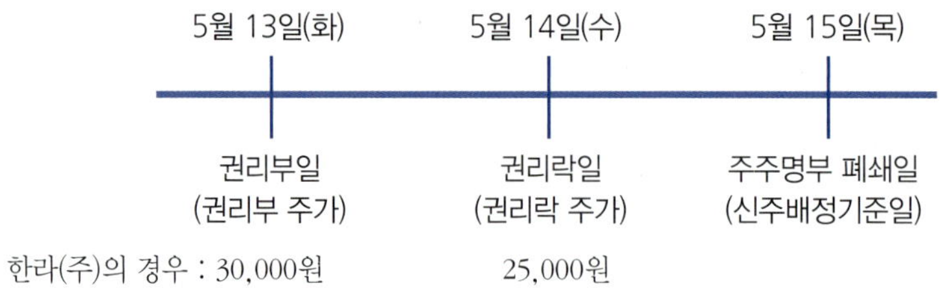

1) 현실적으로 증권시장에서 형성되는 실제 권리락 가격은 이론적 권리락 가격보다 높은 것이 일반적이다. 따라서 무상증자 전보다 무상증자 후의 해당 기업의 총시장가치가 높아지는 경우가 보통이다. 이는 무상증자 그 자체가 가지는 가치 때문이라기 보다는 기업의 미래전망에 대한 기대심리와 투자자의 소유주식 증대에 따른 배당수입 증가에 대한 기대감 등과 같은 무상증자로 인한 효과 때문이라고 할 수 있다.

[그림 3-2]에 권리부 주가와 권리락 주가의 예를 들어 놓았다. 증자를 시행하는 어느 기업의 신주배정기준일(주주명부폐쇄일)이 5월 15일이라면 권리부일은 이틀 전인 5월 13일이 되며, 권리락일은 5월 14일이다. 이는 주식의 매매거래가 3일 후 결제가 이루어지는 보통거래 방식에 의해 행해지기 때문이다.

참고 박스

배당락

배당락(ex-dividend)이란 배당기준일이 경과하여 배당금을 받을 권리가 없어지는 것을 말한다. 사업년도가 끝난 날의 다음 날 이후에 주권을 매수하는 투자자는 전사업년도의 결산에 의한 이익배당을 받을 권리가 소멸되므로, 증권거래소에서는 이 날부터 당해 주권에 대하여 배당락 조치를 취함으로써 주가가 합리적으로 형성되도록 관리한다. 배당받기를 원하는 투자자는 배당부일(배당락일 하루 전)까지 해당 주식을 매입하여야 배당권리를 행사할 수 있다.

3월 결산법인인 경우, 배당부 주가와 배당락 주가의 예

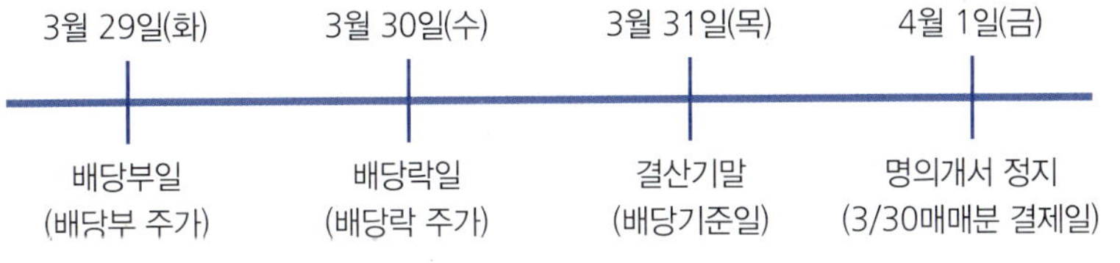

2) 유상증자

유상증자(recapitalization)는 증자되는 자본금에 해당하는 주식 금액을 주주들로부터 납입을 받아 증자하는 방식이다. 증가되는 발행수식수에 해낭하는 신주 납입금이 유입되며 그만큼 자본금도 증가된다. 이에 따라 기업의 자기자본이 증가된다. 유상증자가 이루어지면 신주발행가격과 신주발행주식수에 해당하는 만큼 권리락이 발생하여 주가는 하락한다. 유상증자 시 신주의 배정방식은 〈표 3-5〉와 같다.

표 3-5 ▶ 유상증자 배정방식

배정방식		내 용
사모	구주할당 (주주배정)	발행주식의 20%를 우리사주조합에 배정하고, 나머지 80%를 기존 주주에게 소유주식수에 비례하여 배정한다.
	연고자할당 (제3자배정)	주주총회의 특별결의가 있거나 정관에 제3자 배정이 명시되어 있을 경우 종업원, 임원 등 특정인에게 배정한다.
공모	주주우선공모	주주와 우리사주조합에 배정한 후 권리포기로 인한 실권분을 주간사회사가 인수한 후 일반에게 공모한다.
	일반공모	불특정다수인을 상대로 매출하는 방법으로 주주총회의 특별결의가 있거나 정관에 주주의 신주인수권 배제에 관한 규정이 있는 경우에 한다.

사모방식으로 발행주식의 일정 부분을 우리사주조합에 먼저 배정하고 나머지를 기존 주주에게 소유주식수에 비례하여 배정하는 구주할당제도를 사용하고 있다.

유상증자 시 권리락 주가는 다음과 같이 산정한다.

$$\text{권리락 주가} = \frac{\text{기준주가} + \text{주당납입금}(= \text{신주발행가격} \times \text{증자비율})}{1 + \text{증자비율}}$$

이때 기준주가를 권리부 주가라 한다. 유상증자의 경우 신주 발행가격을 결정하는 방법은 액면발행, 시가발행, 그리고 시가할인발행 등 세 가지 방법이 있다. 액면발행은 신주를 액면가치로 발행하는 방식이며, 시가발행은 현재 증권시장에서 형성되고 있는 시가로 발행하는 방식이다. 시가할인발행은 유상증자 시 일반적으로 가장 많이 적용하는 방식으로, 기준주가에서 일정한 할인율을 적용해서 신주발행가격(신주의 발행가격기준주가×(1−할인율)을 산정한다.

신주발행가격에 관계없이 증자비율만큼 신주를 인수받으면 유상증자 전후의 투자자 부는 동일하다. 다음 예제를 통하여 유상증자 전후의 시장가치에 대하여 살펴보자.

예제 2

(주)백두의 현재 주가(기준주가)는 30,000원이며, 발행주식수는 1,000,000주이다. 다음 물음에 답하라.

(1) 이 기업이 20%의 유상증자를 한다고 할 때, 발행가격이 20,000원인 경우의 권리락 주가를 구하라.

(2) 유상증자 전후의 시장가치와 개인투자자의 부에 미치는 영향을 평가하라.

풀이

(1) 권리락 주가

발행가격 20,000원일 때

$$\text{권리락 주가} = \frac{30,000 + (20,000 \times 0.2)}{1 + 0.2} = 28,333(\text{원})$$

(2) 유상증자 전후의 시장가치와 개인투자자의 부

유상증자 전의 시장가치
= 구주의 가치 + 유상증자 배정분 납입금액
= (30,000원 × 1,000,000주) + (20,000원 × 200,000주)
– 34,000,000,000원

유상증자 전의 시장가치
= 28,333원 × 1,200,000주= 34,000,000,000원

유상증자 전후의 시장가치는 동일하므로 (주)백두의 기업가치는 동일하다.

이 경우, 구주를 30,000원에 100주 매입하고, 신주 20주를 20,000원에 배정받는 투자자는 유상증자 후 (주)백두의 주가가 28,333원까지 하락하더라도 손실을 본 것이 아니다.

유상증자 전의 투자자의 부
= 30,000원 × 구주 100주 + 유상증자배정분 납입금액
= 3,000,000원 + 400,000원
= 3,400,000원

유상증자 후의 투자자의 부
= 28,333원 × 120주(= 구주 100주 + 신주 20주)
= 약 3,400,000원

유상증자 전후의 개인투자자 부는 동일하다.

참고 박스

유상증자의 실제 사례 : LG전자

1) 개요

신주배당기준일 : 2011년 12월 20일(화)
유상배정비율(증자비율) : 0.94
예) 100주 보유시 신주 9주 배정
주당발행가 : 51,600원
주권교부일자 : 2012년 1월 6일

2) 기준일 전후 주가 움직임

일자	종가	등락	수익률(%)	KOSPI	수익률(%)	비고
2011년 12월 15일(목)	74,800	▲1,200	▲1.63	1,819.11	▼2.08	
2011년 12월 16일(금)	75,000	▲200	▲0.27	1,839.96	▲1.15	권리부주가
2011년 12월 19일(월)	71,500	▼3,500	▼4.67	1,776.93	▼3.43	권리락일
2011년 12월 20일(화)	72,700	▲1,200	▲1.68	1,793.06	▲0.91	기준일
2011년 12월 21일(수)	76,200	▲3,500	▲4.81	1,848.41	▲3.09	
2011년 12월 22일(목)	76,000	▼200	▼0.26	1,847.49	▼0.05	
2011년 12월 23일(금)	75,400	▼600	▼0.79	1,867.22	▲1.07	

3) 이론적 권리락주가

$$\text{권리락 주가} = \frac{\text{권리부 주가} + (\text{신주발행가격} \times \text{증자비율})}{1 + \text{증자비율}}$$

$$= \frac{75,000 + (51,600 \times 0.094)}{1 + 0.094}$$

= 72,989(원)

※ 12월 19일 종가기준으로 주당 1,489원(72,989원－71,500원) 손실

4) 주식가치(100주 보유시)

① 유상증자 전 : 구주의 가치+유상증자 배정분 납입금액

= (75,000 × 100주)+(51,600 × 9.4주)

= 7,500,000+485,040

= 7,985,040(원)

② 유상증자 후 : 권리락 주가 × 주식수

= 72,989 × 109.4주

= 7,984,997(원)

기업가치는 불변

cf) ① 유상증자 전 : (75,000 × 100주)+(51,600 × 9주)

= 7,500,000+464,400

= 7,964,400(원)

② 유상증자 후 : 72,989 × 109주

= 7,955,801(원)

5) 신주인수권 증서

① 유상증자 받을 구주주들의 권리를 분리하여 유통되는 증서

② LG전자 신주인수권은 12월 5일(월)~12월 9일(금)사이에 내매거래 됨. 12월 7일 현재 신주인수권 증서 가격은 주당 22,600원에 매매(당일 주가는 75,100원)

(참고) 이론적 가격 = 현주가 － 유상증자발행가

= 75,100－51,600

= 23,500(원)

③ 신주인수권은 대부분 이론적 가격보다 낮게 거래된다. 구주주 입장에서는 유상증자 참여포기 대신에 22,600원을 받을 수 있다.

대규모 유상증자에서는 유상증자 참여보다는 유상증자에 따른 주가 하락 부담을 회피하기 위해 매각하려는 주주가 많다. 신주인수권매도가 늘어나면 인수권가격은 이론가보다 크게 하락할 가능성이 높다.

3) 주식배당

주식배당은 현금 대신에 그에 해당되는 주식을 배당해 주는 배당방식이다. 이때 주식배당의 재원은 주로 이익잉여금이 된다. 주식배당의 배당락 효과는 무상증자를 시행한 경우와 동일하다.

주식배당의 장점으로는 미래 배당재원인 이익준비금의 영구자본화로 자기자본의 확대와 재무구조 개선효과가 있으며, 배당된 주식의 주가가 액면가를 상회할 경우에는 양도차익의 실현이 가능하므로 실질적인 배당증가의 효과가 있다는 것이다. 또 주식배당으로 인해 회사지배권의 강화가 용이하고 일시적으로 자금이 부족한 경우에 상징적 배당효과가 있다는 점도 장점이다.

한편, 주식배당의 단점으로는 이익준비금의 자본전입에 비해 현금화 소요기간이 길며, 발행주식수 증가로 향후 배당압력이 심화되며, 신주발행에 따르는 비용과 시간이 소요되며, 회사 내부자에 의한 주가조작 목적으로 악용될 소지가 있다는 점 등이 지적될 수 있다.

4) 신주인수권의 가치

신주인수권(right of warrant)의 가치는 기존주주가 신주를 1주 구입할 때 지불해야 하는 가격을 의미한다. 합리적인 투자자라면 시장가격보다 높게 형성된 인수가격에 대해 신주인수권을 행사하지 않을 것이다. 신주인수권의 가치가 너무 높으면 실권주가 발생된다. 실권주(unclaimed stock/forfeited shares)란 기존의 주주가 유상증자 시 배정되는 신주를 인수하지 않거나 일부만 인수하는 경우, 주주에게 인수되지 않은 주식을 말한다. 실권주는 신주의 발행가격이 높을 때, 또는 증권시장이 침체기에 있을 때 종종 발생한다.

신주인수권의 가치는 유상증자 이후의 주가(권리락 주가)와 발행가격과의 차이이다.

$$\text{신주인수권의 가치} = (\text{권리락 주가} - \text{발행가격}) \times \text{신주배정비율}$$

$$= \frac{(\text{권리락 주가} - \text{발행가격})}{\text{신주배정에 필요한 구주의 수}}$$

예제 3

(주)낙동의 현재 발행주식수는 1,000,000주이며 주당 시장가격은 20,000원이다. 신규투자에 필요한 자금을 조달하기 위해 주주할당방식의 유상증자를 통해 주당 15,000원에 100,000주를 발행하는 경우, 신주인수권의 가치를 계산하라.

풀이

다음 순서에 의해 계산해 보자.

① 신주배정비율 $= \dfrac{\text{신규발행주식수}}{\text{기존발행주식수}} = \dfrac{100,000}{1,000,000} = 0.1(10\%)$

따라서 신주 1주를 배정받기 위해 구주 10주가 필요하다.

② 권리락 주가 $= \dfrac{20,000 + (15,000 \times 0.1)}{1 + 0.1} = 19,545(\text{원})$

③ 신주인수권의 가치 $= \dfrac{19,545 - 15,000}{10} = 454.5(\text{원})$

신주 1주를 인수하면 4,545원의 이익이 예상되지만, 이를 위해서는 구주 10주가 필요하므로 주식 1주에 부여된 (주)낙동의 신주인수권의 가치는 454.5원이다.

제 3 절 증권의 유통시장

1. 유통시장의 의의와 기능

유통시장(circulating market)은 발행시장을 통하여 이미 발행된 증권이 거래되는 시장으로 2차 시장(secondary market)이라고도 한다. 신규 유가증권의 발행 시에만 형성되는 발행시장과는 달리 유통시장은 계속적으로 운영되면서 증권시장의 활성화와 발행시장의 기능 활성화에 기여하므로 유통시장과 발행시장의 관계는 상호 보완적이라고 볼 수 있다.

발행시장과 비교하여 유통시장은 다음과 같은 특징이 있다. 발행시장에서는 매도측이 1인 또는 소수의 집단이며, 매수측은 보통 다수의 투자자인데 반하여 유통시장은 매도측이나 매수측이 모두 다수로 구성되어 거래가 경쟁적인 시장이다. 또한 발행시장은 추상적 시장이지만, 유통시장은 일반적으로 거래소 시장을 의미하므로 구체적이면서 조직적 형태를 갖춘 시장이고, 거래가 반복적으로 이루어지는 계속적 시장의 특징을 가진다.

유통시장의 기능으로는 먼저, 유통시장은 발행시장에서 발행된 증권의 시장성과 유통성을 높이는 기능을 한다. 둘째, 유통시장은 다수의 투자자가 참여하는 자유경쟁시장이므로 증권의 공정한 가격을 형성하는 기능을 한다. 유통시장에서 결정된 가격은 많은 사람들에 의하여 합의된 적정가격(fair price)이다. 셋째, 유통시장에서 형성되는 가격은 앞으로 발행할 새로운 증권의 가격을 결정하는 지표 역할을 한다. 즉, 자금의 수요자는 기존에 상장된 유사한 기업의 증권가격을 분석함으로써 앞으로 필요한 자금조달 규모와 조달방법 등을 결정할 수 있다. 마지막으로 유통시장은 발행된 증권의 유동성과 증권의 담보력을 제고시키는 기능을 한다.

2. 유통시장의 종류

일반적으로 유통시장은 거래소시장과 장외시장으로 구분된다. 우리나라의 거래소시장은 장내시장(face-to-face market)에 해당되며 유가증권시장, 코스닥시장, 코넥스시장으로 구분된다. 유가증권시장(securities market)에서는 상장주식과 채권, 파생상품 등이 거래된다. 코스닥시장(KSDAQ: Korea Securities Dealers Automated Quotation market)에서는 일반기업(벤처기업 포함), 기술성장기업 등 코스닥 상장기업의 주식이 거래된다. 코넥스(KONEX, Korea New Exchange)시장은 코스닥시장에도 진입하기 어려운 중소기업의 상장주식이 거래된다.

장외시장(off-board market)은 거래소시장 밖에서 이뤄지는 증권거래시장을 총칭하는 것으로, 거래소에 상장되지 않은 기업의 주식뿐만 아니라, 상장

기업의 주식도 개별적으로 거래된다. 우리나라의 대표적인 장외시장으로는 한국금융투자협회가 운영하는 K-OTC(Kofia Over The Counter Market)를 들 수 있다. K-OTC는 기존의 비상장 중소기업 주식을 거래하던 '프리보드'시장을 확대 개편한 것으로 중소기업 주식 뿐만 아니라 비상장 대기업, 중견기업 등 공모실적이 있는 비상장 기업의 주식은 모두 거래된다.

◀표 3-6 유통시장의 종류

구분	장내시장			장외시장
	유가증권시장	코스닥시장	코넥스시장	K-OTC
거래대상	주권, ETF, 외국주식예탁증서, 신주인수권증권, 수익증권, 채권	상장주식	지정주식 (코스닥시장 진입이 어려운 중소기업의 상장주식)	중소기업 주식, 비상장대기업, 중견기업
참가자	유가증권회원	협회회원	협회회원	증권회사, 투자자
매매방법	경쟁매매	경쟁매매	상대매매	상대매매
가격제한폭	±30%	±30%	±15%	±30%
운영주체	한국거래소	한국거래소	금융투자협회	증권회사

자료: 금융투자협회(www.kofia.or.kr), 한국거래소(www.krx.co.kr)

참고박스

나스닥(NASDAQ)

나스닥(National Association of Securities Dealers Automated Quotations: NASDAQ)은 전미증권업협회(National Association of Securities Dealers: NASD)가 1971년 설립한 첨단 벤처기업들이 상장되어 있는 미국의 장외시장이다. 자본력이 부족한 벤처기업들이 자금을 조달하는 창구로 활용하고 있다. 인텔, 마이크로 소프트, 넷스케이프, 야후 등 유명 기업들이 나스닥에서 자본을 조달해 성장의 발판을 마련했다. 거래량을 기준으로 볼 때 뉴욕증권거래소(NYSE)에 이어 세계에서 두 번째로 큰 주식시장이다. 나스닥은 세계 최초의 전자결제 주식시장으로 모든 시세결정과정이 컴퓨터에 의해 자동으로 처리된다. 일본은 나스닥을 모방하여 자스닥(JASDAQ)시장을 만들었고, 한국은 코스닥시장이 개설되어 있다.

3. 유통시장의 구조

투자자들이 유가증권을 매매할 때는 증권회사를 통해 증권거래소에서 매도 또는 매입을 한다. 증권거래소는 증권시장 그 자체라 할 수 있는데 이때, 증권회사는 증권시장에서 매매거래 대리인의 자격으로서 투자자의 매매거래 중개역할을 한다. 우리나라의 경우는 한국거래소에서 증권거래소 역할을 한다.

한국거래소는 증권선물위원회의 감독과 통제를 받는다. 우리나라의 유통시장 구조는 [그림 3-3]과 같다.

그림 3-3 ▶
우리나라 유통시장의 구조

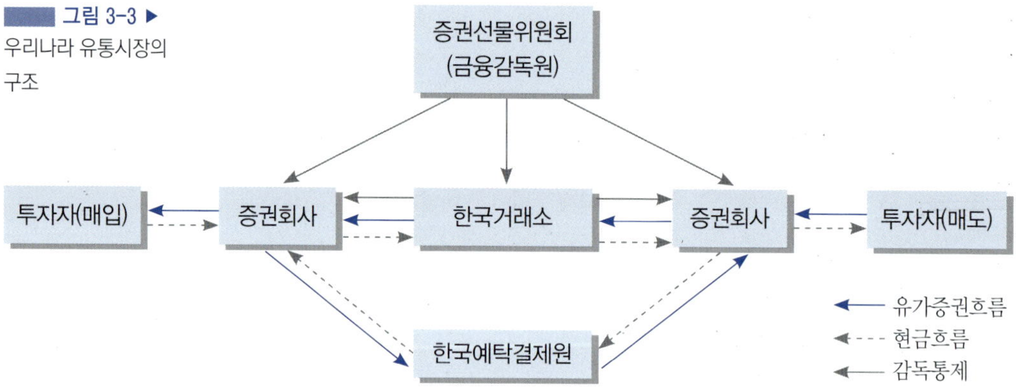

4. 증권시장의 관계기관

1) 증권행정기관

금융위원회

금융위원회(Financial Services Commission)는 건전한 신용질서와 공정한 금융거래 관행을 확립하고 예금자 및 투자자 등 금융소비자를 보호하기 위한 목적으로 2008년 3월 3일 설립된 국무총리 산하 국가행정기관이다. 금융위원회는 (구)금융감독위원회의 감독정책기능과 (구)재정경제부의 금융정책

기능을 통합한 조직이다. 금융위원회의 위원은 위원장, 부위원장과 기획재정부 차관, 한국은행 부총재, 예금보험공사 사장, 금융감독원 원장, 금융위원장 추천 2인, 대한상공회의소 회장이 추천하는 경제계 대표 1인 등 총 9명으로 구성되어 있다.

금융위원회는 금융관련 주요 사항을 심의하고, 재적위원 과반수의 출석과 출석위원 과반수의 찬성으로 의결한다. 금융산업의 선진화와 금융시장의 안정을 꾀하고 건전한 신용질서와 공정한 금융거래 관행의 확립을 위한 사무를 관장한다. 또한 금융감독원의 정관 변경, 예산 및 결산 승인 등을 지시·감독한다.

증권선물위원회

증권선물위원회(Securities & Futures Commission)는 금융감독기구 설치 등에 관한 법률과 증권거래법 등에서 규정하는 소관 사무를 수행하기 위해 1998년 4월 금융위원회에 설치된 기구이다. 위원장은 금융감독위원회 부위원장이 겸임하고 있으며 상임위원 1명, 금융·증권 분야 등에 관한 학식과 경험이 풍부한 자 중 금융위원회 위원장이 추천한 3인 등 총 5인으로 구성되어 있으며, 회의는 3인 이상의 찬성으로 의결한다. 주요 기능으로는 금융위원회의 주요 사항에 대한 사전 심의, 증권·선물시장(자본시장)의 불공정거래 조사, 기업회계 기준 및 회계감리에 관한 업무, 증권·선물시장의 관리감독 및 감시 등을 위하여 금융위원회로부터 위임받은 업무 및 기타 다른 법령에서 증권선물위원회에 부여한 업무를 수행하는 것 등이 있다.

금융감독원

금융감독원(Financial Supervisory Service)은 금융기관에 대한 검사와 감독을 수행하는 감독기관으로, 1999년 1월에 은행감독원, 증권감독원, 보험감독원, 신용관리기금 등 4개 감독기관이 통합되어 설립되었으며, 그 후 2008년 2월 현재의 금융감독원으로 재탄생되었다. 금융감독원은 금융위원회 및 증권선물위원회의 심의·의결 사항을 집행하는 역할을 담당하며, 금융기관에 대한 검사·감독업무 등의 수행을 통하여 건전한 신용질서와 공정한 금융거래 관행의 확립을 도모한다. 또 예금자 및 투자자 등 금융소비자를 보호하기 위하여 각종 금융기관의 업무 및 재산상황에 대해 검사하고 위반사항이 있는 경우에는 제재를 가한다.

한편, 금융감독원에는 금융기관, 보험회사 등 금융감독원의 감독을 받는 기관과 예금자 등 이해관계인 사이에 금융과 관련한 분쟁이 발생한 경우 이에 대한 사항을 심의하고 의결하기 위한 기관으로 금융분쟁조정위원회가 설치되어 있다.

한국거래소

한국거래소(Korea Exchange: KRX)는 2005년 1월 증권거래소, 선물거래소, 코스닥위원회, (주)코스닥증권시장 등 기존 4개 기관이 통합되어 한국증권·선물거래소로 설립되었으며, 2009년 2월에 한국거래소로 명칭을 변경하였다. 한국거래소는 자본시장과 금융투자업에 관한 법률(자본시장법)에 의거 증권 및 장내파생상품의 공정한 가격 형성과 그 매매, 그 밖에 거래의 안정성 및 효율성을 도모하기 위함을 설립 목적으로 하고 있으며, 한국거래소는 그 자체가 우리나라의 증권시장이라 할 수 있다.

주요 기능은 다음과 같다.

- 유가증권시장·코스닥시장·코넥스시장 및 파생상품시장의 개설·운영에 관한 업무
- 증권 및 장내파생상품의 매매에 관한 업무
- 증권의 매매거래 및 장내파생상품거래에 다른 청산 및 결제에 관한 업무
- 장외파생상품거래의 확인, 청산 및 결제에 관한 업무
- 증권의 상장에 관한 업무
- 장내파생상품 매매의 유형 및 품목 결정에 관한 업무
- 상장법인의 신고·공시에 관한 업무
- 시장감시, 이상거래의 심리 및 회원에 대한 감리에 관한 업무

- 증권의 경매업무
- 유가증권시장·코스닥시장·코넥스시장 및 파생상품시장 등에서의 매매거래와 관련된 분쟁의 자율조정에 관한 업무
- 시장정보(지수를 포함한다)의 제공 및 판매에 관한 업무
- 시장과 관련된 전산시스템의 개발 및 운영에 관한 업무
- 부동산 및 전산장비 임대업무
- 외국거래소 및 증권파생상품관련 기관과의 제휴·연계·협력 등에 관한 업무
- 외국거래소 및 증권파생상품관련 기관 등에 대한 시스템수출·업무자문 등에 관한 업무
- 석유제품 현물 전자상거래의 도입 및 운영에 관한 업무
- 금 현물시장의 개설 및 운영에 관한 업무
- 그 밖에 법령에 따라 부여된 업무 또는 상기 업무에 수반되는 부대업무

한국예탁결제원

한국예탁결제원(Korea Securities Depository)은 증권거래법에 따라 설립된 준정부기관으로서, 주식이나 채권 등 유가증권의 집중 예탁업무를 담당하는 유가증권 중앙집중예탁기관이며, 기관투자가(외국인투자자 포함)와 개인투자자가 보유한 주식·채권 등의 유가증권을 종합 관리한다. 1974년 12월 한국증권대체결제주식회사로 출범하여, 1983년 1월 유가증권 집중예탁제도를 본격적으로 실시하였고, 1994년 4월 25일 증권예탁원으로 바뀌었다. 그 후 2005년 1월 증권거래법이 개정되면서 증권예탁결제원으로 변경되었다가, 2009년 2월 자본시장과 금융투자업에 관한 법률 시행과 함께 한국예탁결제원으로 명칭을 변경하였다.

증권 등의 집중예탁이란 실물 대신 발행 및 결제 등의 권리 행사를 장부상으로 할 수 있게 함으로써 실물 이동에 따른 물류비용이나 분실위험 등을 줄이기 위한 제도인데, 매매거래의 결제를 위하여 대량의 증권 등의 실물을

이동시켜야 하는 불편을 해소할 수 있다. 주요 업무는 유가증권 집중예탁(일괄예탁) 및 계좌 간 대체업무, 유가증권시장/코스닥시장, 장외시장 결제업무, 국제 간 예탁 및 계좌대체업무, 유가증권 대차거래업무, 명의개서 대리인업무 등이다.

한국증권전산주식회사

한국증권전산주식회사(Koscom)는 증권시장의 각종 증권업무처리 및 정보전달체제의 전산화의 필요성으로 1977년 9월 한국증권거래소의 단독출자로 설립된 전산처리기관으로 현재는 증권회사도 출자하고 있다. 주요 업무는 증권관계기관 및 증권회사와 기타 기업의 전자계산업무의 수탁, 전자계산기에 관한 연구·개발·훈련 및 이들 업무에 관련이 있는 사항의 지도 또는 용역 제공, 증권거래소와 한국예탁결제원의 계산업무의 전산처리, 증권회사의 매매주문과 기타 업무의 전산개발 및 처리 등이다.

2) 증권관계기관

금융투자협회

금융투자협회(Korea Financial Investment Association: KOFIA)는 2009년 2월 자본시장과 금융투자업에 관한 법률이 새로이 시행됨에 따라 기존의 한국증권업협회, 자산운용협회, 한국선물협회 등 세 개 기관이 통합되어 설립되었다. 금융투자기업자(증권회사, 자산운용사, 선물회사, 신탁회사)가 회원이 되며, 회원사 상호 간의 업무질서 유지 및 공정한 거래를 확립하고 투자자를 보호하며 금융투자업의 발전에 기여함을 목적으로 하고 있다. 주요 업무로는 금융투자산업의 글로벌 경쟁력 강화, 자본시장 수요기반 확충과 회원사 영업지원 강화, 리스크 관리 강화 중심의 선제적 자율규제 구현, 장외시장(채권시장, 프리보드) 활성화 추진, 글로벌 경쟁력을 갖춘 금융투자전문인력 육성 및 금융투자교육의 강화 등이 있다.

한국상장회사협의회

한국상장회사협의회(Korea Listed Companies Association)는 1973년 12월에 한국증권거래소의 유가증권시장에 주권이 상장된 주권상장법인을 회원으로 하여 설립된 비영리 사단법인으로 상장회사의 권익옹호와 친목을 도모하고 투자자를 보호함으로써 자본시장의 발전에 기여하기 위하여 설립된 단체이다.

3) 증권관련 금융기관

한국증권금융

한국증권금융(Korea Securities Finance Corporation)은 1955년 10월 11일 한국연합증권금융(주)으로 설립되었고, 1962년 7월 현재의 회사명으로 상호를 변경하였다. 주요 업무는 증권시장에 자금과 유가증권을 공급하는 고유의 증권금융 업무(증권인수금융, 증권유통금융, 증권담보금융)를 기본으로 하여, 증권투자자를 보호하기 위한 고객예탁금 관리, 근로자의 재산형성을 지원하는 우리사주제도 지원, 그리고 일반고객의 재테크를 돕는 예금 및 대출업무, 채권매매 및 단기금융업무에 이르기까지 다양한 금융업무를 취급하고 있다. 한편, 고유의 증권금융 업무에 있어서 증권인수금융은 유가증권 시장조성자금과 인수인에 대한 증권인수자금의 대출업무를 말하며, 증권유통금융은 유가증권시장에서의 매매거래에 필요한 자금 또는 유가증권을 증권거래소의 결제기구를 통해 대부하는 업무이며, 증권담보금융은 유가증권을 담보로 하는 대출 및 유가증권 대여업무를 말한다.

증권회사

증권회사(security company)는 증권시장에서 위탁매매업무, 자기매매업무 및 인수업무를 행하는 금융기관이다. 이를 증권회사의 3대 업무라 부른다. 위탁매매업무(broker)는 증권시장에서 투자자의 매매거래를 중개해 주는 역할을 말한다. 자기매매업무(dealer)는 증권회사 자신이 투자자로서 증권에 투자하여 수익을 추구하는 역할을 하는 것을 말한다. 이상의 두 가지 업무는 증권회사가 유통시장에서 수행하는 역할이다. 그리고 증권시장이 발행시장에서 수행하는 역할도 있는데 그것은 인수업무이다. 인수업무(underwriter)는 발행시장에서 증권이 최초로 발행이 될 때 유통시장에서 유통될 수 있도록 연결시켜 주는 사무적 및 실무적 역할을 의미한다.

투자자문회사

투자자문회사(investor advisory firm)는 개인투자자나 기관투자가에 대해 투자에 관한 지식, 판단, 그리고 자산운용 등의 서비스 제공을 주업무로 하는 전문업을 이른다. 투자자문회사의 업무형태는 투자정보지 출판, 판매, 유가증권의 평가작업의 결과를 간행하는 출판형 투자지문업, 유가증권의 투자, 포트폴리오 구성과 운용에 대하여 상담을 하고 최종적인 매매의사결정은 투자자의 판단으로 하는 투자조언업, 그리고 계약자의 자산운용을 포괄적으로 위임을 받아 관리·운용·성과분석을 하는 투자관리업 등이 있다. 그러나 우리나라는 아직 투자에 있어서 일임매매를 금지하고 있어 투자관리업은 허용되지 않고 있다.

자산운용회사

자산운용회사는 투자자의 자금을 모아 투자자 대신 여러 증권에 투자하고 여기서 발생된 수익을 투자자에게 배분해 주는 투자대행 금융기관이다. 즉, 투자자의 재산 증식과 산업자금의 원활한 조달, 자본시장 및 증권시장의 안정적 성장 발전을 목적으로 유가증권 투자 및 운용를 전문으로 하는 회사이다. 특히, 투자신탁회사는 위탁자로서 일반투자자로부터 모은 자금을 유가증권투자에 전문적으로 운용하고, 여기서 생긴 투자수익을 투자자에게 분배한다. 투자자는 증권회사에서 투자신탁회사의 수익증권통장을 개설하고 펀드에 가입하지만 실제 주식투자는 증권회사가 하는 것이 아니라 자산운용회사가 전담한다. 이 회사는 자산을 주식, 채권, 기업어음(CP), 양도성 예금증서(CD) 등 유가증권과 선물, 옵션 등 파생상품에 투자한다.

자산운용회사의 설립 요건은 상법상의 주식회사로서 납입자본금이 70억 원 이상이어야 하며, 상근하는 임직원 중에서 대통령령이 정하는 운용전문 인력이 5명 이상이어야 한다. 또 임원 중에 증권투자회사 발기인의 결격사유에 해당하는 사람이 없어야 하며, 사업년도의 재무상태표(대차대조표)상에 자산이 부채를 초과하는 재무건전성 요건을 갖춘 다음 금융위원회에 등록하여야 한다.

증권투자회사

증권투자회사(mutual fund)는 1999년 우리나라에 새로 도입된 간접투자 상품(뮤추얼 펀드)으로 회사형 투자신탁이라고도 한다. 주식발행을 통해 투자자의 자금을 모아 펀드를 조성하고 이를 펀드매니저가 증권에 투자하여 수익을 추구하는 명목상의 주식회사 형태로 운영되는 펀드이다. 미국에서는 개방형(openend) 투자신탁을 통칭하는 말로 쓰인다. 수익증권은 투자신탁사가 발매하면 투자자가 가입하는 방식이지만 뮤추얼 펀드는 투자자가 펀드에 출자를 해 주주가 되며 펀드는 하나의 독립된 회사로 운영된다. 뮤추얼펀드가 법률상 독립된 회사이기 때문에 기존 수익증권에 비해 주주의 운영 참여가 자유롭고 개방적인 특징이 있으며 투명성도 높은 것으로 평가된다. 뮤추얼 펀드는 언제든지 돈을 넣거나 찾을 수 있는 개방형과, 환불이 불가능한 폐쇄형 두 가지가 있으나 국내에는 폐쇄형만 허용되고 있다. 수익증권에서 환불받으려면 만기 이전에라도 일정 수수료만 부담하면 환불이 가능하지만 폐쇄형 뮤추얼 펀드는 만기 이전에 자금을 회수할 수 없다. 그러나 뮤추얼 펀드는 거래소나 코스닥시장에 주식이 상장되어 있으므로 이들 시장에서 매각하면 자금을 회수할 수 있다.

제4절 증권매매 거래제도

1. 매매계약의 체결

1) 매매계약 체결의 유형

증권의 매매계약의 체결에는 다음과 같은 다섯 가지의 유형이 있다.

상대매매

단일의 매도자와 단일의 매수자 간에 이루어지는 매매 방법이다.

경매

단일의 매도자(매수자)와 복수의 매수자(매도자) 간의 매매 방법으로, 이를 입찰매매라고 한다.

경쟁매매

복수의 매도자와 복수의 매수자 간의 매매 방법이다.

집단경쟁매매

매도측 회원과 매수측 회원의 시장대리인들이 한 장소에 모여 손짓이나 발성으로 거래하고자 하는 가격과 수량을 공개적으로 경합하고 조건이 부합하는 대리인 간에 거래를 체결하는 방법이다.

개별경쟁매매

증권시장에 설치된 매매입회대(post)에 각 거래원별로 호가표를 제출하면 거래소 직원이 이 호가표를 정리·집계하여 일정한 원칙에 따라 매매를 성사시키는 방법이다. 단일가격에 의한 개별경쟁매매와 복수가격에 의한 개별경쟁매매로 구분된다. 증권시장에서는 일반적으로 개별경쟁매매에 의해서 거래가 이루어진다.

2) 개별경쟁매매의 가격결정

단일가격에 의한 경쟁매매

단일가매매 또는 동시호가매매라고 한다. 이는 일정시간 동안 매도·매수 호가를 접수하여 가격 및 시간우선원칙에 따라 우선하는 호가 간에 하나의 가격으로 매매체결시키는 방식이다. 단일가매매는 장개장 시, 장재개장 시, 장종료 시, 정리매매종목 등에 적용한다. 즉, 증권의 수요와 공급을 집중시켜 시장의 균형가격을 도출할 필요성이 있는 경우에 이용된다.

복수가격에 의한 경쟁매매

이는 매매주문이 접수됨과 동시에 가격 및 시간우선의 원칙에 따라 가격과 수량 면에서 조건이 합치되는 대로 거래를 계속적으로 성사시키는 방법으로, 접속매매(post trading)라 한다. 접속매매는 시가가 결정된 직후부터 장이 종료되기 10분 전까지 이루어진다. 우리나라의 경우는 오전 9시부터 오후 3시 20분까지이다.

3) 접속매매의 원칙

접속매매는 다음 네 가지 원칙에 의해 주식의 거래를 진행한다.

가격우선의 원칙

동일주식의 매매에서 매입의 경우는 가격이 높은 호가를, 매도하는 경우는 가격이 낮은 호가의 매매거래를 우선적으로 체결한다.

시간우선의 원칙

시간적으로 먼저 매입 또는 매도 주문한 경우를 우선적으로 체결한다.

위탁매매우선의 원칙

증권회사의 자기매매보다 투자자의 위탁매매를 우선적으로 체결한다.

수량우선의 원칙

적은 수량의 주문보다 많은 수량의 주문을 먼저 체결시킨다.

다음 〈표 3-7〉은 접속매매의 원칙에 의해 매매가 체결되는 과정을 예를 들었다.

표 3-7 ▶ 접속매매의 과정의 예

매도	호가	매수	체결결과
	11,600		①과 ③ 체결 : 가격 11,450원(선행호가의 가격), 거래량 200주
	11,550		
② 200	11,500		
	11,450	① 200	
③ 200	11,400		
	11,350		
	11,300		

주) ①, ②, ③은 호가 접수 순서임.

매도	호가	매수	체결결과
	11,600	② 500	1) ②와 ③ 체결 : 가격 11,600원, 거래량 200주 2) ②와 ④ 체결 : 가격 11,600원, 거래량 200주 (시간보다 가격우선)
	11,550		
	11,500		
③ 200	11,450		
	11,400	① 200	
	11,350		
④ 200	11,300		

주) ①, ②, ③ 및 ④는 호가 접수 순서임.

2. 매매거래 시간

한국거래소 유가증권시장의 경우, 일주일 중에서 월요일~금요일까지 5일간 장이 개장된다. 정규시장은 오전 9시에서 오후 3시 30분까지 열리고, 시간외시장은 장개시 전에는 8시 30분에서 9시까지, 장종료 후에는 오후 3시 40분부터 6시까지 열린다. 코스닥시장의 경우에는 정규시장의 매매거래시간은 유가증권시장과 동일하나, 시간외시장 거래시간은 다소 상이하다.

◀ 표 3-8 유가증권시장 매매거래시간

구 분		매매거래시간	호가접수시간
정규시장		09:00 ~ 15:30	08:00 ~ 15:30
시간외시장	장 개시 전	08:30 ~ 09:00*	08:30 ~ 09:00
	장 종료 후	15:40 ~ 18:00	15:30 ~ 18:00

* 단, 장개시전 종가매매는 8:30~8:40 (10분)

◀ 표 3-9 코스닥시장 매매거래 시간

구 분		시간
장 개시 전 시간외시장	호가접수시간	08:30 ~ 08:40
	매매거래시간	08:30 ~ 08:40
정규시장	호가접수시간	08:30 ~ 15:30
	매매거래시간	09:00 ~ 15:30
장 종료 후 시간외시장	호가접수시간	15:30 ~ 16:00
	매매거래시간	15:40 ~ 16:00
	시간외단일가 매매거래시간	16:00 ~ 18:00
	시간외대량바스켓 매매거래시간	15:40 ~ 18:00

* 단, 장개시 전 시간외대량매매거래시간은 08:00~09:00

3. 매매거래의 단위

1) 호가단위

호가는 매매시장에서 유가증권의 거래를 하기 위한 의사표시로, 증권 매매 가격을 의미한다. 이때 시장에서 가격표시의 최소단위를 호가단위라 한다. 호가단위는 〈표 3-10〉과 같이 시장가격대별로 다르다. 유가증권시장의 경우에 예를 들면, 시장가격이 1,000원 미만인 주식의 경우는 1원 단위로 호가가 되고, 50,000원 이상 100,000원 미만인 경우는 100원 단위로 호가 된다.

표 3-10 ▶
호가단위

구 분	호가가격단위	
	유가증권시장	코스닥시장
1,000원 미만	1원	1원
1,000원 이상 ~ 5,000원 미만	5원	5원
5,000원 이상 ~ 10,000원 미만	10원	10원
10,000원 이상 ~ 50,000원 미만	50원	50원
50,000원 이상 ~ 100,000원 미만	100원	100원
100,000원 이상 ~ 500,000원 미만	500원	100원
500,000원 이상	1,000원	100원
채권	1원	
상장지수펀드(ETF), 주식워런트증권(ELW)	5원	
외화표시채권	1포인트	

2) 매매수량단위

매매수량단위는 매매 수요와 공급을 신속하고 원활하게 처리하기 위하여 정한 매매의 최저수량단위를 의미한다. 주식 매매의 경우는 원칙적으로 1주 단위로 거래가 된다. 〈표 3-11〉은 각 증권의 종류별로 매매수량단위를 정리한 것이다.

구 분		유가증권시장	코스닥시장	비고
주 식		1 주	1 주	
외국주식예탁증권(DR)		1 증권	1 증서	
상장지수펀드(ETF)		1 주	1 주	
신주인수권증권		1 증권	−	
신주인수권증서		1 증서		
주식워런트증권(ELW)		10 증권		
수익증권		1 좌	1 좌	
채 권	일반채권	액면 10 만원		소액채권은 액면 1,000 원으로 함
	외화표시채권	1 만 포인트		
	국채지표종목	액면 10 억원		국채딜러 간 매매거래에 한함

▲ 표 3-11
매매수량단위

4. 매매가격의 지정

1) 주문의 유형

지정가 주문(limit order)

매매거래를 위탁할 때 최소한 받아들일 수 있는 가격을 정하여 주문하는 방법이며, 이를 보통주문이라고도 한다. 매입 시에는 매입호가(bid price)를 정하며, 매도 시에는 매도호가(ask price)를 정하여 주문한다. 여기서 한 가지 유의 할 것은 K-OTC 주문은 지정가 주문만 가능하다.

시장가 주문(market order)

가격 지정없이 시장에서 형성된 가격으로 매매를 원하는 주문방법이며, 성립가 주문이라고도 한다.

조건부지정가 주문(conditional limit order)

지정가 주문이 종가 결정 직전(14시 50분)까지 체결되지 않은 경우, 시장가 주문으로 전환되는 방식이다. 이 방식은 종가 무렵에 특정 종목을 무조건 매수할 의향이 있는 경우에 사용한다.

최유리지정가 주문(best limit order)

주문이 시장에 도달된 시점에서 상대 최우선호가의 가격으로 매매가격이 지정되는 주문방식이다. 시장가 주문과 같이 가격을 지정하지 않고 수량만 주문을 낸다. 시장가와 다른 점은 시장가 주문은 주문낸 수량이 전량 체결되도록 가격을 따라가며 체결되는 것에 반해, 최유리지정가 주문은 바로 체결될 수 있는 특정 가격에만 체결이 되고 남는 수량은 접수 상태로 있으면서 가격이 맞을 때까지 대기 상태로만 있다.

최우선지정가 주문(first priority limit order)

주문이 시장에 도달된 시점에서 동일방향 최우선호가의 가격으로 매매가격이 지정되는 주문방식이다. 최유리지정가와 비슷하지만, 주문 즉시 바로 체결 되는 것이 아니고 호가 중 제일 높은 가격에 주문이 접수된다. 예를 들어, 매수 주문의 경우 매수자의 주문가격 중에서 호가가 가장 높은 가격에 접수가 된다 이 주문은 시세가 급변할 때 유용하다.

목표가주문

특정 지정가격이 아닌 당일의 거래량가중평균가격(VWAP) 등 향후에 결정될 가격 또는 그와 근접한 가격으로 체결될 수 있도록 하는 주문방식이다. 그러나 목표가주문을 위한 별도의 호가 유형이 존재하지 않기 때문에 회원사가 투자자의 목표가격에 맞춰 재량껏 지정가호가 또는 시장가호가 등으로 분할하여 제출해야 한다.

경쟁대량매매주문

투자자가 종목 및 수량은 지정하되 당일의 거래량가중평균가격(VWAP)으로 매매거래를 하고자 하는 대량매매 방식이다. 시장충격을 최소화하는 방식으로 별도의 비공개 시장에서 이루어지며, 최소수량요건 등이 적용된다.

2) 주문의 조건

지정가 주문, 시장가 주문 및 최유리지정가 주문의 경우에 한해서 매매주문을 할 때 경우에 따라 다음과 같은 체결조건을 지정하여 정할 수 있다.

일부충족조건(immediate or cancel: IOC)

호가 수량 중 접수시점에 매매를 체결할 수 있는 수량에 대하여는 매매거래를 성립시키고, 체결되지 않은 잔량은 즉시 취소하는 조건으로 주문하는 방식이다.

전량충족조건(fill or kill: FOK)

호가 수량을 접수시점에 주문한 전량을 매매체결할 수 있는 경우에는 매매거래를 성립시키고, 전량체결을 충족시키지 못하는 경우 호가전량을 즉시 취소하는 조건으로 주문하는 방식이다.

5. 증권매매거래의 결제

1) 위탁증거금

증권회사가 고객으로부터 유가증권의 매매를 위탁받은 경우 고객의 결제이행을 확보하기 위해 징수하는 현금 또는 유가증권을 위탁증거금(consignment guarantee money)이라 한다. 즉, 위탁증거금은 현금뿐만 아니라 유가증권으로도 가능하다. 이를 대용증권(substitute securities)이라 하는데, 이는 주식매매 시 위탁증거금이나 신용거래보증금을 납부함에 있어서 현금에 갈음할 수 있는 유가증권을 이른다. 대용증권의 가격(대용가격)은 기준시세에 일정비율을 곱하여 계산한다.

과거에는 증권거래소가 위탁증거금의 징수율과 그 징수방법을 정하여 운영하였으나, 1998년 4월 1일부터는 증권회사가 자율적으로 결정한다. 이에 따라 100% 징수하던 관리종목·이상급등종목의 위탁증거금률과 위탁금액의 20% 이내에서 증권회사가 정하도록 하였던 대용증권의 징수비율도 증권회사가 자율적으로 결정한다. 현재 대부분의 증권회사는 개인투자자의 경우 약 40%의 비율로 위탁증거금을 징수하고 있다. 이는 주식을 매입하기 위한 보증금의 성격을 갖는다. 그러므로, 투자자가 주식을 매입하고자 할 때는 최소한 총거래대금의 40%에 해당하는 자금을 자신이 거래하는 증권회사의 계좌에 예입하여야 한다.

2) 위탁수수료

증권거래가 이루어진 경우 결제 시에 증권회사에 소정의 수수료를 납부해야 하는데, 이를 위탁수수료(consignment fee)라고 한다. 위탁수수료는 거래대금의 0.6%를 상한선으로 증권회사별로 자율적으로 결정하게 되어 있다. 그리고, 주식을 매도할 때는 위탁수수료 이외에 증권거래세와 농어촌특별세를 납부하여야 한다. 증권거래세와 농어촌특별세의 내역은 다음과 같다.

구분	코스피	코스닥	코넥스	K-OTC
증권거래세	0.10	0.25	0.10	0.25
농어촌특별세	0.15	없음	없음	없음

한편, 증권거래의 매매거래 결제방법은 보통거래 방식으로 이루어진다. 보통거래(ordinary transaction)는 계약체결일을 포함하여 3일째 되는 날에 결제되는 방식이다.

3) 신용거래

신용거래(margin transaction)는 증권회사가 투자자에게 증권의 매입자금을 융자하거나, 또는 유가증권을 대여하는 방법에 의한 신용을 제공하여 이루어지는 거래이다. 이는 증권거래에 있어서 어느 정도의 투기적 요소라 할 수 있는 가수요를 유도하여 증권시장을 활성화시키기 위한 목적으로 사용된다. 신용거래의 형태는 신용융자의 형태와 공매의 형태가 있다.

신용융자

신용융자(long position)는 향후 주가상승을 예상하는 투자자가 주식매입을 위해 증권회사에 신용거래 보증금을 납입하고 일정한 이자율로 주식 매입자금을 차입하여 주식을 매입한 후, 일정기간이 지난 후 주식을 매도하여 차입금액을 상환하는 제도이다. 신용융자를 받아 매입한 주식의 가격이 매입 당시보다 상승하면 이득이 발생되나, 하락하면 융자금 이자를 포함한 자본손실이 발생한다. 일반적으로 신용융자를 통한 거래기간은 150일 이내이다.

공매

공매(short position/short sales)는 향후 주가 하락을 예상하는 투자자가 증권회사가 보유하고 있는 해당 주식을 대여하여 매각한 후, 일정기간 후 재매입하여 증권회사에 반납하는 제도로서, 이를 대주제도라고 한다. 주식을 대여받아 매도한 주식의 가격이 하락하면 이득이 발생하지만, 반대로 주가가 상승하면 손실이 발생한다. 증권회사가 투자자에게 대여해 주는 주식을 상품주라 한다. 상품주는 증권회사가 기관투자자(딜러 역할)로서 투자하기 위해 보유하고 있는 주식이다.

대주제도의 시행은 증권정책의 일환으로 조정이 되어 왔다. 개인투자자의 대주제도는 1986년 금지되었다가, 22년 만인 2008년 1월 21일 부활되었다. 지금까지는 외국인과 기관투자자만이 대주제도를 활용하였다. 일반적으로 대주를 통한 신용거래기간은 150일 이내이다.

참고 박스

대주를 통한 무위험차익거래

회사원 김씨는 1월 중순 외국인 투자자의 움직임이 이상하다고 느꼈다. 지난해 미래에셋그룹이 집중적으로 사들인 조선주를 외국인이 마구 팔고 있었다. 김씨는 조선주가 급락하면 미래에셋증권 주가도 떨어질 거란 생각이 들었다. 그는 1월 21일부터 부활한 '대주제도'를 떠올렸다. 대주란 주식을 빌려서 판 뒤 일정 시간 뒤에 다시 주식으로 되갚는 제도이다. 어떤 종목의 주가가 떨어질 것으로

요인에 의하여 주가가 급락하는 경우 투자자들에게 냉정한 투자판단 시간을 제공하기 위해 시장에서의 모든 매매거래를 일시적으로 중단하는 제도이다. 코스피지수(KOSPI)가 직전거래일의 종가보다 8%, 15%, 20%이상 하락하면 각각 3단계로 나누어서 발동된다.

매매거래중단이 발동되면 20분 동안 시장내 호가접수와 채권시장을 제외한 현물시장과 연계된 선물·옵션시장도 호가접수 및 매매거래를 중단한다. 매매거래 중단시간 중에는 신규호가의 제출은 불가능하나 매매거래중단 전에 접수한 호가에 대해 취소주문을 제출하는 것은 가능하다. 거래소는 매매거래중단 후 20분이 경과한 때에는 매매거래를 재개한다. 매매거래의 재개시 최초의 가격은 재개시점부터 10분 동안 호가를 접수 후 단일가로 매매(동시호가매매)를 체결하고 그 이후에는 접속매매로 매매를 체결한다. 그러나 전일대비 20%이상 하락할시에는 시장이 아예 종료된다.

매매거래중단제도는 주가상승 시에는 발동하지 않고 주가급락 시에만 발동되며, 1일 1회 발동으로 한정하고 당일종가 결정시간 확보를 위해 장종료 40분 전 이후에는 중단하지 않는다.

한편, 증권거래소에서는 투자자 보호와 시장관리상 필요하다고 인정하는 경우에는 특정 종목의 매매거래를 일시적으로 정지할 수 있다. 즉, 어음·수표의 부도발생, 은행과의 거래정지, 영업활동의 정지 등 상장폐지에 해당되는 풍문 등의 사유로 주가 및 거래량이 급변하거나 급변이 예상되는 종목에 대해서 매매거래를 정지할 수 있다. 매매거래 재개는 중단사유에 대한 조회결과를 공시한 시점부터 30분이 경과한 때에 재개한다.

프로그램매매 호가관리제도

프로그램매매 호가관리제도(sidecar)는 프로그램매매 호가효력 일시정지제도로, 프로그램매매를 규제하는 가장 대표적인 방법이다. 시장상황이 급변할 경우 프로그램매매의 호가효력을 일시적으로 제한함으로써 프로그램매매가 주식시장에 미치는 충격을 완화하고자 하는 제도이다. 파생상품시장에서 기준종목의 가격이 기준가대비 5% 이상 상승 또는 하락하여 1분간 지속되는 경우, 상승의 경우에는 프로그램매수의 호가효력을, 하락의 경우에는 프로그램매도의 호가효력을 5분 동안 정지하며, 프로그램매매의 호가효력이 5분 동안 정지된 후에는 접수순서에 따라 매매를 체결시킨다. 또한, 기준종목의 가격이 기준가 대비 5% 이상 상승 또는 하락하는 경우 프로그램매수호가 또는 매도호가의 효력이 정지될 수 있다는 사실을 예고할 수 있다.

참고 박스

프로그램매매

급변하는 시장상황에서 컴퓨터에 의해 미리 입력된 프로그램에 따라 거래를 행한다는 의미에서 프로그램매매(program trade)라고 부른다. 프로그램매매의 종류에는 주가지수선물을 이용한 차익거래(arbitrage), 옵션과 주식을 이용한 포트폴리오보험, 선물 혹은 채권과 주식을 이용한 연동자산배분전략 등이 있다. 프로그램매매는 일반적으로 시장분석 · 투자시점 판단 · 주문제출 등의 과정을 컴퓨터로 처리하는 거래기법을 통칭하는데, 시장상황별로 실행할 투자전략을 사전에 미리 수립하여 그 내용을 컴퓨터에 프로그래밍하고, 시장상황의 분석과 분석내용에 따른 주문 등을 프로그램에 따라 컴퓨터로 처리하는 매매방법을 말한다.

또한 한국증권시장에서의 프로그램매매는 모든 지수차익거래와 동일인이 일시에 KOSPI 구성종목 중 15종목 이상을 거래하는 비차익거래를 의미한다. 지수차익거래란 KOSPI200 구성종목의 포트폴리오와 KOSPI200 선물 또는 옵션의 가격차이를 이용하여 이익을 얻을 목적으로 포트폴리오와 선물 또는 옵션을 연계하여 거래하는 것이다. 지수차익거래는 ① 포트폴리오의 매수와 동시에 지수선물종목을 매도를 하는 거래, ② 포트폴리오의 매도와 동시에 지수선물종목을 매수를 하는 거래, ③ 포트폴리오의 매수(매도) 후 지수선물종목을 매도(매수)하는 거래, ④ 지수선물종목의 매수(매도) 후 포트폴리오를 매도(매수)하는 거래를 말한다. 여기서, 지수선물종목의 매도는 지수합성선물의 매도(콜옵션을 매도하고 풋옵션을 매수하는 거래)를 포함하며, 지수선물종목 매수는 지수합성선물의 매수(콜옵션을 매수하고 풋옵션을 매도하는 거래)를 포함한다.

3) 불공정 거래행위에 대한 규제

증권시장에서 불공정 거래행위를 규제하기 위해 상장기업의 임직원 등의 내부자에 대해서 내부자거래(insider trading)의 제한을 가하고 있으며, 증권 관계 직종의 임직원에 대해서도 매매를 제한하고 있다. 또한, 일명 작전이라고도 부르는 증권시세 조정을 엄격하게 금지하고 있다.

4) 관리종목

관리종목(issue for administration)은 상장기업이 상장 후 영업실적의 악화 등으로 부실이 심화되거나, 유동성이 부족하게 되는 경우 또는 기업지배구조가 불량하여 상장폐지기준에 해당될 가능성이 높은 경우에 대해 증권거래소가 투자자에게 주의를 환기하고 당해 기업에게 해당 사유를 해소하여 조속한 정상화를 촉진하기 위해 해당 종목들을 특별히 관리하고자 선정하는 종목군들을 말한다. 관리종목에 지정되면 신용거래 대상에서 제외되며 대용증권으로도 활용될 수 없으나, 그 매매체결방식은 다른 일반종목과 동일하다.

5) 투자유의안내

시장 및 투자자에게 피해를 줄 수 있는 사건 발생이 예상되는 경우, 거래소가 투자자 주의를 촉구하기 위해 사건별 투자위험정보 및 투자유의사항 등을 안내문 형식으로 제공하는 정보이다.

투자주의종목

시장감시위원회에서 투기적이거나 불공정거래의 개연성이 있는 종목을 투자주의종목으로 공표하여 일반 투자자들의 뇌동매매 방지 및 잠재적 불공정거래 행위자에 대한 경각심을 고취시키고 있다.

투자경고종목

특정종목의 주가가 비정상적으로 급등한 경우 투자자에게 주의를 환기시키고 불공정거래를 사전에 방지하기 위하여 투자경고종목(과거 감리종목 또는 이상급등종목)으로 지정한다. 이는 가수요를 억제하고 주가급등을 진정시키는 등 시장안정화를 위한 조치이다. 투자경고종목으로 지정되면 해당종목을 매수할 경우 위탁증거금을 100% 납부하여야 하며, 신용융자로 해당종목을 매수할 수 없으며, 해당종목은 대용증권으로 인정되지 않으며(단, 코넥스주권은 제외), 주가가 추가적으로 급등할 경우 매매거래정지 및 투자위험종목으로 지정될 수 있다.

투자위험종목

투자경고종목 지정에도 불고하고 투기적인 가수요 및 뇌동매매가 진정되지 않고 주가가 지속적으로 상승할 경우 투자위험종목으로 지정한다. 이는 한차원 높은 시장경보로서 투자자들은 해당종목 투자시 보다 깊은 주의가 필요하다. 투자위험종목으로 지정되면 해당종목을 매수할 경우 위탁증거금을 100% 납부하여야 하며, 신용융자로 해당종목을 매수할 수 없다. 또한 해당종목은 대용증권으로 인정되지 않으며, 지정과 동시에 매매거래가 1일간 정지되며, 주가가 추가적으로 급등할 경우 1일간 매매거래가 정지될 수 있다.

제 5 절 증권시장지표

1. 증권시장지표의 의미

증권투자의 성과는 크게 두 가지 선택의 결과로 나타난다. 그 하나는 얼마나 좋은 종목을 선택하였는가에 따른 것이고, 다른 하나는 적절한 투자시점을 포착하여 매매하였는가에 따른 것이다. 그러나 이러한 선택과정에서의 판단기준은 증권시장 전반에 걸쳐 나타나는 무수한 요인에 의해 영향을 받는다. 따라서 투자자는 증권시장의 전체적인 움직임을 반영하는 증권시장지표(stock market indictor)에 관심을 가져야 한다.

증권시장지표는 크게 주식시장지표와 채권시장지표로 나눌 수 있다. 주식시장지표로는 주가지수가 대표적이며 그 외에도 주식거래량, 거래금액, 거래형성률, 주가수익률, 배당수익률 등이 있다. 채권시장지표로는 채권지수, 거래량, 거래대금 등이 있으나 주식시장지표에 비해 활성화되지 않았다. 이러한 이유로 증권시장지표로 주식시장지표를 이용하는 것이 일반적이다. 본서에서는 주식시장지표 중에서 가장 대표적인 주가지수를 중심으로 살펴보고자 한다.

2. 주가지수

1) 주가지수의 의미

주가지수(stock price index)는 주식시장 전체의 가격변동 흐름을 측정하기 위한 지표로서 증권시장의 전반적인 동향을 판단하는 데 주로 사용된다. 또한 주가지수는 다음과 같은 측면에서도 주요한 지표로서의 의미를 지닌다.

첫째, 주가지수는 경기선행지표의 역할을 한다. 일반적으로 주가지수는 6개월 내지 1년 정도 경기를 선행한다고 알려져 있다.

둘째, 개인 및 기관투자자의 투자성과의 평가기준이 된다. 어떤 투자자가

1년간 10%의 투자수익률을 올렸다 하자. 그러나 같은 기간 동안에 종합주가지수는 15% 상승되었다면 이 투자자는 시장평균 이하의 투자수익률을 올렸기 때문에 성공적인 투자성과를 거두었다고 할 수 없다.

셋째, 주가지수는 기술적 분석에도 이용된다. 주가지수를 이용하여 시장의 전반적인 추세를 전망하는 데 유용하게 사용된다.

넷째, 종합주가지수는 자산가격결정모형(asset pricing model)에서 시장포트폴리오의 대용치로 이용되며, 체계적 위험(systemetic risk)의 측정치인 베타계수(β)를 추정할 때 필수적인 변수로 이용된다. 시장포트폴리오와 체계적 위험에 대한 구체적인 내용은 제3편에서 설명한다.

2) 주가지수 작성방법

일반적으로 주가지수는 비교시점에서 시장전체의 주가수준을 기준시점에서 시장전체의 주가수준으로 나눈 값을 100으로 곱하여 산출한다.

$$\text{주가지수} = \frac{\text{비교시점에서의 시장전체의 주가수준}}{\text{기준시점에서의 시장전체의 주가수준}} \times 100$$

위 식은 주가지수를 측정하는 기본적인 방식이다. 그런데 주가지수 산정시에 어떠한 표본종목을 채택하느냐에 따라 또, 주가지수를 산정할 때 어떠한 가중방법을 사용하느냐에 따라 주가지수의 측정값이 달라진다. 이하에서 주가지수를 산정할 때 사용되는 표본종목수와 가중방법에 따른 다양한 주가지수의 유형을 살펴보기로 한다.

(1) 주가지수의 표본종목수

주가지수는 상장주식 모두를 대상으로 하는 경우도 있고, 그 일부만을 대상으로 작성하는 경우도 있다. 전자의 경우 대표적인 주가지수는 코스피(KOSPI), 코스닥(KOSDAQ)지수, 뉴욕증권거래소지수(NYSEI), 동경증권시장의 동증지수(TOPIX) 등이 있다. 후자는 우리나라의 경우 KRX 100지수,

KOSPI200지수, KOSDAQ 프리미어지수, 한경다우지수, 매경지수 등이 있고, 미국의 다우존스산업평균지수(Dow-Jones Industrial Average: DJIA), Standard & Poor's 500지수(S & P 500 Index), 일본의 Nikkei 225지수, 홍콩의 항생지수 등이 있다. 예를 들어, 다우존스산업평균지수(DJIA)의 경우는 미국증권시장을 대표하는 30종의 주식만을 표본으로 반영하고 있다.

(2) 주가지수 가중방법

주가지수의 가중방법은 주가지수 작성을 위해 선정된 각 표본주식의 주가나 시가총액을 어떻게 고려하여 결정하느냐에 따라 다르다. 가중방법으로는 ① 주당가격에 따른 가격가중방법, ② 모든 주식에 동일한 비중을 두는 동일가중방법, ③시가총액에 따른 가치가중방법 등이 있다.

다음의 예를 통해서 세 가지 방법에 의한 주가지수 작성방법을 살펴보자. 현재 증권시장에 한강기업과 금강기업 두 기업만 상장되어 있다고 가정하고 주가지수 작성과 관련된 정보를 〈표 3-12〉에 나타내었다.

표 3-12 ▼
주가지수 작성정보

구 분	기준시점(2010년 1월 4일)		비교시점(2022년 5월 1일)	
	한강기업	금강기업	한강기업	금강기업
주당가격	10,000원	7,000원	15,000원	20,000원
발행주식수	100만 주	50만 주	200만 주	50만 주
기업가치 (시가총액 = 주가×발행주식수)	100억 원	35억 원	300억 원	100억 원

주) 한강기업은 비교시점에서 100% 무상증자하였다고 가정한다.

가격가중방식

가격가중지수(price weighted index)는 다음과 같이 비교시점의 주가평균을 기준시점의 주가평균으로 나누어 계산한다. 이때, 주가평균은 단순히 각 주식의 가격을 표본주식수로 나누어 산출하기 때문에 단순주가평균지수(simple stock price average index)라고도 한다.

$$I_t = \frac{\sum_{i=1}^{n} P_{it} / n}{\sum_{i=1}^{n} P_{i0} / n} \times 100$$

단, I_t : t시점에서의 주가지수
P_{i0} : 기준시점(0)에서의 i주식의 주가
P_{it} : 비교시점(t)에서의 i주식의 주가
n : 채용종목수

위의 예에서, 주가지수를 산출하면 다음과 같다.

$$\text{기준시점의 주가평균} = \frac{10{,}000 + 7{,}000}{2} = 8{,}500(\text{원})$$

$$\text{비교시점의 주가평균} = \frac{15{,}000 + 20{,}000}{2} = 17{,}500(\text{원})$$

$$\text{주가지수} = \frac{\text{비교시점의 주가평균}}{\text{기준시점의 주가평균}} \times 100 = \frac{17{,}500}{8{,}500} \times 100 = 205.9$$

단순주가평균지수는 계산이 간편하고 이해하기 쉬운 장점을 가지고 있지만, 표본으로 채용된 종목에서 유·무상증자나 액면분할 등의 사건이 일어나면 그에 따른 주가의 불연속성을 합리적으로 반영하지 못한다는 문제가 있다. 따라서 이러한 문제를 다소 완화하기 위한 방법으로 수정주가평균지수(adjusted stock price average index)를 사용한다. 수정주가평균방식은 비교시점의 수정주가평균을 기준시점의 수정주가평균으로 나누어 계산하는 방식으로 다우존스(Dow-Jones) 방식이라고도 한다.

수정주가평균은 표본의 주가합계를 표본수로 나누는 것이 아니라 제수(divisor)로 나누어 계산한다. 그리고 제수는 주가의 불연속을 초래하는 사건이 발생할 때마다 수정된다. 수정제수(adjusted divisor)의 계산방법은 다음과 같다.

$$\text{수정제수} = \text{기존의 제수} \times \frac{\text{수정 후 채용종목의 주가합계}}{\text{수정 전 채용종목의 주가합계}}$$

위의 예를 이용하여 무상증자가 실시된 경우의 수정제수와 수정주가평균지수를 계산해 보자.

구 분	기준시점(0)에서의 주가	비교시점(t)에서의 주가	
		무상증자 전	무상증자 후
한강기업	10,000원	30,000원	15,000원
금강기업	7,000원	20,000원	20,000원
주가평균	17,000÷2=8,500원	50,000÷2=25,000원 (증자 전 제수 n=2)	35,000÷n=25,000원 ∴ 수정제수 n=1.4

한강기업의 무상증자 전 주가지수:

$$I_t = \frac{50{,}000 \div 2}{17{,}000 \div 2} \times 100 = \frac{25{,}000}{8{,}500} \times 100 = 294.12$$

한강기업의 무상증자 후 주가지수:

$$I_t = \frac{35{,}000 \div 1.4}{17{,}000 \div 2} \times 100 = \frac{25{,}000}{8{,}500} \times 100 = 294.12$$

무상증자 전과 증자 후의 주가연속성을 유지하기 위해 제수를 2.0에서 1.4로 수정하였다. 수정제수는 유·무상 증자가 늘어나고 금액이 많아질수록 작아지는 경향이 있다. 제수의 수정으로 무상증자 전후의 주가지수는 294.12포인트로 동일하게 유지된다. 앞으로 두 기업에서 또 다른 주가의 불연속 사건이 발생하기 전까지는 주가지수를 산정할 때 제수로 1.4를 계속 사용하게 된다.

이러한 수정주가평균방식은 실무계에서 많이 사용하고 있다. 주가평균방식은 일반적으로는 상장종목 가운데 거래가 활발하고 개별주가의 동향을 잘 반영한다고 생각되는 몇 종목만을 표본으로 채택하고 있다. 대표적인 수정

주가평균지수로는 우리나라의 한경다우지수와 매경지수, 미국의 다우존스산업평균지수(DJIA), 일본의 일경지수 등이 있다. 그러나 수정주가평균방식도 다음과 같은 문제점을 가지고 있다.

첫째, 표본으로 선정한 모든 종목에 대해 동일한 가중치를 부여하고 있어 상대적으로 가격변동폭이 큰 주식의 영향을 많이 받는다.

둘째, 표본선정에 따른 한계가 있다. 한번 선정한 표본종목을 그대로 고수할 경우에는 주가지수가 증권시장의 변화에 대응하지 못할 것이고, 표본종목을 시장변화에 따라 자주 변경할 경우에는 주가지수의 연속성이 결여된다.

참고 박스

다우존스산업평균지수

다우존스산업평균지수(Dow-Jones Industrial Average: DJIA)는 미국 금융전문기자 출신이자 다우존스사 설립자인 다우(Charles Dow, 1851-1902)가 1896년에 존스(Edward Jones, 1856-1920)와 함께 개발한 지수로 뉴욕증권시장을 대표하는 시장지수이다. 뉴욕증권거래소에서 거래되던 12개 기업의 평균 주식가치가 다우존스지수의 시발점이었다. 다우는 당시 금융회사의 속보를 모아 배달하면서 맨 뒤에 소식지를 끼워 놓았는데, 이것이 월스트리트 저널지의 전신이다. 현재 지수에 포함되는 기업은 미국경제를 움직이는 대기업 30개이다. 그러나 25,000여개 상장기업 중 지수에 포함되는 기업의 숫자가 30개로 극히 적기 때문에 지수의 대표성이 문제가 되기도 한다

DJIA에 편입되어 있는 주식

MMM 3M	AXP American Express	AAPL Apple
BA Boeing	CAT Caterpillar	CVX Chevron
CSCO Cisco	KO Coca-Cola	DIS Disney
DOW Dow Chemical	XOM Exxon Mobil	GS Goldman Sachs
HD Home Depot	IBM IBM	INTC Intel
JNJ Johnson & Johnson	JPM JP Morgan Chase	MCD McDonald's
MRK Merck	MSFT Microsoft	NKE Nike
PFE Pfizer	PG Procter & Gamble	TRV Travelers Companies Inc
UTX United Technologies	UNH United Health	VZ Verizon
V Visa	WMT Wal-Mart	WBA Walgreen

자료: https://money.cnn.com/data/markets/dow/(2019.12.10)

동일가중방식

동일가중방식은 표본주식이 모두 동등한 가치를 지녔다고 보고 가중치를 동일하게 주는 방식이다. 동일가중 주가지수(equally weighted index)는 다음과 같이 비교시점 주가의 합을 기준시점의 주가 합으로 나눈 후 이를 표본주식수로 나누어 지수화한 것이다. 이 방법은 학문적 목적 이외에는 실무적으로 잘 사용하지 않는다.

$$I_t = \sum_{i=1}^{n} \frac{P_{it}}{P_{i0}} \div n \times 100$$

단, I_t : t시점에서의 주가지수

P_{i0} : 기준시점(0)에서의 주식 i의 주가

P_{it} : 비교시점(t)에서의 주식 i의 주가

n : 채용종목수

위의 예에서 한강기업과 금강기업은 1/2씩의 가중치를 갖게 되며, 주가지수를 산정하면 다음과 같다.

$$\text{주가지수} = \sum \frac{\text{비교시점의 주가}}{\text{기준시점의 주가}} \div \text{표본주식수} \times 100$$

$$= \left(\frac{15{,}000}{10{,}000} + \frac{20{,}000}{7{,}000} \right) \div 2 \times 100 = 217.9$$

시가총액가중방식

개별기업의 시가총액(market value)은 그 기업의 시장가치를 의미하는데 주식의 시장가격에 발행주식수를 곱한 것이다. 또 시장전체의 시가총액은 상장된 모든 기업의 시가총액을 합한 것으로 한 국가의 중요한 경제지표로서의 역할을 한다.

$$\text{개별기업 } i\text{의 시가총액} = P_i \times Q_i$$

$$\text{증권시장 전체의 시가총액} = \sum_{i=1}^{n} P_i \times Q_i$$

단, P_i : 상장기업 i의 주가
Q_i : 상장기업 i의 발행주식 수
n : 상장기업수

시가총액가중지수(market value weighted index)는 다음과 같이 기준시점의 증권시장 시가총액에 대해 비교시점의 시가총액의 비율을 구함으로써 계산된다.

$$I_t = \frac{\sum_{i=1}^{n} P_{it} \times Q_{it}}{\sum_{i=1}^{n} P_{i0} \times Q_{i0}} \times 100$$

단, I_t : t시점에서의 주가지수
P_{i0} : 기준시점(0)에서의 주식 i의 주가
Q_{i0} : 기준시점(0)에서의 주식 i의 발행주식수
P_{it} : 비교시점(t)에서의 주식 i의 주가
Q_{it} : 비교시점(t)에서의 주식 i의 발행주식수

앞의 예에서 시가총액법을 사용하여 주가지수를 산정하면 다음과 같다.

$$\text{주가지수} = \frac{\text{비교시점의 시가총액}}{\text{기준시점의 시가총액}} \times 100 = \frac{400}{135} \times 100 = 296.30$$

시가총액은 주가의 등락과 발행주식수의 증감에 따라 수시로 변하지만 주식배당이나 액면분할에 의한 영향은 받지 않는다. 따라서 위의 예처럼 액면분할이 일어난 경우라도 가격가중방식에서와는 달리 제수의 수정이 필요 없다. 그러나 신규상장이나, 상장폐지, 유상증자 등과 같이 시황과는 상관없이 시가총액 자체에 변화를 가져오는 사건이 발생한 경우에는 기준시점의 시가총액 자체를 수정하여야 한다. 즉 사건 후 주가지수가 사건이 일어나지 않은 경우를 가정하여 계산된 주가지수와 동일하게 추정될 수 있도록 기준시가총액을 조정해준다. 이를 신기준시가총액이라 한다. 신기준시가총액은 다음과 같이 계산한다.

$$\text{신기준시가총액} = \text{구기준시가총액} \times \frac{(\text{변동전일의 시가총액} \pm \text{시가총액 변동액})}{\text{변동전일의 시가총액}}$$

신기준시가총액방식을 이해하기 위해 다음의 예를 살펴보자. 금강기업이 비교시점에서 50% 유상증자를 실시하였다고 가정하자. 시가총액법에 의한 주가지수를 계산하고, 신기준시가총액을 구하면 다음과 같다.

구 분	기준시점		비교시점	
	한강기업	금강기업	한강기업	금강기업
주당가격	10,000원	7,000원	15,000원	20,000원
발행주식수	100만주	50만주	100만주	75만주
기업가치 (시가총액 = 주가×발행주식수)	100억원	35억원	150억원	150억원

증자 전 기준시점의 시가총액은 135억(=100억+35억)이고, 금강기업의 증자가 일어나지 않았다고 가정할 경우, 비교시점의 시가총액은 250억(=150억+100억)이다. 따라서 시가총액방식에 의한 주가지수는 185.19이다.

$$I_t = \frac{250}{135} \times 100 = 185.19$$

금강기업 증자 후 비교시점의 시가총액 변동액은 150억원(=20,000원×750,000주)이다. 그러므로 변동 후 시가총액은 300억(=150억+150억)이 된다. 이때, 신기준시가총액을 구하면 다음과 같다.

$$\frac{250}{135} \times 100(=185.19) = \frac{300}{\text{신기준시가총액}} \times 100$$

$$\therefore \text{신기준시가총액} = \frac{300}{250} \times 135 = 262(\text{억})$$

시가총액가중방식은 가격가중방법과는 다르게 제수의 수정이 필요없으며, 경제적 비중이 높은 주식(시가총액이 높은 주식)이 지수에 높게 반영된다는 장점이 있다. 그러나 주가지수 산정 시에 대형주(시가총액이 높은 주식)의 영향을 많이 받는다는 결점을 가지고 있다. 즉, 소형주보다 대형주가 주가지수에 주는 영향이 상대적으로 크게 되는 현상이 발생한다.

그럼에도 불구하고, 시가총액법은 주가지수 작성 시 모든 상장주식을 대상으로 포함하므로 증권시장 전체 주가동향을 나타내는 데 적합하다는 점에서 유용한 시장지표로 사용되고 있다. 또한 시가총액가중방식은 이론적으로 가장 타당하다는 평가를 받고 있기 때문에 많은 나라에서 이 방법을 사용하여 공식적인 주가지수를 발표하고 있다. 우리나라의 코스피지수(KOSPI), 뉴욕증권거래소의 NYSE지수, S&P500지수, 일본의 동증지수 등이 이 방법을 사용하고 있다.

3) 우리나라 주가지수의 종류

(1) 코스피

현재 우리나라 유가증권시장을 대표하는 주가지수는 코스피(Korea Composite Stock Price Index: KOSPI)이다. KOSPI가 발표되기 시작한 것은 1983년부터이다. 그 이전까지 우리나라 주식시장의 시황을 반영하는 주가지수는 일부 종목만을 채택하여 다우존스 방식에 의해 산정되었다. 그러나 이 방식은 주가가 높은 주식이 낮은 주가의 주식에 비해 주가지수에서 차지하는 비중이 높으며, 유·무상증자 등 시장외적 요인을 주가지수에 반영하기 위해 지수를 수정해야 하므로 이로 인해 주가지수의 하향화를 가져오는 단점을 가지고 있었다. 이에 따라 1983년부터는 유가증권시장 상장종목 전제를 대상으로 하여 시가총액방식에 따라 산정하는 현행 KOSPI로 전환하였다.

KOSPI의 기준시점은 1980년 1월 4일로 이 날의 주가지수를 100포인트로 정하여 산정된다. 한편, 지수를 산출할 때 연속성을 유지하기 위하여 유가증권시장 상장종목 중 유·무상증자, 주식배당, 합병 등에 의해 주가에

주) 2019년 5월 16일 현재

그림 3-4 ▲
코스피의 변화

권리락이나 배당락이 발생하거나 상장주식수에 변동이 있는 경우에는 기준시가총액과 비교시가총액을 수정한다. [그림 3-4]은 우리나라 KOSPI의 변화를 나타낸 것이다.

(2) KOSPI200 지수

KOSPI200지수는 주가지수선물과 주가지수옵션의 거래대상지수로 개발된 주가지수로서 1994년 6월 15일부터 발표되었다. KOSPI200지수는 상장주식 중에서 비교적 거래가 활발하게 이루어지며 시가총액이 일정규모 이상인 200개 종목을 대상으로 구성하여 측정하고 있다. KOSPI200지수에 포함되는 종목은 유동성, 시장대표성 및 업종대표성 등을 고려하여 선정한다. KOSPI200의 구성종목은 매년 1회 KOSPI200 선물시장의 6월 결제월의 최종거래일의 다음 매매거래일에 정기변경을 실시하며 상장폐지, 관리종목지정 등 특별변경사유가 발생하는 경우 예비종목으로 교체한다. 이 지수의 기준시점은 1990년 1월 3일이며 이때의 지수를 100포인트로 잡고 산정하고 있다.

한편, 한국거래소에서는 KOSPI200지수뿐만 아니라 KOSPI200 종목 중에서 시가총액이 비교적 큰 100개 혹은 50개 종목만으로 구성된 KOSPI100

지수와 KOSPI50지수도 산출하여 발표하고 있다. KOSPI100지수와 KOSPI50지수는 2000년 1월 4일을 기준시점으로 이때의 지수를 1000포인트 기준으로 하고 있으며, 시가총액이 아주 높은 우량종목만으로 구성되어 있어 부도발생 등에 따른 종목교체의 위험이 거의 없어 지수의 연속성이 확보된다는 장점이 있다. 이들 KOSPI100지수와 KOSPI50지수도 KOSPI200지수와 마찬가지로 매년 1회 KOSPI200 선물시장의 6월 결제월의 최종거래일의 다음 매매거래일에 정기변경을 실시하며 상장폐지, 관리종목지정 등 특별변경 사유가 발생하는 경우 예비종목으로 교체한다.

(3) 코스닥지수

코스닥지수(KOSDAQ지수)는 코스닥시장(Korea Stock Market Dealers Automated Quotation: KOSDAQ) 전체의 시가변동을 보여준다. 코스닥지수는 코스닥 전체 상장기업을 대상으로 시가총액가중방식으로 산정한다. 기준시점은 1996년 7월 1일이고 이때의 기준지수를 1000포인트로 하여 산출하고 있다. 한편, 유·무상증자, 주식배당, 분할 등에 의해 주가가 하락하거나 상장주식수에 변동이 있는 경우에는 지수의 연속성을 유지하기 위하여 기준시가총액과 비교시가총액을 수정하여 산정한다.

(4) KOSDAQ150

KOSPI200지수가 제조업 중심의 지수라면, KOSTAQ150지수는 기술주 중심의 지수이다. 코스닥시장 보통주 중에서 시장대표성, 섹터대표성, 유동성 등의 기준으로 선정된 150종목으로 이루어져 있으며, 코스닥 종합지수의 흐름을 따라가도록 설계되었다. 이 지수는 KOSPI200을 벤치마크한 지수로서, 2015년 7월 13일부터 발표되고 있다.

(5) 스타지수

스타지수는 코스닥시장에 상장된 종목 중에서 시장대표성, 유동성요건, 재무요건 등을 감안하여 선정한 우량종목 30종목을 대상으로 구성하여 산정한다. 2003년 1월 2일을 1000포인트 기준으로 하여 산출하고 있다. 산출방식은 유동주식수 가중시가총액식을 사용하고 있으며, 주가지수에서 특정 종목의 과도한 영향을 배제하기 위해 종목선정 시 시가총액비중이 10%를 넘는 종목에 대해서는 제한을 하고 있다. 구성종목은 정기적으로 연 1회 변경이 이루어지며, 변경일은 매년 스타지수 파생상품시장의 6월 결제월 최종 거래일의 다음 매매거래일이다.

(6) 산업별지수와 섹터지수

산업별지수(industrial index)는 전체 상장종목을 산업별로 분류하고 동일 산업에 속하는 종목을 구성종목으로 하여 산정하는 주가지수이다. 현재 한국거래소에서는 KOSPI시장과 KOSDAQ시장으로 나누어 각 시장의 특성에 맞춰 각각 22개 산업과 33개(일반업종 19개, IT업종 14개) 산업으로 분류하고 있다. 동일 산업에 속하는 기업의 주가는 동반 상승 또는 동반 하락현상을 보일 때도 있으며, 산업별로 주가 움직임의 차이가 나는 경우도 많다. 이러한 경우에 산업별지수는 중요한 투자정보가 될 수 있다.

섹터지수(sector index)는 전 산업군을 망라하지 않고 국제경쟁력을 갖춘 우리나라 대표산업에 대해서만 발표된다는 점에서 산업별지수와 차이가 있다. 현재 한국거래소에서 발표하고 있는 섹터지수로는 KRX섹터지수와 KOSPI200 섹터지수가 있다.

KRX섹터지수는 KOSPI시장과 KOSDAQ시장을 따로 구분하지 않고 증권시장 전체를 대상으로 산정되는 산업별지수라고 할 수 있다. 현재 KRX섹터지수는 총 17종으로 자동차, 반도체, 건강, 은행, 정보통신, 에너지화학, 철강, 필수소비재, 미디어 통신, 비은행금융, 건설, 증권, 조선, 보험, 운송, 소비자유통, 레저 등이 포함되어 있다.

한편, KOSPI200 섹터지수는 KOSPI200 지수 구성종목을 8개 산업으로 분류하여 산출하는 주가지수이다. 건설기계, 조선운송, 철강소재, 에너지화학, 정보통신, 금융, 필수소비재, 자유소비재 등으로 구분된다.

(7) 시가총액규모별지수

KOSPI나 KOSDAQ지수 같은 종합주가지수는 시장의 전 종목을 대상으로 한 것이기 때문에 자본금 규모를 불문하고 모든 기업들이 포함되어 있다. 그러나 기업의 규모에 따라 시장에 미치는 영향이 다르기 때문에 기업 규모에 따른 지수가 필요하다. 이에 한국거래소에서는 상장된 기업들의 시가총액을 기준으로 대·중·소형주로 분류하여 주가지수를 발표하고 있다. 단, 산출대상종목에서 증권투자회사는 제외하며, 신규상장종목은 다음 정기 변경일까지 한시적으로 제외된다. KOSPI시장은 시가총액 규모별로 대형주(상위 1~100위), 중형주(상위 101~300위), 소형주(잔여)로 분류되며, KOSDAQ시장은 대형주(상위 1~100위), 중형주(상위 101~400위), 소형주(잔여)로 분류된다.

(8) KRX100, KRX300지수

KRX100지수(Korea Exchange 100 Index)는 KOSPI시장과 KOSDAQ시장을 망라하는 통합지수로 기업 규모, 유동성, 수익성, 안정성 및 건전성 등에서 우리나라 증권시장을 대표할 수 있는 우량종목 100개로 구성하여 산출한다. 또한 보다 정확히 시황을 반영하고 지수이용의 편의성을 높이기 위해 산출방식도 유동주식수 가중 시가총액방식을 이용하고 있다. 이 지수의 기준시점은 2001년 1월 2일로 1000포인트를 기준으로 하고 있다. 한편 구성종목의 정기변경은 연 1회로 매년 선물·옵션시장의 6월 결제월의 최종 거래일 다음 거래일에 실시한다.

KRX300지수는 2018년 2월 5일부터 출범한 신 통합지수로 코스피 및 코스닥 종목을 통합하여 시가총액, 거래대금 기준으로 심사대상으로 선정하여 코스피와 코스닥에서 총 300개 종목을 선정한다.

(9) KTOP30

일명 한국판 다우지수라고 불리는 KTOP30지수는 국내 주식시장을 대표할 수 있도록 30개의 대표종목으로 구성된 주가평균식 지수이다. 한국 경제의 성장성을 반영하여 지수의 장기적인 성과를 최적화한 지수이다. 종목 정기변경 없고, 필요시 위원회 심의로 변경한다.

이 지수는 2015년 7월 13일부터 발표가 되었으며 시초가는 5,950.66포인트로 출발하였다. 기준시점은 1996년 1월 3일로 889포인트를 기준으로 하고 있다.

참고 박스

KTOP30지수 구성종목

CJ ENM	KB금융	LG디스플레이
LG전자	LG화학	NAVER
POSCO	SK이노베이션	SK텔레콤
SK하이닉스	롯데케미칼	미래에셋대우
삼성SDI	삼성물산	삼성생명
삼성전기	삼성전자	삼성화재
유한양행	셀트리온	신한지주
아모레퍼시픽	이마트	카카오
한국조선해양	한국타이어앤케크놀리지	현대건설
현대글로비스	현대모비스	현대차

자료: 한국거래소, 2019년 7월 현재

(10) 기타 지수

우리나라의 유가증권시장에서 발표되는 기타 주가지수로는 제조업지수, KOSPI200 고배당지수(KOSPI200 Low Volatility High Dividend Index), KOSPI200 저변동성지수(KOSPI200 Low Volatility Index) 등이 있다. 제조업지수는 유가증권시장에 상장된 종목 중에서 제조업에 해당하는 종목들을 대상으로 한다. KOSPI200 고배당지수는 KOSPI200 구성종목 중 변동성이 낮고 배당수익률이 높은 50종목을, KOSPI200 저변동성지수는 KOSPI200 구성종목 중 변동성이 낮은 50종목을 대상으로 한다. 이 두 지수는 다우존스 방식으로 산출된다.

코스닥시장에는 코스닥 프리미어 지수(KOSDAQ Premier Index)와 소속부지수가 있다. 코스닥 프리미어 지수는 시장대표성, 유동성 및 재무·경영건전성 요건 등을 감안하여 선정된 100종목을 대상으로 한다. 소속부지수는 상장기업의 특성 및 규모 등을 감안하여 4개 소속부로 나누어 발표하는데 우량기업부, 벤처기업부, 중견기업부 및 신성장기업부 등으로 나뉜다.

이외에도 특수지수로 한국거래소에서는 여러 가지 지수들을 발표하고 있다. 유가증권시장 및 코스닥시장 상장종목 중에서 사회책임투자(socially responsible investing: SRI) 우수기업 70종목을 대상으로 사회책임투자지수(KRX SRI)를 발표한다. KOSPI200 레버리지지수(KOSPI200 Leverage Index)는 KOSPI200 지수의 2배 수익률에 연동하는 지수로 관련 ETF나 펀드 등의 운용성과를 평가하는데 활용된다.

한편, 한국경제신문사와 매일경제신문사에서는 다우존스 방식을 이용해서 각각 한경다우지수와 매경지수라는 이름으로 주가지수를 발표하고 있다. 이들 지수에 포함되는 종목들은 우리나라 주식시장을 대표하는 우량주 중심으로 편성이 되어 있으며, 또한 다우존스 방식의 주가지수는 나름대로의 장점을 가지고 있기 때문에 이들 지수들은 한국거래소에서 공식적으로 발표하는 각종 주가지수와 대비하여 투자판단을 하는데 유용한 보조지표라 할 수 있다.

다음 〈표 3-13〉은 주요국의 주가지수를 예시하였다.

◀ 표 3-13 주요국 주가지수

지수명	현재가	대비	등락률
다우산업	25,648.02	115.97	+0.45%
S&P 500	2,850.96	16.55	+0.58%
나스딕 종합	7,822.15	87.65	+1.13%
캐나다 S&P TSX	16,318.14	33.61	+0.21%
유로스독스 50	3,401.34	15.56	+0.46%
영국 FTSE 100	7,314.58	17.63	+0.24%
프랑스 CAC 40	5,389.69	15.43	+0.29%
독일 DAX30	12,181.19	81.62	+0.67%
스페인 IBEX-35	9,177.10	49.50	+0.54%
니케이225	21,062.98	−125.58	-0.59%
상해종합	2,955.711	17.033	+0.58%
홍콩 항셍	28,275.07	6.36	+0.02%
대만 가권	10,474.61	−86.10	-0.82%
호주 ALL ORDS	6,417.50	46.60	+0.73%

자료: 2019년 5월 16일 현재

참고 박스

MSCI 지수

MSCI(Morgan Stanly Capital International)지수는 미국 투자은행인 모건스탠리의 자회사인 모건스탠리 캐피털 인터내셔널에서 발표하는 주가지수로 글로벌 자산운용 시 가장 유용한 벤치마크로 활용되는 지표이다. 전 세계 1천 2백여 개 기관, 총 3조 5천억달러 규모의 펀드가 이 지수를 참고로 투자전략을 펼치고 있다. 전 세계 45개국을 대상으로 한 ACWI(All Country World Index)지수와 22개국 신흥시장을 대상으로 만든 EMF(Emerging Markets Free)지수 등이 대표적이다. MSCI는 세계증권시장을 선진시장(developed market), 신흥시장(emerging market), 프런티어시장(frontier market), 아랍산유국시장(Gulf Cooperation Council: GCC) 등으로 구분하고 있고, 매년 2, 5, 8 및 11월 등 네 차례에 걸쳐 신규편입 종목과 제외종목을 선정한다. 2020년 1월 현재 우리나라는 신흥시장에 포함되어 있다.

MSCI 지수들은 국제적인 자기자본 포트폴리오들의 성과를 측정하는 벤치마크 지수로서 널리 활용되고 있으며, 인덱스 펀드나 상장지수 펀드(exchange traded fund: ETF)와 같은 소극적 투자상품의 근간이 되고 있다. 글로벌 펀드가 한국시장에 투자할 때 판단으로 삼는 대표적인 지수는 '신흥시장지수'이며 한국의 지수를 산출한 'MSCI KOREA 지수'도 있다.

FTSE 지수

FTSE(Financial Times Stock Exchange) 지수는 영국의 경제일간지 파이낸셜 타임스지(FT)와 런던증권거래소가 1995년 공동으로 설립한 FTSE인터내셔널사에서 발표하는 주가지수로 MSCI지수와 더불어 세계 2대 투자지표로 꼽힌다. 이 지수는 전 세계 특히 유럽계 펀드가 전 세계 국가를 대상으로 투자할 때 벤치마크로 널리 사용된다. 따라서 FTSE지수에서 특정 국가의 비중이 높아지면 외국인 투자가 그만큼 확대될 가능성이 커진다. FTSE는 지수분류체계인 Global Equity Index Series(GEIS)를 통해 세계 증권시장을 선진시장(developed market), 선진 신흥시장(advanced emerging market), 일반 신흥시장(secondary emerging market), 프런티어시장(frontier market) 등 4개로 구분한다. 우리나라는 2009년 9월 선진시장에 편입되었다.

FTSE GEIS 현황

The table below shows the FTSE classification of equity markets as at September 2019.

Developed	Advanced Emerging	Secondary Emerging	Frontier
Australia	Brazil	Chile	Argentina
Austria	Czech Republic	China**	Bahrain
Belgium/Luxembourg	Greece	Colombia	Bangladesh
Canada	Hungary	Egypt	Botswana
Denmark	Malaysia	India	Bulgaria
Finland	Mexico	Indonesia	Côte d'Ivoire
France	South Africa	Kuwait	Croatia
Germany	Taiwan	Pakistan	Cyprus
Hong Kong	Thailand	Peru	Estonia
Ireland	Turkey	Philippines	Ghana
Israel		Qatar	Iceland
Italy		Russia	Jordan
Japan		Saudi Arabia	Kazakhstan
Netherlands		UAE	Kenya
New Zealand			Latvia
Norway			Lithuania
Poland			Malta
Portugal			Mauritius
Singapore			Morocco
South Korea			Nigeria
Spain			Oman
Sweden			Palestine
Switzerland			Republic of North Macedonia
UK			Romania
USA			Serbia
			Slovak Republic
			Slovenia
			Sri Lanka
			Tunisia
			Vietnam
			Tanzania

출처: http://www.ftserussell.com.(2019. 9월 기준)

제6절 투자정보

투자자는 투자결정에 이용되는 정보의 원천으로서 각종 투자지표를 잘 활용해야 합리적인 투자의사결정을 할 수 있다. 본절에서는 투자지표로 주식시세표, 시황지표, 장세지표, 그리고 증시주변 자금동향과 관련한 각종 투자지표들의 내용과 활용방법에 대해 설명한다.

1. 주식시세표

다음 〈표 3-14〉와 〈표 3-15〉는 한 경제신문에 게재된 유가증권시장과 코스닥시장의 주식시세표이다. 주식시세표에는 각종 주가지수, 거래량, 거래대금, 가격형성률, 상승 및 하락종목수, 보합종목수, 상하한가 종목수, 배당락, 권리락, 신고가종목, 신저가종목, 그리고 액면가 구분 등에 대한 정보를 제공하고 있다.

시가총액

개별종목의 시가총액(market value)은 해당 상장종목의 상장주식수에 그 때의 종가를 곱하여 산출한다. 시장전체의 시가총액(aggregate value of listed stocks)은 상장되어 있는 모든 개별종목의 시가총액을 합한 것으로 국가경제에서 자본시장의 규모를 알 수 있는 중요한 경제지표이다. GDP 대비 시가총액 비율이 지나치게 높은 경우에는 국가경제가 생산활동에 비해 자본시장에 과다하게 집중되어 있어 경제기반의 불안정을 초래할 수 있다.[2)]

일반적으로 증권시장이 활황이면 시가총액이 증가되고, 침체기에는 시가총액이 감소된다. 그런데 시가총액의 증감은 주가의 등·하락뿐만 아니라 상장주식수의 증감에 의해서 나타나기 때문에 시가총액을 통해 장세를 판단

2) 선진국의 GDP 대비 시가총액 비율은 40~70% 정도로, 이 비율이 70%를 초과할 경우 자본시장은 과열상태로 판단할 수 있다.

할 경우 시가총액의 변동요인이 무엇인지를 살피는 것이 중요하다. 경우에 따라서는 주가가 하락하더라도 물량의 증가율이 주가의 하락률보다 높아 시가총액이 증가하기도 한다. 따라서 시가총액의 변동은 신규상장, 유·무상증자, 전환사채의 주식전환 등을 통한 주식물량의 공급 변화와 함께 검토하여야 한다.

상한가 및 하한가 종목수

가격제한폭까지 주가가 오르거나 또는 내린 종목의 수를 나타낸다. 상한가 종목수의 증가는 투자자의 심리가 호전되고 있다는 의미로 해석될 수 있으며, 하한가 종목수의 증가는 그 반대로 해석해야 한다. 그러나 가령, 상한가 종목수가 갑작스럽게 큰 폭으로 증가한 때에는 시장의 과잉반응에 따른 것으로 보고 이후 조정 가능성을 고려해야 한다.

보합

보합(maintenance)은 시세가 변동하지 않거나 시세변동의 폭이 극히 소폭인 상태를 이른다. 전일 종가보다 0.25% 이내로 약간 상승한 경우는 강보합이라 하고, 반대로 전일 종가보다 약간 내린 상태는 약보합이라 한다. 보합은 보통 장세의 전환시점에서 나타난다.

기세

실질적인 증권의 거래가 성립되지 않고 매도 혹은 매수호가에 의해 가격만 형성되었을 때를 기세(quotation)라 부른다. 매도호가에 의해서만 가격이 형성될 때는 주가가 하락된 상태에서 종가가 형성된다. 반대로, 매수호가에 의해서만 가격이 형성될 때는 주가가 상승된 상태로 종가가 형성된다.

가령, 어떤 한 주식의 전일 종가가 10,000원일 때, 11,000원에 사자주문이 있었다고 하자. 장중 내내 이 가격에는 팔고자 하는 사람은 없고, 더 높은 가격에만 팔고자 하는 사람이 있을 경을 경우, 이 주식은 거래가 이루어지지 않은 상태에서 가격만 1,000원 오른 11,000원에 장을 마감하게 된다. 이를 매입기세라고 한다. 이처럼 직전일의 시세에 비해 높은 매수호가에도

코스피지수	2,110.35	▲ 1.62	380,498천주	코스닥지수	693.07	▲ 1.8	624,179천주
코스피200	274.37	▼ 0.17	47,545천주	선물 19년 9월물	275.30	▼ 2	205,200천주
코스피 등락			↑0 ▲469 73 ▼353 ↓0	코스닥 등락			↑2 ▲611 80 ▼596 ↓

코스피, 업종순 | 가나다순　　코스닥, 업종순 | 가나다순　07.05 14:07 새로고침

의약품		
동화약품	9,660	▼80
유한양행	242,500	0
유한양행우	211,000	▼1,000
유유제약	11,300	▼50
유유제약1우	7,340	▲30
유유제약2우B	19,250	▼100
삼일제약	27,200	▼150
JW중외제약	31,450	▲700
JW중외제약우	26,150	▼450
JW중외제약2우B	42,250	▲550
삼성제약	2,515	▲25
종근당홀딩스	108,000	▼3,500
동성제약	20,600	▼250
한독	25,550	▼50
오리엔트바이오	519	▲2
국제약품	4,380	▼30
부광약품	17,000	▼50
에이프로젠제약	1,160	0
일성신약	89,900	▲400
대원제약	16,100	▼100
영진약품	5,120	▲160

CJ씨푸드	2,635	▲30
CJ씨푸드1우	31,900	▼200
사조씨푸드	6,220	▼40
풀무원	12,350	▼150
MH에탄올	6,460	▼20
마니커	959	▲16
무학	11,150	▲300
팜스코	5,790	▲90
동원F&B	288,000	▲6,000
CJ제일제당	295,500	▲1,500
CJ제일제당 우	125,500	0
해태제과식품	9,080	▲60
선진	10,650	▼150
삼양사	55,800	▲1,000
삼양사우	36,650	▼150
샘표식품	31,250	▼150
크라운제과	9,630	▲180
크라운제과우	8,320	▲220
오리온	89,700	▲1,000
롯데제과	171,500	▲2,000
운수창고		
CJ대한통운	133,500	0
천일고속	73,200	▼300
국보	7,140	▼140

금호석유	98,000	▼1,000
금호석유우	37,150	▼350
SKC	38,800	▼350
경인양행	7,190	▼10
영보화학	3,895	▼25
극동유화	3,665	▼50
한솔케미칼	83,800	▼1,600
동원시스템즈	43,950	▲100
동원시스템즈우	30,500	▲150
유니드	48,750	▼450
태경산업	6,010	0
애경산업	38,000	▼400
동남합성	24,750	▲400
WISCOM	2,680	▲20
대원화성	1,750	▼10
KPX케미칼	57,700	▼200
제이준코스메틱	6,360	▲130
남해화학	10,900	▼50
백산	8,720	▼100
진양화학	6,370	▼70
LG생활건강	1,291,000	▲15,000
LG생활건강우	771,000	▼12,000
LG화학	355,000	▼3,500
LG화학우	196,500	▼1,500

표 3-14 ▲ 주식시세표 (유가증권시장)　(2019년 7월 5일 14시 현재)

코스피지수	2,110.06	▲ 1.33	386,056천주	코스닥지수	693.01	▲ 1.74	632,726천주
코스피200	274.23	▼ 0.31	48,375천주	선물 19년 9월물	275.15	▼ 2	207,036천주
코스피 등락			↑0 ▲464 84 ▼347 ↓0	코스닥 등락			↑2 ▲619 62 ▼606 ↓

코스피, 업종순 | 가나다순　　코스닥, 업종순 | 가나다순　07.05 14:13 새로고침

제약		
삼천당제약	38,150	▲900
안국약품	11,000	▲50
신신제약	7,170	▲220
동구바이오제약	18,200	▼250
진양제약	3,785	▲5
네이처셀	9,140	▲310
삼아제약	17,400	0
경동제약	9,160	▲50
신일제약	9,610	▼30
고려제약	6,980	▲50
우진비앤지	3,240	▲40
서울제약	7,050	▼90
대한약품	34,500	▼550
녹십자셀	41,800	▲950
조아제약	4,305	▲5
대성미생물	18,150	▲250
오스코텍	21,600	▲650
에스텍파마	7,910	▲90
코미팜	23,250	▲400
한스바이오메드	26,950	▲450
인트론바이오	14,550	▲150
셀루메드	7,130	▲110
셀바이오텍	20,600	▼400

티에스이	8,590	▼410
테스나	48,900	▲350
엘아이에스	12,250	▼550
비아트론	11,200	▼350
영우디에스피	1,375	0
우리이앤엘	824	▲4
스킨앤스킨	412	▲5
싸이맥스	8,710	▲10
하나머티리얼즈	14,350	▼750
엘티씨	12,250	▼750
램테크놀러지	5,880	▼340
선익시스템	8,580	▼320
베셀	4,020	▼70
테라셈	1,975	↑455
코미코	26,950	▲500
디바이스이엔지	12,150	▼300
리드	5,600	▼40
하이셈	5,590	▲20
에이디테크놀로지	13,400	▼550
덕산네오룩스	17,250	▼700
세미콘라이트	1,090	▲40
제너셈	2,750	▼15
타이거일렉	5,530	▼550
심텍	5,770	▼30

S&K폴리텍	5,100	▼70
상신이디피	10,550	▼550
파트론	14,950	▼1,000
현우산업	3,605	▼55
서원인텍	5,590	▼50
이엘케이	787	0
제이엠티	2,790	0
웨이브일렉트로	22,250	▲50
미래나노텍	3,900	▼50
에스에너지	4,435	▼95
에스코넥	1,790	▼25
엘파스	2,345	▼65
엠씨넥스	24,950	▼2,950
에스맥	988	▼7
모베이스	6,280	▼90
아이엠	1,395	0
지투하이소닉	798	0
파인테크닉스	1,650	▼20
디아이티	8,910	▼80
크루셜텍	1,055	▲10
아이원스	6,210	▼70
씨엔플러스	839	0
코이즈	2,145	▲115
아모그린텍	10,200	0
리켐	4,045	▼80
액트	3,915	▼65

(2019년 7월 5일 14시 현재)

▲ 표 3-15 주식시세표 (KOSDAQ시장)

불구하고 매매가 형성되지 않았다는 것은 주가가 상승세에 있음을 의미한다.

반대로, 전일 종가가 10,000원인데 9,000원에 팔자주문이 있다고 하자. 그러나 이 가격의 주식을 사고자하는 사람은 없고 더 낮은 가격에 사고자 하는 사람만 있다면, 거래량 없이 가격만 1,000원 내린 9,000원에 장을 마감하게 된다. 이를 매도기세라고 하고 이때는 매수기세와는 반대로 주가가 하락세에 있다는 의미로 해석할 수 있다.

거래형성률

거래형성률은 거래가 성립된 종목이 전체 상장종목수와 비교해서 어느 정도인가를 나타내는 비율이다. 일반적으로 평균주가가 상승추세에 있을 때는 거래형성률이 점차 높아지는 경향이 있고, 반대로 평균주가가 하락추세에 있을 때는 거래형성률은 낮아지는 경향이 있다. 과거 통계치에 따르면 거래형성률은 보통 85%대에서 형성되며, 높을 때는 95% 정도, 낮을 때는 70% 정도이며, 배당락이 많이 일어나는 시기에는 일시적으로 거래형성률이 낮게 나타나는 경향을 보인다.

신고가와 신저가

주가가 일정기간 동안(보통 52주)의 최고가, 즉 전 고점을 경신하여 새로운 최고가를 형성했을 때 이를 신고가라고 한다. 이에 반해 주가가 전 저점보다 더 낮은 가격을 형성했을 때 이 새로운 최저가를 신저가라고 한다.

상승추세에서 신고가 종목수가 심하게 변동하더라도 신저가 종목수가 급증하지 않는 한 시장은 여전히 상승세이다. 그러나 신저가 종목수가 급증하는 경우에는 가까운 미래에 시장이 하락세로 전환될 것으로 예상한다. 이에 반해 하락추세에서 신저가 종목수가 심하게 변동하더라도 신고가 종목수가 급증하지 않는 한 시장은 여전히 하락세이다. 그러나 신고가 종목수가 급증하는 경우에는 상승세로의 전환을 예상할 수 있다.

프로그램매매

프로그램매매(program trading)는 급변하는 시장상황에서 컴퓨터에 의해 미리 입력된 프로그램에 따라 거래를 행한다는 의미를 반영한 것이다. 프로그램매매의 종류는 다양한데, 주가지수선물을 이용한 차익거래(arbitrage), 옵션과 주식을 이용한 포트폴리오보험 등이 대표적이다. 프로그램매매는 최초의 거래형태에 대해 반대매매를 함으로써 이윤을 실현하기 때문에 경우에 따라서는 주식시장이 하락하더라도 프로그램매수가 일어나 주가가 반등하기도 한다. 반대로 주식시장이 상승하더라도 프로그램매도에 의해 주가가 하락세로 반전되기도 한다.

2. 증시주변 자금동향

다음 〈표 3-16〉은 고객예탁금, 선물거래예수금, 신용거래잔고, 위탁자 미수금잔고에 대한 정보 등 증권시장의 전반적인 자금동향을 예시한 것이다.

고객예탁금

고객예탁금(customer's deposit)은 투자자가 주식을 사기 위해 증권회사에 예치한 돈이나 주식을 매도한 후 인출하지 않은 돈으로 위탁자예수금, 청약자예수금, 저축자예수금, 환매조건부예수금, 신용거래구좌설정보증금,

◀ 표 3-16 증시주변 자금동향

(단위: 억원)

구분	2019년 5월 15일	전일대비	2019년 5월 14일
고객예탁금	259,656	−925	260,580
선물예수금	76,846	753	76,093
환매잔고	677,353	174	677,178
위탁자미스금	1,777	−142	1,919
신용융자잔고	104,011	−316	104,327

자료: 마켓포인트, 2019년 5월 16일

신용거래보증금 등을 총칭한다.

증권회사는 이 예탁금에 대해 일정한 이자를 지불하고 신용공여의 재원이나 재정증권, 외국환평형기금채권, 통화안정증권의 인수 또는 매입 재원으로 이용할 수 있다. 그러나 고객예탁금에 대한 이자는 은행금리에 비해 매우 낮은 수준이므로 투자자에게 있어 고객예탁금은 이자수입원으로서의 의미는 거의 없으며, 단지 주식을 매입하기 위해서 대기하고 있는 자금이라고 할 수 있다. 따라서 일반적으로 고객예탁금이 늘어나면 잠재적 매수자금의 증가로 향후 주가의 상승이 기대된다. 대체로 주가 상승기에는 예탁금의 증가가 주가의 상승속도 보다 빠르게 나타나며 주가 하락기에는 예탁금의 감소가 주가의 하락속도보다 둔하게 나타난다.

선물거래예수금

선물거래예수금은 선물거래를 하기 위해서 투자자가 증권회사에 예치해 놓은 자금이다. 정상적인 시장에서는 현물가격이 선물가격을 선도하므로 향후 주가가 오를 것으로 예상이 되면 주식시장의 예수금 증가와 함께 선물거래예수금이 증가한다. 그런데 만약에 주식시장의 고객예탁금은 감소하는데 선물거래예수금이 증가한다면 이는 웨더독(wag the dog)[3]과 같은 시장 왜곡현상의 징조로 볼 수 있다. 즉, 프로그램매매 등에 의해 선물시장이 현물시장을 좌우하게 된다. 이는 시장의 투기성 자금이 증가했다는 의미로 해석할 수 있다.

---

3) 웨더독(wag the dog)은 '꼬리가 개를 흔든다(tail wagging the dog)'는 데서 유래된 뜻이다. 증권시장에서 현물시장을 보완하기 위해 만들어진 선물시장의 가격이 오히려 현물시장의 가격을 흔든다는 의미로 사용된다. 웨더독 현상은 주로 프로그램매매에 의해서 나타난다. 예를 들어, 투자자들이 선물시장에서 집중적으로 매도를 하면 선물가격은 급락하게 되고, 이때 선물시장에서 낮은 가격에 매수하여 현물시장에 내다파는 프로그램매도가 실행된다. 그러면 현물시장의 주가는 단시간에 하락하게 된다. 결국 선물가격의 하락이 현물가격의 하락을 가져오게 하는 것이다.

신용융자잔고

신용융자잔고는 투자자가 증권투자를 위해 증권회사로부터 융자하여 아직 상환하지 않은 자금을 의미한다. 여기에는 증권회사가 제공한 신용총액과 증권유통금융으로부터의 대출금이 포함된다. 반면, 투자자가 보유하고 있는 주식을 담보로 금융기관으로 대출받은 증권담보금융은 신용융자잔고에 포함되지 않는다.

신용융자잔고가 늘어난다는 것은 빚을 얻어서라도 주식에 투자하려는 투자자가 많아진다는 의미로 강세시장을 예상할 수 있다. 그런데 신용융자는 보통 90일 이내에 상환해야 하므로 한동안 신용융자잔고가 한도에 머물고 있다면 조만간 신용융자 상환을 위한 주식매도 물량이 늘어나 주가가 하락할 가능성이 있을 것으로 판단한다.

대주잔고

대주잔고는 증권금융회사 및 증권회사가 대주 거래자에게 빌려준 주식 가운데 아직 변제되지 않고 남아 있는 주식의 잔량을 의미한다. 대주는 주로 공매(short sale)를 위해 이용되며 대주매각대금에 대해 일정한 이용료를 지급해야 한다.

대주잔고가 증가한다는 것은 시장의 하락세를 예상하는 투자자가 많다는 의미로 해석된다. 그러나 대주거래의 신용기간은 보통 60일로 대주잔고가 일정기간 동안 한도에 머물고 있다면 조만간 주식상환을 위한 매수물량이 증가할 가능성이 있을 것으로 판단한다. 즉, 대주잔고는 주가동향에 있어서 신용융자잔고와 반대로 해석한다.

위탁자미수금

위탁자미수금은 투자자들이 주식을 매입한 후 3일째 되는 날인 수도결제일까지 결제자금, 즉 총매입금액에서 위탁증거금을 제외한 잔금을 계좌에 입금시키지 않아 발생한 외상주식매입대금을 말한다. 증권회사는 위탁자 미수금의 회수를 위해 수도결제 다음날 아침에 동시호가로 주식을 반대매매한다. 따라서 미수금이 증가하면 반대매매에 따른 매도물량이 늘어나므로 시장의 하락세를 가져올 수 있다. 한편, 미수거래하면 미수동결계좌로 지정되어 30일간 미수거래가 제한되어 위탁증거금 100%로만 거래할 수 있다.[4)]

환매잔고

은행이나 증권회사, 투자신탁회사 등에서 판매하는 환매조건부채권의 잔고를 의미한다. 보통 MMF로 거래되는데 이 상품은 단기운용상품으로 증시주변에서 대기중인 자금이라 할 수 있다. 이 자금은 일정한 투자대상을 찾지 못한 자금으로 일시적으로 대기하고 있다가 마땅한 투자처가 나타나면 수익이 있다고 판단되는 곳으로 흐르게 된다. 따라서 언제든지 주식에 투자를 할 수 있는 자금으로서 증시주변 자금동향을 나타내는 지표 중의 하나이다.

---

4) 미수동결계좌란 증거금만으로 주식을 매수한 뒤 결제일에 매수잔금을 완납하지 못한 미수거래자에 대해 다음 매매거래일부터 30일간 모든 증권사에서 위탁증거금을 현금으로 100% 징수하도록 하는 제도이다. 만약에 한 증권회사의 계좌에서 미수동결계좌로 지정되면 동일한 투자자 명의의 다른 증권회사 계좌도 동일한 제한을 받게 된다.

주요용어

- 완전시장(perfect market)
- 운영효율성(operational efficiency)
- 분배효율성(allocational efficiency)
- 정보효율성(informational efficiency)
- 효율적 시장(efficient market)
- 발행시장(issuing market)
- 유통시장(circulating market)
- 직접발행(direct issuing)
- 간접발행(indirect issuing)
- 인수단(syndicate)
- 간사회사(underwriter)
- 총액인수(firm commitment)
- 잔액인수(stand-by agreement)
- 사모(private placement)
- 공모(public offering)
- 상장(listing)
- 기업공개(going public)
- 상장기업(listing company)
- 상장요건
- 무상증자(bonus issue)
- 유상증자(recapitalization)
- 권리락(ex-rights)
- 권리부주가(right on stock price)
- 배당락(ex-dividend)
- 주식배당(stook dividend)
- 신주인수권(right of warrant)
- 거래소시장(exchange market)
- 장내시장(face-to-face market)
- 장외시장(off-board market)
- 유가증권시장(securities market)
- 코스닥시장(KSDAQ market)
- 코넥스시장(KONEX)
- K-OTC
- 금융위원회(Financial Services Commission)
- 금융감독원(Financial Supervisory Service)
- 한국거래소(Korea Exchange: KRX)
- 한국예탁결제원(Korea Securities Depository)
- 한국증권전산수식회사(Koscom)
- 증권선물위원회(Securities & Futures Commission)
- 금융투자협회(Korea Financial Investment Association)
- 한국상장회사협의회(Korea Listed Companies Association)
- 한국증권금융(주)(Korea Securities Finance Corporation)
- 증권회사(security company)
- 투자자문회사(investor advisory firm)
- 자산운용회사
- 증권투자회사(mutual fund)
- 개별경쟁매매
- 접속매매(post trading)
- 동시호가매매
- 호가단위(price unit)
- 매매수량단위(quantity unit)
- 매입호가(bid price)
- 매도호가(ask price)
- 지정가 주문(limit order)

- 시장가 주문(market order)
- 조건부지정가 주문(conditional limit order)
- 최우선지정가 주문(first priority limit order)
- 최유리지정가 주문(best limit order)
- 전량충족조건(fill or kill: FOK)
- 일부충족조건(immediate or cancel: IOC)
- 대용증권(substitute securities)
- 위탁증거금(consignment guarantee money)
- 위탁수수료(consignment fee)
- 보통거래(ordinary transaction)
- 신용거래(margin transaction)
- 신용융자(long position)
- 공매/대주(short position/short sales)
- 가격제한폭(restriction of price range)
- 매매거래중단제도(circuit breakers)
- 프로그램매매 호가관리제도(sidercar)
- 내부자거래(insider trading)
- 프로그램매매(program trade)
- 관리종목(issue for administration)
- 이상급등종목(surveillance issues)
- 투자유의안내
- 투자유의종목
- 투자경고종목
- 투자위험종목
- 증권시장지표(stock market indictor)
- 주가지수(stock price index)
- 코스피지수(Korea Composite Stock Price Index: KOSPI)
- 다우존스산업평균지수(Dow-Jones Industrial Average: DJIA)
- 수정주가평균지수(adjusted stock price average index)
- Standard & Poor's 500지수(S&P 500 Index)
- Nikkei 225지수
- 가격가중지수(price weighted index)
- 시가총액가중지수(market value weighted index)
- 동일가중주가지수(equally weighted index)
- KOSPI200
- KOSDAQ 지수
- KOSTAR 지수
- 산업별 지수(indnstrial index)
- 섹터지수(sector index)
- 시가총액규모별지수
- KRX100 지수(Korea Exchange 100 Index)
- 제조업지수
- KOSPI200 고배당지수
- KOSPI200 저변동성지수
- 코스닥 프리미어지수
- 사회적책임 투자지수
- 한경다우지수
- 매경지수
- 증권시장지표(stock market indictor)
- 주가지수(stock price index)
- Standard & Poor's 500지수(S&P 500 Index)
- Nikkei 225지수
- 가격가중지수(price weighted index)
- 시가총액가중지수(market value weighted index)

- 동일가중주가지수(equally weighted index)
- KOSDAQ 지수
- 산업별 지수(indnstrial index)
- 시가총액규모별지수
- 제조업지수
- KOSPI200 저변동성지수
- 사회적책임 투자지수
- 매경지수
- 상한가(upper limit price)
- 보합(maintenance)
- 신고가
- 프로그램매매(program trading)
- 이격률(disparity)
- 투자심리도(sentiment index)
- 거래량비율(volume ratio: VR)
- 고객예탁금(customer's deposit)
- 신용융자잔고
- 위탁자미수금
- KOSPI200
- KOSTAR 지수
- 섹터지수(sector index)
- KRX100 지수(Korea Exchange 100 Index)
- KOSPI200 고배당지수
- 코스닥 프리미어지수
- 한경다우지수
- 채권지수(bond index)
- 하한가(lower limit price)
- 기세(quotation)
- 신저가
- 이동평균선(moving average line)
- 거래량회전율(turnover ratio)
- 주가수익비율(price earnings ratio: PER)
- 등락주율(advance decline ratio: ADR)
- 선물거래예수금
- 대주잔고
- 환매잔고

연/습/문/제

01 유가증권시장의 상장요건과 코스닥시장의 상장요건을 비교하여 보라.

02 우리나라 증권시장에 있어서 유통시장의 구조에 대하여 기술하라.

03 증권회사의 3대 업무에 대해서 기술하라.

04 현재 증권시장에서 정해 놓은 위탁증거금률과 신용거래보증금률이 어느 정도인지 조사해 보라.

05 오늘 증권시장에서 신용융자 잔고와 대주 잔고가 어느 정도인지 조사해 보고 그 의미를 생각해 보라.

06 한국거래소에서는 하루의 가격변동폭을 일정비율로 제한하고 있다. 가격변동폭을 제한하는 이유와 이로 인해 파생될 수 있는 문제점을 생각해 보라.

07 현재 증권시장에서 관리종목과 이상급등종목으로 지정된 기업을 조사해 보라.

08 임의의 증권회사를 선택하여 그 증권회사에서 제공하는 모의투자프로그램을 이용하여 인터넷상으로 모의증권투자를 시행해 보라.

09 다우존스방식과 시가총액방식의 장 · 단점을 언급하라.

10 동시호가제도에 대해 설명하라.

11 경쟁매매원칙을 설명하라.

12 호가란 무엇이며, 주문의 종류에는 어떤 것이 있는지 설명하라.

13 일간지의 증권면에서 상 · 하한가 종목과 기세종목을 찾아보라.

14 오늘 일간지의 증권면에서 제공하는 투자지표(주가, 거래량, 자금흐름 등)를 살펴보고, 증시상황을 전반적으로 분석해 보라.

15 증권시장에 대한 설명 중 그 내용이 적절하지 않은 것은? (AFPK 유사문제)

① 증권시장은 자금조달의 발행시장과 자금운용의 유통시장으로 구분된다.
② 발행시장은 주식이나 채권 등 새로운 증권이 발행되어 장기적인 자본을 조달하는 시장으로서 발행자, 인수기관, 투자자가 연결된다.
③ 유통시장은 거래 흐름에 관한 실체가 없는 시장으로서 추상적인 시장이다.
④ 유통시장의 가격이 높을수록 발행가격이 높아지며 발행기업은 낮은 비용으로 필요한 자금을 조달할 수 있게 된다.

16 다음 증권발행 방법 중 발행회사의 입장에서 위험부담이 가장 큰 것에서부터 작은 순서대로 올바르게 나열한 것은? (AFPK 유사문제)

① 총액인수 – 잔액인수 – 모집주선
② 잔액인수 – 모집주선 – 총액인수
③ 모집주선 – 총액인수 – 잔액인수
④ 모집주선 – 잔액인수 – 총액인수

17 아래의 자료를 참조로 시가총액식으로 지수를 산출한다고 할 때 전체 지수에 가장 영향력이 클 것으로 판단되는 주식은? (AFPK 유사문제)

종목명	현재가격	상장주식수
A	50,000	10,000
B	100,000	400
C	80,000	500
D	3,000	30,000

① A ② B ③ C ④ D

18 아래와 같은 경우 언제까지 FP회사의 주식을 매수해야 배당을 받을 수 있는지 기준일자를 고르시오(12월 결산법인의 중간배당기준일은 6월 30일이다).

(AFPK 유사문제)

일	월	화	수	목	금	토
6.26	6.27	6.28	6.29	6.30	7.1	7.2

① 6월 27일 ② 6월 28일 ③ 6월 29일 ④ 6월 30일

19 자본금이 10억원(발행주식수 100,000주)인 (주)대관령목장은 15%의 무상증자를 결의했다. 현재 이 기업의 주가는 6,000원이다. 이때 무상증자 전 · 후의 시장가치를 구하라.

20 (주)해운대산업의 현재 (기준)주가는 50,000원이고, 발행주식수는 100,000주이다. 이 기업은 지금 30%의 유상증자를 하려 한다. 발행가격이 40,000원인 경우 권리락 주가를 구하고 그 의미를 언급하라.

21 (주)무학증권의 주식은 현재 주당 25,000원에 거래되고 있다. 현재 이 회사의 총발행주식수는 10,000,000주이다. 지금, (주)무학증권은 20% 유상증자를 통해 신주 2,000,000주를 1주당 20,000원에 인수할 수 있는 권리를 부여하려 한다. 이때, 신주인수권의 이론적 가치를 구하라.

22 현재 증권시장에 주식 (주)돌담과 (주)햇살 두 기업만 존재한다고 하자. 기준시점과 비교시점의 두 주식의 관련 정보는 다음과 같을 때, 물음에 답하라.

구분	기준시점(0)		비교시점(t)	
	주가	발행주식수	주가	발행주식수
(주)돌담	20,000원	20만주	22,000원	20만주
(주)햇살	15,000원	40만주	18,000원	40만주

(1) 가격가중방식으로 주가지수를 구하라.

(2) 시가총액방식으로 주가지수를 구하라.

제 2 편

주식의 가치평가와 분석

투자분석 방법에는 기본적 분석과 기술적 분석이 있다. 제2편 주식의 가치평가와 분석은 네 개의 장으로 구성되어 있다. 먼저, 제4장에서는 기본적 분석을 주식의 평가에 적용하는 방법을 학습하게 된다. 주식의 가치를 평가하는데 있어서 배당평가모형과 이익평가모형과 같은 수익가치평가모형과 *PER*, *PER* 등과 같은 주가배수를 이용한 상대가치평가모형에 대해 배운다.

제5장에서는 주식가격에 영향을 미칠 것으로 생각되는 경제요인, 산업요인, 그리고 기업요인 등의 정보를 이용하여 증권의 내재가치를 평가한 후에 주가가 과대평가 또는 과소평가된 종목을 찾아내는 방법인 기본적 분석방법을 다루고 있다.

제6장에서는 기술적 분석방법을 학습한다. 기술적 분석은 과거 주가의 움직임이나 거래량 변화를 분석하여 주식의 매입 또는 매도시기를 결정하기 위한 기법이다.

제7장에서는 증권시장에서 투자정보가 주가에 얼마나 신속하고 충분히 반영되는가를 설명하는 시장의 효율성을 학습한다.

제 1 편 투자론의 기초	제 1 장 투자론의 이해 제 2 장 증권시장과 금융자산 제 3 장 증권시장의 제도와 시장지표
제 2 편 주식의 가치평가와 분석	**제 4 장 주식의 가치평가 제 5 장 기본적 분석 제 6 장 기술적 분석 제 7 장 증권시장 효율성**
제 3 편 포트폴리오이론과 자본시장균형	제 8 장 불확실성하의 선택이론 제 9 장 포트폴리오 이론 제10장 자산가격결정모형
제 4 편 채권의 가치평가와 분석	제11장 채권의 가치평가모형 제12장 채권투자전략
제 5 편 파생금융상품	제13장 선물거래 제14장 옵션거래
제 6 편 포트폴리오 관리와 투자성과 평가	제15장 포트폴리오 관리 제16장 투자성과 평가

제4장

주식의 가치평가

• 학습내용

- 주식평가의 기본모형
- 수익가치평가모형 : 배당평가모형, 이익평가모형
- 성장기회의 평가
- 상대가치평가모형(주가배수모형) : *PER, PBR, PSR, PCR, EV/EVITDA*

■ 연습문제

증권분석가들은 내재가치를 이탈하는 투자기회를 포착하여 높은 수익을 올리기 위해 가치평가모형들을 이용하고 있다. 본장에서는 다양한 주식가치평가모형들을 학습한다. 먼저, 배당정보를 이용해서 주식의 내재가치를 어떻게 평가하는가를 알려주는 배당평가모형과 이익정보를 이용해서 주식가치를 평가하는 이익평가모형에 대해서 학습한다. 그리고 성장기회를 고려한 주식의 가치평가모형에 대해서도 배우게 된다. 마지막으로, *PER* 평가모형과 같은 주가배수를 이용한 상대가치평가모형에 대해서 학습한다.

제1절 주식평가모형

기본적 분석의 핵심은 주식의 진정한 내재가치(intrinsic value)를 분석하는 것이다. 실제 증권시장에서 매일 거래되는 주식의 가격은 내재가치를 벗어날 수 있다. 그러나 시장이 효율적이고 투자자가 합리적인 행동을 한다면, 주식의 시장가격은 내재가치에 접근하게 될 것이다. 따라서 주가의 변동이란 시장에 유입되는 각종 정보로 인해 내재가치에서 벗어난 주가가 내재가치에 끊임없이 접근하는 과정이라고 볼 수 있다.

시장에서 주가가 과대평가 또는 과소평가된 주식을 탐색하기 위해 내재가치를 추정하기 위한 방법은 수익가치에 의거한 주식평가모형과 주가배수(multiples)를 이용한 상대가치평가모형이 있다.

수익가치평가모형은 기업의 미래현금흐름을 적절한 할인율로 할인한 현재가치인 수익가치를 구하여 평가하는 방법이다. 이러한 주식가치평가방법으로는 투자자가 획득하는 미래현금흐름을 배당으로 간주하느냐 아니면 이익으로 간주하느냐에 따라 배당평가모형과 이익평가모형이 있다. 그러나 정확한 미래 현금흐름이나 할인율을 구하는 과정은 복잡하고 어렵다. 그래서 보다 실용적인 주식가치평가방법으로 *PER*, *PBR*, *PSR*, *PCR* 등 주가배수를 이용한 상대가치 평가모형을 활용하기도 한다. 이를 정리하면 [그림 4-1]과 같다.

그림 4-1 ▶
주식가치평가모형

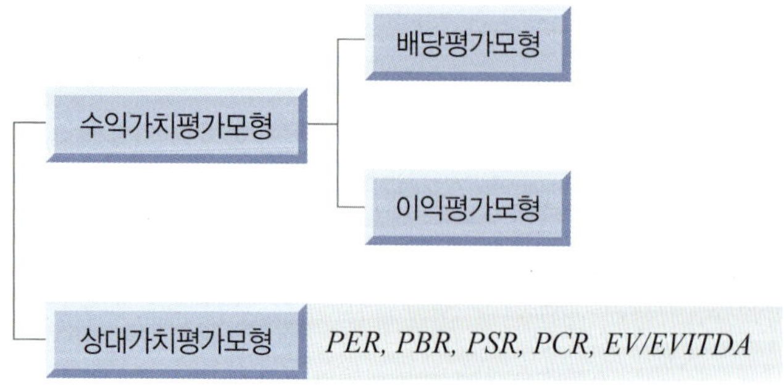

이와 같이 주식의 내재가치를 추정하여 투자결정하는 방법을 흔히 가치투자(value investment)라 한다. 즉, 가치투자는 저평가된 주식을 발굴하여 투자성과를 높이고자 하는 투자를 말한다. 특히, 실무계에서는 *PER, PBR, PSR, PCR, EV/EVITDA*와 같은 주가배수가 낮은 가치주를 탐색하여 투자성과를 높이는 방법으로 많이 활용하고 있다.

제 2 절 수익가치평가모형

1. 배당평가모형

1) 기본모형

주식의 내재가치는 주식투자로부터 획득할 수 있는 미래현금흐름을 미래 불확실성을 반영한 할인율로 할인한 현재가치이다. 주식에 투자하는 경우, 투자자가 획득하는 현금흐름은 투자기간 동안에 받는 배당금과 해당 주식의 매각대금이다. 따라서, 주식평가의 기본적 모형은 다음과 같이 도출할 수 있다.

특정 주식에 1년 동안 투자한다고 가정할 때, 투자자가 벌어들이는 이득은 1년 후 배당금과 주식의 매도가격이므로 주식의 현재가치는 다음과 같다.

$$P_0 = \frac{D_1}{1+r} + \frac{P_1}{1+r} \quad \cdots\cdots (1)$$

여기서 P_0 : 주식의 현재가치

P_1 : 1년도말 주식가격

D_1 : 1년도말 배당금

r : 할인율

2년 동안 투자한 경우 1년도 말의 주식가치는,

$$P_1 = \frac{D_2}{1+r} + \frac{P_2}{1+r} \qquad \cdots\cdots (2)$$

위 두 식에서, 식 (2)를 식 (1)에 대입하면 다음과 같다.

$$P_0 = \frac{D_1}{1+r} + \frac{1}{1+r}\left[\frac{D_2}{1+r} + \frac{P_2}{1+r}\right]$$

$$= \frac{D_1}{1+r} + \frac{D_2}{(1+r)^2} + \frac{P_2}{(1+r)^2} \qquad \cdots\cdots (3)$$

3년 동안 투자한 경우, 2년도 말 주식가치는,

$$P_2 = \frac{D_3}{1+r} + \frac{P_3}{1+r} \qquad \cdots\cdots (4)$$

식 (4)를 식 (3)에 대입하면,

$$P_0 = \frac{D_1}{1+r} + \frac{D_2}{(1+r)^2} + \frac{1}{(1+r)^2}\left[\frac{D_3}{1+r} + \frac{P_3}{1+r}\right]$$

$$= \frac{D_1}{1+r} + \frac{D_2}{(1+r)^2} + \frac{D_3}{(1+r)^3} + \frac{P_3}{(1+r)^3} \qquad \cdots\cdots (5)$$

이를 계속 반복하면 다음이 도출된다.

$$P_0 = \frac{D_1}{1+r} + \frac{D_2}{(1+r)^2} + \cdots + \frac{D_n}{(1+r)^n} + \frac{P_n}{(1+r)^n} \qquad \cdots\cdots (6)$$

여기서, n년도의 주식의 매도가격 P_n은 (n+1)년도 이후의 배당수입에 대한 현재가치와 같다. 즉,

$$P_n = \frac{D_{n+1}}{1+r} + \frac{D_{n+2}}{(1+r)^2} + \cdots + \frac{D_\infty}{(1+r)^\infty} \qquad \cdots\cdots (7)$$

이상의 논리를 적용하여, 주식을 무한히 계속 보유한다면 주식의 현재가치는 식 (8)과 같이 나타낼 수 있다.

$$P_0 = \frac{D_1}{1+r} + \frac{D_2}{(1+r)^2} + \frac{D_3}{(1+r)^3} + \cdots + \frac{D_\infty}{(1+r)^\infty}$$

$$= \sum_{t=1}^{\infty} \frac{D_t}{(1+r)^t} \qquad \cdots\cdots (8)$$

따라서 주식의 내재가치는 영속적인 배당수입에 대한 현재가치라 할 수 있다. 위 식은 주식평가의 기본모형으로 배당평가모형(dividend valuation model)이라 한다. 식 (8)은 현재주가는 미래 기대되는 배당금의 현재가치의 합이라는 것을 나타내고 있는데, 이것의 의미를 생각해 보자. 특정 주식은 시간의 경과에 따라 많은 투자자의 거래를 거치게 된다. 주식을 소유하는 각 투자자들은 배당금과 주식의 매도가격에 관심을 가진다. 그런데 식에서 보는 바와 같이 미래 예상되는 주식의 매도가치는 매도시점 이후의 미래배당에 따라 결정되므로 투자자는 특정 시점의 매각가격이 얼마이든지 관계없이 배당만을 현금흐름으로 간주하여 주식가치를 평가할 수 있는 것이다.

2) 배당이 일정한 경우의 평가모형

배당이 일정한 경우의 평가모형을 무성장모형(zero-growth model)이라 한다. 이 모형에서는 계속기업(going concern)을 가정하고, 배당은 영속적으로 지급된다고 가정한다. 매년 배당금이 일정하고 기업의 성장이 없다고 하자.

가정: $D_1 = D_2 = D_3 = \cdots = D_n$

$$P_0 = \frac{D_1}{1+r} + \frac{D_2}{(1+r)^2} + \frac{D_3}{(1+r)^3} + \cdots + \frac{D_\infty}{(1+r)^\infty}$$

$$= \frac{D_1}{1+r} + \frac{D_1}{(1+r)^2} + \frac{D_1}{(1+r)^3} + \cdots + \frac{D_1}{(1+r)^\infty}$$

$$= \frac{D_1}{r} \qquad \cdots\cdots (9)$$

식 (9)에서 기업의 현재 주가는 1기의 배당금을 할인율 r로 할인한 것으로 정의된다.

예제 1

투자자들은 (주)솔밭이 매년 주당 2,500원씩의 배당금을 영구적으로 지급할 것으로 기대하고 있다. 지금 투자자들이 이 주식에 대하여 최소한 5%의 수익률을 요구한다면, 이 주식의 현재가치를 계산하라.

풀이 $P_0 = \frac{D_1}{r} = \frac{2,500}{0.05} = 50,000$(원)

3) 배당이 일정하게 증가하는 경우의 평가모형

기업이 성장하는 경우, 배당이 일정하게 성장한다는 가정을 하는 배당평가모형을 항상성장모형(constant growth valuation model)이라 한다. 이 중에서 대표적인 것이 고든(Gorden)이 주장한 모형으로 배당이 매 기간 일정하게 증가한다고 가정한다.[1] 배당금이 매년 일정한 비율 만큼 증가한다고 가정한다면, 기업의 가치는 다음과 같다.

가정: $D_1 = D_0(1+g) \qquad D_2 = D_1(1+g) \qquad D_3 = D_1(1+g)^2$

$$P_0 = \frac{D_1}{1+r} + \frac{D_1(1+g)}{(1+r)^2} + \frac{D_1(1+g)^2}{(1+r)^3} + \cdots \infty$$

$$= \frac{D_1}{r-g} \quad (\text{단, } r > g^{2)}) \qquad \cdots\cdots (10)$$

1) M. J. Gordon, *The Investment, Financing and Valuation of the Firm*, Irwin, 1962.

2) 식 (10)은 $\left(\frac{1+g}{1+r}\right)$인 무한등비수열의 합이므로,

$$P_0 = \frac{\text{초항}}{1-\text{공비}} = \frac{D_1/(1+r)}{1-(1+g)/(1+r)} = \frac{D_1}{r-g}$$

단, 무한등비수열의 합은 공비가 1보다 작은 경우에만 수렴한다. 따라서 식 (10)은 $r>g$인 경우에만 성립한다.

2 예제

(주)솔향은 금년도에 주당 2,000원씩 배당하였다. 이 기업의 배당금은 매년 일정하게 6% 증가하고 있으며, 이 증가율은 미래에도 계속될 전망이다. 이 주식에 대한 투자자의 요구수익률이 12%일 경우, 이 주식의 현재가치를 계산하라.

풀이

$$P_0 = \frac{D_1}{r-g} = \frac{2,120}{0.12-0.06} = 35,333(\text{원})$$

따라서, (주)솔향의 이론적 현재주가는 35,333원이다.

4) 배당이 불규칙하게 증가하는 경우

성장기업의 경우는 처음에는 높은 성장을 지속하다가 어느 시점에 이르러서는 정상성장을 하는 경우가 많다. $t = n$ 시점까지 높은 성장($g > r$)이 계속되다가 $t = n + 1$ 시점부터 정상성장($g < r$)한다고 가정한다면, 현재주가는 다음과 같이 계산된다.

$$P_0 = \sum_{t=1}^{n} \frac{D_t}{(1+r)^t} + \frac{P_n}{(1+r)^n} \quad \cdots\cdots (11)$$

$$\text{단, } P_n = \frac{D_{n+1}}{r-g}$$

3 예제

현재 고속성장을 하고 있는 구절초전자부품(주)는 1년도 밀에 주당 1,200원을 배당한 후, 그 다음 4년 동안에는 매년 20%씩, 그리고 6년도부터는 매년 10%씩 배당금을 계속 증가시키려고 한다. 이 주식의 요구수익률이 15%라면, 구절초전자부품(주) 주식의 현재가치는 얼마인가?

풀이

① 1년~5년 동안 배당금의 현재가치

$$\frac{1,200}{(1+0.15)} + \frac{1,200(1+0.2)}{(1+0.15)^2} + \frac{1,200(1+0.2)^2}{(1+0.15)^3} + \frac{1,200(1+0.2)^3}{(1+0.15)^4} + \frac{1,200(1+0.2)^4}{(1+0.15)^5}$$

$=5,691(\text{원})$

② 6년도 말부터 시작되는 배당금의 현재가치

$$P_5 = \frac{D_6}{r-g} + \frac{D_5(1+0.1)}{r-g} + \frac{1{,}200(1+0.2)^4(1+0.10)}{0.15-0.10} = 54{,}743(\text{원})$$

$$\frac{P_5}{(1+r)^5} = \frac{54{,}743}{(1+0.15)^5} = 27{,}217(\text{원})$$

③ 주식의 현재가치(내재가치) = 1년~5년 동안 배당금의 현재가치

+ 연도 말부터 시작되는 배당금의 현재가치

$P_5 = 5{,}691 + 27{,}217 = 32{,}908$(원)

따라서, 구절초전자부품(주) 주식의 이론적 현재가치는 32,908원이다.

5) 성장률과 할인율의 추정

성장모형을 적용하는 경우, 주식의 현재가치는 배당성장률과 할인율의 함수이다. 이하에서는 성장률과 할인율이 어떻게 측정되는가를 살펴본다.

(1) 성장률의 추정

배당금이 매년 일정비율로 성장한다고 가정할 때, 성장률(growth rate) g는 식 (12)와 같이 이익의 내부유보비율과 투자수익률의 곱으로 정의할 수 있다.

$$\text{성장률}\ (g) = \text{내부유보비율} \times \text{투자수익률} \quad \cdots\cdots (12)$$

여기서, 내부유보비율 = 1 − 배당성향

식 (12)로 성장률을 추정하기 위해서는 다음의 조건이 전제되어야 한다.

① 배당성향(payout ratio)은 일정하게 유지된다.

② 투자수익률의 대용치로 자기자본순이익률을 가정한다. 자기자본순이익률(return on equity: ROE)은 순이익을 자기자본으로 나눈 비율로, 기업의 실질적 소유주인 주주들이 투자한 자본이 벌어들이는 수익성을 나타내주는 지표이다. 즉, *ROE*는 이익과 배당의 성장률을 결정짓는 기본요인이 된다.

또, 성장률은 다음과 같이 순이익 증가액을 당기순이익으로 나눈 값으로 측정될 수 있다. 순이익 증가액을 산출할 때 사용되는 내부유보액의 투자수익률은 *ROE*를 그 대용치로 사용한다.

$$성장률\ (g) = \frac{순이익\ 증가액}{당기순이익} \qquad \cdots\cdots (13)$$

여기서, 순이익 증가액 = 내부유보액 × 투자수익률

4 예제

(주)민들레의 올해 당기순이익은 3억원이다. 이 기업은 당기순이익 중 60%를 내부에 유보하려고 한다. 이 기업의 과거 5년간 자기자본순이익률(ROE)의 평균은 20%였으며, 이것은 미래에도 동일하게 지속될 것으로 예측된다. 이 기업의 성장률을 계산하라.

풀이

g = 유보비율 × ROE = 0.6 × 0.20=0.12(12%)

또는, $g = \frac{순이익\ 증가액}{당기순이익} = \frac{3,600만원}{3억원} = 0.12(12\%)$

여기서, 순이익 증가액 = 내부유보액 × ROE = 1.8억원 × 0.20 = 3,600(만원)

(2) 할인율의 추정

미래 배당의 할인율을 추정하는 방법으로 대표적인 것은 자본자산가격결정모형(CAPM)을 이용하는 방법과 배당평가모형을 이용하는 방법이 있다.

CAPM을 이용하는 방법

할인율(discount rate)을 추정하기 위해 식 (14)와 같이 증권시장선(SML)을 사용할 수 있다.

$$E(R_i) = R_f + [E(R_m) - R_f]\beta_i \qquad \cdots\cdots (14)$$

여기서, $E(R_i)$: SML에 의해 평가되는 주식 i의 기대수익률(= 할인율 r)
R_f : 무위험이자율
$E(R_m)$: 시장포트폴리오의 기대수익률
β_i : 주식 i의 체계적 위험

예제 5

시장포트폴리오의 기대수익률은 10%, 정기예금이자율은 4%, 그리고 형주(주)의 베타는 1.1로 추정되고 있다. 이때, 이 기업 주식의 할인율을 구하라.

풀이 $E(R_i) = R_f + [E(R_m) - R_f]\beta_i$
$= 0.04 + (0.10 - 0.04) \times 1.1 = 0.106(10.6\%)$

배당평가모형을 이용하는 방법

할인율을 추정하는 또 다른 방법은 배당평가모형의 하나인 항상성장모형을 이용할 수 있다. 이때, 배당금은 매년 일정비율로 성장한다고 가정한다.

$P_0 = \frac{D_1}{r-g}$ 에서 할인율은 다음과 같이 추정된다.

$$r = \frac{D_1}{P_0} + g \qquad \cdots\cdots (15)$$

따라서 할인율 r은 배당수익률(dividend yield)과 성장률(growth rate) 두 부분으로 구성된다. 위 식에서 성장률 g는 내부유보비율×투자수익률(ROE)이므로 다음과 같이 쓸 수 있다.

$$r = \text{배당수익률} + \text{내부유보비율} \times \text{투자수익률} \qquad \cdots\cdots (16)$$

이와 같이 할인율은 배당수익률과 내부유보비율, 그리고 내부유보액의 투자수익률(ROE)의 함수로 결정된다.

예제 6

앞의 예제 4에서 (주)민들레의 현재 발행주식수는 10만주이며, 이 주식이 현재 증권시장에서 거래되는 가격은 20,000원이다. 이 경우 주식의 할인율, 즉 투자자의 요구수익률을 계산하라.

풀이 배당성향 = 1 − 0.6 = 0.4
차기순이익 = 당기순이익 + 순이익증가액 = 3억원 + 3,600만원 = 33,600만원

다음 연도의 배당금 총액 = 배당성향 × 차기순이익

$$= 0.4 \times 33,600\text{만원} = 13,440\text{만원}$$

$$\text{주당배당금}(D_1) = \frac{13,440\text{만원}}{10\text{만주}} = 1,344\text{원}$$

$$\text{배당성장률}(g) = \frac{\text{순이익 증가액}}{\text{당기순이익}} = \frac{3,600}{30,000} = 0.12$$

$$\therefore \text{ 할인율 } r = \frac{D_1}{P_0} + g = \frac{1,344}{20,000} + 0.12 = 0.1872(18.72\%)$$

2. 이익평가모형

1) 기본모형

배당평가모형에서 미래배당의 현재가치로 주식가치를 평가할 때, 문제가 되는 것은 기업이 배당을 전혀 하지 않거나 매우 적게 하는 경우의 주가는 어떻게 평가되느냐 하는 것이다. 이 경우, 보통주를 평가하는 기본적인 방법은 배당도 궁극적으로는 기업의 이익에서 지급되는 것이므로 미래 주당이익의 현재가치를 추정하여 기업가치를 구하는 것이다. 즉, 현재 시점에서 주식의 가치는 미래 주당이익을 주당이익에 대한 요구수익률로 할인하여 구할 수 있으며, 이를 이익평가모형(earning valuation model)이라 한다. 모딜리아니와 밀러(Modigliani & Miller)는 이익이 지속적으로 성장하는 경우, 식 (17)과 같은 이익성장모형을 제시하고 있다.[3)]

$$\begin{aligned} P_0 &= \frac{EPS_1}{1+r} + \frac{EPS_2}{(1+r)^2} + \cdots + \frac{EPS_n}{(1+r)^n} + \cdots + \frac{EPS_\infty}{(1+r)^\infty} \\ &= \sum_{t=1}^{\infty} \frac{EPS_t}{(1+r)^t} \end{aligned} \qquad \cdots\cdots (17)$$

여기서, EPS_t : t기의 주당이익

r : 주당이익에 대한 할인율

3) F. Modigliani & M. Miller, "Dividend Policy, Growth and the Valuation of Shares," *Journal of Business*, Oct. 1961, pp. 411–423.

주당이익에 대한 할인율은 배당평가모형에서 사용된 할인율과는 다르다. 그 이유는 배당흐름과 이익흐름의 위험도가 다르기 때문이다.

2) 이익이 일정한 경우의 평가모형

미래 성장기회가 없으므로 매기 주당순이익이 일정하게 흘러나온다고 가정하는 것이다. 매기 순이익의 흐름이 일정하고, 할인율을 r이라 하면 현재 주가는 다음과 같이 계산된다.

$$\text{가정: } EPS_1 = EPS_2 = EPS_3 = \cdots = EPS_n$$

$$\begin{aligned} P_0 &= \frac{EPS_1}{1+r} + \frac{EPS_2}{(1+r)^2} + \frac{EPS_3}{(1+r)^3} + \cdots \infty \\ &= \frac{EPS_1}{1+r} + \frac{EPS_1}{(1+r)^2} + \frac{EPS_1}{(1+r)^3} + \cdots \infty \\ &= \frac{EPS_1}{r} \end{aligned} \qquad \cdots\cdots (18)$$

식 (18)에서 기업의 현재 주가는 1기의 주당순이익(EPS_1)을 할인율 r로 할인한 것으로 정의된다.

3. 성장기회의 평가

미래 성장 가능성이 높은 기업의 주식은 낮은 성장 가능성을 가진 주식보다 상대적으로 높게 평가될 것이다. 즉, 기업이 성장하면 배당금 지급이 증가하고 고정적인 배당을 지급하는 기업보다 주가가 상대적으로 올라갈 것이다. 따라서 기업가치의 평가에 있어서 성장기회를 고려하여야 한다.

1) 성장이 없는 주식의 평가모형

기업이 순이익을 모두 배당한다고 가정한다면, 유보비율은 0이며 성장률도 0일 것이다. 이 경우, 주주들은 매년 일정한 주당배당금(=주당순이익)

을 지급받게 된다. 이때 기업의 주가는 1기의 배당금 또는 주당순이익을 할인율로 할인함으로써 구할 수 있다.

$$P_0 = \frac{D_1}{r} = \frac{EPS_1}{r} \qquad \cdots\cdots (19)$$

여기서, D_1 : 1년도 말 배당금

EPS_1 : 1년도 말 주당순이익

2) 성장주식의 평가모형

기업이 순이익 모두를 배당하는 것이 아니라 일부를 유보하여 미래에 투자를 한다면 성장기회를 가지게 된다. 미래에 일정한 성장기회를 가지는 경우에는 이론적 주가는 상승하게 된다. 성장기회를 고려한 기업의 주가는 식 (20)과 같이 성장없는 주식의 현재가치와 성장기회의 순현가(net pesent value of growth opportunity: NPVGO)를 합한 것이 된다.

$$\begin{aligned} P_0 &= \text{성장없는 주식의 현재가치} + \text{성장기회의 순현가} \\ &= \frac{EPS_1}{r} + NPVGO \end{aligned} \qquad \cdots\cdots (20)$$

여기서, $NPVGO$ = 현금유입의 현가 − 현금유출의 현가

위 식의 첫째 항(EPS_1/r)은 주당순이익을 모두 배당하여 재투자하지 않는 성장기회가 없는 경우의 현재가치를 나타낸다. 누 번째 항은 이익의 일부를 유보하여 요구수익률 r(할인율)을 상회하는 투자수익률을 가져다 주는 성장기회의 현재가치($NPVGO$)를 나타낸다. 다음 예제를 통하여 성장주식의 평가모형을 살펴보자.

7 예제

첨단 바이오 의약품을 생산하는 (주)오이풀 제약의 1년 후의 주당순이익은 2,000원으로 기대된다. 이 기업의 배당성향은 70%이며, 요구수익률은 10%, 자기자본순이익률(ROE)은 15%로 항상 일정하다. 이 경우 이 기업의 현재주가를 $NPVGO$모형을 이용하여 구하라.

풀이 현재주가를 구하기 위한 성장기회평가모형은 다음과 같다.

$$P_0 = \frac{EPS_1}{r} + NPVGO$$

① 성장없는 주식의 가치를 구한다.

$$\frac{EPS_1}{r} = \frac{2,000}{0.10} = 20,000(\text{원})$$

② 성장기회의 순현가(NPVGO)를 구한다.

1년도 말 시점의 성장기회의 순현가는 다음과 같다.

$$NPVGO_1 = \text{투자로 인한 현금유입의 현가} - \text{투자지출의 현가}$$
$$= \frac{\text{내부유보액} \times ROE}{r} - \text{1년도 말 투자지출액}$$
$$= \frac{(2,000)(1-0.7)(0.15)}{0.10} - 2,000 \times (1-0.7) = 300(\text{원})$$

내부유보액은 매년 성장률 g만큼 증가된다. 여기서 성장률은 다음과 같다.

$$\text{성장률 } g = (1 - \text{배당성향}) \times ROE = (1-0.7) \times 0.15 = 0.045$$

$$\text{2년도 말의 주당순이익} = \text{전기 주당순이익} + \text{주당순이익증가액}$$
$$= 2,000 + 2,000 \times 0.045 = 2,090(\text{원})$$

$$NPVGO_2 = \frac{(2,090)(1-0.7)(0.15)}{0.10} - 2,090 \times (1-0.7) = 314(\text{원})$$

또는,

$$= NPVGO_1(1+g) = 300(1+0.045) = 314(\text{원})$$

$$\text{3년도 말의 주당순이익} = \text{전기 주당순이익} + \text{주당순이익증가액}$$
$$= 2,090 + 2,090 \times 0.045 = 2,148(\text{원})$$

$$NPVGO_3 = \frac{(2,184)(1-0.7)(0.15)}{0.10} - 2,184 \times (1-0.7) = 328(\text{원})$$

또는,

$$= NPVGO_2(1+g) = NPVGO_1(1+g)^2$$
$$= 300(1+0.045)^2 = 328(\text{원})$$

$$NPVGO = \frac{NPVGO_1}{1+r} + \frac{NPVGO_1(1+g)}{(1+r)^2} + \frac{NPVGO_1(1+g)^2}{(1+r)^3} + \cdots \infty$$
$$= \frac{NPVGO_1}{r-g} + \frac{300}{0.1-0.045} = 5,455(\text{원})$$

③ 성장기회를 고려한 경우의 주가

$$P_0 = \frac{EPS_1}{r} + NPVGO = 20,000 + 5,455 = 25,455(\text{원})$$

항상성장모형을 이용하여도 동일한 결과를 도출할 수 있다. **별해**

$g = (1 - \text{배당성향}) \times ROE = (1 - 0.7) \times 0.15 = 0.045$

$$P_0 = \frac{D_1}{r - g} = \frac{2,000 \times 0.7}{0.10 - 0.045} = 25,455(\text{원})$$

제 3 절 주가배수모형

주가배수모형의 종류는 주가를 무엇으로 표준화하느냐에 따라 *PER*, *PBR*, *PSR*, *PCR* 및 *EV*/*EBITDA* 등이 있다. 이들 주가배수(multiples)와 적절한 비교대상을 상대적으로 비교하기 때문에 주가배수모형을 상대가치평가모형이라고도 한다.

1. 주가수익비율 평가모형

1) PER의 의미

주가수익비율(price earning ratio: PER)은 다음 식에서와 같이 주가를 주당순이익(earning per share: EPS)으로 나눈 배수이다.

$$P_0 = \frac{\text{주가(P)}}{\text{주당순이익(EPS)}} \quad \cdots\cdots (21)$$

*PER*는 기업의 단위당 수익력에 대한 상대적 주가수준을 나타낸다. 이를

P/E비율 또는 주당이익에 비해 주가가 몇 배인지 나타낸다는 의미에서 이익승수(earning multiples)라고도 부른다. 각 기업의 PER가 차이나는 이유는 미래 성장성, 경영위험과 재무위험 및 시장에서의 경쟁적 지위 등과 같은 수익력을 창출하는 근원에 대한 질적 차이(earning quality)를 반영하고 있기 때문이다.

성장주식평가모형을 통하여 PER의 도출과정을 살펴보자.

$$P_0 = \frac{EPS_1}{r} + NPVGO \qquad \cdots\cdots (22)$$

식 (22)에서 양변을 EPS_1으로 나누면 다음과 같다.

$$\frac{P_0}{EPS_1} = \frac{1}{r} + \frac{NPVGO}{EPS_1} \qquad \cdots\cdots (23)$$

식 (23)에서 왼쪽 부분은 PER이다.

$$\therefore \ PER = \frac{P_0}{EPS_1} = \frac{1}{r} + \frac{NPVGO}{EPS_1} \qquad \cdots\cdots (24)$$

위 식에서 주가가 높을수록, 그리고 성장기회의 순현가(NPVGO)가 클수록 PER의 크기가 커진다는 것을 알 수 있다. 일반적으로 성장주의 PER는 높고, 안정주의 PER는 낮은 현상이 발생되는데 위 식은 이러한 현상을 설명해 주고 있다. 반대로 할인율이 클수록 PER는 크기가 작아진다.

2) PER을 이용한 주식가치평가

PER를 이용하여 이론적 주가를 추정하는 것이 가능하다.

$P = \frac{P}{EPS}(= PER) \times EPS$에서,

이론적 예상주가 $P_0^* = PER^* \times$ 주당순이익(EPS_1) …… (25)

여기서, PER^* : 정상적 PER

가령, A기업의 주당순이익이 2,000원으로 예상되고, PER^*가 15라면 주식 A의 주가는 30,000원으로 추정된다. 정상적 PER는 특정 기업이 사용하는 대용 PER를 의미한다. 대용 PER는 다음과 같이 네 가지 방법을 이용하여 측정할 수 있다.

① 대상기업과 비슷한 위험을 가진 기업의 PER를 이용한다.
② 대상기업이 속한 동종산업의 평균 PER를 이용한다.
③ 대상기업의 과거 수년간의 평균 PER를 이용한다.
④ 주식의 이론적 가치는 배당평가모형에 의해 결정된다고 가정하고, 다음과 같이 항상성장모형을 이용하여 PER를 구한다.

$$P_0 = \frac{D_1}{r-g} = \frac{EPS_1(1-e)}{r-g} \quad \cdots\cdots (26)$$

$$\text{즉, } PER = \frac{P_0}{EPS_1} = \frac{1-e}{r-g} \quad \cdots\cdots (27)$$

여기서, EPS_1 : 1기의 주당순이익
r : 할인율
e : 유보비율

PER는 내부유보비율과 성장률, 그리고 할인율의 함수라는 것을 알 수 있다. 이때, 정상적 PER를 측정하는 위의 네 가지 방법을 각기 사용할 경우, 예상주가는 각각 다르게 나온다는 것을 유의하여야 한다.

8 예제

산업용 LCD를 생산하고 있는 (주)참나리에 대한 자료는 다음과 같다. (주)참나리의 1년 후의 이론적 예상주가를 구하라.

> $P_0=50{,}000$, $EPS_0=10{,}000$원, $g=10\%$, 유보비율$=0.7$, $r=0.13$
> 동종의 LCD를 생산하고 있는 (주)개나리의 $PER=8$배, 산업용 LCD산업의 평균 $PER=10$배, 과거 3년간 (주)참나리의 평균 $PER=9$배

풀이 ① (주)참나리와 비슷한 위험을 가진 (주)개나리의 PER를 이용할 경우

$P_1 = $(주)개나리 $PER \times EPS_1 = 8 \times 11,000 = 88,000$(원)

② LCD 산업평균 PER를 이용할 경우

$P_1 = $LCD 산업평균 $PER \times EPS_1 = 10 \times 11,000 = 110,000$(원)

③ (주)참나리의 과거 3년간 평균 PER를 이용할 경우

$P_1 = $(주)참나리의과거평균 $PER \times EPS_1 = 9 \times 11,000 = 99,000$(원)

④ 배당평가모형을 이용할 경우

$$P_1 = \frac{(1-e)}{(r-g)} \times EPS_1 = \frac{(1-0.7)}{(0.13-0.1)} \times 11,000 = 110,000(\text{원})$$

3) PER의 특징

PER는 다음과 같은 특징을 가진다.

① 성장기회의 순현가(NPVGO)와 정(+)의 관계를 가지며, 할인율(r)과는 부(−)의 관계를 가진다. 그러므로 주당순이익(EPS)이 동일하더라도 성장기회가 크거나 할인율이 낮은 주식은 그렇지 않은 주식과 비교하여 PER는 커진다.

② PER를 통한 투자의사결정은 다음과 같은 양면적 측면을 고려하여야 한다.

- PER가 상대적으로 높으면 → 주가는 과대평가되었다고 판단한다. 한편, 고성장기업인 경우는 PER가 높은 경우가 많기 때문에 해당 기업이 고성장기업인지 또는 고성장산업에 속한 기업인지를 판단하여야 한다.
- PER가 상대적으로 낮으면 → 주가는 과소평가되었다고 판단한다. 그러나, 저성장기업이나 산업이 사양업종인 경우에도 PER가 낮게 나타나는 경우가 있으니 해석에 유의하여야 한다.

한편, *PER*의 양면적 측면을 보완하기 위한 방법으로 *PEG*(PER to growth rate)를 이용하여 주가의 과대평가 또는 과소평가 여부를 판단할 수 있다.

$$PEG = \frac{PER}{성장률} \quad \cdots\cdots (28)$$

*PEG*가 낮을수록 주가는 과소평가된 것으로 판단하고, *PEG*가 높을수록 주가는 과대평가된 것으로 판단한다.

9 예제

동종산업에 속하는 (주)제갈과 (주)공명의 주가는 100,000원으로 동일하다. 그런데 (주)제갈의 $PER = 10$이고 (주)공명의 $PER = 15$이며, 기업의 성장률은 각각 3%와 6%로 기대된다 하자. 어느 기업의 주식이 과소평가된 것인가 판단하라.

풀이

$$PEG_J = \frac{10}{3} = 3.33$$

$$PEG_K = \frac{15}{6} = 2.50$$

따라서 *PEG*가 낮은 (주)공명의 주가가 과소평가되었다.

2. 주당순자산비율 평가모형

1) 의의

주가순자산비율(price to book value ratio: PBR)은 자산가치와 대비한 상대적 주가수준을 나타내며, 다음 식과 같이 주가를 주당순자산(book value per share: BPS)으로 나누어 측정한다. 이러한 의미에서 *PBR*은 시장가치 대 장부가치비율(market/book value ratio: M/B비율)이라고 한다.

$$PBR = \frac{\text{주가(P)}}{\text{주당순자산(BPS)}} \qquad \cdots\cdots (29)$$

$$\text{여기서, 주당순자산(BPS)} = \frac{\text{총자산} - \text{총부채}}{\text{발행주식수}} = \left(\frac{\text{자기자본}}{\text{발행주식수}} \right)$$

$$PBR = \frac{\text{주당 자기자본의 시장가치}}{\text{주당 자기자본의 장부가치}} = M/B\text{비율} \qquad \cdots\cdots (30)$$

2) PBR을 이용한 주식가치평가

*PBR*은 시장가치와 장부가치의 괴리 정도를 평가하는 지표(equity valuation index)로 낮을수록 주가가 과소평가되었다고 판단하고, 높을수록 주가는 과대평가되었다고 판단한다. 가령, 어떤 기업의 *PBR*이 2배라면 현재주가가 주당순자산이 2배 수준이라는 의미이다. 주당순자산(BPS) 내지 주당장부가치가 주가에 정확히 반영되면 $PBR=1$이어야 한다. *PBR*을 통한 투자의사결정은 다음과 같이 한다.

- *PBR*이 상대적으로 높으면(일반적으로 $PBR>1.0$)
  → 주가는 과대평가되었다고 판단한다.
- *PBR*이 상대적으로 낮으면(일반적으로 $PBR<1.0$)
  → 주가는 과소평가되었다고 판단한다.

그런데 *PBR*도 *PER*처럼 결과를 분석하는 데 있어서 양면적인 측면을 고려하여야 한다. 즉, 성장산업 주식인 경우에 *PBR*이 높게 나타날 수 있으며, 또 사양산업 주식인 경우에 *PBR*이 낮게 나타날 수 있으므로 결과의 해석에 유의하여야 한다.

*PBR*을 이용하여 주가를 다음과 같이 추정할 수 있다. 여기서 정상적 *PBR*은 정상적 *PER*를 구할 때와 마찬가지로 유사기업 *PBR*, 동종산업평균 *PBR*, 해당 기업의 과거평균 *PBR* 등을 이용할 수 있다.

$$\text{이론적 예상주가 } P_0^* = PBR^* \times BPS = \left(\frac{P}{BPS}\right)^* \times BPS \quad \cdots\cdots (31)$$

$$\text{여기서, } PBR^* = \text{정상적 } PBR$$

한편, PBR을 분해하면 다음과 같다.

$$\begin{aligned} PBR &= \frac{P_0}{EPS_1} = \frac{EPS_1}{BPS} \times \frac{P_0}{EPS_1} \\ &= ROE \times PER \end{aligned} \quad \cdots\cdots (32)$$

즉, PBR은 자기자본순이익률에 주가수익률을 곱한 것과 같다. 위 식에서 PBR은 ROE와 함수관계를 가지는 것을 알 수 있다. PBR은 ROE와 결합하여 다음 [그림 4-2]에서와 같이 투자판단을 할 수 있다.

◀ 그림 4-2 PBR과 ROE의 관계

	저 PBR	고 PBR
저 ROE		주가 고평가
고 ROE	주가 저평가	

- PBR이 낮으면서, 높은 ROE를 가지면
  → 주가는 저평가되었다고 판단한다.
- PBR이 높으면서, 낮은 ROE를 가지면
  → 주가는 고평가되었다고 판단한다.

각 기업의 PBR이 서로 다르게 나타나는 이유는 PBR에는 개별기업이 창출하는 주당순자산의 질적 차이가 반영되어 있기 때문이다. 또 기업마다 자산 이용에 대한 효율성, 자산의 노후 정도, 제품시장에서의 경쟁상황 및 수익창출 능력 등이 기업마다 다르기 때문이다.

참고 박스

다음은 한국거래소 보도자료(2019. 05. 02.)에서 유가증권시장과 해외주요시장 투자지표 비교를 참고하여 재작성한 내용이다.

2018년 결산 재무제표를 반영한 유가증권시장의 투자지표(PER, PBR 및 배당수익률)를 산출하여 해외 주요국의 투자지표와 비교

가. 유가증권시장 투자지표

■ ***PER*** : 전년 대비 0.5배 하락한 11.5배를 기록하여 저평가 심화
•시가총액 하락폭이 이익 하락폭에 비해 더 컸던 것에 기인
시가총액 변화 : ('18.5월 초) 1,612조원
→ ('19.4월 말) 1,405조원(13% 하락)
이익규모 변화 : ('17년 말) 약 133조원
→ ('18년 말) 약 122조원(8% 하락)

■ ***PBR*** : 통상 저평가 기준으로 분류되는 1배 수준을 하회(0.95배)
•시가총액 하락 및 자본총계 상승 영향으로 전년 대비 *PBR* 감소
자본총계 변화 : ('17년 말) 1,403조원
→ ('18년 말) 1,485조원(6% 상승)

■ **배당수익률** : 배당 확대로 전년 대비 상승한 2.0% 기록
•배당 증가 및 시가총액 하락의 영향으로 배당수익률 큰 폭 증가
배당총액 변화 : ('17년 말) 25.0조원 → ('18년 말) 28.5조원

【유가증권시장 투자지표 현황】

구분	'18.5월 ('17년 재무제표 반영)			'19.4월 말 ('18년 재무제표 반영)					
	PER (배)	*PBR* (배)	배당수익률(%)	*PER*(배)		*PBR*(배)		배당수익률(%)	
코스피	12.0	1.1	1.6	11.5	(▼0.5)	0.9	(▼0.2)	2.0	(▲0.4)
코스피 200	11.2	1.2	1.6	10.0	(▼1.2)	1.0	(▼0.2)	2.2	(▲0.6)
KRX 300	11.7	1.2	1.5	10.7	(▼1.0)	1.0	(▼0.2)	2.1	(▲0.6)

나. 해외시장 대비 비교

■ ***PER*·*PBR*** : 해외 주요국 대비 저평가 경향 지속

- 코스피200의 *PER* 및 *PBR*은 각각 10.0배, 1.0배로서, 해외 주요국 시장의 *PER*, PBR 대비 낮은 수준

  * (선진국) *PER* 17.8배, *PBR* 2.4배, (신흥국) *PER* 13.1배, *PBR* 1.6배

■ **배당수익률** : 국내시장의 배당수익률은 2.2%로 미국(2.0%), 일본(2.4%), 중국(2.1%) 등 주요국의 평균 배당수익률과 유사한 수준

- 다만, 선진국 평균 2.5%, 신흥국 평균 2.7%보다는 낮은 수준

【해외 주요시장 투자지표[1] 비교】

구분		*PER*(배)	*PBR*(배)	배당수익률(%)
한 국[2]		10.0	1.0	2.2
선진국	미 국	20.2	3.4	2.0
	일 본	12.8	1.3	2.4
	영 국	14.4	1.7	4.7
	프랑스	15.2	1.6	3.3
	전 체[3]	17.8	2.4	2.5
신흥국	중 국[2]	13.7	1.8	2.1
	인 도	23.9	3.1	1.3
	브라질	16.8	2.1	3.6
	대 만	13.8	1.8	4.1
	태 국	15.9	2.0	2.9
	전 체[3]	13.1	1.6	2.7

주) 1) 해외 투자지표는 MSCI의 국가별 대표지수를 기준으로 산출
2) 한국은 코스피200 시장 기준이며, 중국은 본도시장을 제외한 수치임
3) 선진국 전체에는 23개국, 신흥국 전체에는 24개국 포함

섹터별 투자비표 및 개별종목 투자지표 산출현황

【섹터별 투자지표 산출방법】

구분	산출방법
PER	$\frac{\text{구성종목의 시가총액 합계}}{\text{구성종목의 보통주 귀속 지배지분 순이익 합계}}$
PBR	$\frac{\text{구성종목의 시가총액 합계}}{\text{구성종목의 지배지분 자본총계}}$
배당수익률	$\frac{\text{구성종목의 배당금 총액}}{\text{구성종목의 시가총액 합계}}$

【 시가총액 상위 30위 종목 투자지표 】

시총 순위	종목명	섹터	*EPS* (원)	*BPS* (원)	*DPS* (원)	*PER* (배)	*PBR* (배)	배당 수익률
1	삼성전자	정보기술	6,461	35,342	1,416	7.14	1.31	3.07%
2	SK하이닉스	정보기술	22,255	64,348	1,500	3.59	1.24	1.88%
3	현대차	자동차	5,632	245,447	4,000	24.68	0.57	2.88%
4	셀트리온	헬스케어	2,063	19,766	0	104.70	10.93	0%
5	LG화학	에너지화학	19,217	218,227	6,000	18.99	1.67	1.64%
6	삼성바이오로직스	헬스케어	3,387	62,805	0	102.60	5.53	0%
7	현대모비스	자동차	19,944	314,650	4,000	11.76	0.75	1.71%
8	POSCO	철강	20,911	497,452	10,000	12.29	0.52	3.89%
9	LG생활건강	필수소비재	40,740	198,221	9,250	34.78	7.15	0.65%
10	신한지주	은행	6,579	75,339	1,600	6.77	0.59	3.59%
11	SK텔레콤	방송통신	44,066	278,291	10,000	5.62	0.89	4.04%
12	NAVER	미디어&엔터테인먼트	4,437	31,795	314	27.05	3.77	0.26%
13	삼성물산	–	10,384	104,259	2,000	9.97	0.99	1.93%
14	KB금융	은행	7,721	85,393	1,920	6.02	0.54	4.13%
15	한국전력	유틸리티	–	108,641	0	–	0.26	0%
16	기아차	자동차	2,883	67,208	900	15.70	0.67	1.99%
17	SK	–	40,310	234,433	5,000	6.43	1.10	1.93%
18	SK이노베이션	에너지화학	18,267	193,402	8,000	10.24	0.97	4.28%
19	삼성생명	보험	9,268	144,510	2,650	9.18	0.59	3.11%
20	삼성SDS	정보기술	8,137	77,315	2,000	26.79	2.82	0.92%
21	삼성SDI	정보기술	10,484	169,560	1,000	22.32	1.38	0.43%
22	삼성화재	보험	25,182	244,508	11,500	12.03	1.24	3.80%
23	KT&G	필수소비재	7,141	58,847	4,000	14.35	1.74	3.90%
24	아모레퍼시픽	필수소비재	4,815	64,072	1,180	45.90	3.45	0.53%
25	LG	–	10,603	102,340	2,000	7.02	0.73	2.69%
26	LG전자	경기소비재	6,882	78,820	750	11.03	0.96	0.99%
27	하나금융지주	은행	7,360	88,026	1,900	5.07	0.42	5.09%
28	엔씨소프트	미디어&엔터테인먼트	19,831	107,923	6,050	25.77	4.73	1.18%
29	셀트리온헬스케어	헬스케어	80	11,419	0	956.25	6.70	0%
30	넷마블	미디어&엔터테인먼트	2,230	51,303	0	56.95	2.48	0%

주) 1. 4/29 일자의 개별종목 종가를 기준으로 '18년 사업보고서 기준 *EPS*/*BPS*/*DPS*를 적용
2. 시총상위 30종목 중 '셀트리온헬스케어'는 코스닥시장, 그 외 종목은 코스피시장 상장 종목

참고 박스

"코스피 여전히 싸다" 해외증시 대비 저평가 지속

한국 증시의 해외 주요국 증시 대비 저평가 현상이 지속되고 있는 것으로 나타났다. 기업들의 배당 확대로 배당수익률(한 주당 배당금을 현재 주가로 나눈 비율)은 전년 대비 상승했다.

한국거래소는 2018년 결산 재무제표를 반영해 산출한 유가증권시장 투자 지표를 1일 발표했다. 투자지표 산출을 위한 시가총액 합계는 올해 4월 말, 이익 · 자본총액 · 배당 등 재무실적 합계는 지난해 말을 기준으로 삼았다.

주가순익비율(*PER*)은 전년 대비 0.5배 줄어든 11.5배를 기록했다. 거래소는 시가총액 하락폭이 이익 하락폭에 비해 더 컸기 때문이라고 설명했다. 코스피 시총은 지난해 5월 1612조원에서 올해 4월 말 현재 1405조원으로 13% 떨어진 상태다.

주가순자산비율(*PBR*)도 전년보다 0.2배 하락한 0.95배로 나타났다. 시총 감소와 자본총계 증가의 영향을 받았다. 자본총계는 2017년 말 1403조원에서 지난해 말 1485조원으로 6% 불어났다.

거래소는 유가증권시장의 *PER* · *PBR* 수준이 해외 주요국과 비교해 낮은 수준이라고 전했다. 같은 기간 미국 · 일본 · 영국 등 선진국의 *PER*은 17.8배, *PBR*은 2.4배다. 중국 · 인도 · 브라질 등이 포함된 신흥국의 *PER*과 *PBR*은 각각 13.1배, 1.6배로 조사됐다.

코스피 배당수익률은 전년 대비 0.4%포인트 상승한 2.0%로 집계됐다. 기업의 배당 증가와 시총 하락이 배당수익률 상승에 영향을 줬다. 배당 총액은 2017년 말 25조원에서 작년 말 28조5000억원으로 늘었다. 다만 배당수익률도 선진국(2.5%)과 신흥국(2.7%) 평균에 비하면 낮은 수준이라고 거래소는 밝혔다.

조선비즈(2019.05.01 12:00)

3. 주가매출액비율 평가모형

주가매출액비율(price to sales ratio: PSR)은 외형적 경영성과척도인 매출액에 대비한 상대적 주가수준을 측정하는 지표로, 식 (33)과 같이 측정한다.

$$PSR = \frac{\text{주가(P)}}{\text{주당매출액(S)}} \qquad \cdots\cdots (33)$$

*PSR*이 낮을수록 주가는 저평가되어 있고, 높을수록 과대평가되었다고 판단한다. 그런데 주당매출액(S)은 주당순이익(EPS_0)을 매출액순이익률(sales margin: M)로 나눈 것이므로, 식 (33)은 식 (34)와 같이 쓸 수 있다.

$$PSR = \frac{\text{주가(P)}}{\text{주당매출액(S)}} = \frac{P}{EPS_0 / M} \qquad \cdots\cdots (34)$$

$$= \frac{P}{EPS_0} \times M$$

$$\text{여기서, } M\text{(매출액순이익률)} = \frac{\text{순이익}}{\text{매출액}} = \frac{\text{주당순이익}(EPS_0)}{\text{주당매출액}(S)}$$

식 (34)를 살펴보면 *PSR*은 매출액순이익률의 영향을 받는다. *PSR*과 매출액순이익률과의 관계를 나타내면 [그림 4-3]과 같다. 저 *PSR*이면서, 고매출액순이익률인 경우는 주가가 저평가되었다고 판단하고, 고 *PSR*이면서 저매출액순이익률인 경우는 주가가 고평가되었다고 판단한다.

*PSR*을 이용하여 주가는 식 (35)와 같이 예측한다.

$$\text{이론적 예상주가 } P_0^* = PSR^* \times S \qquad \cdots\cdots (35)$$

$$\text{여기서, } PSR^* = \text{정상적 } PSR$$

그림 4-3 ▶
*PSR*과 매출액순이익률의 관계

	저 *PSR*	고 *PSR*
저 매출액순이익률		주가 고평가
고 매출액순이익률	주가 저평가	

*PSR*은 *PER*모형이나 *PBR*모형을 보조하여 사용할 수 있다. *PER*나 *PBR* 모형 등은 이익이나 자산의 외형적 측면을 중요시하기 때문에 기술주에 이를 적용하는 데 일정한 한계가 있다. 기술주의 경우는 초기에 외형적 성장이나 시장점유율 확보가 중요하기 때문에 매출액의 크기가 중요하다. 그러므로 기술주에 대한 관심을 반영한다면 *PSR*을 보조적 지표로 사용하는 것이 좋다. 또 *PER*나 *PBR* 모형은 순이익이 음(−)인 경우에는 사용이 제한되지만, *PSR*은 순이익이 음(−)인 경우에도 적용이 가능하다. *PSR*은 매출액을 기준으로 산출하므로 회계처리 방법에 영향을 받지 않는다는 유용성이 있다.

4. 주가현금흐름비율 평가모형

주가현금흐름(price cash flow ratio: PCR)은 주식가치평가에서 현금흐름의 중요성을 반영하는 지표로 주가를 주당현금흐름(cash flow per share: CFS)으로 나누어 측정한다.

$$PCR = \frac{\text{주가(P)}}{\text{주당현금흐름(CFS)}} \qquad \cdots\cdots (36)$$

여기서, 주당현금흐름(CFS) = 당기순이익 + 현금유출이 없는 비용 − 현금유입이 없는 수익

*PCR*이 낮으면 주가는 과소평가되어 있고, *PCR*이 높으면 주가는 과대평가되어 있다고 판단한다. *PCR*은 현금흐름을 감안하여 상대적 주가수준을 평가하는 투자지표로서의 의미를 가지고 있으며 특히, 감가상각비가 많은 대규모 시설투자산업의 주식평가에 유용성이 높다.

한편, *PCR*은 *PER*와 함께 이용할 수 있다. 이 비율이 낮다면 *PER*가 높더라도 주가가 과대평가되어 있을 가능성은 낮다고 판단하며 반면에, *PER*가 낮더라도 이 비율이 높다면 주가의 과대평가 가능성을 검토하여야 한다.

5. EV/EBITDA 평가모형

*EV/EBITDA*는 기업가치평가에서 현금흐름의 중요성을 반영한 지표로서, 현금흐름의 크기를 감안할 경우에 기업의 상대적 가치를 평가한다.

*EV/EBITDA*는 최근의 가치투자와 관련하여 주목받고 있는 지표의 하나로, 다음과 같이 기업가치(enterprise value: EV)를 이자비용, 세금 및 감가상각비 공제전 이익(earnings before interest, tax, depreciation and amortization: EBITDA)으로 나누어 측정한다.

$$\frac{EV}{EBITDA} = \frac{\text{기업가치}}{\text{이자비용, 세금 및 감가상각비 공제 전 이익}} \quad \cdots\cdots (37)$$

위 식에서, *EV* = 기업가치

= 시가총액(= 주가 × 발행주식수)

+ 순부채(= 총부채 − 현금 및 예금, 투자유가증권)

EBITDA: 이자비용, 세금 및 감가상각비 공제 전 이익

*EBITDA*는 '법인세 공제전 영업이익(EBIT) + 감가상각비'와 비슷한 개념으로 세전영업현금흐름을 측정한 것이다. *EV/EBITDA* 비율이 높으면 주가는 고평가되었다는 의미이고, 낮으면 저평가된 것으로 판단한다. 그러나 개별종목이나 업종별 특성이 있기 때문에 일률적인 해석이 어려운 경우도 있다. 예를 들어, 성장성이 높은 업종은 통상 이 비율이 높게 나타나는 경향도 있기 때문이다. *EV/EBITDA*를 사용하면, 특히 부(−)의 *EBITDA* 기업은 거의 없으며, 감가상각방법의 차이에 영향을 받지 않으며, 기업 간에 자본구조에 차이가 있다 하더라도 기업 간에 비교가 가능하다는 장점이 있다.

주요용어

- 내재가치(intrinsic value)
- 수익가치평가모형
- 배당평가모형(dividend valuation model)
- 가치투자(value investment)
- 성장률(growth rate)
- 배당수익률(dividend yield)
- 주가배수모형(multiples model)
- PEG(PER to growth rate) 모형
- 주당순자산(book value per share: BPS)
- 주가매출액비율(PSR) 평가모형
- 주가매출액비율(price to sales rario: PSR)
- 주가현금흐름(price cash flow ratio: PCR)
- 항상성장모형(constant growth valuation model)
- 기업가치(enterprise value: EV)
- 성장기회평가모형(growth opportunity valuation model)
- 성장기회의 현재가치(present value of growth opportunity: PVGO)
- 주가순자산비율(price to book value ratios: PBR)
- 시장가치 대 장부가치비율(market/book value ratio: M/B비율)
- EBITDA(earning before interst, tax, depreciation and amortization)
- 주가배수(multiples)
- 상대가치평가모형
- 이익평가모형(earning valuation model)
- 무성장모형(zero-growth model)
- 자기자본순이익률(return on equity: ROE)
- 배당성향(payout ratio)
- 주가수익비율(PER) 평가모형
- 주당순이익(earnings per share: EPS)
- 주가순자산비율(PBR) 평가모형
- 주가현금흐름비율(PCR) 평가모형
- EV/EBITDA 평가모형

연/습/문/제

01 항상성장모형으로 주식의 가치를 계산하려고 할 때 반드시 필요한 기초자료가 아닌 것은? (AFPK 유사문제)

① 차년도 배당금액 ② 배당성장률
③ 특정 주식에 대한 요구수익률 ④ 예상수익률

02 ABC 기업의 현재 주당 순이익은 3,000원이나 매년 15%의 성장이 예상된다. 동종 산업 내 경쟁업체의 평균 *PER*는 7배이고, 시장 전체의 *PER*는 4배이다. 또 ABC 사의 과거 5년간 평균 *PER*는 6이었다. ABC 회사의 1년 후 주가를 추정할 때 투자가치가 가장 낮은 것은? (AFPK 유사문제)

① 산업평균 ② 시장평균
③ 과거평균 ④ 투자가치는 모두 동일하다.

03 현재 A기업의 주식의 주당 시장가격은 1만원이다. A기업의 향후 시장상황에 따른 예상 순이익은 다음과 같다고 할 때, 향후 시장상황의 악화 시 예상수익률을 구하라. (AFPK 유사문제)

구 분	주당 예상 순이익	*PER*
개 선	1,000원	12
악 화	800원	10

① 20% ② 0% ③ −10% ④ −20%

04 (주)제주상선의 올해 말 주당순이익은 3,000원으로 예상되고, 이 기업의 배당성향은 30%이며 투자자의 요구수익률은 10%이다. 증권분석가 하멜 씨는 향후 이 기업의 배당성향은 30%로 유지되며 기업의 성장률은 15%로 예측하고 있다. 또한, 하 씨는 이 기업의 3년 말의 주가는 45,000원이 될 것으로 예상하고 있다. 이 기업 주식의 이론적 가치를 구하라.

05 (주)동정호는 현재 배당금으로 주당 1,000원을 지급하고 있으며, 앞으로 계속적으로 8% 성장을 할 것으로 전망된다. 투자자의 요구수익률이 10%일 때, 이 기업 주식의 이론적 주가를 구하라.

06 (주)악양루는 올해 주당 1,000원을 배당으로 지불하였다. 이 회사 경영자인 두보씨는 내년부터는 당기순이익의 40%를 배당으로 지불하기로 결정하고 있다. 이 기업은 신규사업에 대한 투자수익률은 ROE를 그 대용치로 사용한다고 하자. 이 기업의 ROE는 10%이며, 투자자의 요구수익률이 8%라 할 때, 주식의 내재가치를 구하라

07 초고속 성장기업인 카멜리온전자는 ROE가 18%이며, 현재 증권시장에서 투자자의 요구수익률은 12%로 추정되고 있다. 최근 이 기업의 경영진은 현재의 배당성향 30%를 60%로 대폭 높혀서 주주에게 배당을 많이 지급하고 내부유보비율을 낮추는 재무전략을 기획하고 있다. 이 전략을 사용하게 되는 경우 다음 물음에 답하라.

(1) 성장률(g)을 구하라.

(2) 현재 주당배당금이 1,200원일 때 기업의 내재가치(P_0)를 계산하라.

08 3D전자산업은 배당성향을 40%로 매년 일정하게 유지하고 있다. 이 기업의 ROE는 15%이고 주식의 베타는 1.5이다. 현재 금융시장에서 양도성예금증서(CD)의 이자율이 5%이고 KOSPI수익률은 9%이다. 이 기업의 다음 해 주당순이익이 2,000원이라면 이 주식의 내재가치를 구하라.

09 신설 여행사인 (주)천축관광은 올해 초 주당 2,000원의 배당을 지급했다. 펀드매니저인 손오공 씨는 이 기업은 향후 3년 동안 연간 15%, 12%, 그리고 8%로 고성장을 하고, 4년째부터 여행업계 평균성장률인 4%로 계속적인 성장이 이루어질 것으로 예측하고 있다. 투자자들이 요구하는 이 기업 주식에 대한 요구수익률은 10%이다.

(1) (주)천축관광 주식의 내재가치를 구하라.

(2) 이 기업의 1년 후 예상주가를 구하라.

10 휴대폰 부품을 생산하는 (주)스마트폰은 신규 투자 없이 현상만 유지되면 앞으로 매년 30억원의 순이익이 발생한다고 한다. 이 기업은 다음 연도에 10억원이 투자되는 새로운 사업을 시작할 계획이다. 신규사업으로 신제품이 생산되는 이후 연도부터 매년 3억원의 순이익 증가가 기대된다. 이 주식의 요구수익률은 8%이며, 총발행주식수는 1,500,000주이다.

(1) 신규사업을 하지 않는 경우, 이 기업의 주가를 구하라.

(2) 신제품을 생산하는 경우, 이 기업의 주가를 구하라.

11 U–헬스케어(주)의 내년도 예상주당순이익은 3,000원으로 예측된다. 이 기업의 평균 PER = 12배로 형성되고 있다. PER 모형을 이용하여 내년도 예상주가를 추정하라.

12 (주)바이오 제약의 유보비율은 60%이고, 이익과 배당의 성장률이 10%로 계속 유지된다고 한다. 그리고 투자자의 요구수익률은 15%라고 할 때, 이 기업의 주식가치를 평가하기 위한 정상적 PER를 구하라.

제5장

기본적 분석

• 학습내용

- 기본적 분석의 방법과 체계
- 경제분석 : 주요 경제변수와 경기변동의 고려
- 산업분석 : 산업별 특성과 전망 분석
- 기업분석 : 질적 및 양적 분석, 재무분석

■ 연습문제

기본적 분석(fundamental analysis)은 주식의 투자가치를 원천적으로 결정짓는 요인에 대한 분석이다. 이들 요인들을 분석하기 위해서는 경제분석, 산업분석 및 기업분석이 필요하다.

경제분석은 적절한 투자시기의 결정과 어떤 종류의 증권을 선택할 것인가에 대한 답을 준다. 가령, 거시경제분석을 통해 주식과 채권 중 어디에 투자할 것인가를 결정하게 된다. 산업분석은 주식에 투자하기로 한다면 어떤 업종을 선택할 것인가에 대한 방향을 제시해 준다. 산업별 주가지수를 살펴보면 산업별로 그 지수가 상당히 차이가 크다는 것을 알 수 있다. 경제분석과 산업분석을 마친 다음에는 기업분석을 하게 된다. 기업분석은 어떤 종목을 선택해서 투자를 할 것인가에 대한 답을 제시해 준다.

제1절 기본적 분석의 의의

1. 증권분석과 기본적 분석

투자자들은 투자대상이 되는 증권에 대해 미래의 보유기간 중에 획득되는 투자수익과 그에 따르는 위험을 예측하여야 한다. 이러한 예측을 통하여 어떠한 증권에 얼마만큼의 자금을 배분할 것인가와 관련된 포트폴리오 선택을 할 수 있다. 증권분석(security analysis)은 개별증권의 투자에 대한 유용한 자료와 정보를 수집하고 분석하는 것을 의미한다. 이러한 자료와 정보는 전반적인 경제전망, 특정 산업의 전망, 그리고 개별기업에 관련된 것이 포함되며, 이들은 위험과 수익의 관계에서 분석된다. 이러한 증권분석의 방법에는 기본적 분석(fundamental analysis)과 기술적 분석(technical analysis)이 있다.

기본적 분석은 주식이 가지는 본질적 가치라 할 수 있는 내재가치(intrinsic value)를 구하여 이를 시장가격과 비교하여 투자의사결정을 하게 된다. 기본적 분석은 주식의 내재가치를 결정하는 경제정보와 재무정보 분석을 통한 투자종목의 선택을 중요시하는 방법이다.

2. 기본적 분석의 방법

기본적 분석에서는 해당 주식의 내재가치를 추정한 다음, 주가의 과대 및 과소평가 여부 판단하여 과대평가된 주식은 매도하고, 과소평가된 주식은 매입하여 초과수익을 획득하고자 하는 것이 목표이다. 기업의 내재가치는 해당 기업이 발행한 주식에 투자할 때 획득되는 미래의 현금흐름을 적절한 할인율로 할인하여 도출한 현재시점에서의 이론적 주가를 의미한다. 다음 식 (1)은 현재 주가를 평가하는 기본모형이다.

$$P_0 = \sum_{t=1}^{\infty} \frac{CF_t}{(1+r)^t} \qquad \cdots\cdots (1)$$

여기서, P_0 : 현재 시점에서 이론적 주가(= 내재가치)
CF_t : t기의 현금흐름
r : 할인율

해당 기업의 내재가치가 현재 시장가치(market value)보다 낮으면 주가는 과대평가되어 있다고 판단하고 주식을 매도한다. 반대로 내재가치가 시장가치 보다 높다면 주가는 과소평가되어 있다고 보고 해당 주식을 매입하는 의사결정을 한다. 이러한 의사결정과정은 다음과 같이 표현할 수 있다.

> 내재가치 < 시장가치(= 현재의 실제 주가)
> ⇒ 현재 주가가 과대평가되어 있음 → 주식을 매도한다.
> 내재가치 > 시장가치(= 현재의 실제 주가)
> ⇒ 현재 주가가 과소평가되어 있음 → 주식을 매입한다.

기본적 분석방법으로 제4장에서 학습한 주식가치를 평가하기 위한 배당평가모형의 예를 들면, 식 (2)와 같다.

$$P_0 = \frac{E(D_1)}{(1+r)} + \frac{E(D_2)}{(1+r)^2} + \cdots + \frac{E(D_\infty)}{(1+r)^\infty} = \sum_{t=1}^{\infty} \frac{E(D_t)}{(1+r)^t} \qquad \cdots\cdots (2)$$

배당평가모형(dividend valuation model)에서는 해당 기업의 주식을 보유했을 때 받는 미래배당의 흐름이 기업의 현재주가를 결정한다고 본다. 기업의 기대배당액은 기업이 실현하는 미래이익에 의해 결정된다. 또한 기업의 미래배당은 전반적인 경제적 요인, 산업적 요인 및 해당 기업의 고유한 요인들에 의해 영향을 받는다. 미래배당흐름은 불확실하기 때문에 이를 현가로 할인할 때는 할인율 r에 배당의 불확실성을 고려하여야 한다. 할인율 r은 금융시장의 이자율, 인플레이션, 그리고 해당 기업의 영업위험과 재무위험 등에 의해 영향을 받는다. 그러므로 현재 주가를 결정하는 이상의 여러 요인들을 분석하는 것이 기본적 분석의 중요 과제이다.

3. 기본적 분석의 체계

기본적 분석에서 주식의 과소 또는 과대평가된 주식을 탐색하기 위해서는 주식투자의 미래현금흐름을 결정하는 경제적 요인, 산업적 요인, 그리고 기업적 요인 등에 대해 다음과 같은 세 가지 분석을 시행해야 한다.

경제분석: 경제적 요인의 분석

경제분석(economic analysis)은 기업의 외적 요인들을 살펴봄으로써 주식시장의 전반적인 동향을 파악하고 주식을 매매할 최적 시기인지 여부를 분석하는 것이다. 경기변동, 인플레이션, 이자율, 원자재 가격동향, GDP성장률 등 여러 경제적 현상과 요인들이 주가에 미치는 영향을 분석하여 주식투자의 적절한 시점을 판단한다.

산업분석: 산업적 요인의 분석

산업분석(industrial analysis)은 주식을 매입할 때 어떠한 산업이 유망한 업종인지를 살펴보고자 하는 것이 목적이다. 동일한 경제 내에서도 산업별로 경쟁의 정도, 산업성장률, 제품의 수명주기, 수익과 비용구조 등이 서로 다르다. 분석대상 기업이 속한 산업의 종류에 따라 기업의 미래이익과 불확실성은 매우 큰 영향을 받게 된다.

기업분석: 개별기업의 분석

동종 산업에 속한 기업들 간에도 경쟁력, 재무구조, 수익 및 비용구조 등이 다르며, 경영위험과 재무위험이 다르다. 이에 따라 각 기업이 실현하는 이익과 투자자가 부담하는 위험은 달라진다. 따라서 개별기업에 대한 분석이 필요하다. 기업분석(firm analysis)에는 질적 분석과 양적 분석이 있다.

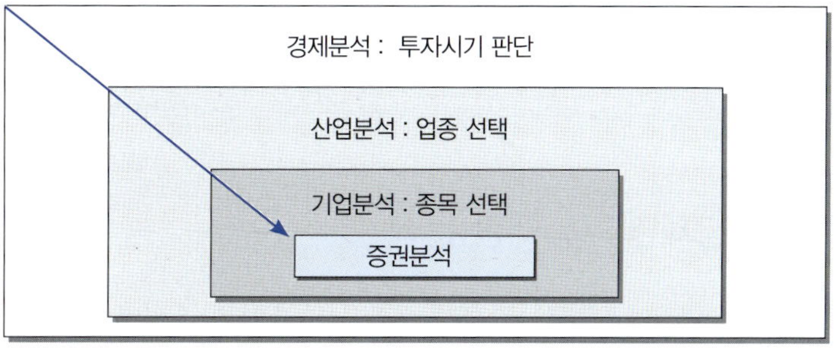

◀ 그림 5-1
거시방식(top-down)에 의한 기본적 분석 과정

[그림 5-1]은 기본적 분석의 과정을 설명하고 있다. 가장 먼저, 경제분석을 통하여 자산의 배분과 매매시기를 결정하고, 산업분석을 통하여 투자할 업종을 선택하며, 마지막으로 기업분석을 통하여 투자종목을 선택한다. 보다 구체적으로 기본적 분석의 체계를 예를 들어 살펴보면 [그림 5-2]와 같다.

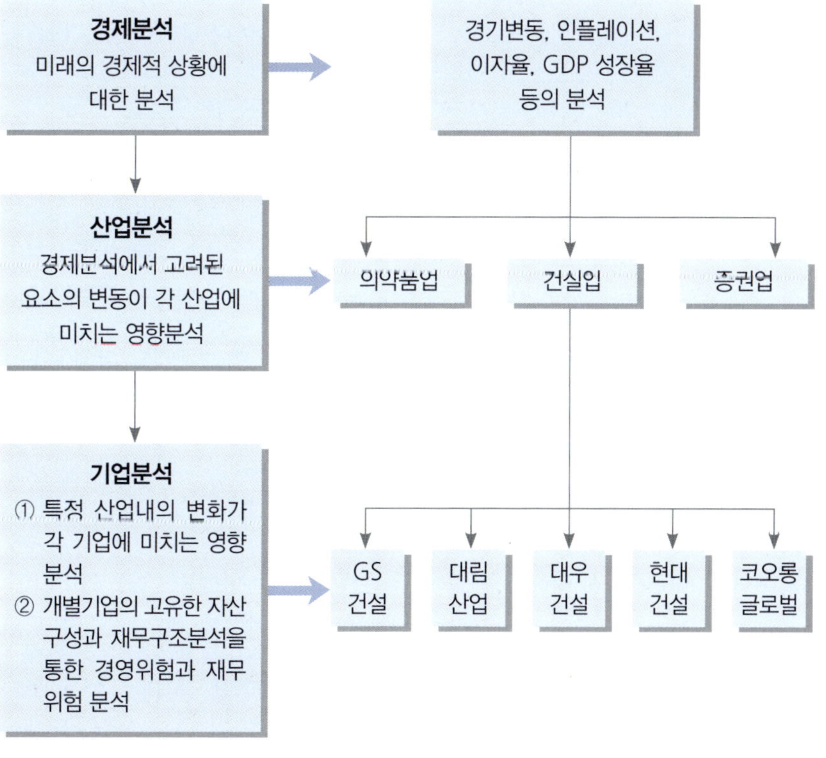

◀ 그림 5-2
기본적 분석의 체계

제 2 절 경제분석

1. 주요 경제변수에 대한 분석

경제분석은 미래에 나타날 경제적 상황을 예측하여 증권분석에 이용하는 것이다. 경제분석의 대상이 되는 주요 내용은 국가의 경제성장률, 통화량, 금리, 물가, 국제수지, 환율, 그리고 원자재가격 동향 등이며, 이들을 분석하여 기본적인 자료로 활용한다.

1) 경제성장률

경제성장률(rate of economic growth)은 일정기간 중 한 국가 내에 있는 모든 경제주체가 생산활동에 참여하여 창출한 부가가치의 총계인 국내총생산(GDP) 내지 국민총생산(GNP)이 전년도에 비해 얼마나 증가하였는가를 측정한 지표이다.

경제성장률이 높아지면 생산량, 매출액, 고용, 그리고 국민소득이 증가 → 기업 이익의 증가로 인해 주가는 상승된다. 반면, 경제성장률이 낮은 경우는 생산량과 매출액의 감소, 실업의 증가, 국민소득의 감소 → 기업 이익의 감소로 인해 주가는 하락한다. 우리나라의 경우는 경제에서 수출입이 차지하는 비중이 크기 때문에 국내뿐만 아니라 주변 국가 및 전 세계적인 경제성장률 전망을 동시에 분석하는 것이 필요하다.

2) 통화량

통화량(money supply)은 시중에 유통되고 있는 화폐의 양을 의미한다. 시중의 통화량이 많으면 물가가 상승하고, 부동산 투기가 일어날 가능성이 크다. 통화량이 적으면 생산, 투자 및 소비 등과 관련한 경제활동이 위축되어 경기가 후퇴한다. 일반적으로 통화량과 주가의 관계는 정(+)의 관계를 보인다. 통화량의 변동은 주식시장에 직접적으로 영향을 주기도 하지만 채권시장의 이자율 조정을 통해 간접적으로도 영향을 미친다.

요컨대, 통화량 증가 → 기업의 설비투자의 증가 → 기업이익 증가 → 주당순이익의 증가로 인해 주가가 상승한다. 또, 한편으로는 통화량 증가 → 채권시장을 통해 실질이자율 하락 → 주식의 기대수익률 상승 → 주가는 상승한다. 그러나 지나치게 많은 통화가 공급되면 물가상승의 우려로 인해 주가는 하락하게 된다. 일반적으로 통화량의 감소가 예측되면 일반적으로 주가는 하락하는 경향이 있다.

3) 금리

금리(interest)는 자본시장에서 자금에 대한 수요·공급법칙에 의해 결정된다. 그러나 금리는 경제 전반에 미치는 영향이 매우 크기 때문에 국가의 정책 당국에서 경제상황에 맞추어 직접 또는 간접적으로 금리수준의 결정에 영향력을 행사한다.

금리 상승은 기업이 부담하고 있는 부채에 대한 이자가 늘어나는 것을 의미하며, 이로 인한 기업의 가치하락은 주가의 하락을 가져온다. 또 금리가 상승한다는 것은 시중의 자금사정이 악화되는 것을 의미하므로 금리가 높으면 주식투자에 참여하는 투자자가 줄어들게 되며, 이에 따라 주가는 하락하게 된다.

기업 입장에서 살펴보면, 금리 상승 → 기업 자본조달비용 상승 → 설비투자 축소 → 수익성 하락 → 주가는 하락한다. 또, 금리 하락 → 기업 자본조달비용 하락 → 설비투자 확대 → 수익성 상승 → 주가는 상승한다. 한편, 투자자 입장에서 살펴보면, 금리 상승 → 채권 및 예금상품 상대적 선호 → 주식투자 감소로 주가는 하락한다. 또, 금리 하락 → 채권 및 예금상품 상대적 비선호 → 주식투자 증가로 주가는 상승한다.

4) 물가

급격한 물가 상승은 저축을 위축시키고, 제조원가 상승으로 인한 실물자산의 가격이 상승되므로 통화량 축소정책이 나올 가능성이 커지며, 이에 따라 주가는 하락할 가능성이 크다. 특히, 경기가 침체와 더불어 물가가 상승하는 스태그플레이션(stagflation) 현상이 나타나면 소비자의 실질소득이 감소하여 구매력을 하락시키고, 이는 기업수지를 악화시키므로 주가를 하락시키게 된다. 개인은 물가가 상승되면, 금융자산보다는 인플레이션 헷지(inflation hedge)를 할 수 있는 부동산과 같은 실물자산을 선호하게 된다. 그러나 완만한 물가상승은 실물경기의 상승을 가져오면서 기업수지의 개선과 기업의 자산가치를 증대시켜 주므로 주가가 상승할 가능성이 있다.

5) 국제수지

국제수지(balance of payments)란 일정기간 중 외국과의 거래결과로 발생한 수입과 지출의 차이를 의미한다. 국제수지는 경상수지와 자본수지로 구분된다. 경상수지에는 상품수지, 서비스수지, 소득수지 및 경상이전수지가 있다.

수출이 증가되고 서비스수지의 개선으로 경상수지가 흑자를 보이고, 동시에 자본수지도 흑자를 보일 때는 주가가 상승한다. 수출이 부진하고 수입이 증가함으로써 상품수지 적자가 나타나고 서비스수지도 적자가 될 경우에는 경상수지가 적자를 나타내게 되며, 이때 주가는 하락하게 된다.

6) 환율

환율(exchange rate)은 국제수지, 인플레이션율, 국내외의 이자율 차이 등과 같은 경제적 요인과 외환시장에서의 수요와 공급 등의 요인에 의해 결정된다. 일반적으로 국제수지가 흑자이면서 인플레이션율이 낮을수록 그 나라의 통화가치가 높게 평가된다. 일반적으로 환율 하락(평가절상) → 원화가치

상승 → 수출 감소, 수입 증가 → 주가 하락 가능성이 있으며, 환율 상승(평가절하) → 원화가치 하락 → 수출 증가, 수입 감소 → 주가 상승 가능성이 있다.

원화의 환율 상승효과는 수출이 증가한다는 긍정적인 측면과 수입가격 상승으로 물가가 불안해지는 부정적 측면이 동시에 나타난다. 또 환율이 하락하면, 외국인 투자자가 상대적으로 감소하여 주가가 하락하며 환율이 상승하면, 외국인 투자자본의 상대적 증가로 인해 주가가 상승할 가능성이 크다.

7) 원자재 가격

우리나라의 경우 부존자원이 부족하여 많은 기업들이 원자재를 수입하므로 원자재 가격의 변동은 기업수익에 큰 영향을 미친다. 국제 원자재 가격이 오르면 국제수지가 악화되며, 국내 물가는 상승하므로 관련 산업의 주가는 하락하게 된다. 국제 원자재 가격 상승 → 제품가격 상승 → 매출 감소 → 주가는 하락한다. 또 국제 원자재 가격 하락 → 제품가격 하락 → 매출 증가 → 주가는 상승한다. 한편, 환율 하락 시에는 원자재 가격이 상대적으로 저렴해지므로 주가는 상승되며, 반대로 환율 상승 시에는 주가가 하락될 가능성이 있나.

2. 경기변동의 고려

1) 경기변동주기

주가지수는 경기변동의 선행지표로 알려져 있다. 따라서 증권분석에 있어서 경기변동 상황을 먼저 파악하여 주가 예측에 기초자료로 활용할 필요가 있다.

경기변동(business cycle)이란 주요 경제변수들이 약 3년 내지 5년을 주기로 각 변수의 장기추세선을 중심으로 상하운동을 하면서 변화하는 현상을

그림 5-3 ▶
경기변동의 주기

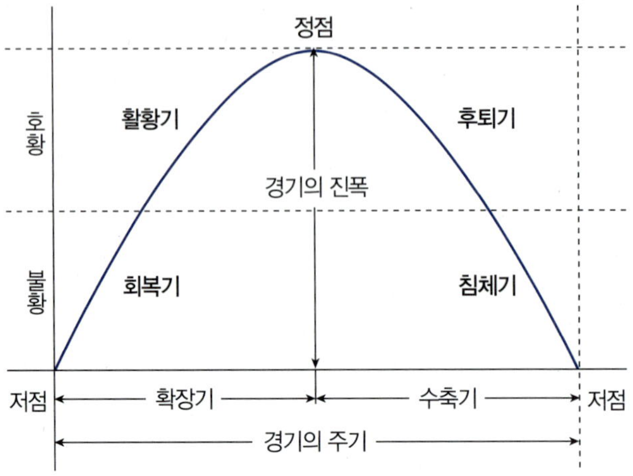

이른다. [그림 5-3]과 같이 경기변동의 주기는 장기추세선의 움직임에 따라 경기확장기, 경기수축기로 나누고, 경기확장기는 회복기와 활황기, 경기수축기는 후퇴기와 침체기로 나누는 네 단계 구분법이 일반적이다.

경기회복기

경기회복기(recovery stage)는 경제활동이 바닥에서 벗어나 경기가 조금씩 나아지는 시기로 고용 증가, 투자 활성화, 소비지출과 생산량 증가, 매출액 증가, 신규기업 탄생, 주식시장 상승 등의 현상이 나타난다.

경기활황기

경기활황기(expansion stage)는 경기회복의 상태가 보다 가속적으로 진행되는 시기이다. 이 상태가 지속되면 종국적으로 경기변동의 최고점에 도달한다. 이 국면에서는 재고 감소, 노동력과 물자공급의 부족, 과잉투자로 인한 경기과열 조짐이 나타나며, 임금과 물가가 빠른 속도로 상승되어 경제의 곳곳에서 병목현상(bottleneck)이 발생한다.

경기후퇴기

경기후퇴기(recession stage)에서는 소비성향 감퇴, 기업의 설비투자와 매출액 감소의 시작, 생산규모 감축, 노동력 과잉으로 인한 노동자 해고가 나타난다. 또 고용 감소로 인해 실업률이 증가하며, 재고가 증가되고 기업수익이 감소하며, 임금과 물가상승 속도는 둔화되는 시기이다. 주가는 본격적으로 하락하는 국면이다.

경기침체기

경기침체기(contraction stage)에는 경제활동의 미래를 비관적으로 판단하여 기업의 투자 위축, 생산 활동의 급격한 하락, 부실채권으로 금융기관의 어려움, 부도기업이나 도산기업 증가, 실업자 수 증가, 주식시장의 침체 등이 발생되어 경기저점을 형성하는 시기이다.

2) 경기변동과 주가

주가는 미래의 기업가치를 반영하므로 경기가 상승될 것으로 예상되면 주가는 미리 오르는 특성이 있다. 이러한 면에서 주가는 경기선행지표로 알려져 있다. 보통, 주가는 약 6개월 내지 1년 정도 경기에 선행하는 것으로 분석되고 있다. 따라서 주식시장에서 주변동은 경기변동의 전환점보다 미리 나타난다. [그림 5-4]에서 살펴보듯이 주가의 선행적 특성으로 인해 경기가 회복기에 들어서면 미래배당에 대한 기대감으로 미래배당의 현재가치인 주가는 매우 빠른 속도로 상승하기 시작하며 활황기의 정점에 이르기 전에 이미 최고치에 도달한다. 그리고 활황기가 진행되는 동안 주가는 하락하기 시작

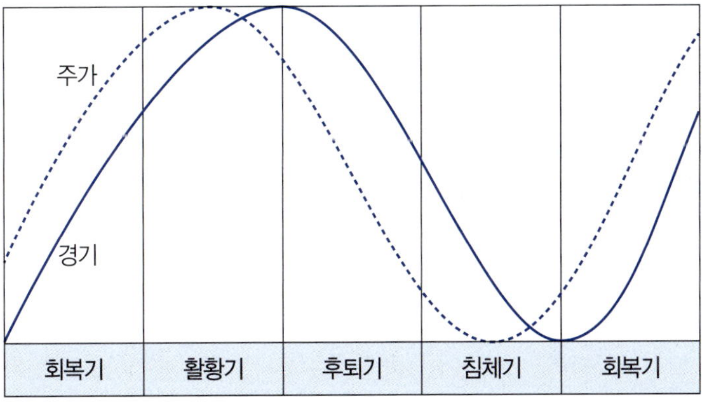

◀ 그림 5-4 경기변동과 주가지수변동

한다. 경기후퇴기에는 미래배당에 대한 기대가 낮아지므로 주가는 하락되며, 침체기에는 최저치에 도달한다.

한편, 일반적으로 경기변동은 증권의 종류에 따라 그 시장가격과 밀접한 관련을 가지고 있기 때문에 경기변동에 따라 투자자의 투자패턴은 달라진다. 예를 들어, 경기호황기에는 기업의 경영성과가 높아져 주가도 상승하지만, 고정수익을 보장하는 채권의 시장가격은 하락하는 경향이 있다. 그러므로 경기가 불황기에서 호황기로 접어들 때는 투자자는 채권보다는 주식을 선호하는 편이고, 경기 불황이 예상되는 경우에는 주식보다는 채권을 선호하는 것이 일반적이다.

참고박스

경기변동의 예측지표

경기종합지수(composite index: CI)

경기변동에 민감한 주요 경제지표들을 선정하여 이들의 움직임을 종합한 다음 이를 지수형태로 나타냄으로써 경기의 흐름을 파악하고자 하는 종합경기지표이다. 나타내고자 하는 실제 경기보다 먼저 발생하느냐, 동시에 발생하느냐, 아니면 이후에 발생하느냐에 따라 선행지수, 동행지수 및 후행지수로 구분한다.

- **선행지수**: 경기동향의 예측에 사용하며, 경기순환에 앞서서 나타나는 10개의 지표(재고순환지표, 소비자기대지수, 기계수주액, 자본재수입액, 건설수주액, 순상품교역조건, 구인구직비율, 종합주가지수, 금융기관유동성, 장단기금리차)로 구성된다.
- **동행지수**: 현재의 경기를 파악하는 지수로, 실제 경기와 같이 움직이는 8개의 지표(광공업생산지수, 제조업가동률지수, 건설기성액, 서비스업생산지수, 도소매업판매액지수, 내수출하지수, 수입액, 비농가취업자수)로 구성된다.
- **후행지수**: 현재의 경기를 확인하기 위해 작성되는 지표로, 경기순환이 지난 뒤에 나타나는 5개 지표(비농가실업률, 상용근로자수, 생산제품재고지수, 회사채유통수익률, 도시가계소비자지출)로 구성된다.

기업경기실사지수(business survey index: BSI)

경기에 대한 기업가의 판단과 전망, 설비투자계획을 비롯한 각종 경영계획을 조사하고 이를 수치화한 경기판단지표이다. 조사 항목에 대해 설문조사를 실시하여 지수를 작성하며, 업종별로도 작성이 된다. 이 지수는 한국은행, 한국산업은행, 전국경제인연합회에서 매분기별로 발표하고 있다.

$$BSI = \frac{\text{증가 표시 업체수} - \text{감소 표시 업체수}}{\text{전체 응답업체수}} \times 100 + 100$$

기업경기실사지수가 100 이상이면 경기확장 국면으로 보고, 100 미만이면 경기수축 국면으로 판단한다.

경기순환시계(business cycle clock)

생산, 소비, 투자 고용 등의 주요 경제지표들이 상승, 둔화, 하강 및 회복의 순환국면 상 어느 위치에 와 있는지를 사분면 좌표평면 상에서 시계처럼 시각적으로 보여 주는 도구로 2009년 12월 14일부터 국가통계포털 홈페이지(http://kosis.kr)를 통해 이 서비스를 제공하고 있다.

제 3 절 산업분석

1. 산업분석의 의의

경제적 요인은 모든 산업에 동일한 영향을 미치지 않기 때문에 경제전체 수준에서 경제적 요인과 경기변동이 분석되고 나면 이들이 특정 산업에 미치는 영향을 분석하여야 한다. 산업분석(industrial analysis)은 산업별 특성과 전망에 대한 분석으로 개별산업에 영향을 미치는 주요 요인들을 분석하는 것을 말한다. 산업분석은 다음과 같은 점에서 증권분석에서 필수적인 것이다.

첫째, 개별산업에 따라 경기변동에서 받는 효과는 다르다. 예를 들어, 전자제품, 자동차 등 내구재산업이나 철강업 등 자본재를 생산하는 산업의 경우는 경기변동에 민감하게 작용하지만, 음식료품과 같은 생활필수재를 생산하는 산업은 경기방어적 산업으로 경기변동에 비교적 둔감한 편이다.

둘째, 개별기업의 경영성과는 당해 산업의 경영성과와 밀접한 관련을 가지고 있다. 각 산업별로 산업라이프스타일이 다르기 때문에 산업별 추세분석을 하면 개별기업의 성과에 대한 장기추세를 예측할 수 있다. 해당 산업의 라이프스타일에서 특정 제품이 속해 있는 단계를 분석하여 해당 제품의 수요를 파악하여 기업의 장기적 경영성과를 추정할 수 있는 것이다.

셋째, 특정 산업에 속하는 모든 개별기업이 산업의 움직임과 동일하게 변하는 것은 아니다. 동일한 산업에 속한 기업들 간에 매출액, 경영성과, 자산구성과 재무구조 등이 서로 다르다. 그러므로 개별기업의 경영성과는 경기변동이나 산업의 성과에 대해 그 민감도가 다르다. 산업분석에서 산업변동이 개별기업의 변동에 미치는 역학관계를 파악하여 기업분석의 기본자료로 이용할 수 있다.

2. 산업분석의 주요 내용

각 산업은 그 특성에 따라 경기에 민감한 산업과 경기에 둔감한 산업이 있다. 또 동일한 산업에 속한 기업들 간에도 제품의 구성이 다르며, 자산이나 재무구조가 다르므로 경기변동이나 산업성과의 변동에 대한 민감도가 기업들마다 차이가 나게 된다. 산업분석에서는 이러한 거시적인 요소들을 고려하여 다음과 같은 구체적인 내용들을 분석하여야 한다.

산업의 연혁과 현재상황

미래를 예측하는 데는 과거와 현재의 상황이 기초가 된다. 해당 산업의 시작과 발전 및 현재 상태에서 수익성 및 매출액 성장률, 이익성장률, 노사관계, 그리고 경제 내에서의 중요성 등을 중심으로 그 추세를 분석하여 파악한다.

산업 내의 경쟁상황

특정 산업 내에서 기업 간의 경쟁상황에 따라 해당 산업의 수익성과 위험이 결정된다. 제품의 대체성 여부, 소속기업 간의 경쟁 정도, 진입장벽 정도, 기업 수의 변동 등을 중심으로 분석한다.

정부의 산업정책

정부는 경제정책상 재정적 지원, 법률의 개정, 관세 및 조세제도를 통하여 특정 산업을 육성하거나 자금조달을 지원할 수 있는 반면에, 경쟁의 제한 등을 통해 해당 산업의 수익성에 악영향을 줄 수 있다. 정부육성산업의 경우는 법률·세제·금융상의 지원이 있으므로 충분한 정보분석을 통하여 해당 산업이 정부에서 정책적으로 지원하는 산업인지 여부를 살펴본다.

해외의 산업동향

특정 산업의 주요국의 동향을 조사한다. 제품별로 기술력, 품질, 가격, 연구개발투자 정도, 수익력 등을 검토하여야 한다. 산업에서 생산하는 제품이 세계적 수준에서 어느 정도 경쟁력이 있는지를 분석한다.

제품의 수요구조

제품에 대한 수요의 장·단기적인 추세, 경기변동에 의한 영향의 정도 등을 분석한다. 또 분석대상 산업의 주력제품이 제품수명주기 상 연구개발단계, 도입단계, 성장단계, 성숙단계, 쇠퇴단계에서 어느 단계에 위치하느냐를 분석하여 그 산업의 현재상황과 성장 가능성을 판단하여야 한다.

생산구조와 판매구조

설비투자의 규모와 내용, 생산카르텔 존재의 유무, 생산기술, 가동률 등에 대한 산업계 전체의 현황을 분석한다. 특히, 기술혁신 동향의 파악은 매우 중요하다. 기술혁신으로 신제품 출시로 인한 대체산업의 출현으로 산업이 사양화될 가능성도 검토한다. 또 판매조직 및 유통구조, 가격카르텔 존재의 유무, 판매가격 추이 등을 검토한다.

자본구조와 경영성과

자산과 자본구조를 분석하고, 산업의 영업레버리지와 재무레버리지를 측정한다. 또한 성장성과 수익성 등 경영성과를 파악하고, 필요하다면 관련 산업과 비교하여 분석한다.

위에서 언급한 고려 요인들을 토대로, 산업분석에서는 예측된 거시적 경제상황이 특정 산업에 어떠한 영향을 미치는지, 그리고 산업의 성과와 개별기업 간 성과 사이에 어떠한 역학관계가 있는지를 도출하여 분석하게 된다.

제 4 절 기업분석

경제분석과 산업분석이 수행되고 난 후, 선택된 해당 산업에서 투자대상기업을 선정하기 위해서는 기업분석을 통하여 최종적으로 기업의 미래 성장성, 이익흐름 등을 분석한다. 기업분석에는 질적 분석과 양적 분석이 있다.

1. 질적 분석

1) 질적 분석의 의의와 내용

동일한 산업 내에 속한 기업이라도 기업 간에 경영자의 특성, 생산제품, 조직문화, 노사관계 등이 다르며, 이들이 미래 기업의 이익과 성장에 미치는 영향도 다르다. 따라서 개별기업들이 가지는 고유요인들에 대한 질적인 측면에서 분석이 필요하다.

질적 분석(quality analysis)이란 기업마다 갖는 질적인 특성, 즉 기업의 역사, 경영자 자질과 인품, 제품의 내용, 신상품 개발, 신규사업 진출 등을 분석하는 것을 말한다. 질적 분석은 계량화할 수 없기 때문에 분석자에 따라 주관적인 평가가 이루어질 수 있다는 한계가 있다. 그러나 질적 분석의 내용과 결과는 기업의 주가에 큰 영향을 주는 매우 중요한 요인이다.

질적 분석의 내용은 분석방향에 따라 매우 다양하다. 대체로 기업의 경쟁력이나 성장성을 위주로 평가하게 된다. 기업의 경쟁력은 기업의 역사, 기업문화, 시장점유율, 경영자 자질과 능력, 경영의 안정성, 노사관계 등을 통하여 분석한다. 또, 기업의 성장성에서는 신제품 개발능력, 연구개발능력 분석 등을 통한 지속적인 성장 가능성 여부를 파악하고, 기업이 생산하는 제품의 구성(product mix), 제품의 시장에서의 지위(product marketing standing), 제품수명주기(product life cycle) 등을 분석한다.

2) 사례기업의 개요

기업분석의 사례로 포스코(POSCO)를 대상으로 선정하였다.[1)] 포스코는 1968년에 설립된 철강업체로 국내 46개, 해외 183개를 포함하여 총 229개 종속회사가 있다. 1988년에 증권시장에 상장되었으며, 업종은 철강금속업이다. 철강산업은 자동차, 가전, 조선, 건설산업 등이 주요 수요산업이며, 철강재는 이들 수요산업의 원자재로 사용되고 있다. 포스코는 지속적인 설비효율화와 생산성 향상을 통해 열연, 냉연, 스테인레스 등 철강재를 단일 사업장 규모로 세계 최대 규모인 포항제철소와 광양제철소에서 생산하고 있다.

공정거래법상 포스코기업십난에 속해있는 회사는 39개시로 포스코, 포스코강판, 포스코대우, 포스코아이씨티, 포스코켐텍, 포스코엠텍 등이 있다. 1998년 조강생산 기준으로 세계 1위의 철강회사로 발돋움하였으며, 2000년에 민영화되었다. 베트남, 멕시코, 인도 등 주요 해외거점에 공장과 생산설비를 신설 또는 증설하고 있으며, 해외사무소를 운영하고 있다. 인도에서는 철강석 광산개발을 진행하고 있다. 또한 포브스지 세계 200대 기업에 선성 되었으며, 파이넥스(finex)공법 등 독자 기술개발을 성공하여 상용화하고 있다. 철강, 무역, 건설, 기타 4개 부문의 사업 영역을 영위 중이며, 매출 구성은

1) 포스코의 인터넷 홈페이지 http://www.posco.co.kr/ 및 한국거래소의 인터넷 홈페이지 http:// www.krx.co.kr/

철강 49.80%, 무역 34.49%, E&C 10.42%, 그리고 기타 5.30%로 구성된다. 세계 철강업계 최초 10년 연속 지속가능경영 우수기업으로 선정되었다. 포스코의 신용등급은 AA+이며, 포스코의 주요 주주는 국민연금공단(11.72%)이며, 외국인 지분율은 52.19%에 이른다.

2. 양적 분석

양적 분석(quantitative analysis)에서는 개별기업이 미래에 실현할 것으로 예상되는 이익과 배당의 흐름을 추정하여 기업의 가치를 평가한다. 이는 주식의 가치평가모형을 통해 이루어지는데, 이들 모형은 제10장 주식의 가치평가모형에서 살펴보았다. 여기서는 양적 분석에서 중요한 기법으로 이용되고 있는 재무분석을 통해 기업을 평가한다.

1) 재무분석의 개요

재무분석(financial analysis)은 기업의 재무제표를 이용하여 경영성과나 영업실적을 분석하는 방법이다. 재무분석은 재무제표의 각 계정을 이용하여 비율을 구하여 분석하기 때문에 이를 재무비율분석(financial ratio analysis)이라고도 한다. 기업회계기준에 의한 재무제표(financial statements)에는 재무상태표(statement of financial position, balance sheet: B/S), 포괄손익계산서(comprehensive income statement: I/S), 현금흐름표(statement of cash flow), 자본변동표(statement of changes in equity) 및 주석(footnote) 등이 있으나, 여기서는 재무분석에 주로 많이 사용되는 재무상태표와 손익계산서를 개괄적으로 설명한다.

(1) 재무상태표

재무상태표(statement of financial position)는 일정시점(결산기)의 기업 재무상태를 나타내는 표이다. 재무상태표의 내용은 크게 자산, 부채 및 자본 항목으로 구성되어 있다. 자산 항목은 재무상태표의 왼쪽(차변)에 기록되어 있으며, 부채와 자본 항목은 오른쪽(대변)에 기록되어 있다.

기업은 타인자본과 자기자본으로 자본을 조달하여 이를 자산에 투자하여 운용한다. 그러므로 재무상태표의 오른쪽 부분은 기업자금의 유입원천을, 왼쪽 부분은 기업자금의 운용상태를 나타낸다. 따라서 재무상태표 상에서 자산은 부채와 자본의 합한 금액과 일치하게 되는데, 이러한 관계를 등식으로 표현하면 다음과 같다.

총자산 = 부채(타인자본) + 자본(자기자본) = 총자본

자산

자산은 유동자산과 비유동자산으로 나누어진다.

유동자산

유동자산은 1년 이내 현금화가 가능한 자산으로 당좌자산과 재고자산으로 구분된다. 당좌자산은 현금 및 현금등가물, 단기금융상품, 단기투자증권, 매출채권, 미수금, 미수수익, 선급금, 선급비용 및 기타당좌자산 등이 있으며, 재고자산은 판매목적의 완제품, 제조과정에 있는 재공품이나 반제품, 원재료, 미착품 및 기타재고자산 등이 있다.

비유동자산

고정자산은 경영수단으로 사용할 목적으로 취득한 각종 자산을 말하는데 투자자산, 유형자산, 무형자산, 그리고 기타비유동자산이 있다.

투자자산은 기업의 여유자금 활용이나 타 기업 지배를 위해 자금을 투자한 자산 중에서 보유기간이 장기적이어서 정상적인 영업활동에 운용자금으로 즉시 이용할 수 없는 자산을 말한다. 장기성 유가증권, 투자유가증권, 출자금, 투자부동산 등이 이에 해당된다.

유형자산은 영업용 토지, 건물, 기계장치, 비품 등과 같이 물리적 실체를 갖춘 자산이며, 무형자산은 영업권, 특허권, 의장권, 상표권 등과 같이 물리적 실체는 없지만 상당한 경제적 가치를 가진 자산을 말한다.

부채

부채에는 유동부채와 비유동부채가 있다.

유동부채

유동부채는 단기차입금과 같이 1년 이내에 지급기일이 도래하는 부채이다. 유동부채가 과도하면 부도가 발생할 가능성이 있다.

비유동부채

비유동부채는 회사채나 장기차입금과 같이 지급기일이 1년 이후에 도래하는 장기부채를 말한다.

자본

자본은 크게 자본금, 자본잉여금, 자본조정, 기타포괄손익누계액 및 이익잉여금 등으로 구분된다.

자본금

기업의 주주가 출자한 금액을 말하는데, 보통주 자본금과 우선주 자본금이 있다. 전자는 보통주를 발행하여 조달한 자본금이고, 후자는 우선주를 발행하여 조달한 자본금이다.

자본잉여금

자본잉여금은 영업활동이 아닌 자본거래에서 발생한 이익이다. 증자를 할 때 신주의 발행가액이 액면가보다 높을 때 발생하는 주식발행초과금이나 부동산 등 자산의 취득가액을 현재 시가로 평가할 때 증가되는 금액인 자산의 재평가적립금, 감자차익, 자기주식처분이익 등이 대표적이다.

자본조정

자본조정이란 소유주지분에서 가감되어야 하거나, 또는 최종결과가 미확정상태여서 자본의 구성항목 중 어느 것에 가감해야 하는지 알 수 없어서 회계상 자본총계에 가감하는 형식으로 기재하는 항목을 말한다. 자본조정 항목은 부채가 아니므로 부채로 계상할 수 없다는 점과 자본구성항목 중 어디에 속하는 것인지를 알 수 없다는 점을 특징으로 하고 있다.

기타포괄손익누계액

기타포괄손익이란 기업실체가 일정기간 동안 소유주와의 자본거래를 제외한 모든 거래나 사건에서 인식한 자본의 변동액으로서 당기순이익에 기타포괄손익을 가감하여 산출한 포괄손익의 내용을 주석으로 기재한다. 여기서 기타포괄손익의 항목은 법인세비용을 차감한 순액으로 표시한다.

이익잉여금

이익잉여금은 회사의 정상적인 영업활동으로 인해 발생한 이익을 말한다. 이익잉여금은 주주총회의 결의에 따라 회사 내에 유보되는 유보금과 주주에게 배분되는 배당금으로 구분된다.

포스코의 2017년도와 2018년도 결산기 재무상태표를 요약해서 나타내면 〈표 5-1〉과 같다.

▼표 5-1
재무상태표

IFRS(별도) (단위 : 억원)

	2017년	2018년		2017년	2018년
Ⅰ. 유동자산	148,404	167,964	**Ⅰ. 유동부채**	35,701	38,960
(1) 당좌자산	102,969	115,084	매입채무 및 기타유동부채	19,071	21,939
현금 및 현금성자산	3,324	2,590	단기차입금	3,840	4,766
유동금융자산	58,214	70,281	기타유동부채 (유동성장기부채 포함)	8,805	3,801
매출채권 및 기타유동채권	40,779	41,719	**Ⅱ. 비유동부채**	41,807	49,579
기타유동자산	279	235	장기매입채무 및 기타비유동채무	130	127
	–	–	장기금융부채	26,655	34,441
(2) 재고자산	45,435	52,880	사채	26,640	34,430
			장기차입금	15	11
			기타비유동부채	–	–
Ⅱ. 비유동자산	388,518	373,296	**부채(타인자본)총계**	77,508	88,539
장기금융자산	14,162	12,031	**Ⅲ. 자본(자기자본)총계**	459,414	452,721
관계기업투자	150,989	151,213	자본금	4,824	4,824
유형자산	215,613	201,543	자본잉여금	12,477	12,479
무형자산	5,281	6,452	이익잉여금	446,054	451,755
기타유형자산	–	–	기타	–	–
총자산	536,923	541,260	**총자본**	536,923	541,260

주) 본 자료는 한국거래소의 인터넷 페이지(http://www.krx.co.kr)의 상장공시시스템(KIND)에서 입수함.

(2) 손익계산서

손익계산서(income statement, I/S)는 일정 영업기간 동안의 수익과 비용의 발생원천을 나타낸 표이다. 이를 통해 기업의 경영활동 성과를 측정하여 수익력과 미래 순이익흐름을 파악하는 것이 가능하다.

2017년도와 2018년도 결산기의 포스코의 손익계산서를 요약해서 나타내면 〈표 5-2〉와 같다.

매출총이익

기업이 제품을 판매한 대가로 발생한 수익(매출액)에서 제품을 생산하는 데 드는 비용(매출원가)을 차감한 금액이다. 매출총이익은 판매와 생산활동의 성과, 즉 생산효율성을 측정하는 기본이 된다. 2017년도와 2018년도 포스코의 매출총이익은 각각 47,210억원과 49,311억원이다.

표 5-2 ▼
손익계산서

IFRS(별도) (단위 : 억원)

	2017년 1월 1일 ~2017년 12월 31일	2018년 1월 1일 ~2018년 12월 31일
매출액	285,538	306,594
– 매출원가	–) 238,328	–)257,283
매출총이익	47,210	49,311
– 판매비와 관리비	–) 18,186	–)11,218
인건비	2,964	3,216
유무형감가상각비	757	483
연구개발비	1,038	748
광고선전비	1,042	889
판매비	9,110	2,226
관리비	3,128	3,450
(조정)영업이익	29,024	38,094
± 비영업손익(영업외손익)	+) 4,524	–)15,745
세전계속사업이익(법인세공제전이익)	33,548	22,349
– 법인세비용	–) 8,091	–)11,623
당기순이익	25,457	10,726

주) 본 자료는 한국거래소의 인터넷 페이지(http://www.krx.co.kr)의 상장공시시스템(KIND)에서 입수함.

영업이익

매출총이익에서 판매비와 관리비를 차감한 금액으로 기업의 영업활동을 통한 경영성과를 측정할 수 있다. 관리비와 판매비는 판매와 전반적인 관리활동에 필요한 비용으로 급여, 교통비, 통신비, 세금, 소모품비, 감가상각비, 임차료, 포장비, 수선비 등이 있다. 영업이익은 주된 영업활동으로 인한 이익으로서 정상적인 영업효율성 측정의 근거가 된다. 포스코의 영업이익은 각각 29,024억원과 38,094억원이다.

당기순이익

영업이익에서 금융손익(금융수익(+)과 금융비용(−))과 기타영업외손익(기타영업외수익(+)과 기타영업외비용(−))을 가감하면 법인세 차감 전 순이익이 산출된다. 법인세 차감 전 순이익에서 법인세를 공제한 이익이 당기순이익이다. 당기순이익은 기업의 최종적이고 총괄적인 수익력의 지표가 된다. 2017년도와 2018년 포스코의 당기순이익은 각각 25,457억원과 10,726억원이다.

참고 박스

재무정보의 검색

대부분의 기업들은 자사 홈페이지를 통하여 재무정보를 제공하고 있다. 보다 구체적인 재무정보는 한국거래소의 인터넷 홈페이지(http://www.krx.co.kr)의 상장공시시스템(KIND)에서 검색할 수 있다. 금융감독원(http://www.fss.or.kr)의 전자공시시스템(DART)에서는 직전 사업연도 말의 자산총액이 100억원 이상인 주식회사 및 주권상장법인과 직전 사업연도 말의 자산총액이 70억원 이상인 경우로서 직전 사업연도 말의 부채총액이 70억원 이상인 주식회사, 종업원수가 300명 이상인 주식회사와 비상장회사의 재무제표를 검색하는 것이 가능하다. 또 각 증권회사 홈페이지에서도 상장기업들의 재무자료를 찾을 수 있다.

2) 재무분석의 방법

(1) 재무비율

재무분석(financial analysis)이란 재무제표들을 구성하고 있는 여러 가지 항목들 간의 관계를 이용한 재무비율을 산출하여 기업의 재무상태와 경영상태를 파악하기 위한 방법이다. 재무비율은 분석자의 목적에 따라 여러 가지로 구분될 수 있으나, 여기서는 수익성비율, 안정성비율, 활동성비율, 성장성비율 및 시장성비율의 다섯 가지로 나누어 살펴본다.

- **수익성비율**(profitability ratio): 기업의 경영성과와 이익창출능력을 파악한다.
- **안정성비율**(stability ratio): 부채상환능력과 경기변동에 따른 기업의 대처능력을 파악한다.
- **활동성비율**(activity ratio): 기업이 자산을 효율적으로 운영하고 있는지를 파악한다.
- **성장성비율**(growth ratio): 일정기간 동안 기업의 경영 규모 및 경영성과가 얼마나 증가되었는지를 파악한다.
- **시장성비율**(market value ratio): 기업의 경영성과 및 재무상태가 주식시장에서 어떻게 평가되고 있는지를 파악한다.

(2) 표준비율

표준비율(standard ratio)은 개별기업의 재무비율에 대한 비교기준이 되는 비율로서 다음과 같은 종류가 있다.

① 해당 기업이 속한 산업의 평균재무비율: 산업평균비율은 한국은행의 '기업경영분석'에서 구할 수 있다.

② 경쟁기업의 재무비율

③ 해당 기업의 과거비율

④ 이론적으로 설정된 이상적 비율: 유동비율은 200% 이상, 당좌비율은 100% 이상, 부채비율은 100% 이하이면 이상적이라고 판단한다.

〈표 5-3〉은 한국은행에서 발표하는 '기업경영분석'에 제시된 2018년도 제1차 철강산업의 산업평균비율을 예시한 것이다.

▼표 5-3
표준비율의 예
(제1차 철강산업 표준비율)

1. 재무상태표 Balance Sheet

Code No.	내역 Contents	금액(백만원) In million won	구성비 Ratio(%)
111	유동자산	46,459,767	33.62
1111	당좌자산	28,850,264	20.88
11111	현금및현금성자산	3,219,596	2.33
11112	단기투자자산	9,432,880	6.83
11113	매출채권	14,817,337	10.72
11114	기타당좌자산	1,380,452	1.00
1112	재고자산	17,609,503	12.74
11121	상(제)품 및 반제품	9,186,329	6.65
11122	원재료	6,218,924	4.50
11123	기타재고자산	2,204,250	1.60
112	비유동자산	91,724,140	66.38
1121	투자자산	26,897,601	19.47
11211	(장기투자증권)	24,051,510	17.41
1122	유형자산	61,524,709	44.52
11221	토지	14,414,878	10.43
11222	설비자산	44,853,151	32.46
112221	(건물 · 구축물)	13,942,068	10.09
112222	(기계장치)	29,626,506	21.44
112223	(선박 · 차량운반구)	175,254	0.13
112224	(기타설비자산)	1,109,324	0.80
11223	건설중인자산	2,256,679	1.63
1123	무형자산	2,373,401	1.72
11231	(개발비)	213,453	0.15
1124	기타비유동자산	928,428	0.67
11	자산총계	138,183,906	100.00
121	유동부채	28,143,731	20.37
12101	매입채무	8,354,592	6.05
12102	단기차입금	8,873,474	6.42
12103	유동성장기부채	4,374,860	3.17
12104	기타유동부채	6,540,805	4.73
122	비유동부채	21,592,943	15.63
12201	회사채	8,451,215	6.12
12202	장기차입금	8,646,354	6.26
12203	기타비유동부채	4,495,374	3.25
123	자본	88,447,233	64.01
12301	자본금	5,162,512	3.74
12302	자본잉여금	12,444,620	9.01
12303	자본조정	-2,087,215	-1.51
12304	기타포괄손익누계액	1,964,204	1.42
12305	이익잉여금	70,963,112	51.35
12	부채및자본합계	138,183,906	100.00

2. 손익계산서 Income Statement

Code No.	내역 Contents	금액(백만원) In million won	구성비 Ratio(%)
21	매출액	103,774,073	100.00
22	매출원가	92,673,790	89.30
23	매출총손익	11,100,283	10.70
241	판매비와관리비	5,241,337	5.05
24101	급여	1,406,634	1.36
24102	퇴직급여	155,906	0.15
24103	복리후생비	220,266	0.21
24104	세금과공과	76,029	0.07
24105	임차료	146,060	0.14
24106	감가상각비	109,537	0.11
24107	접대비	79,658	0.08
24108	광고선전비	134,842	0.13
24109	경상개발비 · 연구비	145,155	0.14
24110	보험료	43,288	0.04
24111	대손상각비	111,747	0.11
24112	무형자산상각비	47,557	0.05
24113	기타판매비와관리비	2,564,657	2.47
24	영업손익	5,858,946	5.65
251	영업외수익	2,464,301	2.37
25101	이자수익	259,178	0.25
25102	배당금수익	286,909	0.28
25103	외환차익	436,415	0.42
25104	외화환산이익	66,257	0.06
25105	투자 · 유형자산처분이익	448,841	0.43
25106	지분법평가이익	48,057	0.05
25107	기타영업외수익	918,644	0.89
252	영업외비용	5,166,449	4.98
25201	이자비용	1,155,243	1.11
25202	외환차손	519,161	0.50
25203	외화환산손실	160,772	0.15
25204	투자 · 유형자산처분손실	1,965,992	1.89
25205	지분법평가손실	98,037	0.09
25206	기타영업외비용	1,267,243	1.22
25	법인세비용차감전순손익	3,156,798	3.04
261	법인세비용	1,511,879	1.46
26	당기순손익	1,644,919	1.59

3. 제조원가명세서 Statement of Cost of Goods Manufactured

Code No.	내역 Contents	금액(백만원) In million won	구성비 Ratio(%)
31	당기총제조비용	89,205,033	100.00
311	재료비	65,262,430	73.16
312	노무비	4,754,696	5.33
313	경비	19,187,906	21.51
31301	복리후생비	810,343	0.91
31302	전력비	3,368,026	3.78
31303	가스수도비	1,645,860	1.85
31304	감가상각비	4,825,232	5.41
31305	세금과공과	190,397	0.21
31306	임차료	137,891	0.15
31307	보험료	78,775	0.09
31308	수선비	1,575,871	1.77
31309	외주가공비	3,143,607	3.52
31310	운반 · 하역 · 보관 · 포장비	842,426	0.94
31311	경상개발비	447,089	0.50
31312	기타경비	2,122,389	2.38
32	기초재공품원가	3,214,982	3.60
33	기말재공품원가	3,591,074	4.03
34	유형자산(타계정)대체액	2,662,585	2.98
35	당기제품제조원가	86,166,355	96.59

주 : 용어의 영문표기는 582~590쪽 참조

4. 이익잉여금처분계산서 Statement of Appropriation of Retained Earnings

단위 : % Unit : %

Code No.	내역 Contents	2016	2017	2018
401	처분전이익잉여금	95.53	90.25	06.20
4011	전기이월이익잉여금	67.02	67.53	27.05
4012	당기순이익	28.56	30.17	17.45
4013	회계변경의누적효과	0.27	-0.08	2.41
4014	전기오류수정손익	0.00	0.06	-1.35
4015	기타처분전이익잉여금	-0.32	0.56	50.73
402	임의적립금 등의 이입액	4.47	1.75	3.71
403	이익잉여금처분액	26.53	21.92	23.80
4031	이익준비금	0.21	0.18	0.18
4032	기타법정적립금	0.13	0.48	0.03
4033	배당금	7.36	7.10	8.43
4034	임의적립금	18.78	14.12	10.48
4035	기타이익잉여금처분액	0.04	0.04	4.68
404	차기이월이익잉여금	73.47	78.08	76.20

5. 성장성에 관한 지표 Indicators concerning Growth

단위 : % Unit : %

Code No.	내역 Contents	2016	2017	2018
501	총자산증가율	0.68	2.64	0.38
502	유형자산증가율	-0.83	-2.01	-3.59
503	유동자산증가율	2.21	13.41	7.55
504	재고자산증가율	2.28	14.96	11.49
505	자기자본증가율	4.09	3.89	-0.23
506	매출액증가율	-3.73	16.28	4.32

6. 손익의 관계비율 Relationship Ratios of Income and Expenses

단위 : % Unit : %

Code No.	내역 Contents	2016	2017	2018
601	총자산세전순이익률	3.33	3.98	2.29
602	총자산순이익률	2.60	2.93	1.19
603	기업세전순이익률	4.23	4.83	3.13
604	기업순이익률	3.50	3.78	2.03
605	자기자본세전순이익률	5.34	6.24	3.57
606	자기자본순이익률	4.17	4.60	1.86
607	자본금세전순이익률	89.66	106.22	61.30
608	자본금순이익률	70.01	78.30	31.94
609	매출액세전순이익률	5.20	5.43	3.04
610	매출액순이익률	4.06	4.00	1.59
611	매출액영업이익률	6.64	5.96	5.65
612	매출원가 대 매출액	86.39	87.76	89.30
613	변동비 대 매출액	65.52	69.48	70.86
614	고정비 대 매출액	32.08	28.41	28.47
615	연구개발비 대 매출액	0.58	0.56	0.57
616	인건비 대 매출액	8.03	6.96	7.08
617	인건비 대 영업총비용	8.95	7.60	7.78
618	재료비 대 매출액	56.81	62.32	62.89
619	재료비 대 영업총비용	63.32	68.03	69.10
620	순외환손익 대 매출액	-0.17	0.35	-0.17
621	EBIT 대 매출액	6.60	6.59	4.16
622	EBITDA 대 매출액	12.16	11.52	8.96
623	감가상각률	8.87	9.22	9.39
624	금융비용 대 부채	2.38	2.34	2.34
625	차입금평균이자율	3.49	3.63	3.79
626	금융비용 대 총비용	1.43	1.18	1.12
627	금융비용 대 매출액	1.40	1.16	1.11
628	순금융비용 대 매출액	1.19	0.97	0.86
629	이자보상비율	474.59	516.06	507.16
630	순이자보상비율	557.03	612.26	653.85
631	손익분기점률	84.92	82.21	89.56
632	사내유보율	92.64	92.90	91.57
633	배당률	19.74	20.99	22.12
634	배당성향	25.79	23.52	48.30

제철·제강 및 합금철, 철강 압연·압출 및 연신제품, 철강관, 기타 1차 철강 제조업

7. 자산·자본의 관계비율 Relationship Ratios of Assets, Liabilities and Stockholders' Equity

단위 : % Unit : %

Code No.	내역 Contents	2016	2017	2018
701	자기자본비율	63.41	64.18	64.01
702	유동비율	142.38	147.81	165.08
703	당좌비율	90.92	93.80	102.51
704	현금비율	12.18	11.79	11.44
705	비유동비율	112.55	106.56	103.70
706	비유동장기적합률	89.33	87.00	83.36
707	부채비율	57.71	55.81	56.23
708	유동부채비율	31.72	33.32	31.82
709	비유동부채비율	25.99	22.49	24.41
710	차입금의존도	24.17	22.51	21.96
711	차입금 대 매출액	40.12	31.82	29.41
712	매출채권 대 매입채무	182.74	187.11	177.36
713	순운전자본 대 총자본	8.52	10.22	13.25

8. 자산·자본의 회전율 Turnover Ratios of Assets, Liabilities and Stockholders' Equity

단위 : 회 Unit : times

Code No.	내역 Contents	2016	2017	2018
801	총자산회전율	0.64	0.73	0.75
802	자기자본회전율	1.03	1.15	1.17
803	자본금회전율	17.25	19.56	20.15
804	경영자산회전율	0.84	0.95	0.96
805	비유동자산회전율	0.90	1.05	1.11
806	유형자산회전율	1.31	1.55	1.66
807	재고자산회전율	6.24	6.70	6.21
808	상(제)품회전율	15.08	14.63	12.10
809	매출채권회전율	6.44	6.98	7.04
810	매입채무회전율	12.23	12.97	12.79

9. 생산성에 관한 지표 Indicators concerning Productivity

단위 : % Unit : %

Code No.	내역 Contents	2016	2017	2018
901	총자본투자효율	13.31	13.39	13.46
902	설비투자효율	29.51	30.24	30.94
903	기계투자효율	57.30	59.43	61.10
904	부가가치율	22.32	19.32	19.11
905	노동소득분배율	53.87	53.19	55.17

10. 부가가치의 구성 Composition of Gross Value Added

단위 : % Unit : %

Code No.	내역 Contents	2016	2017	2018
1001	영업잉여	26.41	27.21	25.94
1002	인건비	38.70	38.10	39.57
1003	금융비용	6.74	6.32	6.22
1004	조세공과	1.38	1.38	1.43
1005	감가상각비	26.77	26.99	26.83

Note : Given in English terms on p. 582~590

주) 산업평균은 한국은행에서 '2018년 기업경영분석'(2019년 11월 발간)에 제시된 제1차 철강산업의 평균비율을 발췌한 것이다.

(3) 분석절차

재무분석은 먼저, 해당 기업의 재무비율을 측정한 다음, 이를 표준비율과 비교하여 그 기업의 재무상태와 경영성과를 판단하는 과정을 거치게 된다. [그림 5-5]는 재무분석의 절차를 보여주고 있다.

◀ 그림 5-5
재무분석의 절차

3) 재무분석의 실제

(1) 수익성비율

수익성비율(profitability ratio)은 기업의 수익성을 측정하기 위한 지표로서 기업의 경영성과와 이익창출능력을 파악할 수 있다.

총자산순이익률

총자산순이익률(return on asset: ROA)은 총자산을 얼마나 효율적으로 이용하여 영업성과를 올렸는가를 측정하는 것이다. 한편, 총자산순이익률(ROA)을 투자수익률(return on investment: ROI)이라고도 한다.

$$\begin{aligned}
\text{2017년도 총자산순이익률(ROA)} &= \frac{\text{당기순이익}}{\text{평균총자산}} \times 100 \\
&= \frac{\text{당기순이익}}{(\text{기초총자산} + \text{기말총자산})/2} \times 100 \\
&= \frac{\text{25,457억 원}}{\text{528,740억 원}} \times 100 \\
&= 4.80(\%)
\end{aligned}$$

(산업평균 = 2.93%)[2)]

2) 포스코가 속한 C241 제1차 금속 – C24 제1차 철강산업의 지표이다. (http://www.bok.or.kr 2018년 기업경영분석 참조), 이하 본서에서 포스코의 산업평균은 이상과 동일한 방식으로 도출하였다.

$$2018\text{년도 총자산순이익률(ROA)} = \frac{\text{당기순이익}}{\text{평균총자산}} \times 100$$

$$= \frac{\text{당기순이익}}{(\text{기초총자산} + \text{기말총자산})/2} \times 100$$

$$= \frac{10{,}726\text{억 원}}{539{,}091\text{억 원}} \times 100$$

$$= 2.00(\%)$$

(산업평균 = 1.19%)

자기자본순이익률

자기자본순이익률(return on equity: ROE)에서는 타인자본을 제외한 순수한 자기자본의 효율적 운영 측면을 알아보고자 하는 것이다. 기업 소유주가 공급한 자본의 수익성(자기자본 1단위당 수익성과)을 나타낸다.

$$2017\text{년도 자기자본순이익률(ROE)} = \frac{\text{당기순이익}}{\text{평균자기자본}} \times 100$$

$$= \frac{\text{당기순이익}}{(\text{기초자기자본} + \text{기말자기자본})/2} \times 100$$

$$= \frac{25{,}457\text{억 원}}{451{,}315\text{억 원}} \times 100$$

$$= 5.60(\%)$$

(산업평균 = 4.60%)

$$2018\text{년도 자기자본순이익률(ROE)} = \frac{\text{당기순이익}}{\text{평균자기자본}} \times 100$$

$$= \frac{\text{당기순이익}}{(\text{기초자기자본} + \text{기말자기자본})/2} \times 100$$

$$= \frac{10{,}726\text{억 원}}{456{,}068\text{억 원}} \times 100$$

$$= 2.40(\%)$$

(산업평균 = 1.86%)

투하자본영업이익률

투하자본영업이익률(return on invested capital: ROIC)은 투하자본(invested capital)에 대한 세후순영업이익(net operating profit less adjusted taxes: NOPLAT)의 비중을 살피고자 하는 지표이다. 여기서 투하자본은 기업이 영업을 위해서 투하한 자본으로 순운전자본, 순유형자산 및 기타 사업용자산 등이 포함된다. 세후순영업이익은 영업활동(생산, 판매, 관리)에서 벌어들인 영업이익(EBIT)을 납세후 기준으로 측정한 금액으로 가치창출의 원천을 영업활동에 한정한 것으로 자본구조의 영향을 받지 않는 경영성과이다. 세후순영업이익은 수정순영업이익에서 조정법인세를 차감한 값이며, 수정순영업이익은 영업이익 + 퇴직급여조정 + 대손충당금조정 + 기타영업관련수익 − 기타영업관련비용으로 산출된다. 그리고 조정법인세는 수정순영업이익 × 실효법인세율(= 계속사업손익법인세비용 / 법인세차감적계속사업이익)으로 산출된다.

$$\text{2017년도 투하자본 영업이익률(ROIC)} = \frac{\text{세후순영업이익}}{\text{투하자본}} \times 100 = \frac{\text{22,025억 원}}{\text{281,818억 원}} \times 100 = 8.10(\%)$$

$$\text{2018년도 투하자본 영업이익률(ROIC)} = \frac{\text{세후순영업이익}}{\text{투하자본}} \times 100 = \frac{\text{18,282억 원}}{\text{266,474억 원}} \times 100 = 6.90(\%)$$

EBITDA / 이자비용

EBITDA(earnings before interest, tax, depreciation, amortization)는 이자비용과 세금 및 감가상각비를 공제하기 전의 이익이다. 보통 *EBITDA*는 법인세 공제 전 영업이익과 유형자산의 감가상각비를 합하여 계산한다.

손익계산서에서 살펴보았듯이 순이익은 기업의 회계처리 방식(감가상각법 등)과 영업 외적인 요인에 의해 크게 영향을 받을 수 있다. 따라서 최근에는 이러한 요인에 영향을 받지 않는 *EBITDA*를 기업의 새로운 성과지표로 많이 사용하고 있는 추세이다. 특히 국제 간의 수익력 비교나, 업종 간의 수익력 비교 시에는 필수적으로 활용되고 있다. 또 이 비율은 이자비용을 갚을 수 있는 수익력 지표로서 유용하다. 포스코의 2017년도 *EBITDA*는 50,867억원이며, 이자비용은 369억원이다. 또 2018년도 *EBITDA*는 59,903억원이며, 이자비용은 304억원이다.

$$2017\text{년도}\ \frac{EBITDA}{\text{이자비용}} = \frac{50{,}867\text{억 원}}{369\text{억 원}} = 137.85(\text{배})$$

$$2018\text{년도}\ \frac{EBITDA}{\text{이자비용}} = \frac{59{,}903\text{억 원}}{304\text{억 원}} = 197.04(\text{배})$$

포스코의 2017년도의 *EBITDA*/이자비용의 계산값은 137.85배이며, 2018년은 197.04배로 수익성뿐만 아니라 이자비용을 모두 갚을 수 있는 능력이 매우 우수한 편이다.

EBITDA/마진율

이는 *EBITDA*를 매출액으로 나눈 비율이다. 기업의 영업수익에 대한 경영성과를 측정하는 지표로서 높을수록 기업의 성과가 높게 평가된다.

$$\begin{aligned} 2017\text{년도}\ EBITDA\ \text{마진율} &= \frac{EBITDA}{\text{매출액}} \times 100 \\ &= \frac{50{,}867\text{억 원}}{285{,}538\text{억 원}} \times 100 = 17.8(\%) \end{aligned}$$

(산업평균 = 11.52%)

$$\begin{aligned} 2018\text{년도}\ EBITDA\ \text{마진율} &= \frac{EBITDA}{\text{매출액}} \times 100 \\ &= \frac{59{,}903\text{억 원}}{306{,}594\text{억 원}} \times 100 = 19.5(\%) \end{aligned}$$

(산업평균 = 8.96%)

매출액순이익률 및 매출액영업이익률

매출액순이익률은 당기순이익을 매출액으로 나눈 비율로서 결산기 기업의 최종적이고 전반적인 경영활동이 얼마나 합리적으로 이루어졌나를 평가해 볼 수 있다. 그리고 매출액영업이익률은 기업의 순수한 영업활동의 효율성을 측정하는 것이다. 포스코의 경우는 모두 산업평균 이상으로 매우 양호한 상태라 볼 수 있다.

$$2017\text{년도 매출액순이익률} = \frac{\text{당기순이익}}{\text{매출액}} \times 100$$

$$= \frac{25{,}457\text{억 원}}{285{,}538\text{억 원}} \times 100 = 8.92(\%)$$

(산업평균 = 4.00%)

$$2018\text{년도 매출액순이익률} = \frac{\text{당기순이익}}{\text{매출액}} \times 100$$

$$= \frac{10{,}726\text{억 원}}{306{,}594\text{억 원}} \times 100 = 3.49(\%)$$

(산업평균 = 1.59%)

$$2017\text{년도 매출액영업이익률} = \frac{\text{영업이익}}{\text{매출액}} \times 100$$

$$= \frac{29{,}024\text{억 원}}{285{,}578\text{억 원}} \times 100 = 10.2(\%)$$

(산업평균 = 5.96%)

$$2018\text{년도 매출액영업이익률} = \frac{\text{영업이익}}{\text{매출액}} \times 100$$

$$= \frac{38{,}094\text{억 원}}{306{,}594\text{억 원}} \times 100 = 12.4(\%)$$

(산업평균 = 5.65%)

(2) 안정성비율

안정성비율(stability ratio)은 기업이 경기변동에 어느 정도 대처할 수 있는지, 부채를 상환할 능력이 있는지 등의 안정성을 파악하기 위한 지표이다. 기업의 수익성은 안정성이 전제되어야 한다.

유동비율

유동비율(current ratio)은 기업이 1년 이내의 단기부채를 상환할 수 있는 능력을 측정하는 비율이다. 유동비율이 높을수록 단기채권자의 안전도는 높다고 볼 수 있으며, 보통 200% 정도를 이상적인 표준비율로 보고 있다.

$$2017\text{년도 유동비율} = \frac{\text{유동자산}}{\text{유동부채}} \times 100$$

$$= \frac{148{,}404\text{억 원}}{35{,}701\text{억 원}} \times 100 = 415.7(\%)$$

(산업평균 = 147.81%)

$$2018\text{년도 유동비율} = \frac{\text{유동자산}}{\text{유동부채}} \times 100$$

$$= \frac{167{,}967\text{억 원}}{38{,}960\text{억 원}} \times 100 = 431.1(\%)$$

(산업평균 = 165.08%)

당좌비율

당좌비율(quick ratio)은 유동자산 중에서 현금화가 비교적 높은 당좌자산을 유동부채로 나누어 계산한다. 보통 100% 이상을 이상적인 비율로 평가한다.

$$2017\text{년도 당좌비율} = \frac{\text{당좌자산}}{\text{유동부채}} \times 100$$

$$= \frac{\text{유동자산} - \text{재고자산}}{\text{유동부채}} \times 100$$

$$= \frac{148{,}404\text{억 원} - 45{,}435\text{억 원}}{35{,}701\text{억 원}} = 288.4(\%)$$

(산업평균 = 79.69%)

$$2018\text{년도 당좌비율} = \frac{\text{당좌자산}}{\text{유동부채}} \times 100$$

$$= \frac{\text{유동자산} - \text{재고자산}}{\text{유동부채}} \times 100$$

$$= \frac{167{,}964\text{억 원} - 52{,}880\text{억 원}}{38{,}960\text{억 원}} = 295.4(\%)$$

(산업평균 = 102.51%)

부채비율

부채비율(debt ratio)은 기업의 장기적인 안정도를 알아보기 위한 지표로서 타인자본을 자기자본으로 나누어서 계산한다. 부채비율을 통해서 기업 자본구성의 건전성 정도를 살펴볼 수 있으며, 부채비율이 낮을수록 기업의 재무건전도는 높다고 판단할 수 있다.

$$2017\text{년도 부채비율} = \frac{\text{타인자본}}{\text{자기자본}} \times 100$$

$$= \frac{77{,}508\text{억 원}}{459{,}415\text{억 원}} \times 100 = 16.9(\%)$$

(산업평균 = 55.81%)

$$2018\text{년도 부채비율} = \frac{\text{타인자본}}{\text{자기자본}} \times 100$$

$$= \frac{88{,}539\text{억 원}}{452{,}721\text{억 원}} \times 100 = 19.6(\%)$$

(산업평균 =56.23%)

일반적으로 타인자본과 자기자본이 동등하여 부채비율이 100%일 때가 가장 이상적이라 보고 있다. 그러나 경기가 좋을 때는 타인자본을 늘릴수록 기업의 수익성은 레버리지 효과(leverage effect)로 인해 급격하게 높아지기 때문에 기업은 자기자본보다는 타인자본을 더 많이 조달하는 경향이 있어서 대부분 기업의 부채비율이 높은 경우가 많다. 반면에, 불황일 때는 부채비율이 높으면 기업의 수익이 급속하게 낮아지는 효과가 있기 때문에 유의하여야 한다.

■ 경기가 좋을 때: 지렛대 효과로 인해 부채비율이 높은 기업에 유리
→ 수익성 추구
■ 경기가 나쁠 때: 지렛대 효과로 인해 부채비율이 낮은 기업에 유리
→ 안정성 추구

기업의 부채는 경기가 좋을 때는 이익을 확대시키고 경기가 나쁠 때는 손실을 확대시키는 역할을 한다. 부채로 인한 기업의 손익확대효과를 레버리지효과 또는 지렛대효과라 한다. 레버지리효과는 레버리지도(degree of leverage: DOL)로 측정한다.

부채를 사용하는 기업에 투자하는 주주들은 자기자본만을 사용하는 기업에 투자하는 경우에 비해 더 큰 위험을 부담한다. 이는 재무레버리지효과(financial leverage effect)에서 기인되는 것이다. 즉, 재무레버리지효과로 인해 경제상황이 변동할 때 부채를 사용하는 기업의 자기자본이익률이 더욱 큰 폭으로 변동한다. 이러한 변동 폭은 부채비율이 높아질수록 커진다. 따라서 호황일 때는 부채의 사용으로 기업의 이익을 급격하게 늘릴 수 있지만, 반대로 불황이 오면 기업의 이익을 급격하게 줄이기 때문에 이 경우에는 부채 사용을 적정수준으로 줄여야 할 것이다.

포스코의 경우, 유동비율과 당좌비율이 산업평균보다 높아 유동성이 매우 풍부하여 단기적 안정성이 높으며, 부채비율은 산업평균보다 낮아서 장기적 안정성도 매우 높다고 할 수 있다.

금융비용부담률

금융비용이 매출액에서 차지하는 비중을 나타낸다. 금융비용에는 지급이자, 사채이자 등이 포함된다. 금융비용은 기업의 대표적인 고정비용이므로 이 비율이 낮은 기업일수록 불황에도 경영안정을 유지할 수 있다. 포스코의 2017년도 이자비용은 1,166억원이며, 2018년도는 1,432억원이다. 포스코의 금융비용부담률은 산업평균보다 낮게 나타나 이자상환능력이 양호하다는 것을 알 수 있다.

$$2017\text{년도 금융비용부담률} = \frac{\text{이자비용}}{\text{매출액}} \times 100$$

$$= \frac{1{,}166\text{억 원}}{285{,}538\text{억 원}} \times 100 = 0.41(\%)$$

(산업평균 = 1.54%)

$$2018\text{년도 금융비용부담률} = \frac{\text{이자비용}}{\text{매출액}} \times 100$$

$$= \frac{1{,}432\text{억 원}}{306{,}594\text{억 원}} \times 100 = 0.46(\%)$$

(산업평균 = 1.11%)

한편, 실무계에서는 기업의 차입금을 매출액으로 나눈 비율(총차입금매출액)로 부채지불 능력을 추정하기도 한다.

이자보상배율

이자보상배율(interest coverage ratio)은 기업의 채무상환능력을 나타내는 지표로, 기업이 영업이익으로 이자비용을 얼마나 감당할 수 있는지를 보여주는 지표이다. 즉 기업이 영업이익으로 이자를 감당할 수 있는가, 그리고 감당한 후 얼마나 여유가 있는가를 알아보는 지표이다. 포스코의 이자보상비율은 산업평균보다 높게 나타나 채무상환능력이 양호하다는 것을 알 수 있다.

$$2017\text{년도 이지보상비율} = \frac{\text{영업이익}}{\text{금융비용}}$$

$$= \frac{29{,}024\text{억 원}}{1{,}166\text{억 원}} = 24.9(\text{배})$$

(산업평균 = 5.16배)

$$2018\text{년도 이자보상비율} = \frac{\text{영업이익}}{\text{금융비용}}$$

$$= \frac{38{,}094\text{억 원}}{1{,}432\text{억 원}} = 26.6(\text{배})$$

(산업평균 = 5.07배)

(3) 활동성비율

활동성비율(activity ratio)은 기업의 매출을 달성하기 위해 얼마나 효율적으로 자산을 활용하고 있는가를 측정하는 지표이다. 일반적으로 매출액과 각 자산항목들과의 관계를 비교하는 회전율(turnover ratio)로 측정된다. 회전율이 높다는 것은 자본의 이용도가 활발한 것으로 해석된다.

매출채권회전율

매출채권회전율(receivable turnover ratio)은 매출액이 매출채권의 몇 배인가를 나타내는 비율이다. 포스코의 2017년도 매출채권은 40,779억원이며, 2018년도는 41,719억원이다.

$$2017\text{년도 매출채권회전율} = \frac{\text{매출액}}{\text{매출채권}} = \frac{285{,}538\text{억 원}}{40{,}779\text{억 원}} = 7.00(\text{회})$$

(산업평균 = 6.98회)

$$2018\text{년도 매출채권회전율} = \frac{\text{매출액}}{\text{매출채권}} = \frac{306{,}594\text{억 원}}{41{,}719\text{억 원}} = 7.34(\text{회})$$

(산업평균 = 7.04회)

매출채권회전율이 높다는 것은 매출액에 비해 매출채권(외상매출금과 받을어음)이 상대적으로 작다는 것을 의미한다. 따라서 이 비율이 높을수록 매출채권이 효율적으로 관리되고 있다고 할 수 있다.

매출채권회전율의 개념을 보다 더 쉽게 이해할 수 있도록 한 것이 평균회수기간(average collection period: ACP)이다. 평균회수기간은 1년의 기간에 대하여 매출채권이 얼마 만에 회수되는가를 말하는 것으로 매출채권회수기간이라고도 부른다.

$$2017\text{년도 평균회수기간} = \frac{365\text{일}}{\text{매출채권회전율}}$$

$$= \frac{365}{7.00} = \text{약 } 52.14(\text{일})$$

(산업평균 = 52.29일)

$$2018\text{년도 평균회수기간} = \frac{365\text{일}}{\text{매출채권회전율}}$$

$$= \frac{365}{7.34} = \text{약 } 49.72(\text{일})$$

(산업평균 = 52.84일)

평균회수기간은 짧을수록 양호하다고 할 수 있다. 그런데 실제로는 기업들이 자신의 현금관리정책에 맞추어 신용판매기간을 설정하고 있다. 이때, 평균회수기간이 기업이 목표로 하고 있는 신용판매기간보다 짧아야 더 좋다고 할 수 있다.

재고자산회전율

재고자산회전율(inventory turnover ratio)은 재고자산이 당좌자산으로 변하는 속도를 나타내는 것으로 보통 배수로 표시된다. 재고자산회전율은 매출액(또는 매출원가)이 재고자산의 몇 배인가를 나타낸다.

$$2017\text{년도 재고자산회전율} = \frac{\text{매출액}}{\text{재고자산}}$$

$$= \frac{285{,}538\text{억 원}}{45{,}435\text{억 원}} = 6.28(\text{회})$$

(산업평균 = 6.70회)

$$2018\text{년도 재고자산회전율} = \frac{\text{매출액}}{\text{재고자산}}$$

$$= \frac{306{,}594\text{억 원}}{52{,}880\text{억 원}} = 5.79(\text{회})$$

(산업평균 = 6.21회)

재고자산회전율은 재고자산의 판매효율성을 파악하는 데 이용할 수 있다. 회전율이 높은 경우는 적은 재고자산으로 생산 및 판매활동을 효율적으로 수행하고 있다는 것을 나타내며, 낮은 경우는 매출에 비해 과다한 재고자산을 보유하고 있다는 의미로 해석할 수 있다. 한편, 이 비율은 높을수록 상품의 재고로 인한 손실을 줄일 수 있으므로 재고자산 관리를 효율적으로 하고 있다고 볼 수 있지만, 재고를 적정수준으로 준비하지 못하여 새로운 주문에 응하지 못하는 경우에도 이 비율은 높게 나타나므로 해석에 유의하여야 한다. 재고자산회전율은 다른 회전율과는 달리 매출원가를 기준으로도 계산되는데, 그 이유는 재고자산이 보통 과거의 원가로 기록되기 때문이다.

재고자산회전율의 개념을 보다 더 쉽게 이해할 수 있도록 한 것이 평균재고기간이다. 평균재고기간(average inventory period)은 다음과 같이 측정되며 보통 일로 표시한다.

$$2017\text{년도 평균재고기간} = \frac{365\text{일}}{\text{재고자산회전율}} = \frac{365}{6.28} = 58.12(\text{일})$$

(산업평균 = 54.47일)

$$2018\text{년도 평균재고기간} = \frac{365\text{일}}{\text{재고자산회전율}} = \frac{365}{5.79} = 63.03(\text{일})$$

(산업평균 = 58.77일)

평균재고기간은 재고자산이 제품으로 완성되어 팔려 나가는 데 걸리는 기간을 말한다. 다시 말하면 재고자산이 창고에 쌓여 있는 기간을 의미하므로 평균재고기간이 짧을수록 더 좋다고 할 수 있다.

총자산회전율

총자산회전율(assets turnover)은 기업이 보유한 총자산이 얼마나 효율적으로 관리되고 있는가를 나타내는 비율로 다음과 같이 측정된다.

$$2017\text{년도 총자산회전율} = \frac{\text{매출액}}{\text{총자산}} = \frac{285{,}538\text{억 원}}{536{,}923\text{억 원}} = 0.53(\text{회})$$

(산업평균 = 0.73회)

$$2018\text{년도 총자산회전율} = \frac{\text{매출액}}{\text{총자산}} = \frac{306{,}594\text{억 원}}{541{,}260\text{억 원}} = 0.56(\text{회})$$

(산업평균 =0.75회)

총자산이라는 것은 기업의 총투자금액이라고도 할 수 있으므로 이 비율은 기업이 자산에 투자하여 얼마나 매출을 달성하고 있는가를 나타낸다. 포스코의 총자산회전율이 0.53회라는 것은 100원을 자산에 투자하여 53원의 매출을 달성하고 있다는 것을 의미한다. 이 비율이 높을수록 자산운영의 효율성이 높으며, 이 비율이 낮으면 과다투자 혹은 비효율적 투자를 하고 있다는 것을 의미한다.

(4) 성장성비율

성장성비율(growth ratio)은 일정기간 중에 기업의 경영규모 및 경영성과가 얼마나 증가되었는가를 측정하는 비율인데, 재무제표 각 항목의 일정기간 증가율로 측정하고 있다. 여기서는 매출액증가율, 영업이익증가율과 순이익증가율을 소개한다.[3]

매출액증가율은 전기 매출액에 대해 당기 매출액의 증가비율을 파악하는 비율이다.

$$\begin{aligned}2017\text{년도 매출액증가율} &= \frac{\text{당기매출액} - \text{전기매출액}}{\text{전기매출액}} \times 100\\ &= \frac{285{,}538\text{억 원} - 243{,}249\text{억 원}}{243{,}249\text{억 원}} \times 100\\ &= 17.39(\%)\end{aligned}$$

(산업평균 = 16.28%)

---

3) 한국은행에서 발간한 '기업경영분석'에서는 성장성지표로서 총자산증가율, 유형자산증가율, 유동자산증가율, 재고자산증가율, 자기자본증가율 및 매출액증가율에 대한 산업평균을 제시하고 있다.

$$2018년도\ 매출액증가율 = \frac{당기매출액 - 전기매출액}{전기매출액} \times 100$$

$$= \frac{306{,}594억\ 원 - 285{,}538억\ 원}{285{,}538억\ 원} \times 100$$

$$= 7.37(\%)$$

(산업평균 = 4.32%)

매출액의 증가는 제품가격 상승과 판매수량 증가 두 요인의 영향을 받는다. 매출액 증가율 이용 시에는 개별기업의 그것을 산업전체 평균과 비교해 보아야 한다. 예를 들어, 특정 기업의 매출액 증가율이 10%인데 그 기업이 속한 산업평균은 12%였다면, 이 기업의 시장점유율은 하락했다고 판단할 수 있다.

영업이익증가율과 순이익증가율은 다음과 같이 계산한다.

$$2017년도\ 영업이익증가율 = \frac{당기영업이익 - 전기영업이익}{전기영업이익} \times 100$$

$$= \frac{29{,}024억\ 원 - 26{,}353억\ 원}{26{,}353억\ 원} \times 100$$

$$= 10.13(\%)$$

$$2018년도\ 영업이익증가율 = \frac{당기영업이익 - 전기영업이익}{전기영업이익} \times 100$$

$$= \frac{38{,}094억\ 원 - 29{,}024억\ 원}{29{,}024억\ 원} \times 100$$

$$= 31.25(\%)$$

$$2017년도\ 순이익증가율 = \frac{당기순이익 - 전기순이익}{전기순이익} \times 100$$

$$= \frac{25{,}457억\ 원 - 17{,}850억\ 원}{17{,}850억\ 원} \times 100$$

$$= 42.61(\%)$$

$$2018\text{년도 순이익증가율} = \frac{\text{당기순이익} - \text{전기순이익}}{\text{전기순이익}} \times 100$$

$$= \frac{10{,}726\text{억 원} - 25{,}457\text{억 원}}{25{,}457\text{억 원}} \times 100$$

$$= -57.86(\%)$$

(5) 시장성비율

시장성비율(market value ratio)은 기업의 경영활동으로 인한 경영성과와 기업의 재무상태에 대하여 주식시장에서 어떻게 평가하고 있는지를 나타내는 비율이다. 기업과 관련된 모든 정보는 주가에 반영이 되기 때문에 기업의 가치는 주식시장에서 투자자들이 평가한 주식의 가치(주가)라고 말할 수 있다. 따라서 주식시장에서 형성된 주가와 관련된 각종 자료들을 이용하여 기업의 가치를 분석할 수 있다.

주당순이익

주당순이익(earning per share: EPS)은 기업의 당기순이익을 당해 연도의 평균발행주식수[4]로 나누어서 계산한다. *EPS*는 잘 알려져 있고 널리 활용되는 성과지표로서 한 주당 이익창출이 어느 정도인가를 파악할 수 있다. *EPS*는 주가와 매우 높은 상관성을 가지고 있으며, 이 지표가 높을수록 주가도 높은 경향이 있다.

$$2017\text{년도 주당순이익(EPS)} = \frac{\text{순이익}}{\text{평균발행주식수}}$$

$$= \frac{25{,}457\text{억 원}}{87{,}187\text{천 주}} = 29{,}198(\text{원})$$

4) 평균발행주식수는 기초발행주식수에 증자, 주식배당 등으로 인해 늘어난 기중발행 주식수를 합해서 기중총일수(365일)로 나눈 값이다. 즉, 평균발행주식수(우선주 포함) = {(기초발행주식수) + (무상증자 · 주식배당 · 사채전환 발행주식수 + 유상증자 발행주식수) × (발행일 − 기말까지의 일수)} ÷ 기중총일수

$$2018\text{년도 주당순이익(EPS)} = \frac{\text{순이익}}{\text{평균발행주식수}}$$

$$= \frac{10{,}726\text{억 원}}{87{,}187\text{천 주}} = 12{,}302(\text{원})$$

주가수익비율

주가수익비율(price earnings ratio: PER)은 현재 주가를 주당순이익(EPS)으로 나눈 비율로, 주가수익률이라고도 부른다. 즉, 주가가 주당순이익의 몇 배인가를 나타내는 것으로 투자분석 시 매우 중요한 판단지표로 사용이 되고 있다. 포스코의 경우, 각 년도 최고주가 기준으로 *PER*를 계산하면 다음과 같다.

$$2017\text{년도 주가수익비율(PER)} = \frac{\text{주가}}{\text{주당순이익}}$$

$$= \frac{347{,}000\text{원}}{29{,}198\text{원}} = 11.88(\text{배})$$

$$2018\text{년도 주가수익비율(PER)} = \frac{\text{주가}}{\text{주당순이익}}$$

$$= \frac{395{,}000\text{원}}{12{,}302\text{원}} = 32.10(\text{배})$$

일반적으로 특정 기업의 *PER*가 경쟁기업이나 시장평균 *PER*보다 낮으면, 주가가 저평가된 것으로 판단하고, 그 반대면 고평가된 것으로 본다.

- 특정 주식의 *PER*가 경쟁기업 또는 산업평균 *PER*보다 높을 때
  → 주가는 과대평가 되었다고 본다(하락 가능성).

단, 여기서 유의할 것은 해당 기업이 고성장 기업인지 또는 고성장 산업인지를 판단해야 한다. 왜냐하면 고성장 기업인 경우는 *PER*가 높은 경우가 많기 때문이다.

- 특정 주식의 *PER*가 경쟁기업 또는 산업평균보다 낮을 때
  → 주가는 과소평가되었다고 본다(상승 가능성).

단, 저성장기업이거나 산업 자체가 사양업종인 경우에도 *PER*가 낮을 수도 있으니 유의하여야 한다.

참고 박스

PER를 이용한 주가예측

실무에서는 *PER*를 미래주가의 예측에 이용하기도 한다(주가 = *PER* × *EPS*). 가령, 동양기계(주)의 2020년 주당순이익(*EPS*)은 1,520원, 2021년에 예상되는 주당순이익은 1,800원이며 2020년 현재 주가는 23,500원이다. 이때 기계산업의 업종평균 *PER*는 16.3이라 하자. 이 경우 동양기계(주)의 미래 주가는 예상 *EPS*와 업종평균 *PER*을 곱한 29,340원(=16.3 × 1,800)으로 예상할 수 있다. 따라서 동양기계(주)의 현재 주가는 5,840원(=29,340 − 23,500) 만큼 저평가된 상태라 할 수 있다.

주당순자산과 주가순자산비율

주당순자산(book value per share: BPS)은 순자산[5]을 평균발행주식수로 나눈 것이다.

$$2017\text{년도 주당순자산(BPS)} = \frac{\text{순자산}}{\text{평균발행주식수}} = \frac{474{,}745\text{억 원}}{87{,}187\text{천 주}} = 544{,}515(\text{원})$$

$$2018\text{년도 주당순자산(BPS)} = \frac{\text{순자산}}{\text{평균발행주식수}} = \frac{468{,}048\text{억 원}}{87{,}187\text{천 주}} = 536{,}834(\text{원})$$

주가순자산비율(price book-value ratio: PBR)은 주가를 1주당 순자산(1주당 장부가치)으로 나눈 비율로서 장부상의 소유주 지분과 주식시장에서 평가되는 가치를 비교한 것이다. 포스코의 경우, 각년도 최고주가기준으로 *PBR*을 계산하면 다음과 같다.

5) 순자산 = 총자산 − 총부채

$$2017\text{년도 주가순자산비율(PBR)} = \frac{\text{주가}}{\text{주당순자산}} = \frac{347{,}000\text{원}}{545{,}515\text{원}} = 0.63(\text{배})$$

$$2018\text{년도 주가순자산비율(PBR)} = \frac{\text{주가}}{\text{주당순자산}} = \frac{395{,}000\text{원}}{536{,}834\text{원}} = 0.73(\text{배})$$

높은 수익성을 가지고 내부유보를 많이 한 기업은 주당순자산이 많을 것이며, 이에 따라 *PBR*이 낮은 경우가 보통이다. *PBR*이 낮은 주식일수록 저평가된 주식으로 판단하고 있다. 일반적으로 *PBR*이 1.0 이상이면 해당 기업의 주가가 고평가되어 주가는 향후 하락할 가능성이 있다고 보고, *PBR*이 1.0 이하면 주가는 저평가되어 상승가능성이 있다고 판단한다.

$PBR>1$ → 고평가(과대평가) → 주가 하락 가능성
$PBR<1$ → 저평가(과소평가) → 주가 상승 가능성

단, 기업이 영위하는 사업이 사양산업인 경우에는 *PBR*이 1.0보다 적은 결과를 나타내는 경우도 있고, 성장산업인 경우에는 *PBR*이 1.0 이상을 나타내는 경우도 있기 때문에 이를 고려하여 종합적으로 판단하여야 한다.

주가매출액비율

주가매출액비율(price sales ratio: PSR)은 다음과 같이 주당 매출액에 대한 주가수준을 측정한 것이다. *PSR*은 낮을수록 주가가 저평가되어 있다고 할 수 있다. 포스코의 2017년 말 주당 매출액 327,501원, 2018년 말 주당매출액은 351,652원으로 각 연도의 최고주가를 기준으로 *PSR*을 구하면 다음과 같다.

$$2017년도\ 주가매출액비율(PSR) = \frac{주가}{주당\ 매출액} = \frac{347{,}000원}{327{,}501원} = 1.05(배)$$

$$2018년도\ 주가매출액비율(PSR) = \frac{주가}{주당\ 매출액} = \frac{395{,}000원}{351{,}652원} = 1.12(배)$$

주당현금흐름과 주가현금흐름비율

주당현금흐름(cash flows per share: CFS)은 다음과 같이 계산한다.

$$2017년도\ 주당현금흐름(CFS) = \frac{총현금흐름}{평균발행주식수} = \frac{47{,}299억\ 원}{87{,}187천\ 주} = 54{,}250(원)$$

$$2018년도\ 주당현금흐름(CFS) = \frac{총현금흐름}{평균발행주식수} = \frac{32{,}536억\ 원}{87{,}187천\ 주} = 37{,}317(원)$$

이때 현금흐름은 당기순이익에 기업 외부로 유출되지 않는 비용(감가상각비, 유가증권 평가차손 등)을 더하고 기업 내부로 유입되지 않는 수익(유가증권 평가차익 등)을 차감한 값이다. 즉, 현금흐름 = (당기순이익 + 현금유출이 없는 비용 − 현금유입이 없는 수익)으로 계산된다.

한편, 주가현금흐름비율(price cash flow ratio: PCR)은 주가를 1주당 현금흐름으로 나눈 비율인데, *PCR*이 낮으면 주가는 과소평가되어 있고, *PCR*이 높으면 주가는 과대평가되어 있다고 판단한다. 또, *PER*가 높더라도 이 비율이 낮으면 주가가 과대평가되었을 가능성은 그만큼 낮아진다고 판단한다.

$$2017년도\ 주가현금흐름비율(PCR) = \frac{주가}{주당현금흐름} = \frac{347{,}000원}{54{,}250원} = 6.39(배)$$

$$2018년도\ 주가현금흐름비율(PCR) = \frac{주가}{주당현금흐름} = \frac{395{,}000원}{37{,}317원} = 10.58(배)$$

EV / EBITDA

최근 들어 기관투자자와 외국인 투자자의 장세 영향력이 커지면서 소위 가치투자를 지향하는 투자패턴이 주목을 받고 있다. 가치투자(value investment)란 기업의 가치를 수익성에 따라 정확히 계산하여 기업가치를 기준으로 주식에 투자하는 것이다.[6] 이에 따라 가치투자를 결정짓는 기준으로 *EV*/*EBITDA*지표가 주목을 받고 있다. 이는 기업가치(enterprise value: EV 또는 firm value: FV)를 *EBITDA*(earnings before interest, tax, depreciation, amortization)로 나눈 값이다. 여기서 는 다음과 같이 측정한다.[7]

$$EV = \text{시가총액} + \text{순부채}^{8)}$$
$$= (\text{주가} \times \text{발행주식수}) + (\text{총부채} - \text{현금 및 예금, 투자유가증권})$$

한편, *EBITDA*는 법인세 공제 전 영업이익(EBIT)과 유형자산 감가상각비를 합으로 구한다.

포스코의 *EV*는 2017년 289,896억원이며, 2018년은 211,864억원이며, *EBITDA*는 2017년 50,867억원, 2018년은 59,903억원이다.

이 비율의 단위는 '배'이며 숫자가 높으면 주가가 고평가되었다는 것이고, 낮으면 저평가된 것으로 해석한다. 포스코의 경우 2017년도 *EV*/*EBITDA* 값은 5.70배이며, 2018년은 3.54배이다.

배당률, 배당수익률 및 배당성향

우리나라의 경우 상법상 배당금은 주식 액면가격을 기준으로 지급하게 되어 있다. 어떤 기업의 배당률(dividend ratio)이 12%라면 주식 액면가격 5,000원에 대해 12%를 배당으로 지급한다는 것이므로 주주들은 1주당 600

6) 가치투자는 저평가된 주식을 발굴하여 투자성과를 높이고자 하는 의미로 주로 실무계에서 많이 사용하는 접근법이다. 예를 들어, *PER*, *PBR*, *PCR*, *PSR*, *EV*/*EBITDA* 등이 낮은 주식에 투자하여 투자성과를 높이고자 하는 방법이다.

7) 여기서 시가총액(기말주가×주식수)은 우선주를 포함한다.

8) 여기서 순부채는 순차입금(= 차입금−현금성자산)의 개념이다.

원의 배당을 지급받게 된다. 포스코의 경우는 2017년도에는 주당 8,000원의 배당을, 2018년에는 주당 10,000원의 배당을 지급했으므로 배당률은 다음과 같다.

$$2017\text{년도 배당률} = \frac{\text{배당금}}{\text{액면가}} = \frac{8{,}000\text{원}}{5{,}000\text{원}} \times 100 = 160(\%)$$

(산업평균 = 20.99%)

$$2018\text{년도 배당률} = \frac{\text{배당금}}{\text{액면가}} = \frac{10{,}000\text{원}}{5{,}000\text{원}} \times 100 = 200(\%)$$

(산업평균 = 22.12%)

배당수익률(dividend yield)은 주식을 보유함으로써 받는 현금배당의 수익률이 얼마나 되는가를 측정한 것으로서 배당금을 현재주가로 나누어서 구한다. 2017년도와 2018년도에 포스코의 가장 높게 형성된 주가를 기준으로 배당수익률을 계산하면 다음과 같다.

$$2017\text{년도 배당수익률} = \frac{\text{배당금}}{\text{현재주가}} = \frac{8{,}000\text{원}}{347{,}000\text{원}} = 2.30(\%)$$

$$2018\text{년도 배당수익률} = \frac{\text{배당금}}{\text{현재주가}} = \frac{10{,}000\text{원}}{395{,}000\text{원}} = 2.53(\%)$$

배당률은 주식의 액면가치에 대한 배당금액 비율을, 배당수익률은 주식의 시장가치에 대한 배당금액 비율을 나타내고 있다고 할 수 있다.

한편, 배당성향(payout ratio)이란 기업의 당기순이익 중 배당금으로 지급되는 금액의 비중을 말한다. 포스코는 2017년도에 총 6,400억원, 2018년도에 총 8,000억원의 배당을 지급하였다.

$$2017\text{년도 배당성향} = \frac{\text{총배당액}}{\text{당기순이익}} = \frac{6{,}400\text{억 원}}{25{,}457\text{억 원}} = 0.2514(25.14\%)$$

(산업평균 = 23.52%)

$$2018\text{년도 배당성향} = \frac{\text{총배당액}}{\text{당기순이익}} = \frac{8{,}000\text{억 원}}{10{,}726\text{억 원}} = 0.7459(74.59\%)$$

(산업평균 = 48.30%)

유보율

유보율(retained ratio)은 유보이익을 자본금으로 나눈 것이다. 유보이익(retained capital/retained earning)은 주주에게 배당으로 지급하지 않고 기업의 재투자를 위하여 기업 내에 유보되어 있는 이익의 누적분을 말한다. 유보율이 높을수록 기업은 자본잉여금이나 이익잉여금으로 축적되어 있는 금액이 많다는 의미이다. 그러므로 이 비율이 높을수록 설비확장 가능성과 재무구조 안정성 등이 높아 기업 내용이 양호하고 무상증자에 대한 투자자 기대가 높아지기 때문에 해당 기업의 주가수준이 높게 형성된 경우가 대부분이다. 포스코의 2018년도 유보율은 9,284.76%로 자본금의 약 93배 정도가 기업 내부에 유보되어 있다.

$$\text{유보율} = \frac{\text{자기자본} - \text{자본금}}{\text{자본금}} \times 100$$

$$= \frac{452{,}721\text{억 원} - 4{,}824\text{억 원}}{4{,}824\text{억 원}} \times 100 = 9{,}284.76(\%)$$

(산업평균 = 91.57%)

4) 재무분석의 한계

재무분석은 재무제표만 있으면, 간단하게 기업의 전반적인 재무상태와 경영상태를 분석할 수 있으며, 그 결과는 매우 설득력을 가지고 있다는 장점이 있다. 그러나 재무분석은 몇 가지 한계를 가지고 있기 때문에 분석의 결과를 활용할 때, 다음 네 가지를 유의하여야 한다.

첫째, 재무분석을 실시하는 목적은 현재의 기업상태를 분석하여 이 기업의 미래 주가를 예측하고자 하는 것인데, 비율분석에 사용되는 재무제표는 과거의 회계정보라는 점이다. 과거의 자료를 통해 미래를 예측한다는 것은 적절치 못할 수도 있다. 또 회계적 이익은 주식의 가격결정에 가장 중요한 경제적 이익을 모두 반영하고 있지는 못하다.

둘째, 회계처리기준이 기업에 따라 다르고, 동일한 회사라도 기간마다 달라질 수 있기 때문에 기업 간의 비교나 한 기업을 장기간 비교하는데도 어려움이 있을 수 있다. 예컨대, 고정자산 감가상각 문제, 재고자산 평가방법의 차이, 비용처리 문제의 차이는 기업들의 주가를 분석하는 데 어려움을 주는 요인이다.

셋째, 시장의 주가는 단순히 재무적인 요인뿐만 아니라 계량화할 수 없는 요인에 의해서도 움직인다. 재무정보는 개별기업에 관한 계량적인 정보만을 제공해 줄 뿐, 시장전체의 심리적 요인과 사회적 및 정치적 요인 등은 반영하지 못하고 있다. 따라서 증권분석 시 재무분석의 결과는 제12장에서 서술하는 기술적 분석방법을 병행하여 이용하여야 한다.

마지막으로, 표준비율을 설정하는 데 어려움이 있다. 표준비율의 종류는 산업평균비율, 경쟁기업비율, 해당 기업 과거비율, 이상적 비율 등이 있는데 어떠한 비율이 가장 적절한지에 대한 판단근거는 없다. 일반적인 표준비율로 산업평균비율을 가장 많이 활용하는 편이지만, 다른 표준비율도 나름대로의 타당성을 가지고 있으므로 상황에 따라 적절한 표준비율을 선택하여 사용하여야 한다.

주요용어

- 증권분석(security analysis)
- 기본적 분석(fundamental analysis)
- 내재가치(intrinsic value)
- 시장가치(market value)
- 경제분석(economic analysis)
- 산업분석(industrial analysis)
- 기업분석(firm analysis)
- 경기변동(business cycle)
- 경기종합지수(composite index: CI)
- 경기순환시계(business cycle clock)
- 질적 분석(quality analysis)
- 양적 분석(quantitative analysis)
- 재무분석(financial analysis)
- 재무상태표(statement of financial position)
- 손익계산서(income statement: I/S)
- 수익성비율(profitability ratio)
- 안정성비율(stability ratio)
- 활동성비율(activity ratio)
- 성장성비율(growth ratio)
- 표준비율(standard ratio)
- 총자산순이익률(return on asset: ROA)
- 투자수익률(return on investment: ROI)
- 자기자본순이익률(return on equity: ROE)
- 기업경기실사지수(business survey index: BSI)
- 매출액순이익률
- 매출액영업이익률
- 유동비율(current ratio)
- 당좌비율(quick ratio)
- 부채비율(debt ratio)
- 레버리지 효과(leverage effect)
- 금융비용부담률
- 매출채권회전율(receivable tunnover ratio)
- 평균회수기간(average collection period: ACP)
- 재고자산회전율(inventory turnover ratio)
- 평균재고기간(average inventory period)
- 총자산회전율(assets turnover)
- 매출액증가율
- 영업이익증가율
- 순이익증가율
- 주당순이익(earning per share: EPS)
- 주가수익비율(price earnings ratio: PER)
- 주당순자산(book value per share: BPS)
- 주가순자산비율(price book−value ratio: PBR)
- 주가매출액비율(price sales ratio: PSR)
- 주당현금흐름(cash flows per share: CFS)
- *EV/EBITDA*
- 가치투자(value investment)
- 배당률(dividend ratio)
- 배당수익률(dividend yield)
- 배당성향(payout ratio)
- 유보율(retained ratio)
- 투하자본영업이익률(return on invested capital: ROIC)
- *EBITDA*(earning before interest, tax, depreciation, amortization)
- 주가현금흐름비율(price cash flow ratio: PCR)
- 유보이익(retained capital/retained earning)

연/습/문/제

01 기본적 분석의 체계를 설명하라.

02 현재 우리나라 경제와 세계경제의 전반적인 상황(경제성장률, 통화량, 이자율, 물가, 원자재가격, 환율, 국제수지 등)을 신문기사를 통해 파악하고, 이들이 현재 주식시장에 어떠한 영향을 미치고 있는지를 분석해 보라.

03 최근의 기업경기실사지수(BSI)를 조사해 보라.

04 우리나라 상장기업을 임의로 선정하여 해당 기업의 경영성과, 재무상태 및 미래성장 가능성을 재무분석을 통하여 분석해 보라.

05 위에서 선정된 표본기업과 동일한 업종에서 생산제품, 규모 등이 비슷한 대응기업을 선정하여 동일한 내용을 분석하여 비교해 보라.

06 선정된 기업의 현재의 질적인 내용을 파악하고 나름대로 평가해 보라.

07 특정 상장기업을 대상으로 PER을 이용하여 그 기업의 주가를 개략적으로 평가한 다음, 현재 주식시장에서 형성된 주가가 과대평가된 것인지, 아니면 과소평가된 것인지 말해 보라.

08 동일업종에 속해 있는 기업들을 대상으로 유보율이 높은 기업들의 주가와 유보율이 낮은 기업들의 주가를 비교하여 평가해 보라.

09 다음은 재무제표 비율분석에 대한 내용이다. 옳게 연결된 것은?

(AFPK 유사문제)

가. 안정성비율	a. 유동비율
나. 활동성비율	b. 매출액순익률
다. 수익성비율	c. 매출채권회전율
라. 시장성비율	d. 주가수익비율

① 가－a, 나－b, 다－c, 라－d　② 가－a, 나－c, 다－b, 라－d

③ 가－d, 나－b, 다－c, 라－a　④ 가－d, 나－c, 다－b, 라－a

10 다음 중 자기자본순이익률(ROE)을 증가시키는 요인이 아닌 것은?

(AFPK 유사문제)

① 부채의 증가
② 자기자본의 증가
③ 총자산회전율의 증가
④ 매출액순이익률의 증가

11 디지털 TV를 생산하는 (주)평강전자의 다음 자료를 바탕으로 물음에 답하라.

당기순이익 = 20억원
발행주식수 = 10만주
자기자본 = 90억원
현재 시장가격 = 160,000원
전자업종 평균 PER = 11.0

(1) 평강전자(주)의 PER를 구하라.

(2) PER 기준으로 판단할 때, 이 기업의 주식은 매입해야 하는가 아니면 매도해야 하는가?

12 다음은 기계장비업체인 (주)온달공업의 재무상태표와 손익계산서이다. 자료를 이용하여 다음 물음에 답하라.

재무상태표
2022년 12월 31일 현재 (단위: 억원)

자 산		부 채(타인자본)	
유동자산	1,000	유동부채	200
현금	200	고정부채	1,800
매출채권	400		
재고자산	400	자본(자기자본)	
고정자산	3,000	자기자본	2,000
자산 총계	4,000	부채와 자본 총계	4,000

손익계산서	
2022년 1월 1일에서 2022년 12월 31일까지 (단위: 억원)	
매출액	5,500
매출원가	4,000
매출총이익	1,500
판매비와 일반관리비	500
영업이익(또는 영업손실)	1,000
이자비용	300
세전 이익	700
법인세비용	380
당기순이익	320

(1) 자기자본순이익률(ROE), 부채비율, 유동비율, 매출채권회전율을 구하라.

(2) (주)온달공업의 발행주식수는 100만주이며, 현재 주가가 300,000원이다. 주가수익비율(PER)을 구하라. 그리고 기계장비업종의 평균 PER가 8배인 경우 이 기업의 주가는 고평가 또는 저평가되었는가를 판단하라. (주)온달공업의 성장가능성은 업종 평균과 동일하다고 한다.

제6장

기술적 분석

• 학습내용

- 기술적 분석의 의의와 가정
- 추세예측 방법
- 기술적 분석의 유용성과 한계점

■ 연습문제

주식의 가치는 끊임없이 변한다. 주식가격이 오를 때가 있는가 하면 내릴 때도 있다. 투자성과를 높이기 위해 어떤 투자자는 매입한 주식을 당일에 팔기도 하고, 또 다른 투자자는 매입한 주식을 상당 기간 보유했다가 팔기도 한다. 그런데 모든 투자자에게 한 가지 공통된 사실은 주식을 매입할 적절한 시기가 있고 또 매도할 적절한 시기가 있다는 것이다. 그렇다면 언제 주식을 매입하고, 언제 매도해야 하는가? 투자시점(investment timing)을 포착하려는 시도는 두 가지 방향에서 검토될 수 있다. 하나는 경기순환을 예측하여 매매시점을 결정하려는 시도이다. 이는 제5장에서 학습한 기본적 분석의 경제분석에서 이루어진다. 또 다른 하나는 과거 일정 기간의 주가나 거래량의 움직임을 분석하여 매매시점을 예측하는 기술적 분석(technical analysis)이다. 본장에서는 여러가지 기술적 분석의 기법을 소개하고 현실에 적용하는 방법을 학습한다.

그림 6-1 ▶
기술적 분석의 가정

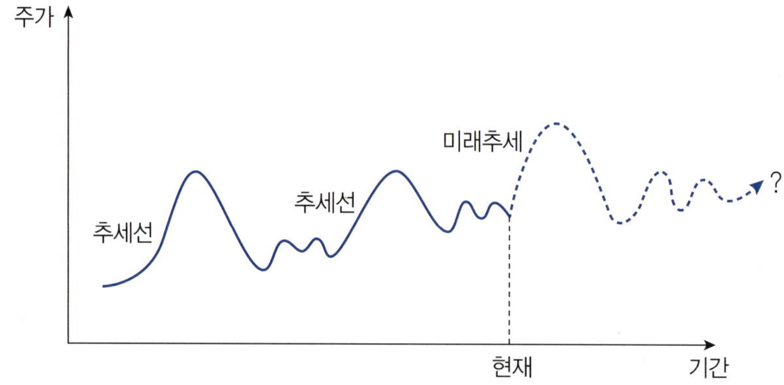

주가는 일정한 추세를 가지고 움직이며, 이 추세는 반복되며 이러한 반복성으로부터 미래가격을 예측하는 것이 가능하다고 가정하는 것이다.

제 2 절 기술적 분석 기법

기술적 분석에서는 일반적으로 개별종목에 대한 분석을 하기 이전에 시장 전체의 주가 움직임 방향을 측정하기 위해 증권시장의 전반적인 추세를 파악하는 것이 우선이다. 이하에서 설명하는 기술적 분석방법들은 증시 전반을 살펴보는 데만 사용되는 것이 아니라 개별종목의 추세를 분석하는 데도 역시 이용될 수 있다. 단지, 투입되는 변수에 종합주가지수를 투입하느냐 아니면 개별종목을 투입하느냐에 따라 다양하게 사용할 수 있는 것이다.

1. 다우이론

다우이론(Dow theory)은 기술적 분석에서 가장 잘 알려져 있는 분석기법으로서, 미국의 월 스트리트 저널(Wall Street Journal)을 창간한 찰스 다우

(Charles Dow)가 1900년에 발표한 것이다. 다우이론은 증권시장 전체의 미래동향이 활황 국면일 것인가 아니면 침체 국면일 것인가를 예측하는 데 주로 이용되나 개별주식의 주가예측에도 이용되고 있다. 다우이론은 개별주가나 종합주가지수의 움직임을 다음과 같이 세 가지로 구분한다.

- **단기변동**(일일변동, daily movement): 매일매일의 주가 움직임을 말한다.
- **중기변동**(2차변동, secondary movement): 몇 개월간의 주가변동을 측정한 것이다.
- **장기변동**(주변동, primary movement): 수년간의 주가변동, 즉 증권시장의 장기적인 추세변동을 말한다. 이는 약세시장(bear markets)과 강세시장(bull markets)으로 구분된다.

다우이론에서는 단기변동은 의미없는 것으로 보고 있으며, 주로 중기추세의 변동 양상을 분석하여 장기추세가 전환되는 시점을 포착하는 것이 주요 목적이다. 이 장기추세의 전환을 알리는 신호가 되는 점을 불임점(abortive point)이라 한다.

다우이론에서 미래 증권시장의 장기추세를 예측하는 방법은 다음과 같다.

① 새로운 중기변동의 최고점(정점)이 장기변동의 정점을 능가하지 못하면 주변동이 하강 국면에 접어든 신호이다. [그림 6-2]에서 중기변동에서 최고점 *B*는 장기변동의 정점 *A*를 상회하지 못하고 있다. 따라서 장세는 약세로 접어들 것으로 예측할 수 있다. 이때 점 *B*가 불임점이 된다.

② 새로운 중기변동의 최저점(바닥)이 그 이전 장기변동의 최저점보다 높아지면 주변동은 상승 국면에 접어들어 강세시작의 신호를 보내는 것이다. [그림 6-2]에서 중기변동의 최저점 *D*는 장기변동 최저점 *C*보다 높게 형성되어 있다. 결국 불임점 *D*를 기준으로 강세시장으로의 전환을 예측할 수 있다.

다우이론은 1930년대 미국의 경제대공황에 따른 증권시장의 대폭락을 예측한 것으로 유명해졌다. 그러나 다우이론은 논리적이고 객관적인 이론을

그림 6-2 ▶
다우이론에서
장기추세의 전환점 발견

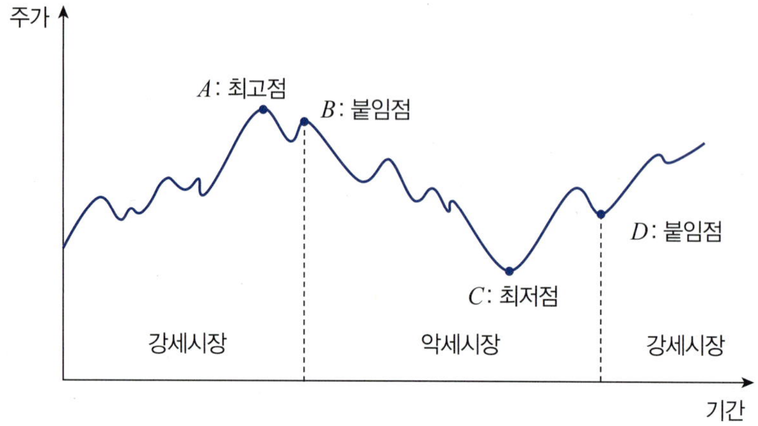

바탕으로 도출된 것이 아니라 주관적인 경험을 바탕으로 하고 있기 때문에 다음과 같은 단점을 가지고 있다.

① 과거 주가의 움직임으로만 추세변동을 예측하기 때문에 이론적 근거가 부족하다.

② 주관적으로 중기추세와 장기추세를 구분하고 있기 때문에 전환점을 어디로 보느냐 하는 것도 사람에 따라 주관적으로 결정된다.

이는 다우이론뿐만 아니라 기술적 분석기법들이 가지는 공통적인 한계점이기도 하다. 다우이론은 전반적인 시장의 움직임과 흐름을 이해하는 데는 도움이 될 수 있지만, 이론적인 논거는 부족하다고 할 수 있다.

2. 엘리어트 파동이론

엘리어트 파동이론(Eliott wave theory)은 중기추세를 예측하는 대표적인 이론으로 엘리어트(Eliot)에 의해 처음 제시되었다. 엘리어트 파동이론에 따르면 주가는 일정한 패턴의 파동을 그리면서 추세를 형성한다. 상승추세에는 주가의 오르내림이 5개의 파동으로 이루어지며 하락추세에는 3개의 파동으로 이루어져 모두 8개의 상하파동이 하나의 주기를 형성한다는 것이다. [그림 6-3]은 엘리어트 파동의 형태를 보여준다.

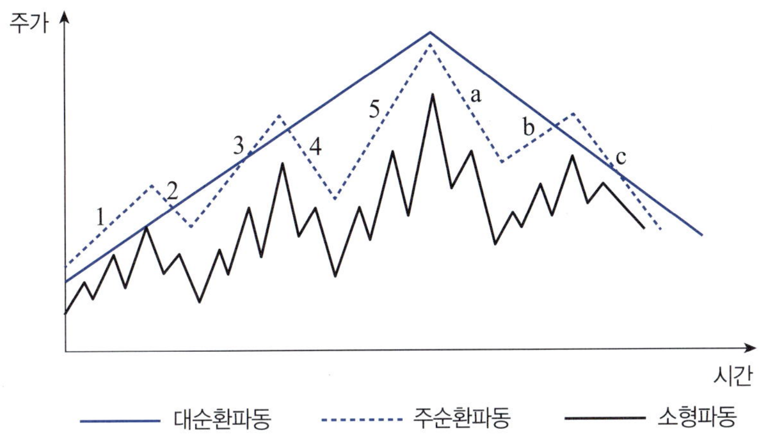

◀ 그림 6-3
엘리어트 파동

주가의 상승추세 5파동은 상승파동 3개(1, 3, 5)와 조정파동 2개(2, 4)로 구성되어 있다. 그런데 이 상승추세 5파동은 좀더 장기적인 추세에서의 상승파동 1개를 구성하게 된다. [그림 6-3]에서 소형파동의 상승 5파동은 주순환파동의 상승파동 1개를 형성하고, 주순환파동의 상승 5파동은 대형파동의 상승파동 1개를 형성하는 것을 알 수 있다. 한편, 하락추세 3파동은 2개의 하락파동(a, c)과 1개의 조정파동(b)으로 구성되며, 이는 상승추세 5파동과 마찬가지로 좀더 장기적인 추세에서의 하락파동 1개를 형성한다. 요컨대, 하나의 큰 파동은 무수히 많은 작은 파동들에 의해 이루어져 있고 작은 파동들을 기초로 큰 파동을 구성할 수 있다. 엘리어트는 이렇게 형성되는 크고 작은 파동들을 200년 이상의 주기를 갖는 초장기 순환(grand super cycle)에서부터 겨우 몇 시간의 주기를 갖는 초단기 순환(sub minute cycle)까지 총 9등급으로 구분하고 있다.

엘리어트 파동은 시장 전체의 추이를 분석하는 데에 주로 이용되는 기법으로 개별주식에서의 추이분석에는 거의 이용되지 않는다. 이는 시장 전체와 개별주식과의 흐름이 일치하지 않는 경우가 많기 때문이다.

3. 주가이동평균선

주가이동평균선(price moving average)을 이용한 분석은 각종 이동평균선이 갖는 특성을 동시에 관찰하여 증시변화와 증권투자시점을 포착하는 기법이다. 이는 실무에서 중·장기의 적절한 매수·매도시점을 포착하기 위하여 많이 이용하고 있는 지표이다.

주가이동평균선을 도출하기 위해서는 매일매일의 이동평균주가를 구하여야 한다. 이동평균주가(MA)는 다음과 같이 계산한다.

$$MA_t = \frac{P_t + P_{t-1} + \cdots + P_{t-(n-1)}}{n}$$

여기서, MA_t : t시점에서의 n일간 이동평균 주가

P_{t-n} : $t-n$시점에서의 주가 ($n = 0, 1, \cdots, n-1$)

2022년 7월 1일부터 10일간 어떤 주식의 종가가 〈표 6-1〉에 나타낸 것과 같이 움직였다고 하자.[1] 이때 각 일자의 5일 주가이동평균(MA5)을 구해보자.

표 6-1 ▼
이동평균주가의 계산

구분 \ 일자	1	2	3	4	5	6	7	8	9	10
주가(원)	15,800	14,200	14,800	15,300	16,200	15,500	16,700	17,300	18,200	17,700
MA_5(원)					15,260	15,200	15,700	16,200	16,780	17,080

먼저, 7월 5일의 5일 이동평균주가를 구한다. 이는 7월 5일의 종가를 포함하여 최근 5일간 종가의 합계를 5로 나눈 것이다.

$$5일\ MA_5 = \frac{15{,}800 + 14{,}200 + 14{,}800 + 15{,}300 + 16{,}200}{5} = 15{,}260(원)$$

1) 이 기간 동안 휴장일은 없었다고 전제한다. 그러나 실제 우리나라 증권시장은 일반적으로 주 5일 영업하고, 토 · 일요일은 휴장한다.

6일의 5일 이동평균주가는 첫날 1일의 종가는 빼고 6일째 되는 날의 종가를 포함하여 5일간의 종가합계를 5로 나누어 구한다.

$$6일\ MA_5 = \frac{14,200 + 14,800 + 15,300 + 16,200 + 15,500}{5} = 15,200(원)$$

이와 같은 방법으로 이동평균주가를 구하고 이를 선으로 연결한 것이 5일 주가이동평균선이다.

이동평균값을 계산할 때, 단순이동평균과 선형가중이동평균 방법이 있다. 단순이동평균은 거래기간 동안의 가격을 모두 합산하여 거래기간으로 나누어 계산한다. 이는 계산이 간편하지만 모든 시간을 동일한 가중치를 두고 있는 단점이 있다. 선형가중이동평균은 현재의 시간에 가중을 두어 계산한다.

예제 1

다음 자료는 어떤 기업의 주가변화이다.

일시	3월 11일 (월)	3월 12일 (화)	3월 13일 (수)	3월 14일 (목)	3월 15일 (금)	3월 18일 (월)	3월 19일 (화)
주가	8,700원	8,500원	8,400원	8,450원	8,950원	9,000원	9,300원

(1) 5일간 단순이동평균 주가를 계산하여라.

(2) 5일간 선형가중이동평균 주가를 계산하여라.

풀이

(1) 단순이동평균 주가

$$3월\ 15일\ MA_5 = \frac{8,700+8,500+8,400+8,450+8,950}{5} = 8,600(원)$$

$$3월\ 18일\ MA_5 = \frac{8,500+8,400+8,450+8,950+9,000}{5} = 8,660(원)$$

$$3월\ 19일\ MA_5 = \frac{8,400+8,450+8,950+9,000+9,300}{5} = 8,820(원)$$

(2) 선형가중이동평균 주가

3월 15일

$$MA_5 = \frac{8,700 \times 1 + 8,500 \times 2 + 8,400 \times 3 + 8,450 \times 4 + 8,950 \times 5}{1+2+3+4+5} = 8,630(\text{원})$$

3월 18일

$$MA_5 = \frac{8,500 \times 1 + 8,400 \times 2 + 8,450 \times 3 + 8,950 \times 4 + 9,000 \times 5}{1+2+3+4+5} = 8,761(\text{원})$$

3월 19일

$$MA_5 = \frac{8,400 \times 1 + 8,450 \times 2 + 8,950 \times 3 + 9,000 \times 4 + 9,300 \times 5}{1+2+3+4+5} = 8,977(\text{원})$$

주가이동평균선은 개별주식의 주가동향뿐만 아니라 시장전체의 주가동향을 예측하는 데도 활용되고 있다. 이때는 일별 종합주가지수를 이용하여 이동평균선을 작성하는데, 그 방법은 개별주식의 경우와 동일하다. 실무계에서는 5일, 20일, 60일, 120일 이동평균선을 작성하고 있는데 단기추세의 파악에는 5일 이동평균선을, 중기추세의 파악에는 20일 또는 60일 이동평균선을, 그리고 장기추세의 파악에는 120일 이동평균선을 사용하고 있다.

기술적 분석가들은 60일 이동평균선이 120일 이동평균선을 위에서 밑으로 뚫고 내려가면 그 후에는 장세가 하락 국면에 들어가는 경우가 많고, 반대로 60일 이동평균선이 120일 이동평균선을 밑에서 위로 뚫고 올라가면 그 후에는 장세가 상승 국면이 될 가능성이 크다고 판단하고 있다. 이때, 전자의 경우를 데드 크로스(dead cross), 후자의 경우는 골든 크로스(golden cross)라 한다. 데드 크로스는 매도시점, 골든 크로스는 매수시점으로 판단하는데, 이러한 방식을 이동평균 교차접근법이라 한다. [그림 6-4]는 전형적인 골든 크로스와 데드 크로스의 양상을 보여준다.

구체적으로 이동평균선을 이용한 투자판단은 다음과 같다.

① 단기, 중기 및 장기이동평균선 중에서 단기이동평균선이 중기 및 장기이동평균선을 상회할 때는 매입신호로 간주한다.

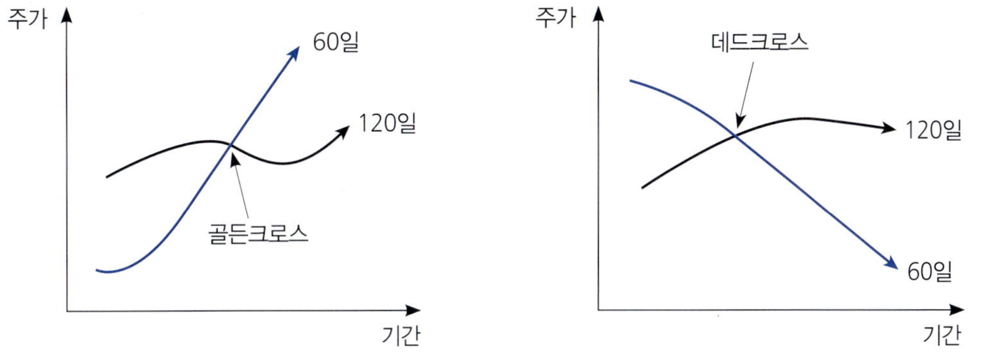

▲ 그림 6-4
골든 크로스와
데드 크로스

② 위로부터 단기, 중기 및 장기이동평균선의 순으로 나란히 상승하는 추세(정배열)에 있을 때는 주가가 장기간 상승하는 강세시장이 될 것으로 본다.

③ 중기 및 장기이동평균선이 상승하고 있는데 단기이동평균선이 하락하고 있다면 향후 주가는 하락할 가능성이 높다고 본다.

④ 단기, 중기 및 장기 이동평균선 중에서 단기이동평균선이 중기 및 장기이동평균선을 하회할 때는 매도신호로 간주한다.

⑤ 단기, 중기 및 장기이동평균선이 나란히 하락하는 추세(역배열)에 있을 때에는 주가가 장기간 하락하는 약세시장이 될 것으로 본다.

⑥ 중기, 장기이동평균선이 하락하고 있는데 단기가 상승하고 있다면 향후 주가는 상승할 가능성이 높다고 본다.

⑦ 단기, 중기 및 장기이동평균선이 각각 뒤섞여 혼란하게 얽힐 때는 일단 매입을 보류해야 할 시점이다.

4. 이동평균수렴확산지수(MACD)

이동평균수렴확산지수(moving average convergence and divergence: MACD) 분석 그래프에는 보통 *MACD*선과 신호선(signal), 막대그래프 등 3개의 지표가 표시된다. *MACD*선은 지수의 단기이동평균에서 장기이동평균을 뺀 값을 연결한 선인데, 일반적으로는 12일 이동평균값에서 26일 이동평균값을 뺀다. 신호선은 *MACD*의 이동평균선으로 보통 9일 이동평균을 이용한다.

막대그래프는 *MACD*선과 *MACD* 신호선의 차이를 도표화한 것이다.

$$MACD = \text{지수의 } MA_{12} - \text{지수의 } MA_{26}$$

$$MACD \text{ 신호선(Signal)} = MACD\text{의 } MA_{9}$$

$$MACD \text{ 막대그래프(Oscillator)} = MACD - MACD \text{ Signal}$$

*MACD*를 이용한 추세포착방법은 앞서 살펴본 이동평균 교차접근법과 유사하다. *MACD*선이 신호선을 상향교차하면 매수신호이고, 하향교차하면 매도신호이다.

그림 6-5 ▶ 종합주가지수와 MACD 그래프

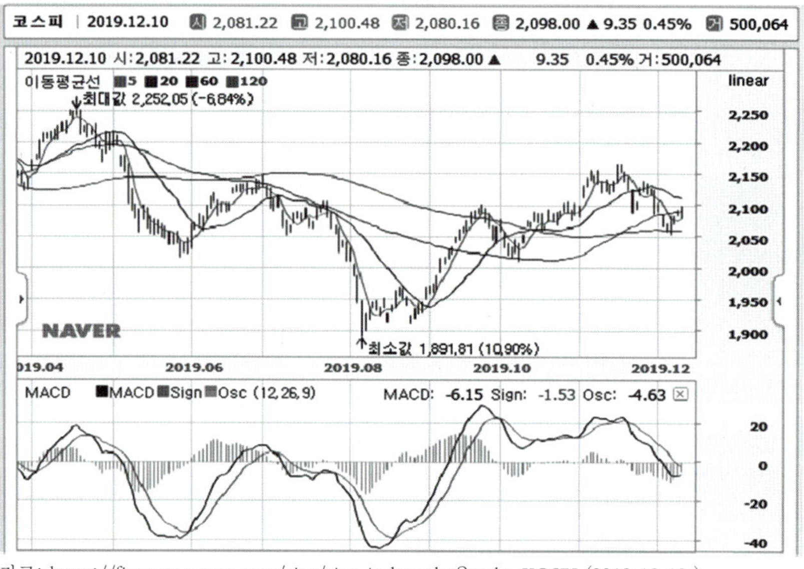

자료: https://finance.naver.com/sise/sise_index.nhn?code=KOSPI (2019.12.10.)

막대그래프는 두 선 사이의 간격이 넓어지거나 좁아지는 시점을 알려주는데, 막대그래프가 제로선(0) 위에 있으면서 제로선을 향해 떨어지기 시작하면 상승추세는 약해진다. 반대로 막대그래프가 제로선 아래에 있으면서 제로선 쪽으로 상승하기 시작하면 하락추세는 약화된다. 이렇게 막대그래프의 전환이 실제 교차 신호보다 앞서서 움직이기 때문에 조기예고로서의 의미는 있지만, 현재의 우세한 추세에 역행하여 새로운 포지션을 설정하는 지표로 직접 이용하는 것은 위험하다.

5. 등락선

등락선(advance-decline line: ADL)은 주식의 등락현상을 이용하여 증권 시장의 동향을 분석하는 방법이다. *ADL*은 등락주선이라고 부르기도 한다. *ADL*은 시장에서 거래되는 모든 주식의 상승 종목수와 하락 종목수의 차이를 매일 누적한 값을 구하여 도표를 작성한다. 즉, *ADL*은 당일 상승 및 하락 종목수를 비교하게 된다. 〈표 6-2〉를 참고로 하여 *ADL*의 계산 예를 들어 보자.

◀ 표 6-2
ADL 작성

일자	상승 종목수(a)	하락 종목수(b)	보합 종목수	(a–b)	ADL
1	570	160	90	+410	410
2	585	165	70	+420	830
3	230	490	100	−260	570
4	525	195	100	+330	900
5	250	480	90	−230	670

*ADL*을 이용한 투자판단의 근거는 *ADL*이 주가지수의 선행지표로 간주하는 것이다. 기본적으로 주가지수는 오르지만 *ADL*이 하향 → 주식매각, 주가지수는 내리지만 *ADL*이 상승 → 주식매입을 한다. 구체적으로는 다음과 같다.

① 주가지수는 오르지만 *ADL*이 내려가는 경우는 장세가 하락 국면이므로 매도한다.

② 주가지수는 내리지만 *ADL*이 올라가는 경우는 장세가 상승 국면이므로 매입한다.

③ 주가지수가 이전의 최고치에 접근하고 있지만 *ADL*은 그 이전의 최고치를 하회할 때는 약세 국면이다.

④ 주가지수가 이전의 최하치에 접근하고 있지만, *ADL*은 그 이전의 최하치를 상회할 때는 강세 국면이다.

⑤ 주가지수와 *ADL*이 모두 상승할 경우에 상승 국면이다.

⑥ 주가지수와 *ADL*이 모두 하락할 경우에 하락 국면이다.

[그림 6-6]는 *ADL*과 주가지수와의 관계를 나타내고 있다.

실무계에서는 등락비율(advanced decline ratio: ADR)을 제시하고 있는데, 이는 일정기간 상승 종목수를 하락 종목수로 나눈 것을 매일 계산하여 그래프로 나타낸 것이다. *ADR*의 판단기준은 *ADL*과 동일하다. 즉, *ADR*이 상승하면 시장전체 주가는 상승추세에 있다고 판단하고, *ADR*이 하락하면 시장전체 주가는 하락추세에 있다고 판단한다. 대체로, *ADR*이 75% 정도이면 증시가 전반적으로 바닥이라고 보고 매입시점으로 생각하며, 120% 이상이면 천정권이라 보고 매도시점으로 판단한다.

그림 6-6 ▶ ADL과 주가지수와의 관계

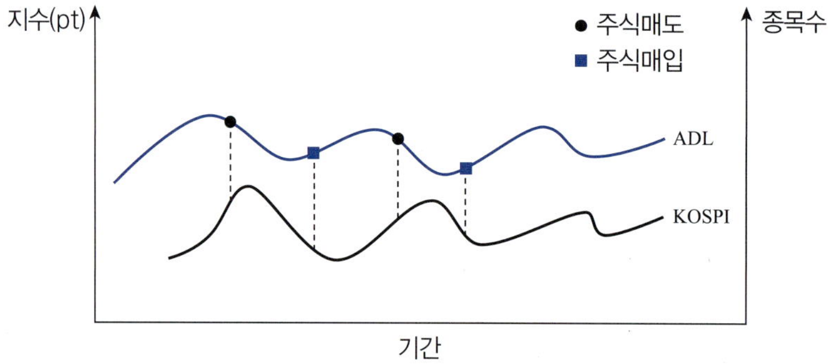

6. 투자심리도

투자심리도(sentiment index)는 투자자의 투자심리 변화를 파악하여 일정기간 중 증시가 과열인지 또는 침체인지를 판단하는 지표이다. 투자심리도는 최근 일정기간 동안 전일대비 주가상승일수가 며칠인지를 비율로 측정한다.

$$\text{투자심리도} = \frac{\text{최근 } n\text{일 중 주가상승일수}}{n} \times 100$$

투자심리도는 일반적으로 최근 10일 중(2주간) 주가상승일의 비율을 나타내므로, 장기적인 매매시점의 파악보다는 단기적인 매매시점의 포착에 적절하다. 가령, 최근 10일 중 전일 종가 대비 상승한 일수가 8일이라면 투자심리도는 80%가 된다. 일반적으로 투자심리도를 이용한 주식의 과열 혹은 침체 판단은 각각 80%와 20%를 기준으로 한다. 만약 투자심리도가 80% 이상이면 주식이 과열된 상태로 보고 매도시점으로 판단한다. 반대로 투자심리도가 20% 이하이면 주식이 침체되어 있는 상태로 보고 매입시점으로 판단한다. 그리고 20%에서 80% 사이는 중립상태로 고려한다.

그런데 시장의 과열 혹은 침체상태가 얼마 동안 지속될지에 대해서 확실히 알 수 없기 때문에 오히려 투자심리도가 80% 이상이거나 20% 이하인 경우에는 매매를 보류했다가 80% 이상에서 그 이하로 내려오는 시점을 매도시점으로, 20% 이하에서 그 이상으로 올라가는 시점을 매입시점으로 판단하기도 한다.

7. 신뢰도 지수

신뢰도 지수(confidence index: CI)는 신용등급이 다음과 같이 낮은 채권수익률에 대한 신용등급이 높은 채권수익률의 비율로 나타낸다.

$$\text{신뢰도 지수} = \frac{t\text{시점에서 } Aaa\text{채권의 평균수익률}}{t\text{시점에서 } Bbb\text{채권의 평균수익률}}$$

신뢰도지수를 이용하여 미래의 주가 움직임을 예측할 때, 채권의 수익률 동향이 주가의 선행지표의 역할을 한다는 가정을 하고 있다. 신뢰도지수는 이론적으로 어느 정도 타당성을 가지고 있다. 미래 경제사정이 호황일 것으로 예상되면, 낮은 신용등급의 채권을 발행한 기업이 파산이나 지급불능에 빠질 위험이 적어지고, 그 기업이 발행한 채권의 가격은 올라가고 수익률은 그만큼 낮아진다. 그 결과 높은 신용등급의 채권수익률과 낮은 신용등급의 채권수익률의 차이가 좁혀진다. 한편, 미래 경기가 침체하여 기업의 위험이 증가될 것으로 예상되면, 낮은 신용등급채권의 가격은 내려가고 수익률은 높아져 높은 신용등급채권과의 수익률 차이가 커진다. 높은 등급의 채권수익률은 낮은 등급의 채권수익률보다 작기 때문에 신뢰도지수는 항상 1.0 이하가 된다.

〈표 6-3〉에서 알 수 있듯이 2일째에 주가지수가 5포인트 상승하였고 거래량은 81,300만주이다. 3일째는 전일에 비해 10포인트 하락하였고 46,000만주가 거래되었다. 따라서 3일째의 OBV는 다음과 같이 계산된다.

$$\begin{aligned} OBV &= \text{상승한 날의 거래량 누계} - \text{하락한 날의 거래량 누계} \\ &= 141{,}300\text{만주} - 46{,}000\text{만주} \\ &= 95{,}300\text{만주} \end{aligned}$$

그림 6-7 ▶
OBV곡선

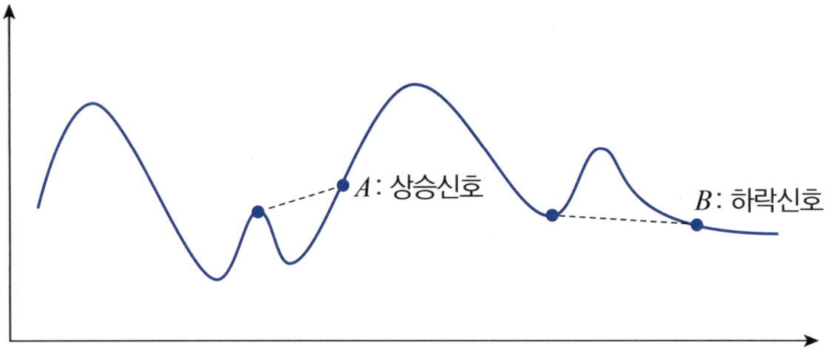

위와 동일한 방식으로 반복하여 거래일의 OBV를 계산하여 OBV곡선을 그린다. [그림 6-7]과 같은 OBV곡선을 보고 투자판단을 하여 보자.

① OBV선이 앞 기간의 최고치보다 높을 때는 주가 상승신호를 보낸다고 판단한다.

② OBV선이 앞 기간의 최저치보다 낮을 때는 주가 하락신호를 보내고 있다고 판단한다.

이러한 OBV를 이용한 투자판단은 주가는 주식의 수요와 공급에 의해 결정되고 이 수요·공급 관계는 거래에 의해 이루어지므로 거래량은 주가의 선행지표라고 가정하는 데 근거를 두고 있다.

3) 번한지표

번한지표는 거래회전율과 거래성립률의 곱으로 계산되며, 시장의 과열 혹은 침체 상태를 판단하는 데 이용된다.

$$\text{번한지표} = \text{거래량회전율} \times \text{거래성립률}$$

$$\text{거래량회전율} = \frac{\text{당일거래량} \times \text{연간거래일수}}{\text{전체 상장주식수}} \times 100$$

$$\text{거래성립률} = \frac{\text{거래성립종목수}}{\text{전체 상장종목수}} \times 100$$

여기서 거래량회전율은 전체 상장주식수 대비 거래된 총주식수의 비율로 계산되므로 거래의 양적 수준을 나타낸다고 할 수 있다. 이에 비해 거래성립률은 전체 상장종목수 대비 거래종목수의 비율로 거래의 질적 수준을 나타낸다. 따라서 이 두 지표를 곱하여 산출된 번한지표는 거래의 양적 및 질적 측면을 모두 반영하고 있다고 할 수 있다.

번한지표는 주식시장에서의 거래가 특정 종목에 치우치지 않고 대부분의 종목에서 고루 많은 양의 거래가 이뤄질수록 높게 나타난다. 즉, 번한지표는 높게 나타날수록 시장이 활황임을 보여준다. 일반적으로 번한지표가 30% 이상이면 시장이 천정권을 형성하여 과열상태인 것으로 보고, 5% 이하이면 바닥권을 형성하여 침체신호를 보내는 것으로 판단한다.

4) 주가-거래량지표

일반적으로 주가가 상승하기에 앞서 거래량이 먼저 증가되고, 주가가 하락하기에 앞서 거래량이 먼저 감소되기 시작한다. 주가-거래량지표는 이와 같은 주가와 거래량의 상관관계를 이용한 분석방법이다.

주가-거래량지표(price-volume index)는 그래프의 가로축과 세로축에 각각 거래량과 주가를 표시하고 주가와 거래량의 이동평균선의 교차점을 선으로 연결함으로써 두 변수 간의 상관관계를 파악하여 주가예측에 이용한다. 이렇게 연결한 곡선을 주가-거래량 상관곡선(price-volume correlation curve)이라고 하며, 시계반대방향으로 회전한다고 보아 이 곡선을 역시계방향곡선이라고도 한다. [그림 6-8]은 역시계방향곡선을 나타낸 것이다.

역시계방향곡선은 8가지 국면으로 구분되며, 현재의 주가와 거래량이 어떤 국면의 곡선으로 진행하고 있는지를 파악하여 미래의 주가움직임을 예측한다. 한편, 이 지표는 일반적으로 주가의 중기추세를 파악하는데 이용되므로 주가와 거래량 변수로 주로 25일 이동평균을 이용한다.

그림 6-8 ▶ 역시계방향곡선 8국면

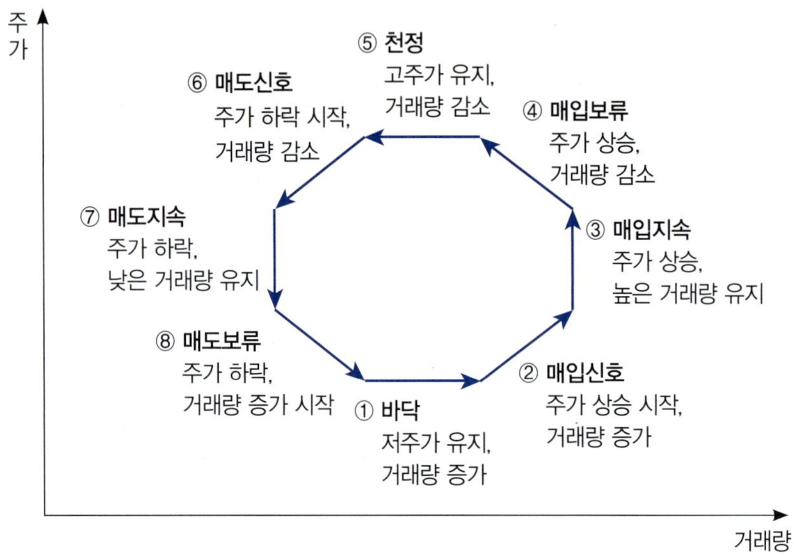

5) 거래량 비율

거래량 비율(volume ratio: VR)은 일정기간 동안 주가상승일의 거래량 합을 주가하락일의 거래량 합으로 나눈 것이다.

$$VR = \frac{n\text{일 중 주가상승일의 거래량 합}}{n\text{일 중 주가하락일의 거래량 합}} \times 100$$

예를 들어 VR이 200%라면 주가상승일의 거래량 합계가 하락일 거래량 합계보다 2배이다. 일반적으로 주가가 상승하는 날의 거래량은 주가가 하락한 날의 거래량보다 많다. 일반적으로 거래량비율이 150%일 경우 보통 수준으로 보고 450%를 초과하면 주가의 경계신호, 70%이면 바닥권으로 본다.

9. 이격도

이격도(disparity)는 투자시점을 신속히 포착하기 위한 방법으로 보통 이동평균과 함께 사용하여 투자판단을 한다. 이격도는 특정 시점의 주가를 그 시점의 이동평균치로 나누어서 계산한다.

$$\text{이격도} = \frac{\text{특정 시점의 주가(또는 종합주가지수)}}{\text{특정 시점의 이동평균주가(또는 이동평균종합주가지수)}} \times 100$$

이격도가 100 초과이면 당일주가(또는 종합주가지수)가 이동평균선 위에 있음을 의미하며, 이격도가 100 미만이면 당일주가(또는 종합주가지수)가 이동평균선 아래에 있음을 의미한다.

이격도를 이용하여 투자시점을 결정하는 근거는 현재 주가와 이동평균주가수준이 크게 차이가 나면 이동평균선으로 되돌아오려는 반복운동을 되풀이하는 경향이 있는데, 이로 인해 상승 또는 하락의 조정운동이 일어날 가능성이 높다고 보기 때문이다. 과거의 경험으로 볼 때, 이러한 반복운동은 대체로 다음 〈표 6-4〉에서 보는 바와 같은 범위 내에서 일어날 가능성이 높으며, 이 범위를 초과하면 단기적인 매입 또는 매도시점으로 간주 할 수 있다.

가령, 당일 주가가 13,500원, 20일 이동평균주가가 12,200원이고, 60일 이동평균주가가 17,300원일 때, 20일과 60일의 이격도를 각각 계산하면 다음과 같다.

$$\text{20일 이격도} = \frac{13{,}500}{12{,}200} \times 100 = 110.7(\%)$$

$$\text{60일 이격도} = \frac{13{,}500}{17{,}300} \times 100 = 78.0(\%)$$

위의 예에서 시장이 상승 국면의 경우라면, 20일 이격도가 106%보다 큰 110.7%이므로 매도시점으로 판단된다. 반대로, 장세가 하락 국면이라면, 60일 이동평균선을 고려할 때 매입하는 것이 좋다.

표 6-4 ▶
이격도와 매매시점 포착

국면	20일 이격도	60일 이격도	신호
상승	98% 이하 106% 이상	98% 이하 110% 이상	매입 매도
하락	92% 이하 102% 이상	88% 이하 104% 이상	매입 매도
보합	95% 이하 105% 이상	90% 이하 110% 이상	매입 매도

이격도는 단기적인 투자시점을 포착하기 위한 지표로 이동평균선을 보완한 기술적 지표이다. 적정 범위로부터 이탈하면 추세전환시점으로 간주하므로, 매매시점을 포착하는 데 이용할 수 있다.

10. 필터기법

필터기법(filter technique)이란 일정기간 동안에 주가가 최저가보다 일정비율 내지 일정액수 이상 오르면 매입하고, 최고가보다 일정비율 내지 일정액수 이상 내리면 매도하는 투자기법이다. 여기서 말하는 일정비율 또는 일정액수를 필터라 하는데 투자자의 주관에 따라 5%, 10%, 20% 등 경험적으로 정하는 경우가 많다.

예를 들어보자. 투자자 구운몽 씨는 [그림 6-9]와 같이 필터를 10%로 정하고 증권에 투자하고 있다. 그는 고려건설 주식에 관심을 가지고 한동안 그 주식의 주가추이를 분석하였다. 최근 고려건설의 주가는 10,000원대에서 장기간 소폭 등락을 하다가 현재 11,000원이 되었다. 구씨는 이 주식이 향후 계속 상승할 것으로 예상하고 매입하였다. 또, 구씨는 고려건설 주식을 보유하고 있는데 최근 이 주식은 30,000원대에서 최고치를 경신한 후, 27,000원대로 하락하였다. 그는 이 주식이 하락추세에 있다고 판단하고 매도하였다.

◀ 그림 6-9
필터기법의 이용

11. 상대적 강도분석

개별종목의 특성에 따라 증권시장의 전반적인 움직임이나 경제상황에 민감한 주식이 있는 반면, 어떤 주식은 증권시장의 움직임에 매우 둔감한 경우가 있다. 예를 들면, 제약주나 음식료품주 등 생필품, 의식주와 관련된 주식은 전체 증시상황에 비교적 둔감하며 건설, 전기·전자업, 첨단산업과 관련된 주식은 비교적 민감한 편이다.

상대적 강도(relative strength)란 개별종목의 주가가 이러한 시장전체의 동향에 얼마나 민감한 반응을 보이느냐를 보여준다. 상대적 강도는 시장의 전반저인 변화, 즉 종합주가지수의 변하에 대한 개별종목의 주가변화의 탄력성 정도를 측정한 것으로, 다음과 같이 일정기간 동안의 종합주가지수의 수익률에 대해 개별주식의 수익률을 비교하여 측정한다.

$$\text{상대적 강도} = \frac{\text{개별종목 수익률}}{\text{종합주가지수 수익률}}$$

가령, 2022년 10월부터 12월까지 3개월간 LG식품(주)의 주식을 소유하였을 때, 배당을 포함하여 15.8%의 수익률을 올렸다고 하자. 이 기간 동안 종합주가지수는 1,800.3에서 2,121.6으로 상승하였으며 평균배당수익률이 3.2%였다면, 시장의 수익률은 다음과 같다.

$$\text{시장수익률} = \left(\frac{\text{기말종합주가지수} - \text{기초종합주가지수}}{\text{기초종합주가지수}}\right) + \text{평균배당률}$$

시장의 수익률은 21.0%(=[(2,126.6−1,800.3)/1,800.3]+0.032)이 된다. 따라서 LG식품 주식의 상대적 강도는 0.752(=0.158/0.210)이다. 상대적 강도가 0.752라는 것은 시장의 변화가 1.0만큼 움직일 때, LG식품의 주가는 0.752만큼 움직인다는 것을 의미한다. 즉, 특정 기간 동안 종합주가지수가 10% 상승하면 LG식품 주가는 7.52%만큼 상승한다는 의미이다. 반면에, 종합주가지수가 10% 하락하면 LG식품 주가는 7.52%만큼만 하락할 것으로 예상한다.

만일 어떤 주식의 상대적 강도의 평균이 1.0이라면 이 주식은 시장의 종합주가지수와 똑같이 움직인다는 것을 의미한다. 상대적 강도의 개념은 6장의 포트폴리오이론에서 설명한 체계적 위험, 즉 베타(β)와 유사한 개념이다.

상대적 강도분석에서는 증권의 상대적 강도는 장기적으로 안정적이기 때문에 일시적으로 상대적 강도가 크게 변동하는 종목에 투자함으로써 상당한 이익을 올릴 수 있다고 보고 있다. 상대적 강도는 증권시장의 전반적인 움직임뿐만 아니라 어느 특정 산업과 그 산업에 속하는 개별종목과의 관계를 알아보기 위해서도 사용된다.

12. 봉도표

봉도표(bar chart)는 막대그래프를 이용하여 주가추이를 편리하게 나타내기 위한 수단이다. 주가가 상승할 때는 흰사각형으로 나타내고, 하락할 때는 검은 사각형으로 나타낸다. 봉도표는 하루에 주가가 어떻게 등락하였는지를 구체적으로 표현할 수 있는 장점이 있다.

봉도표의 예를 들어 보자. 동해전기의 8월 10일 주가는 시가가 10,600원이었는데, 이 날 최저 10,300원에서 최대 12,600원까지 등락하다가 12,000원에 장을 마감하였다고 하면 [그림 6-10]의 (a)같은 상승선(양선) 형태의 봉도표로 나타낼 수 있다.

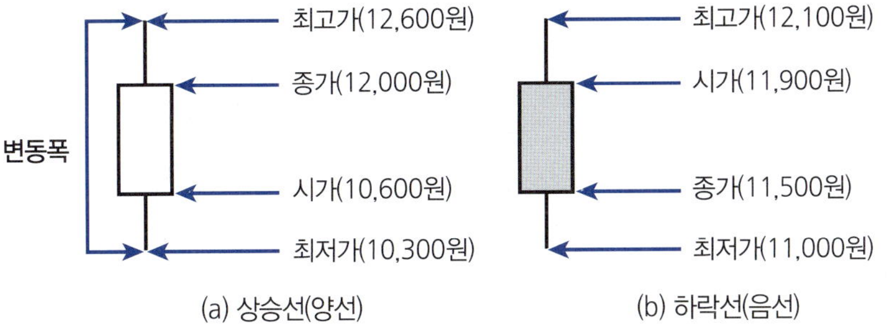

◀ 그림 6-10
봉도표의 예

또 8월 11일 동해전기의 주식은 시가가 11,900원으로 시작하여, 11,000원에서 12,100원 사이에서 등락하다가 전일 종가 보다 500원 하락한 11,500원에 종가가 형성되었다면 [그림 6-10]의 (b)같이 하락선(음선) 형태의 봉도표로 나타낸다.

봉도표를 이용하여 패턴분석을 할 수 있다. 패턴분석(pattern analysis)은 천정형(top) 패턴과 바닥형(bottom) 패턴으로 구분할 수 있다. [그림 6-11]은 대표적인 천정형 패턴과 바닥형 패턴을 보여준다. 천정형은 향후 주가의 하락이 예상되므로 매도시점을 포착하는 데 이용하며, 반대로 바닥형은 향후 주가상승의 징후로 보아 매입시점을 포착하는 데 이용한다.

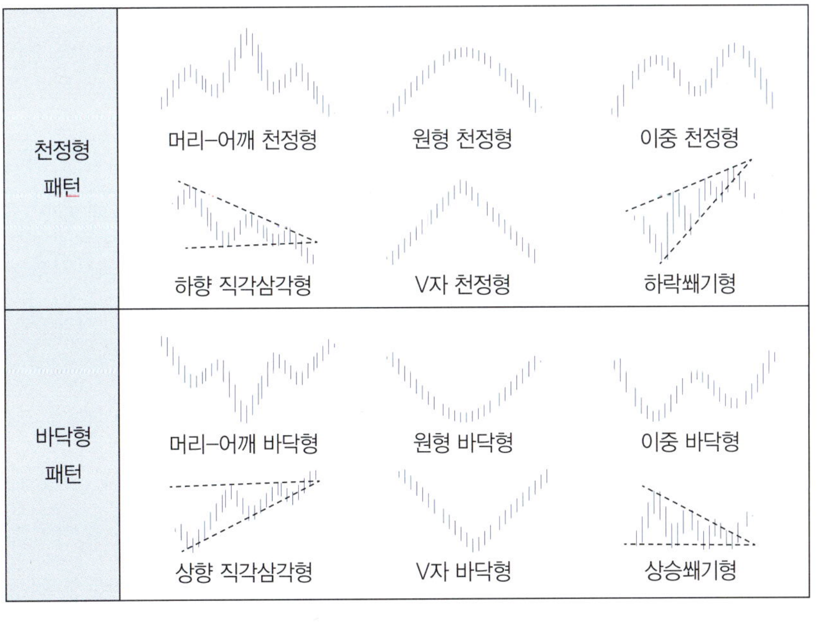

◀ 그림 6-11
패턴분석의 대표적인 유형

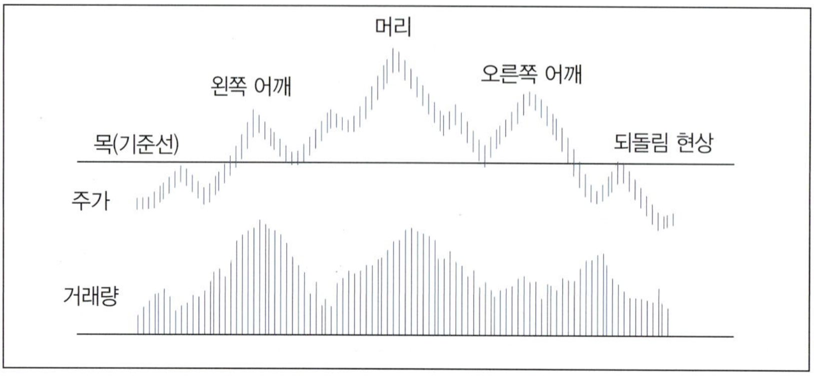

그림 6-12 ▶ 머리-어깨 천정형에서의 주가와 거래량 관계

일례로 사람의 어깨와 머리에 해당하는 모양을 찾아내어 주가의 천정권을 예측하는 머리-어깨 천정형(head and shoulder top: HST)을 이용한 투자전략을 [그림 6-12]를 통해 보다 구체적으로 살펴보자.

[그림 6-12]에서 보듯이 머리-어깨형은 주가의 패턴이 마치 사람의 왼쪽 어깨, 머리, 오른쪽 어깨의 순으로 세 개의 봉우리를 이루기 때문에 삼봉형이라고도 한다. 일반적으로 머리-어깨 천정형은 왼쪽 어깨의 정점에서 거래량이 가장 많다. 이후 주가 하락과 함께 거래량이 감소하다가 머리를 형성하기 시작하면서 다시 거래량이 증가한다. 주가는 머리의 정점에서 가장 높게 형성되지만 거래량은 왼쪽 어깨의 정점에서보다 적게 나타난다. 한편, 오른쪽 어깨가 형성되는 시점에서는 거래량이 두드러지게 감소한다.

HST 패턴을 이용하여 최고의 수익률을 달성할 수 있는 매도시점은 머리의 정점이라 할 수 있다. 그러나 이때는 삼봉이 나타날 것인지에 대해 아직 불확실하기 때문에 일단 매도를 보류하는 것이 일반적이다. 그러나 이후에 오른쪽 어깨의 정점이 형성되고 주가가 하락세로 접어들면 이때를 매도신호로 보고 매도해야 한다. 그런데 만약에 이때 매도시점을 놓쳤다면 목(기준선)을 주시하다가 주가가 목 아래로 내려가는 시점에서 매도하도록 한다.

이외에도 주가의 대표적 패턴으로 원형과 삼각형 등이 있다. 원형은 몇 개월에서 몇 년의 기간에 걸쳐 점진적으로 형성되기 때문에 천정이나 바닥에 대한 명확한 신호를 포착하기가 쉽지 않다. 그러나 원형 패턴이 형성된 이후에는 중요한 장세의 변화가 나타나므로 유의해야 한다. 원형 천정형은 주가와 거래량의 증감이 대체로 반대방향으로 나타난다. 즉, 주가가 천정에 가까울수록 거래량은 감소하고 주가하락 시 거래량은 증가한다. 이는 주가와 거래량의 추이가 마치 조개 모양을 띠기 때문에 조개형이라고도 한다. 원형 천정형이 나타난 다음에는 주가의 하락이 본격화되는 것이 일반적이므로 매도신호로 본다. 이에 반해 원형 바닥형은 주가와 거래량이 점진적으로 하락하다가 바닥 부근에서 점진적으로 상승하기 시작하기 시작한다. 그리고 원형 바닥형이 형성된 이후에는 급격히 상승하는 추세를 보이는 것이 일반적이므로 매수신호로 이용된다.

삼각형 패턴은 주가 변동폭이 점차 축소되어 한 점에 수렴하는 형태로 가장 흔하게 관찰되는 패턴이다. 그러나 다른 패턴에 비해 추세예측의 신빙성이 약한 것으로 알려져 있다. 삼각형 패턴은 크게 대칭삼각형, 직각삼각형 및 쐐기형으로 구분되나 여기서는 직각삼각형에 대해서만 간략히 설명하기로 한다. 하향직각삼각형은 고점을 연결한 저항선이 하락추세를 그리고, 저점을 연결한 지지선은 수평을 그리는 형태이다. 이러한 패턴 이후에 주가가 지지선을 하향돌파하면 본격적으로 하락 국면으로 접어드는 신호로 해석되어 매도시점으로 본다. 반대로 상향직각삼각형은 저항선이 수평으로 나타나고 지지선이 상향추세를 그리는 형태로, 이후에 주가가 저항선을 상향돌파하면 상승 국면을 예상하여 매수신호로 해석한다.

제 3 절 기술적 분석의 유용성과 한계

기술적 분석은 과거의 주가나 거래량을 분석하여 추세를 파악한 다음, 이를 이용하여 매매시점을 탐색하는 방법이다. 기술적 분석에서 이용하는 과거자료는 획득하기가 쉽고, 계량화가 가능하며, 분석방법이 간단하고 이해하기 쉽기 때문에 실무계에서 여전히 많이 이용하고 있다. 그러나 기술적 분석은 다음과 같은 몇 가지 문제점을 가지고 있다.

첫째, 기술적 분석은 과거의 주가자료를 통해서 일정한 변동추이를 찾아내어 미래의 주식의 가격을 예측할 수 있다고 본다. 그러나 과거의 경제양상, 투자자의 심리변화, 주가에 영향을 주는 정보가 미래에도 동일하게 반복적일 수 없기 때문에 이러한 주장은 비현실적인 것이다.

둘째, 기술적 분석에서는 어떤 정보이든 간에 주가가 움직이는 추세를 처음부터 알지는 못하지만, 과거의 추세를 통하여 그 움직임을 발견하여 이익을 얻을 수 있다고 본다. 그러나 동일한 과거 주가의 양상을 놓고 어느 점이 주가변화의 시발점인가 하는 해석이 달라질 수 있다.

기술적 분석은 실무적 측면에서는 많이 사용하고 있으나, 학문적 관점에서 그 타당성을 인정하기는 어렵다. 특히 현대 투자이론에서 효율적 시장가설이 소개된 후, 기술적 분석은 신뢰성을 상당히 상실해 버렸다. 따라서 오늘날의 증권분석은 효율적 시장가설을 기본으로 한 기본적 분석방법이 그 이론적 타당성을 인정받고 있다.

그러나 현실의 주식시장에서는 제7장에서 언급한 바와 같이 시장효율성을 의심하게 하는 많은 증거들이 발견되고 있으며, 주로 재무제표에 의존하여 분석하는 기본적 분석도 일정한 한계를 가지고 있다. 이러한 상황에서는 기술적 분석을 통하여 주가의 움직임을 분석하여 어떤 추세를 발견한다면 이는 미래 주가를 예측하는 데 도움을 받을 수 있는 것이다.

증권실무계에서는 과소평가된 주식을 발견하려고 할 때에는 기본적 분석을 이용하고, 언제 사고 언제 팔 것인가를 결정하는 매매시점 분석에는 기술적 분석을 이용하는 편이다. 이와 같이 기본적 분석과 기술적 분석을 병행하여 이용하는 방법을 $F-T$분석(fundamental-technical analysis)이라고 한다.

주요용어

- 기술적 분석(technical analysis)
- 다우이론(Dow theory)
- 약세시장(bear markets)
- 강세시장(bull markets)
- 엘리어트 파동이론(Eliott wave theory)
- 주가이동평균선(price moving average)
- 골든 크로스(golden cross)
- 데드 크로스(dead cross)
- 이동평균수렴확산지수(moving average convergence and divergence: MACD)
- MACD 신호선(signal)
- MACD 막대그래프(Oscillator)
- 등락선(advance-decline line: ADL)
- 투자심리도(sentiment index)
- 신뢰도 지수(confidence index: CI)
- 거래량이동평균선(volume moving average)
- *OBV*(on balance volume)
- 번한지표
- 역시계방향곡선
- 주가-거래량 지표(price-volume index)
- 거래량 비율(volume ratio: VR)
- 이격도(disparity)
- 필터기법(filter technique)
- 상대적 강도(relative strength)
- 봉도표(bar chart)
- 패턴분석(pattern analysis)
- 머리-어깨 천정형(head and shoulder top)
- *F*–*T*분석(fundamental-technical analysis)

연/습/문/제

01 최근 2주 동안의 종합주가지수를 대상으로 *OBV*를 계산하고 *OBV*선을 그린 다음, 투자판단을 해보라.

02 경제신문이나 인터넷을 통해 종합주가지수와 임의의 개별종목 주가의 이동평균선을 분석하여 증권의 매입 또는 매도 여부를 말해 보라.

03 현재 증권시장 전체의 투자심리도와 자신이 관심을 갖고 있는 특정 주식의 투자심리도를 파악하고, 이를 이용하여 그 특정 종목의 매입 또는 매도 여부를 판단해 보라.

04 자신이 선호하는 특정 종목의 2주간 주기 움직임을 살펴보고 봉도표를 작성해 보라.

05 기술적 분석의 가정을 비판해 보라.

06 투자판단 시에 기술적 분석 방법이 이론적 타당성을 가질 수 없으나 실무계에서 기술적 분석을 널리 이용하는 이유를 생각해 보라.

07 다음 그림은 2019년 12월 10일의 종합주가지수의 일봉차트와 거래량을 보여 주고 있다. 전반적인 장세를 분석하라.

자료: 네이버금융(http://finance.naver.com), 2019년 12월 10일

08 기술적 분석에 관한 설명으로 틀린 것은? (AFPK 유사문제)

① 수요와 공급은 합리적 행동과 비합리적 행동을 포함하는 많은 요소에 의해 발생한다.
② 기술적 분석에서는 주가와 거래량의 과거흐름을 분석하여 주가를 예측하려고 한다.
③ 기술적 분석을 통하여 시장이 변화하는 기본적 요인의 원인까지도 분석할 수 있다.
④ 주가는 장기간 존속하면서 추세 속에서 움직인다. 짧은 기간의 출렁거림은 무시될 수 있다.

09 다음 보기 중 기술적 분석방법을 설명하고 있는 것은? (AFPK 유사문제)

① 현재의 경기는 회복기를 지나 확장 국면에 해당된다고 볼 수 있다.
② A산업은 현재 성숙기에 해당한다.
③ B기업 주식의 *OBV*선이 앞 기간의 최고치보다 높다.
④ 유동비율이 지나치게 높은 것은 바람직하지 못하다.

제7장

증권시장 효율성

• 학습내용

- 시장효율성의 의미와 효율적 시장가설
- 효율적 시장가설의 실증검증
- 효율적 시장가설과 투자관리
- 시장이례현상과 시장의 비효율성
- 시장심리와 행동재무이론
- 효율적 시장가설 검증의 논점

■ 연습문제

주식투자자는 정보가 주가에 얼마나 신속하고 충분히 반영되는가에 관심을 가지지 않을 수 없다. 왜냐하면 모든 투자자는 항상 더 높은 투자수익을 얻기 위해 노력하기 때문이다. 제7장은 바로 이와 같은 투자자의 관심을 해결해 주는 증권시장의 효율성 문제를 다룬다.

한국의 주식시장은 효율적인가? 이러한 질문들에 대한 대답에 따라 여러분의 주식에 대한 투자전략이 달라질 수 있다. 파마(Fama)는 최초로 효율적 시장가설을 제시하고, 정보의 종류에 따라 시장의 효율성을 검증하기 위해 약형 효율적 시장가설, 준강형 효율적 시장가설, 그리고 강형 효율적 시장가설의 세 가지 가설로 분류하였다. 효율적 시장가설의 검증결과에 따라 기술적 분석과 기본적 분석의 유용성에 대한 관점이 달라질 수 있다. 지금까지의 연구결과를 종합해 보면, 대부분의 연구는 주식시장의 효율성을 지지하고 있다. 그러나 시장의 효율성을 의심하게 만드는 결과도 만만치 않다. 예를들어 PER 효과, 규모 효과, 1월 효과, 주말 효과, 시장의 과잉반응과 같은 시장이례현상이 존재하고 있다.

제1절 시장효율성의 의미와 효율적 시장가설

증권시장에 유입되는 모든 정보가 신속하고 정확하게 증권의 가격에 반영될 때 증권시장은 효율적이라고 한다. 따라서 효율적 증권시장이 성립된다면 현재의 시장가격이 바로 그 증권의 진실한 내재가치(intrinsic value)를 나타내게 된다. 증권시장이 모든 정보에 대하여 효율적일 경우에는 투자자가 어떠한 정보를 이용하여 투자한다 하더라도 시장의 평균적인 수익률(정상수익률)이상의 초과수익을 지속적으로 올리지 못한다.

증권분석 방법은 증권시장의 효율성에 대하여 서로 다른 입장을 보이고 있으므로, 어떠한 증권분석 방법이 가장 적절한가 하는 것은 실제로 분석대상이 되는 증권시장이 어느 정도 효율적이냐에 따라 달라질 수 있다. 또한 투자자들의 투자전략도 시장의 효율성 정도에 따라 달라지게 된다.

1. 시장의 효율성의 의의

1) 시장의 효율성

증권시장이 효율적이라 할 때 효율적이라는 단어는 여러 가지 의미를 담고 있다. 증권시장의 효율성은 배분효율성, 운영효율성 및 정보효율성의 세 가지 측면의 효율성을 말한다. 증권시장에서 이러한 효율성이 확보될 때 증권의 가격은 공정하고 적정하게 결정되는 것이다. 그리고 이러한 효율성이 충족될 때 효율적 자본시장(efficient capital market)이라 한다.

배분효율성(efficiency of allocation)이란 증권에 대한 수요와 공급이 원활히 이루어져 적정한 가격으로 거래가 이루어지는 것을 말한다. 배분효율성이 유지되기 위해서는 운영효율성과 정보효율성이 뒷받침되어야 한다.

운영효율성(efficiency of operation)이란 증권거래에 있어서 거래비용, 거래세, 매매수수료 등과 같은 제도적 요인이 최소화되어 증권의 거래가 원활하게 이루어지도록 하는 것을 의미한다. 운영효율성이 낮으면 증권시장은 활성화되기 힘든다.

정보효율성(efficiency of information)이란 증권시장에 투자에 영향을 주는 어떤 정보가 유입이 되었다면 그 정보가 증권가격에 정확하고 신속하게 반영이 되어야 한다는 것을 의미한다. 어떠한 투자정보이든지 간에 증권가격에 완벽하게 반영이 되어야지만 증권시장은 가격형성기능을 제대로 하고 있다고 볼 수 있는 것이다.

현대 자본시장이론에서 시장효율성이라는 의미는 보통 정보효율성을 지칭한다. 보편적으로 증권시장에 유입되는 새로운 정보는 그 정보와 관련이 되는 주식의 가격에 비교적 신속하게 반영된다고 보고 있다. 왜냐하면 많은 투자자들이 그들의 수익을 극대화하기 위하여 경쟁적으로 정보를 수집하고 분석하여 투자결정을 하기 때문에 그 정보의 효과는 단시간에 주가에 반영되기 때문이다.

2) 효율적 시장의 특성

시장효율성은 시장에 어떤 정보가 유입되었을 때 그 정보가 증권가격에 정확하고 신속하게 반영됨을 뜻하는 정보의 효율성을 의미한다고 하였다. 투자자들이 자본시장에서 이용가능한 모든 정보를 충분히 분석하여 합리적으로 예측하고 행동할 때, 시장에서 형성되는 증권의 가격은 모든 관련 정보를 충분히 반영하게 되므로 이때 시장에서 형성되는 증권의 가격은 비로 진실한 가치, 즉 내재가치(intrinsic value)이다.

효율적 시장에서 증권가격의 변화는 새로운 정보에 의해서만 발생하며, 새로운 정보의 예측은 불가능하므로 증권가격의 변화 역시 예측이 불가능하다. 그러므로 증권가격의 미래 움직임을 예측하려는 시도는 무의미하고 증권의 시장가격은 무작위적으로 움직이게 된다.

효율적 시장은 다음과 같은 시장의 특성을 가진다.

① **주가의 무작위적인 변화**(random walk): 각 시점에서의 증권가격은 무작위로 변동하므로, 시점 간에 상관관계가 없다.

② **정보에 대한 주가의 즉각적 반응**: 증권가격은 새로운 정보에 대해 즉각적으로 신속하고 정확하게 반응한다. 따라서 정보에 대한 지연반응이나 과잉반응은 없다.

③ **성공적인 투자전략 수립의 어려움**: 이용 가능한 정보에 기초한 투자전략이나 거래규칙을 수립했을 때 미래 평균투자수익률 이상의 투자성과를 지속적으로 획득할 수 없다.

④ **전문투자자는 정상수익률**(normal return)**을 획득**: 정보를 미리 파악할 수 있는 전문투자자와 일반투자자들의 평균적인 투자성과 사이에 유의미한 차이가 나타나지 않는다. 만약 투자성과 차이가 존재한다면 이는 전적으로 우연적인 것이다.

2. 효율적 시장가설

증권가격에 영향을 주는 정보는 정확하고 즉각적으로 주가에 반영된다는 가설을 효율적 시장가설(efficient market hypothesis: EMH)이라 한다. 그렇다면 현실 세계에서 효율적 시장가설은 항상 성립이 되는가? 증권시장에 유입되는 정보가 어떤 종류이냐에 따라서 주가나 시장 전반에 반영되는 정보의 차이가 있을 수 있기 때문에 항상 성립된다고 보기는 힘들다.

예를 들어, 기업의 이익 증감이나 외자유치 성공 등과 같은 재무적인 변동은 이미 주가에 반영이 되었을 수도 있으나, 북한과의 합작기업 설립 등과 같은 아주 은밀한 정보는 주가에 반영되지 않았을 수도 있는 것이다. 현재의 주가가 어느 정도 범위까지의 정보를 반영하고 있느냐에 따라서 증권시장의 효율성 정도는 달라진다. 주가에 반영되는 정보의 종류에 따라서 시장의 효율성은 상대적으로 평가되며, 이에 따라 효율적 시장가설은 약형 시장효율성, 준강형 시장효율성 및 강형 시장효율성의 세 가지 종류로 구분이 된다.[1)]

---

1) E. F. Fama, "Efficient Capital Market," *Journal of Finance*, Vol. 25, 1970, pp. 383–417.

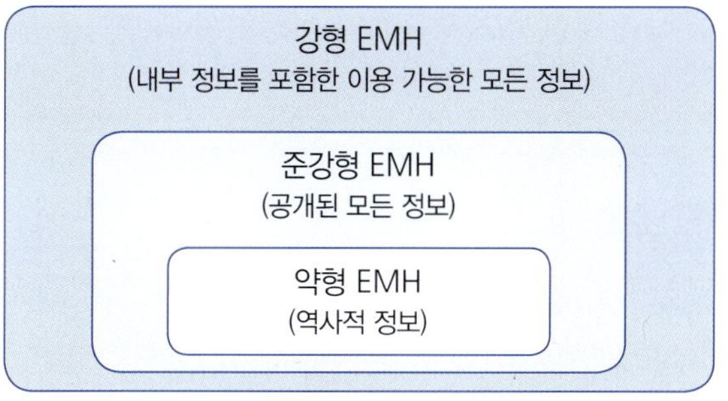

◀ 그림 7-1
효율적 시장가설의 관계

세 가지 시장효율성의 관계를 도시하면 [그림 7-1]과 같다.

(1) 약형 시장효율성

약형 시장효율성(weak-form market efficiency)은 과거 주가변동의 양상, 거래량의 추세에 관한 정보 등 과거의 주가를 결정하였던 요인들은 이미 현재의 주가에 완전히 반영되어 있는 시장상태를 의미한다. 약형 시장효율성이 성립할 경우에는 어떤 투자자도 과거의 증권가격이나 수익률 정보를 이용한 투자전략으로는 더 이상 초과수익을 올릴 수는 없다. 예를 들어, 기간에 따른 주가의 변동을 기록한 추세분석이나 거래량 분석, 이동평균주가 등과 같은 기술적 분석을 이용하여 초과수익을 얻고자 하는 노력은 무의미하다는 것이다. 왜냐하면 이러한 정보는 이미 주가에 반영되어 있기 때문이다.

(2) 준강형 시장효율성

준강형 시장효율성(semistrong-form market efficiency)에서는 누구나 이용할 수 있는 모든 공개된 정보는 현재의 주가에 완전히 반영되어 있기 때문에 어떤 투자자도 기업이 공표한 회계정보, 증자나 배당 등과 같은 기업의 공시 내용, 정부가 발표한 증권정책, 증권분석기관이 발표한 투자분석자료 등 공개된 정보를 이용함으로써 초과수익을 얻을 수 없다는 것이다. 여기서 말하는 공개된 정보에는 과거의 주가나 거래량 등에 관한 역사적 정보도 포함되어 있기 때문에 준강형 시장효율성은 앞에서 설명한 약형 시장효율성을 포괄하는 내용이다. 따라서 준강형 효율적 시장에서는 기술적 분석은 물론이고 기본적 분석을 통해서도 평균수익 이상의 초과수익을 얻는 것은 불가능하다.

(3) 강형 시장효율성

강형 시장효율성(strong-form market efficiency)은 일반에게 공개된 정보뿐만 아니라 일반에게 공개되지 않은 내부정보(insider information)까지도 주가에 완벽하게 반영된다는 것이다. 강형 효율적 시장 하에서는 어떤 투자자가 특정 기업의 미공개된 내부정보를 획득하였다 하더라도 그 정보는 이미 주가에 반영되어 있으므로 이를 이용하여 초과수익을 올릴 수 없다. 즉, 강형 시장효율성이 성립되는 시장상황에서는 증권시장에서 주가는 언제나 공정한 가격을 형성하며 어느 누구라도 남들보다 우월하게 주가 예측을 할 수 없다는 것이다.

강형 시장효율성이 과연 성립이 되느냐에 대한 의문은 일반투자자에 비해 정보분석과 기업의 내부정보에 대한 접근능력이 상대적으로 우월한 것으로 인식되는 전문투자분석가들의 투자수익률을 분석함으로써 어느 정도 해소할 수 있다. 미국의 경우, 뮤추얼 펀드(mutual fund)를 대상으로 한 투자성과를 분석한 결과, 뮤추얼 펀드가 동일한 위험수준 하에서 시장평균수익률보다 높은 수익률을 언제나 실현하지는 못한다는 결과가 나왔는데 이는 강형 시장효율성을 간접적으로 입증해 주는 결과라 할 수 있다.

제 2 절 효율적 시장가설의 실증검증

1. 자본시장 효율성 실증검증 유형

파마(Fama)는 효율적 시장가설의 유형을 약형, 준강형, 그리고 강형의 세 가지로 분류할 수 있다는 것을 초기에 제시한 이후, 1991년에 시장효율성에 관한 기존의 연구를 분석하여 실증분석의 유형을 다음과 같이 세 가지 유형으로 나누어 새롭게 분류하고 있다.[2)]

약형 효율적 시장가설의 검증

과거의 자료를 이용하여 미래의 수익률을 예측하는 것이 가능한가를 분석하는 수익률의 예측 가능성(price predictability)에 관한 연구가 주종이다. 이는 주로 약형 효율적 시장가설의 성립 여부와 기술적 분석의 타당성을 검증한다. 수익률의 예측이 가능하다면 약형 효율적 시장은 성립되지 않을 것이다.

준강형 효율적 시장가설의 검증

준강형 효율적 시장가설의 검증은 주로 사건연구를 통하여 이루어진다. 사건연구(event study)는 시장에서 발생한 정보에 증권의 가격이 얼마나 신속하게 또 정확하게 반응하는가를 검증하는 방법이다. 한편, 준강형 효율적 시장가설의 검증에는 성장성, 이익률 등 재무비율과 같은 기본적 요인들이 미래 수익률을 예측할 수 있는 능력을 가지는가에 관한 연구도 진행되고 있다.

강형 효율적 시장가설의 검증

강형 효율적 시장가설은 사적 정보의 수익률 예측 능력에 관한 연구들이다. 공개되지 않은 기업의 내부정보를 이용하여 투자한 투자자가 시장수익률보다 높은 비정상수익률을 획득할 수 있는지 여부를 검증한다.

〈표 7-1〉은 초기의 효율적 시장가설의 검증 유형을 파마의 새로운 분류에 기초하여 정리한 것이다.

---

2) E. F. Fama, "Efficient Capital Market Ⅱ," *Journal of Finance*, Vol. 46, 1991, pp. 1575–1627.

표 7-1 ▶ 효율적 시장가설 실증검증 유형

초기의 검증유형	구체적 연구 내용
약형 EMH의 검증	• 수익률 예측능력에 새로운 분류에 따른 연구: 장단기 수익률의 예측가능성 분석 • 주가의 과잉반응가설(overreaction hypothesis)
준강형 EMH의 검증	• 사건연구(event study): 새로운 정보의 발표에 대한 주가의 반응 분석 • 기본적 요인들을 이용한 수익률 예측능력 분석 시장이례현상(anomalies) 분석
강형 EMH의 검증	• 기업 내부정보를 이용한 투자성과 분석 • 애널리스트(analyst) 등 전문투자자들의 투자성과 분석

2. 약형 효율적 시장가설 검증

약형 효율적 시장가설에 대한 검증은 주가가 무작위적 움직임(random walk)을 보이는가를 관찰하는 것이다. 주가의 시계열자료(time series data)가 무작위적인 움직임을 보인다는 것은 각 시점에서의 주가변동은 그 이전 시점의 주가변동과 무관하게 독립적으로 움직인다는 것을 의미한다. 약형 효율적 시장가설이 성립한다면 주가는 무작위적인 움직임을 보이게 된다. 따라서 과거자료를 이용한 기술적 분석기법을 사용해서는 주가의 미래가격을 예측할 수 없으며, 이를 이용한 비정상수익의 획득은 불가능하다 할 수 있다.

그러나 최근 주식의 과거 수익률과 미래수익률 사이에는 어느 정도 상관성이 존재하며, 이를 이용하여 미래수익률을 예측하는 것이 가능하다는 견해가 나오고 있다.

수익률의 예측가능성(predictability)에 관한 초기의 연구는 주로 일별수익률이나 주별수익률과 같은 비교적 단기의 주식들의 가격변동을 예측할 수 있느냐에 초점을 맞추고 있다. 이를 위해 주식가격 변동의 시계열에 독립성이 존재하는지를 검증하였는데 자기상관이 0에 가깝다면 주식가격의 변화는 시계열 독립이라 할 수 있다. 파마(Fama)는 주가변동 시계열에는 아주 작은 자기상관이 있으나 유의성은 없다고 주장하였으며[3], 반면에 로와 맥킨리(Lo & MacKinlay) 등은 정(+)의 자기상관이 존재한다고 주장하였다.[4] 이러한 연구결과들은 주식의 단기수익률은 어떠한 추세가 존재한다는 것을 보여 주고는 있으나, 자기상관을 이용한 거래에서 비정상적 수익률 달성이 가능한가에 대한 물음에는 분명한 답을 주고 있지는 못하다.

한편, 특정 사건으로 인해 주가가 기업의 내재가치와 장기간 이탈되어 있을 수도 있기 때문에 장기적 관점에서 수익률 예측 가능성에 대한 분석이 수행되어 오고 있다. 여러 연구결과들에서 주식의 장기수익률은 음(−)의 상관성을 갖는다는 결과가 발표되고 있다.

몇 년간에 걸친 주식의 장기수익률이 음(−)의 상관성을 가진다는 연구결과들은 새로운 정보 내지 특정 사건에 주가가 과잉반응하다는 과잉반응가설(overreaction hypothesis)에 근거를 하고 있다. 가령, 시장에 좋은 뉴스(good news)가 공표되면 일정기간 동안 주가는 과잉반응을 보이면서 내재가치보다 더 오르게 되고 그후 과대평가된 부분이 주가의 하락을 가져오게 된다. 반면, 나쁜 뉴스(bad news)가 공표되는 경우는 일정기간 동안 주가는 과잉반응을 보이면서 내재가치보다 하락하지만 그후 과잉반응으로 과소평가된 부분에 대한 조정이 이루어지면서 일정기간 동안 주가는 상승하게 된다. 따라서 단기수익률은 같은 방향으로 움직여 정(+)의 자기상관을 가지게 될 수는 있지만 장기수익률은 음(−)의 관계를 가지게 되는 것이다.

드봉과 탈러(DeBondt & Thaler) 등은 미국 증권시장을 대상으로 주가의 과잉반응을 조사한 결과, 시장이 새로운 정보에 과잉반응하는 경우 주식의 장기수익률은 음(−)의 자기상관을 가진다는 사실을 규명하고 있다[5] .

---

3) E. F. Fama, "The Behavior of Stock Market Prices," *Journal of Business*, Jan. 1965, Vol. 38, pp. 34−105.

4) A. Lo & A. C. McKinlay, "Stock Market Prices Do Not Follow Random Walks: Evidence from a Sample Specification Test," *Review of Financial Studies*, Spring, 1988, pp. 41−66.

5) W. DeBondt & R. Thaler, "Does the Stock Market Overreact?," *Journal of Finance*, Vol. 40, 1985, pp. 793−805.

3. 준강형 효율적 시장가설의 검증

준강형 효율적 시장가설이 성립한다면 재무제표나 경제적인 상황 등에 관한 공개적인 자료를 이용해서는 시장초과수익률인 비정상수익률을 획득할 수 없다. 그러나, 시장이 비효율적인 경우에 주가가 새로운 정보에 시차를 두고 반응하거나 적정한 가치 이상으로 과잉반응하는 현상이 발생하면 이를 이용하여 비정상수익률(abnormal return: AR)을 얻을 수 있는 기회가 존재한다. 다음 [그림 7-2]는 이와 같은 사실을 나타내고 있다.

효율적 시장이 성립된다면 새로운 정보의 발표시점에서 그 정보의 양만큼 주가에 반영되어 주가가 상승 또는 하락한다. 이에 따라 투자자는 정상수익률(normal return)만을 획득하게 된다. 그러나 시장이 비효율적이라면 그 정보에 대해 과잉반응이나 지연된 반응을 보이게 된다. 이러한 경우 투자자는 비정상수익(abnormal return)을 획득할 수 있는 투자전략을 세울 수 있다. 이때, 투자자의 비정상수익률의 크기는 특정 기간 동안 투자자가 획득한 실현수익률과 효율적 시장이 성립하는 경우의 정상수익률의 차이이다.

이러한 비정상수익률의 크기를 이용한 효율적 시장의 검증방법이 사건연구이다. 사건연구(event study)는 어떤 사건의 발생으로 인하여 나타나는 누적비정상수익률(cumulative abnormal return: CAR)의 크기를 사건발생시점을 전후하여 비교해 봄으로써 시장의 효율성 여부를 검증하는 방법이다. 사건연구의 연구방법과 절차는 다음과 같다.

그림 7-2 ▶ 새로운 정보에 대한 주가 반응

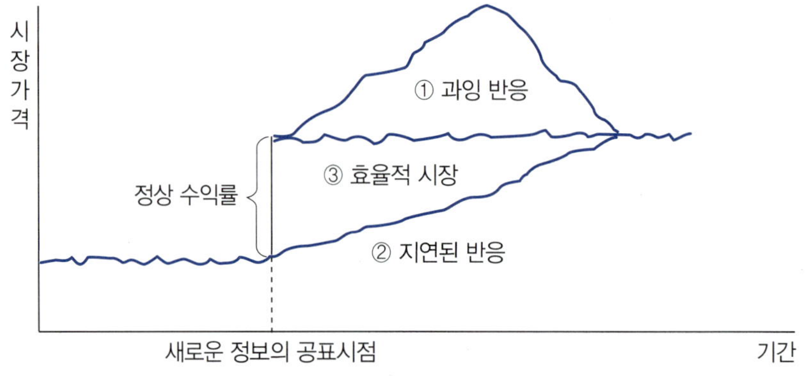

① **기대수익률**(정상수익률: normal return) **측정**: 시장모형, CAPM, 지수수익률, 과거 평균수익률 등을 이용하여 측정한다.

② **초과수익률**(abnormal return: AR) **측정**:
초과수익률(비정상수익률) = 실제수익률기대 − 수익률(정상수익률)

③ **평균비정상수익률**(average abnormal return: AAR) **측정**: 초과수익률의 평균을 계산한다.

④ **누적초과수익률**(cumulative abnormal return: CAR)**의 측정**: 평균비정상수익률을 시간에 따라 누적된 수익률을 측정한다.

⑤ **통계적 검증**: 사건일을 전후하여 누적초과수익률의 통계적 유의성을 검증한다.

파마, 피셔, 젠센과 롤(Fama, Fisher, Jensen & Roll) 등은 뉴욕증권시장을 대상으로 940개 주식분할 발표에 대한 주가반응을 검증하였다.[6)]

[그림 7-3]에서 제시된 바와 같이 사건일 이후 주식수익률은 큰 변동을 보이지 않고 있으므로 시장이 효율적임을 알 수 있다. 따라서 이들은 주식분할 후 해당 주식들은 평균적으로 비정상수익률을 올리지 못하였음을 입증하고, 준강형 효율적 시장이 성립된다는 견해를 밝히고 있다.

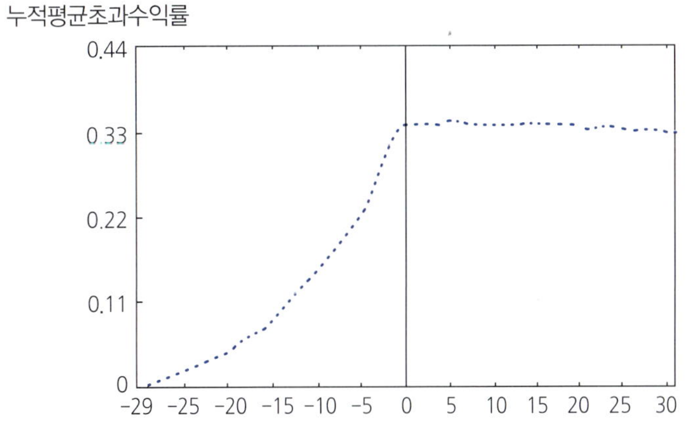

◀ 그림 7-3 주식분할 발표에 대한 주가반응

6) E. F. Fama, L. Fisher, N. C. Jensen & R. Roll, "The Adjustment of Stock Prices to New Information," *International Economic Review*, 1969, pp. 1−21.

랜들만 등(Rendelman, Jones & Latane)은 예상치 못한 이익의 공시가 주가에 미치는 영향을 검증하였다. 그 결과, 공시일 전후로는 급격한 가격조정이 이루어지나, 공시일 이전에 훨씬 앞선 기간부터 주가가 서서히 오르고 있어 이익에 대한 정보가 사전에 누출되고 있음을 보여주고 있다[7]. 이는 예상하지 못한 이익의 정보는 공시에 따라 주가의 조정이 대폭 이루어지지만 그 이전에 투자하는 경우 초과수익률을 획득할 수 있음을 보여 주기 때문에 그 조정과정의 시장효율성에 대해서는 의구심을 가질 수 있는 것이다.

4. 강형 효율적 시장가설의 검증

강형 효율적 시장은 공개된 모든 정보뿐만 아니라 비공개된 정보까지도 주가에 완전히 반영되어 있는 시장을 말한다. 강형 효율적 시장이 성립한다면 정보는 어느 개인에 의해 독점될 수 없기 때문에 사적인 독점적 정보에 의지하여 지속적인 초과수익을 올릴 수 없다.

독점적 정보를 누가 어느 정도 가지고 있는가를 판단하는 것은 거의 불가능하기 때문에 강형 효율적 시장을 검증하는 것은 매우 어렵다. 그러나 많은 연구자들은 다음과 같은 두 가지 방법으로 사적 정보의 수익률 예측능력에 대한 연구를 통해 강형 효율적 시장을 검증하고 있다.

① 일반투자자에게 공개되지 않은 독점적 정보를 가지고 있다고 생각되는 증권분석가, 펀드운용자, 또는 전문투자기관의 투자성과에 관한 연구
② 기업 내부자는 기업 내부의 독점적 정보를 이용하여 지속적인 고수익을 올릴 수 있는지 여부를 분석하는 내부자의 투자성과에 관한 연구

증권회사나 보험회사와 같은 전문투자자, 증권투자회사의 펀드의 과거 투자성과가 시장평균초과수익률을 상회하는 지를 분석한 많은 연구들은

7) R. Rendleman, C. Jones & H. Latane, "Empirical Anomalies based on Unexpected Earnings and the Importance of Risk Adjustment," *Journal of Financial Economics*, Nov. 1982, pp. 269–287.

이들의 수익률이 종합주가지수의 수익률을 능가하지 못하고 있음을 발견하고 있다. 젠센(Jensen)은 투자신탁의 115개의 투자성과를 비교·평가한 연구에서 전문투자자 그룹인 투자신탁의 투자성과는 일반투자자의 단순 매입·보유전략의 투자성과와 차이가 없다는 연구결과를 제시하고 있다.[8]

한편, 제프(Jaffe)는 내부자정보를 이용하여 초과수익률의 획득이 가능한지를 분석하여 내부자가 집중적인 주식 매수·매도 이후에 주가는 상승·하락하는 경향을 확인하였다.[9] 그러나 사실 기업의 경영자, 임원 그리고 대주주와 같은 기업의 내부자나 정부의 정책 입안자를 대상으로 주식에 투자하여 어느 정도 수익을 올렸는지를 조사하는 것은 거의 불가능하다. 따라서 내부자거래의 투자성과에 대한 명확한 검증이 이루어지기 힘든 상황에서 강형 효율적 시장에 대한 검증의 결론을 내리는 것은 매우 어려운 일이라 할 수 있는 것이다.

5. 시사점

이상에서 세 가지 종류의 효율적 시장가설을 검증한 연구자들은 서로 상반된 연구결과를 제시하고 있다. 이러한 결과들은 증권시장은 현실적으로 완전히 효율적(perfect efficient)이지는 않다는 것을 나타내 준다고 할 수 있다. 그러나 이러한 결과가 시사하는 것은 현실의 증권시장은 완벽하지는 않지만 상당한 수준의 효율성(nearly efficient)을 가지고 있다는 것을 암시하고 있다고 할 수 있는 것이다.

우리나라 증권시장을 대상으로 시장효율성을 검증한 연구결과를 살펴볼 때, 준강형 시장효율성이 성립하느냐에 대해서는 연구의 결과들이 일치하지는 않지만, 최소한 약형 시장효율성은 성립이 된다고 본다. 향후 우리나라

8) M. Jensen, "Risk, the Pricing of Capital Assets, and the Evaluation of Investment Portfolios," *Journal of Business*, Apr. 1969, pp. 167–247.

9) J. Jaffe, "Special Information and Insider Trading," *Journal of Business*, July 1974, pp. 410–428.

증시가 구조적으로 고도화될수록 강형 시장효율성까지 성립되는 완전한 시장효율성이 이루어지리라 기대된다.

제 3 절 효율적 시장가설과 투자관리

1. 효율적 시장가설과 증권분석 방법

투자자들은 시장에서 과대평가되거나 과소평가된 주식을 찾기 위해 증권분석을 한다. 증권분석의 방법으로는 기본적 분석과 기술적 분석 방법이 있다.

기본적 분석(fundamental analysis)은 주식가격을 결정하는 경제적 요인, 재무제표와 같은 기업내적 요인들과 같은 기본요인에 대한 분석을 통하여 주식의 내재가치(intrinsic value)를 추정하고자 하는 분석 방법이다. 준강형 효율적 시장가설이 성립한다면, 공개된 기본요인에 대한 정보들은 이미 현재의 주식가격에 반영되어 있으므로 기본적 분석을 통하여 비정상 수익(abnormal return)을 얻을 수 없다. 즉, 기본적 분석을 통해서는 정상적인 수익(normal return)만을 획득할 수 있는 것이다.

한편, 기술적 분석(technical analysis)은 과거의 주식가격과 거래량의 움직임에서 미래 주식가격을 예측할 수 있는 패턴을 찾아내고자 하는 분석 방법이다. 그런데 주가와 거래량은 과거자료이므로, 자본시장이 효율적이라면 과거정보들은 이미 현재의 주식가격에 충분히 반영되어 있을 것이므로 기술적 분석을 이용한 투자로부터 비정상적인 수익을 얻을 수 없는 것이다.

그렇다면 효율적 시장이 성립된다는 가정 하에서 기본적 분석과 기술적 분석은 어떠한 의미를 가지는 것일까? 투자자들은 누구나 초과수익을 얻기 위해 경쟁적으로 기본적 분석과 기술적 분석의 여러 가지 증권분석 수단을 이용해서 투자분석을 하며 이러한 분석이 수행이 될 때 기업과 관련된 모든 정보가 신속하게 주가에 반영이 되므로 기본적 분석과 기술적 분석은 시장의 효율성을 높일 것으로 예상된다.

2. 효율적 시장가설과 포트폴리오 관리

투자자는 투자수익 획득을 위해 자신의 포트폴리오에 구성된 주식의 성과를 평가하고 교체하는 등 지속적인 관리를 하여야 한다. 이를 포트폴리오 관리(portfolio management)라 한다. 투자자의 포트폴리오 관리의 방법은 적극적 투자관리와 소극적 투자관리 방법이 있다. 적극적 투자관리 방법은 자본시장이 비효율적일 수 있다는 전제 하에 투자자의 능력을 활용함으로써 시장평균보다 더 나은 투자수익(초과수익 내지 비정상수익)과 위험의 관계를 얻고자 하는 전략이다. 한편, 소극적 투자관리 방법은 자본시장이 효율적이라는 전제 하에서 잘 분산투자된 포트폴리오를 구성하여 시장평균적인 위험과 수익(정상수익)을 유지하고자 하는 전략이다.

3. 시장효율성과 투자전략

시장효율성은 정보가 주가에 반영되는 속도와 관련을 갖는다는 사실이다. 증권시장이 완전히 효율적이라면 새로운 정보는 발생하는 즉시 증권가격에 반영되므로 새로운 정보를 입수한 사람조차도 초과수익을 얻을 수 없게 되는 것이다. 따라서 효율적 시장가설이 성립된다면, 이는 증권분석과 투자전략의 선택에 큰 영향을 미치게 된다.

1) 시장의 효율성 정도와 투자전략

효율적 시장에서는 특정 주식의 주가에 영향을 미치는 모든 정보가 그 주식의 현재가격에 신속·정확하게 반영되기 때문에 현재의 주가는 바로 그 증권의 진정한 내재가치(intrinsic value)를 그대로 반영하고 있게 된다. 이와 같이 시장이 효율적인 경우에는 위험에 비하여 과소평가되어 있거나 과대평가되어 있는 주식은 존재하지 않으며, 이에 따라 투자자는 어떠한 주식을 매입하더라도 그 주식이 가지는 본질적 가치와 동일한 수익, 즉 정상수익만을 올릴 수 있을 뿐이다.

그렇다면 효율적 시장에서는 과소평가 또는 과대평가된 증권이 존재하지 않는 이유는 무엇인가? 만일 특정 주식이 그가 가지는 위험수준에 비하여 주가가 낮게 형성되었다고 하자. 그러면 투자자들은 즉각 이를 인지하고(투자자들은 여러 경로를 통해 부단히 투자정보를 얻고자 노력하고 있음을 기억하라.) 그 주식을 매입하게 될 것이다. 이러한 과정에서 그 주식의 주가는 그 위험수준에 상응하는 수준(정상수준)으로 가격이 상승하게 된다.

그러나 효율적 시장에서도 일반투자자보다 투자정보의 입수나 정보분석이 우월한 전문투자자의 경우는 일시적인 초과수익을 올릴 수는 있다. 하지만 무수히 많은 투자자들이 초과수익을 올리기 위해 경쟁적으로 투자행동을 하는 상황에서 그러한 초과수익을 계속적으로 올리기는 매우 어렵다. 따라서 효율적 시장에서는 과소평가 또는 과대평가되어 있는 주식을 찾기가 힘든 것이다.

한편, 시장의 효율성 정도는 증권투자 전략에 커다란 영향을 미친다. 시장의 효율성이 매우 높은 경우에는 증권분석을 통한 초과수익을 획득하기가 매우 힘들기 때문에 포트폴리오를 구성한 분산투자전략(소극적 투자관리)이 최선이라 할 수 있다. 그러나 시장의 효율성이 낮은 경우에는 정부의 경제동향 발표, 증권분석 기관의 투자정보, 기업의 재무제표 자료 등을 이용한 기본적 분석방법을 통한 종목의 선택과 기술적 분석을 통한 매매시점 선택 등의 방법을 이용한 투자전략(적극적 투자관리)으로 상당한 초과수익의 획득을 기대할 수 있다.

2) 약형 효율적 시장에서의 투자전략

현실적으로 증권시장에서는 이상수익률 현상 등으로 인해 준강형 시장효율성이 성립되지 않는 여러 가지 상황이 발생하고 있다. 우리나라의 경우는 선진 증권시장에 비해 상대적으로 증권시장의 규모와 투자자 수가 적으며, 정보전달 체계나 제도적인 면에서 구조적으로 불완전한 측면이 있다. 또한 증권 당국의 과도한 규제 등으로 시장효율성이 상당히 떨어지는 것으로 판단되고 있다.

이러한 효율성이 약한 시장에서는 기술적 분석이나 기본적 분석을 통한 투자전략이 효과를 볼 수 있다. 즉, 정보가 즉각적으로 반영되지 않는 경우에는 기술적 분석을 통해 주가 움직임의 일정한 패턴을 포착할 수 있으며, 공개된 재무제표나 기업정보를 이용하여 기본적 분석을 통하여 주식의 내재가치와 현재 시장가격을 비교하여 과대평가 또는 과소평가된 주식을 찾아낼 수 있는 것이다.

3) 강형 효율적 시장에서의 투자전략

완전히 입증이 되지는 않았지만 증권시장에서 약형 시장효율성과 준강형 시장효율성은 성립이 된다는 주장이 우세하다. 약형 시장효율성이 성립되는 경우, 주가와 관련된 과거의 정보는 이미 현재 주가에 반영되었기 때문에 기술적 분석을 이용한 미래 주가의 예측은 무용하다. 또 준강형 시장효율성이 성립되는 경우, 이미 공개된 정보는 주가에 반영되었기 때문에 기본적 분석을 이용하여 종목을 선택하거나 초과수익을 획득하려는 시도는 효과가 없다. 그리고 비록 강형 시장효율성이 성립되지 않는다고 해도 대부분의 일반 투자자들은 기업의 내부정보를 입수하는 것은 거의 불가능하므로 이를 이용한 초과수익을 얻기는 힘든다.

그렇다면 효율적 시장에서는 기술적 분석이나 기본적 분석은 전혀 필요가 없는 것일까? 결론적으로 말하면 결코 그렇지 않다. 왜냐하면 투자자들은 누구나 초과수익을 얻기 위해 경쟁적으로 여러 가지 증권분석 수단을 이용해서 투자분석을 하며 이러한 분석이 수행이 될 때 기업과 관련된 모든 정보가 신속하게 주가에 반영이 되는 것이다. 만일 투자자의 이러한 노력이 없다면 효율적 시장은 성립되지 않을 것이다.

이상을 감안할 때 효율적 시장에서 가장 적절한 투자전략은 포트폴리오를 구성하여 분산투자를 하는 것이다. 적절한 포트폴리오의 구성으로 개별주식 고유의 위험인 비체계적 위험은 제거되기 때문에 투자자는 체계적 위험만 고려하면 되기 때문이다. 즉, 개별주식의 가격은 개별주식의 수익률이 시장전체의 수익률 변화에 대해 얼마나 민감하게 움직이느냐를 나타내는 체계적 위험에 의하여 결정된다. 포트폴리오이론 하에서의 투자전략은 투자자의 개인의 특성에 적절한 포트폴리오를 여하히 구성하느냐가 중요하다. 예를 들어, 고수익을 원하는 투자자는 동일한 방향으로 움직이는 고위험의 주식들로 포트폴리오를 구성할 것이고, 안정적인 수익을 원하는 투자자는 여러 업종에 분산시킨 포트폴리오를 구성하고자 할 것이다.

그러나 지나치게 동일업종의 주식으로 구성한다든지 또는 너무 많은 종목을 포함시킬 때는 분산투자의 효과가 감소한다는 점을 유의하여야 한다. 왜냐하면 동일 업종의 주식들은 주가가 같은 방향으로 움직이는 산업효과(industry effect)가 나타나는 경향이 있으며, 너무 많은 종목이 포트폴리오에 포함되는 경우에는 관리상의 비경제성이 발생한다. 개별 종목 간의 상관관계를 고려한 가능한 한 최소한의 종목으로 포트폴리오를 구성할 때 분산투자의 효과를 극대화할 수 있다.

4. 효율적 시장가설과 포트폴리오 관리자의 역할

효율적 시장가설이 성립된다는 조건 하에서 포트폴리오 관리자는 시장평균적인 위험-수익의 관계를 얻는 것이 바람직한 투자전략이다. 지수펀드(index fund)와 같은 잘 분산투자된 포트폴리오를 구성하여 비체계적 위험을 제거하고 투자자가 원하는 수준의 체계적 위험을 가진 포트폴리오를 가장 효과적으로 구성할 수 있도록 종목선택을 하게 된다. 특히 소득 수준, 연령, 세율 및 미래지출계획 등 투자자의 특성을 파악하여 특성에 맞는 포트폴리오 구성하여 제공하는 것이 바람직하다.

제 4 절 시장이례현상과 시장비효율성

현실의 증권시장에서는 시장의 효율성을 의심케 하는 여러 가지 현상이 나타나고 있는데 이를 증권시장의 이례현상이라 한다. 시장이례현상(market anomaly)이란 어떠한 특정 성격이나 특정 사건을 갖는 주식들은 증권시장선(SML) 상에서 실현되는 시장의 정상수익률(즉, 효율적 시장 하에서 기대되는 정상수익률)보다 지속적으로 높은 수익률을 획득하는 것을 말한다. 시장의 이례현상은 시장이 비효율적이어서 특정 사건과 관련된 정보가 주가에 충분히 반영되지 않았기 때문에 나타나는 것이라고 할 수 있다. 이러한 현상은 특히 준강형 시장효율성의 성립을 의심스럽게 하는 내용이다. 증권시장에서 나타나는 이례현상은 *PER* 효과나 기업규모 효과와 같은 기업특성 효과, 주말 효과와 같은 계절적 특성 효과, 주가의 과잉반응 효과 등이 있다.

1. 기업특성 효과

1) PER 효과

주가수익률(price earnings ratio: PER, P/E)은 현재 주가가 회계장부 상의 주당이익의 몇 배인지를 나타내는 지표이다. *PER*의 크기는 각 기업이나 그 기업이 속한 산업의 특성에 따라 다르게 나타난다.

*PER*에 대한 실증적 연구들을 보면, *PER*가 낮은 주식의 일정기간 수익률은 *PER*가 높은 주식의 수익률보다 높다는 결과를 주장하고 있다. 즉, 투자자들은 일반적으로 *PER*가 낮으면 주당이익에 비해 주가가 과소평가되어 있다고 판단하고, 반대로 *PER*가 높으면 주가로 과대평가되어 있다고 판단하기 때문에 동일한 조건하에서 낮은 *PER*를 가진 개별주식 내지 포트폴리오가 높은 *PER*를 가진 것보다 초과수익률(비정상수익률)을 달성한다고 보는 것이다. 즉, 저 *PER*효과는 같은 위험을 갖는 주식들 중에서 *PER*가 낮은

주식의 수익률이 *PER*가 높은 주식의 수익률보다 높은 현상을 말한다.

바수(Basu)는 저 *PER*주식에 대한 투자전략이 상대적으로 높은 투자성과를 가져준다고 밝히고 있다.[10)]

2) 기업규모 효과

기업규모 효과는 반즈(Banz) 및 렌거넘(Reinganum) 등에 의해 주장되었다.[11)] 기업규모 효과(size effect)란 규모가 작은 기업에서 같은 위험을 갖는 규모가 큰 다른 기업의 주식에 비해 비정상수익률이 발생하는 현상을 의미한다. CAPM에 의하면 기대수익률은 체계적 위험에 따라 결정이 되고, 기업의 규모효과와는 무관하다. 따라서 기업의 규모에 따른 초과수익률은 CAPM에 기초한 효율적 시장에서는 나타날 수가 없다. 그러나 현실적으로 기업 규모가 작은 기업의 주식이 큰 기업의 수익률보다 높게 나타나는 현상이 종종 나타나고 있다.

3) 소외기업 효과와 유동성 프리미엄 효과

기업규모 효과와 관련하여 소형주에 투자하였을 때 얻어지는 비정상수익률을 소외기업 효과(neglected-firm effect)로 설명할 수 있다. 이는 기관투자자들이 투자여건의 제약으로 인하여 관심을 갖지 않는 소형주는 이용가능한 정보가 많지 않으므로 위험이 더 높아져 더 높은 기대수익률이 형성되는 현상을 의미한다. 아벨(Arbel)의 미국 증권시장을 대상으로 실증분석한 결과는 기관투자자들에게 소외되는 주식이 오히려 더 높은 수익률을 올리고

---

10) S. Basu, "The Investment Performance of Common Stocks in Relation to Their Price–Earnings Ratios: A Test of the Efficient Market Hypothesis," *Journal of Finance*, Vol. 32, 1977, pp. 663–682.

11) R. W. Banz, "The Relationship between Return and Market Value of Common Stocks," *Journal of Financial Economics*, Mar. 1981, pp. 3–18.; M. R. Reinganum, "Portfolio Strategies Based on Market Capitalization," *Journal of Portfolio Management*, Winter 1983, pp. 29–36.

있음을 보여주고 있다.[12)]

한편, 기업규모 효과와 소외기업 효과는 유동성 프리미엄 효과(liquidity premium effect)로 설명될 수 있다. 유동성이 작은 소형주나 소외기업의 주식은 유동성이 풍부한 대형주에 비해 높은 거래비용이 들게 되므로 이들 주식에 투자하는 투자자들이 추가적인 유동성 프리미엄을 요구한다는 주장을 유동성 프리미엄 효과라 한다.[13)]

4) 장부가치 대 시장가치 비율 효과

파마와 프렌치(Fama & French)의 연구에 의하면 주당순자산비율(PBR)에 기초하여 저 *PER* 포트폴리오를 구성하면 초과수익이 일관성 있게 나타난다고 주장하였다.[14)]

렌그넘(Reingnanum)의 연구에서는 주식의 장부가치를 시장가치로 나눈 비율(book value to market ratio: BV/MV)과 주식의 수익률이 일관되게 정비례하는 현상을 실증적으로 입증하면서 시장의 이상수익률현상의 또 다른 증거로 제시하고 있다.[15)]

2. 주식수익률의 계절적 특성 효과

1) 1월효과

로제프와 키니(Rozeff & Kinney)는 1904년~1974년 기간 동안 뉴욕증권시장에 상장된 주식을 대상으로 월별수익률을 비교한 결과, 1월의 평균투자

---

12) A. Arbel, "Generic Stocks: An Old Product in a New Package," *Journal of Portfolio Management*, Summer 1985, pp. 4 13.

13) Y. Amihud & H. Mendelson, "Liquidity Asset Prices and Financial Policy," *Financial Analysis Journal*, Vol. 47, 1991, pp, 56-66.

14) E. F. Fama & K. R. French, "The Cross-Section of Expected Stock Returns," *Journal of Finance*, June 1992, Vol. 47, pp. 427–465.

15) M. R. Reingnum, "The Anatomy of a Stock Market Winner," *Financial Analysts Journal*, Mar.-Apr. 1988, pp. 16-28.

수익률이 다른 달보다 높은 것을 발견하였다.[16] 1월효과(January effect)란 1월달에 평균적인 수익률이 다른 달보다 높게 나타나는 현상을 말한다. 1월 초에 투자자의 주식매입 자금이 증가되는 현상이 있기 때문에 주가가 상승한다는 것이다. 1월효과가 존재한다면 투자자들이 1월 초에 주식을 매입하여 1월 말에 매도하면 비정상수익을 올릴 가능성이 높을 것이다. 특히, 소규모 기업을 투자대상으로 했을 때 1월효과가 더 크다는 주장도 제기되고 있다. 1월효과는 증권시장의 비효율성을 지지하는 강력한 증거 중의 하나이다.

2) 주말효과

주말효과(weekend effect)란 요일별 수익률 중에서 주초(월요일과 화요일)의 수익률이 다른 요일의 수익률에 비해 낮고, 주말인 금요일(증권시장은 토요일은 개장되지 않는다)은 수익률이 비정상적으로 높게 나타나는 현상을 말한다. 즉, 투자하는 시점에 따라 초과수익을 얻을 수 있다는 것이다.[17] 이를 월요효과(monday effect) 또는 주중효과(day of the week effect)라고도 한다.

주말효과를 이론적으로 설명하기는 힘들다. 그러나 현실적으로 기업은 자신의 주가를 하락시킬 가능성이 있는 악재를 주초에 증권시장에 공시하면 그 주간 동안 주가가 약세를 보일 가능성이 있다. 따라서 거래가 없는 휴일 동안 악재의 정보가 희석이 되는 효과를 노리기 위해 주말까지 유보하였다가 공시하는 경우가 많으므로 월요일의 수익률이 특히 낮다는 것이다. 주말효과를 고려하는 투자자들은 특정 주식의 매입을 월요일까지 기다렸다가 하고, 금요일에 매각하는 투자전략을 쓸 수 있을 것이다.

---

16) M. Rozeff & W. Kinne Jr., "Capital Market Seasonality: The Case of Stock Returns," *Journal of Financial Economics*, Vol. 3, No. 4, 1976, pp. 379–402.

17) K. R. French, "Stock Returns and Weekend Effect," *Journal of Financial Economics*, Vol. 8 No. 1, 1980, pp. 55–69.

3. 기업 특성과 계절적 특성에 따른 이례현상의 상호 관련성

케임(Keim)은 뉴욕증권거래소(NYSE)와 아메리카증권거래소(AMEX)에 상장된 주식들을 대상으로 1월효과와 기업규모 효과를 분석한 결과, 기업규모 효과에 따른 비정상수익률의 대부분이 1월에 나타나 기업규모 효과와 1월효과는 사실상 하나의 현상이라는 주장을 하였다.[18] 특히 1월효과와 기업규모 효과의 대부분이 1월의 처음 5일 동안의 거래과정에서 발생되고 있다는 것을 발견하였다.

파마와 프렌치(Fama & French)는 장부가치 대 시장가치 비율이 높은 기업일수록 높은 수익률을 실현한다는 것을 제시하면서 *PER* 효과, 기업규모 효과, 그리고 장부가치 대 시장가치비율 효과가 동시에 나타날 수 있다는 것을 암시하고 있다.[19]

4. 주식시장의 과잉반응과 반전효과

주식시장의 과잉변동성(excess volatility)은 실제 주가의 변동이 이론적인 가격의 변동보다 큰 과잉반응 때문에 나타난다. 이는 주식시장이 단기적으로는 새로운 정보에 과잉반응을 보이는 모멘텀 효과(momentum effect)에 기인된다.

주가는 정보에 대해 과잉반응을 보이기 때문에 시장은 효율적이지 않다는 주장이다. 드봉(De Bondt)은 1926년에서 1982년까지의 상장된 주식을 과거 3년 동안의 누적초과수익률 순으로 나열하여 가장 높은 수익률을 보인 포트폴리오를 승자로 가장 낮은 수익률을 보인 포트폴리오를 패자로 명명하고, 그후 3년간 이들 포트폴리오에 대해 각각 누적초과수익률을 구하여 평균회귀(mean reverting)현상이 일어나는지 검증하였다.[20]

---

18) D. B. Keim, "Size-related Anomalies and Stock Returns Seasonality: Further Empirical Evidence," *Journal of Financial Economics*, Vol. 12, No. 1, Jun. 1983, pp. 13-32.
19) E. F. Fama & K. R. French, "The Cross-Section of Expected Stock Returns," *Journal of Finance*, June 1992, pp. 427-465.
20) W. De Bondt & R. Thaler, "Does the Stock Market Overreact?," *Journal of Finance*, Vol. 40, 1985, pp. 793-805.

[그림 7-4]에서 제시한 바와 같이 패자 포트폴리오의 경우 36개월 동안 20% 수준의 초과수익률을, 승자 포트폴리오의 경우 −5% 수준의 초과수익률을 보여 패자가 승자에 비해 약 25%의 초과수익률을 보였으며, 매년 1월에 상대적으로 큰 양의 초과수익률을 보여 1월효과와도 무관하지 않음을 시사하였다.

실러(Shiller)는 과잉변동현상은 어떤 정보에 대하여 주가가 과잉반응하므로 그 결과 주가의 변동성이 너무 크게 나타나 효율적 시장가설과 일치하지 않는 것을 의미한다고 하였다.[21] 배당흐름은 큰 변동을 보이지 않는 반면, 실제 주가의 변동성이 높은 현상은 시장이 비효율적이기 때문에 나타나는 현상이라고 주장하고 있다. 르로이와 포터(LeRoy & Porter)는 이익평가모형을 이용하여 실제의 주가변동이 이론적 허용범위를 넘어서고 있다는 것을 입증하면서 실제 주가 움직임은 시장효율성을 부인하는 수준의 과잉반응을 보인다고 주장하였다.[22]

그림 7-4 ▶ 승자와 패자 포트폴리오의 누적초과수익률

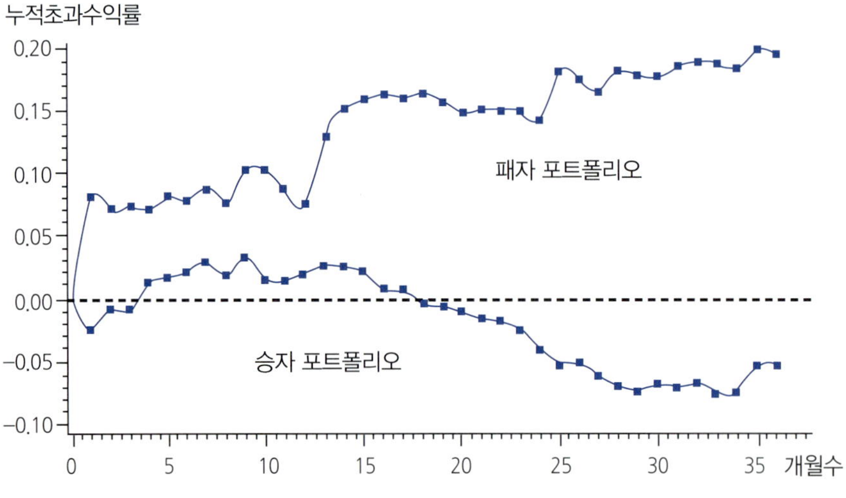

21) R. J. Shiller, "Do Stock Prices Move too Much to be Justified by Subsequent Changes in Dividends?," *American Economic Review*, June 1981, pp. 421−436.

22) S. LeRoy, & R. Porter, "the Present Value Relation: Tests Based on Implied Variance Bounds," *Econometrica*, May 1978, pp. 555−574.

또한 새로운 정보에 과잉반응된 주가는 장기적으로는 반전되어 과거기간에 좋은 성과를 내었던 주식은 미래기간에 가격이 하락하고, 반대로 과거기간에 나쁜 성과를 내었던 종목은 미래기간에 좋은 성과를 얻는 결과를 보이는 과잉반응 후 반전현상(reversal effect)이 나타나고 있다. 이러한 현상이 나타난다면 장기적으로는 과거에 하락한 종목은 매입하고 상승한 종목은 매도하는 반대매매전략(contrarian investment strategy)을 통하여 비정상수익을 획득할 수 있음을 암시하고 있는 것이다.

윤영섭 등은 1980년에서 1992년까지 우리나라 증권시장을 대상으로 분석한 결과, [그림 7-5]에서 제시된 바와 같이 미국의 경우보다 수익률 반전현상이 더욱 확연히 나타난다고 하면서, 이와 같은 수익률 반전현상은 한국주식투자자들의 독특한 인지심리학적 성향뿐 아니라 한국주식시장이 가지고 있는 여러 가지 구조적인 특성에서 비롯되는 것이라고 하였다.[23)]

이상의 모멘텀 효과, 과잉반응 및 반전현상은 시장의 비효율성을 나타내는 증거 중의 하나라 할 수 있다.

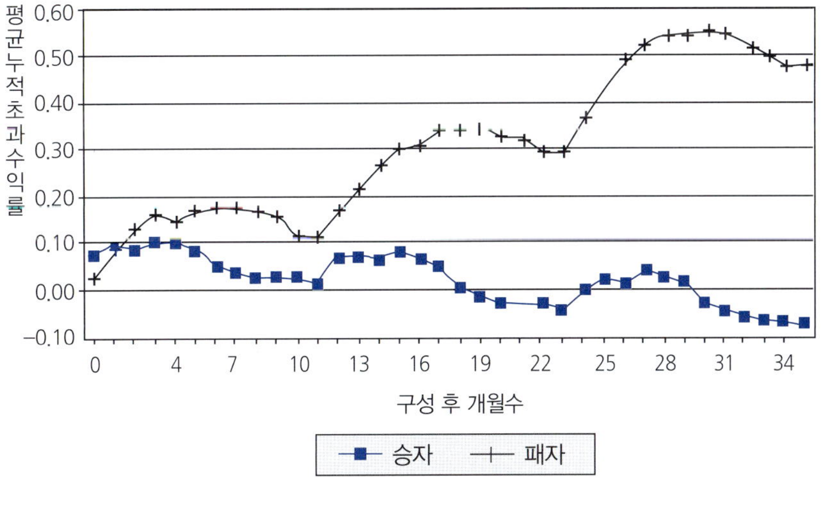

◀ 그림 7-5 승자와 패자 포트폴리오의 평균누적초과수익률

23) 윤영섭 · 선우석호 · 김선웅 · 장하성 · 최흥식, "한국주식시장에서의 주가변동 특성과 계절적 이례현상에 관한 연구", 증권학회지, 1994, Vol. 17, pp. 167-218.

제 5 절 시장심리와 행동재무이론

행동재무이론(behavioral finance)은 시장이례현상들을 투자자의 비합리적 투자행태에서 그 원인을 찾으려는 연구들이다. 1987년 10월 19일 미국의 검은 월요일(Black Monday)이라 부르는 주가 대폭락 사건 이후 효율적 시장가설에 대한 반론과 함께 시장심리이론에 대한 관심이 증폭되어 왔다.

주가는 군중심리 또는 시장심리(market psychology)에 의해 크게 변동할 수 있다고 본다. 케인즈(Keynes)는 '주식투자를 하는 투자자들은 주식의 내재가치에 근거해서 투자하기보다는 사람들이 장래에 어떻게 행동할 것인지에 근거해서 투자를 한다'고 주장하였다. 이를 사상누각이론(castle-in-the-air theory)이라고도 한다. 또 케인즈는 이를 미인대회(beauty contest)에 비유하기도 하였다. 미인을 평가하는 시각은 사람들마다 다르듯이 개별주식에 대해서도 투자자마다 서로 다른 기준을 가지고 평가할 수 있다는 의미이다.

이와 같이 시장심리에 의해 주가가 급속하게 상승 하락하는 현상을 설명하려고 시도하는 이론 중의 하나가 거품이론이다. 거품이론(bubble theory)은 주가는 항상 기업의 내재가치를 반영하는 것이 아니라 가끔 기업의 내재가치를 넘어서 관성적으로 상승하다가 어느 시점에 도달했을 때 투자자들이 주가가 너무 고평가되었다고 인식할 때 급격하게 진정한 내재가치로 돌아오게 된다는 이론이다.

거품효과(bubble effect)는 개별주가 내지 증권시장 전체가 급격하게 상승하거나 하락하는 현상을 설명하는 근거가 될 수 있다. 주가는 언제나 기업의 내재가치를 반영하고 있는 것이 아니라, 종종 내재가치를 넘어서 관성을 가지고 지속적으로 상승하다가 어느 순간 기업의 내재가치에 비해 주가가 너무 상승(거품)이 되었다고 인지되는 순간 내재가치 또는 그 이하로 하락하는 경우를 많이 보아왔다. 우리나라 증시도 이러한 주가의 거품이 빠지면서 주가가 급격하게 하락하여 KOSPI가 절반 이하 수준으로 내려가는 등 증시가

침체한 경우가 종종 있어 왔다.

전통적인 재무이론은 합리적 투자자를 가정하고 있다. 그러나 여러 이례현상 관련 연구 결과에 의하면 투자자들의 비합리성이 의사결정시 영향을 미치는 것으로 나타난다.

행동재무이론(behavioral finance)은 합리적 투자자의 가정으로 설명하지 못하는 이상 현상에 대해 심리적 실험을 통해 투자자의 비합리적(irrational) 선택행동의 규칙성을 규명하는 재무학의 최신이론이다.

투자자의 비합리성을 크게 두 가지로 나누면 정보처리의 오류와 행동학적 편의로 구분된다. 정보처리의 오류는 투자자들이 항상 정보를 올바르게 처리하는 것은 아니며, 미래 수익률의 확률분포를 정확하게 추정하지 못하므로 발생하는 오류이다. 그리고 행동학적 편의는 수익률 분포가 주어진 경우에도 일관성이 결여되거나 최선이 아닌 차선의 의사결정을 하므로 발생하는 편의를 의미한다. 즉, 투자자의 신념이나 선호와 관련된 비합리성을 의미한다. 이러한 비합리적 투자자의 존재가 자본시장이 비효율적임을 의미하지는 않는다. 왜냐하면 비합리적 투자자로 인해 시장가격이 비정상적이 되는 경우에도 차익거래로 인해 시장가격은 적정수준에서 유지될 수 있기 때문이다. 그러나 행동재무학에서는 합리적 투자자의 존재와 차익거래의 현실적 한계로 인해 시장가격이 적정 수준인 내재가치까지 도달하지 못할 수 있음을 주장한다.

1) 정보처리의 오류

투자자들은 정보처리의 오류로 인하여 미래 발생가능한 사건이나 이와 관련된 수익률의 확률분포를 잘못 평가하여 발생하는 오류이다.

(1) 예측오류(forecasting error)

사람들이 의사결정시 사전적인 믿음에 비해 최근의 경험에 너무 높은 가중치를 두며, 정보가 내포하고 있는 불확실성의 수준에 비해 지나치게 극단적인 예측을 하는 경향으로 발생하는 오류이다. 예를 들어 어느 기업에 대한 이익의 기대치가 높은 경우 투자자들은 객관적 전망에 비해 지나치게 높은 기대치를 갖는 경향이 있어, 그 결과 초기에는 *PER*가 높게 형성되고, 이 후 투자자들이 자신의 오류를 인식하면서 주가는 하락하게 된다. 이는 *PER*고 주식이 일반적으로 좋지 않은 투자대상이 되는 경향을 설명한다.

(2) 과신(over confidence)

사람들은 자신의 믿음이나 예측의 부정확성을 과소평가하며, 자신의 능력을 과대평가하는 경향을 의미한다. 예를 들어 남성과 여성의 증권거래행위를 비교해 보면 남성(특히 독신 남성)의 거래가 훨씬 활발함을 알 수 있는데, 이는 심리학에서 이미 널리 알려진 바와 같이 남성들이 더 큰 과신에 빠져있다는 사실과 일관성을 갖는다.

(3) 보수주의 편의(conservative bias)

보수주의 편의란 투자자들이 최근의 새로운 증거에 대해 자신의 신념을 새롭게 바꾸는 데 지나치게 느린 것을 의미한다. 예를 들어 어느 기업에 관련된 새로운 뉴스에 대해 초기에는 과소반응을 보여 이러한 정보가 서서히 가격에 반영되는 경향이 있다. 이는 주식수익률의 모멘텀 현상의 설명 중 하나이다.

(4) 대표성(representative)

대표성이란 사람들이 표본의 크기를 고려하지 않는 것으로서, 작은 규모의 표본도 큰 표본과 동일하게 모집단에 대한 대표성을 가진다고 추론한다는 의미이다. 따라서 대표성으로 인해 투자자들은 작은 규모의 표본으로부터 성급하게 어떤 패턴을 추론해 내고, 얻어진 추론을 미래기간까지 확대 적용하는 경향이 있다. 이러한 대표성은 시장의 과잉반응이라는 이례현상을 설명한다. 예를 들어 단기간의 높은 이익이나 수익률로 인해 투자자들은 미래 성과에 대한 자신들의 평가를 수정하여 주식을 매수하여 주식의 시장가격은 적정가격보다 지나치게 상승한다. 이후 가격의 괴리가 심해지면 투자자는 초기 오류를 수정하여 가격은 다시 급격히 하락하는 경향이 있다. 이는 투자자들의 초기 믿음이 극단적이었음을 깨닫고 수정하는 과정으로 인해 발생한다는 것이다.

2) 행동학적 편의

개인 투자자들은 제대로 된 정보를 가지고도 이를 활용하여 합리적인 의사결정을 하지 않을 수 있다.

(1) 액자편향(framing)

액자편향은 투자안에 대한 설명 방식에 따라 동일한 투자안에 대한 의사결정이 달라지는 것을 말한다. 즉, 사람들은 이익을 얻을 가능성을 강조하는 경우와 손실을 볼 가능성을 강조한 경우 동일한 투자안에 대해 다른 의사결정을 내릴 수 있다. 예를 들어 동전을 던져 뒷면이 나오면 50원의 이익을 얻는 내기와 50원을 그냥 주고 동전을 던져 앞면이 나오면 50원을 잃게 되는 내기는 실제적으로 동전의 앞면이 나오면 아무런 이득이 없고, 뒷면이 나오면 50원의 이득을 얻는 내기이다. 즉, 전자는 이득의 관점에서 내기를 구성한 것이며, 후자는 손실의 관점에서 내기를 구성한 것이다. 이러한 구성의 차이로 인해 사람들은 동일한 투자안에 대해 다른 의사결정을 내릴 수도 있다.

(2) 고정관념(anchoring)

고정관념은 불확실한 결과 예측 시 최초 기준점을 설명하고 이를 수정하는 과정을 통해 최종수치를 확정하는 과정에서 나타나는 오류를 말한다. 즉, 처음 기준점을 설정할 때 가졌던 생각에 사로잡혀 정보를 왜곡하여 받아들이는 현상을 말한다. 예를 들면 최초 매입가격 때문에 추가 매입이나 매도를 하지 못하는 행위를 들 수 있다.

(3) 심리회계(mental accounting)

심리회계 또는 심적회계는 사람들이 의사결정을 할 때 관련된 것들을 통합하지 않고 분리하여 건별로 의사결정을 하는 것을 말한다. 이러한 심리회계는 사람들의 고현금배당 주식을 선호하는 현상을 잘 설명할 수 있다. 즉, 동일한 수익률이라고 하더라도 배당소득은 사용에 거부감이 없으나, 주식의 일부를 처분하여 사용하는 것은 꺼리게 된다는 것이다. 예를 들면 동일 투자자가 하나의 계좌는 높은 위험을 감수하지만 다른 계좌(자녀교육비)는 보수적으로 운용하려고 하는 현상, 그리고 카지노에서 자신이 따고 있을 때 더 위험한 내기를 받아들일 수 있는 것처럼 주식시장에서 주가가 한동안 상승한 후에는 상승차액을 자본이득계정(capital gains account)으로 보아 위험의 수용이 커지게 되는 현상을 의미한다.

(4) 후회기피

투자자들은 좋지 않은 결과가 나타났을 때 그 결정이 관행을 벗어난 것일수록 더 많이 후회하는 현상을 말한다. 예를 들면 우량주를 매입하여 손실이 난 경우 잘못된 결정이라고 생각하지 않고 운이 없는 탓으로 돌리며, 잘 알지 못하는 주식을 매입하여 손실이 난 경우 자신의 결정에 대하여 더욱 심하게 후회하게 된다. 따라서 투자자들은 자신이 잘 알지 못하는 주식(소규모 주식)에 대해서는 더욱 더 큰 위험프리미엄을 요구하게 되어 요구수익률이 높아진다. 결국 이러한 현상을 통해 규모효과와 장부가 대 시장가치 비율효과가 발생한다고 주장한다. 즉, 소규모 기업이나 장부가 대비 시장가치 비율이 높은 잘 알려지지 않은 기업들은 요구수익률이 높아 주가수준이 낮게 형성되는 경향이 있다.

(5) 군중심리(herd behavior)

군중심리는 다수의 의견이 틀리지 않을 것이라는 믿음하에 대중적인 정보를 신뢰하고 개별적으로 수집한 정보를 무시하는 행동을 말한다. 예를 들면 어떤 투자자가 대량으로 특정 기업의 주식을 매입한 경우 그 투자자는 기업에 대한 정보를 잘 알고 있을 것이라는 믿고 다른 투자자들이 주식을 매입하여 주식의 시장가격이 적정가격보다 높게 형성될 수 있다.

(6) 전망이론(prospect theory)

전통적인 기대효용이론에 의하면 투자자는 기대효용을 극대화하려고 한다는 것인데, 이러한 기대효용이론이 현실의 불확실한 상황에서 사람들이 보이는 행태를 제대로 설명해 주지 못하여 이에 심리학자 Kahneman and Tversky(1979)는 그 대안으로 전망이론이라는 새로운 이론적 틀을 제시하였다. 이들은 실험을 통해 밝혀낸 특이현상을 통해 기대효용이론이 불확실성하의 선택 행위을 제대로 설명하지 못한다는 것을 보이려고 했다.

미래의 동일한 성과를 가져다 주는 투자의 경우에도 투자자가 갖게 되는 인식의 차이에 따라 서로 다른 전망을 하게 되고, 이 상이한 전망에 따라서 서로 다른 결과를 가져온다는 것이다. 전망이론에서는 부의 수준보다는 부의 변화에 더 관심을 갖는다. 즉, 현재 부의 수준에서 부가 증가하는 것인지(이득), 부가 감소하는 것인지(손실)에 따라 위험에 대한 태도가 달라진다는 것이다. 따라서 투자자들은 이득의 경우에는 위험회피적 성향을 손실의 경우에는 위험선호적 성향을 갖게 된다. 따라서 투자자들의 손실회피(loss aversion)로 주가가 하락하여 손실이 발생한 주식보다는 주가가 상승하여 이득이 발생한 주식을 더 매도하는 경향을 들 수 있다.

또한, 사람들이 확실한 결과에 대해 이례적으로 높은 가중치를 부여하는 확실성 효과(certainty effect), 절대적인 금액은 동일한데 단지 이득인가 손실인가에 따라 사람들의 선택행위는 정반대로 나타나는 반사효과(reflection effect), 두 가지 중 하나를 선택하는 문제에 있어서 사람들은 두 문제의 공통적인 부분을 무시하고, 두 문제가 서로 다른 부분에만 초점을 맞추어 의사결정을 하는 경향으로 인해 공통적인 부분과 서로 다른 부분을 여러가지 방식으로 재조합하면 다른 의사결정을 하여 일관되지 않은 선호체계를 가지게 되는 고립현상(isolation effect) 등이 있다.

제 6 절 효율적 시장가설 검증의 논점

1) 효율적 시장가설의 검증과 자산가격결정모형의 적용

비정상수익률 내지 시장초과수익률을 측정하기 위해서는 정상적인 기대수익률을 추정해야 한다. 정상수익률을 추정하기 위한 모형은 주로 CAPM이나 APM과 같은 자산가격결정모형을 이용한다. 이를 위해 ① 효율적 시장가설의 성립 여부를 검증하여야 하며, ② 선택한 자산가격결정모형의 타당성 검증을 실시해야 한다. 이때, 두 개의 가설을 동시에 검증해야 하는 결합가설의 검증(joint hypothesis test) 문제에 봉착하게 된다. 이는 매우 어려운 문제로서, 예를 들어 시장효율성이 성립되지 않는 결과가 도출되었다면 이는 실제로 시장은 효율적인데도 불구하고 자산가격결정모형의 적용이 부정확하여 그러한 결과가 나왔는지 명확하게 설명하지 못할 수도 있는 것이다. 따라서 이를 의한 추가적인 분석이 필요할 수도 있다.

2) 시장효율성에 대한 인식

시장이 효율적이면 증권분석의 모든 노력은 필요가 없다. 그럼에도 불구하고 학계에서는 기술적 분석과 기본적 분석의 방법이 연구되고, 실무계에서도 이를 통하여 증권의 수익을 극대화할 수 있다고 믿고 각종 방법을 사용하고 있다. 이러한 모순을 이해하기 위해 효율적 시장가설의 검증과 관련하여 검증결과의 해석에 있어서 다음과 같은 논점에 유의하여야 한다.

즉, 현실적으로 투자자 내지 포트폴리오 관리자는 투자기회를 찾기 위해 지속적으로 증권분석을 할 것이며, 그 결과 시장에서 형성되는 주가는 점점 효율적인 상태에서 형성될 것이다. 이렇게 본다면 시장효율성에 관한 논의는 '과연 시장이 효율적인가?'에 대한 논의보다는 '시장이 어느 정도 효율적인가?', 그리고 '효율성 정도에 맞는 투자전략은 어떠한 것일까?'에 대한 논의가 중요하다고 본다.

주요용어

- 효율적 자본시장(efficient capital market)
- 내재가치(intrinsic value)
- 사건연구(event study)
- 비정상수익률(abnormal return)
- 기본적 분석(fundamental analysis)
- 기술적 분석(technical analysis)
- 포트폴리오 관리자(portfolio manager)
- 시장이례현상(market anomaly)
- 포트폴리오관리(portfolio management)
- 소외기업 효과(neglected-firm effect)
- PER 효과(PER effect)
- 기업규모 효과(size effect)
- 1월효과(January effect)
- 주말효과(weekend effect)
- 과잉변동성(excess volatility)
- 반전현상(reversal effect)
- 행동재무이론(behavioral finance)
- 시장심리(market psychology)
- 사상누각이론(castle-in-the-air theory)
- 거품효과(bubble effect)
- 정보처리의 오류
- 행동학적 편의
- 과신(over confidence)
- 전망이론(prospect theory)
- 효율적 시장가설(efficient market hypothesis: EMH)
- 약형 시장효율성(weak–form market efficiency)
- 준강형 시장효율성(semistrong-form market efficiency)
- 강형 시장효율성(strong-form market efficiency)
- 누적비정상수익률(cumulative abnormal return: CAR)
- 적극적 투자관리(passive investment management)
- 소극적 투자관리(active investment management)
- 유동성 프레미엄 효과(liquidity premium effect)

연/습/문/제

01 기술적 분석이 가지는 효익을 시장효율성과 관련하여 설명하라.

02 효율적 시장은 주가가 어떤 유형의 정보를 반영하는가에 따라 약형, 준강형 및 강형 효율적 시장으로 분류되는데, 이러한 세 가지 형태의 효율적 시장가설(EMH)을 실제 증권시장에서의 예를 통하여 설명하라.

03 시장이례현상에는 어떤 것들이 있는지 언급하고, 각 이례현상을 실제 증권시장에서 예를 통하여 설명하라.

04 효율적 시장가설 이론과 관련된 내용 중 적절하지 않은 것은? (AFPK 유사문제)

① 시장에 새로운 정보는 무작위적으로 도달하고 발표시기도 각각 독립적이다.
② 시장이 준강형 EMH에 부합할 경우 기술적 분석은 가치있는 것으로 간주된다.
③ 효율적 시장 하에서 새로운 정보가 시장에 도달하면 투자자는 그 정보를 감안하여 신속히 증권의 가치를 조정한다.
④ 효율적 시장가설에 의하면 인덱스 펀드와 같이 소극적인 포트폴리오 관리보다 나은 것은 없다.

05 준강형 효율적 시장가설 검증에 대한 설명으로 바르지 못한 것은? (AFPK 유사문제)

① 기업규모 효과(size effect)
② 소외기업 효과(neglected–firm effect)
③ 회사내부자의 거래
④ PER 효과

제 3 편

포트폴리오이론과 자본시장균형

제3편에서는 현대 투자이론의 핵심적인 내용을 다루고 있다. 마코위츠의 포트폴리오 선택이론이 나오기 이전에는 투자자들이 어떻게 하면 성공적인 종목을 선택할 수 있을까에 관심을 가졌다. 따라서 기술적 분석이나 기본적 분석에 많은 시간을 보냈다. 그러나 마코위츠 이후에는 불확실한 상황에서는 포트폴리오를 잘 구성해서 분산투자를 하는 것이 투자위험을 줄이면서 목표수익을 올릴 수 있다는 방향으로 관점이 완전히 달라졌다.

투자자가 최적의 포트폴리오를 선택하기 위해서는 증권분석, 포트폴리오 분석, 그리고 포트폴리오 선택 등 세 가지의 기본적 관리과정이 필요하다. 제8장과 제9장은 마코위츠의 포트폴리오 선택이론과 효용이론을 비롯하여 위험의 분산효과, 효율적 투자선의 도출 등과 같은 최적포트폴리오 선택을 위한 기본적인 내용을 다룬다. 제10장에서는 균형시장에서 주식과 같은 자본자산의 가격결정이 어떻게 이루어지는가를 설명하는 두 가지의 대표적인 자산가격결정이론인 자본자산가격결정모형(CAPM)과 차익거래가격결정모형(APM)을 다루고 있다.

제 1 편 투자론의 기초	제 1 장 투자론의 이해 제 2 장 증권시장과 금융자산 제 3 장 증권시장의 제도와 시장지표
제 2 편 주식의 가치평가와 분석	제 4 장 주식의 가치평가 제 5 장 기본적 분석 제 6 장 기술적 분석 제 7 장 증권시장 효율성
제 3 편 포트폴리오이론과 자본시장균형	**제 8 장 불확실성하의 선택이론** **제 9 장 포트폴리오 이론** **제10장 자산가격결정모형**
제 4 편 채권의 가치평가와 분석	제11장 채권의 가치평가모형 제12장 채권투자전략
제 5 편 파생금융상품	제13장 선물거래 제14장 옵션거래
제 6 편 포트폴리오 관리와 투자성과 평가	제15장 포트폴리오 관리 제16장 투자성과 평가

제 8 장

불확실성하의 선택이론

• 학습내용

- 기대수익률과 위험의 측정
- 위험을 고려한 자산의 선택: 평균-분산이론, 지배원리
- 기대효용이론
- 효용무차별곡선과 위험자산의 선택

■ 연습문제

투자자는 어떤 기준으로 자신의 투자자산과 포트폴리오를 선택할까? 마코위츠는 기대수익률과 위험의 두 가지 기준을 가지고 선택한다고 주장한다. 그는 모든 투자자는 최적 포트폴리오를 구성하여 관리하고자 할 것이라고 생각하고 포트폴리오 이론을 전개시키고 있다.

포트폴리오 관리는 증권분석, 포트폴리오 분석, 그리고 최적 포트폴리오 선택의 세 과정으로 이루어진다. 이 장에서는 포트폴리오 관리의 첫 과정인 증권분석을 하는 데 기초가 되는 개념과 이론을 학습하게 된다. 즉, 투자자의 주된 관심 중의 하나인 투자수익률의 다양한 개념과 측정, 그리고 위험의 의미와 측정을 배운다. 그리고 투자자의 선택기준의 기초가 되는 평균-분산이론, 지배원리, 효용극대화 이론이 실제 투자자산의 선택에 어떻게 활용되는지 학습하게 된다.

제 1 절 수익과 수익률

1. 수익과 수익률의 개념

투자자가 증권에 투자하는 목적은 자신의 수익을 달성하는 데 있다. 여기서 수익(return/payoff)은 투자로부터 얻은 성과의 절대액을 의미한다. 증권에 투자하여 얻는 수익은 이자소득, 배당 및 증권가격의 상승 등으로 획득된다. 수익은 이득이 될 수도 있고 손실이 될 수도 있다. 수익은 투자에 대하여 얼마나 성과가 있었는가에 대해 절대액으로 나타낸다.

이에 반해 수익률(rate of return)은 투자액 1원에 대해 달성한 성과를 나타내는 상대적 개념이다. 수익률은 다음과 같이 투자금액 대비 총수익금으로 나타내는 조수익률(gross rate of return)과 투자금 대비 순수익금(총수익–투자금)으로 나타내는 순수익률(net rate of return)로 구분할 수 있다. 일반적으로 수익률은 순수익률을 의미한다.

$$\text{조수익률} = \frac{\text{총수익}}{\text{투자금액}}$$

$$\text{순수익률} = \frac{\text{총수익} - \text{투자금액}}{\text{투자금액}} = \text{조수익률} - 1$$

2. 단리와 복리

수익률의 산정방법은 단리방식과 복리방식이 있다. 단리(simple rate)는 매기간 원금에만 이자가 붙는 이자지급방식이며, 복리(compound rate)는 원금과 이자를 합한 원리금에 이자가 붙는 방식이다. 일반적으로 수익률은 복리방식을 적용한다.

1 예제

1,000만원을 연 10%로 3년간 예금할 경우, 단리와 복리를 적용하여 각각의 3년간 원리금을 계산하라. 단, 이자는 연 1회 지급한다.

풀이

단리적용 시: 1,000만원 × (1+0.1 × 3년) = 1,300만원

(단위: 만원)

기간	1년 후	2년 후	3년 후
이자	1,000×0.1=100	1,000×0.1=100	1,000×0.1=100
원리금	1,000+100=1,100	1,100+100=1,200	1,200+100=1,300

복리적용 시: 1,000만원 × $(1+0.1)^{3년}$ = 1,331만원

(단위: 만원)

기간	1년 후	2년 후	3년 후
이자	1,000×0.1=100	1,100×0.1=110	1,210×0.1=121
원리금	1,000+100=1,100	1,100+110=1,210	1,210+121=1,331

3. 단일기간 투자수익률

단일기간 투자수익률(one period return on investment)은 주식을 매입하여 1기간 보유한 후 매도한 경우의 수익률을 의미한다. 단일기간 투자수익률은 사고 팔 때의 가격차이에 의한 수익(매매차익)과 보유한 기간 동안 주식으로 부터 획득한 이득(배당소득)을 합한 금액을 투자금액으로 나누어 계산한다.

$$\text{수익률} = \frac{\text{매매차익} + \text{배당소득}}{\text{투자금액}}$$

$$= \frac{\text{1기간후 매도가}(P_1) - \text{현재 매입가}(P_0) + \text{1기간후 배당금}(D_1)}{\text{현재 매입가}(P_0)}$$

예제 2

투자자 허난설 양은 (주)초당두부 주식을 주당 7,000원에 매입하여 1년 후 주당 600원의 배당을 받은 후 8,000원에 매도했다. 허 양의 1년 동안의 조수익률과 순수익률을 계산하라.

풀이

$$\text{조수익률} = \frac{8{,}000 + 600}{7{,}000} = 1.23(123\%)$$

$$\text{순수익률} = \frac{8{,}000 - 7{,}000 + 600}{7{,}000} = 0.23(23\%)$$

(또는, 조수익률 − 1 = 1.23 − 1.0 = 0.23)

4. 다기간 투자수익률

앞에서는 한 기간 동안의 투자수익률을 살펴보았다. 보유기간이 2기간 이상의 다기간의 경우에는 보유기간수익률(holding period return: HPR)을 계산한다. 모든 기간 동안에 1기간 동안의 수익률은 이미 앞의 방법에 의해 계산이 되어 있고 반복투자가 가능하다고 가정한다. 이때, 1기간의 수익률은 ${}_0r_1$, 두 번째 기간의 수익률은 ${}_1r_2$, 번째 기간의 수익률은 ${}_{n-1}r_n$이라고 하자. n기간 동안 투자한 경우의 투자수익률인 보유기간수익률 HPR_n은 다음과 같다.

$$HPR_n = \frac{\text{투자기간 중 총수익} - \text{투자금액}}{\text{투자금액}}$$

$$= (1 + {}_0r_1)(1 + {}_1r_2)(1 + {}_2r_3) \cdots (1 + {}_{n-1}r_n) - 1$$

이와 같이 보유기간수익률은 자산을 매입 후 기간 동안 보유할 경우 얻을 수 있는 수익률을 계산한 것이다.

3 예제

다음의 주가와 배당정보를 이용해 각 기간수익률과 2년 동안의 보유기간수익률(HPR)을 구하라.

기간	0	1년	2년
	$P_0 = 11,000$원	$P_1 = 12,000$원	$P_2 = 13,500$원
		$D_1 = 500$원	$D_2 = 500$원

풀이

1기간수익률 $_0r_1 = \dfrac{12,000 - 11,000 + 500}{11,000} = 0.136(13.6\%)$

2기간수익률 $_1r_2 = \dfrac{13,500 - 12,000 + 500}{12,000} = 0.167(16.7\%)$

$HPR_2 = (1 + 0.136)(1 + 0.167) - 1 = 0.326(32.6\%)$

5. 다기간 투자시 연평균수익률

투자기간이 여러 기간 지속되는 경우, 해당 기간 동안의 연평균수익률을 계산하기 위한 방법은 내부수익률, 산술연평균수익률, 그리고 기하연평균수익률이 있다.

1) 내부수익률

내부수익률(internal rate of return: IRR)은 투자로부터 미래에 기대되는 현금유입의 현재가치와 투자에 소요되는 현금유출의 현재가치를 일치시키는 할인율이다. 내부수익률은 서로 다른 시점에서 발생하는 현금흐름의 크기와 화폐의 시간가치를 고려한 개념으로, 투자기간 중 매기 발생한 현금흐름이 내부수익률로 재투자된다고 가정하고 계산된다.

예제 4

다음의 주가와 배당정보를 이용하여 주식을 2년간 보유할 경우의 내부수익률(IRR)을 구하라.

기간	0	1년	2년
	$P_0 = 11,000$원	$P_1 = 12,000$원	$P_2 = 13,500$원
		$D_1 = 500$원	$D_2 = 500$원

풀이 현재 현금유출 = 11,000원, 1년 후 현금유입 = 500원,
2년 후 현금유입 = 13,500원 + 500원 = 14,000원

$$11,000 = \frac{500}{(1+IRR)} + \frac{14,000}{(1+IRR)^2}$$

시행착오방법(trial and error method)을 통해 IRR을 계산하면 15.11%이다. 즉, 내부수익률 15.11%는 미래 투자수익인 1기간 후의 배당 500원, 2기간 후의 배당 500원과 주식가격 13,500원의 현가와 투자금액 11,000원을 일치시키는 할인율이다.

2) 산술연평균수익률

산술연평균수익률(arithmetic annual mean rate of return: AMR)은 여러 기간에 투자했을 때, 각 기간 수익률을 단순평균한 것이다. 앞의 내부수익률법은 매기 현금흐름이 내부수익률로 재투자된다고 가정하는 반면, 산술연평균수익률은 재투자수익률을 고려하지 않고 매기 수익률을 다음 식과 같이 단순평균한 값이다.

$$AMR = \frac{({}_0r_1 + {}_1r_2 + \cdots + {}_{n-1}r_n)}{n}$$

예제 5

1기간 수익률(${}_0r_1$) = 0.12, 2기간 수익률(${}_1r_2$) = 0.06인 경우, 산술연평균수익률을 구하라.

풀이 $AMR_2 = \frac{0.12 + 0.06}{2} = 0.09(9\%)$

6 예제

1기간 수익률$({}_0r_1)=0.16$, 2기간 수익률$({}_1r_2)=0.13$, 3기간 수익률$({}_2r_3)=-0.02$인 경우, 산술연평균수익률을 구하라.

풀이

$$AMR=\frac{0.16+0.13-0.02}{3}=0.09(9\%)$$

3) 기하연평균수익률

기하연평균수익률(geometric annual mean rate of return: GMR)은 다음과 같이 각 기간의 수익률을 구하여 이를 기하평균한 것이다.

$$\begin{aligned} GMR &= [(1+{}_0r_1)(1+{}_1r_2)(1+{}_2r_3)\ \cdots\ (1+{}_{n-1}r_n)]^{1/n}-1 \\ &= [1+HPR_n]^{1/n}-1 \end{aligned}$$

기하연평균수익률은 투자기간 중 발생한 현금흐름이 해당 시점의 단일기간수익률(기하연평균수익률)로 재투자한다고 가정하여 계산된 수익률이다. 내부수익률은 각 시점의 수익률 변동과는 관계없이 매기 현금흐름을 일정한 내부수익률로 재투자한다고 가정하고 있고, 산술평균수익률은 투자기간 동안의 재투자수익률을 고려하지 않은 방법이다. 기하연평균수익률은 매기의 독립된 수익률로 재투자된다는 것을 가정하고 있기 때문에 경제적 현실을 가장 잘 반영하는 실질적 의미에서의 수익률이라 할 수 있다.

7 예제

위의 예제 5와 6의 기하연평균수익률을 구하고 산술연평균수익률과 비교하라.

풀이

예제 5의 $GMR=[(1.12)(1.06)]^{1/2}-1=0.0896(8.96\%)$

예제 6의 $GMR=[(1.16)(1.13)(0.98)]^{1/3}-1=0.0871(8.71\%)$

∴ 산술연평균수익률은 둘 모두 0.09로 동일했으나 기하연평균수익률은 각각 0.0896과 0.0871로 차이를 보이고 있다.

제 2 절 위험과 기대수익률의 측정

1. 위험의 의의와 투자대상의 평가

1) 위험의 의의

투자의사결정은 미래가 불확실한 상황에서 내리게 된다. 즉, 특정 기업의 주식을 매입하면 향후 경제상황이나 해당 기업의 미래 전망에 따라 해당 기업의 주가가 변하게 되는데 이를 예측하기가 매우 어려운 것이다. 투자로부터 미래를 예측하기가 어려운 경우를 불확실성하의 상황 또는 위험하의 상황이라고 한다. 일반적으로 어떤 사실이 불확실하다는 것은 어떤 투자로부터 미래에 나타날 수 있는 결과를 확실하게 알지 못하는 상황을 의미한다. 즉, 미래에 일어날 사건의 확률분포를 알 수 없는 상황을 의미한다. 그러나 위험하의 상황은 미래 발생 가능한 사건과 그 사건이 나타날 확률은 알고 있는 상황을 의미한다.

예를 들어 보자. 우주선을 타고 화성에 착륙한 인간은 아직 없다. 그러므로 우주선에서 인간이 내렸을 때 어떠한 상황이 나타날지 아무도 예측할 수 없는 것이다. 한편, 인간이 80살까지 생존할 확률이나, 주사위를 2번 던져서 숫자 6이 한 번 나올 확률 등은 이미 경험적으로 결론을 도출할 수 있다. 이때 전자의 경우는 불확실성하의 상황이라 할 수 있고, 후자는 위험 하의 상황이라 할 수 있다. 그런데 투자이론에서는 불확실성과 위험이라는 용어를 동일한 의미로 사용하기 때문에 구태여 양자를 구분할 필요는 없다.

투자론에서는 미래 발생 가능한 상황과 그 상황이 나타날 가능성을 미리 예측할 수 있다고 가정하며 이에 따라 미래 상황의 확률분포를 알 수 있다고 본다. 투자로부터 기대되는 미래 현금흐름은 불확실성이 크면 클수록 현금흐름의 분포는 넓은 범위에 걸쳐 분산되게 될 것이다. 이러한 의미에서 투자론에서는 위험을 '미래 수익률의 변동성 정도(variability of return)'로 정의한다.

2) 투자대상의 평가

투자대상의 가치는 다음과 같이 수익률과 위험에 의해 결정되므로, 양자는 투자대상의 평가에 중요한 역할을 한다. 미래의 수익률은 화폐의 시간가치(time value of money)와 투자대상이 가지는 위험 프리미엄(risk premium)을 함께 고려한 개념이다.

$V = f$(수익률, 위험)

여기서, V = 투자대상의 가치

이때, 투자대상의 수익률은 미래에 기대되는 수익에 대한 수익률이기 때문에 기대수익률(expected return)로 측정을 하며, 위험(risk)은 미래수익률의 분산(variance)으로 측정한다. 즉,

$$V = f(\text{기대수익률, 분산})$$
$$= f(E(R_j),\ \sigma_j^2)$$

2. 기대수익률과 위험의 측정

1) 기대수익률

자산의 수익률은 기대수익률로 측정한다. 기대수익률(expected return)은 미래 발생 가능한 수익률들의 평균치를 의미한다. 기대수익률은 다음과 같이 미래 발생 가능한 상황에서 나타나는 수익률과 그 상황이 발생할 확률을 각각 곱해 준 값을 모두 합한 결과치이다.

$$E(R_j) = x_1 \cdot P_1 + x_2 \cdot P_2 + \cdots + x_n \cdot P_n \qquad \cdots\cdots (1)$$
$$= \sum_{i=1}^{n} x_i \cdot P_i$$

여기서, $E(R_j)$: 자산 j의 기대수익률

x_i : i상황에서 자산 j의 수익률(i=1, 2, ⋯, n)

여기서 x_i는 확률변수임.

P_i : i상황이 나타날 확률

$$\sigma_s^2 = (0.30-0.20)^2 \times \frac{1}{3} + (0.20-0.20)^2 \times \frac{1}{3} + (0.10-0.20)^2 \times \frac{1}{3} = 0.0067$$

$$\sigma_s = \sqrt{\sigma_s^2} = \sqrt{0.0067} = 0.0819$$

두 기업의 기대수익률은 동일하다. 그러나 (주)상도무역의 수익률의 분포가 더 크며 이에 따라 위험 측정치인 분산의 값도 더 크게 나타나고 있다.

예제 10

(주)울돌목산업 주식의 미래수익률의 확률분포는 다음과 같이 예상된다. 이 회사 주식의 기대수익률과 분산, 표준편차를 구하라.

상황	수익률	확률
호황	0.25	0.3
보통	0.15	0.4
불황	0.01	0.3

풀이

$$E(R_u) = \sum_{i=1}^{n} x_i \cdot P_i = (0.25 \times 0.3) + (0.15 \times 0.4) + (0.01 \times 0.3) = 0.138$$

$$\sigma_u^2 = \sum_{i=1}^{n} [x_i - E(x)]^2 \cdot P_i$$

$$= (0.25 - 0.138)^2 \times 0.3 + (0.15 - 0.138)^2 \times 0.4 + (0.01 - 0.138)^2 \times 0.3$$

$$= 0.008736$$

$$\sigma_u = \sqrt{\sigma_u^2} = \sqrt{0.00874} = 0.0935$$

제 3 절 위험을 고려한 자산의 선택

1. 위험자산과 무위험자산의 선택

투자대상은 그 성격에 따라 위험자산과 무위험자산이 있다. 위험자산(risky asset)은 증권, 부동산 등과 같이 미래에 획득 예상되는 수익이 불확실한 자산을 말한다. 무위험자산(risk-free asset)은 미래 획득되는 수익이 확실한 자산으로 예를 들어, 정기예금과 국채 등이 있다. 투자자는 수익을 극대화하고 위험을 최소화하는 투자행동을 취하면서, 위험자산과 무위험자산의 수익률과 위험을 평가하여 합리적인 투자결정을 할 필요가 있다.

11 예제

정기예금에 가입할 경우와 주식 물망초에 투자할 경우를 비교하려고 한다. 정기예금의 금리는 연 6%이고 주식 물망초의 수익률은 경기상황에 따라 다음과 같이 예측된다. 각 경우의 수익률의 기대값과 위험을 구하고 어떤 투자안을 선택할 것인가에 대해 생각해 보라.

상황	확률	정기예금의 수익률	주식 물망초의 수익률
호황	0.5	0.06	0.08
불황	0.5	0.06	0.04

풀이

정기예금의 경우,

$E(R_i) = 0.06 \times 0.5 + 0.06 \times 0.5 = 0.06$

$\sigma_i^2 = (0.06 - 0.06)^2 \times 0.5 + (0.06 - 0.06)^2 \times 0.5 = 0.0$

즉, 위험이 0이므로 정기예금은 어떠한 상황에도 동일한 수익을 제공하는 무위험자산이다.

주식 물망초의 경우,

$E(R_m) = 0.08 \times 0.5 + 0.04 \times 0.5 = 0.06$

$\sigma_m^2 = (0.08 - 0.06)^2 \times 0.5 + (0.04 - 0.06)^2 \times 0.5 = 0.0004$

물망초 주식은 무위험자산과 동일한 수익을 제공하면서 위험이 존재하므로, 시장에서 투자자들에 의해 선택되지 않을 것이다. 즉, 물망초 주식의 기대수익률이 무위험자산(정기예금)보다 높을 때 시장에서 거래가 가능할 것이다.

2. 위험자산 간의 선택

시장에 위험자산만이 존재한다고 하면, 투자자는 자신의 주관적인 위험회피 정도에 따라 적절한 투자자산을 선택하게 된다. 다음 예를 들어 투자자의 선택결과를 살펴보자.

예제 12

주식 A의 수익률과 주식 B의 수익률은 다음과 같다. 각 기업의 주식의 수익률의 기대값과 위험을 구하고, 어느 기업의 주식을 선택할지에 대해 생각해 보라.

상황	확률	주식 A의 수익률	주식 B의 수익률
호황	0.25	0.20	0.30
보통	0.50	0.15	0.20
불황	0.25	0.05	0.01

풀이

$$E(R_A) = 0.20 \times 0.25 + 0.15 \times 0.50 + 0.05 \times 0.25 = 0.1375$$

$$\sigma_A^2 = (0.20 - 0.1375)^2 \times 0.25 + (0.15 - 0.1375)^2 \times 0.5 + (0.05 - 0.1375)^2 \times 0.25 = 0.0030$$

$$\sigma_A = 0.0545$$

$$E(R_B) = 0.30 \times 0.25 + 0.20 \times 0.50 + 0.01 \times 0.25 = 0.1775$$

$$\sigma_B^2 = (0.30 - 0.1775)^2 \times 0.25 + (0.20 - 0.1775)^2 \times 0.5 + (0.01 - 0.1775)^2 \times 0.25 = 0.0110$$

$$\sigma_B = 0.1050$$

주식 A는 주식 B보다는 기대수익률과 위험 정도가 작다. 반면에, 주식 B는 주식 A보다 기대수익률은 높지만, 위험은 더 크다. 이 경우에는 투자자의 위험회피 정도에 따라 보다 방어적 투자자인 경우는 주식 A를 선택하고, 상대적으로 공격적 투자자인 경우는 주식 B를 선택할 것이다.

3. 평균-분산이론

투자대상의 가치는 수익률과 위험에 의해 결정된다. 이때, 투자대상의 수익률은 기대수익률로 측정하고, 위험은 미래수익률의 분산(variance)으로 측정하는 원리를 평균-분산이론(mean-variance theorem: M-V이론)이라 한다. 즉, 평균-분산이론은 투자안 평가 시에 기대수익률과 위험 두 요인만을 고려하여 평가하는 원칙이다.

투자자는 투자안을 선택할 때 지배원리에 의해 평균-분산모형을 이용한다. 지배원리(dominance principle)는 투자안을 선택할 때 투자자가 동일한 위험하에서 기대수익률이 높은 투자안을 선택하고, 동일한 기대수익률하에서는 위험이 낮은 투자안을 선택하는 원칙을 의미한다. 개별주식의 기대수익률과 표준편차가 다음과 같을 때, 지배원리를 고려하여 최적투자안을 선택하는 과정을 살펴보자.

주식	기대수익률(%)	표준편차(%)
A	12	8
B	12	13
C	15	15
D	18	15

개별주식들의 기대수익률과 위험을 2차원 평면상에 나타내면 [그림 8-1]과 같다.

투자안 선택에 있어서 주식 C와 주식 D를 살펴보자. 주식 C와 주식 D는 표준편차(위험)는 15%로 동일하나, 주식 D의 기대수익률이 18%로 더 높다. 따라서 주식 C는 주식 D의 지배를 받는다. 투자자는 주식 D를 선호하게 된다. 또, 주식 A와 주식 B의 경우, 기대수익률은 12%로 동일하나, 주식 A의 위험이 작다. 그러므로, 주식 B는 주식 A의 지배를 받으며, 투자자는 주식 A를 선택할 것이다.

그림 8-1 ▶
개별주식의
기대수익률과 위험

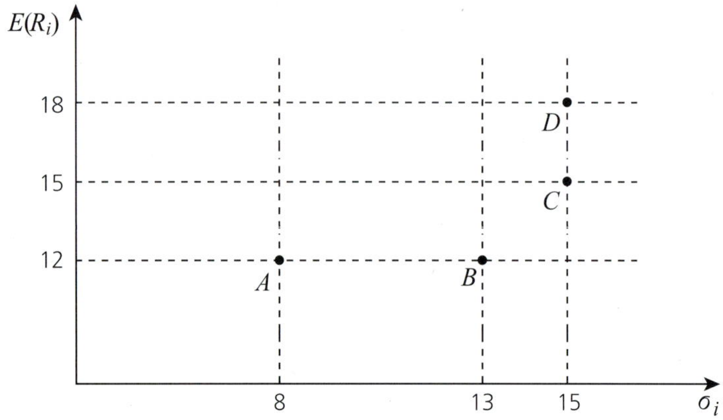

그러나 주식 A와 D는 어느 주식의 지배를 받지 않는다. 즉, 주식 A와 주식 D 중 어느 것이 더 좋은 선택자산이냐 하는 것은 한 마디로 이야기할 수 없다. 이는 기대수익률과 위험에 대한 투자자의 주관적인 위험회피 정도가 다르기 때문이다. 이때, 위험회피성향이 강한 방어적 투자자(defensive investor)라면 주식 A를 선택할 것이고, 보다 공격적인 투자자(aggressive investor)라면 주식 D를 선택하게 될 것이다. 이와 같이 지배원리는 평균-분산이론에 입각하여 위험을 회피하는 투자자의 선호체계를 나타내는 투자안의 선택기준이라 할 수 있다. 이때, 주식 A와 주식 D처럼 지배원리에 의해 그 지배관계를 말할 수 없는, 즉 그 우월성을 구분할 수 없는 자산들을 효율적 자산(efficient asset)이라 한다.

제 4 절 기대효용이론과 위험자산의 선택

1. 기대효용이론

투자자가 투자대상을 선택할 때 적용해야 하는 기준은 궁극적으로 자신의 투자만족도, 즉 효용을 극대화하는 것이다. 이때, 효용(utility)은 부에 대한 개인의 만족도를 의미한다.

그런데 불확실성하에서는 기대수익의 극대화(maximization of expected return) 기준을 적용하여, 단순히 수익을 극대화함으로써 투자자의 효용을 극대화할 수 없다. 왜냐하면 이성적인 투자자는 기대수익을 최대화하려 하지만 그에 따르는 위험도 적절히 회피하여야 하기 때문이다. 따라서 위험을 고려한다면, 투자자의 목적은 단순히 기대수익의 극대화가 아니라, 기대효용의 극대화가 되어야 한다.

기대효용(expected utility)은 다음 식과 같이 불확실한 투자안의 미래 발생가능한 성과에 대해 각각 효용지수를 부여한 후 구한 기대값이다.

$$E[U(w_i)] = \sum_{i=1}^{n} U(w_i) \cdot P_i \qquad \cdots\cdots (4)$$

여기서, $E[U(w_i)]$: 기대효용
U : 효용함수
$U(w_i)$: 상황 i가 발생했을 때 얻게 되는 부의 효용지수
P_i : 상황 i가 발생할 확률(i=1, 2, ⋯ , n)

효용함수는 수익의 크기에 따라 효용의 크기를 결정하여 주는 함수인데, 개인의 주관적인 위험회피성향에 따라 서로 다르게 나타난다. 위 식에서 효용지수는 개인의 효용함수(U)에 의해 결정된다.

합리적인 투자자는 언제나 자신의 기대효용을 극대화하는 행동을 한다. 즉, 투자자들은 모든 선택 가능한 투자안들에 대해 부의 기대효용을 계산하여 그것을 극대화시켜 주는 투자안을 선택한다. 이를 부의 기대효용 극대화기준(maximization of expected utility)이라 한다. 다음 예를 통하여 기대효용 극대화기준에 의한 투자안의 선택과정을 살펴보자.

예제 13

동일한 투자비용이 소요되는 상호배타적인 두 투자안 A, B의 수익의 확률분포는 다음과 같다.

투자안 A		투자안 B	
수익(만원)	확률	수익(만원)	확률
500	0.3	400	0.3
300	0.4	300	0.4
100	0.3	200	0.3

(1) 투자안의 선택기준이 기대수익의 극대화라면 어떤 투자안을 선택하여야 하는가?

(2) 투자자 제갈량 씨의 효용함수는 다음과 같다. 기대효용의 극대화가 투자결정 기준이라면 어떤 투자안을 선택하여야 하는가?

(단위: 만원)

현금흐름	0	100	200	300	400	500
효 용	0	20	39	57	75	86

(3) 위의 물음 (1)과 (2)의 결과에 의해 불확실성하의 선택기준으로서 기대수익의 극대화와 기대효용의 극대화를 비교하여 설명하라.

풀이

(1) 투자안 A의 기대수익 $E(R_A) = 500(0.3) + 300(0.4) + 100(0.3) = 300$(만원)

투자안 B의 기대수익 $E(R_B) = 400(0.3) + 300(0.4) + 200(0.3) = 300$(만원)

∴ 투자안 A와 B의 기대수익이 동일하므로, 기대수익 극대화기준에 따르면 두 투자안은 무차별하다.

(2) 투자안 A의 기대효용

$$
\begin{aligned}
E[U(w_A)] &= U(500)(0.3) + U(300)(0.4) + U(100)(0.3) \\
&= 86(0.3) + 57(0.4) + 20(0.3) \\
&= 54.6(\text{효용})
\end{aligned}
$$

투자안 B의 기대효용

$$
\begin{aligned}
E[U(w_B)] &= U(400)(0.3) + U(300)(0.4) + U(300)(0.3) \\
&= 75(0.3) + 57(0.4) + 39(0.3) \\
&= 57(\text{효용})
\end{aligned}
$$

∴ 투자안 B의 기대효용(57효용) > 투자안 A의 기대효용(54.6효용)이므로 기대효용극대화 기준에 의해 투자안 B를 선택한다.

(3) 투자안 A의 분산

$$\sigma_A^2 = (500-300)^2(0.3) + (300-300)^2(0.3) + (100-300)^2(0.3)$$
$$= 24{,}000$$

투자안 B의 분산

$$\sigma_B^2 = (400-300)^2(0.3) + (300-300)^2(0.3) + (200-300)^2(0.3)$$
$$= 6{,}000$$

투자안 A가 투자안 B보다 더 위험한 투자안이다. 그러므로, 위험회피형의 이성적인 투자자는 투자안 B를 선택할 것이다.

이상에서와 같이 기대수익 극대화기준은 투자자의 위험을 고려하지 못하는 반면, 기대효용 극대화기준은 투자안의 위험을 고려하게 된다. 따라서 불확실성하에서 투자안을 평가할 때 기대수익과 위험을 동시에 고려하는 기대효용 극대화기준이 보다 합리적 선택기준이라 할 수 있다.

2. 효용함수의 형태

투자자의 위험에 대한 태도는 위험 회피형(risk averse), 위험 중립형(risk neutral) 및 위험 선호형(risk seeking)으로 나눈다. 위험에 대한 태도는 효용함수와 밀접한 관계를 가지고 있다.

위험 회피형 투자자의 효용함수는 [그림 8-2]의 (a)와 같이 원점에 대해 오목(concave)한 형태를 보인다. 이는 부(w)의 증가에 따라 총효용(U)은 체감적으로 증가하는 것을 나타낸다. 즉, 한계효용체감의 법칙(law of diminishing marginal utility)이 적용됨을 보여 주고 있다. 이는 투자자는 다른 조건이 같다면 위험을 회피한다는 것을 의미하는데, 위험에 대한 투자자의 이러한 태도를 위험회피라 부른다. 자본시장에서 이성적인 투자자의 태도는 위험 회피형을 보이고 있다.

위험 중립형 투자자의 효용함수는 [그림 8-2]의 (b)와 같이 일정한 기울기를 가진 직선의 모양을 보인다. 이는 부의 증가에 따라 총효용은 일정하게

그림 8-2 ▶
효용함수의 형태

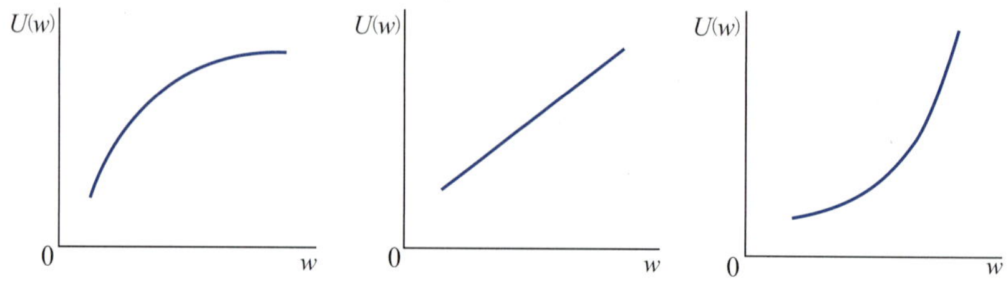

(a) 위험 회피형 투자자 (b) 위험 중립형 투자자 (c) 위험 선호형 투자자

증가함을 나타낸다. 위험 선호형 투자자의 효용함수는 (c)와 같이 원점에 대해 볼록(convex)한 형태를 보인다. 이는 부의 증가에 따라 총효용은 체증적으로 증가하는 것을 나타낸다. 위험 중립형과 위험 선호형 투자자는 합리적인 투자자의 형태는 아니다. 이성적 투자자의 일반적 형태는 위험 회피형 투자자이다. 왜냐하면, 이성적 투자자는 추가적인 보상에 대한 기대없이 위험을 감수하려 하지 않을 것이기 때문이다.

위험에 대한 투자자의 위험회피 정도는 위험회피도로 나타낼 수 있다. 동일한 투자안이라도 개별 투자자에 따라 위험회피 정도는 다르다. 위험 회피형 투자자의 효용함수 형태는 다음과 같이 나타낼 수 있다.

$$U(w) = x \cdot w - c \cdot w^2 \qquad \cdots\cdots (5)$$

위 식에서 x는 부(w)에 대한 가중치이고 c는 위험회피도(degree of risk avert)이다. 동일한 위험 회피형 투자자일지라도 위험을 적극적으로 받아들이는 공격적 투자자보다 위험에 소극적인 반응을 보이는 방어적 투자자의 위험회피도가 더 크다. 한편, 위험 회피형 투자자의 효용곡선을 위험회피도를 고려하여 표현하면 [그림 8-3]과 같이 나타난다.

[그림 8-3]에서 제시된 바와 같이 위험 회피형 투자자들은 부의 증가에 따라 효용이 증가함을 알 수 있다. 그러나 부의 한 단위 증가에 따른 효용의 증가는 체감적으로 증가된다. 가령, 부가 A에서 B로 10,000원만큼 늘어날 때 증분효용(10)보다 B에서 C로 동일하게 10,000원이 늘어날 때의 증분효용(9)이 적다. 이는 한계효용체감의 법칙이 적용되기 때문이다.

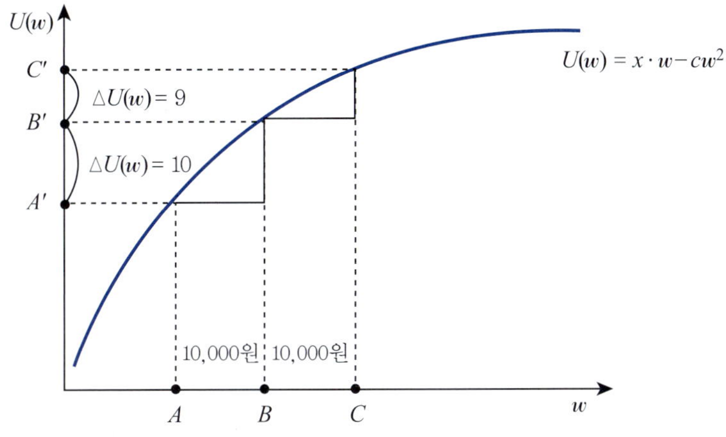

◀ 그림 8-3
위험 회피형 투자자의 효용곡선

14 예제

투자자 김만덕 씨의 효용함수 형태와 ㈜관덕정산업의 확률분포는 다음과 같다. 이 기업으로부터 기대되는 김 씨의 효용은 얼마인지를 계산하라.

효용함수 : $U(w) = 3w - 0.08w^2$

w	확률
−6	0.3
0	0.4
15	0.3

풀이

각각의 효용값을 효용함수에 대입하면 다음과 같다.

$U(-6) = 3 \times (-6) - 0.08 \times (-6)^2 = -20.88$

$U(0) = 3 \times (0) - 0.08 \times (0)^2 = 0.0$

$U(15) = 3 \times 15 - 0.08 \times (15)^2 = 27.0$

$\therefore E[U(w)] = (-20.88) \times 0.3 + 0 \times 0.4 + 27 \times 0.3 = 1.836$

15 예제

현재 1,000만원을 가지고 있는 투자자 양산박 씨의 효용함수는 다음과 같다.

$U(w) = 3w - 0.001w^2$

단, w의 단위는 만원이다.

(1) 투자자 양 씨의 효용함수를 그림으로 나타내고, 효용함수 형태를 설명하라.

(2) 100만원을 얻거나, 잃을 가능성이 각각 0.5인 게임이 있다 할 때, 양 씨는 이 게임에 참여하겠는가를 판단하라.

풀이

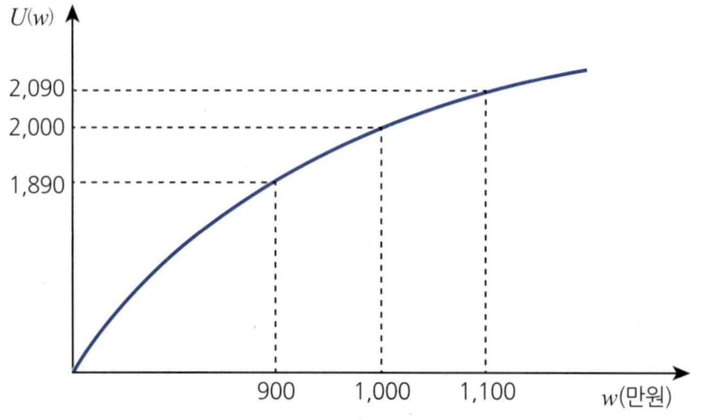

w = 900일 때, $U(w) = 3\times(900) - 0.001\times 900^2 = 1{,}890$(효용)

w = 1,100일 때, $U(w) = 3\times(1{,}100) - 0.001\times 1{,}100^2 = 2{,}090$(효용)

따라서 투자자 양 씨의 효용함수는 부의 증가에 따라 한계효용이 체감하는 위험회피투자자의 형태를 보이고 있다.

(2) 현재 부의 효용

$U(1{,}000) = 3\times 1{,}000 - 0.001\times 1{,}000^2 = 2{,}000$(효용)

게임에 참가하였을 경우의 효용

$$E[U(w)] = U(1{,}000+100)\times\frac{1}{2} + U(1{,}000-100)\times\frac{1}{2}$$
$$= [(3\times 1{,}100 - 0.001\times 1{,}100^2)(\frac{1}{2})] + [(3\times 900 - 0.001\times 900^2)(\frac{1}{2})]$$
$$= 1{,}990(\text{효용})$$

따라서, 현재의 효용이 게임에 참가하였을 경우의 효용보다 크므로, 양 씨는 이 게임에 참가하지 않을 것이다. 즉, 위험회피형 투자자는 이 게임에 참가하지않는다.

3. 효용무차별곡선과 위험자산의 선택

1) 무차별곡선

평균-분산 기준하에서 투자자의 기대효용은 기대수익률과 분산에 의해 결정되며, 기대효용은 다음과 같은 함수관계를 보인다.

$$E[U(w)] = f[E(R), \sigma]$$

위험회피형 투자자의 경우 기대수익률이 높을수록, 그리고 위험이 낮을수록 기대효용은 증가된다. 따라서, 투자자들은 기대효용을 극대화하기 위해 높은 값의 기대수익률을 선호하면서, 분산에 대해서는 작은 값을 선호하게 된다.

이상의 관계를 평균-분산의 2차원 평면상에 무차별곡선(indifference curve)으로 표현할 수 있다. 특정 투자자에게 동일한 효용을 가져다주는 기대수익률과 위험의 조합은 무수히 많이 존재한다. 이러한 동일한 기대효용을 제공하는 기대수익률과 위험(분산)의 모든 조합을 연결한 곡선을 무차별곡선 또는 효용무차별곡선이라 한다. 다음 [그림 8-4]는 위험회피형 투자자의 전형적인 무차별곡선을 나타낸 것이다.

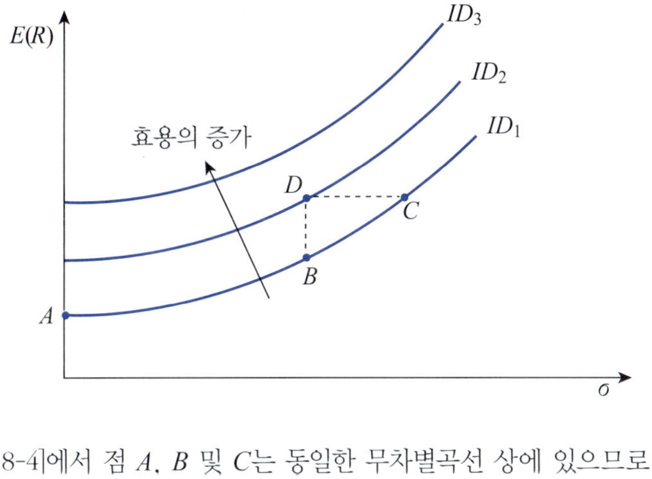

◀ 그림 8-4 위험 회피형 투자자의 무차별곡선

[그림 8-4]에서 점 A, B 및 C는 동일한 무차별곡선 상에 있으므로 세 투자안의 수익으로부터 얻어지는 기대효용은 동일하다($U_A = U_B = U_C$). 점 D 투자안의 경우는 점 A, B 및 C 투자안보다 높은 기대효용을 가진다($U_D > U_A = U_B = U_C$).

무차별곡선은 다음과 같은 특성을 가진다.

① 위로 올라갈수록 보다 높은 기대효용을 가진다. 무차별곡선 ID_1에 위치한 투자안보다 무차별곡선 ID_2에 위치한 투자안의 효용이 더 높다. 왜냐하면, 투자자들은 기대효용을 결정하는 두 요소 중에서 기대수익

은 선호하고 위험은 회피하기 때문이다. 예를 들어, 점 *C*와 점 *D* 투자안의 경우 두 투자안의 기대수익률은 동일하나 위험은 점 *D*가 낮으므로 기대효용은 더 클 것이다.

② 우상향하면서 원점을 향해 볼록한 형태를 취한다. 즉, 기대수익률과 위험의 한계대체율(marginal rate of substitution)이 체증적으로 증가한다. 우상향한다는 것은 위험회피 투자자의 경우 위험이 증가하면 그 보상으로 기대수익률이 증가하여야만 전과 동일한 기대효용을 유지할 수 있다는 것을 의미한다. 또한 원점을 향해 볼록한 형태는 동일한 기대효용을 얻기 위해 위험이 1단위 증가할 때마다 추가로 요구되는 기대수익률의 크기는 점차 증가됨을 의미한다.

③ 서로 겹치거나 교차되지 않는다. 즉, 하나의 투자안은 반드시 하나의 효용값을 가진다.

④ 투자자의 위험회피성향이 클수록 무차별곡선의 기울기는 더 커진다. 투자자들마다 위험이 증가함에 따라 보상을 요구하는 정도가 다르다. 위험을 매우 싫어하는 방어적 투자자의 경우는 위험 증가에 따라 상대적으로 높은 수준의 보상을 요구하게 되어 무차별곡선의 기울기는

그림 8-5 ▶ 방어적 투자자와 공격적 투자자의 무차별곡선

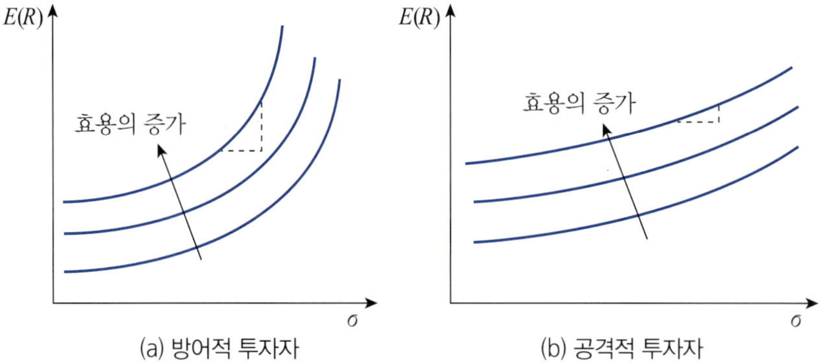

방어적 투자자	공격적 투자자
무차별곡선의 기울기가 상대적으로 가파르다. → 추가적인 위험증가에 대해 상대적으로 높은 기대수익률의 보상을 요구한다.	무차별곡선의 기울기가 상대적으로 완만하다. → 추가적인 위험증가에 대해 상대적으로 낮은 기대수익률의 보상을 요구한다.

커지게 되며, 위험을 어느 정도 감수하는 공격적 투자자의 경우는 요구하는 보상의 수준이 상대적으로 적게 되어 무차별곡선의 기울기는 작아지는 것이다. 공격적 투자자보다 방어적 투자자의 위험회피도가 더 크다. 방어적 투자자와 공격적 투자자의 무차별곡선의 특징을 비교하면 [그림 8-5]와 같다.

다음 예제를 통하여 방어적 투자자와 공격적 투자자의 무차별곡선을 도출하여 보자.

16 예제

투자자 관중 씨와 포숙 씨의 효용함수가 다음과 같이 동일하다. 관중 씨의 위험회피도(c)는 1이며, 포숙 씨의 위험회피도(c)는 2이라 할 때, 두 투자자의 무차별곡선을 그림으로 나타내어라.

$$U = E(R) - c \cdot \sigma^2$$

단, 효용이 5인 경우와 10인 경우를 가정하라.

풀이

효용 (U)	기대수익률(%) ($E(R)$)	C=1인 경우 분산 ($\sigma^2 = E(R) - U$)	C=2인 경우 분산 ($\sigma^2 = \frac{E(R)-U}{2}$)
U=5로 가정함	10	5	2.5
	15	10	5
	20	15	7.5
U=10으로 가정함	10	0	0
	15	5	2.5
	20	10	5

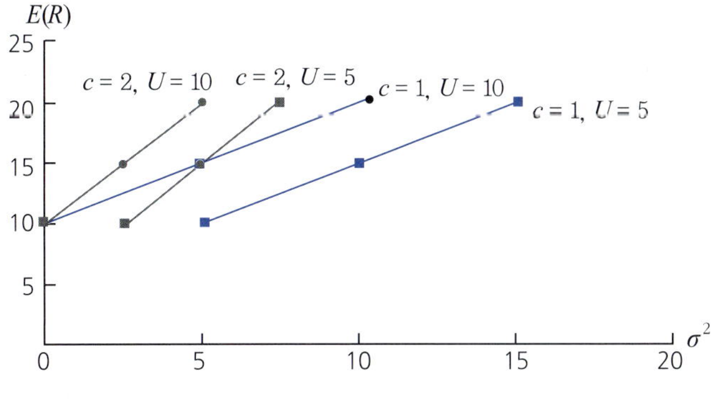

무차별곡선은 위 그림과 같이 도출된다. 효용 $U=5$일 때의 무차별곡선보다 효용 $U=10$일 때의 무차별곡선이 위에 위치하고 있다. 또, 위험회피성향이 높은 방어적 투자자인 포숙 씨의 무차별곡선 기울기가 공격적 투자자인 관중 씨의 무차별곡선 기울기보다 높게 나타난다.

2) 위험자산 선택의 원리

투자자가 위험자산을 선택하는 과정은 두 단계를 거치게 된다. 먼저, 여러 투자대상 중에서 지배원리를 적용하여 효율적 자산을 탐색한 다음, 선정된 효율적 자산들 중에서 무차별곡선을 적용하여 최적투자자산을 선택하게 된다. 즉, 투자자들의 주관적인 무차별곡선을 이용하여 효율적인 자산 중 가장 높은 기대효용을 가져다주는 자산(최적투자자산)을 선택한다. 효율적 투자자산은 많이 존재하지만, 투자자 개인의 위험회피성향에 따라 선택되는 최종 투자안은 투자자별로 달라지게 되는 것이다. 즉, 위험회피성향이 강한 방어적 투자자의 경우는 기대수익률이 다소 낮더라도 위험이 상대적으로 작은 주식을 선택하게 되며, 위험회피성향이 약한 공격적 투자자의 경우는 어느 정도의 위험을 감수하면서도 기대수익률이 높은 주식을 선택하게 된다.

이를 정리하면 다음과 같다.

단계1: 지배원리를 적용하여 효율적 자산을 탐색한다.
단계2: 투자자 개인의 위험회피성향에 맞는 무차별곡선을 적용하여 최적투자자산을 선택한다. 최적투자자산은 효율적 투자자산과 개인의 무차별곡선이 만나는 점에서 결정된다.

위 두 단계에 의해 투자자산을 선택하는 과정을 다음 예를 통하여 살펴보자.

17 예제

다음과 같은 상호 배타적인 투자안이 있다.

주식	기대수익률(%)	표준편차(%)
A	8	1.2
B	14	1.2
C	8	0.8
D	14	1.6
E	10	1.4

(1) 각 투자안을 평균–분산 평면상에 나타내고, 지배원리에 의해서 효율적인 투자대상을 지적하라.

(2) 물음 (1)에서 결정된 효율적 투자대상 중 최적투자안을 선택하고, 그 선택 이유를 당신의 위험회피성향 측면에서 설명하라.

풀이

(1)

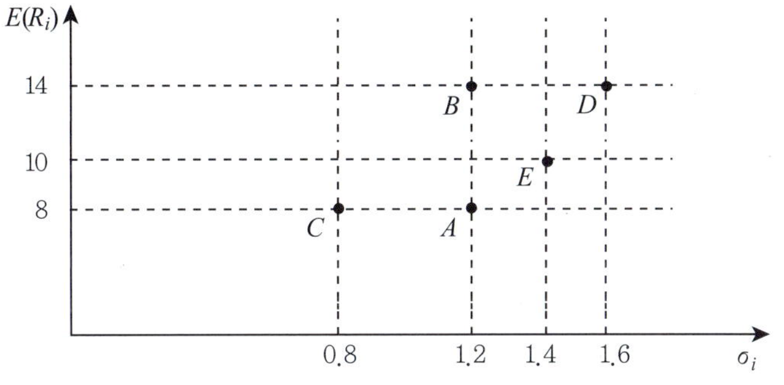

각 투자안들의 지배관계를 적용한 결과, 주식 A, D 및 E는 주식 B에 의해서 지배당한다. 그러므로 지배원리에 의해서 지배관계를 말할 수 없는 주식 B와 C만이 효율적 투자대상이다.

(2) 최적 투자안은 효율적 투자대상과 무차별곡선이 만나는 점에서 결정된다.

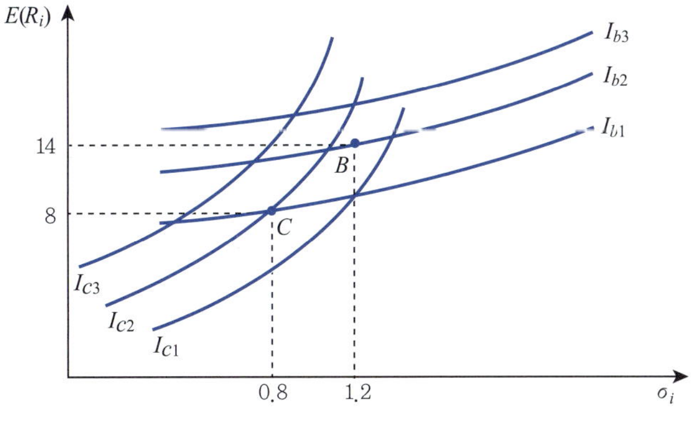

효율적 투자대상인 주식 B와 C 중 어느 주식을 선택하느냐는 투자자의 상대적인 위험회피정도(무차별곡선의 형태)에 달려 있다. 이때, I_b의 무차별곡선을 가지는 공격적 투자자는 주식 B를 선택할 것이며, I_c의 무차별곡선을 가지는 방어적 투자자는 자신의 무차별곡선과 접하는 주식 C를 선택할 것이다.

주 요 용 어

- 수익률(rate of return)
- 위험(risk)
- 기대수익률(expected return)
- 확률분포(probability distribution)
- 분산(variance)
- 표준편차(standard deviation)
- 위험자산(risky asset)
- 무위험자산(risk-free asset)
- 지배원리(dominance principle)
- 효율적 자산(efficient asset)
- 기대효용이론(expected utility theory)
- 효용함수(function of utility)
- 위험 회피형(risk averse)
- 위험 중립형(risk neutral)
- 위험 선호형(risk seeking)
- 무차별곡선(indifference curve)
- 한계대체율(marginal rate of substitution)
- 방어적 투자자(defensive investor)
- 공격적 투자자(aggressive investor)
- 단일기간 투자수익률(one period return on investment)
- 다기간 투자수익률(multi period return on investment)
- 보유기간수익률(holding period return: HPR)
- 내부수익률(internal rate of return: IRR)
- 산술연평균수익률(arithmetic annual mean rate of return: AMR)
- 기하연평균수익률(geometric annual mean rate of return: GMR)
- 평균-분산이론(mean-variance theorem: M-V이론)
- 기대효용의 극대화(maximation of expected utility)
- 한계효용체감의 법칙(law of diminishing marginal utility)

연/습/문/제

01 주가가 1년 후에 20,000원에서 30,000원으로 상승하고, 2년 후에는 30,000원에서 15,000원으로 하락한다고 가정할 경우 산술평균수익률과 기하평균수익률을 옳게 나타낸 것은? (AFPK 유사문제)

	산술평균수익률	기하평균수익률		산술평균수익률	기하평균수익률
①	0.00%	−10.50%	②	0.00%	−13.40%
③	−25.00%	−13.40%	④	−25.00%	−10.50%

02 지배원리에 의거 적당한 투자조합을 고르시오. (AFPK 유사문제)

가. A 펀드 기대수익률 연 10%, 투자위험 20%
나. B 펀드 기대수익률 연 10%, 투자위험 25%
다. C 펀드 기대수익률 연 12%, 투자위험 30%
라. D 펀드 기대수익률 연 15%, 투자위험 30%

① 가, 다 ② 가, 라 ③ 나, 다 ④ 나, 라

03 다음의 자료에 대한 설명중 적절하지 못한 것을 찾으시오. (CFP 유사문제)

날씨 상황	확률	아이스크림회사	우산회사	포트폴리오수익률
가뭄	20%	50%	−30%	10%
정상	60%	10%	10%	10%
장마	20%	−30%	50%	10%

기본가정 : 포트폴리오는 아이스크림회사와 우산회사에 50%씩 투자하여 구성한다

① 우산회사의 기대수익률은 10%이다.
② 우산회사의 표준편차는 25.3%이다
③ 포트폴리오의 표준편차는 개별자산의 가중표준편차보다 작아질 것이다.
④ 포트폴리오의 표준편차는 0이므로, 두 자산 간의 공분산과 상관계수는 음의 값이다.
⑤ 현재 두 자산 간의 상관계수는 −0.5이다.

11 다음과 같은 특성을 지닌 투자안들에 대해 투자자의 효용함수는 다음과 같다 하자.

$$U = E(R) - 0.005c \cdot \sigma^2$$

투자안	기대수익률	표준편차
1	0.24	0.21
2	0.21	0.16
3	0.15	0.50
4	0.12	0.30

$c = 4$인 위험회피형 투자가에게 있어서 어느 투자안이 최적 투자안인지를 밝혀라.

12 장길산 군은 주식 1, 주식 2 및 주식 3 중 한 주식에 투자하려고 마음먹고 있다. 분석결과 각 주식의 기대수익률과 분산은 다음과 같이 추정되었다. 장 군이 위험회피적 투자자라면 어느 주식에 투자를 하는 것이 가장 바람직한가?

구분	주식 1	주식 2	주식 3
기대수익률	0.10	0.20	0.30
분산	0.15	0.10	0.30

13 다음과 같은 상호 배타적인 투자안이 있다.

주식	기대수익률	표준편차(%)
A	20	1.5
B	15	1.0
C	10	1.0
D	15	1.5

(1) 각 투자안을 평균–분산 평면상에 나타내고, 지배원리에 의해서 효율적인 투자안을 지적하라.

(2) 효율적 투자안 중 최적투자안을 선택하고, 그 선택 이유를 당신의 위험회피성향 측면에서 설명하라.

제9장

포트폴리오 이론

• 학습내용

- 포트폴리오의 기대수익률과 위험의 측정
- 포트폴리오의 위험분산효과
  - 체계적 위험과 비체계적 위험
- 포트폴리오의 선택: 최적포트폴리오의 선택
  - 위험자산으로 구성된 경우
  - 무위험자산을 고려한 경우: 자본시장선(CML)의 도출

■ 연습문제

제9장에서는 크게 두 가지 내용을 다룬다. 하나는 포트폴리오 분석의 첫 번째 과정인 포트폴리오의 기대수익률과 위험의 측정치인 분산 및 공분산의 측정이다. 이와 함께 포트폴리오를 구성함으로써 위험이 분산되는 효과를 살펴볼 것이다.

또 다른 하나는 포트폴리오 분석의 두 번째 과정인 투자자의 최적포트폴리오 선택과정을 설명한다. 최적포트폴리오의 선택은 투자자의 위험회피성향에 관계없이 전체 투자기회집합에서 지배원리를 적용하여 효율적 투자선(efficient frontier)을 도출한 다음, 개별 투자자의 무차별곡선과 효율적 투자선이 접하는 점에서 최적포트폴리오를 찾는다. 최적포트폴리오의 선택과정은 무위험자산이 존재하지 않는 경우와 무위험자산이 존재하는 경우로 나누어 설명하였다. 무위험자산이 존재하는 경우는 효율적 투자선으로서 자본시장선(CML)을 도출하여 CML 상에서 기대효용을 극대화할 수 있는 최적포트폴리오를 선택하는 과정을 학습한다.

제 1 절 포트폴리오의 기대수익률과 위험

투자자는 일반적으로 한 개의 자산만을 보유하는 것이 아니라, 투자위험을 회피하면서 동시에 개인의 투자성향에 맞는 여러 개의 자산을 결합하여 보유한다. 투자자가 보유하는 두 개 이상의 자산으로 구성된 자산의 조합을 포트폴리오(portfolio)라 한다. 포트폴리오는 투자자의 선호에 따라 투자목적에 맞는 여러 종류의 투자자산을 결합하여 구성한다. 주식, 회사채 및 단기금융자산 등 증권시장에서 거래되는 모든 재무적 자산이 포트폴리오 구성의 대상이 된다.

투자자는 최적포트폴리오 선택과정에서 제8장에서 학습한 평균−분산기준과 지배원리를 적용한다. 즉, 포트폴리오수익률의 확률분포로부터 포트폴리오의 기대수익률과 분산을 구하고 지배원리를 적용한 다음, 투자자 개인의 무차별곡선을 이용하여 최적포트폴리오를 선택하는 과정을 거치게 된다. 본절에서는 먼저, 포트폴리오의 기대수익률과 위험을 측정하는 방법을 소개한다.

1. 포트폴리오의 기대수익률

포트폴리오의 수익률은 다음 식 (1)과 같이 개별증권의 수익률에 각각의 개별증권이 포트폴리오에서 차지하는 구성비율로 가중평균한 값이다.

$$R_p = w_1R_1 + w_2R_2 + \cdots + w_nR_n = \sum_{j=1}^{n} w_jR_j \qquad \cdots\cdots (1)$$

여기서, R_p : 포트폴리오의 수익률

R_j : 증권 j의 수익률

w_j : 포트폴리오에서 증권 j의 구성비율

포트폴리오의 기대수익률은 다음 식 (2)와 같이 포트폴리오 수익률의 기대값으로 표현할 수 있다. 포트폴리오의 기대수익률은 기대값의 연산법칙을 이용하여 식 (3)과 같이 개별증권의 기대수익률에 포트폴리오 구성비율을 곱한 값의 합으로 계산한다. 즉, 개별증권의 기대수익률을 각각의 구성비율로 가중평균한 값이다.

$$E(R_p) = E[w_1R_1 + w_2R_2 + \cdots + w_nR_n] \qquad \cdots\cdots (2)$$

$$= w_1E(R_1) + w_2E(R_2) + \cdots + w_nE(R_n)$$

$$= \sum_{j=1}^{n} w_jE(R_j) \qquad \cdots\cdots (3)$$

여기서, $E(R_p)$: 포트폴리오의 기대수익률

단, $w_1 + w_2 + \cdots + w_n = \sum_{j=1}^{n} w_j = 1.0$

2. 포트폴리오의 위험

두 개의 증권으로 구성된 포트폴리오 위험을 먼저 도출한 다음, 그 결과를 n개의 증권으로 구성된 포트폴리오의 위험의 경우로 일반화한다.

1) 2개 증권인 경우

주식 1과 주식 2, 두 개 증권으로 구성된 포트폴리오 수익률의 분산을 구하는 것을 유도해 보자. 이 경우, 포트쏠리오 수익률은 다음 식 (4)와 같다.

$$R_p = w_1R_1 + w_2R_2 \qquad \cdots\cdots (4)$$

단, $w_1 + w_2 = 1.0$

식 (4)에 분산을 취하면 다음과 같다.

$$\sigma_p^2 = Var(R_p) = E[(R_p - E(R_p)]^2 \quad \cdots\cdots (5)$$

$$= w_1^2\sigma_1^2 + w_2^2\sigma_2^2 + 2w_1w_2\sigma_{12} \quad \cdots\cdots (6)$$

$$(= w_1^2 Var(R_1) + w_2^2 Var(R_2) + 2w_1w_2Cov(R_1,\ R_2))$$

$$= w_1w_1\sigma_{11} + w_1w_2\sigma_{12} + w_2w_1\sigma_{21} + w_2w_2\sigma_{22}$$

$$= w_1(w_1\sigma_{11} + w_2\sigma_{12}) + w_2(w_1\sigma_{21} + w_2\sigma_{22})$$

$$= w_1\sum_{j=1}^{2} w_j\sigma_{1j} + w_2\sum_{j=1}^{2} w_j\sigma_{2j}$$

$$= \sum_{i=1}^{2}\sum_{j=1}^{2} w_iw_j\sigma_{ij} \quad \cdots\cdots (7)$$

$$\sigma_p = \sqrt{Var(R_p)} = \sqrt{\sum_{i=1}^{2}\sum_{j=1}^{2} w_iw_j\sigma_{ij}} \quad \cdots\cdots (8)$$

여기서, σ_{ij} : i증권 수익률과 j증권 수익률의 공분산

식 (7)은 포트폴리오의 분산을 나타내고 있으며, 식 (8)은 포트폴리오의 표준편차를 구한 것이다. 포트폴리오를 구성하고 있는 개별증권의 분산과 각각의 포트폴리오 구성비율이 주어졌을 때, 포트폴리오의 분산은 분산의 연산법칙을 이용하여 계산하면 개별증권의 분산과 두 증권 간의 공분산의 함수관계로 나타난다.

위 식에서 σ_{ij}는 증권 i와 증권 j사이의 공분산(covariance)이라 부르고, $Cov(R_i,\ R_j)$로도 표현한다. 공분산은 두 증권의 수익률(확률변수)의 움직이는 정도를 측정하는 척도이다. 공분산은 다음 식 (9)와 같이 두 증권의 수익률 편차(수익률 − 기대수익률)를 서로 곱한 값에 각 상황별 확률을 곱하여 합한 값으로 계산한다.

$$Cov(R_1,\ R_2) = \sigma_{12} = \sum_{j=1}^{s}[(R_{1j} - E(R_1)]\cdot[(R_{2j} - E(R_2)]\cdot P_j \quad \cdots\cdots (9)$$

공분산은 다음과 같은 특징을 가진다. 두 증권의 수익률이 평균적으로 같은 방향으로 움직인다면 공분산 값은 양(+)의 값을 가지며, 두 증권의 수익률이 평균적으로 반대 방향으로 움직인다면 공분산 값은 음(−)의 값을

가진다. 또, 두 증권의 수익률이 아무 상관없이 독립적으로 움직인다면 공분산 값은 영(0)이 된다.

1 예제

개별주식 A, B의 경기상황에 따른 예상수익률과 발생가능한 경기 상황은 다음과 같으며, 주식 A에는 60%, 주식 B에는 40%의 투자자금을 투자하여 포트폴리오를 구성하였다.

경기 상황	확률	예상수익률(%)	
		주식 A	주식 B
불황	0.3	−5	−15
정상	0.4	10	10
호황	0.3	15	30

(1) 포트폴리오의 기대수익률을 계산하라.
(2) 주식 A와 B의 공분산을 계산하라.
(3) 포트폴리오의 위험을 계산하라.

풀이

(1) 포트폴리오의 기대수익률

$$E(R_A) = \sum_{j=1}^{n} R_{Aj} \cdot P_j = (-5)(0.3)+(10)(0.4)+(15)(0.3) = 7(\%)$$

$$E(R_B) = \sum_{j=1}^{n} R_{Bj} \cdot P_j = (-15)(0.3)+(10)(0.4)+(30)(0.3) = 8.5(\%)$$

$$E(R_P) = w_A E(R_A)+w_B E(R_B) = 0.6(7)+0.4(8.5) = 7.6(\%)$$

(2) 주식 A와 B의 공분산

$$Cov(R_A, R_B) = \sigma_{AB} = \sum_{i=1}^{3} [R_{Aj}-E(R_A)] \cdot [R_{Bj}-E(R_B)] \cdot P_j$$

$$\sigma_{AB} = (-5-7)(-15-8.5)0.3+(10-7)(10-8.5)0.4+(15-7)(30-8.5)0.3 = 138$$

(3) 포트폴리오의 위험

$$\sigma_A^2 = (-5-7)^2(0.3)+(10-7)^2(0.4)+(15-7)^2(0.3) = 66$$

$$\sigma_A = \sqrt{66} = 8.12$$

$$\sigma_B^2 = (-15-8.5)^2(0.3)+(10-8.5)^2(0.4)+(30-8.5)^2(0.3) = 305.25$$

$$\sigma_B = \sqrt{305.25} = 17.47$$

$$\sigma_P^2 = w_A^2\sigma_A^2 + w_B^2\sigma_B^2 + 2w_Aw_B\sigma_{AB}$$

$$\sigma_P^2 = (0.6)^2(8.12)^2 + (0.4)^2(17.47)^2 + 2(0.6)(0.4)(138) = 138.81$$

$$\sigma_P = \sqrt{138.81} = 11.78$$

공분산은 증권수익률의 크기에 따라 영향을 받기 때문에 공분산에 의해서는 두 증권 수익률 간의 관계를 정확하게 설명할 수 없다. 즉, 공분산의 크기는 표본의 단위에 따라 달라진다. 예를 들어, 키와 몸무게 간의 공분산을 알아본다고 하자. 키와 몸무게의 관계는 양(+)의 공분산 값이 예측된다. 그러나 동일한 표본을 대상으로 측정을 할 때 키의 측정단위를 *cm*로 측정하는 경우와 *mm*로 측정하는 경우, 공분산 값은 후자가 더 크게 나타나는 것이다. 이러한 측정단위에 따라 달리 나타나는 공분산 값을 보정하기 위해 상관계수를 도입하여 공분산의 값을 표준화하여 사용한다.

상관계수(correlation coefficient)는 두 확률변수(증권수익률) 사이의 공분산을 각각의 표준편차를 이용해서 표준화시킨 계수이다.

$$\rho_{12} = \frac{Cov(R_1,\ R_2)}{\sigma_1 \cdot \sigma_2} = \frac{\sigma_{12}}{\sigma_1 \cdot \sigma_2} \qquad \cdots\cdots (10)$$

여기서, ρ_{12} : 주식 1과 주식 2 수익률의 상관계수

$$\rho_{12} = Cov(R_1,\ R_2) = \rho_{12}\sigma_1\sigma_2 \qquad \cdots\cdots (11)$$

위 식을 일반화하면 다음과 같다.

$$\rho_{ij} = \frac{Cov(R_i,\ R_j)}{\sigma_i \cdot \sigma_j} = \frac{\sigma_{ij}}{\sigma_i \cdot \sigma_j} \qquad \cdots\cdots (12)$$

$$\sigma_{ij} = \rho_{ij}\sigma_i\sigma_j$$

단, $-1 \le \rho_{ij} \le +1$

상관계수는 반드시 −1에서 +1 사이의 값을 가진다. 상관계수가 +1이면 두 확률변수가 양(+)의 방향으로 완전한 상관성을 가지면서 정비례하여 움직이는 경우이며, 반대로 상관계수가 −1의 값을 가지면 두 확률변수가 음(−)의 방향으로 완전한 상관성을 가지면서 정비례하여 움직이는 경우이다. [그림 9-1]에 여러 가지 상관계수 값을 그림으로 예시하였다.

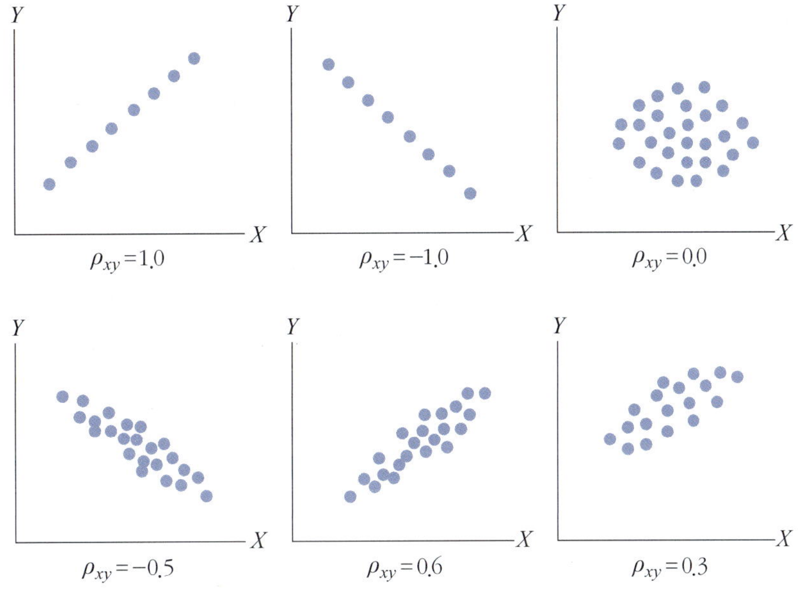

◀ 그림 9-1
상관계수의 예시

2 예제

예제 1의 주식 A와 B 수익률의 상관계수를 구하라.

풀이

$$\rho_{AB} = \frac{\sigma_{AB}}{\sigma_A \sigma_B} = \frac{138}{(8.12)(17.47)} = 0.972$$

주식 A와 B의 수익률 움직임 간에는 97.2%의 양(+)의 상관관계가 있다.

예제 3

박씨는 빙과업체인 북극기업과 히터제조업체인 적도공업에 1,000만원을 투자하는 것을 고려중이다. 그런데 북극기업은 기온이 높으면 수익률이 높지만 기온이 낮으면 수익률이 낮을 것으로 예측되며, 적도공업은 반대로 기온이 높으면 수익률이 낮지만 기온이 낮으면 수익률이 높을 것으로 예측된다. 구체적으로 두 기업 주식의 수익률은 다음과 같을 것으로 예측된다.

기온	확률	북극기업 수익률(R_a)	적도공업 수익률(R_e)
낮음	0.5	0.01	0.50
높음	0.5	0.60	0.05

(1) 두 기업 주식의 공분산을 구하고, 이의 의미를 설명하라.
(2) 두 주식수익률의 상관계수를 구하라.

풀이 (1) 두 주식 간 공분산

북극기업 주식의 기대수익률 $E(R_a) = 0.5 \times 0.01 + 0.5 \times 0.60 = 0.305$

적도공업 주식의 기대수익률 $E(R_e) = 0.5 \times 0.05 + 0.5 \times 0.05 = 0.275$

$$Cov(R_a,\ R_e) = \sum_{j=1}^{2} [R_{aj} - E(R_a)] \cdot [R_{ej} - E(R_e)] \cdot P_j$$
$$= (0.01 - 0.305)(0.50 - 0.275) \times 0.5 + (0.60 - 0.305)(0.05 - 0.275) \times 0.5$$
$$= -0.0664$$

공분산의 부호가 음(−)이므로, 두 기업 주식의 수익률은 반대방향으로 움직인다. 공분산의 부호로 두 주식 수익률이 움직이는 방향을 알 수 있지만, 공분산의 크기로는 수익률이 어느 정도의 상관성을 가지고 움직이는지는 알 수 없다. 이를 알기 위해 상관계수를 구해 본다.

(2) 두 주식 간 상관계수

$$\sigma_a^2 = (0.01 - 0.305)^2(0.5) + (0.60 - 0.305)^2(0.5) = 0.087$$
$$\sigma_a = \sqrt{0.087} = 0.295$$
$$\sigma_e^2 = (50 - 0.275)^2(0.5) + (0.05 - 0.275)^2(0.5) = 0.051$$
$$\sigma_e = \sqrt{0.051} = 0.225$$
$$\rho_{ae} = \frac{\sigma_{ae}}{\sigma_a \sigma_e} = \frac{-0.06637}{(0.295)(0.225)} = -1.0$$

북극기업과 적도공업 수익률의 상관계수는 −1.0으로, 두 주식의 수익률은 100% 반대방향으로 움직인다.

한편 주식의 수익률과 분산, 공분산 등을 계산하는 데 주어진 자료가 미래 기대치가 아니고, 과거자료인 경우는 각 상황이 나타난 확률을 모두 동등하게 간주하고, 산술평균하여 산출한다. 다음 예를 통하여 살펴보자.

4 예제

다음은 2022년 현재, 주식 *I*와 *J*의 2018년부터 2021년까지의 실제 연간수익률 자료이다.

연도	R_i	R_j
2018년	0.12	0.01
2019년	0.15	−0.03
2020년	0.13	0.12
2021년	0.07	0.18

위의 자료를 이용하여 다음의 물음에 답하라.

(1) R_i와 R_j의 기대수익률과 분산, 표준편차를 구하라.

(2) R_i와 R_j의 공분산과 상관계수를 구하라.

풀이

(1) 자료가 4년간의 과거치이기 때문에 기대수익률과 분산은 4년간 산술평균을 이용하여 도출한다. 이는 각 상황이 나타날 확률은 0.25로 균등하다고 간주하는 것이다.

$$E(R_i) = \frac{0.12+0.15+0.13+0.07}{4} = 0.118$$

$$Var(R_i) = \frac{(0.12-0.118)^2+(0.15-0.118)^2+(0.13-0.118)^2+(0.07-0.118)^2}{4}$$

$$= 0.00087$$

$$\sigma_i = \sqrt{0.00087} = 0.02948$$

$$E(R_j) = \frac{0.01-0.03+0.12+0.18}{4} = 0.07$$

$$Var(R_j) = \frac{(0.01-0.07)^2+(-0.03-0.07)^2+(0.12-0.07)^2+(0.18-0.07)^2}{4}$$

$$= 0.00705$$

$$\sigma_j = \ 0.00705 = 0.08396$$

$$(2)\ Cov(R_i,\ R_j) = \{(0.12-0.118)(0.01-0.07)+(0.15-0.118)(-0.03-0.07)$$
$$+(0.13-0.118)(0.12-0.07)+(0.07-0.118)(0.18-0.07)\}/4$$
$$= -0.00200$$
$$\rho_{ij} = \frac{\sigma_{ij}}{\sigma_i\sigma_j} = \frac{-0.00200}{(0.02948)(0.08396)} = -0.808$$

두 개 주식 포트폴리오의 경우, 위험은 앞의 식 (6)과 같이 정의된다. 이를 〈표 9-1〉에서와 같이 분산-공분산 행렬(variance-covariance matrix)을 이용하여 설명해 보자.

표 9-1 ▶ 분산-공분산 행렬에 의한 두 종목 포트폴리오의 분산

증권	1	2
1	$w_1w_1\sigma_{11} = w_1^2\sigma_1^2$	$w_1w_1\sigma_{12}$
2	$w_2w_1\sigma_{21}$	$w_2w_2\sigma_{22} = w_2^2\sigma_2^2$

위 분산-공분산 행렬의 모든 셀(cell)의 값을 합한 것이 포트폴리오의 분산이며, 다음의 식이 성립한다. 아래 식은 두 개 주식 포트폴리오의 위험을 계산하는 공식이다.

$$\sigma_p^2 = w_1^2\sigma_1^2 + w_2^2\sigma_2^2 + 2w_1w_2\sigma_{12} \quad \cdots\cdots (13)$$
$$= w_1^2\sigma_1^2 + w_2^2\sigma_2^2 + 2w_1w_2\rho_{12}\sigma_1\sigma_2$$

예제 5

주식 1에 투자자금의 30%, 주식 2에는 투자자금의 70%를 투자한 포트폴리오가 있다. 아래 자료를 이용하여 이 포트폴리오의 기대수익률과 위험을 구하라.

구 분	주식 1	주식 2
기대수익률	0.180	0.150
분 산	0.006	0.003
주식 1과 주식 2의 상관계수	0.75	

풀이

(1) 포트폴리오의 기대수익률

$E(R_p) = 0.3 \times 0.18 + 0.7 \times 15 = 0.159(15.9\%)$

(2) 포트폴리오의 위험(분산)

$$\begin{aligned}\sigma_p^2 &= w_1^2\sigma_1^2 + w_2^2\sigma_2^2 + 2w_1w_2\sigma_{12} = w_1^2\sigma_1^2 + w_2^2\sigma_2^2 + 2w_1w_2\rho_{12}\sigma_1\sigma_2 \\ &= 0.3^2 \times 0.006 + 0.7^2 \times 0.003 + 2 \times (0.3)(0.7)(0.75)(\sqrt{0.006})(\sqrt{0.003}) \\ &= 0.003346\end{aligned}$$

2) n개 증권인 경우

두 개 주식 포트폴리오 위험을 나타내는 식 (7)에서 n개 증권으로 일반화시키면, 다음 식이 성립한다.

$$Var(R_p) = \sigma_p^2 = \sum_{i=1}^{n}\sum_{j=1}^{n} w_i w_j \sigma_{ij} \qquad \cdots\cdots (14)$$

$$= \sum_{\substack{i=1 \\ (i=j)}}^{n} w_i^2\sigma_i^2 + \sum_{\substack{i=1 \\ (i\neq j)}}^{n}\sum_{j=1}^{n} w_i w_j \sigma_{ij} \qquad \cdots\cdots (15)$$

식 (14)는 〈표 9-2〉와 같이 분산-공분산 행렬로 나타내면 쉽게 이해가 된다. 각 셀(cell)의 값은 '증권 i의 구성비율 × 증권 j의 구성비율 × 두 증권의 공분산' 또는 '증권 i의 구성비율 × 증권 j의 구성비율 × i증권과 j증권 사이의 상관계수 × i증권의 표준편차 × j증권의 표준편차'로 나타낸다. 〈표 9-2〉의 모는 셀을 더한 것이 식 (14)에서 나타낸 포트폴리오의 위험이다.

〈표 9-2〉의 행렬에서 총 셀의 수는 n^2개이다. 이 중에서 대각선에 위치한 부분은 분산으로 구성된 분산항이며, n개가 존재한다. 이는 개별증권 수익률의 분산과 관련된 항이다. 또 대각선을 벗어난 부분은 공분산 항으로 $n(n-1)(= n^2-n)$개가 존재한다. 이는 서로 다른 증권 수익률 간의 공분산과 관련된 부분이다. 식 (15)는 식 (14)를 개별증권의 분산과 관련된 부분과 서로 다른 증권과의 공분산과 관련된 부분으로 구분하여 전개한 것이다.

표 9-2 ▶ 분산-공분산 행렬에 의한 n 종목 포트폴리오의 분산

증권	1	2	3	…	n
1	$w_1^2\sigma_2^2$	$w_1w_2\sigma_{12}$	$w_1w_3\sigma_{13}$	…	$w_1w_n\sigma_{1n}$
2	$w_2w_1\sigma_{21}$	$w_2^2\sigma_2^2$	$w_2w_3\sigma_{23}$	…	$w_2w_n\sigma_{2n}$
3	$w_3w_1\sigma_{31}$	$w_3w_2\sigma_{32}$	$w_3^2\sigma_3^2$	…	$w_3w_n\sigma_{3n}$
⋮	⋮	⋮	⋮	…	⋮
n	$w_nw_1\sigma_{n1}$	$w_nw_2\sigma_{n2}$	$w_nw_3\sigma_{n3}$	…	$w_n^2\sigma_n^2$

이상에서 포트폴리오의 분산은 구성증권 수익률의 분산뿐만 아니라 구성증권 수익률간의 공분산 내지 상관계수에 의해서도 영향을 받는 것을 알 수 있다.

예제 6

다음과 같이 세 개의 증권으로 구성되는 포트폴리오의 기대수익률과 표준편차를 구하여라.

증권	구성비율	기대수익률	표준편차	상관계수		
				증권 1	증권 2	증권 3
증권 1	25%	0.10	0.10	1.00	0.40	0.25
증권 2	50%	0.15	0.20	0.40	1.00	0.15
증권 3	25%	0.20	0.30	0.25	0.15	1.00

풀이 포트폴리오의 기대수익률

$$E(R_p) = w_1E(R_1)+w_2E(R_2)+w_3E(R_3)$$
$$= (0.25)(0.1)+(0.5)(0.15)+(0.25)(0.20)= 0.15(15\%)$$

포트폴리오의 위험

$$Var(R_p) = w_1^2\sigma_1^2+w_2^2\sigma_2^2+w_3^2\sigma_3^2+2w_1w_2\sigma_{12}+2w_1w_3\sigma_{13}+2w_2w_3\sigma_{23}$$
$$= w_1^2\sigma_1^2+w_2^2\sigma_2^2+w_3^2\sigma_3^2+2w_1w_2\sigma_1\sigma_2\rho_{12}+2w_1w_3\sigma_1\sigma_3\rho_{13}+2w_2w_3\sigma_2\sigma_3\rho_{23}$$
$$= (0.25)^2(0.1)^2+(0.5)^2(0.15)^2+(0.25)^2(0.3)^2$$
$$+2(0.25)(0.50)(0.1)(0.2)(0.4)+2(0.25)(0.25)(0.1)(0.3)(0.25)$$
$$+2(0.5)(0.25)(0.2)(0.3)(0.15)$$
$$= 0.0214$$

$\sigma_p = \sqrt{0.0214} = 0.1464$

제 2 절 포트폴리오의 위험분산효과

1. 체계적 위험과 비체계적 위험

포트폴리오를 구성함으로써 포트폴리오의 위험은 줄어든다. 이는 포트폴리오에 포함되는 주식 상호 간의 위험이 상쇄되기 때문이다. 포트폴리오를 구성함으로써 투자자산의 위험을 분산(diversification)하고 투자자가 의도하는 적정수익률을 설계할 수 있다. 이와 같이 자산을 결합하여 포트폴리오를 구성함으로써 위험이 줄어드는 현상을 분산효과(diversification effect) 또는 포트폴리오 효과(portfolio effect)라 한다.

증권의 총위험(total risk)은 다음과 같이 체계적 위험과 비체계적 위험으로 나누어진다.

총위험 = 체계적 위험 + 비체계적 위험

체계적 위험(systematic risk)은 포트폴리오의 위험 중에서 분산투자로 제거할 수 없는 위험으로 분산불능위험(nondiversificable risk)이라고 한다. 체계적 위험은 경기변동, 이자율 변화, 인플레이션 등 시장 전체에 영향을 주는 전반적인 경제상황과 관련된 것으로 시장위험(market risk)이라고도 한다. 체계적 위험은 모든 주식에 공통적으로 영향을 주는 위험이다.

비체계적 위험(unsystematic risk)은 포트폴리오의 위험 중에서 분산투자로 제거할 수 있는 위험으로 분산가능위험(diversificable risk)이라고 한다. 즉, 비체계적 위험은 포트폴리오를 구성함으로써 줄어드는 위험이다. 비체계적 위험은 개별주식을 발행한 기업의 고유한 상황, 예를 들어 개별기업의 경영성과, 시장지배력, 성장성, 노사분규 등과 관련된 것으로 기업고유위험(firm specific risk)이라고도 한다.

비체계적 위험은 포트폴리오를 구성함으로써 완전히 제거가 가능하므로 투자가들이 부담하는 위험은 체계적 위험을 기준으로 측정하여야 한다.

그림 9-2 ▶
체계적 위험과
비체계적 위험

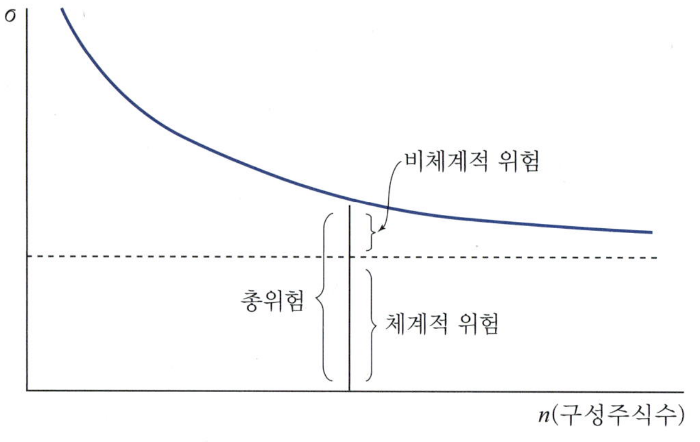

[그림 9-2]에서 포트폴리오의 구성주식수를 늘리면 비체계적 위험은 줄어든다. 그러나 구성주식수를 계속 증가시켜도 줄어들지 않는 부분이 있다. 즉, 아무리 효율적으로 분산투자하여도 어느 수준 이하로는 감소하지 않는데 이 부분이 체계적 위험이다. 체계적 위험의 측정과 이용에 대해서는 제10장에서 상세히 언급된다.

2. 위험분산효과

포트폴리오를 구성하는 종목수가 늘어날수록 비체계적 위험은 사라지고 체계적 위험만 남게 되는 현상을 수식으로 설명해 보자. 포트폴리오 위험은 다음 식과 같이 측정한다.

$$\sigma_p^2 = \sum_{\substack{i=1 \\ (i=j)}}^{n} w_i^2 \sigma_i^2 + \sum_{\substack{i=1 \\ (i \neq j)}}^{n} \sum_{j=1}^{n} w_i w_j \sigma_{ij}$$

위 식에서, 포트폴리오를 구성하는 n개의 주식에 투자가능 금액을 균등하게 배분하여 투자한다고 가정한다. 즉, 자산 n에 투자한 비율 w_i는 모두 $1/n$이 된다. 그러면 위의 식은 다음과 같이 정리된다.

$$\sigma_p^2 = \sum_{i=1}^{n} (\frac{1}{n})^2 \sigma_i^2 + \sum_{\substack{i=1 \\ (i \neq j)}}^{n} \sum_{j=1}^{n} (\frac{1}{n})(\frac{1}{n}) \sigma_{ij} \qquad \cdots\cdots (16)$$

식 (16)에서 우변의 첫 번째항에서 $\frac{1}{n}$을, 두 번째항에서 $\frac{(n-1)}{n}$을 빼내면 다음과 같은 식이 도출된다.

$$\sigma_p^2 = \frac{1}{n} \sum_{i=1}^{n} \frac{\sigma_i^2}{n} + \frac{(n-1)}{n} \sum_{\substack{i=1 \\ (i \neq j)}}^{n} \sum_{j=1}^{n} \frac{\sigma_{ij}}{n(n-1)} \qquad \cdots\cdots (17)$$

$$\therefore \sigma_p^2 = \frac{1}{n} \overline{\sigma_i^2} + \frac{(n-1)}{n} \overline{\sigma_{ij}} \qquad \cdots\cdots (18)$$

여기서, $\overline{\sigma_i^2} = \frac{1}{n} \sum_{i=1}^{n} \sigma_i^2$, $\overline{\sigma_{ij}} = \frac{1}{n(n-1)} \sum_{\substack{i=1 \\ (i \neq j)}}^{n} \sum_{j=1}^{n} \sigma_{ij}$

식 (18)에서 포트폴리오 구성주식수 n이 크면 클수록, 개별주식의 분산(위험)이 포트폴리오의 위험에 미치는 영향은 감소하며, 포트폴리오의 위험은 주식들 간에 갖는 공분산의 평균값에 접근하게 된다는 것을 알 수 있다. 위 식을 정리하면 다음과 같다.

$$\sigma_p^2 = \frac{1}{n} (\overline{\sigma_i^2} - \overline{\sigma_{ij}}) + \overline{\sigma_{ij}} \qquad \cdots\cdots (19)$$

식 (19)에서 구성주식수 n이 증가되면, 포트폴리오의 분산은 평균공분산 $\overline{\sigma_{ij}}$에 접근한다. 여기서 평균공분산은 포트폴리오를 구성하는 주식들 사이의 공분산에 의해 결정되고, 이는 결국 경제 전반에 영향을 미치는 요인에 의해 결정된다. 이상과 같이 포트폴리오를 구성할 때, 포트폴리오의 위험은 분산으로 측정되는 개별증권의 위험보다는 포트폴리오를 구성하는 증권들 간의 공분산이 중요한 역할을 한다.

다음 예를 통하여 포트폴리오의 분산효과를 살펴보자. 개별주식 i의 수익률의 평균분산은 30%이고, 평균공분산이 5%라 하자. 포트폴리오 구성주식 수 n이 2, 4, 10, 30, 50, 100, 그리고 무한대인 경우, 식 (19)에서 각각 포트폴리오의 분산을 계산하면 다음과 같다.

$n = 2$일 때 $\qquad \sigma_p^2 = \frac{1}{2}(30 - 5) + 5 = 17.5$

$n = 4$일 때 $\qquad \sigma_p^2 = \frac{1}{4}(30 - 5) + 5 = 11.25$

$n = 10$일 때 $\qquad \sigma_p^2 = \frac{1}{10}(30 - 5) + 5 = 7.50$

$n = 30$일 때 $\qquad \sigma_p^2 = \frac{1}{30}(30 - 5) + 5 = 5.83$

$n = 50$일 때 $\qquad \sigma_p^2 = \frac{1}{50}(30 - 5) + 5 = 5.50$

$n = 100$일 때 $\qquad \sigma_p^2 = \frac{1}{100}(30 - 5) + 5 = 5.25$

n이 무한대일 때 $\qquad \sigma_p^2 = \frac{1}{\infty}(30 - 5) + 5 = 5.00$

이상의 결과를 그림으로 나타내면 다음과 같다.

그림 9-3 ▶ 포트폴리오 구성종목수에 따른 위험의 변화

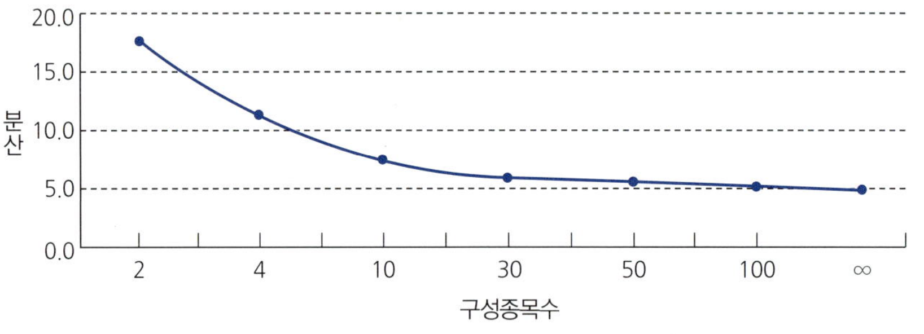

위 그림에서 볼 수 있듯이 포트폴리오 구성종목수가 늘어나면 처음에는 포트폴리오 위험이 급격하게 줄어들지만, 그 후에는 체감적으로 위험이 감소된다. 그러나 일정구간을 지나면 구성종목수가 아무리 늘어나더라도 위험은 감소되지 않고 여전히 남아 있다. 이것이 체계적 위험 부분인 것이다.

3. 상관계수와 분산효과

개별주식 간의 상관계수의 크기에 따라 포트폴리오 위험의 분산효과는 달라진다. 여기서는 두 주식으로 구성된 포트폴리오 경우를 예로 들어 상관계수 변화에 따른 위험분산효과를 살펴본다. 한편, 개별주식의 투자비율에 따라 구성할 수 있는 포트폴리오는 매우 많이 존재한다. 생성 가능한 모든 포트폴리오 집합을 투자기회집합이라 한다. 개별주식 간의 상관계수와 포트폴리오를 구성하는 종목의 서로 다른 투자비율을 조합하여 포트폴리오 결합선과 투자기회집합의 기본적인 형태를 도출하여 본다.

포트폴리오 위험을 나타내는 다음 식에서 위험의 구성요인을 살펴보면 포트폴리오 위험에 영향을 주는 요인은 크게 세 가지이다.

$$\sigma_p^2 = w_1^2\sigma_1^2 + w_2^2\sigma_2^2 + 2w_1w_2\rho_{12}\sigma_1\sigma_2$$

① 개별주식의 위험(σ_1, σ_2)
② 개별주식 간의 투자금액 비율(w_1, w_2)
③ 개별주식 간의 상관계수(ρ_{12})

이상의 세 가지 영향요인을 고려하여 효율적인 포트폴리오 선택과정을 논리적으로 살펴보자.

먼저, 투자위험이 최소가 되는 포트폴리오, 즉 최소분산포트폴리오(minimum variance portfolio)를 구성하는 투자비율을 구하면 다음과 같다.

$$\sigma_p^2 = w_1^2\sigma_1^2 + w_2^2\sigma_2^2 + 2w_1w_2\sigma_{12}$$

$$w_1 = w\text{라고 하면 } w_2 = (1-w)$$

$$\sigma_p^2 = w^2\sigma_1^2 + (1-w)^2\sigma_2^2 + 2w(1-w)\sigma_{12}$$

위 식을 w에 대해 미분하여 $d\sigma_p^2/dw = 0$이 되는 w를 구하면, 투자위험을 최소로 만드는 투자비율 w^*를 구할 수 있다.

$$w^* = \frac{\sigma_2^2 - \sigma_{12}}{\sigma_1^2 + \sigma_2^2 - 2\sigma_{12}} \qquad \cdots\cdots (20)$$

첫 번째 종목에 w^*만큼 투자하고, 두 번째 종목에는 $1-w^*$만큼 투자할 경우, 위험이 최소인 포트폴리오를 구성하게 된다.

예제 7

평강기업과 온달산업의 주식수익률의 자료는 다음과 같다.

구 분	기대수익률	표준편차	공분산
평강기업	0.15	0.20	0.007
온달산업	0.10	0.13	

(1) 위험이 최소가 되는 포트폴리오의 구성비율을 구하라.

(2) 위험이 최소가 되는 포트폴리오의 기대수익률과 위험을 구하라.

풀이 (1) 평강기업에 w만큼, 온달산업에 $(1-w)$만큼 투자한다고 하자.

$$w^* = \frac{\sigma_2^2 - \sigma_{12}}{\sigma_1^2 + \sigma_2^2 - 2\sigma_{12}} = \frac{0.13^2 - 0.007}{0.2^2 + 0.13^2 - 2(0.007)} = 0.231(23.1\%)$$

즉, 평강기업에 23.1%를, 그리고 온달산업에 76.9%(1−0.231)를 투자하면 위험이 최소가 되는 포트폴리오가 구성된다.

(2) $$E(R_p) = w_1E(R_1) + w_2E(R_2)$$
$$= (0.231)(0.15) + (0.769)(0.10)$$
$$= 0.112(11.2\%)$$

$$\sigma_p^2 = w_1^2\sigma_1^2 + w_2^2\sigma_2^2 + 2w_1w_2\sigma_{12}$$
$$= (0.231)^2(0.2)^2 + (0.769)^2(0.13)^2 + 2(0.231)(0.769)(0.007)$$
$$= 0.0146$$

$$\sigma_p = 0.121$$

포트폴리오를 구성할 때, 개별 주식 간의 상관계수는 위험감소의 원천으로 상관관계가 낮을수록 분산투자의 효과는 크게 나타난다. 상관계수와 분산효과를 다음의 예를 통하여 살펴보자. 주식 1과 주식 2의 기대수익률과 위험은 다음과 같다.

주식 1	$E(R_1)$ = 20%	σ_1 = 30%
주식 2	$E(R_2)$ = 10%	σ_1 = 15%

이때, 주식 1과 주식 2에 각각 w_1과 w_2의 비율로 분산투자하여 구성한 포트폴리오의 기대수익률과 위험은 다음과 같다.

$$\begin{aligned} E(R_p) &= w_1E(R_1) + w_2E(R_2) \\ &= w_1(20) + w_2(10) \end{aligned}$$

$$\begin{aligned} \sigma_p^2 &= w_1^2\sigma_1^2 + w_2^2\sigma_2^2 + 2w_1w_2\sigma_{12} \\ &= w_1^2(30)^2 + w_2^2(15)^2 + 2w_1w_2(30)(15)\rho_{12} \end{aligned}$$

위 식에서 포트폴리오 수익률의 분산은 투자비율의 크기 및 주식 간의 상관계수의 영향을 받는다. 이를 살펴보기 위해 상관계수에 따라 기대수익률과 위험을 산출해 본다.

① $\rho_{12} = 0$일 때

$$\begin{aligned} E(R_p) &= w_1E(R_1) + w_2E(R_2) \\ &= w_1(20) + w_2(10) \end{aligned}$$

$$\sigma_p^2 = w_1^2\sigma_1^2 + w_2^2\sigma_2^2 + 2w_1w_2\sigma_1\sigma_2\rho_{12}$$

$$\sigma_p = \sqrt{w_1^2\sigma_1^2 + w_2^2\sigma_2^2}$$

투자비율 $w_1 = 0.6$, $w_2 = 0.4$라 하면,

$$E(R_p) = 0.6(20) + 0.4(10) = 16(\%)$$

$$\sigma_p = \sqrt{(0.6)^2(30)^2 + (0.4)^2(15)^2} = 18.97(\%)$$

② $\rho_{12} = +1$일 때

$$\begin{aligned} E(R_p) &= w_1E(R_1) + w_2E(R_2) \\ &= w_1(20) + w_2(10) \end{aligned}$$

$$\sigma_p^2 = w_1^2\sigma_1^2 + w_2^2\sigma_2^2 + 2w_1w_2\sigma_1\sigma_2\rho_{12}$$

$$\begin{aligned} \sigma_p &= \sqrt{w_1^2\sigma_1^2 + w_2^2\sigma_2^2 + 2w_1w_2\sigma_1\sigma_2\rho_{12}} \\ &= \sqrt{w_1^2\sigma_1^2 + w_2^2\sigma_2^2 + 2w_1w_2\sigma_1\sigma_2} \\ &= \sqrt{(w_1\sigma_1 + w_2\sigma_2)^2} = w_1\sigma_1 + w_2\sigma_2 \end{aligned}$$

투자비율 $w_1 = 0.6$, $w_2 = 0.4$라 하면,

$$E(R_p) = 0.6(20) + 0.4(10) = 16(\%)$$

$$\sigma_p = (0.6)(0.3) + (0.4)(0.15) = 24.0(\%)$$

③ $\rho_{12} = -1$일 때

$$E(R_p) = w_1E(R_1) + w_2E(R_2) = w_1(20) + w_2(10)$$

$$\sigma_p = \sqrt{w_1^2\sigma_1^2 + w_2^2\sigma_2^2 - 2w_1w_2\sigma_1\sigma_2\rho_{12}} = \sqrt{w_1^2\sigma_1^2 + w_2^2\sigma_2^2 - 2w_1w_2\sigma_1\sigma_2} = \sqrt{(w_1\sigma_1 - w_2\sigma_2)^2} = |w_1\sigma_1 - w_2\sigma_2|$$

따라서, $\sigma_p = \begin{cases} w_1\sigma_1 - w_2\sigma_2 \ (w_1\sigma_1 \geq w_2\sigma_2\text{인 경우}) \\ w_2\sigma_2 - w_1\sigma_1 \ (w_2\sigma_2 > w_1\sigma_1\text{인 경우}) \end{cases}$

표준편차를 계산할 때 두 식 중 어느 식을 선택할 것인가는 투자비율 w_1과 w_2에 달려 있다. 즉, 표준편차는 음(−)의 값을 가질 수 없기 때문에 특정한 값 w_1, w_2가 주어졌을 때 $\sigma_p \geq 0$의 조건을 만족시키는 식을 사용해야 한다. 예를 들어,

$w_1 = 0.6$, $w_2 = 0.4$라 하면,

$$E(R_p) = 0.6(20) + 0.4(10) = 16(\%)$$

$$\sigma_p = (0.6)(0.3) - (0.4)(0.15) = 12.0(\%)$$

상관계수 $\rho_{12} = -1$인 경우는 두 주식에 대한 투자비율을 적절히 조절하면 포트폴리오 위험을 0으로 만들 수 있다. 예를 들어, $w_1 = 1/3$, $w_2 = 2/3$만큼을 투자하면, 위험이 0이 되는 포트폴리오가 도출된다.

$$E(R_p) = (\frac{1}{3} \times 20) + (\frac{2}{3} \times 10) = 13.3(\%)$$

$$\sigma_p = w_1\sigma_1 - w_2\sigma_2 = (\frac{1}{3})(30) - (\frac{2}{3})(15) = 0(\%)$$

한편, 서로 다른 상관계수 하에서, w_1과 w_2의 조합의 변화에 따른 기대수익률과 표준편차의 변화를 정리하면, 〈표 9-3〉과 같다.

▲ 표 9-3 상관계수와 투자비율에 따른 포트폴리오의 기대수익률과 위험

(단위 : %)

w_1	w_2	$\rho_{12}=+1$		$\rho_{12}=0$		$\rho_{12}=-1$	
		$E(R_p)$	σ_p	$E(R_p)$	σ_p	$E(R_p)$	σ_p
1.00	0.00	20	30.0	20	30.0	20	30.0
0.80	0.20	18	27.0	18	24.2	18	21.0
0.60	0.40	16	24.0	16	19.0	16	12.0
0.40	0.60	14	21.0	14	15.0	14	3.0
0.20	0.80	12	18.0	12	13.4	12	6.0
0.00	1.00	10	15.0	10	15.0	10	15.0

이상에서 상관계수가 +1.0이면 분산효과가 없음을 알 수 있다. 또, 상관계수가 −1.0일 때 분산효과가 가장 크다는 것을 알 수 있다. 따라서 다른 조건이 동일하다면, 포트폴리오 위험을 감소시키기 위해서는 상관관계가 낮은 자산 내지 음(−)의 관계를 갖는 자산으로 구성해야 한다.

[그림 9-4]는 〈표 9-3〉에서 나타낸 투자비율에 따른 기대수익률과 표준편차의 조합의 변화를 나타내는 선을 도시한 것이다. 이 선을 포트폴리오 결합선(portfolio combination line)이라 한다. 즉, 포트폴리오 결합선은 포트폴리오 투자비율에 따른 기대수익률과 위험의 집합을 나타내는 선이다.

증권시장에서 주식들의 변화양상은 전체 경제 움직임과 밀접한 관련이 있다. 따라서 현실세계에서 두 주식 수익률의 상관계수는 음(−)의 값을 갖는 경우는 거의 없으며, 대부분 0과 1 사이의 값을 갖게 된다. 이 경우 포트폴리오 결합선은 그림자 부분에 있게 되며, 완만한 기울기를 가지는 곡선의 형태를 띠게 된다.

그림 9-4 ▶
상관계수와 포트폴리오의 기대수익률과 위험

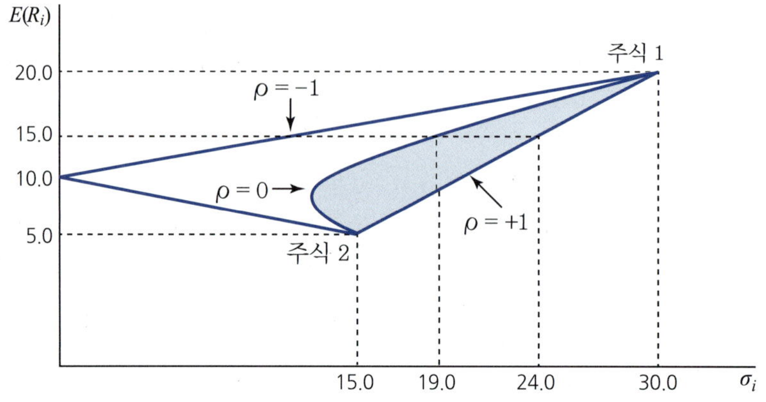

제 3 절 최적포트폴리오의 선택

포트폴리오의 기대수익률과 위험을 측정함으로써 투자자가 선택 가능한 모든 투자기회집합을 구성할 수 있다. 여기서는 투자자는 선택 가능한 투자기회집합 중에서 어느 포트폴리오를 선택할 것인가를 살펴보기로 하자. 투자자가 최적포트폴리오를 선택하기 위한 과정에서 다음과 같은 네 가지 가정이 필요하다.

① 모든 투자자는 평균-분산 기준에 의한 이성적 투자자이다.
② 수익률의 분포는 정규분포를 가진다.
③ 투자자의 효용함수는 2차함수의 형태를 가진다.
④ 모든 투자자는 위험회피적 투자자의 성향을 지닌다.

이상의 가정 하에 위험자산만이 존재하는 경우와 무위험자산과 위험자산이 동시에 존재하는 경우, 각각의 효율적 투자선을 도출하여 투자자의 최적포트폴리오 선택과정을 알아보자.

1. 위험자산만 존재하는 경우

1) 효율적 투자선

위험자산만 존재하는 경우를 가정하고 투자기회집합을 도출해 보자. 투자기회는 어떤 증권을 어떤 투자비율로 투자하느냐에 따라 무수히 많이 존재한다. 투자기회집합(investment opportunity set)은 가능한 모든 투자대상의 포트폴리오를 결합한 집합으로, 포트폴리오의 기대수익률과 표준편차를 측정하여 $[E(R_p), \sigma_p]$ 평면상에 표시한다. [그림 9-5]에서 그림자 부분이 투자기회집합이다.

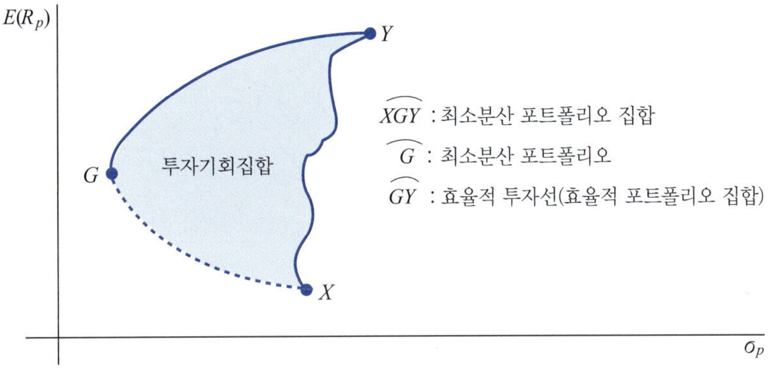

◀ 그림 9-5
효율적 투자선

[그림 9-5]에서 투자기회집합의 경계를 이루는 XGY를 지나는 곡선은 포트폴리오 결합선이다. 선 XGY는 주어진 기대수익률 하에서 가장 위험이 적은 포트폴리오 결합선으로 최소분산포트폴리오집합(minimum variance portfolio set)이라 한다. 여기서 점 G는 전체 포트폴리오 중 가장 적은 분산을 갖는 포트폴리오로 이를 최소분산포트폴리오(global minimum variance portfolio)라 한다. 한편, 최소분산포트폴리오집합 중 최저점 G의 윗부분에 있는 포트폴리오 집합(선 GY)을 마코위츠의 효율적 투자선(Markowitz's efficient frontier) 또는 효율적 포트폴리오 집합(efficient portfolio set)이라고 한다. 효율적 투자선은 지배원리를 적용하여 주어진 분산 하에서 가장 높은 기대수익률을 가진 포트폴리오 집합을 의미한다.

투자자들이 합리적으로 행동한다면, 어느 투자자나 효율적 투자선 *GY*상의 포트폴리오를 선택하게 된다. 그 외의 다른 포트폴리오를 선택하는 행위는 비합리적이라 할 수 있다.

2) 최적포트폴리오의 선택

최적포트폴리오(optimal portfolio)는 투자자의 기대효용을 가장 극대화시켜주는 포트폴리오이다. 투자자는 기대효용을 극대화하기 위해 자신의 위험에 대한 태도가 반영된 각자의 무차별곡선에 따라 효율적 투자선 상에서 최적포트폴리오를 선택하게 된다.

그림 9-6 ▶
최적포트폴리오의 선택

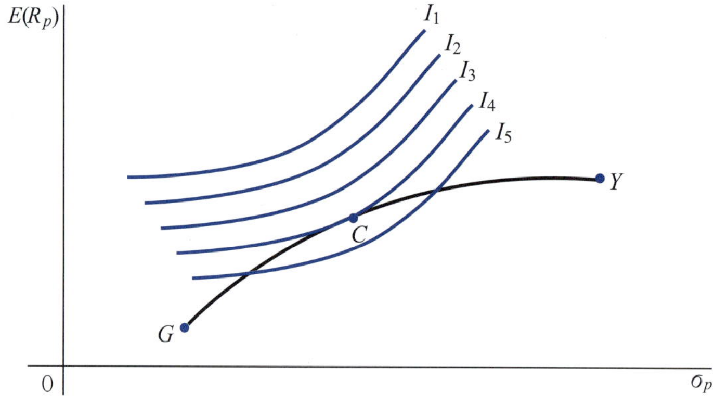

[그림 9-6]에서 최적포트폴리오는 투자자의 위험에 대한 태도를 나타내는 무차별곡선 I_4와 효율적 투자선 *GCY*가 만나는 접점인 점 *C*에서 결정된다.

[그림 9-7]은 방어적 투자자와 공격적 투자자의 무차별곡선과 효율적 투자선 *GY*가 결합되어 있다. 위험회피성향이 강한 방어적 투자자 *A*의 무차별곡선을 I_A, 위험회피성향이 약한 공격적 투자자 *B*의 무차별곡선을 I_B라 하자. 투자자 *A*는 포트폴리오 *A*를 선택하고, 투자자 *B*는 포트폴리오 *B*를 선택함으로써 자신의 기대효용을 극대화할 수 있다. 즉, 방어적 투자자는 기대수익률이 낮더라도 상대적으로 위험이 적은 포트폴리오 *A*를 선택하고, 공격적 투자자는 어느 정도까지 위험을 감수하면서 기대수익률이 상대적으로 높은 포트폴리오 *B*를 선택하게 된다.

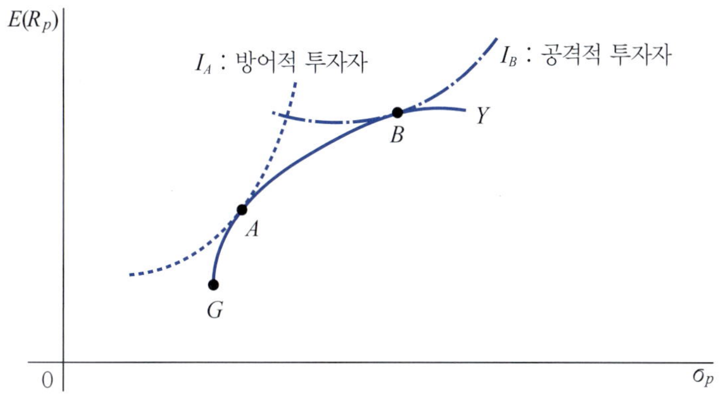

◀ 그림 9-7
상이한 무차별곡선을 갖는 투자자들의 최적 포트폴리오 선택

이상에서 투자자의 최적포트폴리오 선택과정은 두 단계로 나눌 수 있다.

1단계: 투자자의 위험회피성향 내지 무차별곡선의 모양에 관계없이 전체 투자기회집합에서 지배원리를 적용하여 효율적 투자선(efficient frontier)을 도출한다.

2단계: 투자자의 기대효용을 극대화할 수 있는 개별 투자자의 무차별곡선과 효율적 투자선이 접하는 점에서 최적포트폴리오를 찾는다.

이와 같이 최적포트폴리오의 선택단계는 평균－분산기준에 의한 효율적 투자선의 구축과 투자자의 기대효용을 극대화시키는 최적포트폴리오 선택과정이 분리되어 이루어진다고 하여 이러한 포트폴리오 선택원리를 토빈의 분리정리(Tobin's separation theorem) 또는 포드폴리오 분리정리(portfolio separation theorem)라 한다.

2. 무위험자산과 위험자산이 존재하는 경우

1) 무위험자산의 도입

앞에서는 위험자산만이 존재하는 경우의 최적포트폴리오 선택과정을 살펴보았다. 여기서는 무위험자산과 위험자산이 동시에 포트폴리오에 포함되는 경우의 포트폴리오 선택과정을 살펴보기로 한다. 이를 위해 먼저, ① 현실세계에 무위험자산이 존재하며, ② 동일한 무위험 이자율로 차입과 대출이 가능하다는 가정을 전제로 한다.

무위험자산은 미래 현금흐름에 불확실성이 없는 자산으로 현실세계에서는 사실상 존재하지 않기 때문에, 투자론에서는 국채나 양도성예금증서(CD) 또는 정기예금 등을 무위험자산의 대용으로 사용한다. 무위험자산이 가지는 무위험수익률은 R_f로 일정하며, 분산은 0이며, 다른 증권과의 공분산도 0인 값을 가지는 특징이 있다.

무위험자산과 위험자산을 결합하여 포트폴리오를 구성하는 과정은 두 단계를 거치게 된다. 첫 단계로 먼저, 무위험자산과 위험자산을 결합한 투자를 통하여 얻을 수 있는 가능한 투자기회집합을 찾아낸다. 이 경우 투자기회집합은 자본시장선(capital market line: CML) 상에 위치하게 된다. 두 번째 단계로 가능한 투자기회집합들 중에서 투자자의 위험회피정도를 고려하여 가장 큰 효용을 가져다 주는 포트폴리오를 선택하는 과정이다. 즉, 자본시장선(CML) 상에서 투자자의 위험회피정도에 따라 최적포트폴리오를 선택한다. 이러한 과정을 이하에서 순차적으로 설명하여 보자.

2) 자본배분선

위험자산만으로 구성된 포트폴리오 A와 무위험수익률 R_f인 무위험자산을 결합하여 새로운 포트폴리오를 구성해 본다. 포트폴리오 A에는 w만큼 투자하고 무위험자산에는 $(1-w)$만큼 투자한다고 하자. 이때, 새로운 포트폴리오의 기대수익률과 위험은 다음과 같다.

$$E(R_p) = wE(R_A) + (1-w)R_f \qquad \cdots\cdots (21)$$

$$\begin{aligned}\sigma_p &= \sqrt{w^2\sigma_A^2 + (1-w)^2\sigma_{R_f}^2 - 2w(1-w)\sigma_A\sigma_{R_f}\rho_{AR_f}} \qquad \cdots\cdots (22)\\ &= \sqrt{w^2\sigma_A^2} \qquad (\because\ \sigma_{R_f}=0)\\ &= w\sigma_A \qquad (\text{단, } w \geq 0)\end{aligned}$$

위 식에서 $w > 1$인 경우, $(1-w)$는 음(−)의 값을 갖는데, 이는 R_f로 차입한 자금과 현재 투자자금을 합하여 모두 위험자산 포트폴리오에 투자한다는 것을 의미한다. 예를 들어, $w=0.6$, $(1-w)=0.4$인 경우는 위험자산인 주식에 투자자금의 60%, 무위험자산인 국채에 40%를 투자한다는 의미이다. 가령 $w=1.3$, $(1-w)=-0.3$인 경우라면, 투자금액의 30%를 무위험이자율로 빌려서 투자자가 가지고 있는 자금과 합쳐 본래 투자자금의 130%를 위험자산에 투자한 경우의 포트폴리오이다.

식 (22)를 $w(=\frac{\sigma_p}{\sigma_A})$에 관해 정리한 후 식 (21)에 대입하면, 식 (23)과 같은 기대수익률과 위험의 관계를 나타내는 새로운 포트폴리오 결합선이 도출되는데, 이를 자본배분선(capital allocation line: CAL)이라 한다. 자본배분선(CAL)을 그림으로 나타내면 [그림 9-8]과 같다.

$$CAL : E(R_p) = R_f + \left[\frac{E(R_A) - R_f}{\sigma_A} \right] \sigma_P \qquad \cdots\cdots (23)$$

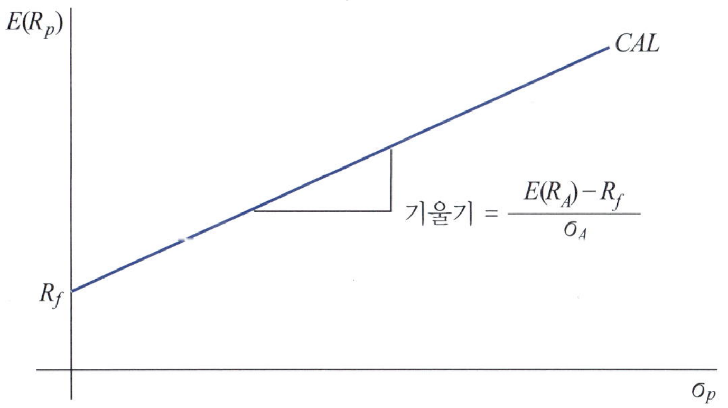

◀ 그림 9-8 자본배분선

자본배분선은 투자자가 선택할 수 있는 위험자산과 무위험자산의 조합을 나타내는 투자기회집합이다. 즉, 새로운 포트폴리오들은 자본배분선(CAL) 상에 존재한다. 자본배분선을 나타내는 식 (23)에서 포트폴리오의 기대수익률은 무위험이자율에 위험프리미엄을 더한 값으로 구성되며 위험프리미엄은 포트폴리오의 위험의 크기인 σ_p의 선형함수로 결정된다.

자본배분선(CAL)의 기울기($[E(R_A) - R_f]/\sigma_A$)는 위험자산 포트폴리오의 위험프리미엄(또는 초과수익률)을 부담하는 위험의 크기로 나누어 준 값으로 위험자산을 선택할 경우 받을 수 있는 위험 한 단위당 보상되는 수익률의 크기를 나타낸다. 이를 '위험보상비율(reward to variability ratio)'이라 한다. 즉, 위험의 단위당 가격을 나타낸다.

3) 자본시장선

이상에서 무위험자산과 위험자산을 결합하여 포트폴리오를 구성하면, 이 포트폴리오의 기대수익률과 위험 사이의 관계는 무위험자산과 위험자산을 연결하는 직선 자본배분선(CAL)으로 나타남을 살펴보았다. 이 결과를 통해 무위험자산과 위험자산을 결합한 포트폴리오에 대한 효율적 투자선을 도출한 것이 자본시장선이다.

자본시장선(capital market line: CML)은 자본배분선(CAL)과 마코위츠의 효율적 프론티어(GZ) 상에서 가장 기울기가 높은 점을 연결한 직선이다. 자본시장선(CML)은 [그림 9-9]에서 R_f와 접점포트폴리오(tangent portfolio) M[1]을 연결한 직선 R_fMX이다. 이때, 접점포트폴리오 M은 무위험자산과 결합할 수 있는 마코위츠의 효율적 투자선 GZ 상의 모든 포트폴리오 중에서

그림 9-9 ▶
자본시장선

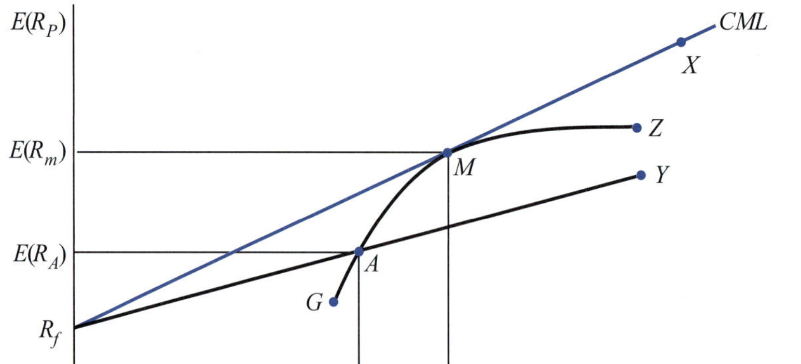

1) 이를 시장포트폴리오(market portfolio)라 하는데 제10장에서 설명된다.

가장 우월한 포트폴리오이다. 자본시장선 R_fMX는 다른 모든 직선들(예를 들어, 직선 R_fAY)보다 주어진 위험 하에서 기대수익률이 가장 높기 때문에 새로운 효율적 투자선이 된다. 즉, 자본시장선(CML)은 무위험자산이 존재하는 경우, 무위험자산과 위험자산 접점포트폴리오 M을 결합한 효율적 포트폴리오 집합이다.

자본시장선은 다음 식 (24)와 같이 나타낸다.

$$E(R_p) = R_f + \left[\frac{E(R_m) - R_f}{\sigma_m} \right] \sigma_P \qquad \cdots\cdots (24)$$

위 식에서 자본시장선(CML)은 포트폴리오의 위험과 기대수익률 간의 선형관계를 나타내며, 시장균형상태에서 모든 투자자들은 CML 상에서 투자 선택을 하게 된다. 자본시장선(CML)의 기울기는 추가적인 위험 한 단위에 대한 자본시장에서의 보상액을 의미하며, 이를 '위험의 균형가격(equilibrium price of risk: EPR)'이라 부른다. 자본시장선(CML)을 보다 쉽게 풀어 쓰면 다음과 같은 의미를 가진다.

> 효율적 포트폴리오의 기대수익률
> =무위험이자율 + 위험프리미엄
> =무위험이자율 + (위험의 균형가격 × 위험량)

4) 최적포트폴리오의 선택

새로운 효율적 투자선인 자본시장선(CML) 상에 위치하는 효율적 포트폴리오 중에서 어느 포트폴리오를 선택하느냐는 투자자의 주관적 위험회피성향(무차별곡선의 형태)에 의해 결정된다.

[그림 9-10]에서 곡선 I_a는 위험회피성향이 보다 큰 방어적 투자자의 무차별곡선이고, 곡선 I_b는 위험회피성향이 상대적으로 약한 공격적 투자자의 무차별곡선이다. 방어적 투자자 A는 자신의 투자자금 중 일부는 무위험자산에

그림 9-10 ▶
CML상의
최적포트폴리오의 선택

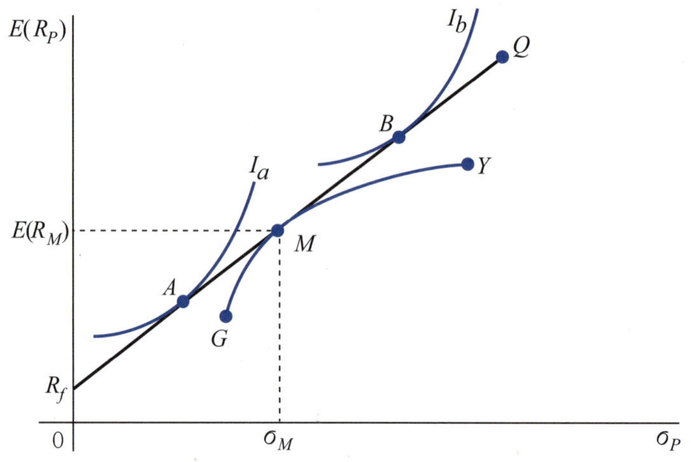

투자하고, 나머지는 시장포트폴리오 M에 투자하는 포트폴리오 A를 최적포트폴리오로 선택하고 있다. 공격적 투자자 B는 무위험이자율에 자금을 차입하여 원래의 자기자금에 합한 총액을 시장포트폴리오 M에 투자하는 포트폴리오 B를 최적포트폴리오로 선택하고 있다.

이상과 같이 투자자의 최적포트폴리오는 투자자 개인의 위험회피성향에 따라 자본시장선 상의 각기 다른 점에서 선택된다. 그러나 투자자의 무차별곡선의 형태가 어떠하든지 간에 위험자산의 선택은 접점포트폴리오 M에만 투자하게 된다는 것을 알 수 있다. 접점포트폴리오 M은 시장균형상태에서 이성적 투자자들이 선택하는 위험자산의 가장 이상적인 포트폴리오를 의미한다. 시장포트폴리오에 대해서는 다음 장에서 구체적으로 설명한다.

직선 R_fM은 대출포트폴리오(lending portfolio)로 부르며, 투자자금 중 일부는 무위험자산에 투자하고(무위험이자율로 돈을 빌려준다는 의미) 나머지 자금은 접점포트폴리오 M에 투자하는 경우 생성되는 포트폴리오이다. 직선 MQ는 차입포트폴리오(borrowing portfolio)라고 부르는데, 일정 자금을 무위험이자율로 차입하여 이를 보유하고 있는 자금을 합하여 접점포트폴리오 M에 모두 투자하는 경우 생성되는 포트폴리오이다.

이상과 같이 투자자의 포트폴리오 선택은 첫 단계로 효율적 투자선인 자본시장선(CML)을 도출하고, 두 번째 단계에서 자신의 위험회피성향에 따라 기대효용을 극대화하는 최적포트폴리오를 구성하는 과정을 거친다. 이를 요약하면 다음과 같다.

> 1단계: 최적위험자산 포트폴리오를 구성하는 단계로, 이는 투자자의 위험회피정도와 관계없이 이루어지며, 모든 투자자는 접점포트폴리오(시장포트폴리오)를 최적위험자산 포트폴리오로 가진다.
>
> 2단계: 무위험자산과 위험자산(시장포트폴리오)에 자산배분을 하여 최적포트폴리오를 구성하는 단계로, 이는 투자자의 위험회피 정도에 따라 결정된다.

이상의 결과는 앞에서 서술한 위험자산만 고려한 경우의 분리정리(separation theory)의 내용이 무위험자산이 도입된 경우에도 동일하게 적용된 것이라 할 수 있다. 현실적으로 펀드와 같은 금융상품처럼 전문투자자에게 관리되는 투자시스템의 경우 포트폴리오 선택과정에서 위험자산의 최적포트폴리오인 접점포트폴리오를 구성하여 제공하는 것은 전문적인 포트폴리오 관리자 내지 펀드매니저의 역할이고, 자신의 위험회피성향에 따라 무위험자산과 접점포트폴리오에 투자금액을 배분하여 최적포트폴리오를 구성하는 결정을 하는 것은 투자자 개인의 몫인 것이다. 즉, 포트폴리오 분리정리는 이러한 현실적인 투자결정과정을 반영하고 있다고 할 수 있다.

참고 박스

기대치, 분산 및 공분산의 연산법칙

X, Y 및 Z는 확률변수이며, a, b는 상수라 하자. 확률변수의 기대치, 분산 및 공분산은 다음과 같은 연산법칙을 가진다.

① 기대치

i) $E(a) = a$

상수의 기대치는 상수 그 자체이다.

ii) $E(aX) = aE(X)$

확률변수 X에 상수 a를 곱한 확률변수의 기대치는 본래의 확률변수 X의 기대치에 상수 a를 곱한 값이다.

iii) $E(X+Y) = E(X)+E(Y)$

확률변수 X와 Y합의 기대치는 각각의 기대치의 합과 같다.

iv) 이상의 법칙으로부터 다음의 식이 성립된다.

$E(aX+bY) = aE(X)+bE(Y)$

② **분산**

i) $Var(a) = 0$ 상수 a의 분산은 0이다.

ii) $Var(aX) = a^2Var(X)$

확률변수 X에 상수 a를 곱한 확률변수의 분산은 본래의 확률변수 X의 분산에 a^2을 곱한 값이다.

증명)

$$\begin{aligned} Var(aX) &= E[aX-E(aX)]^2 \\ &= E[a\{X-E(X)\}]^2 \\ &= E[a^2\{X-E(X)\}^2] \\ &= a^2E[\{X-E(X)\}^2] \\ &= a^2Var(X) \end{aligned}$$

iii) $Var(X+Y) = Var(X)+Var(Y)+2Cov(X,\ Y)$

두 확률변수 X와 Y의 합의 분산은 각각의 분산에다 두 확률변수 사이의 공분산을 2배하여 합한 값이다.

증명)

$$\begin{aligned} Var(X+Y) &= E[(X+Y)-E(X+Y)]^2 \\ &= E[\{X-E(X)\}+\{Y-E(Y)\}]^2 \\ &= E[\{X-E(X)\}^2+\{Y-E(Y)\}^2+2\{X-E(X)\}\{Y-E(Y)\}] \\ &= E[\{X-E(X)\}^2]+E[Y-E(Y)]^2+2E[X-E(X)]\{Y-E(Y)\}] \\ &= Var(X)+Var(Y)+2Cov(X,\ Y) \end{aligned}$$

이상의 관계에서 다음과 같은 식이 성립한다.

iv)

$$\begin{aligned} Var(aX+bY) &= a^2Var(X)+b^2Var(Y)+2abCov(X,\ Y) \\ &= a^2\sigma_X^2+b^2\sigma_Y^2+2ab\sigma_{XY} \\ &= a^2\sigma_X^2+b^2\sigma_Y^2+2ab\rho_{XY}\sigma_X\sigma_Y \end{aligned}$$

③ **공분산**

i) $Cov(a,\ X) = 0$

상수 a와 확률변수 X의 공분산은 0이다.

ii) $Cov(X, Y) = Cov(Y, X)$
확률변수의 위치를 바꾸더라도 공분산 값은 동일하다.

iii) $Cov(X+a, Y-b) = Cov(X, Y)$
확률변수에 상수를 더하거나 빼어도 공분산 값은 바뀌지 않는다.

iv) $Cov(aX, Y) = aCov(X, Y)$
확률변수 X에 상수 a를 곱한 값과 확률변수 Y의 공분산은 두 확률변수 X와 Y의 공분산에 상수 a를 곱한 것과 같다.

v) 이상의 관계를 이용하면 다음의 관계가 성립한다.
$Cov(aX, bY) = abCov(X, Y)$

vi) $Cov(X+Y, Z) = Cov(X, Z) + Cov(Y, Z)$
두 확률변수 X와 Y의 합과 다른 확률변수 Z의 공분산은 X와 Z의 공분산과 Y와 Z의 공분산을 합한 것과 같다.

주요용어

- 포트폴리오(portfolio)
- 공분산(covariance)
- 상관계수(correlation)
- 분산-공분산 행렬(variance-covariance matrix)
- 포트폴리오 효과(portfolio effect)
- 체계적 위험(systematic risk)
- 비체계적 위험(nonsystematic risk)
- 분산불능위험(nondiversifiable risk)
- 분산가능위험(diversifiable risk)
- 효율적 투자선(efficience frontier)
- 투자기회집합(investment opportunity set)
- 자본배분선(capital allocation line: CAL)
- 자본시장선(capital market line; CML)
- 최적 포트폴리오(optimal portfolio)
- 접점포트폴리오(tangent portfolio)
- 대출포트폴리오(lending portfolio)
- 차입포트폴리오(borrowing portfolio)
- 최소분산포트폴리오(minimum variance portfolio)
- 포트폴리오 분리정리(portfolio separation theorem)

연/습/문/제

01 포트폴리오 효과에 대해 설명하라.

02 나부자 씨는 총 1억원으로 투자포트폴리오를 구성하였는데 2,000만원은 주식펀드에, 2,000만원은 채권펀드에, 3,000만원은 부동산에, 나머지는 정기예금에 투자하였다. 각 자산에서의 연간 수익률이 각각 10%, 4%, 15%, 5%일 경우 가중평균수익률은 얼마인가? (AFPK 유사문제)

① 10.7% ② 8.8% ③ 8.3% ④ 6.0%

03 포트폴리오의 위험을 계산하는 산식에 직접적으로 영향을 미치는 요인과 가장 거리가 먼 것은? (CFP 유사문제)

① 개별자산별 투자비중 ② 개별자산 수익률의 표준편차
③ 개별자산의 기대수익률 ④ 개별자산 수익률 간 상관계수
⑤ 개별자산 수익률 간 공분산

04 투자자 신중해 씨는 다음과 같은 상관계수를 표를 이용하여 분산투자하려 한다. 가장 합리적인 방법은? (AFPK 유사문제)

구 분	대형주	소형주	외국주식	신흥시장 주식
대형주	1.00	0.85	0.54	0.35

① 대형주만 ② 대형주와 신흥시장 주식
③ 대형주와 소형주 ④ 대형주와 외국주식

05 자본시장선에 대한 설명으로 적당하지 않은 것을 고르시오. (CFP 유사문제)

① 위험자산으로 결합된 가장 이상적인 포트폴리오를 시장포트폴리오라고 한다.
② 무위험자산을 포함시키면 마코위츠의 효율적 투자선이 더 이상 효율적 투자선이 아니다.
③ 자본시장선 중에서 시장포트폴리오의 좌측 직선 부분을 차입 포트폴리오라고 한다.
④ 무위험자산과 다른 위험자산 간의 상관관계는 0이다.
⑤ 자본시장선과 무차별곡선과의 접점이 최적의 포트폴리오이다.

06 다음과 같이 예상될 때 질문에 답하시오.

구 분	대형주	주식형 펀드	채권형 펀드
호황	0.5	0.30	0.01
불황	0.5	−0.10	0.10

(1) 각 펀드의 기대수익률과 표준편차를 구하시오.

(2) 이 두 펀드에 투자자금을 50%씩 투자하여 포트폴리오를 구성할 때, 포트폴리오의 기대수익률을 구하시오.

(3) 두 펀드 간의 수익률의 공분산과 상관계수를 구하시오.

07 다음은 독일맥주(주)와 몽고소주(주)의 미래의 날씨 상황에 따른 주식수익률의 확률분포표이다. 아래 물음에 답하라.

미래 상황	확률	수익률	
		독일맥주(주)	몽고소주(주)
더운 날씨	0.3	0.6	−0.1
보　　통	0.5	0.1	0.2
추운 날씨	0.2	−0.3	0.5

(1) 두 주식 간의 공분산을 구하라.

(2) 두 주식 간의 상관계수를 구하라.

08 증권 A와 증권 B의 기대수익률, 표준편차 및 공분산은 다음과 같다.

구 분	증권 A	증권 B	공분산
기대수익률	0.2	0.15	−0.03
표준편차	0.3	0.2	

(1) 증권 A에 60%, 증권 B에 40%가 투자된 포트폴리오의 기대수익률과 위험을 구하라.

(2) 포트폴리오의 위험이 개별증권 A, B와 비교할 때 어떠한가? 그 이유를 설명하라.

09 두 증권 X와 Y의 기대수익률은 다음의 표와 같다. 두 증권 포트폴리오의 기대수익률을 15%로 만들기 위해서 증권 X와 Y의 투자비율은 각각 얼마로 하여야 하는지 계산하라.

구 분	증권 X	증권 Y
$E(R)$	0.08	0.16

10 증권시장에서 수익률 간의 상관계수가 −1인 두 주식을 찾기가 쉽지 않다. 마침 상관계수가 −1인 두 주식이 다음과 같은 기대수익률과 표준편차를 갖는다고 하자. 두 주식으로 위험이 0인 완전분산투자가 가능한 포트폴리오 구성이 가능하다면 이때 포트폴리오의 기대수익률을 구하라.

주식	기대수익률	표준편차
A	0.08	0.40
B	0.13	0.60

11 여의도투자신탁(주)의 펀드매니저 장 부장은 주식펀드와 채권펀드에 분산투자를 검토하고 있다. 위험펀드인 주식펀드와 채권펀드의 기대수익률과 표준편차는 다음과 같다.

구 분	기대수익률	표준편차
주식펀드	0.2	0.3
채권펀드	0.1	0.2

두 펀드 수익률의 상관계수는 0.2라 할 때, 두 위험 펀드의 최소분산 포트폴리오를 구성하는 투자비율을 계산하라.

12 기대수익률과 표준편차가 다음과 같은 주식형 펀드 A가 있고 이자율이 5%인 정기예금(무위험자산)이 있다. 투자자 김삿갓 씨는 이 두 자산으로 포트폴리오를 구성하고자 한다.

주식펀드 A의 기대수익률 $E(R_A) = 0.15$

주식펀드 A의 표준편차 $\sigma_A = 0.10$

무위험이자율 $R_f = 0.05$

(1) 주식펀드 A와 무위험자산인 정기예금 두 자산에 대한 투자비율을 0:100, 50 : 50, 100 : 0로 한 각 포트폴리오의 기대수익률과 위험을 구하라.

(2) 이 경우 자본배분선(CAL)을 구하라.

13 시장포트폴리오의 기대수익률은 17%이며, 표준편차는 8%이다. 그리고 무위험자산의 수익률이 5%인 경우, 자본시장선(CML)을 구하고 이를 그림으로 나타내어라.

제 10 장

자산가격결정모형

• 학습내용

- 시장균형과 시장포트폴리오
- 시장모형과 체계적 위험
- 체계적 위험의 측정
- 자본자산가격결정모형(CAPM)의 도출
- CAPM의 이용
- 차익거래가격결정모형의 기초
- APM의 도출
- APM의 유용성과 문제점

■ 연습문제

제9장에서는 개별 투자자의 관점에서 최적 포트폴리오를 어떻게 선택하는가에 대해 학습하였다. 제10장에서는 균형시장에서 주식과 같은 자본자산의 가격이 어떻게 결정되는지에 대해 학습한다. 대표적인 자산가격결정이론으로 자본자산가격결정모형(CAPM)과 차익거래가격결정모형(APM)이 있다.

CAPM은 넓은 의미로는 자본시장선(CML), 증권특성선(SCL), 그리고 증권시장선(SML) 모두를 지칭한다. 그러나 좁은 의미로는 증권시장선(SML)만을 말한다. CAPM은 매우 단순한 모형이다. 이 모형은 자본자산의 가격은 그 자산의 체계적 위험(베타)의 크기에 비례한다고 설명하고 있다. CAPM은 자본자산의 가격결정원리를 아주 잘 설명하고 있기 때문에 주식가치평가에 있어서 적정할인율과 균형가격의 결정, 과대평가주식과 과소평가주식의 판단, 투자성과의 분석과 평가 그리고, 자산의 가치와 자본예산에 적용하는 등 투자이론의 모든 분야에 다양한 용도로 사용되고 있다.

자본자산가격결정모형(CAPM)에서는 자산의 가격이 시장포트폴리오라는 단일요인에 의해 결정된다고 설명하고 있다. 그러나 시장포트폴리오를 구성하는 문제는 CAPM의 타당성 문제와 결부되어 논란의 대상이 되고 있다. 또, CAPM 도출 시에 설정한 가정 상의 한계로 인해 모형의 유용성에 대한 논란이 계속 있어 왔다. 제4절에서는 CAPM을 대체할 수 있는 자산가격결정모형으로서, 자본자산의 가격결정이 다수의 공통요인에 의해 이루어진다고 설명하는 차익가격결정모형(APM)을 설명한다. APM 전개의 논리적 기반이 되는 무차익원리와 다요인모형을 설명하고 APM을 도출하는 과정을 살펴본다. 또, 현실세계에서 APM의 유용성과 적용 상의 한계점도 살펴본다.

제1절 시장균형과 시장포트폴리오

1. 시장균형

자산가격결정모형(asset pricing model)은 자산의 위험에 따라 기대수익률의 결정과정을 보여 주고 이에 따라 해당 자산의 균형가격을 밝히는 가격결정이론이다. 자산가격결정모형은 이론의 전개 상 시장균형상태를 가정하고 있다. 시장균형상태(market equilibrium)란 특정 자산이 가지고 있는 위험에 상응하는 기대수익률이 보장되고 있는 시장상황을 의미한다. 시장불균형상태가 나타나면 차익거래(arbitrage transaction)가 일어난다. 시장균형상태를 이론적으로 설명하기 위해서 투자론에서는 모든 투자자들은 증권의 미래 수익률의 분포(기대수익률, 분산 및 공분산)에 대해 동일한 기대를 한다고 가정한다. 이를 동질적 기대가정이라고 하는데 자산가격결정이론에 있어서 매우 중요한 가정이다.

제9장의 자본시장선(CML)에서 살펴보았듯이 투자자의 최적포트폴리오는 CML 상의 접점포트폴리오 *M*과 무위험자산의 결합으로 이루어진다. 동질적 기대가정 하에서 모든 투자자들이 미래 증권의 기대수익률과 분산에 대해 동질적인 기대를 한다면 모든 투자자들의 접점포트폴리오(tangent portfolio)는 동일할 것이다. 즉, 위험자산의 선택에 있어서 모든 투자자들은 동일한 포트폴리오를 보유하게 된다. 또한 접전포트폴리오는 증권시장에 존재하는 모든 위험자산을 포함하게 된다. 그 이유는 시장의 투자자들이 선택하는 위험자산은 오직 이 접점포트폴리오뿐이므로 어떤 위험자산이 거래되기 위해서는 그 자산이 접점포트폴리오에 포함되어야 하기 때문이다.

시장이 균형상태에 도달하기 위해서는 접점포트폴리오는 시장 전체와 유사한 모양이 된다. 왜냐하면, 모든 투자자들이 동일한 구성비율로 위험자산을 보유하기 때문이다. 이와 같이 시장에서 거래되는 모든 위험자산을 그 시장가치비율에 따라 구성한 포트폴리오를 시장포트폴리오(market portfolio)라 한다.

이상에서 동질적 기대가정 하에서 모든 투자자의 접점포트폴리오는 시장포트폴리오와 동일한 구성비율을 갖게 되며, 접점포트폴리오와 시장포트폴리오가 일치하게 된다. 이때 각 자산의 구성비율은 증권시장에서 거래되는 자산의 총가치에서 개별자산의 시가총액이 차지하는 비중으로 계산된다. 즉,

> 시장포트폴리오에서 개별자산의 구성비율(w_j)
> = 개별자산의 시가총액 ÷ 증권시장 전체 자산의 시가총액

시장균형상태에서는 모든 투자자는 각각의 위험회피성향에 관계없이 위험자산에 관한 한 항상 위험자산의 시장포트폴리오를 선택하게 된다.

2. 시장포트폴리오

시장포트폴리오(market portfolio: M)란 시장균형상태에서 시장에서 거래되는 모든 자본자산(capital asset)을 포함한 포트폴리오를 의미한다. 시장포트폴리오에 포함되는 자본자산은 상장주식을 비롯하여 비상장주식, 부동산, 유가증권 등 모든 자본자산을 포함하는 의미이므로, 현실세계에서는 이를 찾거나 계산하기 힘들다. 따라서 시장포트폴리오는 증권시장을 통하여 대용치(proxy)를 사용한다. 일반적으로 시장포트폴리오의 대용치로 종합주가지수를 이용한다. 종합주가지수에는 모든 경제적 상황이 포함되어 있기 때문이다. 시장포트폴리오는 다음과 같은 특성을 지닌다.

> ① 시장포트폴리오는 완벽하게 분산투자된 포트폴리오의 특색을 가진다.
> ② 시장균형상태에서 모든 투자자는 시장포트폴리오를 선택하게 된다.

모든 투자자들이 위험자산포트폴리오 중 시장포트폴리오 M에만 투자한다면 시장포트폴리오에서의 위험자산 j의 구성비율 w_j는 다음과 같다.

$$w_j = \frac{\text{위험자산 } j\text{의 총시장가치}}{\text{시장전체 위험자산의 총시장가치}} = \frac{P_jQ_j}{\sum_{j=1}^{n} P_jQ_j} \quad \cdots\cdots (1)$$

여기서, P_j : 위험자산 j의 단위당 시장가격
Q_j : 위험자산 j의 총발행주식수

투자자가 시장포트폴리오 M을 선택한다는 것은 M과 동일한 구성비율을 가지는 위험자산포트폴리오를 구성한다는 것을 의미한다. 그러므로 투자자들의 위험자산에 대한 투자가능금액에 따라 위험자산포트폴리오의 총가치는 각각 다르지만 투자자들이 선택하는 위험자산포트폴리오의 구성비율은 다음 식과 같이 모든 투자자에게 동일하며 그것은 시장포트폴리오의 구성비율과 같다.

$$w_{1j} = w_{2j} = \cdots = w_{ij} = w_j \qquad \cdots\cdots (2)$$

여기서, w_{ij} : 투자자 i의 위험자산포트폴리오에서의 위험자산 j의 구성비율

$$\text{즉, } w_{ij} = \frac{\text{투자자 } i\text{의 위험자산 } j\text{에 대한 투자액}}{\text{투자자 } i\text{의 시장포트폴리오에 대한 총투자액}}$$

(단, $i = 1, 2, \cdots, k$; $j = 1, 2, \cdots, n$)

모든 투자자들이 시장포트폴리오 M에 투자한다는 것은 M의 총가치 중 일부를 소유하는 것이다. 따라서 각 투자자는 시장에 존재하는 각각의 위험자산에 대해 그것의 소유비율들이 투자자의 시장전체에 대한 소유비율과 같도록 투자한다.

1 예제

율도국에 3개의 증권으로 구성된 주식시장이 존재하고 있으며, 시장에는 투자자가 2명만 존재한다고 가정한다. 두 투자자는 미래 주식수익률의 확률분포에 대해서 동질적인 기대를 가지고 있으며, 차입이자율과 대출이자율은 동일하다고 가정한다. 투자자와 주식시장에 관한 자료는 다음 표와 같을 때, 두 투자자는 각각의 주식에 얼마씩 투자할 것인가 알아보라.

투자자의 총투자액

투자자	주식시장에서의 총투자액	주식시장의 소유비율
1	1,200억	60%
2	800억	40%
합계	2,000억	100%

주식시장의 구성

주식	주당 시장가격	발행주식수	총시장가치	시장구성비율
A	30,000원	200만주	600억원	0.3
B	40,000원	200만주	800억원	0.4
C	20,000원	300만주	600억원	0.3
합계			2,000억원	1.0

풀이 각 투자자의 위험자산에 대한 소유비율은 투자자의 시장전체에 대한 소유비율과 같게 된다. 즉,

투자자 1: $w_{1A} = w_{1B} = w_{1C} = w_1(=0.6)$

투자자 2: $w_{2A} = w_{2B} = w_{2C} = w_2(=0.4)$

투자자의 개별주식에 대한 투자금액은 다음 표와 같다.

주식	투자자 1			투자자 2		
	소유비율	투자액	구성비율	소유비율	투자액	구성비율
A	0.6	360억원*	0.3	0.4	240억원	0.3
B	0.6	480억원	0.4	0.4	320억원	0.4
C	0.6	360억원	0.3	0.4	240억원	0.3
합계		1,200억원	1.0		800억원	1.0

주) * 투자자 1의 주식 A의 투자액 $= 0.6 \times$(주식 A의 총시장가치) $= 0.6 \times 600 = 360$(억원)

따라서 각 투자자의 위험자산포트폴리오의 구성비율이 모두 시장포트폴리오의 구성비율과 같아짐을 알 수 있다.

제 2 절 자본자산가격결정모형

시장균형상태에서 자산의 위험에 따라 기대수익률이 어떻게 결정(자산의 가격결정)되는가를 설명하는 모형을 자산가격결정모형(asset pricing model)이라 한다. 자산가격결정모형 중에서 대표적인 모형은 자본자산가격결정모형(Capital Asset Pricing Model: CAPM)[1)]과 차익거래가격결정모형(Arbitrage

Pricing Mode: APM)[2] 등이 있다.

자본자산가격결정모형(CAPM)은 증권평가에 있어서 적정할인율의 결정과 과대평가된 주식과 과소평가된 주식을 판단하여 투자의사결정에 이용하는 등 자산의 균형가격 결정과정을 밝히는 여러 모형 중에서 가장 널리 사용되는 모형이다.

1. 자본자산가격결정모형의 전개

1) 기본가정과 의미

자본자산가격결정모형(CAPM)은 자산의 위험과 기대수익률 사이의 균형관계를 밝혀주는 가격결정이론으로 다음과 같은 가정 하에서 전개된다.

① 투자자들은 기대효용을 극대화하고자 하는 위험회피형이다.

② 평균-분산 기준에 의해 포트폴리오를 선택한다.

③ 모든 투자자의 투자기간은 단일기간이다. 투자자의 투자기간은 1기간으로 한정된다.

④ 투자자들은 미래수익률의 확률분포에 대해 동질적 기대를 한다. 즉, 모든 투자자들은 증권의 기대수익률, 표준편차, 그리고 공분산에 대해 동일한 예측을 한다. 이는 모든 투자자가 직면하는 투자기회집합은 동일하다는 것을 의미한다. 이를 동질적 기대가정이라 부른다.

⑤ 완전자본시상(perfect capital market)이 존재한다. 완선사본시장은 사본이나 정보의 흐름을 방해하는 어떠한 장애도 존재하지 않는 시장을

---

1) 자본자산가격결정모형(CAPM)은 1960년대 중반 샤프(Sharpe), 린트너(Lintner), 모신(Mossin) 등에 의해 개발되었다. W. F. Sharpe, "Capital Asset Prices: A Theory of Market Equilibrium under Conditions of Risk," *Journal of Finance*, 1964, pp. 425-442.; J. Lintner, "Security Prices, Risk and Maximal Gains from Diversification", *Journal of Finance*, 1965, pp. 587-615.; J. Mossin, "Equilibrium in a Capital Asset Market," *Econometrica*, 1966, pp. 768-783.

2) S. Ross, "The Arbitrage Theory of Capital Asset Pricing," *Journal of Economic Theory*, 1976, pp. 341-360. 차익가격결정모형은 제4절에서 서술된다.

의미한다. 구체적으로 완전자본시장의 필요조건은 다음과 같다.

ⓐ 시장에는 무위험자산이 존재하며, 무위험이자율로 차입과 대출을 하는데 아무런 제약이 없다. 또 차입이자율과 대출이자율은 동일하다.

ⓑ 자본시장에는 세금과 거래비용 등 거래의 제약요인이 존재하지 않으며, 정보의 수집에 비용이 들지 않으며, 장애요인 없이 모든 투자자가 동일한 정보를 소유한다.

ⓒ 모든 투자자는 가격순응자(price taker)이다. 소수의 투자자가 증권가격에 영향을 줄 수 없다.

2) CAPM의 주요 내용

CAPM의 주요 내용을 미리 요약하면 다음과 같이 세 가지로 언급할 수 있다.

첫째, 모든 투자자는 위험자산포트폴리오로 시장포트폴리오 M을 선택한다. 시장포트폴리오는 시장에서 거래되는 모든 위험자산이 시장가치 비율대로 구성되어 있는 포트폴리오이다.

둘째, 모든 투자자는 시장포트폴리오 M과 무위험자산의 결합을 통하여 효용을 극대화하는 최적포트폴리오를 구성한다. 즉, 자본시장선(CML) 상의 투자기회 중에서 자신의 최적포트폴리오를 선택한다.

셋째, 개별자산의 위험프리미엄은 시장포트폴리오의 위험프리미엄과 개별자산의 체계적 위험 측정치인 베타에 선형적으로 비례한다. 이는 다음 식 (3)과 (4)로 표현할 수 있으며, 이는 CAPM의 핵심적 내용이라고 할 수 있다.

$$E(R_i) - R_f = [\,E(R_m) - R_f] \cdot \beta_i \qquad \cdots\cdots (3)$$

β_i : 자산 i의 체계적 위험$\left[= \dfrac{Cov(R_i,\ R_m)}{\sigma_m^2} \right]$

$E(R_i) - R_f$: 자산 i의 위험프리미엄

$E(R_m) - R_f$: 시장포트폴리오 M의 위험프리미엄

식 (3)으로부터 CAPM의 핵심모형인 증권시장선(security market line: SML)을 유도할 수 있다.

$$증권시장선(SML): E(R_i) = R_f + [E(R_m) - R_f] \cdot \beta_i \qquad \cdots\cdots (4)$$

증권시장선은 시장균형 하에서 증권의 기대수익률은 무위험이자율에 위험프리미엄을 더한 값으로 결정되며, 위험프리미엄의 크기는 시장위험프리미엄에 체계적 위험의 측정치인 베타를 곱하여 결정된다는 것을 나타낸다. 증권시장선에 의하면 증권의 기대수익률은 무위험이자율, 시장위험프리미엄, 그리고 체계적 위험 세 가지 구성요소에 의해 결정된다.

2. 시장모형과 체계적 위험

1) 시장모형

CAPM의 체계에서 유도된 증권시장선(SML)을 투자결정에 이용하기 위해서는 무위험이자율, 시장포트폴리오의 기대수익률, 그리고 개별증권의 베타 등 세 가지의 구성요소를 추정하여야 한다. 무위험이자율은 국채이자율 또는 정기예금이자율을 그 대용치로 추정하기 때문에 비교적 손쉽게 추정할 수 있다. 시장포트폴리오는 시장에서 거래되는 모든 위험자산을 그 시장가치 비율대로 구성한 포트폴리오이다. 그러나 현실적으로 진정한 시장포트폴리오를 찾기는 불가능하다. 그러므로 CAPM을 이용하기 위해서는 이론적 시장포트폴리오의 대용치로 종합주가지수(stock price index: SPI)를 사용하여 그 수익률을 추정한다.

개별증권의 베타를 추정하기 위해서는 시장모형을 사용한다. 시장모형(market model)은 시장포트폴리오의 수익률과 개별증권 수익률 간의 관계를 설명하는 모형으로 개별증권의 베타를 추정할 수 있다. 시장모형에서는 개별증권의 수익률 변동(가격 변동)은 다음 [그림 10-1]과 같이 두 가지 원천, 즉 시장전체에 연동된 가격변동과 개별기업 고유한 요인에 의한 가격 변동에 의해 발생된다는 것을 가정한다.

그림10-1 ▶
개별증권의
가격변동 요인

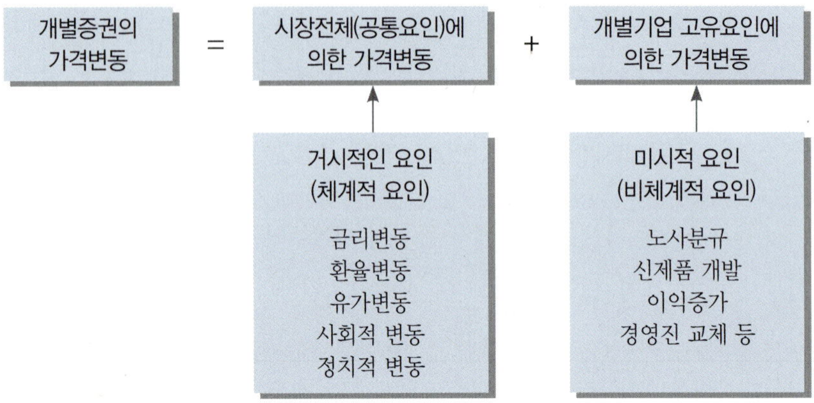

다음 식 (5)는 시장모형을 나타내고 있다.

$$R_{jt} = \alpha_j + \beta_j \cdot R_{mt} + \varepsilon_{jt} \qquad \cdots\cdots (5)$$

R_{jt} : 증권(또는 포트폴리오) j의 t기간 수익률

R_{mt} : 시장포트폴리오의 t기간 수익률

α_j : 회귀모형의 절편

β_j : 회귀모형의 기울기(베타계수)

ε_{jt} : t기간 오차항(error term)

여기서, R_{mt}는 종합주가지수 수익률을 대용치로 이용한다.

$$R_{mt} = \frac{SPI_t - SPI_{t-1}}{SPI_{t-1}} + d_{mt} \qquad \cdots\cdots (6)$$

SPI_t : t기말의 종합주가지수

SPI_{t-1} : $t-1$기말의 종합주가지수

d_{mt} : t기간 시장의 배당수익률

$$R_{jt} = \frac{P_{jt} - P_{jt-1}}{P_{jt-1}} + d_{jt} \qquad \cdots\cdots (7)$$

P_{jt} : t기말의 j증권의 가격

P_{jt-1} : $t-1$기말의 j증권의 가격

d_{jt} : t기간 동안의 j증권의 배당수익률

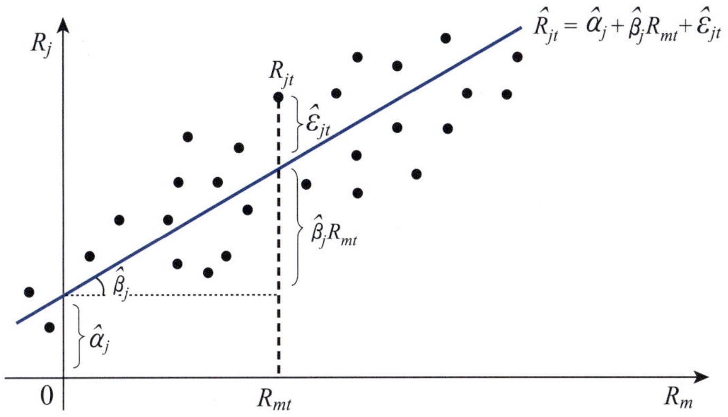

◀ 그림 10-2
시장모형: 증권특성선

위 [그림 10-2]는 R_j와 R_m 좌표 상에 시장모형을 추정하여 나타낸 것이다. 그림의 각 점들은 매기에 실현된 주식 j의 수익률을 해당 기의 시장포트폴리오 수익률에 대응하여 나타낸 것이다. 이 산포도(scatter)로부터 주식 j의 수익률 R_j와 시장포트폴리오수익률 R_m의 관계를 나타내는 관계식을 회귀식으로 표현하면 다음과 같다.

$$\widehat{R_{jt}} = \widehat{\alpha_j} + \widehat{\beta_j} R_{mt} + \widehat{\varepsilon_{jt}} \qquad \cdots\cdots (8)$$

여기서, $\widehat{\ }$: 추정치를 의미하는 기호

회귀계수 α와 β는 회귀계수를 도출하는 방법 중의 하나인 최소자승법(ordinary least square method: OLS)을 이용하여 다음과 같이 추정한다.

$$\widehat{\beta_j} = \frac{Cov(R_j,\ R_m)}{\sigma_m^2} \qquad \cdots\cdots (9)$$

$$\widehat{\alpha_j} = \overline{R}_j - \widehat{\beta_j}\,\overline{R}_m \qquad \cdots\cdots (10)$$

여기서, $\overline{R}_j = \frac{1}{n}\sum_{t=1}^{n} R_{jt},\ \overline{R}_m = \frac{1}{n}\sum_{t=1}^{n} R_{mt}$

위의 회귀식은 개별증권수익률의 변동에 대한 기본적인 특성을 요약하고 있으므로 증권특성선(security characteristic line: SCL)이라 부른다. 증권특성선의 기울기인 베타계수는 시장수익률 변동에 대한 개별주식의 수익률 변동의

민감도(sensitivity)를 나타내며, 이를 체계적 위험의 측정치로 간주한다.

한편, 잔차(residuals)는 개별증권의 수익률 중 시장수익률로써 설명할 수 없는 부분인데, 기업 고유의 미시적 요인에 의해 발생되는 비체계적 위험을 나타낸다. 잔차는 다음 식 (11)과 같이 추정한다.

$$\widehat{\varepsilon_{jt}} = R_{jt} - \widehat{R_{jt}} = R_{jt} - (\widehat{\alpha_j} + \widehat{\beta_j} R_{mt}) \quad \cdots\cdots (11)$$

참고 박스

회귀분석

회귀분석(regression)은 인과관계를 갖는 확률변수 사이의 수량적 선형관계를 도출하는 통계적 방법이다. 인과관계의 원인변수를 독립변수라 하며, 인과관계의 결과변수는 종속변수라 한다. 회귀계수를 도출하는 방법은 많이 있으나 일반적으로 최소자승법(ordinary least square: OLS)을 사용하여 추정한다. 회귀선이 추정되면, 독립변수의 변화에 따른 종속변수의 값을 예측할 수 있다.

회귀분석의 예를 들어 보자. 의류를 취급하는 민들레패션은 자사의 직매점 5군데를 대상으로 지출된 광고비와 판매량을 조사하니 다음과 같았다.

지역	부산	대구	광주	대전	전주
광고비(x, 백만 원)	4	8	3	5	2
판매량(y, 만 벌)	50	39	24	31	20

위의 자료로 회귀식을 구하면 다음과 같으며, 추정된 회귀선은 [그림]에 나타나 있다. 그림의 점은 실제치를 나타낸다.

$$\widehat{y} = 20.89 + 2.71x$$

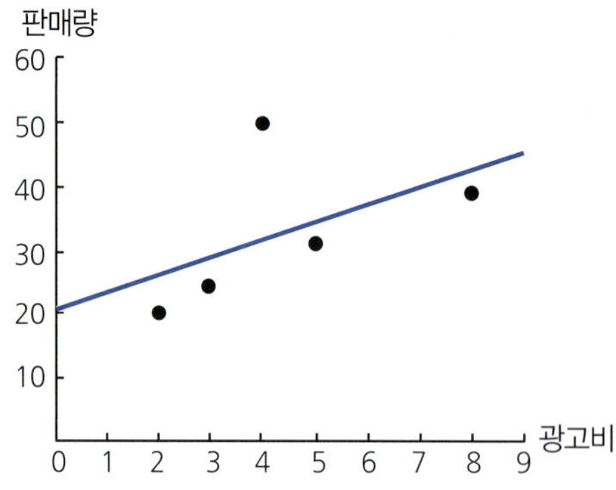

회귀분석을 활용하는 이해를 돕기 위해 다음 문제를 풀어 보자.

(1) 광고비가 0일 때 이 회사의 판매량을 회귀선을 이용하여 추정하라.

$\hat{y} = 20.89 + 2.71(0) = 20.89$(만 벌)

(2) 광고비가 3백만 원일 때 판매량을 추정해 보라.

$\hat{y} = 20.89 + 2.71(3) = 29.02$(만 벌)

이때, $29.02 - 24 = 5.02$(만 벌)은 실제치와 회귀선을 통해 추정한 추정치와의 오차이다.

(3) 광고비가 1천만 원일 때 이 회사의 판매량을 예측해 보라.

$\hat{y} = 20.89 + 2.71(10) = 47.99$(만 벌)

cf) 참고로 회귀선에 의해 추정된 판매량은 다음과 같다. 이는 어디까지나 추정치이므로 실제치와 비교할 때, 오차가 발생됨을 알 수 있다.

$x = 2$일 때, $\hat{y} = 20.89 + 2.71 \times 2 = 26.31$(만 벌)

$x = 4$일 때, $\hat{y} = 20.89 + 2.71 \times 4 = 31.73$(만 벌)

$x = 5$일 때, $\hat{y} = 20.89 + 2.71 \times 5 = 34.44$(만 벌)

2 예제

상장기업인 (수)정매정의 과거 5년간의 수익률 R_{jt}와 시상수익률 R_{mt}에 관한 자료는 다음과 같다. 증권특성선을 추정하고, 그것을 그림으로 나타내어라.

기간(년)	R_{jt}	R_{mt}
1	0.35	0.25
2	0.65	0.35
3	0.55	0.15
4	0.50	0.30
5	0.20	0.15

풀이

기간	R_{jt}	$R_{jt}-\bar{R}_j$	R_{mt}	$R_{mt}-\bar{R}_m$	$(R_{mt}-\bar{R}_m)^2$	$(R_{jt}-\bar{R}_j)(R_{mt}-\bar{R}_m)$
1	0.35	−0.100	0.25	0.000	0.0001	−0.0010
2	0.65	0.200	0.35	0.100	0.0121	0.0220
3	0.55	0.100	0.15	−0.090	0.0081	−0.0090
4	0.50	0.050	0.30	0.060	0.0036	0.0030
5	0.20	−0.250	0.15	−0.090	0.0081	0.0225
Σ	2.25		1.20		0.0320	0.0375

$$\bar{R}_j = \frac{\Sigma R_{jt}}{5} = \frac{0.35+0.65+0.55+0.5+0.2}{5} = \frac{2.25}{5} = 0.45$$

$$\bar{R}_m = \frac{\Sigma R_{mt}}{5} = \frac{0.25+0.35+0.15+0.3+0.15}{5} = \frac{1.2}{5} = 0.24$$

$$Var(R_m) = \sigma_m^2 = \frac{\Sigma (R_m-\bar{R}_m)^2}{5} = \frac{0.0325}{5} = 0.0065$$

$$Cov(R_j,\ R_m) = \frac{\Sigma (R_j-\bar{R}_j)(R_m-\bar{R}_m)}{5} = \frac{0.0375}{5} = 0.0075$$

$$\therefore\ \hat{\beta}_j = \frac{Cov(R_j,\ R_m)}{\sigma_m^2} = \frac{0.0075}{0.0065} = 1.1538$$

여기에서 $\hat{\alpha}_j = \bar{R}_j - \hat{\beta}_j \bar{R}_m = 0.45 - 1.1538 \times 0.24 = 0.1731$

증권특성선: $\hat{R}_{jt} = \hat{\alpha}_j + \hat{\beta}_j \cdot \bar{R}_{mt} = 0.1731 + 0.1538 R_{mt}$

이를 그림으로 나타내면 다음과 같다.

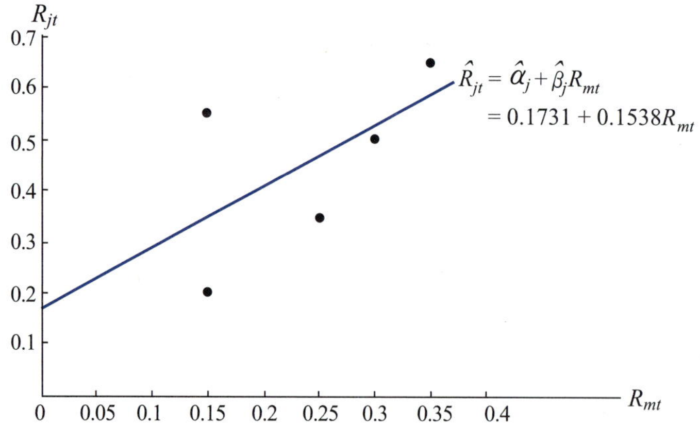

시장모형을 이용하여 개별증권 수익률의 위험을 구하고 이를 체계적 위험과 비체계적 위험으로 구분하여 보자. 앞의 식 (5)의 시장모형에 분산을 취하면 다음 식과 같이 j증권의 총위험을 나타낸다. 분산의 연산원리를 이용하면 식 (12)에서 보는 바와 같이 총위험은 체계적 위험과 비체계적 위험으로 나누어진다.

$$
\begin{aligned}
\text{증권의 총위험} &= Var(\alpha_j + \beta_j R_m + \varepsilon_j) \\
&= Var(\alpha_j) + Var(\beta_j R_m + \varepsilon_j) \\
&= Var(\beta_j R_m + \varepsilon_j)(\because\ \alpha_j\text{는 상수로, } Var(\alpha_j) = 0) \\
&= \beta_j^2 Var(R_m) + Var(\varepsilon_j) + 2\beta_j Cov(R_m,\ \varepsilon_j) \\
&= \beta_j^2 Var(R_m) + Var(\varepsilon_j)(\because\ Cov(R_m,\ \varepsilon_j) = 0) \\
&= \beta_j^2 \sigma_m^2 + \sigma_{\varepsilon_j}^2 \\
&= \text{체계적 위험} + \text{비체계적 위험} \qquad \cdots\cdots (12)
\end{aligned}
$$

∴ **총위험 = 체계적 위험 + 비체계적 위험**

$$= \left[\begin{array}{c}\text{개별증권의 위험 중} \\ \text{시장전체와 관련된} \\ \text{위험의 크기}\end{array}\right] + \left[\begin{array}{c}\text{시장수익률 변동과 무관하게} \\ \text{기업고유의 요인에 의해} \\ \text{발생되는 위험의 크기}\end{array}\right]$$

이때, 체계적 위험은 증권특성선을 따라 움직이는 수익률의 변동 부분이고, 비체계적 위험은 증권특성선을 벗어나는 오차 부분이라 할 수 있다. 위 식 (12)를 총위험 α_j^2로 나누면 다음과 같이 된다.

$$1 = \frac{\beta_j^2 \sigma_m^2}{\sigma_i^2} + \frac{\alpha_{\varepsilon_j}^2}{\sigma_i^2} = \frac{\text{체계적 위험}}{\text{총위험}} + \frac{\text{비체계적 위험}}{\text{총위험}} \qquad \cdots\cdots (13)$$

식 (13)의 우변 첫째항은 총위험 중에서 체계적 위험이 차지하는 부분이다. 이 부분은 다음 식 (14)와 같이 결정계수로 표현할 수 있다. 여기서 결정계수(coefficient of determination)는 시장수익률과 증권 j수익률 사이의 상관계수를 제곱한 것으로 증권특성선의 설명력을 나타낸다.

$$\rho_{jm}^2 = \frac{\beta_j^2 \sigma_m^2}{\sigma_j^2} \qquad \cdots\cdots (14)$$

여기서, $\rho_{jm}^2 (= R^2)$: 결정계수

한편, 총위험 중에서 비체계적 위험이 차지하는 부분은 다음과 같다.

$$1-\rho_{jm}^2 = \frac{\sigma_{\varepsilon_j}^2}{\sigma_j^2} \qquad \cdots\cdots (15)$$

예제 3

i증권의 총위험(σ_i^2)이 750.6이고 체계적 위험($\beta_i^2 \cdot \sigma_m^2$)과 비체계적 위험($\sigma_{\varepsilon_i}^2$)이 각각 255.2와 495.4일 때, i증권의 수익률 중 시장위험(체계적 위험)이 차지하는 비중은 얼마인가? 또 i증권 고유위험(비체계적 위험)이 차지하는 비중은 얼마인지를 계산하라.

풀이

(1) $R^2 = \dfrac{\text{체계적 위험}}{\text{총위험}} = \dfrac{255.2}{750.6} = 0.340(34.0\%)$

(2) $\dfrac{\text{비체계적 위험}}{\text{총위험}} = \dfrac{495.4}{750.6} = 0.660(66.0\%)$

$(= 1 - R^2 = 1 - 0.340)$

3. 체계적 위험의 측정

1) 베타계수

시장모형을 이용하여 추정된 베타계수(beta coefficient: β)는 체계적 위험의 척도이다. 베타계수는 시장수익률 변동에 대한 개별주식 수익률 변동의 민감도를 나타내므로, 개별증권과 시장포트폴리오와의 공분산을 시장전체의 총분산으로 나눈 값으로 측정된다.

$$\beta_i = \frac{Cov(R_i,\ R_m)}{\sigma_m^2} \qquad \cdots\cdots (16)$$

β_i : i기업의 체계적 위험

R_i : i기업의 수익률

R_m : 시장포트폴리오의 수익률

σ_m^2 : 시장포트폴리오의 분산

$Cov(R_i,\ R_m)$: i기업의 수익률과 시장포트폴리오 수익률의 공분산

베타계수는 다음과 같은 의미를 가진다.

첫째, 베타는 시장전체 위험을 1.0으로 보았을 때 개별주식 i가 갖는 위험의 크기를 나타낸다. 둘째, 시장포트폴리오 수익률 R_m의 변화에 대한 개별주식의 수익률 R_i가 얼마나 민감하게 나타나는가를 나타낸다.

베타의 크기는 시장포트폴리오 수익률이 한 단위 변화할 때, 주식 i의 수익률이 변동하는 민감도를 나타낸다. 베타값이 클수록 시장의 변화에 더 민감하게 반응한다는 것을 나타낸다. 베타가 1보다 큰 주식을 공격적 주식(aggressive stock)이라 하고, 1보다 작은 주식을 방어적 주식(defensive stock)이라 한다. 그리고 시장포트폴리오의 베타값은 항상 1.0이다. 이를 정리하면 다음과 같다.

$$\beta_m = \frac{Cov(R_m,\ R_m)}{\sigma_m^2} = 1.0$$

$$\because\ Cov(R_m,\ R_m) = \sigma_m^2$$

$\beta_i > 1.0 \rightarrow$ 공격적 주식

$\beta_i < 1.0 \rightarrow$ 방어적 주식

$\beta_i = 1.0 = \beta_m \rightarrow$ 시장포트폴리오의 β값

주식 A와 시장포트폴리오 수익률 간의 관계를 나타낸 〈표 10-1〉을 보고 베타계수의 의미를 살펴보자.

표 10-1 ▶ 주식 A와 시장포트폴리오의 수익률

미래 상황	확률	수익률	
		R_A	R_B
호황	0.5	0.08	0.06
불황	0.5	−0.04	−0.03

여기서 주식 A는 시장포트폴리오 변화에 대해 1.33배(= 0.12/0.09)만큼 민감하게 반응한다는 것을 알 수 있다. 이때, 주식 A의 베타를 계산하면 1.33이다.

$$\beta_A = \frac{Cov(R_A,\ R_m)}{\sigma_m^2}$$

$$E(R_m) = 0.5 \times 0.06 + 0.5 \times -0.03 = 0.015$$

$$E(R_A) = 0.5 \times 0.08 + 0.5 \times -0.04 = 0.020$$

$$\begin{aligned} Cov(R_m,\ R_A) &= \sum_{i=1}^{s} [R_{mi} - E(R_m)] \cdot [R_{Ai} - E(R_A)] \cdot P_i \\ &= (0.06 - 0.015) \times (0.08 - 0.02) \times 0.5 \\ &\quad + (-0.03 - 0.015) \times (-0.04 - 0.02) \times 0.5 = 0.0027 \end{aligned}$$

$$\begin{aligned} \sigma_m^2 &= \sum_{i=1}^{s} [R_{mi} - E(R_m)]^2 \cdot P_i \\ &= (0.06 - 0.015)^2 \times 0.5 + (-0.03 - 0.015)^2 \times 0.5 \\ &= 0.0020 \end{aligned}$$

$$\beta_A = \frac{Cov(R_A,\ R_m)}{\sigma_m^2} = \frac{0.0027}{0.0020} = 1.33$$

베타가 1.33이라는 것은 종합주가지수가 1단위 변동할 때, 주식 A는 1.33단위 변동이 된다는 것을 알 수 있다. 따라서 주식 A는 공격적 주식의 성격을 가지고 있다.

참고로 다음 〈표 10-2〉에 우리나라 상장회사들의 베타계수를 예시하였다.

◀표 10-2 우리나라 상장기업들의 베타계수의 예

기 업	β	기 업	β
삼성전자	1.208	POSCO	1.143
현대차	0.896	하나투어	1.317
한국전력	0.373	신한지주	0.643
LG전자	1.154	현대모비스	0.992
현대중공업지주	0.967	SK하이닉스	1.578
LG화학	1.139	LG디스플레이	1.193
SK텔레콤	0.022	DGB금융지주	0.488
LG	1.063	SK이노베이션	0.875
KT	0.053	롯데쇼핑	0.640
삼성생명	0.671	신세계	1.285
NHN	0.909	키움증권	1.959
삼성물산	1.109	두산중공업	1.110
KT&G	0.218	현대제철	1.303
현대건설	1.488	OCI	1.373
기아차	0.680	삼성전기	1.717
셀트리온	0.947	GS건설	1.174
메가스터디	0.654	SK바이오랜드	1.300
한국콜마	1.108	SM C&C	0.848
카카오	1.045	차바이오텍	1.334
삼성증권	1.210	네오위즈	1.311
삼성SDI	1.380	SBS	0.560

주) 2019년 8월 기준으로 과거 52주 동안의 수익률 자료를 가지고 계산된 값임.
자료: http://kiwoom.com/

2) 체계적 위험의 측정

특정 기업의 베타 값은 시장포트폴리오 움직임에 대한 특정 기업의 주가 움직임의 민감도 정도를 의미한다. 체계적 위험을 나타내는 베타의 개념과 베타를 이용한 의사결정은 현대투자이론에서 자산가격결정에 가장 중요한 개념의 하나이다. 베타를 추정하는 데는 일반적으로 다음과 같은 세 가지 방법을 사용한다.

① 미래수익률의 확률분포를 추정하여 사전적 베타(ex-ante beta)를 추정하는 방법
② 과거의 수익률 자료를 사용하여 사후적 베타(ex-post beta)를 추정하는 방법
③ 개별 증권의 베타에 영향을 미칠 수 있는 요인을 고려하여 사후적 베타를 조정하여 미래베타를 추정하는 수정베타(adjusted beta)를 추정하는 방법

(1) 사전적 베타의 도출

사전적 베타(ex-ante beta)는 미래 발생 가능한 상황을 예측한 후, 미래기대수익률의 확률분포를 구하여 도출된다. 다음 예를 통하여 사전적 베타를 구해 보자. 한 기업의 1년 후 주식수익률과 종합주가지수 수익률은 다음과 같이 예측된다 하자.

상황	확률	주식수익률	종합주가지수 수익률
호황	0.5	0.20	0.10
불황	0.5	0.30	0.40

베타는 다음과 같이 정의되므로, 각각의 항을 구한다.

$$\beta_i = \frac{Cov(R_i,\ R_m)}{\sigma_m^2}$$

$$E(R_i) = (0.20 \times 0.5) + (0.30 \times 0.5) = 0.25$$

$$E(R_m) = (0.10 \times 0.5) + (0.40 \times 0.5) = 0.25$$

$$\begin{aligned} Cov(R_i,\ R_m) &= \sum_{s=1}^{2} [R_{is} - E(R_i)] \cdot [R_{ms} - E(R_m)] \cdot P_s \\ &= (0.20 - 0.25)(0.10 - 0.25) \times 0.5 \\ &\quad + (0.30 - 0.25)(0.40 - 0.25) \times 0.5 = 0.0075 \end{aligned}$$

$$\begin{aligned} \sigma_m^2 &= \sum_{s=1}^{2} [R_{ms} - E(R_m)]^2 \cdot P_s \\ &= (0.1 - 0.25)^2 \times 0.5 + (0.4 - 0.25)^2 \times 0.5 = 0.0225 \end{aligned}$$

$$\therefore \beta_i = \frac{Cov(R_i, R_m)}{\sigma_m^2} = \frac{0.0075}{0.0225} = 0.3333$$

이 기업의 주가 움직임은 종합주가지수 변동에 비해 0.33배 정도 변동된다고 할 수 있다.

4 예제

시장포트폴리오와 주식 1과 주식 2의 수익률이 다음과 같이 추정되었다. 각 주식의 베타를 구하고 이의 의미를 해석하라.

상황	확률	시장포트폴리오	주식 1	주식 2
불황	0.25	0.3	0.1	0.7
보통	0.50	0.5	0.5	0.5
호황	0.25	0.7	0.9	0.3

풀이

$$E(R_m) = \sum_{i=1}^{n} R_{mi} \cdot P_i = (0.3 \times 0.25) + (0.5 \times 0.50) + (0.7 \times 0.25) = 0.5$$

$$E(R_1) = \sum_{i=1}^{n} R_{1i} \cdot P_i = (0.1 \times 0.25) + (0.5 \times 0.50) + (0.9 \times 0.25) = 0.5$$

$$E(R_2) = \sum_{i=1}^{n} R_{2i} \cdot P_i = (0.7 \times 0.25) + (0.5 \times 0.50) + (0.3 \times 0.25) = 0.5$$

$$\sigma_m^2 = \sum_{i=1}^{n} [R_{mi} - E(R_m)]^2 \cdot P_i$$
$$= (0.3 - 0.5)^2 \times 0.25 + (0.5 - 0.5)^2 \times 0.5 + (0.7 - 0.5)^2 \times 0.25 = 0.02$$

$$Cov(R_1, R_m) = \sum_{i=1}^{n} (R_{1i} - E(R_i)) \cdot (R_{mi} - E(R_m)) \cdot P_i$$
$$= (0.3 - 0.5)(0.7 - 0.5) \times 0.25 + (0.5 - 0.5)(0.5 - 0.5) \times 0.5$$
$$+ (0.7 - 0.5)(0.9 - 0.5) \times 0.25 = 0.04$$

$$Cov(R_2, R_m) = (0.3 - 0.5)(0.7 - 0.5) \times 0.25 + (0.5 - 0.5)(0.5 - 0.5) \times 0.5$$
$$+ (0.7 - 0.5)(0.3 - 0.5) \times 0.25 = -0.02$$

$$\beta_1 = \frac{Cov(R_1, R_m)}{\sigma_m^2} = \frac{0.04}{0.02} = 2.0$$

$$\beta_2 = \frac{Cov(R_2, R_m)}{\sigma_m^2} = \frac{-0.02}{0.02} = -1.0$$

주식 1의 주가변동은 종합주가지수와 동일한 방향으로 움직이면서, 종합주가지수의 변동에 비해 2배 정도 변동폭이 크다. 반면, 주식 2의 주가변동은 종합주가지수와 반대방향으로 움직인다.

(2) 사후적 베타의 도출

사전적 베타를 추정할 때는 미래수익률의 확률분포를 예측하여야 한다. 그러나 현실적으로 미래수익률을 예측하는 것은 매우 힘들다. 따라서 과거 실현된 수익률을 자료(시계열 자료)를 이용하여 사후적 베타(ex-post beta)를 구한다. 사후적 베타는 특정 증권과 시장포트폴리오의 과거 수익률 자료를 이용하여 개별증권 수익률의 시장수익률에 대한 민감도를 추정한 것이다. 사후적 베타는 과거 자료를 사용하기 때문에 역사적 베타(historical beta)라고도 부르며, 학계나 실무계에서 광범위하게 사용하고 있다. 다음 예를 통하여 사후적 베타를 추정해 보자.

예제 5

과거 5년 간의 KOSPI 수익률과 (주)백제성의 수익률은 다음과 같이 조사되었다. 2022년도 현재 이 기업의 체계적 위험을 계산하라.

연도	KOSPI 수익률	(주)백제성 수익률
2017	0.20	0.25
2018	0.15	0.15
2019	−0.15	−0.05
2020	0.05	0.00
2021	0.20	0.30

풀이 과거 5년치 자료이므로 5년 간의 평균값을 산출한다. 이는 각 연도별로 발생확률을 0.2씩 균등하게 부여하는 것과 같은 개념이다.

$$E(R_i) = (0.25\times0.2)+(0.15\times0.2)+(-0.05\times0.2)+(0.00\times0.2)+(0.30\times0.2)$$

$$= \left(\frac{0.25+0.15-0.05+0.00+0.30}{5}\right) = 0.13$$

$$E(R_m) = (0.20\times0.2)+(0.15\times0.2)+(-0.15\times0.2)+(0.05\times0.2)+(0.20\times0.2) = 0.09$$

$$\begin{aligned}Cov(R_i,\ R_m) &= \sum_{s=1}^{n}(R_{is}-E(R_i))(R_{ms}-E(R_m))P_s \\ &= (0.25-0.13)(0.20-0.09)\times0.2 \\ &\quad +(0.15-0.13)(0.15-0.09)\times0.2 \\ &\quad +(-0.05-0.13)(-0.15-0.09)\times0.2 \\ &\quad +(0.00-0.13)(0.05-0.09)\times0.2 \\ &\quad +(0.30-0.13)(0.20-0.09)\times0.2 \\ &= 0.0163\end{aligned}$$

$$\begin{aligned}\sigma_m^2 &= (0.20-0.09)^2\times0.2+(0.15-0.09)^2\times0.2+(-0.15-0.09)^2\times0.2 \\ &\quad +(0.05-0.09)^2\times0.2+(0.20-0.09)^2\times0.2 = 0.0174\end{aligned}$$

$$\beta_i = \frac{Cov(R_i,\ R_m)}{\sigma_m^2} = \frac{0.0163}{0.0174} = 0.937$$

(3) 수정베타

투자자들은 미래의 시장변화에 대해 각 개별증권의 변동성을 파악하고자 한다. 따라서 투자분석을 할 때 사후적 베타보다는 사전적 베타를 사용하는 것이 더 적합할 것이다. 그러나 사전적 베타의 추정에는 미래 경제상황이나 수익률의 변화 등을 추정해야 되기 때문에 예측이 불가능하거나 어려운 부분이 발생한다. 한편, 사후적 베타는 이를 통해 과거 경험적인 개별증권의 시장 움직임에 대한 반응을 추정하여 미래 변동성을 추정할 수도 있기 때문에 사후적 베타도 역시 중요하다.

개별증권의 베타가 시간적으로 안정성(stationarity)을 가지고 있다면 과거 자료로부터 계산된 사후적 베타를 사전적 베타의 대신으로 사용할 수 있다. 그러나 증권시장 주변의 상황은 항상 불확실하고 변동이 크기 때문에 베타값의 기간에 따른 안정성은 확보하기가 어렵다. 이에 따라, 과거의 사후적 베타를 구한 다음, 여기에 베타에 영향을 미치는 여러 가지 요인들을 고려하여 사후적 베타를 수정하여 사용하는 수정베타(adjusted beta)를 추정하여 도출할 수 있다.

미래의 베타를 보다 정확하게 추정하기 위해 수정베타를 도출하는 방법은 여러 가지가 연구되어 왔으나, 여기서는 미국의 증권회사인 메릴린치(Merrill Lynch)가 이용하는 방법을 소개한다. 메릴린치사는 과거의 정보들을 검토하여 다음과 같은 방법으로 수정베타를 계산하는 방법을 제시하고 있다.

$$\text{수정베타} = 0.34 + 0.66 \times \text{사후적 베타} \qquad \cdots\cdots (17)$$

수정베타는 시장의 평균베타에 34%의 가중치를, 사후적 베타에 66%의 가중치를 주어 계산한다. 예를 들어, 어떤 주식의 이번 기의 사후적 베타가 1.5로 추정되었다면 다음 기에 적용될 수정베타는 $0.34 + 0.66 \times 1.5 = 1.33$이 된다.

제 3 절 자본자산가격결정모형의 도출과 이용

자본자산가격결정모형(Capital Asset Pricing Model: CAPM)은 시장균형상태에서 자산의 기대수익률과 체계적 위험 사이의 관계를 나타내는 모형이다. 이러한 관계를 식으로 나타내면 증권시장선(SML)이 된다. SML은 개별주식의 기대수익률과 개별주식의 체계적 위험을 측정하는 베타는 직선적 관계가 있음을 나타내고 있다. SML은 다음 식 (18)과 같다.

$$E(R_i) = R_f + [E(R_m) - R_f]\beta_i \qquad \cdots\cdots (18)$$

자본자산가격결정모형(CAPM)은 자산 내지 주식의 가치평가 등 투자분석에 직접적으로 이용할 뿐만 아니라, 자본예산(capital budgeting)에 있어서 투자안의 가치를 평가하는 데도 응용할 수 있다. 위 식에서 기대수익률 $E(R_i)$는 투자분석과 가치평가 시에 할인율 역할을 한다. 이하에서 CAPM을 단계적으로 도출해 보자.

1) 포트폴리오의 기대수익률과 베타

포트폴리오의 기대수익률은 다음 식과 같이 포트폴리오를 구성하고 있는 각 개별주식의 기대수익률을 구성비율로 가중평균한 것이다.

$$E(R_p) = w_1E(R_1) + w_2E(R_2) + \cdots + w_nE(R_n) = \sum_{i=1}^{n} w_iE(R_i) \quad \cdots\cdots (19)$$

6 예제

(주)장강맥주과 (주)삼협소주의 주식수익률의 확률분포이다. (주)장강맥주과 (주)삼협소주 주식을 각각 60%, 40% 구성하는 포트폴리오의 기대수익률을 계산하라.

미래 상황	확률	수익률	
		(주)장강맥주(R_1)	(주)삼협소주(R_2)
더운 날씨	0.2	0.6	−0.4
보통	0.6	0.2	0.3
추운 날씨	0.2	−0.3	0.7

풀이

개별주식의 기대수익률:

$$E(R_1) = (0.2\times 0.6) + (0.6\times 0.2) + (0.2\times -0.3) = 0.18$$

$$E(R_2) = (0.2\times -0.4) + (0.6\times 0.3) + (0.2\times 0.7) = 0.24$$

포트폴리오 기대수익률:

$$E(R_p) = 0.6\times 0.18 + 0.4\times 0.24 = 0.204$$

한편, 포트폴리오의 체계적 위험 베타 β_p는 포트폴리오를 구성하고 있는 개별주식의 체계적 위험을 각각의 구성비율로 가중평균한 것이다.

$$\beta_p = w_1\beta_1 + w_2\beta_2 + \cdots + w_n\beta_n = \sum_{i=1}^{n} w_i\beta_i \quad \cdots\cdots (20)$$

여기서, w_i: i주식의 투자비율

β_i: i주식의 체계적 위험

예제 7

(주)유비 주식과 (주)조조 주식의 수익률의 표준편차는 각각 20%, 25%이며, 시장포트폴리오와의 상관계수는 각각 0.5과 0.7이라고 한다. 시장포트폴리오의 수익률의 표준편차는 15%이다. 이때, (주)유비 주식에 40%, (주)조조 주식에 60%를 투자하여 구성한 포트폴리오의 베타를 계산하라.

풀이 $\sigma_A = 0.2,\ \sigma_B = 0.25,\ \rho_{Am} = 0.5,\ \rho_{Bm} = 0.7$

$\sigma_m = 15\%,\ w_A = 0.4,\ w_B = 0.6$

$$\beta_A = \frac{Cov(R_A,\ R_m)}{\sigma_m^2} = \frac{\rho_{Am}\sigma_A\sigma_m}{\sigma_m^2} = \frac{\rho_{Am}\sigma_A}{\sigma_m} = \frac{(0.5)(0.2)}{0.15} = 0.667$$

$$\beta_B = \frac{Cov(R_B,\ R_m)}{\sigma_m^2} = \frac{\rho_{Bm}\sigma_B\sigma_m}{\sigma_m^2} = \frac{\rho_{Bm}\sigma_B}{\sigma_m} = \frac{(0.7)(0.25)}{0.15} = 1.167$$

$$\therefore \beta_P = w_A\beta_A + w_B\beta_B = (0.4\times 0.667) + (0.6\times 1.167) = 0.9667$$

포트폴리오를 구성하여 투자자가 부담하기를 원하는 수준의 위험을 설정할 수 있다. 즉, 포트폴리오에 구성되는 개별증권의 구성비율을 조정하여 투자자의 위험회피 정도에 적절한 포트폴리오를 완성할 수 있다. 다음 예를 통해 살펴보자.

예제 8

어느 투자자가 베타가 1.2인 호동기업 주식과 베타가 0.7인 낙랑산업 주식에 투자하여 베타가 1.1인 포트폴리오를 구성하고 싶다면 어떻게 포트폴리오를 구성해야 하는가?

풀이 호동기업 투자비율 w, 낙랑산업 투자비율 $(1-w)$라 하면,

$1.1 = w\times 1.2 + (1-w)\times 0.7$

$w = 0.8$

따라서, 호동기업 주식에 80%, 낙랑산업 주식에 20%를 투자하면 이 투자자는 자신이 원하는 $\beta = 1.1$인 위험수준의 포트폴리오를 보유하게 된다.

2) 위험프리미엄과 베타

위험프리미엄(risk premium)은 위험자산이 가지는 위험에 대한 대가이다. 이는 위험자산의 기대수익률이 무위험자산의 수익률을 초과하는 부분이다. 즉, '위험프리미엄 = 위험자산의 기대수익률 − 무위험자산의 수익률'로 계산된다. 이를 수식으로 표현하면, 식 (21)과 같다.

$$\alpha_i = E(R_i) - R_f \qquad \cdots\cdots (21)$$

여기서, α_i : i 위험자산의 위험프리미엄

$E(R_i)$: i 위험자산의 기대수익률

R_f : 무위험자산의 수익률

식 (21)을 다시 쓰면 다음 식과 같다.

$$E(R_i) = R_f + \alpha_i \qquad \cdots\cdots (22)$$

즉, 특정 위험자산 i의 기대수익률은 무위험자산의 수익률에다 i자산이 가지는 위험프리미엄을 합한 값이다.

9 예제

정기예금 이자율이 3%, (주)자명고의 기대수익률이 5%일 때, 이 회사 주식의 위험프리미엄을 계산하라.

풀이

$\alpha_i = E(R_i) - R_f = 0.05 - 0.03 = 0.02(2\%)$

CAPM은 앞 절에서 언급하였듯이 시장균형상태에서 체계적 위험과 기대수익률 간의 관계를 나타낸다. 여기서 시장균형상태란 특정 자산이 가지고 있는 위험에 상응하는 기대수익률이 보장되고 있는 시장상황을 의미한다. 시장균형상태에서 베타와 위험프리미엄의 관계를 다음 예를 통해 살펴보자.

무위험자산의 수익률은 6%이고 베타가 1.0인 A주식의 수익률은 10%라 하자. 베타가 2.0인 B주식의 수익률은 12%이고 베타가 3.0인 C주식의 수익률은 18%라고 한다. 이때, 다음 상황이 주어졌을 때 이는 시장균형상태라고 할 수 있는가를 살펴보자.

β_i	$\beta_A = 1.0$	$\beta_B = 2.0$	$\beta_C = 3.0$
α_i	4%	6%	12%

결론적으로 시장균형상태라 할 수 없다. 시장균형상태가 이루어지려면 β_p가 2.0인 주식의 기대수익률 $= (0.5 \times 0.10) + (0.5 \times 0.18) = 0.14$이어야 한다. 왜냐하면, $\beta_p = (0.5 \times 1.0) + (0.5 \times 3.0) = 2.0$이기 때문이다.

따라서,

$$\text{위험프리미엄 } \alpha = \text{기대수익률} - \text{무위험자산의 수익률}$$
$$= 0.14 - 0.06 = 0.08(8\%)$$

한편, 시장균형상태에서의 주식 A, B 및 C의 위험프리미엄을 구하면 다음과 같다.

$$\alpha_A = (0.10 - 0.06) \times 1.0 = 0.04(4\%)$$
$$\alpha_B = (0.10 - 0.06) \times 2.0 = 0.08(8\%)$$
$$\alpha_C = (0.10 - 0.06) \times 3.0 = 0.12(12\%)$$

이에 따라, 시장균형상태는 다음의 경우와 같이 되어야 이루어진다.

β_i	$\beta_A = 1.0$	$\beta_B = 2.0$	$\beta_C = 3.0$
α_i	4%	8%	12%

위의 예에서, 시장균형상태에서는 각 주식의 베타와 위험프리미엄은 직선관계(정비례관계)가 되어야 한다. 따라서 특정 주식의 베타와 위험프리미엄 간에는 다음과 같은 관계가 성립한다.

i주식의 위험프리미엄(α_i)

= 베타가 1인 경우의 위험프리미엄 × i주식의 베타

= (시장포트폴리오의 기대수익률−무위험이자율) × i주식의 베타

$$= [E(R_m) - R_f]\beta_i \quad \cdots\cdots (23)$$

10 예제

현재 증권시장에서 무위험자산의 수익률은 6%이며 시장포트폴리오의 기대수익률은 12%이다. 발해산업 주식의 베타가 1.5라면 이 기업 주식의 위험프리미엄과 기대수익률을 계산하라.

풀이

$R_f = 0.06$, $E(R_m) = 0.12$, $\beta_B = 1.5$

α_B = (시장포트폴리오의 기대수익률−무위험이자율)×발해산업 주식의 베타

$= [E(R_m) - R_f]\beta_B$

$= (0.12 - 0.06) \times 1.5 = 0.09(9\%)$

$E(R_B)$ = 무위험이자율+발해산업 주식의 위험프리미엄

$= R_f + \alpha_B$

$= 0.06 + 0.09 = 0.15(15\%)$

3) 자본자산가격결정모형

(1) 증권시장선

증권시장선(security market line: SML)은 자본자산가격결정모형(CAPM)에서 가장 핵심적인 부분이다. 이하에서 SML을 도출하여 본다. 앞의 식 (23)에서 다음이 성립된다.

i주식의 위험프리미엄(α_i) $= [E(R_m) - R_f]\beta_i$

$$E(R_i) - R_f = [E(R_m) - R_f]\beta_i \quad \cdots\cdots (24)$$

여기서, $E(R_i) - R_f$: i주식의 위험프리미엄
$E(R_i)$: i주식의 기대수익률
$E(R_m)$: 시장포트폴리오의 기대수익률
R_f : 무위험수익률
β_i : i주식의 체계적 위험

위 식에서 다음을 도출한다.

$$E(R_i) = R_f + [E(R_m) - R_f]\beta_i \qquad \cdots\cdots (25)$$

식 (25)를 증권시장선(SML)이라 부른다. 여기서 $[E(R_m) - R_f]$는 시장포트폴리오의 위험프리미엄으로서 위험 1단위당 보상액을 나타내며 시장위험프리미엄(market risk premium)이라 한다.

참고 박스

자본시장선과 증권시장선

효율적 시장(efficient market)에서 효율적 포트폴리오에 대한 기대수익률과 위험의 관계를 나타내는 직선인 자본시장선(CML)을 분해하면 다음과 같다.

$$E(R_P) \quad = \quad R_f \quad + \quad \left[\frac{E(R_m) - R_f}{\sigma_m}\right] \quad \times \quad \sigma_P$$

(기대수익률) = (무위험 이자율) + (위험의 균형가격) × (위험)

효율적 시장이 성립되는 경우, 효율적 포트폴리오에는 비체계적 위험이 없으므로 위 식에서 위험의 측정치로서 표준편차(총위험 = 체계적 위험)를 사용할 수 있다. 그러나 비체계적 위험도 포함하고 있는 개별증권의 경우 적절한 위험의 측정치로 표준편차가 아닌 체계적 위험을 사용해야 한다. 이상의 논리에 의해 체계적 위험 $\beta_i\sigma_m$(식 (12) 참조)을 사용하여 식을 변형하면, 개별증권의 기대수익률과 체계적 위험 간의 관계는 다음과 같이 증권시장선(SML)과 동일해진다.

$$E(R_P) \quad = \quad R_f \quad + \quad \left[\frac{E(R_m) - R_f}{\sigma_m}\right] \quad \times \quad \beta_i\sigma_m$$

(기대수익률) = (무위험 이자율) + (위험의 균형가격) × (체계적 위험)

$$E(R_i) = R_f + [E(R_m) - R_f]\beta_i \ (\leftarrow SML)$$

$$\text{여기서, } \beta_i = \frac{Cov(R_i, R_m)}{\sigma_m^2}$$

다음 예를 통하여 SML을 도출하고, 이를 그림으로 나타내 보자. 무위험 이자율은 0.1이며, 시장포트폴리오 기대수익률은 0.12로 추정된다. 상장기업인 (주)산삼의 베타는 1.0이고 (주)홍삼의 베타는 2.0으로 추정되었다. 이때 SML을 구하고 (주)산삼 주식의 기대수익률(R_S)과 (주)홍삼의 기대수익률(R_H)을 추정하면 다음과 같다.

$$R_f = 0.1,\ E(R_m) = 0.12,\ \beta_S = 1.0,\ \beta_H = 2.0$$

$$\begin{aligned} \text{SML} : E(R_m) &= R_f + [E(R_m) - R_f]\beta_i \\ &= 0.1 + [0.12 - 0.1]\beta_i \\ &= 0.1 + 0.02\beta_i \end{aligned}$$

$$\begin{aligned} \therefore E(R_S) &= 0.1 + 0.02 \times 1.0 = 0.12 \\ E(R_H) &= 0.1 + 0.02 \times 2.0 = 0.14 \end{aligned}$$

위의 예에서 도출된 SML을 그림으로 나타내면 다음과 같다.

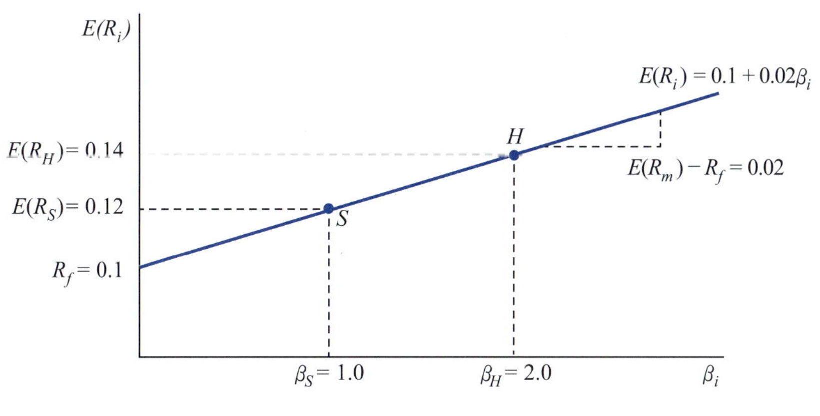

◀ 그림 10-3
증권시장선(SML)

SML은 다음과 같은 경제적 의미를 가진다.

① 베타는 개별증권의 기대수익률에 영향을 미치는 유일한 요소이다. 즉, 개별증권의 경우 기대수익률을 결정하는 데 있어서 오로지 베타만이 영향을 미치며, 베타 이외의 다른 변수는 기대수익률에 영향을 주지 않는다.

② 증권의 기대수익률은 베타와 선형관계를 가진다.

③ 위험 1단위당 보상액(시장위험프리미엄: $E(R_m) - R_f$)은 어느 증권에나 동일하다. 즉, 위험이 얼마이든지 간에 위험이 1단위 증가하면 기대수익률은 $[E(R_m) - R_f]$만큼 증가한다. 이는 모든 이성적인 투자자는 위험회피형이기 때문에 추가적인 위험에 대해 대가를 요구하기 때문이다.

④ SML은 사전적(ex-ante) 기대수익률을 나타낸다.

예제 11

투자자 장보고 씨는 주식투자를 위해 자료를 수집하고 있다. 무위험이자율의 대용치인 정기예금 금리는 4%이며, 시장포트폴리오 기대수익률의 대용치인 KOSPI의 기대수익률은 6%로 조사되었다.

(1) 증권시장선을 도출하라.

(2) 투자자 장 씨가 매입하려 하는 (주)청해진 주식의 베타가 1.2라고 할 때, 이 주식의 1기간 후의 기대수익률을 구하라.

풀이

(1) $E(R_i) = R_f + [E(R_m) - R_f]\beta_i$

$= 0.04 + [0.06 - 0.04]\beta_i$

$= 0.04 + 0.02\beta_i$

(2) $E(R_i) = 0.04 + 0.02 \times 1.2$

$= 0.064(6.4\%)$

(2) 증권시장선의 이용

증권시장선(SML)은 투자론과 재무관리의 모든 분야에 이용된다. 증권시장선을 이용하여 특정 증권에 투자했을 때 예상되는 기대수익률을 구할 수 있으며, 이를 이용하여 적정주가를 추정할 수 있다. 또 SML을 이용하여 증권시장에서 고평가되고 있거나 저평가되고 있는 주식을 판별하기도 한다. 또한 과거의 투자성과를 판단하는 근거로 SML을 이용하기도 한다. 기업재무분야에서는 자본예산 의사결정과 관련하여 SML을 사용한다. SML의 이용과 관련한 내용을 요약하면 다음과 같다.

① 주식가치평가에 있어서 적정할인율과 균형가격의 결정에 이용
② 증권시장에서 주가가 과대 또는 과소평가된 주식을 판단하는 데 이용
③ 과거의 투자성과를 분석하고 평가하는 데 이용
④ 자본예산(capital budgeting) 의사결정에 이용

① 주식가치평가에 있어서 적정할인율과 균형가격의 결정

자본시장이 균형을 이룰 때, 베타와 기대수익률 간의 관계는 SML 상에 놓이게 된다. 자산의 가격은 그 자산에 대한 기대수익률과 베타와의 관계가 SML 상에 놓이도록 형성되며, 이러한 가격이 (기대)균형가격이다. 이때, 자산의 균형가격을 산출하는 할인율로 사용되는 것이 SML의 $E(R_i)$이다. 다음 예를 통하여 SML을 이용한 자산의 균형가격 도출과정을 살펴보자.

다음 기의 시장포트폴리오 수익률은 20%이고, 무위험수익률은 10%라 하자. 투자자 계백 씨는 부여산업의 주식에 투자하려 하는데 이 기업의 베타는 1.0이라 하자. 이 기업 주식의 다음 기에 기대되는 배당금이 2,000원이며 다음 기말의 주가는 22,000원으로 예상된다 하자. 이 주식이 현재시점에서 평가되는 시장균형가격을 추정하여 보자.

먼저, SML을 도출한 다음, 부여산업의 기대수익률을 산출한다.

$$E(R_i) = R_f + [E(R_m) - R_f] \times \beta_i = 0.1 + 0.1\beta_i$$

부여산업의 베타는 1.0이므로 기대수익률을 계산하면,

$$E(R_i) = 0.1 + 0.1 \times 1.0 = 0.2(20\%)$$

SML에 의한 이 기업의 기대수익률은 20%이다. 기대수익률 20%는 부여산업 주식의 균형가격을 도출할 때 할인율로 사용된다. 즉, 할인율=SML의 $E(R_i)$이다. 부여산업 주식의 균형가격은 주식투자에서 얻어지는 미래현금흐름을 위험을 반영한 적절한 할인율로 할인한 현재가치를 구하면 된다.

$$P_0 = \frac{\widehat{P_1} + \widehat{D_1}}{(1+E(R_i))} = \frac{22{,}000 + 2{,}000}{1 + 0.2} = 20{,}000(\text{원})$$

따라서, 부여산업 주식의 현재 시점에서 이론적 균형가격은 20,000원이어야 한다. 한편, 시장균형가격 20,000원으로 주식을 매입한 투자자의 예상수익률을 계산하면 다음과 같이 20%로, SML을 이용하여 구한 기대수익률 20%와 동일하다.

$$\text{예상투자수익률} = \frac{22{,}000 + 2{,}000 - 20{,}000}{20{,}000} = 0.2(20\%)$$

그런데 개별주식의 베타는 항상 일정한 것이 아니고 경영환경이 변하면 변동한다. 만일 부여산업의 체계적 위험이 $\beta_i = 1.5$로 변화되었다면 새로운 균형가격이 도출된다.

$$E(R_i) = 0.1 + (0.2 - 0.1) \times 1.5 = 0.25(25\%)$$

$$\text{새로운 균형가격 } P_0 = \frac{2{,}000 + 22{,}000}{1.25} = 19{,}200(\text{원})$$

이때, 새로운 균형가격 19,200원으로 부여산업 주식을 매입할 경우 예상투자수익률은 25%로 SML을 이용해서 구한 새로운 기대수익률 25%와 일치한다.

$$\text{예상투자수익률} = \frac{22{,}000 + 2{,}000 - 19{,}200}{19{,}200} = 0.2(20\%)$$

12 예제

(주)웅진기업의 1기간 후의 주가는 25,000원으로 예상되며, 이 기간 동안 배당은 주당 1,000원을 한다고 한다. 또, 이 기업의 베타는 1.2이다. 증권시장에서 KOSPI 수익률은 10%, 무위험이자율은 5%이다. 이때, 이 기업의 현재 균형가격을 구하라.

풀이

SML : $E(R_i)=0.05+(0.10-0.05)\beta_i$

(주)웅진기업의 베타는 1.2이므로 SML에 의해 기대수익률을 계산하면,

$E(R_i)=0.05+(0.10-0.05)(1.2)=0.11(11\%)$

$$P_0=\frac{(25{,}000+1{,}000)}{(1+0.11)}=23{,}423(\text{원})$$

따라서, 현재시점에서 이론 균형가격은 23,423원이 되어야 한다.
가령, 현재 증권시장에서 (주)웅진기업의 실제 주가가 24,000원이라면, 이 주식은 577원(= 24,000원 − 23,423원)만큼 주가가 과대평가되어 있다고 할 수 있다.

② 과대평가주식과 과소평가주식의 판단

주식투자 시 고려해야 하는 것은 단순히 그 주식의 수익률이 높으냐 낮으냐, 또는 위험이 높으냐 낮으냐가 아니다. 중요한 것은 특정 주식이 자신의 위험에 상응하는 적절한 수익을 제공하고 있느냐이다. 여기서 적절성의 의미는 CAPM이 성립하는 상황에서 주식의 균형기대수익률(요구수익률)은 SML 상에서 결정된다는 의미이다.

[그림 10-4]에서, 시장균형상태에서는 SML에 의해 계산되는 기대수익률(균형수익률)과 투자에서 얻을 것으로 예상되는 기대수익률은 언제나 일치한다(점 A).

그러나, 시장이 일시적인 불균형상태에 있을 때에는 SML 상에 놓여져 있지 않은 점 A'와 A''에서 기대수익률이 존재할 가능성이 있다.

그림 10-4 ▶
SML상에서
과대평가 · 과소평가의
판단

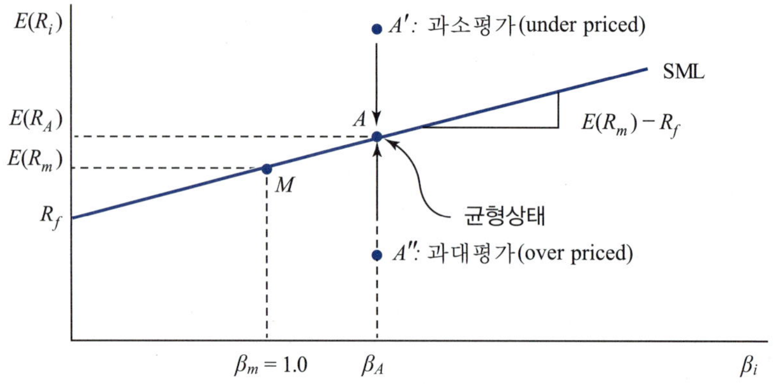

주식 A가 점 A'에 위치해 있을 때, 주식 A는 주가가 과소평가(under priced stock)되어 있으며, 수요증가로 인해 가격이 상승될 것이다. 즉 현재 시장에서 형성된 가격으로 주식을 매입하면, 주어진 베타 값에 해당하는 기대수익률보다 높은 수익률이 예상되기 때문에 현재의 주가는 SML 상의 균형가격보다 낮다는 의미이다.

반면 주식 A가 점 A''에 위치해 있을 때, 주식 A는 주가가 과대평가(over priced stock)되어 있으며 수요가 감소되어 가격이 하락될 것이다. 즉 현재 증권시장에서 형성된 가격으로 주식을 매입하면, 주어진 베타 값에 해당하는 기대수익률보다 낮은 수익률이 예상되기 때문에 현재의 주가는 균형가격보다 높다는 의미이다.

A'와 A''에 위치한 주식의 가격조정은 기대수익률과 베타(β)의 관계가 SML 상에 놓이게 되어 균형을 회복할 때까지 계속된다. 즉, 종국적으로 기대수익률은 점 A로 회귀하게 되는 것이다.

다음 식 (26)에서 SML 상에서 기대되는 균형수익률(균형기대수익률)과 실제 증권시장에서 얻을 것으로 예상되는 기대수익률(실제기대수익률)의 차이를 해당 자산의 비정상수익률(abnormal return)[3]이라 하며, α(alpha)로 표현한다. α는 시장에서 거래되는 자산이 과대평가되었거나 과소평가된 정도를 측정해 주는 지표로 활용된다.

3) 이는 초과수익률의 의미이다.

$$\alpha_i = E(R_i)^r - E(R_i)^e \qquad \cdots\cdots (26)$$

여기서, α_i : 비정상수익률(초과수익률)
$E(R_i)^r$: 실제기대수익률
$E(R_i)^e$: 균형기대수익률

$E(R_i)^r > E(R_i)^e \rightarrow \alpha_i > 0$: i주식 과소평가 → 주가 상승 예상
(→ 실제기대수익률 하락)
$E(R_i)^r < E(R_i)^e \rightarrow \alpha_i < 0$: i주식 과대평가 →주가 하락 예상
(→ 실제기대수익률 상승)

13 예제

$E(R_m) = 12\%$, $\beta_i = 1.5$, $R_f = 8\%$인 상황에서 CAPM에 의해 기대되는 (주)이룽산업 주식의 균형기대수익률은 14(=8+(12−8)×1.5)%이다. 만일 어떤 투자자가 이 기업 주식의 수익률이 16%일 것으로 기대하고 있다면, 이 투자자가 평가하는 이 주식의 비정상수익률(초과수익률)을 구하고 주가의 과대과소 여부를 판단하라.

풀이

$\alpha_i = E(R_i)^r - E(R_i)^e = 0.16 - 0.14 = 0.02(2.0\%)$

(주)이룽산업 주식은 주가가 정상가격보다 과소평가되어 있다. 따라서 주가는 상승할 것으로 판단된다.

③ 투자성과의 분석과 평가

SML은 이론적으로 미래의 기대수익률과 사전적 베타 간의 관계를 나타내는 사전적 모형(ex-ante model)이다. 사전적 SML을 사용하여 앞에서 설명한 바와 같이 할인율을 결정하고 증권의 과대 또는 과소평가 여부를 판단한다.

그러나 과거의 투자성과에 대한 평가를 하는 경우에는 과거의 자료를 사용한 사후적 SML을 이용한다. 투자성과의 평가와 관련해서는 제6편 포트폴리오관리와 투자성과 평가에서 살펴보기로 한다.

④ 자산의 가치평가와 자본예산에 적용

자산의 현재가치(V_0)는 그 자산으로부터 흘러나오는 미래현금흐름($E(C_t)$)을 적절한 할인율($E(R_i)$)로 할인한 현재가치이다. 할인율은 SML에서 구해진 해당 자산의 기대수익률을 사용한다. 다음 식 (27)은 자산의 현재가치를 구하는 모형이다.

$$V_0 = \sum_{t=1}^{n} \frac{E(C_t)}{(1+E(R_i))^t} \qquad \cdots\cdots (27)$$

식 (27)을 도출하는 과정, 즉 CAPM에 의한 자산의 가치평가과정을 요약하면 [그림 10-5]와 같이 나타낼 수 있다.

그림 10-5 ▶ CAPM에 의한 자산가치 평가

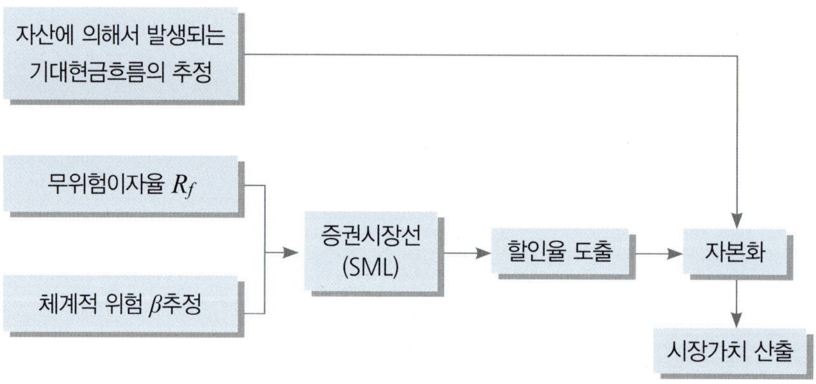

한편, 기업재무에 있어서 자본예산(capital budgeting)에서 투자안(project) 평가의 핵심은 순현가(net present value: NPV)를 측정하기 위해 투자안으로 부터의 미래의 현금흐름의 측정하고, 이 현금흐름을 할인할 적절한 할인율 내지 자본비용을 구하는 것이다. 이때, SML을 이용하여 측정된 투자안 i의 기대수익률 $E(R_i)$를 i투자안의 할인율 내지 자기자본비용으로 간주한다. 체계적 위험 β가 기간에 따라 안정적이라는 가정 하에서 순현가(NPV)는 다음 식 (28)과 같이 계산된다.

$$NPV = \frac{E(C_1)}{(1+E(R_i))} + \frac{E(C_2)}{(1+E(R_i))^2} + \cdots + \frac{E(C_n)}{(1+E(R_i))^n} - C_0$$

$$= \sum_{t=1}^{n} \frac{E(C_t)}{(1+E(R_i))^t} - C_0 \qquad \cdots\cdots (28)$$

14 예제

적벽건설은 10억원을 투자하면 2년 후 평균적으로 12억원을 얻을 수 있는 사업안에 투자할 계획이다. 이 기업의 β는 2.0이며, 증권시장선은 $E(R_i)=0.1+0.03\beta_i$로 조사되었다.

(1) 투자자 조조 씨가 이 기업의 주식에 투자하려할 때, 바람직한가를 알아보라.

(2) 조 씨가 이 투자안에 투자하는 경우, 적벽건설의 주가변화를 예상해 보라.

풀이

(1) $NPV = \frac{E(C_2)}{(1+E(R_i))^2} - C_0$

$E(R_i) = 0.1 + 0.03 \times 2.0 = 0.16(16\%)$

$NPV = \frac{12}{(1+0.16)^2} - 10 = -1.082$(억 원)

적벽건설의 투자안은 기업가치를 1.082억원 감소시키기 때문에 조 씨는 이 기업의 주식에 투자하지 않아야 한다.

(2) 이 투자안에 투자하면, 투자로 인한 순현가의 하락분(기업가치 하락분)만큼 적벽건설의 주가는 하락할 것이나.

차익거래 포트폴리오(arbitrage portfolio)란 포트폴리오 구성 시 추가적인 자금유입이 없고(0의 순투자), 위험이 0인 포트폴리오를 구성하여 초과이익을 달성하고 하는 투자안을 의미한다.

〈표 10-4〉는 1,000만원의 투자금액을 기준으로 작성된 차익거래 포트폴리오의 투자성과이다. 여기에서 순투자금액은 0이지만, 기말의 모든 상황에서 양(+)의 수익을 얻게 된다. 그러나 이러한 차익거래기회는 계속적으로 지속되지는 못한다. 투자자들은 공짜이익(차익거래이익)을 얻을 수 없을 때까지 주식 *B*를 계속 공매하고 주식 *A*를 구입하는 차익거래를 지속할 것이며, 이러한 연속적인 행위는 주식 *A*의 주가를 상승시키고, 주식 *B*의 주가는 하락시키는 결과를 가져오면서 차익거래기회가 더 이상 존재하지 않는 가격이 형성될 것이다.

표 10-4 ▶ 효율적 시장가설 실증검증 유형

(단위: 만 원)

구분	투자액	고성장	적정 성장	저성장	마이너스 성장
B 매도(공매)	+1,000	−250	−150	−50	+100
A 매수	−1,000	+300	+200	+100	−50
차익거래 포트폴리오	0	50	50	50	50

다음으로, 포트폴리오를 이용한 차익거래를 살펴보자. 〈표 10-5〉는 주식 *A*, *B* 및 *C*에 대한 자료이다. 세 주식의 현재가치는 모두 100만원으로 동일하다고 하자. 주식 *A*와 *B*에 투자자금의 1/2씩 투자하여 구성한 포트폴리오와 주식 *C*의 기대투자성과를 비교하여 차익거래 가능성이 있는지 평가해 보자.

〈표 10-6〉에서 주식 *A*와 *B*로 구성된 포트폴리오가 주식 *C*보다 항상 더

표 10-5 ▶ 주식 *A*, *B* 및 *C*의 각 상황별 수익률 분포

		상황 1 (0.25)	상황 2 (0.25)	상황 3 (0.25)	상황 4 (0.25)	$E(R)$	σ_R
예상 수익률	*A*	0.30	0.10	0.20	0.25	0.2125	0.0740
	B	0.25	0.30	0.25	0.35	0.2875	0.0415
	C	0.20	0.15	0.20	0.25	0.2000	0.0354

높은 수익률을 보이고 있다. 따라서 주식 C를 공매한 자금으로 주식 A와 B에 1/2씩 투자하는 포트폴리오를 형성하면, 차익거래가 가능하다.

◀표 10-6 차익거래포트폴리오의 투자성과

	상황 1 (0.25)	상황 2 (0.25)	상황 3 (0.25)	상황 4 (0.25)	$E(R)$	σ_R
$(A+B)\div 2$	0.275	0.200	0.225	0.300	0.250	0.0395
C	0.200	0.150	0.200	0.250	0.200	0.0354

3. 요인모형

차익거래가격결정모형(APM)은 시장에서 거래되는 자산들의 가격은 차익거래기회가 사라지는 점에서 결정된다고 판단하고, 자산의 수익률(가격)은 여러 개의 공통요인에 의해 결정됨을 설명하고 있다. 요인모형(factor model)이란 APM에서 자산의 수익률 생성과정을 다수의 공통요인에 의해 설명하고자 하는 모형이다.[5] 이하에서 요인모형을 전개해 보자.

주식 i에 투자하는 경우, 획득되는 실현수익은 두 가지로 나누어 생각해 볼 수 있다. 첫째는 투자자가 각종 정보에 기인하여 주식 i에 대해 기대할 수 있는 예상 가능한 수익이다. 둘째는 투자자가 알지 못하는 새로운 정보에 의해 기인되는 예상치 못한 수익이다. 따라서 i주식의 실현수익률은 다음과 같다.

$$\text{실현수익률}(R_i) = \text{예상가능한 기대수익률}(E(R_i)) + \text{예상못한 수익률}(u_i) \quad \cdots\cdots (29)$$

식 (29)에서 예상하지 못한 수익률(u_i)은 주식 i에 대한 진정한 투자위험이다. 이 위험은 시장에 존재하는 모든 자산에 공통적으로 영향을 주는 공통요인에 기인하는 체계적 위험에 따른 부분(m_i)과 주식 i에만 영향을 주는 고유요인에 기인하는 비체계적 위험에 따른 부분(ε_i)으로 구분할 수

5) 제3절에서 학습한 시장모형(market model)은 시장포트폴리오란 유일의 공통요인으로 수익률을 설명하는 일종의 단일요인모형이라 할 수 있다.

있다.

$$u_i = m_i + \varepsilon_i$$

$$\therefore \text{실현수익률}(R_i) = \text{예상가능한 기대수익률} + \text{예상못한 수익률} \quad \cdots\cdots (30)$$

$$= E(R_i) + m_i + \varepsilon_i$$

여기서, …… (31)

$E(R_i)$: 주식 i의 기대수익률

m_i : 체계적 위험에 따른 주식 i의 예상치 못한 수익률

ε_i : 비체계적 위험에 따른 주식 i의 예상치 못한 수익률

체계적 위험에 따른 주식 i의 수익률 변동은 공통요인의 변동에 대한 주식 i의 민감도를 나타내는 베타계수로 측정될 수 있다. 이를 식 (32)와 같이 요인모형(factor model)으로 나타낼 수 있다.

$$m_i = \beta_{i1}F_1 + \beta_{i2}F_2 + \cdots + \beta_{ik}F_k$$

여기서, …… (32)

β_{ik} : 주식 i수익률의 k요인에 대한 민감도(베타계수, k=1, 2, …, k)

F_k : k요인에 의한 예상치 못한 변동

(=공통요인 k의 실현된 값 − 공통요인 k의 기대값)

따라서 주식 i의 실제수익률을 k개의 공통요인을 갖는 모형으로 일반화하여 표현하면 다음과 같다.

$$\therefore R_i = E(R_i) + \beta_{i1}F_1 + \beta_{i2}F_2 + \cdots + \beta_{ik}F_k + \varepsilon_i$$

여기서, …… (33)

$E(R_i)$: 모든 요인 값이 0인 경우 주식 i의 기대수익률

β_{ik} : 주식 i수익률의 k요인에 대한 민감도(베타계수, k=1, 2, …, k)

F_k : 공통요인 k에 의한 예상치 못한 변동

(= 공통요인 k의 실현된 값 − 공통요인 k의 기대값)

ε_i : 비체계적 위험에 따른 주식 i의 예상치 못한 수익률

$Cov(\varepsilon_i, \varepsilon_j) = 0(i \neq j)$

식 (33)에서는 주식 i의 수익률은 기대수익률과 k개의 공통요인의 변동에

의해 발생하는 부분, 그리고 고유요인의 변동에 의해 발생하는 부분의 합으로 구성된다는 것을 나타내고 있다. 따라서 주식 i의 실현된 수익률이 당초에 기대했던 값과 차이가 나는 이유는 공통요인과 고유요인의 변동 때문이다. 다음 예제를 통하여 식 (33)의 요인모형에 의한 주식수익률을 설명해 보자.

15 예제

체계적 위험요소로 물가상승률(I), 이자율(R), 환율(E) 등 세 가지가 공통요소로 고려된다고 가정하자. 다음의 자료를 이용하여 주식 Atlanta의 실제수익률을 구하라. 주식 Atlanta의 $E(R_A)=6\%$, 고유요인에 따른 수익률 부분 $\varepsilon_A=4\%$이다.

공통요인	기대값	실현된 값	β_{Ak}
물가상승률(I)	0.04	0.06	2.0
이자율(R)	0.06	0.05	1.2
환율(E)	0.05	0.04	1.5

풀이

공통요인의 예상치 못한 변동을 계산하면 다음과 같다.

$$F_I = 0.06 - 0.04 = 0.02$$

$$F_G = 0.05 - 0.06 = -0.01$$

$$F_R = 0.04 - 0.05 = -0.01$$

따라서 주식 A의 실제수익률은,

$$\begin{aligned} R_A &= E(R_A) + \beta_{AI}F_I + \beta_{AR}F_R + \beta_{AE}F_E + \varepsilon_A \\ &= 0.06 + 2.0(0.02) + 1.2(-0.01) + 1.5(-0.01) + 0.04 = 0.113(11.3\%) \end{aligned}$$

4. 차익거래가격결정모형의 도출

APM의 주요 특징 중의 하나는 기대수익률과 위험 간의 관계를 설명함에 있어서 CAPM에서처럼 현실세계에서 구성하기가 매우 어려운 시장포트폴리오 대신에 현실에서 구성이 가능한 충분히 분산된 포트폴리오(well-diversified portfolio)의 구성에 기초하고 있다는 점이다. 여기서 또 다른 특징 중의 하나는 증권수익률의 변동은 단일요인이 아니라 다수 공통요인(multi-factor)의 선형함수로 표현할 수 있음을 전제로 하고 있다.

1) 무차익원리와 충분히 분산된 포트폴리오

증권의 수익률이 식 (33)의 다요인모형에 따라 형성된다고 할 때, 차익이익(재정이익)의 실현이 불가능한 균형상태의 시장에서 증권의 기대수익률과 위험 사이의 관계는 어떻게 나타나는가를 살펴보자.

이제 추가적인 투자없이, 추가적인 위험부담없이 포트폴리오를 구성해 보기로 한다. 균형상태라면 일물일가법칙에 의해 이러한 포트폴리오는 초과수익을 얻는 것이 불가능해야 한다. 이를 무차익원리(no arbitrage principle)라고 하며, 식으로 표현하면 다음과 같다.

① **추가적 투자가 없음**(no net investment): $\sum_{i=1}^{n} w_i = 0$

② **추가적 위험부담 없음**(no net risk): $\sum_{i=1}^{n} w_i \beta_{ik} = 0$

③ **초과수익률이 없음**(no net return): $E(R_p) = \sum_{i=1}^{n} w_i E(R_i) = 0$

이는 다음과 같은 의미를 가진다. 즉, 투자자가 개별종목의 투자비중이 매우 적도록 잘 분산된 포트폴리오를 구성하면 포트폴리오의 분산은 식 (34)와 같이 표현할 수 있다.

$$\sigma^2(R_P) = \beta^2{}_{P1}\sigma^2(F_1) + \beta^2{}_{P2}\sigma^2(F_2) + \cdots + \beta^2{}_{Pk}\sigma^2(F_k) + \sigma^2(\varepsilon_P) \quad \cdots\cdots (34)$$

위 식에서 잔차분산 $\sigma^2(\varepsilon_P)$는 0에 가까워진다($\sigma^2(\varepsilon_P)=0$). 따라서 수익률의 움직임에서 공통요인에 대한 민감도, 즉 체계적 위험 β_{Pk}만이 중요하게 된다.

[그림 10-6]의 (a)에서 분산투자가 안 된 개별증권의 수익률은 공통요인만으로 충분히 설명되지 못한다. 그 이유는 잔차분산(비체계적 위험)이 남아 있기 때문이다. 그러나 [그림 10-6]의 (b)에서처럼 잘 분산된 포트폴리오를 구성하면 잔차분산은 영(0)에 가까워지므로 공통요인에 의해 완전히 설명되는 것이다. 즉, 충분히 잘 분산된 포트폴리오의 수익률은 공통요인(체계적 위험요인)들의 함수로 표시할 수 있으며, 이들 공통요인에 대한 민감도를 나타내는 β_{Pk}만이 체계적위험으로서 중요시되는 것이다.

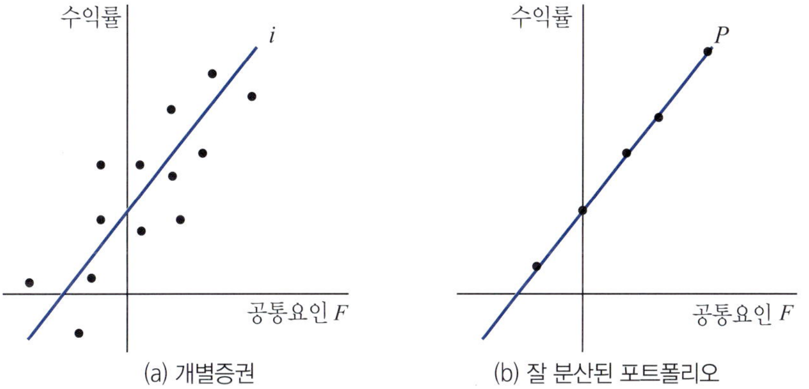

(a) 개별증권　(b) 잘 분산된 포트폴리오

◀ 그림 10-6 수익률과 공통요인과의 관계

2) 포트폴리오를 이용한 차익거래

체계적 위험 β_{Pk}만이 수익률의 움직임에 영향을 준다면 균형상태에서 증권의 기대수익률과 체계적 위험 β_{Pk} 사이에는 다음의 관계가 성립한다. 즉, 균형상태에서는 동일한 β_{Pk}에 대해서는 동일한 기대수익률이 형성되어야 하고, β_{Pk}가 증가하면 위험보상도 선형적으로 증가해야 한다.

만일 동일한 β_{Pk}에 대하여 상이한 수익률이 기대된다면 투자자들은 수익률이 낮은 자산(가격이 높은 자산)을 공매하고 그 자금으로 수익률이 높은 자산(가격이 낮은 자산)을 매입하는 차익거래를 통하여 추가적인 투자자금

없이, 추가적인 위험 부담없이 초과수익을 획득할 수 있는 것이다.

예를 들어, [그림 10-7]에 나타나 있는 바와 같이 R_f가 6%이고, 공통요인에 대한 민감도 β_A가 2.0인 잘 분산된 포트폴리오 A의 기대수익률이 16%이며, β_C가 1.0인 포트폴리오 C의 기대수익률이 9%라면, 차익거래의 기회가 존재함을 알 수 있다.

그림 10-7 ▶
기대수익률과 체계적 위험과의 관계: 차익거래 기회

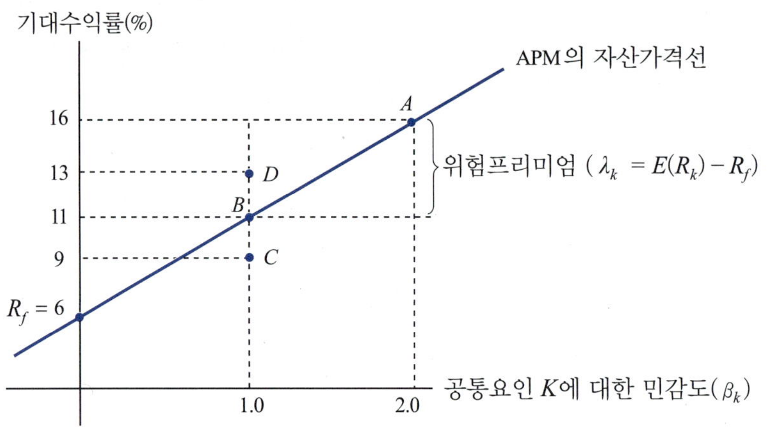

왜냐하면, 포트폴리오 $A(\beta_A = 2.0)$와 무위험자산$(\beta_{Rf} = 0.0)$에 각각 50%씩 투자하여 만들어지는 포트폴리오 B의 β_B는 포트폴리오 C와 마찬가지로 1.0(=2.0 ×0.5+0.0×0.5)으로 위험은 동일한 반면, 기대수익률은 11%(=6%×0.5+16% ×0.5)로 포트폴리오 C보다 높기 때문이다. 따라서 포트폴리오 C를 공매한 자금으로 포트폴리오 B에 투자하면 무위험 초과이익을 2% 얻을 수 있다.

반대로 포트폴리오 C가 아니라 수익률이 13%인 포트폴리오 D가 존재한다고 하자. 포트폴리오 D의 β_D는 역시 1.0인데 반해 기대수익률이 13%이므로 포트폴리오 B를 공매하여 포트폴리오 D에 투자하면 무위험차익 2%를 얻을 수 있다. 즉, 이상과 같이 차익거래기회는 서로 다른 체계적 위험 β_{pk}에 대해 위험프리미엄이 비례적으로 적정하게 형성되지 않을 때 발생한다.

[그림 10-7]은 단일요인의 APM을 도식화한 것으로, 그림에서 직선 R_fA는 APM의 자산가격선(APM asset pricing line)이라 한다. APM의 자산가격선을 벗어난 증권 내지 포트폴리오는 균형가격을 가지는 것이 아니므로 차익거래

기회가 발생하게 될 것이다. [그림 10-7]에서 포트폴리오 D를 고려하여 단계적으로 살펴보자. 투자자가 포트폴리오 B를 매도(공매)하고 포트폴리오 D를 매입하면 초과수익을 올릴 수 있는 차익거래 포트폴리오를 구성할 수 있다. 그 과정은 다음과 같다.

① 포트폴리오 B를 매도(공매)하고 동시에 동일한 액수만큼의 포트폴리오를 매입함으로써 추가자금의 투입이 없다.

② 포트폴리오 B와 포트폴리오 D가 동일한 위험(β_k=1.0)을 가지므로 위험에 대한 추가부담이 없다.

③ 포트폴리오 D가 포트폴리오 B보다 기대수익률이 높으므로 차익거래 포트폴리오의 수익률은 양(+)의 값을 가지게 된다.

④ 이상의 조건에서 모든 투자자들은 포트폴리오 D를 매입하려 할 것이고, 이에 따라 포트폴리오 D의 가격은 상승하고 기대수익률은 감소되어 포트폴리오 D는 APM의 자산가격선에 이르게 된다. 이에 따라 더 이상 차익거래기회가 존재하지 않는 균형상태가 된다.

16 예제

단일요인으로 시장포트폴리오만 존재하는 상황에서 다음과 같이 잘 분산된 포트폴리오 연오랑과 세오녀가 있다. 지금 베타가 0.5인 포트폴리오 영일만의 기대수익률이 15%라고 한다. 이때 차익거래기회가 존재하는가를 언급하고, 어떠한 차익거래를 구사할 수 있는지를 밝혀라.

포트폴리오	기대수익률	베타
연오랑	0.18	1.0
세오녀	0.10	0.0
영일만	0.15	0.5

풀이

연오랑과 세오녀 포트폴리오에 투자자금의 50%씩을 투자한다면 연오랑 + 세오녀 포트폴리오의 기대수익률과 베타는 다음과 같다.

$E(R_p) = 0.5 \times 0.18 + 0.5 \times 0.10 = 0.14(14\%)$

$\beta_P = 0.5 \times 1.0 + 0.5 \times 0.0 = 0.5$

연오랑 + 세오녀 포트폴리오는 영일만 포트폴리오에 비하여 베타계수는 동일하지만 기대수익률이 1% 낮다. 따라서, 연오랑 + 세오녀 포트폴리오를 공매하고 영일만 포트폴리오를 매입하면 1%에 해당하는 차익거래이익이 발생한다.

3) 차익거래가격결정모형

(1) 단일요인 APM

차익거래기회가 존재하지 않는 균형상태에서의 증권의 기대수익률은 체계적 위험(β)의 크기에 선형적으로 비례하여 APM의 자산가격선 R_fA선 상에 놓이게 된다. 구체적으로 다음 식 (35)와 같이 k공통요인 1단위의 체계적 위험에 대한 위험프리미엄(λ_f)이 동일하게 될 때 R_fA선 상에 존재하는 차익거래 가능성은 사라지게 된다.

$$\frac{E(R_{A1})-R_f}{\beta_{A1}}=\frac{E(R_{B1})-R_f}{\beta_{B1}}=\frac{E(R_{Pk})-R_f}{\beta_{Pk}}=\lambda_k(\text{상수}) \quad \cdots\cdots (35)$$

여기서, λ_k: k 공통요인 1단위의 체계적 위험(β)에 대한 위험프리미엄

그러면 자산의 균형기대수익률과 공통요인에 대한 베타계수(체계적 위험)와의 선형관계를 밝히는 구체적인 식인 APM은 어떻게 표현되는가를 살펴보자. 식 (35)로부터 잘 분산투자된 포트폴리오 P의 경우 공통요인 k에 대하여 식 (36)과 같은 균형식이 성립한다.

$$E(R_p)=R_f+\lambda\beta_p \quad \cdots\cdots (36)$$

또, 모든 차익거래기회가 사라지면 기대수익률과 체계적 위험(민감도) 사이에는 식 (37)과 같은 선형관계의 함수식이 형성된다.

$$E(R_i)=R_f+\lambda_1\beta_i \quad \cdots\cdots (37)$$

식 (37)은 단일의 요인에 의해 수익이 생성되는 APM을 묘사한 것이다.

여기서 R_f와 λ_1은 일정하다.

균형상태에서 $R_f = 0.05$, $\lambda_1 = 0.06$이며, 주식 A와 B의 베타는 각각 1.0, 2.0이라 하면, 각 주식의 균형기대수익률은 다음과 같이 결정된다.

균형가격모형: $E(R_i) = 0.05 + 0.06\beta_i$

주식 A의 균형기대수익률: $E(R_i) = 0.05 + (0.06 \times 1.0) = 0.11(11\%)$

주식 B의 균형기대수익률: $E(R_i) = 0.05 + (0.06 \times 2.0) = 0.17(17\%)$

(2) 다요인 APM

단일요인 APM을 도출한 논리를 다수의 공통요인에 적용해 본다. 자산의 위험 중에서 여러 공통요인에 대한 민감도를 나타내는 베타계수(체계적 위험)만이 적절한 위험이므로 자산 i의 기대균형수익률은 무위험이자율과 자산 i의 각 요인에 노출된 위험프리미엄을 모두 합한 것이 된다. 그런데 자산 i의 공통요인 k에 대한 노출된 위험프리미엄(risk premium for exposure to common factor)은 공통요인 k의 위험프리미엄에 자산 i의 각 요인의 베타계수를 곱한 것이다.

> 자산 i의 k 공통요인에 노출된 위험프리미엄(λ_k)
> $= k$ 공통요인에 대한 위험 프리미엄 × 자산 i의 k 공통요인에 대한 베타계수

여기서 λ_k는 k 공통요인에 대한 위험프리미엄으로서 k 공통요인과 관련된 위험을 감수하는 데 대한 대가이다. 이러한 의미에서 λ_k를 요인가격(factor price)이라고 부른다. k 공통요인에 대한 위험프리미엄 λ_k는 요인포트폴리오(factor portfolio)의 기대수익률($E(R_{Fk})$)을 통하여 구할 수 있다. 요인포트폴리오는 요인 k에 대한 민감도(체계적 위험)만이 1.0이고, 나머지 요인에 대한 민감도(체계적 위험)는 0인 포트폴리오를 의미한다. 요인포트폴리오의 기대수익률은 다음 식 (38)과 같이 무위험이자율과 위험프리미엄을 합한 것($R_f + \lambda_k\beta_k$)이므로, 공통요인 k의 위험프리미엄(λ_k)은 공통요인 k에 대한 요인포트폴리오의 기대수익률($E(R_{Fk})$)에서 무위험수익률 R_f를 차감하여 구한다.

$$E(R_{Fk}) = R_f + \lambda_k \beta_k \text{ (여기서, } \beta_k = 1) \qquad \cdots\cdots (38)$$

$$\therefore \ \lambda_k = E(R_{Fk}) - R_f \qquad \cdots\cdots (39)$$

여기서 요인포트폴리오의 기대수익률 $E(R_{Fk})$는 k번째 공통요인에 대해서만 1.0의 민감도(체계적 위험)를 갖고, 다른 모든 공통요인에 대해서는 0의 민감도(체계적 위험)를 갖는 요인포트폴리오 k가 균형상태에서 갖는 기대수익률이다.

따라서 자산 i의 균형기대수익률은 식 (40)과 같이 R_f에다 k 공통요인에 대한 위험프리미엄에 자산 i의 k 공통요인에 대한 베타계수를 곱하여 모두 합한 것이 된다. 이것이 APM이다. k개의 요인을 고려하는 경우 APM의 일반식을 전개하면 다음과 같다.[6]

$$\begin{aligned} E(R_i) &= R_f + [E(R_{F1}) - R_f]\beta_{i1} + [E(R_{F2}) - R_f]\beta_{i2} + \cdots + [E(R_{Fk}) - R_f]\beta_{ik} \\ &= R_f + \lambda_1\beta_{i1} + \lambda_2\beta_{i2} + \cdots + \lambda_k\beta_{ik} \qquad \cdots\cdots (40) \end{aligned}$$

$$= R_f + \sum_{i=1}^{n} \lambda_k \beta_{ik} \qquad \cdots\cdots (41)$$

여기서,

$E(R_{Fk})$: k번째 공통요인에 대해서만 체계적 위험이 1.0이고, 다른 모든 공통요인에 대해서는 체계적 위험이 0인 포트폴리오가 균형상태에서 갖는 기대수익률

λ_k : 공통요인 k에 대한 위험프리미엄$(= E(R_{Fk}) - R_F)$, 요인가격

β_{ik} : i자산의 공통요인 k에 대한 민감도(베타계수)

---

6) 다른 방법으로 2요인 APM을 유도해 본다. 차익거래기회가 존재하지 않기 위해서는 $E(R_1)$, $E(R_2)$, R_f의 수익률이 기대되는 자산에 β_1, β_2, $(1-\beta_1-\beta_2)$의 비율로 투자되어야 한다. 이 비율이 유지되는 경우 체계적 위험이 0이 되기 때문이다. 이 경우 포트폴리오의 기대수익률은 다음과 같이 도출되며, 이 식은 2요인 APM이 된다.

$$\begin{aligned} E(R_p) &= \beta_1 E(R_1) + \beta_2 E(R_2) + (1-\beta_1-\beta_2)R_f \\ &= R_f + [E(R_1) - R_f]\beta_1 + [E(R_2) - R_f]\beta_2 \end{aligned}$$

결론적으로, APM은 증권수익률이 다요인모형에 따라 형성된다고 가정했을 때, 시장균형 하에서 증권의 기대수익률은 증권 i수익률의 공통요인(F_k)에 대한 민감도(β_k)의 선형함수로 표현된다.

한편, 무위험자산이 존재하지 않는 경우에는 모든 공통요인에 대한 민감도가 0인 포트폴리오를 무위험자산의 대신으로 사용할 수 있다. 그러면 APM은 다음과 같이 표현된다.

$$E(R_i) = \lambda_0 + \lambda_1\beta_{i1} + \lambda_2\beta_{i2} + \cdots + \lambda_k\beta_{ik} \qquad \cdots\cdots (42)$$

여기서, λ_0 : 모든 공통요인에 대한 β가 0인 포트폴리오의 기대수익률
λ_k : 공통요인 k에 대한 위험프리미엄$(=E(R_{Fk})-\lambda_0)$, 요인가격
β_{ik} : 자산의 공통요인 k에 대한 민감도(베타계수)

17 예제

잘 분산된 포트폴리오 A, B 및 C가 존재한다. 이때, 각 포트폴리오의 기대수익률과 공통요인 1과 2에 대한 체계적 위험은 다음과 같을 때, APM을 도출하라

포트폴리오	$E(R_i)$	β_{i1}	β_{i2}
A	0.07	0.7	0.5
B	0.11	1.3	0.9
C	0.09	1.1	1.0

풀이

먼저, 차익거래기회가 사라진 시장균형상태에서 무위험이자율과 공통요인 1과 2에 대한 위험프리미엄을 도출한다.

$$\text{연립방정식}\begin{cases} 0.07 = R_f + 0.7\lambda_1 + 0.5\lambda_2 \\ 0.11 = R_f + 1.3\lambda_1 + 0.9\lambda_2 \\ 0.09 = R_f + 1.1\lambda_1 + 1.0\lambda_2 \end{cases}\text{을 풀면,}\quad \begin{aligned} R_f &= 0.0243 \\ \lambda_1 &= 0.0857 \\ \lambda_2 &= -0.0286 \end{aligned}$$

따라서 도출된 APM은 다음과 같으며, 균형기대수익률 $E(R_i)$과 각 공통요인에 대한 민감도(β_{i1}, β_{i2}) 사이에 다음 식과 같은 관계가 성립된다.

$$\begin{aligned} E(R_A) &= R_f + \lambda_1\beta_{i1} + \lambda_2\beta_{i2} \\ &= 0.0243 + 0.0857\beta_{i1} - 0.0286\beta_{i2} \end{aligned}$$

예제 18

공통요인으로 이자율(R), GDP성장률(G)을 고려한다고 가정하자. F_R과 F_G는 각각 공통요인 이자율과 GDP 성장률의 예상하지 못한 변동이며 그 기대값은 0이다. 또, 주식 i의 고유위험에 의한 수익률(ε_i)의 기대값도 0이다. 각 요인 포트폴리오의 기대수익률과 잘 분산된 포트폴리오 A의 요인에 대한 베타는 다음 〈표〉와 같을 때 아래 물음에 답하라.

공통요인	요인포트폴리오 기대값($E(R_A)$)	β_A
이자율(R)	0.15	1.5
GDP성장률(G)	0.10	0.5
$R_A=0.06$		

(1) 시장균형 하에서 포트폴리오 A의 기대수익률을 구하라.

(2) 증권시장에서 포트폴리오 A의 기대수익률이 24%라면, 이때 일어날 수 있는 차익거래과정을 서술하라. 단, 포트폴리오 A의 시장가치는 1천만원이라 한다.

풀이

(1) 요인 R의 위험프리미엄: $0.15-0.06=0.09(9\%)$
요인 G의 위험프리미엄: $0.10-0.06=0.04(4\%)$

$$E(R_A) = R_f + \lambda_R\beta_R + \lambda_G\beta_G$$
$$= 0.06+(0.09\times1.5)+(0.04\times0.5)=0.215(21.5\%)$$

∴ 시장균형 하에서 포트폴리오 A의 기대수익률은 21.5%이다.

(2) 포트폴리오 A의 실제기대수익률(24%)은 균형기대수익률(21.5%)보다 높으므로 주가는 과소평가되어 있다. 따라서 포트폴리오 A와 동일한 위험을 갖는 포트폴리오 B를 구성하여 포트폴리오 B를 공매하고 포트폴리오 A를 매입함으로써 차익을 얻을 수 있다. 이때, 차익거래이익이 발생하는 투자비율, 즉 각 요인포트폴리오의 매도(또는 매입)금액과 무위험자산 차입(또는 예금)금액은 각각 β_{PR}, β_{PG}, $1-\beta_{PR}-\beta_{PG}$의 비율이 된다. 그러므로 포트폴리오 A와 동일한 위험을 갖는 포트폴리오 B를 구성하기 위해 요인포트폴리오 R과 G에 각각 투자자금의 150%, 50%를 투자한다. 이 과정에서 추가로 100%의 자금이 더 필요하므로 이는 무위험이자율로 차입한다. 이때, 포트폴리오 B의 기대수익률은 다음과 같다.

$$E(R_B) = w_R E(R_R) + w_G E(R_G) + w_{R_f} R_f$$
$$= (1.5\times15)+(0.5\times10)+[(1-1.5-0.5)\times6)]$$
$$= 21.5(\%)$$

따라서 다음에서 볼 수 있는 바와 같이 포트폴리오 *B*를 공매하여 얻은 자금으로 포트폴리오 *A*를 매입하는 차익거래 결과, 2.5%(= 0.24−0.215)의 차익 25만원을 얻을 수 있다.

거래내용	투자액(만원)	투자이익(만원)
포트폴리오 *B* 공매	1,000	−0.215×1,000
무위험이자율로 차입	−2,000	
요인포트폴리오 *R* 공매	1,500	
요인포트폴리오 *G* 공매	500	
포트폴리오 *A* 매입	−1,000	0.24×1,000
차익거래 포트폴리오	0	25

제 5 절 APM의 유용성과 문제점 및 실증검증

1) APM의 유용성과 문제점

APM은 CAPM과 비교할 때, 여러 가지 유용성을 가지고 있다. 이를 정리하면 다음과 같다.

첫째, CAPM은 자산의 수익률분포가 정규분포이어야 한다는 가정이나 투자자의 효용함수가 2자식이어야 한다는 가정이 필요하다. 그러나 APM은 이러한 가정이 필요하지 않으며 단지 무차익원리와 다요인모형을 기본적으로 전제하고 있다. 따라서 APM은 CAPM보다 일반적인 시장균형모형이다.

둘째, CAPM이 성립하려면 반드시 시장포트폴리오를 현실세계에서 구성하여야 한다. 사실 시장포트폴리오를 구성하는 문제는 CAPM의 타당성 문제와 결부되어 논란의 대상이 되고 있다. APM에서는 시장포트폴리오의 특별한 역할이 필요하지 않기 때문에 현실세계에서 설명력을 위해 시장포트폴리오를 구성할 필요가 없는 것이다.

성장률, 채권 위험프리미엄의 변화, 예상치 못한 인플레이션율 등 세 가지 요인이 주식수익률에 중요한 영향을 미치는 공통요인으로 나타났다. 한편, 시장포트폴리오의 수익률을 추가하여 분석한 결과, 시장포트폴리오 수익률은 큰 설명력이 없는 것으로 나타났다.

Fama & French(1996)는 주식수익률 결정에 영향 미치는 체계적 위험에 따른 위험프리미엄을 기업의 특성과 관련하여 규명하였다.[9] 이들은 시장포트폴리오 수익률, 기업 규모에 따른 위험프리미엄, 장부가치 대 시장가치 비율에 따른 위험프리미엄 등 세 가지를 요인으로 선정하였다. 분석 결과, 장부가치 대 시장가치 비율이 높을수록 재무적 곤경에 빠질 가능성이 높으며, 소규모 기업이 대규모 기업에 비해 경기변동에 더욱 민감하다고 주장하였다. 즉, 이들 두 변수는 CAPM의 베타가 측정하지 못하는 재무적 곤경과 경기변동에 대한 추가적인 위험을 나타낸다고 보았다.

9) E. Fama & K. French, "Multi-Factor Explanations Asset Pricing Anomalies," *Journal of Finance*, Vol. 51, 1996, pp. 54-84.

주요용어

- 시장균형상태(market equilibrium)
- 접점포트폴리오(tangent portfolio)
- 시장포트폴리오(market portfolio)
- 자본자산(capital asset)
- 시장모형(market model)
- 최소자승법(ordinary least square method: OLS)
- 민감도(sensitivity)
- 잔차(residuals)
- 체계적 위험(systematic risk)
- 비체계적 위험(unsystematic risk)
- 결정계수(coefficient of determination)
- 베타계수(beta coefficient)
- 공격적 주식(aggressive stock)
- 방어적 주식(deffensive stock)
- 사전적 베타(ex-ante beta)
- 사후적 베타(ex-post beta)
- 역사적 베타(historical beta)
- 수정베타(adjusted beta)
- 증권시장선(security market line: SML)
- 위험프리미엄(risk oremium)
- 시장위험프리미엄(market risk premium)
- 과소평가 주식(under priced stock)
- 과대평가 주식(over priced stock)
- 비정상수익률(abnormal return)
- 동질적 기대 가정(homogeneous expectation hypothesis)
- 자본자산가격결정모형(Capital Asset Pricing Model: CAPM)
- 차익거래가격결정모형(Arbitrage Pricing Model: APM)
- 증권특성선(security characteristic line: SCL)
- 공통요인(common factor)
- 차익거래(arbitrage transaction)
- 다요인모형(multi-factor model)
- 요인모형(factor model)
- 자산가격선(asset pricing line)
- 요인가격(factor price)
- 요인포트폴리오(factor portfolio)
- 무차익원리(no arbitrage principle)
- 차익거래가격결정모형(arbitrage pricing model: APM)
- 잘 분산된 포트폴리오(well-diversified portfolio)

연/습/문/제

01 β(베타)에 대한 설명으로 적절하지 않은 것을 고르시오. (AFPK 유사문제)

① β의 의미는 시장전체의 수익률이 변동할 때 개별주식의 수익률이 시장전체의 수익률보다 β배만큼 변동함을 의미한다.

② β가 1보다 큰 증권을 공격적 증권, 1보다 작은 증권을 방어적 증권이라고 한다.

③ β는 시장움직임에 대한 특정 자산의 움직임에 개별증권과 시장의 상관계수를 곱하여 측정한다.

④ 포트폴리오의 총위험 중 비체계적 위험은 β계수에 의해 측정된다.

02 시장수익률 15%, 무위험이자율 10%, 베타 1.6, 주식의 기대수익률이 20%일 때 맞는 것은? (CFP 유사문제)

① 주가가 과대평가되었다.

② 주가가 과소평가되었다.

③ 주가가 균형수익률을 유지하였다.

④ 주어진 자료로 요구수익률은 측정할 수 없다.

03 3개의 주식으로 구성된 증권시장에 기관투자자인 3개의 투자운용회사만 존재한다. 투자자들은 미래 주식수익률의 확률분포에 대해서 동질적 기대를 가지고 있으며, 차입이자율과 대출이자율은 동일하다고 가정한다. 기관투자자 갑의 총 투자액은 100억원, 을의 총 투자액은 150억원, 병의 총 투자액은 50억원으로 각 기관투자자의 증권시장의 점유비율은 각각 33%, 50%와 17%이다. 그리고 주식 A의 주당 시장가격은 30,000원이며 발행주식수는 20만주, 주식 B의 주당 시장가격은 20,000원이며 발행주식수는 90만주, 주식 C의 주당 시장가격은 20,000원이며 발행주식수는 30만주이다. 이때, 기관투자자 을은 각각의 주식에 얼마씩 투자하겠는가?

04 시장포트폴리오와 (주)장강산업 주식의 수익률은 다음과 같이 예측이 된다.

상황	확률	시장포트폴리오의 수익률	(주)장강산업 주식의 수익률
불황	0.5	0.05	0.10
호황	0.5	0.15	0.30

(1) (주)장강산업 주식의 베타를 계산하라.

(2) 시장포트폴리오의 수익률이 높아지거나 낮아질 경우, 이 회사 주식의 수익률은 얼마나 변하는지를 말해 보라.

05 투자자 유비 씨는 자신의 투자자금을 (주)삼고기업과 (주)초려기업에 1,000만원씩을 투자하였다. 두 기업의 베타는 각각 1.0과 3.0이다.

(1) 투자자 유 씨가 구성한 포트폴리오의 베타를 계산하라.

(2) 1,200만원은 (주)삼고기업에 투자하고 나머지 800만원을 (주)초려기업에 투자한 경우 유 씨가 구성한 포트폴리오의 베타를 계산하라.

06 다음의 자료를 이용하여 물음에 답하라.

주식	KOSPI와 주식 간의 상관계수	표준편차
A	0.00	0.05
B	0.6	0.15

(1) KOSPI 수익률의 표준편차 $\sigma_m = 0.15$ 일 때 주식 A와 B의 베타계수를 계산하라.

(2) 주식 A의 투자비율은 0.20, 그리고 주식 B의 투자비율은 0.80으로 포트폴리오가 구성되었다 하자. 이 포트폴리오의 베타계수를 구하라.

07 (주)노자기업 주식과 (주)장자기업 주식에 대한 자료가 다음과 같다. 시장포트폴리오의 기대수익률은 15%이고 무위험자산수익률은 5%이다.

주식	표준편차	베타계수
(주)노자	0.10	1.50
(주)장자	0.20	0.80

(1) 두 주식 중에서 어느 주식의 총위험이 큰가를 밝혀라.

(2) 두 주식 중에서 체계적 위험이 더 큰 주식 어느 것인가?

(3) 자본시장의 균형상태를 가정하고, 기대수익률이 높은 주식을 밝혀라.

08 무위험 이자율(R_f)은 5%이고, 한강기업 주식과 시장수익률 자료는 다음과 같을 때, 다음 물음에 답하라.

주식	기대수익률	위험(σ)	상관계수
한강기업	0.12	0.10	ρ_{im}= 0.60
KOSPI	0.10	0.058	

(1) 이 기업 주식의 베타를 계산하라.

(2) 이 기업 주식의 요구수익률을 계산하라.

09 천마산업의 기말 주식가격은 21,000원으로 기대되며, 이 기간 동안 배당은 주당 600원이 예상된다. 이 주식의 베타는 1.2로 추정된다. 또한 시장의 기대수익률은 12%이며, 무위험이자율은 7%이다. 천마산업의 현재 주식가치(균형가격)를 계산하라.

10 시장의 무위험이자율이 8%이며, 시장포트폴리오의 기대수익률이 15%라 할 때 베타가 2.0인 (주)갓바위기업 주식이 있다. 이 주식을 1년간 보유하였을 때 기말에 받을 수 있는 배당이 1,200원이며 기말의 주식가격이 40,000원으로 예상된다. 현재 이 주식의 이론적 균형가격을 추정하라.

11 현재 정기예금 이자율이 6%이고, 종합주가지수의 기대수익률은 13%이다. (주)양산박의 베타가 0.9라고 할 때, 이 주식의 기대수익률을 추정하라. 투자자 송강 씨는 이 주식을 20,000원에 매입하였다. 연말 주가와 배당금이 각각 23,000원, 600원이 예상된다 하자. 이 주식은 현재 주가가 과대평가되었는지 아니면 과소평가되었는지를 평가해 보라.

12 다음은 (주)해금강 주식의 수익률과 시장수익률에 관한 자료이다. 무위험이자율은 5%이라 가정하고, 다음 물음에 답하라.

상황	확률	R_i	R_m
1	0.2	−0.20	−0.15
2	0.3	0.01	0.05
3	0.4	0.20	0.20
4	0.1	0.30	0.25

(1) 증권시장선을 도출하라.

(2) (주)해금강 주식의 과대평가 또는 과소평가 여부를 언급하라.

13 금강산기업은 신제품을 생산하려고 계획하고 있다. 이 제품의 개발에 투입되는 투자액은 8,000만원이고, 1년 후 이 제품으로부터 얻어지는 현금흐름과 1년 후의 종합주가지수 수익률은 다음과 같이 예측된다. 단, 이 제품은 특성상 1년 후에는 생산을 중단하다고 가정하자. 단, 정기예금의 이자율이 8%라 하자.

상황	확률	종합주가지수 수익률	신제품의 현금흐름
불황	0.5	0.05	1억원
호황	0.5	0.15	1.2억원

(1) 이 제품으로부터 얻을 수 있는 기대현금흐름과 기대수익률을 계산하라.

(2) 이 투자안의 체계적 위험(베타)은 얼마인가?

(3) 금강산기업은 이 투자안을 수행하는 것이 좋은가? 순현가법을 이용하여 판단해 보라.

14 증권의 수익률 변동을 설명해 주는 공통요인으로 어떤 것들이 고려될 수 있는지 조사해 보라.

15 APM과 CAPM의 차이점을 비교해 보라.

16 무위험 이자율이 3%, 인플레이션 보상률이 2%라고 가정할 경우 다음 중 투자가 가장 적절하지 않은 경우는 무엇인가? (AFPK 유사문제)

① 기대수익률 10%, 위험프리미엄 3%인 보통주 A

② 기대수익률 7%, 위험프리미엄 1%인 보통주 B

③ 기대수익률 11%, 위험프리미엄 7%인 보통주 C

④ 기대수익률 8%, 위험프리미엄 2%인 보통주 D

17 다음은 다요인 모형에 대한 설명이다. 설명 중 사실과 가장 거리가 먼 것은?

(CFP 유사문제)

① 다요인 모형은 CAPM보다 비교적 단순한 가정을 산정하고 있기 때문에 CAPM보다 더 설득력이 있다고 볼 수 있다.

② 다요인 모형에서는 어떤 자산의 수익률은 정상적으로 예측이 가능한 수익과 예측하지 못한 수익에 의해 결정된다고 보았다.

③ 다요인 모형도 CAPM과 마찬가지로 잘 분산된 포트폴리오에서는 비체계적인 위험인 특정 자산의 고유한 특성으로 인한 수익률 변화를 제거할 수 있다고 본다.

④ 다요인 모형에서는 상대적으로 고평가된 주식은 사고, 저평가된 주식을 공매도한다.

18 3요인 차익거래가격결정모형(3–factor APM)에서 주식 A의 요인베타(요인별 민감도)와 위험프리미엄은 다음과 같다.

요인	요인베타(β_{Ai})	위험프리미엄 ($\lambda_k = E(R_{Fk}) - R_f$)
물가상승률(요인 1)	0.7	0.06
환율(요인 2)	1.5	0.11
유가변동률(요인 3)	0.9	0.08

무위험이자율은 5%이며, 주식시장이 균형상태에 있다고 가정하고 주식 A에 대한 기대수익률을 구하라.

19 주식시장에서 주식수익률은 다음 세 개의 공통요인의 영향을 받고 있으며, 각 공통요인에 대한 위험프리미엄은 아래와 같다.

공통요인	위험프리미엄
산업생산률(I)	0.03
이 자 율(R)	0.06
경기변동(C)	0.05

현재 시장에서 (주)대동강의 기대수익률은 17%이고, 실제수익률은 다음과 같은 세요인 모형에 의해 형성되고 있다.

$$R = 0.17 + 1.2I + 0.8R + 0.4C + \varepsilon$$

무위험이자율이 8%일 때, (주)대동강 주식의 균형수익률을 APM을 이용하여 계산하고, 이 주식의 과소 혹은 과대평가 여부를 판단하라.

20 증권수익률이 다음과 같은 2요인모형(two-factor model)에 의해서 설명된다고 가정한다.

$$R_i = E(R_i) + \beta_{i1}F_1 + \beta_{i2}F_2 + \varepsilon_i$$

다음과 같은 특성을 지닌 세 포트폴리오 A, B 및 C가 구성되었다고 가정하고 다음 물음에 답하라.

포트폴리오	기대수익률	β_{i1}	β_{i2}
A	0.12	1.5	2.0
B	0.14	1.0	1.0
C	0.17	0.5	−2.0

(1) 2요인 APM을 도출하라.

(2) $E(R_D) = 16\%$, $\beta_{D1} = 1.0$, $\beta_{D1} = 0.333$인 포트폴리오 A가 존재한다면 차익거래가 이루어지는가? 이루어진다면 그 과정을 설명하라.

21 이자율(요인 R)과 상업성장률(요인 G) 두 가지의 공통요인이 존재하며, 이들의 기대수익률은 각각 $E(R_{FR}) = 14\%$, $E(R_{FG}) = 18\%$이다. 또, 무위험이자율은 10%라 하자. 한편, 충분히 분산투자된 포트폴리오 A가 있는데, 이를 두 공통요인 F_R과 F_G에 대한 베타계수가 각각 $\beta_{AR} = 0.7$, $\beta_{AG} = 1.3$이다. 그리고 이 포트폴리오 A의 기대수익률은 20%이다.

(1) 요인포트폴리오 R과 G의 요인모형과 공통요인 R과 G에 대한 위험프리미엄을 계산하라. 또, 포트폴리오 A의 요인모형과 포트폴리오 A에 대한 위험프리미엄을 구하라.

(2) 균형상태에서의 포트폴리오 A의 기대수익률을 구하라. 이 상황에서 차익거래가 일어나겠는가? 차익거래가 이루어진다면 그 과정을 제시하라. 단, 포트폴리오 A의 시장가치는 1,000만원이다.

제 4 편

채권의 가치평가와 분석

제4편은 채권투자에 대한 기본적인 개념과 채권의 가격결정요인, 그리고 채권투자전략을 다루고 있다. 제11장에서는 채권의 가격결정이 어떻게 이루어지는가를 설명하는 채권평가모형을 배우고, 채권수익률의 기간구조를 설명하는 세 가지 이론과 채권수익률의 위험구조에 대해 학습하게 된다. 제12장에서는 채권투자는 어떻게 해야 하는가에 대한 기본적인 원리와 구체적인 방법을 제시하고 있다. 채권투자에 수반되는 이자율위험을 최소화하는 소극적 투자전략과 이자율 변동을 공격적으로 활용하는 적극적 투자전략에 대해 학습한다.

제 1 편
투자론의 기초

제 1 장 투자론의 이해
제 2 장 증권시장과 금융자산
제 3 장 증권시장의 제도와 시장지표

제 2 편
주식의 가치평가와 분석

제 4 장 주식의 가치평가
제 5 장 기본적 분석
제 6 장 기술적 분석
제 7 장 증권시장 효율성

제 3 편
포트폴리오이론과 자본시장균형

제 8 장 불확실성하의 선택이론
제 9 장 포트폴리오 이론
제10장 자산가격결정모형

제 4 편
채권의 가치평가와 분석

제11장 채권의 가치평가모형
제12장 채권투자전략

제 5 편
파생금융상품

제13장 선물거래
제14장 옵션거래

제 6 편
포트폴리오 관리와 투자성과 평가

제15장 포트폴리오 관리
제16장 투자성과 평가

제 11 장

채권의 가치평가모형

• 학습내용

- 채권의 가격결정
- 채권의 가격결정요소
- 이자율의 기간구조
- 채권수익률의 위험구조
- 채권등급평가

■ 연습문제

채권은 정기적으로 이자를 지급하고 만기일이 되면 원금을 상환하는 투자특성 때문에 안정적 투자자산이다. 그렇다고 해서 채권투자가 위험이 없는 것은 아니다. 채권투자도 채무불이행위험, 이자율 변동으로 인한 가격변동위험 등의 투자위험이 따른다.

채권의 투자원리는 주식의 투자원리와 기본적으로 같다. 즉, 채권가격이 낮을 때 사서 높을 때 팔면 된다. 그렇다면 채권투자자는 채권가격이 어떻게 결정되는지를 알아야 한다. 이것을 다루는 것이 채권평가모형이다.

이 장에서는 채권평가모형 이외에도 채권의 만기와 채권수익률 간의 관계를 설명하는 이론으로 불편기대이론, 유동성프리미엄이론, 그리고 시장분할이론에 대해 소개하고 있다. 또한 채권수익률의 위험구조에 대해서도 설명하고 있다. 이와 함께 신용평가기관에 의해 이루어지는 채권등급평가와 채권지수에 대해서도 설명한다.

제 1 절 채권평가모형

채권발행의 3대 요소는 액면가(face value), 만기(maturity), 그리고 이자(coupon rate)이다. 각 요소의 조건과 특성에 따라 채권의 종류는 이표채, 순할인채, 영구채 등으로 구분할 수 있다. 채권의 종류에 따라 채권가격에 영향을 주는 과정이 달라지지만 채권평가의 기본모형은 근본적으로 동일하다.

채권의 가치는 채권을 매입했을 때 지불받는 액면이자의 현재가치와 만기 때 상환받을 액면가의 현재가치를 합한 값이 된다.

1) 이표채의 평가

이표채(coupon bond)는 만기까지 액면이자를 정기적으로 지급하고 만기일에 액면금액을 상환하는 채권이다. 채권의 종류 중에서 가장 보편적인 형태로 회사채의 대부분이 이에 속한다. 이표채의 현재가치는 다음과 같이 산출된다.

$$P_0 = \frac{I_1}{(1+r)} + \frac{I_2}{(1+r)^2} + \cdots + \frac{I_n + F}{(1+r)^n} \qquad \cdots\cdots (1)$$

I_t : t기의 액면이자
F : 채권의 액면가
n : 만기까지의 기간
r : 채권수익률(시장수익률, 기회비용)

예제 1

㈜천마기업 채권의 액면금액 100만원, 만기 3년, 액면이자율이 5%, 그리고 시장이자율은 10%라고 할 경우, 이 ㈜천마기업 채권의 현재가격은 얼마인지 계산하라.

풀이 $P_0 = \frac{5}{1.1} + \frac{5}{1.1^2} + \frac{5+100}{1.1^3} = 87.6$(만 원)

2) 순할인채의 평가

순할인채(pure discount bond)는 채권발행 시 이자를 미리 공제한 채권으로 만기 시에는 액면가액만 상환된다. 만기까지 따로 지급되는 이자가 없기 때문에 무이표채(zero coupon bond)라고도 한다. 순할인채의 가치는 다음 식과 같이 평가한다.

$$P_0 = \frac{F}{(1+r)^n} \qquad \cdots\cdots (2)$$

2 예제

㈜영남기업 채권의 만기 5년, 액면가치 5,000만 원, 할인율 10%라고 할 경우, 이 ㈜영남기업 채권의 현재 가격을 구하라.

풀이

$$P_0 = \frac{5,000}{1.1^5} = 3,104.6(\text{만 원})$$

3) 영구채의 평가

영구채(perpetuity bond 또는 consol)는 한정된 만기가 없어 원금상환은 이뤄지지 않으며 영원히 이자만 지급하는 채권이다. 영구채의 평가는 다음과 같이 한다.

$$P_0 = \frac{I}{(1+r)} + \frac{I}{(1+r)^2} + \cdots + \frac{I}{(1+r)^\infty} = \frac{I}{r} \qquad \cdots\cdots (3)$$

3 예제

㈜영구기업이 발행한 영구채의 할인율이 10%이고, 매년 15만 원씩 지급하는 ㈜영구기업의 영구채권의 현재가치를 구하라.

풀이

$$P_0 = \frac{15}{0.1} = 150(\text{만 원})$$

제 2 절 채권의 가격결정요소

앞에서 살펴보았듯이 채권의 가격은 채권 소유에 따라 얻게 되는 미래현금흐름(액면이자와 액면가)과 이를 현재가치로 환산하는데 필요한 할인율(채권수익률)과 기간(만기)에 의해 결정된다. 그런데 액면이자, 액면가, 만기 등은 채권의 발행시점에서 이미 결정되기 때문에 채권의 가격은 주로 채권수익률에 의해 변동하게 된다.

본절에서는 먼저 채권수익률과 채권가격과의 관계를 살펴보고, 다음으로 채권수익률의 변화에 따라 액면이자율과 만기가 채권가격에 어떠한 영향을 미치는지를 살펴보고자 한다.

1. 채권수익률과 채권가격

1) 채권수익률의 의의

채권수익률은 채권투자로부터 얻을 수 있는 수익의 크기를 나타내는 척도로 이용목적과 산정방법에 따라 여러 형태로 나눌 수 있다. 그러나 일반적으로 채권수익률은 만기수익률을 의미한다. 만기수익률(yield to maturity: YTM)은 현재 채권가격으로 채권을 구입하여 만기까지 보유할 경우에 얻게 되는 수익률이다. 이는 채권 매입 후 만기 중 얻게 되는 액면이자를 만기수익률과 동일한 이자율로 만기까지 재투자함을 가정했을 때 얻게 되는 복리수익률을 의미하기 때문에 현실적으로 투자자들이 얻게 되는 실제수익률과는 차이가 있을 수 있다. 그럼에도 불구하고 만기수익률은 투자자의 요구수익률(required rate of return), 즉 시장이자율 산정의 기본이 된다. 또한 만기수익률은 채권시장에서 거래되는 유통수익률로 사용된다.

2) 채권수익률과 채권가격과의 관계

채권수익률은 채권의 가격, 즉 채권 보유를 통해 앞으로 유입될 현금흐름의 현재가치를 계산하는 과정에서 분모의 할인율로 이용된다. 따라서 채권수익률과 채권의 가격은 역의 관계를 가진다. 채권수익률이 올라가면 채권가격은 하락하고, 채권수익률이 내려가면 채권가격은 상승한다. 이러한 관계를 다음의 예제 4를 통해서 살펴보자.

4 예제

피카소주식회사는 액면가 10,000원, 만기 3년, 액면이자율 8%인 회사채를 발행했다. 단, 이자는 매년 말에 지급한다.

(1) 채권수익률이 6%인 경우의 채권의 가격은?

(2) 채권수익률이 8%인 경우의 채권의 가격은?

(3) 채권수익률이 10%인 경우의 채권의 가격은?

풀이

(1) $PV = \frac{800}{1.06} + \frac{800}{1.06^2} + \frac{800+10,000}{1.06^3} = 10,535$(원)

(2) $PV = 10,000$(원)

(3) $PV = 9,503$(원)

위의 예제 4에서 채권수익률과 액면이자율이 8%로 동일한 (2)의 경우에 채권의 가격은 10,000원으로 액면가액과 일치한다. 그런데 채권수익률이 액면이자율보다 낮은 (1)의 경우에는 채권의 가격이 액면가액보다 더 높아진다. 반대로 채권수익률이 액면이자율보다 높은 (3)의 경우에는 채권의 가격이 액면가액보다 더 낮아짐을 볼 수 있다.

여기서 채권수익률이 액면이자율보다 낮아 채권가격이 액면가액보다 높은 경우를 할증(premium)채권이라고 하고, 반대로 채권수익률이 액면이자율보다 높아 채권가격이 액면가액보다 낮은 경우를 할인(discount)채권이라고 한다. 채권수익률과 채권가격 간의 관계를 도시하면 [그림 11-1]과 같다.

그림 11-1 ▶
채권수익률과
채권가격형

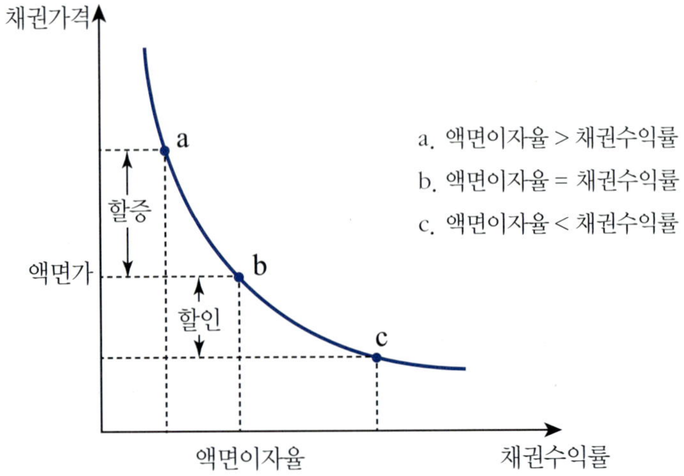

2. 액면이자율과 채권가격

액면가와 만기가 동일하고 채권수익률에서의 변화도 동일하다면 채권가격의 변동률은 액면이자율이 높을수록 작게 나타난다. 이러한 특성을 실례를 통해 살펴보기로 하자. 아래의 예제 5에 나오는 클림트주식회사는 예제 4의 피카소주식회사와 다른 조건은 동일하고 액면이자율만 다른 채권을 발행하고 있다. 두 회사에 대한 채권자의 요구수익률, 즉 채권수익률이 동일하게 변동한다고 가정할 때 이 두 채권의 가격변동률을 비교해 보자.

예제 5

클림트주식회사의 회사채는 액면가 10,000원, 만기 3년, 액면이자율 10%로 매년말 이자를 지급한다. 이 회사채의 가격은?

(1) 시장이자율은 8%라고 가정 시

(2) 시장이자율이 10%라고 가정 시

풀이

(1) $B_0 = \frac{1,000}{1.08} + \frac{1,000}{1.08^2} + \frac{1,000 + 10,000}{1.08^3} = 10,515$(원)

(2) $B_0 = 10,000$(원)

예제 5의 클림트주식회사 채권의 액면이자율은 10%로 예제 4의 피카소주식회사 채권의 액면이자율 8%에 비해 더 높다. 채권수익률이 8%에서 10%로 변동할 경우를 가정하고 두 채권의 가격변동률을 비교해 보자. 피카소주식회사의 채권가격은 10,000원에서 9,503원으로 변동하여 가격변동률이 −4.97%(=(9,503−10,000)/10,000×100)이다. 이에 비해, 클림트주식회사의 채권가격은 10,515원에서 10,000원으로 −4.90%(=(10,000−10,515)/10,515×100) 변동함으로써 피카소주식회사의 채권보다 가격변동률이 낮다.

채권의 액면이자율이 낮을수록 채권수익률 변동에 따른 가격변동률이 높게 나타나는 특성은 다음의 〈표 11-1〉을 통해서도 확인할 수 있다. 〈표 11-1〉은 액면가액이 10,000원이고 만기가 3년이며 액면이자율이 각각 6%, 8%, 10%인 채권의 수익률에 따른 가격변화를 나타낸 것이다. 각 채권의 가격변동률은 채권수익률이 8%일 때의 가격을 기준으로 변동률을 환산한 것이다.

이처럼 액면이자율이 낮을수록 채권수익률 변동에 더 민감하게 반응한다는 특성은 채권투자전략에 활용될 수 있다. 예를 들어, 채권수익률의 상승예상시에는 액면이자율이 높은 채권을 선택함으로써 채권가격의 하락 손실률을 줄이고, 채권수익률의 하락예상시에는 액면이자율이 낮은 채권을 선택함으로써 채권가격의 상승이득률을 높일 수 있다.

▼ 표 11-1 채권수익률 변화에 따른 액면이자율과 채권가격의 관계

채권수익률 (%)	채권가격 (액면이자율/만기(년))					
	6%/3년		8%/3년		10%/3년	
		가격변동률		가격변동률		가격변동률
6	10,000원	5.43%	10,535원	5.35%	11,069원	5.27%
7	9,738	2.67	10,262	2.62	10,787	2.59
8	9,485	0.00	10,000	0.00	10,515	0.00
9	9,241	−2.57	9,747	−2.53	10,253	−2.49
10	9,005	−5.05	9,503	−4.97	10,000	−4.90
11	8,778	−7.45	9,267	−7.33	9,756	−7.23
12	8,559	−9.76	9,039	−9.61	9,520	−9.47

3. 만기와 채권가격

일반적으로 채권의 만기가 길수록 채권수익률의 변화에 따른 가격변동이 심하게 나타난다. 예를 들어, 채권의 액면가액이 10만원이고, 액면이자율이 8%인 채권이 있다고 하자. 이 채권의 만기가 각각 1년, 5년, 10년인 경우를 가정하고 채권수익률이 변함에 따라 채권가격이 어떻게 변하는지를 살펴보면 〈표 11-2〉와 같다.

〈표 11-2〉에서 볼 수 있듯이 채권수익률이 액면이자율(8%)과 동일할 때 채권의 가격은 만기에 상관없이 모두 액면가액과 일치한다. 그런데 채권수익률이 변화함에 따른 가격변화는 만기가 길수록 크게 나타남을 알 수 있다. 만기가 1년인 채권의 가격은 채권수익률이 변화함에 따라 큰 변화를 보이지 않지만 만기가 10년인 채권의 가격은 큰 폭으로 변화한다. 이를 도식화하면 [그림 11-2]와 같이 나타난다.

이러한 특성을 고려하여 채권투자전략을 수립한다면, 채권수익률의 상승예상시에는 만기가 짧은 채권을 선택하고, 채권수익률의 하락예상시에는 만기가 긴 채권을 선택하는 것이 유리할 것이다.

표 11-2 ▶ 채권수익률 변화에 따른 만기와 채권가격의 관계

(액면가=10만원, 액면이자율=8%, 연 1회 이자지급)

채권수익률	만기		
	1년	5년	10년
4.00	103,846원	117,807원	132,444원
5.00	102,857	112,988	123,165
6.00	101,887	108,425	114,720
7.00	100,935	104,100	107,024
8.00	100,000	100,000	100,000
9.00	99,083	96,110	93,582
10.00	98,182	92,418	87,711
11.00	97,297	88,912	82,332
12.00	96,429	85,581	77,399

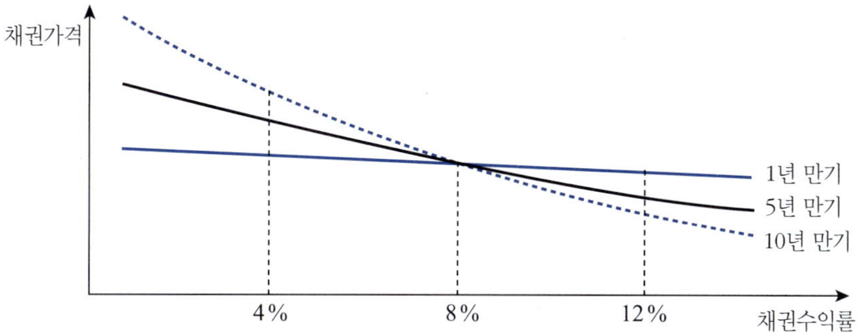

◀ 그림 11-2
만기에 따른 채권가격변화의 민감도

제 3 절 이자율의 기간구조

앞서 우리는 만기와 채권가격의 관계를 살피는 데 있어서 동일한 이자율의 변화를 가정하였다. 그러나 현실적으로 채권의 만기가 다른 경우에 이자율이 동일하다는 가정은 성립되기 어렵다. 왜냐하면 채권의 만기가 길고 짧음에 따라 채권의 위험이 달라지기 때문이다. 따라서 만기에 따른 투자자들의 요구수익률, 즉 이자율이 달라질 수밖에 없다. 일반적으로 만기가 길수록 투자자의 요구수익률은 높아진다.

이러한 채권의 만기와 이자율 간의 관계를 이자율의 기간구조(term structure of interest rate)라고 하며 이를 설명하는 이론으로는 불편기대이론, 유동성프리미엄이론, 그리고 시장분할이론이 있다.

1. 불편기대이론

불편기대이론(unbiased expectation theory)은 장기채권의 수익률은 현재부터 미래 일정 시점(장기채권의 만기시점)까지 매기간의 단기채권 예상수익률을 기하평균한 값과 동일하다는 이론이다. 이는 미래 일정기간의 예상이자율인 선도이자율이 미래에 발생할 실제이자율인 선물이자율과 일치한다는 가정 하에서 제시된 이론이다. 이 이론에 따르면 장기채권의 수익률은 다음 식에서 보는 바와 같이, 미래 기대되는 단기채권수익률에 의해 결정된다.

$$(1+R_n)^n = (1+{}_0r_1)(1+{}_1r_2)(1+{}_2r_3)\ \cdots\ (1+{}_{n-1}r_n) \quad \cdots\cdots (4)$$

$$\therefore\ R_n = \sqrt[n]{(1+{}_0r_1)(1+{}_1r_2)(1+{}_2r_3)\ \cdots\ (1+{}_{n-1}r_n)} - 1$$

여기서, R_n : 만기 n년의 장기채권수익률

${}_{n-1}r_n$: $n-1$시점과 n시점 사이의 단기수익률(선도이자율)

예제 6

${}_0r_1=5\%$, ${}_1r_2=6\%$, ${}_2r_3=7\%$일 때, 2년 만기와 3년 만기 채권수익률을 구하라.

풀이 2년 만기 채권수익률 : $(1+R_2)^2=1.05\times1.06=1.113$ $\therefore\ R_2=$약 $0.055(5.5\%)$

3년 만기 채권수익률 : $(1+R_3)^3=1.05\times1.06\times1.07=1.19091$ $\therefore\ R_3=$약 $0.060(6.0\%)$

불편기대이론에 따른 수익률곡선은 [그림 11-3]과 같으며 다음과 같은 특성을 갖는다. 첫째, 향후 각 기간의 선도이자율이 계속 상승할 것으로 기대된다면, 수익률곡선은 [그림 11-3]의 (a)와 같이 상향기울기를 가질 것이다. 반면에, 향후 선도이자율이 계속 하락할 것으로 기대된다면, 수익률곡선은 (c)와 같이 하향기울기를 갖게 된다.

둘째, 장기수익률은 단기수익률의 기하평균이므로 평균에 이용되는 기간, 즉 만기가 길어질수록 각 기간의 이자율 변동이 장기수익률에 미치는 영향은 체감하게 된다.

그림 11-3 ▼ 불편기대이론의 수익률곡선

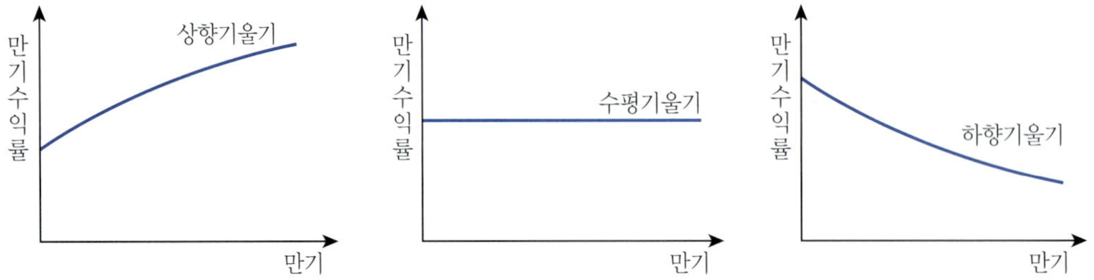

(a) 이자율 상승예상시 (b) 이자율 일정예상시 (c) 이자율 하락예상시

2. 유동성 프리미엄이론

채권투자자는 채권의 만기가 길수록 미래의 불확실성에 노출될 가능성이 높아진다. 그런데 일반적으로 투자자는 불확실성, 즉 위험이 높을수록 더 높은 보상을 요구한다. 달리 말하면, 채권의 만기에 상관없이 보상이 동일한 경우라면 투자자는 장기채보다는 불확실성이 작고 환금성이 높은 단기채를 선호하게 된다. 결국 투자자를 장기채에 투자하도록 유도하기 위해서는 유동성 감소를 보상하는 유동성 프리미엄(liquidity premium)을 제공해야 한다. 이를 유동성 프리미엄이론(liquidity premium theory)이라고 한다.

유동성 프리미엄이론에 따르며, 장기채권이자율은 다음과 같이 결정된다.

장기채권이자율 = 단기채권이자율 + 유동성프리미엄

$$(1+R_n)^n = (1+{}_0r_1+{}_0L_1)(1+{}_1r_2+{}_1L_2)\cdots(1+{}_{n-1}r_n+{}_{n-1}L_n) \quad \cdots\cdots (5)$$

여기서, ${}_{n-1}L_n$: $n-1$시점과 n시점 사이의 이자율에 대한 유동성 프리미엄

▼ 그림 11-4 유동성 프리미엄이론의 수익률곡선

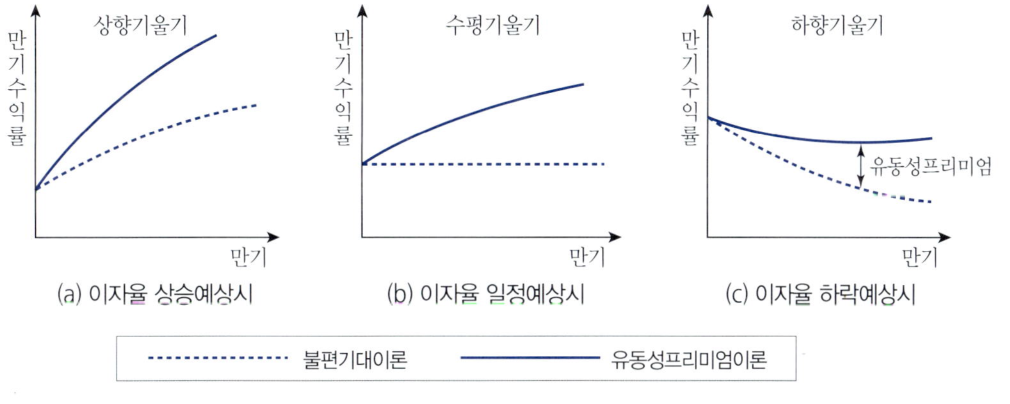

3. 시장분할이론

시장분할이론(market segmentation theory)은 만기가 길고 짧음에 따라 선호하는 투자자들이 각각 따로 존재하기 때문에 장기채와 단기채는 서로 다른 시장을 형성한다는 것을 전제로 한다. 따라서 이 이론에 의하면 장기채

와 단기채의 수익률은 각 시장에서의 수요와 공급에 의해 독립적으로 결정된다.

예컨대 시중은행은 자금의 성격상 단기채를 선호할 것이고 보험회사나 연금기금 등은 장기채를 선호할 것이다. 또한 회사가 단기 운전자본을 조달하고자 할 경우에는 단기채를 발행할 것이고, 장기적인 투자자금을 필요로 하는 경우에는 장기채 발행을 선호할 것이다.

[그림 11-5]는 시장분할이론에 따른 수익률곡선을 나타낸 것이다.

그림 11-5 ▼ 시장분할이론의 수익률곡선

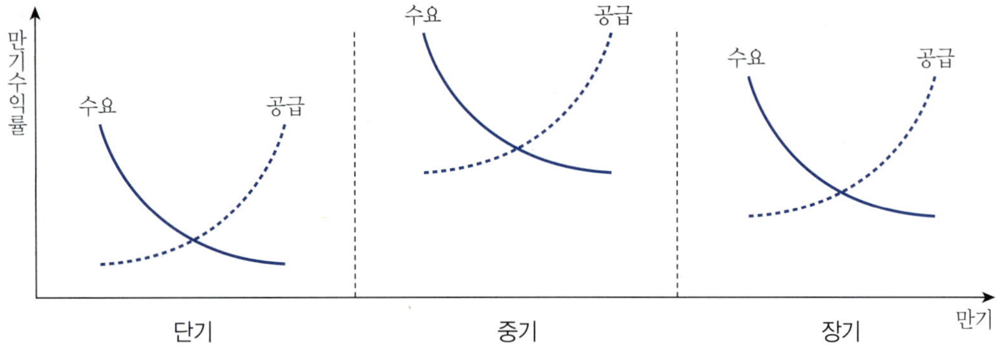

제 4 절 채권수익률의 위험구조

1. 채무불이행위험과 채권수익률

채권은 발행 당시부터 만기까지의 이자와 원금 상환액이 계약조건으로 정해져 있기 때문에 비교적 안정적인 자산으로 분류된다. 그렇다고 채권투자가 전혀 위험하지 않다는 의미는 아니다. 채무자가 약정한 날짜에 정해진 금액을 갚지 않을 수도 있고, 또 경우에 따라서는 만기가 도래하기도 전에 중도상환될 수도 있기 때문이다. 이처럼 채권의 발행자가 이자와 원금상환에 대한 계약조건을 어기게 될 가능성을 채무불이행위험(default risk)이라고 한다.

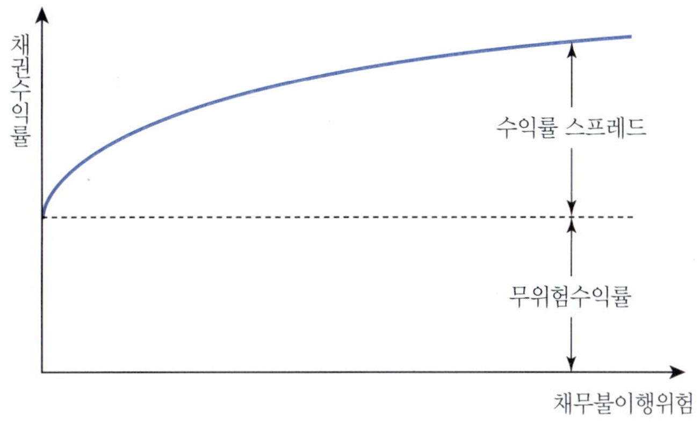

◀ 그림 11-6
채무불이행위험과
채권수익률의 관계

채권 계약의 다른 조건이 동일하다면 투자자는 발행자의 채무불이행위험이 높을수록 더 높은 보상을 요구할 것이다. 채무불이행위험과 채권수익률 사이의 이러한 관계를 채권수익률의 위험구조(risk structure)라고 하며, [그림 11-6]과 같이 나타낼 수 있다.

[그림 11-6]에서 보듯이 채권발행자의 채무불이행이 전혀 존재하지 않을 경우, 채권수익률은 무위험수익률(default-free-rate)과 동일하다. 그러나 채무불이행위험이 존재할 경우, 위험의 증가와 더불어 수익률 스프레드(yield spread)가 증가함으로써 채권수익률이 높아지게 된다.

2. 수익률 스프레드

수익률 스프레드(yield spread)는 채권수익률과 무위험수익률 간의 차이를 말하는 것으로, 총위험 프리미엄(total risk premium)이라고도 한다. 여기서, 채권수익률이란 발행 당시 정한 이자와 원금을 발행자가 채무불이행 없이 약속대로 지급할 경우 얻게 되는 만기수익률(yield to maturity)로 약속수익률(promise yield)의 의미를 갖는다. 그러나 모든 약속이 그렇듯이 약속은 매번 반드시 지켜지지만은 않는다. 발행자가 약속을 지키지 않을 경우 투자자가 실제로 얻게 되는 실현수익률(realized yield)은 약속수익률보다 낮아질 것이다. 이러한 관점에서 본다면 채권투자 시 투자자가 약속수익률 이상

그림 11-7 ▶
채권의 수익률 구성

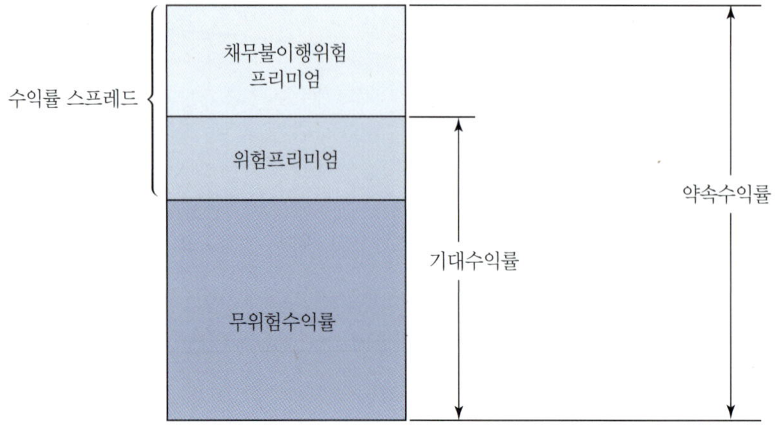

으로 관심을 가져야 할 부분은 실현가능한 수익률의 기대값, 즉 기대수익률(expected yield to maturity)이다. 기대수익률은 채권의 채무불이행위험을 감안하여 실현가능한 수익률의 확률분포를 예상하고 이에 따라 각 상황에서의 실현예상수익률과 발생확률을 곱하여 더한 값으로 계산된다.

이렇게 계산된 기대수익률과 약속수익률 간의 차이를 채무불이행위험 프리미엄(default premium)이라고 한다. 그러나 채무불이행위험 프리미엄이 곧 채권의 총위험 프리미엄을 의미하는 것은 아니다. 앞에서도 계속 밝혀 왔듯이 기대수익률은 무위험수익률에 위험 프리미엄(risk premium)이 더한 것이다. 따라서 채권의 총위험 프리미엄은 채무불이행위험 프리미엄뿐만 아니라 위험 프리미엄도 함께 포함한 개념이다. 이를 수식으로 정리하면 다음과 같다.

수익률 스프레드(=총위험 프리미엄)=약속수익률 − 무위험수익률

약속수익률=채무불이행위험 프리미엄 + 기대수익률

기대수익률=위험 프리미엄 + 무위험수익률

∴ 수익률 스프레드=채무불이행위험 프리미엄 + 위험 프리미엄 …… (6)

7 예제

(주)천마가 발행한 3년 만기 회사채의 만기수익률은 10%이고, 기대수익률은 7%이다. 3년 만기 국채수익률이 6%라면 이 채권의 수익률 스프레드는 얼마인가? 또 이 채권의 위험 프리미엄과 채무불이행위험 프리미엄은 각각 얼마인가?

풀이

수익률 스프레드 = 10% − 6% = 4%
위험 프리미엄 = 7% − 6% = 1%
채무불이행위험 프리미엄 = 10% − 7% = 3%

제 5 절 채권등급평가

1. 채권등급평가 제도

채권등급평가(bond rating)는 신용평가기관(bond rating agency)이 채권의 원리금 상환에 대한 발행회사의 전반적인 능력을 평가하여 등급을 부여하는 제도이다. 채권등급평가의 목적은 특정 채권의 채무불이행위험에 관한 정보를 투자자에게 전달하여 투자자를 보호하는 것이다. 즉, 채권의 원금과 이자가 약정대로 상환될 확실성 정도를 측정하여 투자자에게 전달함으로써 정보부족에서 발생하는 손실로부터 투자자를 보호하는 데 있다.

2. 신용평가기관

미국의 신용평가기관으로는 S&P(Standard & Poor's Corporation), 무디스(Moody's Investors Service), 피치IBCA(Fitch & IBCA) 등이 있다.

우리나라의 신용평가기관으로는 1983년 산업은행의 출자로 이루어진 한국기업평가(주)가 있고, 그 후 1985년 제2금융권의 출자로 이루어진 한국신용평가(주)가 있고, 1986년 시중 은행의 출자로 세워진 한국신용정보(주)가

표 11-3 ▶ 회사채 등급분류 (S&P, Moody's)

S & P	Moody's	의 미
AAA	Aaa	최상급채권으로 원리금 지급능력이 극히 강함
AA⁺ AA AA⁻	Aa1 Aa2 Aa3	상급채권으로 원리금 지급능력이 매우 강함
A⁺ A A⁻	A1 A2 A3	중상급채권으로 원리금 지급능력은 강하지만, 경제적 상황의 변화에 따라 문제가 발생할 가능성도 약간 있음
BBB⁺ BBB BBB⁻	Baa1 Baa2 Baa3	중급채권으로 원리금 지급능력은 충분하지만, 경제적 상황의 변화에 따라 문제가 발생할 가능성이 다소 높음
BB⁺ BB BB⁻	Ba1 Ba2 Ba3	저급채권으로 미래의 원리금 지급능력이 불확실하고, 약간의 투기적 요소가 있음
B⁺ B B⁻	B1 B2 B3	투자에 적합하지 않은 채권으로 원리금 지급능력 또는 계약조건의 유지가능성이 낮음
CCC	Caa	채무불이행 가능성이 높음
CC	Ca	매우 투기적이고 채무불이행 가능성이 매우 높음
C D	C	최하급채권으로 극히 투기적이며, 채무불이행 상태에 있음

있으나 한국신용정보(주)의 경우는 2010년에 나이스신용평가와 분할 합병되어 나이스신용평가정보의 상호로 운영되고 있다. 미국의 무디사(Moody's)와 스탠다드앤 푸어사(S&P)는 〈표 11-3〉과 같이 채권의 등급은 증권발행기업의 위험 정도, 즉 원금과 이자를 약정대로 상환할 수 있는 확실성 정도에 따라 최상급 채권인 트리플(triple) A부터 최하급 채권인 싱글(single) C까지는 기본형 9등급을, 더블(double) A부터 B까지는 각 기본등급을 다시 3구분하여 총 19등급으로 기호를 사용하여 표시하고 있다. 우리나라의 한국신용평가(주)의 사채 등급평가 분류는 〈표 11-4〉와 같이 최상급 채권인 트리플(triple) A부터 최하급 채권인 싱글(single) D까지 기호를 사용하여 표시하고 있다. 신용평가기관이 평가한 채권등급은 기업의 자본조달에 결정적인 영향을 미치게 된다. 채권등급평가에서 트리플 A는 원리금 상환에 관한 안정

◀표 11-4 사채 등급평가분류 (한국신용평가(주))

등급	의 미
AAA	원리금 지급능력이 최상급임
AA	원리금 지급확실성이 높지만 AAA채권보다는 그 정도가 다소 낮음
A	원리금 지급확실성은 높지만 상위등급보다 경제적 조건 및 환경 악화에 따른 영향을 받기 쉬움
BBB	원리금의 지급확실성은 인정되지만 상위등급에 비해서 경제적 조건 및 환경 악화에 따라 장래 원리금 지급확실성이 저하될 가능성을 내포하고 있음
BB	원리금 지급확실성이 당장은 문제가 되지 않으나 장래 안전에 대해서는 단언할 수 없는 투기적 요소를 내포하고 있음
B	원리금 지급확실성이 결핍되어 투기적이며 불황시에 이자지급이 확실하지 않음
CCC	원리금 지급에 관하여 현재에도 불안요소가 있으며 채무불이행 위험이 매우 커 투기적임
CC	상위등급에 비하여 더욱 불안요소가 큼
C	채무불이행의 위험성이 높고 전혀 원리금 상환능력이 없음
D	채무불이행상태에 있으며 원리금의 일방 또는 양방이 연체 · 부도상태에 있음

성이 최고위등급채권이다. AAA부터 BBB까지의 등급채권이 투자적격채권(investment grade bond)이고, BB 이하 등급채권은 투자부적격채권(disinvestment grade bond or junk bond)이다. 트리플 C등급 채권은 지급불능의 위험이 높은 채권이다. 싱글 C등급채권은 최하위 등급의 채권이다. 채권등급이 높은 채권일수록 만기수익률은 낮은 채권이다.

3. 채권지수

1) 채권지수의 종류

채권지수(bond index)는 채권에 투자하여 보유하는 동안 발생하는 기간별 투자수익률 또는 일정시점에서의 가격수준 및 수익률수준을 지수화한 것이다. 채권지수는 채권의 수익성을 비교하는 기준으로 사용되며, 지수펀드를 구성하는 데 이용되기도 하며, 또한 채권시장에서 수익률을 분석하거나 예측하는 데에도 이용된다. 채권지수는 실적치지수, 가격지수 및 수익률지수 등으로 구분된다.

총수익지수

총수익지수(total return index)는 일정기간 동안 채권투자에 의하여 발생한 총투자수익률을 산출한 지수이다. 이는 수익률 변동에 따른 자본손익과 원금과 이자를 당일의 수익률로 재투자됨에 따른 수익이 고려되기 때문에 실제 개인투자자들의 투자성과와는 차이가 발생한다.

순가격지수

순가격지수(clean price index)는 일정한 기준시점의 채권가격에 대해 비교시점의 채권가격을 지수화한 것이다. 이 지수는 여러 채권의 가격을 종합한 것으로 시장가격의 변동상황 파악에 용이하다. 채권의 종류, 잔존기간 등 가격변동요인별로 구분하여 산출한다.

수익률지수

수익률지수(return index)는 채권의 만기수익률을 지수화한 것이다. 만기수익률(yield to maturity)은 특정 채권을 현재가격에 구입하여 만기까지 보유할 경우 얻을 수 있는 연평균투자수익률을 의미한다. 수익률지수는 채권 상호 간 또는 다른 금융상품과 수익성 비교에 유용하며, 기간별 투자수익률을 예측하는 것이 가능하다.

이자지수

이자지수(interest index)는 표면이자를 현재 가격에 대비하여 지수화한 것이다. 가격지수나 수익률지수와 같은 종합적인 채권지수를 이용하는 경우에 보조지수로 이용하는 경우가 많다.

2) 우리나라의 채권지수

KRX 채권지수

KRX 채권지수(KRX-BI)는 증권선물거래소의 채권시장 전 종목을 대상으로 1일 1회 산출한다. 채권지수는 2006년 3월 1일을 기준으로 100으로 잡고 산출되는 실적치지수이다. 〈표 11-5〉는 KRX 채권지수 시세의 예이다.

국고채프라임지수

국고채프라임지수(KTB-PI)는 국채시장 지표종목을 중심으로 산출하는 실시간 채권지수이다. 3년, 5년 및 10년물 중 최근월물과 직전월물 등 6개 종목을 대상으로 산출된다. 또한 이 지수는 2006년 3월 1일을 100포인트 기준으로 하고 있다. 〈표 11-6〉은 국고채프라임 만기별지수의 시세를 예시한 것이다.

▼ 표 11-5
KRX 채권지수 시세의 예

구분	총수익지수		순가격지수		제로재투자지수		콜재투자지수		시장가격지수	
	현재	전일 대비	현재	전일 대비	현재	전일 대비	현재	전일 대비	현재	전일 대비
국채	192.15	−0.08	115.14	−0.05	186.50	−0.07	189.59	−0.07	118.98	−0.05
지방채	178.65	−0.05	129.37	−0.04	178.24	−0.05	178.50	−0.05	134.91	−0.03
특수채	190.74	−0.06	107.89	−0.04	183.97	−0.04	187.64	−0.04	109.45	−0.04
통안채권	155.91	0.00	101.76	−0.01	153.10	0.00	155.33	0.00	102.08	0.00
은행채	166.96	−0.01	101.54	−0.01	163.51	−0.01	165.78	−0.01	102.47	−0.01
기타금융채	183.54	−0.04	103.27	−0.03	178.16	−0.04	181.13	−0.03	103.60	−0.03
회사채(공모무보증)	187.80	−0.05	104.55	−0.03	181.07	−0.04	184.66	−0.04	104.87	−0.03
회사채(공모보증)	158.74	0.00	99.93	0.00	154.48	0.00	157.14	0.00	100.40	0.00
ABS	177.84	−0.01	102.96	−0.01	172.54	0.00	175.88	0.00	103.22	−0.02
전체	183.64	−0.05	109.07	−0.04	178.42	−0.04	181.39	−0.05	111.18	−0.03

출처 : 한국거래소(http://www.krx.co.kr/), 2019년 5월 31일 현재.

적용일자	3년물		5년물		10년물	
	총수익	순가격	총수익	순가격	총수익	순가격
2019/05/31	164.35	106.61	186.53	115.10	212.67	127.35

표 11-6 ▲
국고채프라임 만기물별/일별지수의 시세의 예

KRX-Korea Treasury Bond Index

KRX-Korea Treasury Bond Index는 한국거래소(KRX)와 KIS채권평가사가 공동으로 개발하여 실시간 발표하는 국채지수로 국고채 3년 지표종목과 직전 지표종목, 국고채 5년 지표종목으로 구성된다. 2009년 6월 1일부터 10,000포인트를 기준으로 매일 오전 9시부터 오후 3시 30분까지 1분 간격으로 발표된다. 실시간 지표금리로서의 역할을 하며, 국채 상장지수펀드(ETF)가 추적하는 벤치마크지수로 활용된다. 〈표 11-7〉는 KRX-Korea Treasury Bond 지수의 일별 시세를 예시한 것이다.

MKF 국고채지수

MKF 국고채 지수(MKF TBI)는 매일경제신문(Maekyung), 금융투자협회(KOPIA), FN가이드가 공동으로 개발하여 발표하는 국고채(treasury bond)

표 11-7 ▼
KRX-Korea Treasury Bond 시간대별 지수 예

시간	총수익지수	총수익지수 전일대비	순가격지수	순가격지수 전일대비	시장가격지수	시장가격지수 전일대비
13:58	14,236.29	16.42	10,759.01	10.63	10,721.92	12.36
13:57	14,233.43	13.56	10,756.84	8.45	10,719.77	10.21
13:56	14,233.43	13.56	10,756.84	8.45	10,719.77	10.21
13:55	14,233.43	13.56	10,756.84	8.45	10,719.77	10.21
13:54	14,233.43	13.56	10,756.84	8.45	10,719.77	10.21
13:53	14,232.86	12.99	10,756.40	8.01	10,719.34	9.78
13:52	14,234.86	14.99	10,757.93	9.54	10,720.85	11.29
13:51	14,234.86	14.99	10,757.93	9.54	10,720.85	11.29
13:50	14,234.86	14.99	10,757.93	9.54	10,720.85	11.29

출처 : 한국거래소(http://www.krx.co.kr/), 2019년 5월 31일 현재.

지수로 국고채 3년물 2종과 5년물의 실시간 가격 동향을 나타낸다. 금융투자협회 홈페이지(www.kofiabond.or.kr), 매경인터넷(www.mk.co.kr), 증권전산 체크단말기 등을 통해 장중(오전 9시~오후 3시) 실시간 지수가 공개된다.

KEBI 국고채지수

KEBI 국고채지수는 국고채 전 종목의 시세를 지수화한 것으로 채권가격이 상승하면 지수가 오르고 채권가격이 하락하면 지수가 떨어진다. 따라서 KEBI는 주식시장의 코스피지수처럼 채권시장 흐름을 한눈에 파악할 수 있는 지표가 된다. 금융투자협회, 한국채권평가주식회사(KBP), 한국경제신문이 공동으로 개발한 지수로 2009년 7월 1일부터 이들 인터넷 사이트를 통해 5분 간격으로 실시간 발표되고 있다. 현재 공시되고 있는 KEBI 국고채 지수는 구성종목에 따라 종합지수(잔존만기 3개월 이상 모든 국고채 대상), 3년 지수(잔존만기 2~3년 국고채 대상), 5년 지수(잔존만기 3~5년 국고채 대상), F3 지수(3년 국채선물 근월물 3종목 대상)로 나누어진다.

금융투자협회-KIS-한경기업어음지수

이 지수는 금융투자협회, KIS채권평가사, 그리고 한국경제신문사가 공동으로 개발한 지수로 3개월 이하 현금성 자산들의 운용성과를 측정하는 지표이다. 이 지수는 단기자금시장의 동향 파악은 물론 기존의 채권지수와 함께 펀드의 운용성과를 측정하는 데 활용되며, 단기금리연동 파생금융상품 개발의 기초를 제공한다. 한국경제신문, 금융투자협회 웹사이트(www.kofiabond.or.kr), KIS채권평가사 웹사이트(www.kispricing.com)를 통해 매일 1회 발표된다.

3) 채권시장 체감지표

채권시장 체감지표(bond market survey index: BMSI)란 채권업종 종사자 위주의 오피니언 리더그룹을 선정하여 향후 채권시장에 대한 전망 등을 설문조사하고 그 분석결과를 계량화한 지표로 채권시장의 진단 및 예측에 이용된다. BMSI는 100을 기준으로 100을 넘을 경우 금리하락으로 채권가격이 오를 것으로 예상하나, 170 이상이면 채권시장의 과열로 본다. 100이하일 경우 금리상승으로 채권가격이 내릴 것으로 예상하나, 30 이하이면 채권시장의 패닉상태로 판단한다. 금융투자협회 웹사이트(www.kofiabond.or.kr) 등을 통해서 확인할 수 있다.

주 요 용 어

- 이표채(coupon bond)
- 순할인채(pure discount bond)
- 영구채(perpetuity bond 또는 consol)
- 채권수익률(bond yield)
- 만기수익률(yield to maturity: YTM)
- 불편기대이론(unbiased expectation theory)
- 수익률곡선(yield curve)
- 시장분할이론(market segmentation theory)
- 채무불이행위험(default risk)
- 무위험수익률(default-free-rate)
- 수익률 스프레드(yield spread)
- 약속수익률(promise yield)
- 채권등급평가(bond rating)
- 신용평가기관(bond rating agency)
- 투자적격채권(investment grade bond)
- 채권지수(bond index)
- 이자율의 기간구조(term structure of interest rate)
- 유동성 프리미엄이론(liquidity premium theory)
- 채권수익률의 위험구조(risk structure of bond yield)
- 투자부적격채권(disinvestment grade bond or junk bond)
- 채권시장 체감지표(bond market survey index: BMSI)

연/습/문/제

01 이자율의 기간구조이론에 대하여 설명하라.

02 이자율위험을 구성하는 두 가지 위험에 대해서 설명하라.

03 만기, 액면이자율, 시장이자율과 듀레이션의 관계를 설명하라.

04 이자지급 방법에 따라 채권을 분류한 채권이 아닌 것은? (AFPK 유사문제)

① 이표채 ② 할인채 ③ 회사채 ④ 복리채

05 시장수익률이 상승하였을 경우 채권의 가격이 가장 크게 하락하는 경우는? (AFPK 유사문제)

① 2년 만기 7% 이표채 ② 10년 만기 7% 이표채

③ 2년 만기 10% 이표채 ④ 10년 만기 10% 이표채

06 채권펀드의 기대수익률을 결정하는 요소는 여러 가지가 있지만, 그 중에서도 가장 중요한 것은 채권의 잔존만기와 신용등급이다. 다음 중 금리가 높아지는 이 두 가지의 변동 방향은? (AFPK 유사문제)

① 잔존만기가 길고, 신용등급이 낮다.

② 잔존만기가 짧고, 신용등급이 낮다.

③ 잔존만기가 길고, 신용등급이 높다.

④ 잔존만기가 짧고, 신용등급이 높다.

07 채권의 만기와 만기수익률의 관계를 설명하는 이론에 대한 설명 중 맞는 것을 고르시오. (CFP 유사문제)

① 시장분할이론은 이자율의 기간구조가 사람들의 미래이자율에 대한 기대에 따라 다르게 나타난다고 설명한다.

② 시장분할이론에 따르면 장기채권 시장의 이자율이 높으면 단기채권투자자가 장기채권 시장으로 이동한다고 한다.

③ 유동성 프리미엄이론에서 투자자들은 위험 중립형을 가정한다.

④ 유동성 선호이론에 의한 수익률곡선은 불편기대이론에 의한 수익률곡선보다 높은 수준이다.

08 액면금액 1,000만원, 만기 3년, 액면이자율이 10%, 그리고 시중이자율이 10%일 때, 이 채권의 현재가격은?

09 만기는 5년 후이며, 액면가는 100만원인 순수할인채의 가치는 얼마인가? 시장이자율은 5%라고 한다.

제 12 장

채권투자전략

• 학습내용
- 채권의 이자율 위험
- 소극적 투자전략
- 적극적 투자전략
- 준적극적 투자전략

■ 연습문제

채권투자도 체계적 위험과 비체계적 위험이 수반된다. 비체계적 위험은 분산투자를 통해 감소시킬 수 있다. 체계적 위험은 이자율 변동에 따른 위험으로 이 체계적 위험을 줄이거나 활용하는 것이 채권투자전략의 핵심이다.

채권투자전략에는 크게 소극적 투자전략과 적극적 투자전략이 있다. 전자는 이자율위험을 최소화하는 전략으로 듀레이션 개념을 활용하는 전략이다. 후자는 이자율위험을 적극적으로 활용하여 투자수익을 극대화하는 전략이다. 채권투자 비중이 높은 기관투자가에게는 이자율 변동에 적절히 대처하는 채권투자전략을 세우는 것이 매우 중요하다.

제 1 절 채권의 이자율 위험

1. 이자율위험

이자율위험(interest rate risk)은 이자율이 변함에 따라 채권투자에 따르는 수익률이 변동하는 위험을 말한다. 이는 가격위험과 재투자위험으로 구분할 수 있다.

1) 가격위험

가격위험(pricing risk)은 이자율 변동에 따라 채권가격이 변동하는 위험이다. 이자율이 상승하면 채권의 가격 하락으로 매각수익이 감소한다. 이때, 만기까지의 기간이 길수록 가격위험은 높아진다.

다음의 〈표 12-1〉은 액면가가 1,000원, 액면금리는 연 8%, 그리고, 연 2회 이자를 지급하는 회사채를 가정하여 시중이자율과 잔여만기에 따라 채권가격이 어떻게 변화되는지를 나타낸 것이다. 여기서 이자율이 높아질수록 채권가격이 하락하며, 잔여만기가 길수록 가격변동폭이 커지는 것을 확인할 수 있다.

2) 재투자위험

재투자위험(reinvestment risk)은 운용기간보다 짧은 만기를 가진 채권에 투자한 경우, 남은 기간 동안 재투자 시 이자율 변동에 따라 재투자수익이

표 12-1 ▶ 시중이자율과 잔여만기에 따른 채권가격의 변화

잔여만기	시장이자율		
	4%	8%	12%
1년	1,038.8	1,000.0	963.3
10년	1,327.0	1,000.0	770.6
20년	1,547.1	1,000.0	699.1

달라지는 위험을 의미한다. 재투자기간 중 이자율이 하락하면 재투자수익은 감소되며, 이자율이 상승하면 재투자수익은 증가된다. 다음의 〈표 12-2〉는 이자율변화에 따라 발생하는 채권투자위험, 즉 이자율위험과 그에 따른 투자성과에서의 변화를 정리한 것이다.

◀ 표 12-2 이자율위험과 채권투자성과

채권투자성과	이자율 상승시	이자율 하락시	채권투자위험 (이자율위험)
액면이자 수입	불변	불변	
액면이자의 재투자수입	증가(+)	감소(−)	재투자위험
채권매각대금	감소(−)	증가(+)	가격위험

2. 듀레이션

1) 듀레이션의 의의

같은 기업이 같은 시기에 발행한 동일한 만기의 두 채권이 있다고 가정해 보자. 하나는 일년마다 이자를 지급하는 *A*채권이고, 다른 하나는 반기마다 이자를 지급하는 *B*채권이다. 그리고 두 채권의 만기와 액면이자율은 2년과 연 10%로 동일하다. 그런데 이 두 가지 채권을 발행한 기업이 채권발행일로부터 9개월 뒤에 파산했다고 하자. 이때 *B*채권에 투자한 채권자는 *A*채권에 투자한 채권자보다 손실이 적다. 왜냐하면 *B*채권자는 기업이 파산하기 3개월 전에 이자를 한 번 받았기 때문이다. 반면에 *A*채권자는 아직 이자지급일이 도래하지 않아 한 번도 이자를 받지 못한 상황이다.

이처럼 동일한 만기와 동일한 신용위험에 노출된 투자자라고 하더라도 현금흐름이 발생하는 시점이 언제인지에 따라서 실제로 처하게 되는 위험의 정도는 다르다. 따라서 채권의 위험을 고려할 때는 만기 중에 발생하는 현금흐름의 액수 크기뿐만 아니라 발생시기까지도 함께 고려해야 한다. 이러한 개념은 듀레이션을 통해 정리해 볼 수 있다.

듀레이션(duration)은 채권의 현재가치에 대해 각 기간의 현금흐름의 현재

가치가 차지하는 비중으로 각 현금흐름이 발생하는 시점의 연차수를 곱하여 산출한 가중평균만기(weighted-average time to maturity)이다. 듀레이션을 산출하는 공식은 다음과 같다.

$$D = \sum_{t=1}^{n} \frac{PV_t \times t}{P_0}$$

$$= \frac{\dfrac{C_1}{(1+r)} \times 1 + \dfrac{C_2}{(1+r)^2} \times 2 + \cdots + \dfrac{C_n + F}{(1+r)^n} \times n}{P_0} \qquad \cdots\cdots (1)$$

여기서,

PV_t : t시점에서 유입되는 현금흐름의 현재가치
D : 듀레이션
C_t : t시점의 액면이자
r : 만기수익률
F : 액면금액
n : 만기
P_0 : 채권가격

예제 1

(주)영남기업의 회사채는 액면금리 10%, 만기수익률 12%, 액면가 1,000만원, 만기 3년이다. 이자는 연 1회 지급할 경우 (주)영남기업 회사채의 현재가격과 듀레이션을 구하라.

풀이

$$P_0 = \frac{100}{1.12} + \frac{100}{1.12^2} + \frac{1,100}{1.12^3} = 89.3 + 79.7 + 783.0 \fallingdotseq 952.0(\text{만원})$$

$$D = \frac{89.3}{952} \times 1 + \frac{79.7}{952} \times 2 + \frac{783}{952} \times 3 \fallingdotseq 2.73(\text{년})$$

예제 1에서 (주)영남기업의 회사채 만기는 3년이지만 듀레이션은 2.73년으로 만기보다 짧다. 이는 채권으로부터 발생하는 총현금흐름의 일부를 만기가 도래하기 전에 지급받기 때문이다. 또한 듀레이션이 2.73년이라는 것은 이

채권으로부터 기대되는 총현금흐름이 상환되는 데 걸리는 평균기간이 2.73년이라는 말과 같다.

2) 듀레이션의 기능과 특성

채권투자전략에서 듀레이션은 다음과 같은 기능을 가진다.

첫째, 채권의 유효만기, 즉 채권의 이자와 원금이 지급되는 기간의 가중평균을 의미한다.

둘째, 이자율위험으로부터 포트폴리오를 면역시키는 도구가 된다.

셋째, 듀레이션을 이용하여 이자율 탄력성을 쉽게 측정할 수 있다.

한편, 채권의 듀레이션은 다음과 같은 특성을 가진다.

① 액면이자율이 낮을수록 듀레이션이 길어진다.

② 이표채의 듀레이션이 만기보다 작으며, 순할인채의 듀레이션은 만기와 동일하다.

③ 만기가 길수록 듀레이션이 길어진다.

④ 이표채의 경우, 만기수익률(시장수익률)이 낮을수록 듀레이션이 길어진다.

⑤ 이자율이 r인 영구채권의 듀레이션은 $\frac{1+r}{r}$이다.

⑥ 만기수익률이 동일한 채권의 경우 가산법칙이 성립한다.($D_p = \sum_{i=1}^{n} w_i \cdot D_i$)

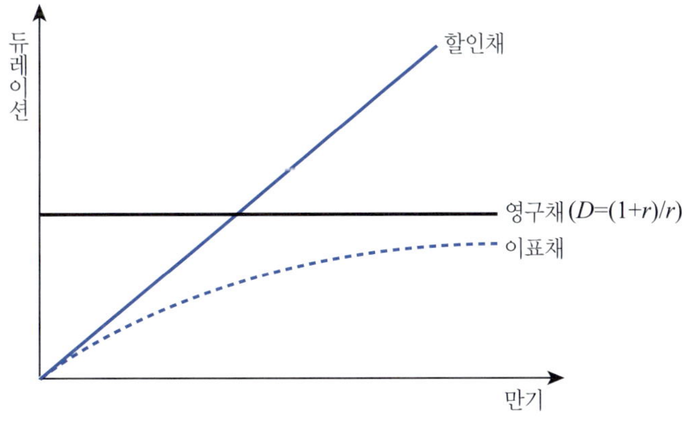

◀ 그림 12-1 듀레이션과 만기의 관계

3) 이자율 변동에 따른 채권가격의 변화

듀레이션이 큰 채권일수록 이자율변화에 대한 가격변화율이 높다. 이자율 변화율에 대한 채권가격의 변화율을 이자율 탄력성(interest rate elasticity)이라 한다. 이는 채권의 현재가격 P_0를 이자율 r로 1차 미분하여 구할 수 있다.

$$\frac{\Delta P_0}{\Delta r} = \frac{dP_0}{dr} = -D \cdot P_0 \cdot \frac{1}{1+r}$$

$$\therefore \ \Delta P_0 = -D \times \frac{\Delta r}{(1+r)} \times P_0 \qquad \cdots\cdots (2)$$

위의 식 (2)에서 $\frac{D}{1+r}$을 수정듀레이션(modified duration: MD)이라 하며, 이를 이용할 경우 식 (2)는 다음과 같이 나타낼 수 있다.

$$\Delta P_0 = -MD \times \Delta r \times P_0 \qquad \cdots\cdots (3)$$

예제 2

만일 시장이자율이 현재 12%에서 향후 10%대로 하락한다면 위의 예제 1의 ㈜영남기업 회사채의 가격변화는 얼마인가?

풀이 $\Delta P_0 = -2.73 \times \left[\frac{-0.02}{1.12} \right] \times 952 = 46.41$(만 원)

예제 3

㈜천마기업 회사채의 현재가치 1,000만원, 듀레이션 2.67년, 현재 시장이자율 10%, 향후 12%로 상승 시 이 ㈜천마기업 회사채의 가격변화는?

풀이 $\Delta P_0 = -2.67 \times \left[\frac{0.02}{1.10} \right] \times 1,000 = -48.5$(만 원)

제 2 절 소극적 투자전략

채권투자전략은 크게 소극적 투자전략과 적극적 투자전략으로 구분할 수 있다. 소극적 투자전략(passive bond management strategy)은 투자자가 투자목표와 선호도를 감안하여 채권포트폴리오를 구성한 후 만기일 또는 중도상환시까지 계속 보유하고 상환시점에서 다시 비슷한 채권포트폴리오를 구성함으로써 정해진 투자원칙에 따라 기계적으로 운용하는 방법이다. 소극적 투자전략에 의한 채권투자운용방법의 기본적인 가정은 투자기간 동안 이자율의 변동이 심하지 않아서 수익률에 큰 영향을 주지 않는다는 것이다. 소극적 투자전략의 대표적인 것으로는 만기보유전략(buy and hold strategy), 사다리형 만기전략(laddered maturity), 인덱스펀드전략(index fund strategy), 그리고 바벨형 만기전략(barbell maturity) 등이 있다.

1. 만기보유 전략

채권투자의 만기보유전략(buy and hold strategy)은 매입한 채권을 만기까지 보유함으로써 투자 초기에 미리 수익을 확정지우는 채권투자전략이다. 만기보유 전략은 이자율이 상승할 경우 낮은 시장가격으로 채권을 매매할 수 있다는 점에서 기회손실이 발생하는 불이익이 있는 단점이 있다. 그러나 투자위험의 요소인 미래에 대한 예측을 행할 필요가 없고 단지 개별채권의 채무 변제불이행위험(default risk)의 크기를 파악하기 위해 신용분석(credit analysis)만 행하면 된다는 장점이 있다. 따라서 만기보유 전략은 안정성이 높은 투자전략이지만 금리가 상승할 경우 너무 낮은 시장가격으로 채권을 매입할 수 있는 기회를 포기한다는 점에서 소극적인 투자전략이라 한다.

2. 사다리형 만기전략

사다리형 만기전략(laddered maturity) 또는 래더형(ladder형) 채권포트폴리오운용전략은 채권의 만기가 단기에서 장기까지의 채권을 균등하게 보유함으로써 마치 사다리 모양의 만기구성을 하고 있는 채권운용전략이다. 즉, 사다리형 채권포트폴리오운용전략은 보유하고 있는 채권의 각 잔존기간마다 동일하게 보유함으로써 채권 시세변동의 위험을 평준화시키고, 채권투자 수익성도 적정수준으로 확보하려는 채권포트폴리오운용전략이다. 사다리형 만기전략 또는 래더형 채권포트폴리오운용전략은 채권포트폴리오의 보유채권이 각 잔존기간마다 동일하게 보유하고 있기 때문에 매년 일정 수준만큼 상환하여 유동성을 확보할 수 있다. 또한 만기 상환한 채권 대신에 장기채에 투자함으로써 채권투자 수익률을 평준화할 수 있다.

사다리형 채권포트폴리오운용전략에 대한 예를 들어 보자. 채권으로 투자할 자금의 성격이 장기이므로 만기를 10년으로 가정하여 사다리형 만기전략을 살펴보면 1년 만기채권부터 10년 만기 채권까지 각 만기별로 채권포트폴리오에 동일하게 10%씩 투자하여 운용함으로써 채권만기 변동에 따른 위험을 줄이는 채권운용전략이다. 사다리형 채권포트폴리오운용전략에 따르면 1년 후에 1년 만기채권의 상환자금을 다시 10년 만기 채권에 다시 투자하여 운용함으로써 본래의 채권포트폴리오 만기구조가 동일하게 유지할 수 있다. 또한 단기채권의 일부를 매매하는 경우에도 모든 만기채권을 같은 비율로 매각하고 장기채를 다시 매입함으로 채권포트폴리오의 평균만기가 그대로 유지된다.

사다리형 만기전략의 장점은 다음과 같다.

첫째, 사다리형 만기전략은 채권포트폴리오운용관리가 용이하다는 점이다. 즉, 만기상환자금의 장기채 투자와 필요자금의 조달이 만기상환으로 편리하다는 장점이 있다.

둘째, 사다리형 만기전략에 의한 채권포트폴리오의 고수익성을 들 수 있다. 채권 수익률곡선은 일반적으로 우상향이므로 사다리형 만기전략에 따르면 만기상환되는 자금으로 다시 최장기채에 투자하게 되므로 투자 시점에 최고수익률로 운용되고 있어 채권포트폴리오 전체의 평균수익률은 상대적으로 높은 수준을 유지할 수 있다.

셋째, 사다리형 만기전략에 의한 채권포트폴리오운용전략은 금리예측이 필요하지 않다는 점이다. 채권포트폴리오의 펀드 매니저의 가장 어려운 것은 금리예측이다. 그러나 사다리형 만기전략에 의한 채권포트폴리오운용에 따르면 만기 상환되는 자금을 최장기채에 다시 투자하면 되므로 금리예측을 할 필요가 없다.

한편 사다리형 만기전략에 의한 채권포트폴리오운용의 단점은 다음과 같다.

첫째, 사다리형 만기전략으로 운용한 채권포트폴리오의 수익률이 평균적으로 높으나 운용의 효율성 측면에서는 수익률이 저조하여 적극적인 포트폴리오 운용자와 관리자에게는 만족할 수 없다.

둘째, 사다리형 만기전략에 의한 채권포트폴리오운용은 기술적인 단점이 있다. 일반적으로 채권포트폴리오운용에서 상환금의 재투자를 할 경우 금리의 동향과 관련하여 타이밍을 보아가며 운용하는 데 사다리형 만기전략에 의한 채권포트폴리오운용의 경우 자동적으로 행하거나 혹은 금리의 동향과 관계없이 채권포트폴리오를 운용한다는 단점이다.

3. 인덱스펀드 전략

인덱스펀드 전략(index fund strategy)은 채권시장지표를 모방하여 채권시장지표와 동일한 수익률을 추구하는 채권포트폴리오를 구성하여 운용하는 전략이다. 채권시장지표의 수익률과 동일한 수익률을 추구하는 포트폴리오를 구성하여 투자하는 운용 전략으로 미국에서는 Salomon Brothers Bond Index, Lehman Brothers Kuhn Loeb Bond Index 등의 시장지표가 채권시장지표로 널리 이용되고 있다. 인덱스펀드 전략은 채권 개별종목의 비체계적 위험은 제거할 수 있으나 체계적 위험은 제거할 수 없다. 따라서 인덱스펀드 전략은 시장의 전반적 수익률 흐름을 맹목적으로 추종한다는 점에서 소극적인 투자전략이라 한다.

4. 바벨형 만기전략

바벨(barbell)형 만기전략은 유동성 확보를 위해 단기채에 투자하고, 나머지 수익성 확보를 위해 장기채에 투자하여 단기채와 장기채 양극단으로 만기를 구성하고 중기채에는 투자하지 않고 투자가에게 필요한 유동성 수준에 따라 단기채의 비율을 결정하여 채권포트폴리오를 운용하는 전략이다.

바벨형 만기전략의 특징은 금리수준 변동 상황 하에서도 매기의 투자수익률과 실현수익률이 안정적이다. 따라서 바벨형 만기전략은 채권운용 및 금리예측능력이 부족한 투자가나 채권 펀드 매니저에게 유용한 채권투자전략이다.

바벨형 만기전략에 의한 채권포트폴리오운용의 장점은 다음과 같다.

첫째, 바벨형 만기전략에 의한 채권포트폴리오운용에 있어서 단기채투자에 따른 높은 유동성이 확보되고 장기채투자에 따른 높은 수익성이 있어 유동성과 수익성이 조화롭게 채권포트폴리오를 운용할 수 있다는 점이다.

둘째, 바벨형 만기전략에 의한 채권포트폴리오운용에 있어서 이자율 변동을 예측하여 장단기채권의 편입비율을 변화시킴으로써 보다 높은 수익을 실현할 수 있다는 장점이 있다.

바벨형 만기전략에 의한 채권포트폴리오운용의 단점은 다음과 같다.

첫째, 바벨형 만기전략에 의한 채권포트폴리오운용은 단기채와 장기채 양극단으로 만기를 구성하고 있어 단기채의 계속적인 만기상환으로 인한 단기채의 매입과 장기채권의 경우에도 계속적인 중기채의 채권을 매각하여 장기채권 매입에 따른 채권거래비용이 많이 발생한다는 단점이 있다.

둘째, 바벨형 만기전략에 의한 채권포트폴리오운용은 경기와 금리의 변동을 고려하여 장기채와 단기채의 비율을 변화시킴으로써 투자효율을 높일 수 있다. 그러나 장기채와 단기채의 비율을 변화시킴으로써 투자효율을 높일 수 있는 것은 정확한 금리예측이 있어야 가능하나 정확한 금리예측이 어렵다는 단점이 있다.

셋째, 바벨형 만기전략에 의한 채권포트폴리오운용에 있어서 장래의 경제환경에 따라 발생하는 필요한 자금, 즉 충분한 유동성 확보를 위한 단기채의 만기구성 문제를 단점으로 들 수 있다.

제 3 절 적극적 투자전략

적극적 투자전략(active bond management strategy)은 이자율이 변동하는 위험을 채권투자자에게 유리하게 이용하여 채권투자포트폴리오의 수익을 극대화시키고자 하는 전략이다. 적극적 운용전략은 이자율을 예측하여 채권포트폴리오를 운용하기도 하고 이자율의 예측과는 관계없이 저평가된 채권을 채권포트폴리오에 편입하는 교체매매를 통하여 운용수익을 극대화시키고자 하는 채권운용전략이다. 일반적으로 운용자금의 성격과 운용여건 등을 고려하여 투자 정책적 판단에 따라 기준포트폴리오를 설정한 후 예상금리 및 시장위험 요인인 유동성위험이나 신용위험을 감안하여 현실적인 채권포트폴리오의 만기구성을 한다. 만일 이자율의 하락이 예상되면 채권포트폴리오의 만기 구성을 장기로 하고 이자율의 상승이 예상되면 단기로 하여 운용을 하기도 한다. 이러한 적극적 채권투자전략의 유형에는 수익률곡선 타기(riding yield curve), 채권스왑(swap), 종목선택전략, 조건부 면역전략(contingent immunization) 등이 있다.

1. 수익률곡선 타기전략

수익률곡선 타기(riding yield curve)전략은 단기채 수익률이 장기채 수익률보다 낮을 때만 가능한 전략으로 채권의 만기가 짧으면서 수익률이 높은 만기구조를 갖는 채권을 매입함으로써 만기까지 높은 이자수입을 얻는 동시에 만기가 도래함에 따라 보유채권은 단기채권이 되고 수익률도 낮아져 보유채권의 가격상승효과를 얻을 수 있는 적극적 채권투자전략이다.

2. 채권 스왑

채권 스왑(bond swap)은 채권포트폴리오를 적극적으로 운용하는 방법의 하나로 채권의 수익률, 만기, 세금, 미래의 시장이자율 등 채권가격에 영향을 주는 요인들을 고려하여 현재 보유하고 있는 채권을 수익성이 높은 다른 채권으로 교체하는 것을 의미한다.

3. 종목선택전략

종목선택전략은 채권의 가격이 상승할 것으로 기대되는 채권을 선택하여 채권포트폴리오에 편입하여 운용하는 전략이다. 즉, 비슷한 신용도를 가지는 채권들 중에서 수익률이 높은 채권을 채권포트폴리오에 편입시키거나 신용평가가 더 좋아져서 채권의 가격이 상승할 것으로 기대되는 채권을 포트폴리오에 편입하여 채권을 운용하는 전략이다.

4. 조건부 면역전략

조건부 면역전략(contingent immunization)은 채권운용 펀드 매니저가 적극적으로 채권포트폴리오를 운용하다가 어느 시점에 성과가 악화되어 최소 요구 안전수익률에 이르게 되면 면역전략을 구사하여 최소 목표수익률을 달성하도록 채권을 운용하는 전략이다.

제 4 절 준적극적 투자전략

준적극적 투자(semi-active management)전략은 미래 금리의 변동에 관계없이 목표시점에서 보유채권포트폴리오의 수익률을 일정하게 확보하려는 채권포트폴리오운용전략이다. 준적극적 투자전략으로는 현금흐름 일치전략(cashflow matching strategy)과 면역전략(immunization strategy)이 있으며 중립적 투자전략이라 불리기도 한다.

1. 현금흐름일치 전략

현금흐름일치 전략(cashflow matching strategy)은 자산-부채 종합관리(ALM)로 부채들의 현금흐름과 투자자산들의 현금흐름을 일치시켜 금리변동위험을 제거시키는 채권포트폴리오운용전략이다. 즉, 자산-부채 종합관리로 부채들의 현금흐름과 투자자산들의 현금흐름을 일치시켜 금리변동에 관계없이 최소 규모의 투자금액으로 부채의 상환을 항상 가능하게 하는 채권포트폴리오를 구성하여 운용하는 전략이다.

2. 면역전략

면역전략(immunization strategy)은 금리의 변동에 따른 채권가격변동위험과 재투자위험이 상쇄되는 효과를 이용하여 수익률의 변동폭을 축소시키려는 채권포트폴리오운용전략이다. 면역전략으로 채권포트폴리오를 운용하기 위해서는 채권포트폴리오의 머큐리(Macaulay) 듀레이션이 투자기간과 일치해야 한다. 또한 채권으로부터 현금흐름의 현재가치가 미래에 원하는 현금흐름의 현재가치와 일치하도록 해야 한다. 듀레이션을 이용한 면역전략으로 채권포트폴리오를 운용하기 위해서는 다음과 같은 전제조건이 필요하다.

첫째, 이자율의 기간구조(term structure of interest rates)가 평평해야 한다.

둘째, 변화도 수평적으로 일어나야 한다.

주요용어

- 이자율위험(interest rate risk)
- 재투자위험(reinvestment risk)
- 이자율 탄력성(interest rate elasticity)
- 사다리형 만기전략(laddered maturity)
- 바벨형 만기전략(barbell maturity)
- 채권스왑(swap)
- 조건부 면역(contingent immunization)
- 면역전략(immunization strategy)
- 소극적 투자전략(passive bond management strategy)
- 적극적 투자전략(active bond management strategy)
- 현금흐름 일치전략(cashflow matching strategy)
- 가격위험(pricing risk)
- 듀레이션(duration)
- 만기보유전략(buy and hold strategy)
- 인덱스 펀드전략(index fund strategy)
- 수익률곡선 타기(riding yield curve)
- 종목선택전략
- 준적극적 운용(semi-active management)전략

연/습/문/제

01 이자율위험을 구성하는 두 가지 위험에 대해서 설명하라.

02 듀레이션을 이용한 면역전략을 통해 채권을 관리할 때, 전제되어야 하는 조건은 무엇인지 기술하라.

03 채권 투자위험의 종류와 설명을 가장 적절하게 연결한 것을 고르시오.

(AFPK 유사문제)

A. 조기상환위험	B. 신용위험
C. 재투자율위험	D. 유동성위험

가. 딜러의 매입가격과 매도가격간 스프레드가 클수록 증가하는 위험
나. 채권의 만기일 이전에 채권 발행자로부터 원금을 미리 돌려 받을 가능성이 있는 위험
다. 금리의 하락으로 인해 현금을 채권에 재투자할 때 예상보다 낮은 금리로 투자하게 되는 위험
라. 발행자가 파산하여 원리금 지급에 차질이 발생할 경우 채권의 보유자가 큰 손실을 보게 될 위험

① A : 가, B : 나, C : 다, D : 라　② A : 나, B : 라, C : 가, D : 다
③ A : 나, B : 다, C : 가, D : 라　④ A : 나, B : 라, C : 다, D : 가

04 아래의 채권투자전략 장점 중에서 바벨형 만기전략에 해당되는 것을 모두 고르시오. (CFP 유사문제)

A. 보유채권 만기 시 장기채에 재투자하면 되므로 관리가 용이하다.
B. 상환되는 자금을 장기채에 재투자하면 되므로 금리예측이 불필요하다.
C. 단기채의 높은 유동성과 장기채의 높은 수익성이 전체 포트폴리오 위험을 상쇄시킨다.
D. 금리변동 예측에 따라 장, 단기채의 편입비율을 변화시켜 높은 수익을 기대할 수 있다.
E. 단기채와 장기채 양극단으로 만기를 구성하고 있어 채권거래비용이 많이 발생한다.

① A, B　② B, C, E　③ C, D, E
④ D, E, B　⑤ E, A, C

05 다음 채권투자전략 중에서 금리변동에 따른 채권가격 변동 위험과 재투자 위험을 서로 상쇄시켜 수익률의 변동폭을 축소시킴으로써 최초 채권투자 시 원하는 목표수익률을 달성하도록 하는 전략은? (CFP 유사문제)

① 인덱스 펀드전략　② 현금흐름 일치전략
③ 면역 전략　④ 바벨형 만기전략
⑤ 사다리형 만기전략

06 다음의 자료를 가지고 표면이자율 8%, 만기 3년 연 단위 후급 이표채의 수정 듀레이션을 구하시오.(현재 채권수익률 10%) (CFP 유사문제)

기간(t)	유입현금	유입현금의 현재가치(A)	t×A
1	800	727.27	727.27
2	800	661.16	1,322.32
3	10,800	8,114.20	24,342.60
합계		9,502.63	26,392.19

① 2.38년 ② 2.53년 ③ 2.78년
④ 2.83년 ⑤ 2.98년

07 다음 중 소극적 투자전략이 아닌 것은?

① 만기보유전략 ② 사다리형 만기전략
③ 인덱스펀드전략 ④ 바벨형 만기전략
⑤ 조건부 면역전략

08 다음 채권투자전략 중 적극적인 투자전략이 아닌 것은? (CFP 유사문제)

① 채권종목선택전략 ② 수익률예측전략
③ 수익률곡선타기전략 ④ 채권스왑전략
⑤ 채권면역전략

09 현재 금리가 5%이다. 향후 2년간 선도이자율은 ${}_1r_2$=6%, ${}_2r_3$=8%일 때, 현재 2년 만기 채권과 3년 만기 채권의 만기수익률을 구하라.

제 5 편

파생금융상품

제13장 선물거래

제14장 옵션거래

투자자는 분산투자를 통하여 비체계적인 위험을 감소시킬 수 있다. 그런데 분산투자를 하더라도 여전히 남아 있는 체계적인 위험을 줄일 수 있는 방법은 없을까? 제5편에서는 이와 같은 문제를 해결하기 위해 포트폴리오 보험(portfolio insurance)과 관련된 파생금융상품에 대해 다룬다.

파생금융상품에는 금융선물과 금융옵션이 있다. 이 두 가지 금융상품은 불확실한 금융환경 하에서 투자위험을 헷징하는 주요 수단이 될 뿐만 아니라 투자자가 원하는 다양한 투자수익과 위험을 설계할 수 있는 방법이 되기 때문에 효과적인 포트폴리오 관리를 위해 반드시 이해해야 할 내용이다.

우리나라에서는 1996년에 주가지수선물시장이 개설되었고, 1997년에는 주가지수옵션시장이 개설된 이후 파생금융상품의 거래량이 급증하고 있다. 제13장에서는 선물에 대해 학습하고 제14장에서는 옵션에 대해 배우게 된다.

제 1 편 투자론의 기초

- 제 1 장 투자론의 이해
- 제 2 장 증권시장과 금융자산
- 제 3 장 증권시장의 제도와 시장지표

제 2 편 주식의 가치평가와 분석

- 제 4 장 주식의 가치평가
- 제 5 장 기본적 분석
- 제 6 장 기술적 분석
- 제 7 장 증권시장 효율성

제 3 편 포트폴리오이론과 자본시장균형

- 제 8 장 불확실성하의 선택이론
- 제 9 장 포트폴리오 이론
- 제10장 자산가격결정모형

제 4 편 채권의 가치평가와 분석

- 제11장 채권의 가치평가모형
- 제12장 채권투자전략

제 5 편 파생금융상품

- 제13장 선물거래
- 제14장 옵션거래

제 6 편 포트폴리오 관리와 투자성과 평가

- 제15장 포트폴리오 관리
- 제16장 투자성과 평가

제 13 장 선물거래

• 학습내용

- 선물거래의 개요
- 선물가격결정
- 선물거래의 참여자와 선물거래전략
- 포트폴리오 위험관리

■ 연습문제

주식투자자는 주식가격이 급등락하는 현상을 자주 목격하면서 투자에 있어서 투자위험관리가 매우 중요하다는 사실을 잘 인식하고 있다. 본 장에서는 투자위험관리의 중요한 수단 가운데 하나인 선물, 특히 금융선물에 대해 학습하게 될 것이다. 우리나라에서도 1996년 5월 3일에 주가지수선물인 KOSPI 200이 매매되고 있고 국채선물과 미국달러선물 등 다른 금융선물도 거래되고 있다.

먼저 선물거래가 현물거래나 선도거래와 어떻게 다른지 또 선물거래와 관련된 주요 개념과 선물거래의 특성을 설명하고 있다. 또한 선물가격이 어떻게 결정되는가를 설명하는 선물가격결정모형도 학습하게 된다.

마지막으로 선물의 투자목적이 무엇인가에 따라 헷지거래전략, 투기거래전략, 차익거래전략, 그리고 스프레드거래전략을 차례로 설명하고 있다.

제1절 선물거래의 개요

1. 선물거래의 개념

선물거래(futures trading)는 거래 당사자가 미래의 일정한 시기에 일정한 가격으로 기초자산을 매매할 것을 약정하는 거래를 말한다. 즉, 거래 당사자가 기초자산에 대하여 사전에 약정한 가격(또는 수치)과 미래의 일정한 시기의 당해 기초자산의 가격(또는 수치)과의 차이로부터 산출되는 현금을 수수할 것을 약정하는 거래이다. 이러한 선물거래는 현물시장에서 거래되는 현물거래, 선도시장에서 거래되는 선도거래, 옵션시장에서 거래되는 옵션거래 등 유사한 거래형태들과 같이 발전하면서 많은 공통점을 가지게 되었다. 선물거래는 미리 정해 놓은 일정시점(만기일 또는 결제일)에 일정량과 질을 갖춘 특정 상품(농산품, 비철금속 또는 금융상품)을 미리 정한 가격으로 매매하기로 현재시점에서 약속한 합법적인 계약이다. 계약을 체결한 이후 만기 전 언제라도 매수자나 매도자에게 유리하게 가격이 움직일 경우나 가격이 불리하게 움직일 경우에 반대매매를 통해 인수·인도의무를 해소하도록 제도적으로 인정하는 거래를 말한다. 이를 그림으로 살펴보면 [그림 13-1]의 선물거래와 같다.

그림 13-1 ▶ 선물거래

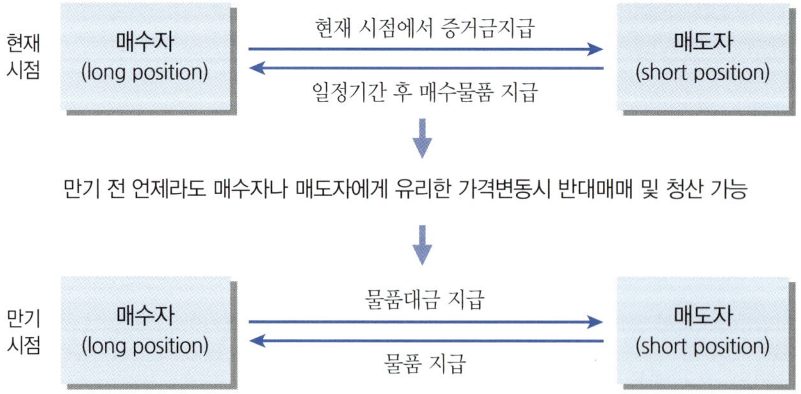

선물거래를 이해하기 위한 주요 용어들은 다음과 같다.

- **매수자**(long position): 선물 매수자로 만기 시 기초상품을 인수해야 할 의무를 가지며, 만기가 되기 전에 반대매매(선물매도)를 하여 청산이 가능하다.
- **매도자**(short position): 선물 매도자로 만기 시 기초상품을 인도할 의무를 가지며, 만기가 되기 전에 반대매매(선물매수)를 하여 청산이 가능하다.
- **기초자산**(underlying asset): 매수자와 매도자가 사고 팔기로 약속한 어떤 물품 또는 금융상품
- **인도가**(delivery price): 매수자와 매도자가 기초상품을 사고 팔기로 약정한 가격
- **인도일**(delivery date): 만기일 또는 결제일이라고도 하며, 매수자와 매도자가 기초상품을 인수·인도하기로 약속한 미래의 일정 시점
- **선물가격**(futures price): 시장에서 현재 거래되는 선물의 가격으로 계약이 체결되는 시점에서는 선물가격과 인도가격은 동일하지만, 계약이 체결된 이후에는 인도가격은 만기까지 고정되는 반면에 선물가격은 변화되어 선물계약의 가치도 변화하게 된다.

선물거래의 종류는 거래되는 선물 상품의 성질 및 저장성, 가격구조 및 헷징의 수요, 현물시장의 규모 등 여러 가지 조건을 고려하여 분류된다. 선물계약은 기초자산의 종류에 따라 상품선물, 금융선물로 크게 구별된다. 상품선물은 농산물, 축산물, 에너지, 임산물, 비철금속, 귀금속 등으로 나누어지며, 금융선물로는 주가지수선물, 금리선물, 통화선물 등으로 나누어진다. 이들에 대한 자세한 내용은 〈표 13-1〉과 같다.

금융선물 중 주가지수선물거래는 증권거래소시장에서 매매되고 있는 전부 또는 일부 주식의 가격 수준을 나타내는 주가지수를 기초자산으로 하는 선물거래이다. 주가지수란 증권시장 전체의 시세 움직임을 나타내는 지표로서 어디까지나 계산상의 존재이며 실체는 존재하지 않는 것으로, 주가지수선

표 13-1 ▶
선물거래의 종류

구 분		대 상 상 품	
선물 거래	상품선물	농 산 물	옥수수, 콩, 고무, 팥, 감자 등
		축 산 물	소, 돼지, 닭 등
		에 너 지	원유, 난방유 등
		임 산 물	목재, 합판 등
		비 철 금 속	전기동, 아연, 니켈, 납 등
		귀 금 속	금, 은, 구리, 주석, 알루미늄 등
	금융선물	주가지수선물	S&P500, NIKKEI225, KOSPI200 등
		금 리 선 물	T-Bond, T-Note, T-Bill, KTB 등
		통 화 선 물	달러, 파운드, 엔, 스위스 프랑 등

물거래는 농축산물이나 광산물 등의 상품 선물거래에서처럼 실제로 존재하는 상품을 대상으로 하지 않는다. 따라서 결제 시에는 현물로는 할 수 없고 현금에 의한 결제만이 가능하다. 이러한 주가지수선물은 1982년 미국의 캔사스시티 상품거래소(KCBT)에서 Value Line 지수를 대상으로 처음 도입되어 오늘날까지 발전에 발전을 거듭하게 되었다.

현재 우리나라의 경우도 한국증권선물거래소에서 KOSPI200 선물과 옵션이 거래되고 있다. 또한 개별 주식의 옵션도 현재 상장되어 거래되고 있다. 이 선물거래의 주요 발전과정을 요약하면 〈표 13-2〉와 같다.

선물거래와 관련한 거래들을 비교하여 살펴보면 다음과 같다.

1) 선물거래와 현물거래

현재에 대금과 상품의 교환이 이루어지는 거래를 일반적으로 현물거래(spot trading)라 한다. 즉, 현물거래는 매매계약이 이루어지는 현재시점에서 대상물을 인도함과 동시에 그 대금의 지불이 이루어지는 거래이다. 그러나 선물거래는 매매계약 시점과 대상물의 인도 및 대금 지불시점이 다르다. 주식과 관련된 선물거래와 현물거래의 차이점을 살펴보면 〈표 13-3〉과 같다.

설립연도	주 요 설 립 내 용	참고사항
1848. 4	시카고상품거래소(CBOT) 설립 – 곡물선물거래 개시	근대적 선물시장
1876. 12	런던금속거래소(LME) 설립 – 금속선물거래 개시	-
1972. 5	시카고상업거래소(CME) 설립 – 국제통화시장(IMM)개설 및 통화선물거래 개시	최초 금융선물
1973. 4	시카고옵션거래소(CBOE) – 주식옵션 개시(16종목)	최초 상장옵션
1975. 10	시카고상품거래소(CBOT) – 금리선물거래 개시(GNMA)	최초 금리선물
1982. 2	캔사스시티상품거래소(KCBT) – 주가지수선물거래 개시	최초 주가지수선물
1982. 10	필라델피아(PHLX) – 통화옵션 아메리카(AMEX) – 금리옵션 시카고상품거래소(CBOT) – 금리선물옵션	최초 선물옵션
1983. 3	시카고옵션거래소(CBOE)–지수옵션 개시 시카고상품거래소(CBOT)–지수선물옵션 개시	-
1984. 1	시카고상업거래소(CME) – 통화선물옵션 개시	-
1996. 5. 3	KOSPI200 선물 – 지수선물 상장	한국최초 선물
1997. 7. 7	KOSPI200 옵션 – 지수옵션 상장	한국최초 옵션
2001. 1. 30	KOSDAQ50 선물 – 지수선물 상장	-
2002. 1. 28	개별주식옵션상장(삼성전자, SK텔레콤, 한국통신, 한전, 포철, 국민은행, 현대차 이상 7종목)	한국최초 개별주식옵션
2002. 5. 10	국채선물옵션 상장	한국최초 채권옵션
2005. 11. 7	스타지수선물 상장, KOSDAQ50 옵션 상장폐지	-
2015. 10. 5	위안선물 상장	-
2015. 11. 23	코스닥150선물 상장, 스타지수선물 상장 폐지	-
2018. 3. 26	KRX300선물 상장, 코스닥150옵션상장	-

▲ 표 13-2
주가지수선물 · 옵션거래의 발전과정

◀ 표 13-3
선물거래와 현물거래

구 분	선물 거래	현물 거래
시장 기능	위험전가 및 가격 정보를 제공	자본 형성
상품 보유기간	한 정	제한 없음
공급 물량	불확실함	공급량이 공개되고 변화가 적음
레버리지 효과	증권시장보다 큼	선물시장보다 작음
증거금 성격	통상거래대금 총액의 10% 내외로 이행보증금의 성격	주식매입대금의 일부지급성격

선물거래는 시장에서 위험의 전가 및 가격 정보를 제공하는 기능을 하고, 현물거래는 증권시장에서 자본을 형성하게 하는 기능을 한다. 또한, 선물거래는 만기가 있으므로 보유기간이 한정되어 있으나 현물거래는 보유기간의 제한이 없다.

2) 선물거래와 선도거래

선도거래(forward trading)는 현재 시점에서 만기일에 최초의 계약조건대로 계약한 특정 상품의 인수도를 행하기로 한 거래이다. 선도거래는 만기일 전에는 매수자나 매도자에게 유리하게 가격이 움직일 경우나 불리하게 움직일 경우에도 반대매매를 통하여 인수·인도의무를 면할 수 없고 만기일에 대상 상품을 인수·인도해야만 한다.

선물거래는 미리 정해놓은 일정시점, 즉 만기일에 일정량과 질을 갖춘 특정상품을 미리 정한 가격으로 매매하기로 현재시점에서 약속한 합법적인 계약을 하고 계약기간 중 언제라도 매수자나 매도자에게 유리하게 가격이 움직일 경우나 불리하게 움직일 경우에는 반대매매를 통해 인수·인도의무의 해소를 제도적으로 인정하는 거래를 말한다. 이러한 선물거래와 선도거래의 차이점을 살펴보면 〈표 13-4〉와 같다. 선물거래는 표준화된 선도계약의 매매라고 할 수 있으며, 선물계약은 표준화된 특정 상품을 공인된 선물거래소에서 미래 일정시점에 현재 합의된 가격으로 인수·도할 것을 약속하는 법적 구속력을 갖는 계약을 의미한다.

2. 선물거래의 특징

선물거래란 〈표 13-4〉에서 살펴본 바와 같이 표준화되고 규격화된 선도계약의 매매라 할 수 있다. 이러한 선물거래의 특징은 조직화된 거래소, 표준화된 계약, 청산기관의 존재, 일일정산제도와 증거금제도가 있다는 점을 들 수 있다.

구 분	선물거래	선도거래
거래장소	지정된 거래소	특정한 장소가 없음
거래방법	공개호가방식(open outcry) 또는 전자호가방식	전화, 텔렉스를 이용한 1대1 거래
거래금액	표준화	제한 없음
인수도조건	규격화	제한 없음
거래상대	알려져 있지 않음	알려져 있음
거래예치금	증거금제도	신용
인 수 도	총 거래 중 2% 이하 실물인도	거의 100% 실물인도
중도청산	언제라도 가능	불가능
결 제 일	장래 특정 월의 특정일	매수도자 쌍방의 합의된 일자

▲ 표 13-4
선물거래와 선도거래

1) 조직화된 거래소

선물거래는 선도거래와는 달리 반드시 조직화된 거래소에서 자격이 있는 회원의 중개를 통하여 거래된다. 선물거래는 조직화되고 체계화된 거래소에서 거래가 이루어짐에 따라 거래 상대방을 찾아 다녀야 하는 시간과 비용을 들이는 불편함을 해소할 수 있다. 또한 정해진 시간에만 거래가 이루어지고 거래의 체결도 정해진 방법에 의하여 이루어진다. 선물거래는 거래소가 지정한 거래시간 동안 공개호가방식을 통하여 또는 전자호가방식을 활용하여 반드시 장내에서 자기거래 및 고객위탁거래를 수행하게 된다.

2) 표준화된 계약

선도거래는 계약조건이 거래 당사자들의 합의에 따라 정해져 거래가 이루어진다. 선물거래는 불특정 다수가 시장에 참여하기 때문에 표준화(standardization)된 선물계약을 기준으로 거래가 이루어진다. 즉, 거래되는 상품의 종류, 기본수량, 품질(등급), 인도월 등 계약조건이 정형화되어 있어서 선물시장에 참여하는 사람들로 하여금 계약조건에 대한 명확한 이해를 가능하게 하고, 시장유동성을 높이고 있다. 또한 선물계약의 표준화는 선물시장의 참여자들이 계약조건에 대한 명확한 이해가 가능하고, 선도거래와 달리 매매거래 시마다 거래 상대방을 찾아 계약조건을 협의해야 하는 불편함을 줄일 수 있다.

3) 청산기관

선도거래는 계약 당사자들 간에 직접 물건의 인도와 대금의 결제가 이루어지기 때문에 선도거래의 일방이 계약조건을 이행하지 않을 때 선도거래 상대방이 손해를 볼 가능성이 존재한다. 그러나 선물거래는 선도거래 상대방이 손해볼 가능성을 없애고 선물거래의 원활한 계약이행보증을 위해 선물거래소는 청산기관(clearing house)을 운영하고 있다. 청산기관의 역할은 매입자와 매도자의 중간에서 거래 상대방의 역할을 맡아 계약이행을 책임지는 역할을 한다. 선물거래는 매매 당사자 중간에 청산기관이 개입하여 매입자에 대해서는 매도자의 역할을 하고 매도자에 대해서는 매입자의 역할을 대행하기 때문에 계약 불이행의 위험은 훨씬 줄어든다고 할 수 있고 불특정 다수의 참가자들이 거래를 용이하게 할 수 있다. 또한 청산기관의 중간개입으로 거래 상대방의 신용상태를 파악하기 위해 필요한 시간과 비용을 절약할 수 있다.

4) 증거금제도와 일일정산제도

선물거래가 선도거래와 차이점 중의 하나는 증거금제도와 일일정산제도가 있다는 점이다. 선물거래소에서 선물거래를 하고자 하는 투자자들은 의무적으로 거래소가 정하는 거래금액의 일정비율에 해당하는 개시증거금(initial or original margin)을 납부해야 한다. 계약이행의 보증 성격을 갖는 이 증거금의 수준은 거래대상 상품의 일일가격변동 제한폭 크기와 비슷한 수준으로 한다. 증거금수준은 거래소마다 다르나 보통 거래금액의 5%~15%로 하고 있다. 선물거래는 증거금제도와 같이 일일정산제도를 시행하고 있다. 선물거래의 일일정산제도(daily marking to market)는 선물시장 상황의 변화에 따라 계약의 가치변화를 매일매일 계산하여 손해를 본 일방으로부터 이익을 본 상대방에게 해당 금액을 정산하는 제도이다.

만약 일일정산을 통해 정산된 계좌의 증거금 잔고가 일정수준, 즉 유지증거금(maintenance margin)이하로 떨어지게 되면 최초의 개시증거금(initial margin) 수준으로 증거금을 추가로 납입하여야 하며, 이를 추가증거금(additional margin) 또는 변동증거금(variation margin)이라고 한다.

5) 실물인수도

선도거래는 만기일에 실물의 인수도와 대금의 결제가 거의 99% 가량으로 모두 이루어진다. 그러나 선물거래는 반대매매에 의한 청산으로 1%~2% 정도의 경우만 실물인수도가 이루어진다. 선물투자자는 거래소를 통하여 선물을 매수한 경우 만기일 이전에 매입한 선물을 매도함으로써 실물인수의 의무에서 벗어날 수 있고 선물을 매도한 투자자는 만기일 이전에 매도한 선물을 매수함으로써 실물인도의 의무에서 벗어날 수 있다. 그러나 조직화된 거래소가 없어 거래 상대방 간 매매를 하는 선도거래는 거래소를 통하여 반대매매를 할 수 없으므로 실물인수도의 의무에서 벗어나는 것이 어렵다.

3. 선물거래의 경제적 기능

1) 가격변동위험의 전가를 통한 위험관리 기능

선물시장의 가장 중요한 경제적 기능 중의 하나는 가격변동위험을 전가하는 기능이다. 선물시장에서 가격변동의 위험을 감수하면서 보다 높은 이익을 추구하려는 투기자(speculator)가 존재하므로 위험을 회피하고자 하는 헷지거래자(hedger)의 위험을 투기자에게 이전할 수 있다. 상품의 실수요자인 헷지거래자의 경우에 해당되는 생산자, 소비자, 기업, 금융기관 등은 상품의 가격변동위험에 항상 노출되어 있다. 노출된 상품의 가격변동위험을 선물시장에서 실물포지션과 반대되는 포지션을 취하여 실물가격의 불리한 가격변동으로부터 생기는 손실을 선물시장에서 생기는 이익으로 손실을 상쇄시키는 헷지거래를 활용하여 가격변동위험의 전가를 통한 위험관리 기능을 할 수 있다. 따라서 선물거래는 위험을 회피하고자 하는 헷지거래자로부터 회피하고자 하는 위험을 기꺼이 감수하고자 하는 투기거래자로의 효율적인 위험 이전 메커니즘을 제공한다. 특히 포트폴리오의 비체계적 위험은 분산투자를 통하여 제거할 수 있으나 분산투자를 통하여 제거할 수 없는 위험인 체계적인 위험을 단기간 제거하려고 할 경우도 역시 선물거래를 이용하여 체계적인 위험을 회피할 수 있다.

2) 시장가격 예시기능

시장가격 예시기능(price discovery)이란 선물가격은 해당 상품의 다양한 수요와 공급에 관련된 각종 정보가 집약되어 결정됨으로 현재시점에서 미래 현물가격에 대한 수많은 불특정 다수의 시장 참가자들의 기대값으로 미래 기대현물가격을 예측할 수 있는 시장가격 예시기능을 갖고 있다.

3) 금융시장의 효율성 제고

선물거래의 경제적 기능 중의 하나는 금융시장의 효율성 제고이다. 선물거래는 선물시장 참가자들의 수가 늘어나고 정보기술과 예측능력의 발달로 전 거래시장에서 신속한 정보 전달과 가격 조정이 일어남으로써 현물시장의 안정성과 유동성을 높여 기초상품 시장을 망라한 전 금융시장의 효율성이 증진되고 금융상품거래의 활성화에 기여한다. 선물시장에서의 높은 유동성과 낮은 거래비용은 차익거래의 활성화가 이루어져 시장의 효율성을 증가시킨다.

4) 새로운 투자수단의 제공

선물시장은 가격변동위험을 관리하기 위하여 참여하는 헷지거래자, 일시적으로 이익을 회득하기 위하여 참여하는 투기거래자, 현물과 선물의 가격괴리가 발생했을 경우 차익을 얻기 위해 참여하는 차익거래자 및 선물들 간의 가격괴리가 발생했을 경우 차익을 얻기 위해 참여하는 스프레드거래자들에게 투자수단을 제공한다.

제 2 절 선물가격결정

헷지거래자, 차익거래자, 투기자 등 선물시장 참여자들의 이용목적은 다양하다. 기업에서 발생하는 각종 재무위험을 헷지하기 위해 선물시장을 이용하는 헷저(hedger)도 있고 재산증식을 목적으로 참여하는 일반 투기자도 있는가 하면 가격의 속성을 이용하여 차익를 얻으려는 아비트라저(arbitrageur)나 스프레더(spreader)도 있다. 그러나 어떠한 목적으로 선물시장에 참여하든 간에 성공적인 거래를 위해서는 가격에 대한 분석은 필수적이다. 선물의 가치를 정확히 판단할 수 있어야 시장에 참여하여 성공적인 거래도 가능한 것이다. 여기에서는 선물가격의 이해를 위해 선물의 이론가격과 현물가격과의 관계 등을 설명하고 양가격의 균형관계를 이용한 거래에 대해 살펴보고자 한다.

1. 보유비용 모형

선물가격을 결정하는 모형으로는 보유비용(cost-of-carry) 모형과 차익거래에 의한 균형가격결정 모형이 있다. 보유비용 모형에 의하면 선물의 이론가격은 다음과 같다.

이론 선물가격
= 현물가격 + 매매일로 부터 만기까지 현물을 보유하는데 발생하는 비용
  − 현물자산의 소유자에게 지불되는 현금

여기에서 "매매일로부터 만기까지 현물을 보유하는 데 발생하는 비용 − 현물자산의 소유자에게 지불되는 현금"을 현물을 보유하는 데 발생하는 순비용이라 한다. 매매일로부터 만기까지 현물을 보유하는 데 발생하는 비용은 운송료, 창고 보관료, 보험료 등을 들 수 있다.

한국거래소에서 거래가 활발한 KOSPI200주가지수선물의 이론가격에

대하여 알아보자. 주가지수선물의 경우 매매일로부터 만기까지 주식인 현물을 보유하는 데 발생하는 비용은 매매일로부터 만기까지 현물을 보유하는 데 발생하는 자본조달비용이 된다. 또한 현물인 주식의 소유자에게 지불되는 현금은 매매일로부터 만기까지 현물을 보유하는 데 발생하는 배당금이 된다.

> 이론 선물가격
> = 현물가격 + (매매일부터 만기까지 현물을 보유하는 데 발생하는 자본조달 비용 − 매매일로부터 만기까지 현물을 보유하는데 발생하는 배당금)

즉, 이를 식으로 나타내면 다음의 식 (1)과 같이 된다.

$$F_{o,t} = S_0 \times \left[1 + (r - D) \times \frac{T}{365}\right] \qquad \cdots\cdots (1)$$

여기서, $F_{o,t}$: 만기가 t인 주가지수선물의 현재가격
S_0 : 대상 주가지수의 현재가격
r : 무위험이자율
D : 대상 주가지수에 속한 주식들의 예상 배당수익률
T : 주가지수선물계약의 만기까지 남은 기간

예제 1

현재시점인 2022년 ×월 ×일의 KOSPI200 지수가 270.00이고, 배당수익률이 2%이고, 이자율이 4%이라 가정하자. 이때 만기까지 45일 남은 KOSPI200 선물의 현재시점의 이론 가격을 계산해 보기로 하자.

풀이

$$F_{o,t} = S_0 \times \left[1 + (r - D) \times \frac{T}{365}\right]$$

$$= 270.0 \times \left(1 + (0.04 - 0.02) \times \frac{45}{365}\right)$$

$$= 270.67(\text{포인트})$$

이론 선물가격은 270.67포인트가 된다. 이렇게 구해진 이론가격은 차익거래시 저평가 또는 고평가의 판단기준이 되고 있으므로 매우 중요한 의미를 지니고 있다 할 수 있다.

선물가격은 현물가격과 보유비용으로 이루어졌다. 이를 식으로 나타내보면 아래와 같다.

선물가격 = 현물가격 + 보유 비용 = 현물가격 + (매입비용 – 예상배당 수입)

여기서 보유비용은 현물을 보유할 때 드는 비용과 현물을 보유함으로써 얻는 수익과의 차액을 말하고, 또한 비용이란 결제일까지 현물을 보유함으로써 부담하게 되는 금융비용과 수수료 등의 코스트를 의미하며, 수익은 금융상품의 현물을 보유함으로써 생기는 이자나 배당 등을 의미한다. 선물가격과 현물가격의 차이인 보유비용은 베이시스(basis)가 된다. 식으로 나타내보면 아래와 같다.

보유비용 = 선물가격 – 현물 가격 = basis

베이시스는 만기일까지의 기간이 길어질수록 커지는 것이 일반적이며 만기일에 가까워올수록 현물가격에 접근하게 된다. 베이시스가 0보다 클 경우 콘탱고(contango)라고 하며 이때의 시장을 정상 시장(normal market)이라고 한다. 반대로 베이시스가 0보다 작을 때는 역조현상(backwardation)이라고 하며 비정상 시장(abnormal market)이라고 한다.

주가지수선물의 이론가격 결정요인은 식 (1)로부터 현물주가지수, 이자율, 배당수익률, 잔존만기일수임을 알 수 있다.

주가지수선물 이론가격 결정요인별로 선물가격에 미치는 영향을 살펴보면 주가지수 상승은 이론선물가격의 상승으로 작용을 하고 이자율 상승 역시도 이론선물가격의 상승요인으로 작용을 한다. 반면에 배당수익률의 상승은 이론선물가격의 하락요인으로 작용을 한다. 마지막으로 잔존만기일수의 증가는 이론선물가격의 상승요인으로 작용을 한다. 이들의 관계를 한 표로 알아보면 〈표 13-5〉와 같다.

표 13-5 ▶ 주가지수선물의 가격결정요인과 그 영향

구 분	증가의 방향
현 재 주 가(S) ↑	↑
이 자 율(r) ↑	↑
배 당 률(d) ↑	↓
만기까지의 기간(T) ↑	↑

2. 차익거래에 의한 균형가격결정

차익거래란 선물의 이론가격과 실제가격 사이에 일시적인 가격 불균형이 발생했을 경우에 장래 그 차이가 좁혀질 것으로 예상하여 현물과 선물시장에 동시에 개입하여 각각 반대 방향으로 매매하는 거래를 말한다. 실제 선물가격이 이론선물가격보다 높은 경우에는 선물에서 매도 포지션을 취하고 현물에서 매입 포지션을 수행하며, 반대로 실제 선물가격이 이론선물가격보다 낮은 경우에는 선물에서 매입 포지션을 취하고 현물은 매도하는 것이다. 이러한 거래는 주로 프로그램 매매기법에 의해 수행되기 때문에 프로그램매매와 같이 사용되고 있다. 차익거래는 [그림 13-2]와 같이 선물가격과 현물가격은 만기에 수렴하는 특성을 이용하는 거래로 일물일가의 법칙이 성립하도록 하는 거래이다.

그림 13-2 ▶ 현물가격과 선물가격의 수렴현상

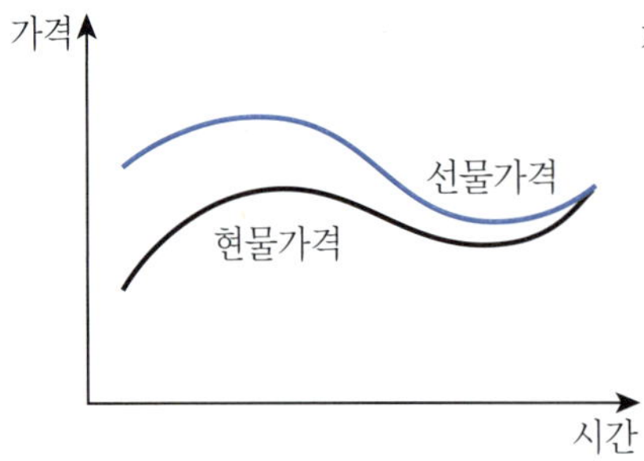

정상 시장 : 콘탱고

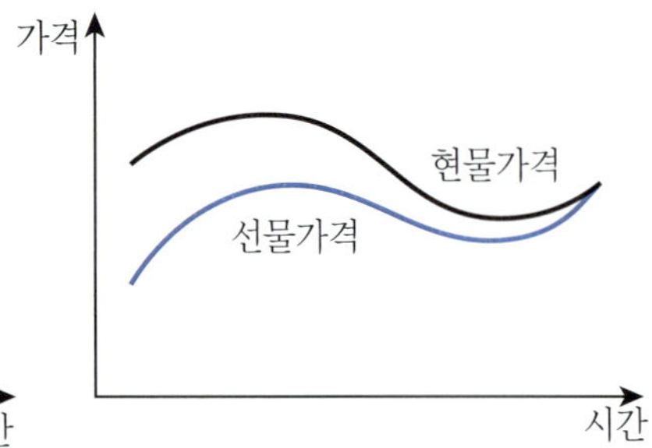

비정상 시장 : 백워데이션

이러한 차익거래에 의하여 균형가격에 도달하는 원리는 간단하다. 즉, 식 (1)에서 $F_{o,\,t} > S_0 \times [1+(r-D)\times T/365]$이면 선물을 매도하고, 현물을 매수하여 $F_{o,\,t} = S_0 \times [1+(r-D)\times T/365]$가 될 때까지 거래가 이루어진다. 물론 수수료, 세금을 감한 후 이익이 없을 때까지 차익거래는 계속하여 일어나 선물가격은 균형가격에 도달한다. 반대로 $F_{o,\,t} < S_0 \times [1+(r-D)\times T/365]$이면 선물을 매수하고, 현물을 매도하여 $F_{o,\,t} = S_0 \times [1+(r-D)\times T/365]$가 될 때까지 거래가 이루어진다. 이 경우도 역시 수수료, 세금을 감한 후 이익이 없을 때까지 차익거래는 계속하여 일어나 선물가격은 균형가격에 도달한다는 것이다.

〈표 13-6〉에서 KOSPI200 선물가격의 예시를 제시하고 있으며, [그림 13-3]에서는 KOSPI200 선물거래현황표를 제시하고 있다.

▼ 표 13-6
KOSPI200 선물가격표

(단위: 포인트, 계약, 만주)

2019년 7월 4일									
	③	④	⑤	⑥	⑦	⑧	⑨	⑩	⑪
종목	기준가	시가	고가	저가	종가	등락	거래량	미결제약정	이론가격
KOSPI 200①	272.37	273.18	274.61	271.93	274.54	+2.17	76,980	–	–
2019년 9월②	273.00	273.40	275.55	272.65	275.55	+2.55	209,015	290,202	275.48
2019년 12월	273.05	273.65	275.80	272.90	275.80	+2.75	359	44,371	276.05
2020년 3월	270.65	270.70	270.70	270.40	270.50	−0.15	11	2,518	273.13
2020년 6월	269.65	269.65	269.65	269.65	269.65	0.00	0	5,946	273.67

자료: 이데일리신문 2019년 7월 5일자와 키움증권 영웅문4 HTS을 통해 실시각으로 전송되는 선물가격임.

① KOSPI200: KOSPI200 현물(spot)지수
② 3월, 6월, 9월, 12월: KOSPI200 3월, 6월, 9월, 12월 선물
③ 기준가: 가격폭 제한의 기준가로서 전일 종가
④ 시가: 그날 처음 거래된(기세 포함) 선물가격
⑤ 고가: 그날 중 최고 선물가격
⑥ 저가: 그날 중 최저 선물가격
⑦ 종가: 그날 마지막으로 거래된(기세포함) 선물가격
⑧ 변동: 그날 종가와 전일 종가와의 선물가격의 차이
⑨ 거래량: 그날 거래된 계약수
⑩ 미결제약정: 그날까지 아직 청산되지 않은 계약수(open interest)
⑪ 이론가격: 현물–선물 패리티이론에 의해 계산된 이론선물가격

그림 13-3 ▶
KOSPI200
선물거래현황표

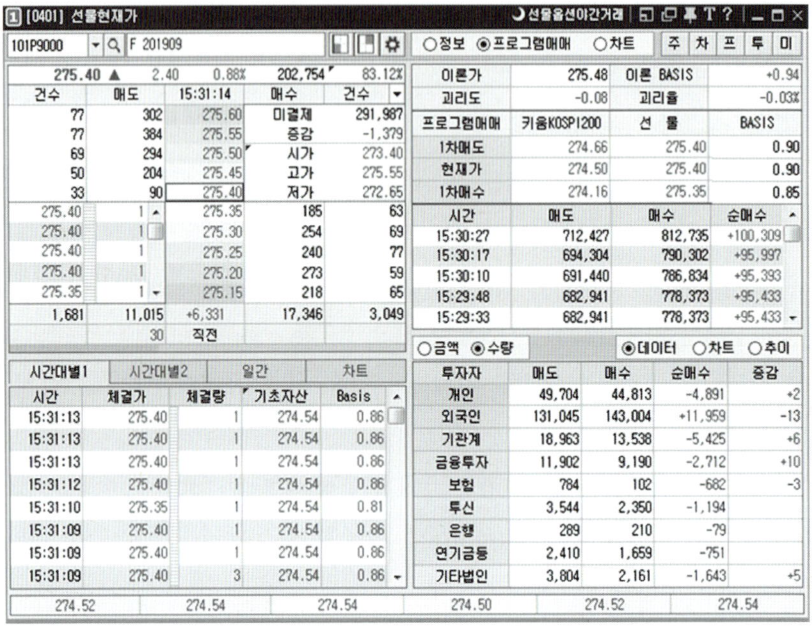

자료: 키움증권 영웅문4 HTS을 통해 실시간으로 전송되는 선물거래현황표임.

제 3 절 선물거래의 참여자와 선물거래전략

1. 선물시장의 참여자

선물시장에 참여하는 거래자는 보통 크게 네 가지로 나눈다. 이는 위험회피를 위해 참여하는 헷지거래자, 일시적으로 이익을 회득하기 위하여 참여하는 투기거래자, 현물과 선물의 가격괴리가 발생했을 경우 차익을 얻기 위해 참여하는 차익거래자 및 선물들 간의 가격괴리가 발생했을 경우 이 차익을 얻기 위해 참여하는 스프레드거래자이다.

1) 헷지거래자

위험전가가 목적인 투자자들로서, 현물가격의 등락에서 초래되는 재정상의 위험을 회피하기 위하여 현재 소유하고 있거나 혹은 앞으로 필요로 하는 상품에 대하여 선물시장에서 그와 반대되는 선물포지션(매입 또는 매도)을 취하여 양 시장의 손익을 상쇄시키기 위한 투자자들을 말한다. 이러한 투자자 유형으로는 생산자, 중간상인, 최종 수요자, 수출입업자 등을 들 수 있으며, 금융선물시장에서는 해당 금융선물을 활용하여 위험회피를 목적으로 하는 자금차입자, 대출자 및 주식투자자 등의 여러 유형을 들 수 있다.

2) 투기거래자

현물과는 관계없이 선물시장에서 가격변동의 위험을 감수하면서 자기책임하에 선물을 매매하여 시세차익을 얻으려는 사람들로서 이들은 선물시장에서 매우 중요한 역할을 담당한다. 즉, 선물시장에서의 투기자의 역할은 선물시장의 유동성을 제공하고, 시장정보의 수집, 분석, 전달 및 헷저가 전가하고자 하는 위험을 인수해 주는 거래 상대방이 되어 선물시장의 활성화에 기여하게 된다. 투기거래자의 유형에는 일일거래자(day trader), 초단기거래자(scalper), 포지션거래자(position trader) 등이 있다.

일일거래자는 투자자가 취한 포지션을 하루를 넘기지 않는 투자자들로 매일매일의 거래가 종료되기 전에 투자자의 포지션을 청산하는 거래자들이다.

초단기거래자는 순간적인 시황을 이용하여 소규모 거래를 반복함으로써 매매차익을 획득하고자 하는 투자자들로서, 수시로 변하는 선물가격을 관찰하여 초단기적인 예측을 함으로써 소규모의 매매를 반복하여 투자하는 투자자들이다. 초단기거래자는 선물시장에서 거래유동성을 증대시키는 역할을 한다.

포지션거래자는 일일거래자와 초단기거래자에 비해서 장기간 포지션을 보유하는 사람들로서 위험을 감수하고 하루 이상 선물포지션을 유지하는 투자자들이다.

3) 차익거래자

차익거래는 현물과 선물의 일시적인 가격괴리가 발생했을 때 행해지는 거래이다. 즉, 차익거래는 가격의 변동방향과는 상관없이 선물가격과 현물가격의 일시적인 불균형을 이용하여, 선물시장과 현물시장에서 동시에 선물과 현물 중 상대적으로 저평가된 것을 매입하고 고평가된 것을 매도하면서 선물의 만기시 또는 현물과 선물가격차가 축소된 시점에서 반대거래를 함으로써 적은 위험을 부담하고 이익을 얻는 거래행위이다.

4) 스프레드거래자

스프레드거래자(Spreader)는 동일한 상품의 상이한 결제월 간의 가격차이나 동일한 결제월의 상이한 상품 간의 가격차이 간의 불균형이 발생할 때 시세변화에 따라 그 차익을 얻고자 하는 투자자들이다.

일반적인 금융거래에서 일컫는 스프레드는 매수호가(bid)와 매도호가(ask)의 차이를 의미한다. 선물시장에서 말하는 스프레드는 특정 선물의 실제가격과 또 다른 선물의 실제가격차 내지는 한월물 간의 가격 차이를 말한다. 따라서 동일 상품 내에서 결제월을 달리한 선물가격 간의 차이인 결제월 간 스프레드와 다른 상품으로써 결제월이 동일한 선물가격 간의 차이인 상품 간 스프레드가 있을 수 있다. 결제월 간 스프레드를 구체적으로 정의하면 다음과 같다.

스프레드 = 근월물가격 − 원월물가격

한 순간에 스프레드가 벌어져 있을 경우 차익을 얻기 위해 참여하는 자가 스프레드거래자이다.

2. 선물거래전략

선물거래전략은 선물시장 참여자에 따라 크게 헷지거래전략, 투기거래전략, 차익거래전략 및 스프레드거래전략으로 구분된다. 헷지거래전략은 선물시장을 통해 기초자산의 가격변동위험을 회피하는 것인데 반해 투기거래는 현물시장의 참여 없이 선물시장에서 독자적인 예측에 의해 매수 또는 매도함으로써 이에 따른 매매차익을 획득하려는 거래이다.

차익거래전략은 현물과 선물 간의 가격괴리가 있을 때 이 차익을 획득하는 거래전략이고, 스프레드거래전략은 기초자산은 동일하지만 만기가 서로 다른 선물계약 간(시간 스프레드) 또는 기초자산은 다르지만 가격 움직임의 상관관계가 높은 결제월이 같은 선물계약 간(상품 스프레드)의 가격괴리가 있을 때 이 차익을 획득하는 거래전략이다. 거래전략의 이용자별로 알아보면 〈표 13-7〉과 같다.

▼ 표 13-7
이용전략별 주요 이용자

이용전략	주요 이용자
헷지거래전략	• 연금, 기금, 보험회사, 은행, 투자신탁, Mutual Fund, 투자자문회사 • 증권회사
차익거래전략	• 증권회사, 은행, 투자자문회사 • 연금, 기금, 보험회사, 투자신탁, Mutual Fund
스프레드거래전략	• 증권회사, 은행 • 연금, 기금, 보험회사, 투자신탁, Mutual Fund
투기거래전략	• Floor Trader, 일반 개인 투자가 • 보험, 투자신탁회사, 투자자문회사는 거의 이용하지 않을 것임

자료: 장충식 · 이원흠, "우리나라 주가지수 선물거래도입의 타당성에 관한 연구", 증권학회지, 1990.

3. 헷지거래전략

헷지(hedge)란 현재 또는 예정된 현물포지션에 있어 발생하는 가격변동위험을 없애거나 줄이기 위한 행위를 통칭하는데, 선물을 이용할 경우는 기존의 또는 예정된 현물포지션에 대해 선물시장에서 반대포지션을 취하는 거래를 가리킨다. 여기서 기대되는 효과는 현물포지션에서 발생할 수 있는 손실이나 이익을 선물의 반대포지션의 이익이나 손실로 상쇄하여 가격을 고정시키는 것이다.

헷지거래는 현물시장으로부터의 가격변동위험을 회피하기 위해 현물시장에서 취한 포지션과 반대된 포지션을 선물시장에서 취함으로써 한쪽 시장에서의 손실을 다른 한 쪽의 이익으로 상쇄시키는 활동이다. 이러한 헷지거래는 매입헷지와 매도헷지로 나누어진다. 주식 포트폴리오의 헷지거래를 예로 들어보면 다음과 같다.

주식 포트폴리오를 가까운 장래에 매입하려는 투자자는 주식시세의 상승에 의한 손실을 미리 회피하기 위해 현재 시점에서 주가지수선물을 매입하게 된다. 이 경우에 예상대로 시세가 상승한 경우 주가지수선물을 비싼 가격으로 매도하여 이득을 취하게 되는데, 이것은 향후 높은 가격으로 매입하는 현물의 기회손실을 보전하게 된다.

매도헷지는 주식 포트폴리오를 보유하고 있는 투자자가 주가 하락에 의한 손실을 회피하기 위하여 현물에 대응하여 주가지수선물을 매각하는 헷지이다. 이러한 헷징은 노출 위험 부분에 대한 헷징의 정도에 따라 완전 헷징과 불완전 헷징으로 나누어진다. 이런 헷징의 성과 내지 효과는 배당이 일정하고 베이시스(선물가격 − 현물가격)위험이 없다면 보통 포트폴리오의 가치변동과 현물주가지수 변동의 사이에 밀접한 상관관계에 의해 결정된다.

헷지거래에서 알아두어야 할 점은 현물시장의 위험축소와 기대수익의 제한을 가져오므로 이 두 상반관계(trade−off)를 고려해야 한다는 것이다.

헷지를 하기 위해서 결정할 사항들이 있는데 이들은 헷지의 유형, 대상선물계약, 선물계약 수, 헷지의 시점 등이다.

가장 기본적인 헷지의 분류로 현물 생산자나, 현물 보유자가 가격하락에 위험을 회피하기 위하여 하는 헷지로 매도헷지(short hedge)와 원재료 구입자나 향후에 현물을 매입하려는 자가 향후 가격상승위험을 회피하기 위하여 헷지하는 매입헷지(long hedge)가 있다.

1) 매도헷지전략

매도헷지는 현재 현물을 보유하고 있거나 미래에 현물을 불확실한 가격으로 팔아야 하는 상황에 있는 경우에 해당 현물에 대응하는 선물을 팔기로 계약하는 것이다. 이는 현물가격의 하락 위험에 대비한 것으로서, 위험이 실현되더라도 선물가격은 당초 정한 대로 유지되므로 현물포지션의 손실을 상쇄하여 준다.

매도헷지의 예로는 콩이나 배추 등을 재배하는 농부의 경우 콩선물이나 배추 선물 등을 미리 매도하여 향후 수확시기의 가격하락에 대비하게 되는 것이다.

또한 주식포트폴리오를 보유하고 있는 펀드매니저의 경우도 향후 주가하락에 대비하여 주가지수선물을 미리 매도하는 것이 매도헷지이다.

2) 매입헷지전략

매입헷지는 미래에 현물을 불확실한 가격으로 사야 할 상황에 있는 경우에 가격상승에 대비하여 해당 선물을 사는 계약을 체결하는 것이다. 미래에 현물가격이 상승하더라도 선물가격 또한 상승하여 현물포지션의 손실을 보전해 주는 것이다.

매입헷지의 예로는 배추를 이용하여 김치를 만드는 회사의 경우 배추가격상승에 대비하여 미리 배추선물을 매수하는 경우이다. 또한 금가공업자가 금가격의 상승에 대비하여 미리 사전에 금선물을 매입하는 것이 매입헷지이다. 펀드 매니저의 경우 운용자금의 유입이 미리 계획되어 있고 펀드 매니저의 예상에 따르면 향후 주식이 상승할 것으로 기대한다면 이 펀드 매니저는 미리 주가지수선물을 매수하고 향후 자금이 들어오면 주가지수 선물을 매도하고 주식을 매입하는 것이 매입헷지이다. 이는 주가상승을 예상하고 헷지를 수행하였으므로 이를 특히 예상헷지(anticipatory hedge)라 한다.

헷지에서 두 반대포지션 간의 손익이 완벽히 상쇄될 것이 예상될 때 이를 완전헷지(perfect hedge)라 하는데, 이는 현실적으로는 거의 볼 수가 없다. 우선 헷지의 대상이 되는 상품(기초자산)에 대해 선물계약이 존재하지 않는 경우가 많으며 이런 경우 유사상품의 선물계약을 이용한 교차헷지(cross hedge)를 한다. 선물시장의 표준화로 인하여 예정한 헷지기간과 일치하는 인도시점을 가진 선물계약이 항상 있다고 할 수 없다. 그리고 현물시장과 선물시장의 수급관계가 다르기 때문에 현물가격과 선물가격의 차이가 시간의 흐름으로 변동하는 경우가 일반적인데 이에 따라 헷지 결과 당초 고정시키고자 한 목표가격과 다르게 된다. 이를 베이시스 위험(basis risk)이라 하는데 결국 완전헷지가 거의 불가능하다는 점에서 헷지거래는 현물의 가격변동위험을 베이시스 변동위험으로 바꾸는 효과를 가져온다고 볼 수 있는데, 후자가 전자보다는 작다는 점에서 긍정적 의미를 갖는 것이다.

4. 투기거래전략

투기(speculation)란 투자자의 투자자산이 예상되는 가치변동에서 이익을 추구하고자 하는 거래이다. 그러나 투자자산의 예상을 잘못하였을 경우에는 잠재적인 큰 손실도 감수하고 선물거래에 참여하는 거래의 형태이다. 투기거래자들은 선물시장의 유동성을 확대시켜 주고 헷지거래자의 위험을 받아가는 중요한 역할을 하게 된다.

선물거래는 대상 현물의 가치에 비하여 낮은 증거금수준을 요구하므로 그만큼 현물거래에 비해 손익확대효과(leverage effect)가 크다. 일반적으로 수익률은 위험에 비례하여 시장가격에 대한 예측이 맞을 때는 높은 수익을 얻을 수 도 있으나, 반대의 경우 큰 손실을 입을 수 있기 때문에 선물거래를 투기적 목적으로 할 때에는 반드시 이 점을 충분히 고려하여 의사결정을 해야 한다.

시장 기능 측면에서 보면 투기거래자는 헷지거래자가 전가하려는 위험을 받아주며 시장에 유동성을 조성하는 중요한 역할을 한다.

선물시장에서의 구체적인 투기거래로는 단순투기거래(outright speculation)와 스프레드거래(spread)로 구분할 수 있다. 여기에서는 투기거래 중 단순투기거래만을 알아보고 스프레드거래는 다음에서 알아보기로 하자.

단순투기거래는 한 종류의 선물계약을 거래대상으로 하는 전략을 말하는 것으로서, 예를 들면 장래의 미국달러선물 가격변화를 추정하여 가격상승이 예상되면 선물계약을 사고, 가격하락이 예상되면 선물계약을 팔고, 추후 가격변동 발생 후에 청산 또는 반대거래를 하여 이익을 얻으려는 전략이다. 즉, 싸게 사서 비싸게 팔거나, 비싸게 판 후 싸게 사 갚으려는 목적의 단순형태의 거래이다.

순수 투기적 거래는 현물시장과는 상관없이 선물시장에서 선물가격의 가격등락을 이용하여 차익을 얻을 목적으로 하는 거래이다. 장래의 선물가격이 상승할 것으로 판단하고 단순히 선물만을 매입하거나, 선물가격이 하락할 것으로 예상하고 단순히 선물만을 매각한다. 주가지수선물은 가격변동위험을 회피하는 기회를 제공하는데, 그러한 헷지거래에 대응하여 그 위험을 스스로 부담하려는 투기적 거래의 존재는 선물거래의 유동성을 증가시켜 준다. 그러나, 순수투기(open position)거래는 레버리지 효과로 인해 낮은 투자금액으로 높은 이익을 얻을 수 있지만, 반대로 예상이 틀릴 경우 큰 손실을 볼 수 있으므로 선물거래 유형 중 가장 위험이 큰 거래이다.

5. 차익거래전략

차익거래(arbitrage trading)란 선물의 이론가격과 실제가격 사이에 일시적인 가격 불균형이 발생했을 경우에 장래 그 차이가 좁혀질 것으로 예상하여 현물과 선물시장에 동시에 개입하여 각각 반대방향으로 매매하는 거래를 말한다. 이러한 차익거래란 서로 다른 상품시장에서 동일한 상품이 상이한 가격으로 거래되고 있다면, 가격이 상대적으로 싼 시장에서 매입하고 가격이 상대적으로 비싼 시장에 동시에 매각함으로써 이익을 추구하는 거래가 이루어져 일물일가(一物一價)의 법칙이 성립되게 된다.

실제 선물가격이 이론선물가격보다 높은 경우에는 선물에서 매도 포지션을 취하고 현물에서 매입 포지션을 수행하며, 반대로 실제 선물가격이 이론선물가격보다 낮은 경우에는 선물에서 매입 포지션을 취하고 현물은 매도하는 것이다. 이러한 거래는 주로 프로그램 매매기법에 의해 수행되기 때문에 프로그램매매와 같이 사용되고 있다.

주가지수선물의 이론가격은 지수의 현물가격에 보유비용(carrying cost)을 합한 것이다. 보유비용이란 지수현물을 보유하는 데 대한 금융비용으로 현물지수에 대한 이자비용에서 현물지수를 보유함으로써 발생하는 배당수익을 차감 한 것이 된다. 일반적으로 배당수익률은 단기이자율보다 낮으므로 이론선물가격은 현물가격을 상회한다. 그런데, 실제 선물가격이 이론선물가격과 일치하는 경우는 거의 없다. 따라서 차익거래로 인한 수익(이론과 실제 선물가격과의 차이)이 단기금융비용보다 높으면 차익거래기회가 존재한다고 할 수 있다. 차익거래자는 그러한 기회가 주어졌을 때 차익거래를 하는 데 드는 거래비용과 세금 등을 고려해서 최종적으로 의사결정을 해야 한다.

6. 스프레드 거래전략

스프레드 거래는 동일한 시장이나 또는 다른 시장이나 거래소 간에 서로 연계성이 있는 선물들 간의 가격차이로부터 이익을 획득하기 위해 체결되는 거래이다. 스프레드 거래는 현물거래의 개입이 없이 오로지 근월물(近月物)선물과 원월물(遠月物)선물을 동시에 매입 매도하는 포지션을 취한다.

강세스프레드(bull spread 또는 long spread)는 근월물을 매입하고 원월물을 매도하는 거래이다. 강세스프레드거래는 원월물 가격에 비해 상대적으로 근월물 가격이 더 상승할 것을 예상하거나 또는 덜 하락할 것이라 예상하였을 때 행하는 거래이다. 강세스프레드거래전략의 경우 스프레드가 축소될 때 이익을 얻게 된다.

약세스프레드(bear spread 또는 short spread)는 근월물을 매도하고 원월물을 매입하는 거래이다. 약세스프레드는 근월물 가격에 비해 상대적으로 원월물 가격이 더 상승할 것을 예상하거나 또는 덜 하락할 것이라 예상하였을 때 행하는 거래이다. 약세스프레드거래전략의 경우 스프레드가 확대될 때 이익을 얻게 된다.

스프레드 거래는 크게 시장 내 스프레드(intramarket spread), 종목 간 스프레드(intercommodity spread), 시장 간 스프레드(intermarket spread)로 분류할 수 있다.

시장 내 스프레드는 time spread 또는 calendar spread라고도 하며, 동일한 거래소나 시장 내에서 동일한 상품을 대상으로 결제월이 상이한 2개의 선물을 매매하여 순포지션이 "0"이 되도록 하는 것이다. 시장 내 스프레드 거래는 선물의 시세변동이 예상되더라도 투기거래를 할 정도의 위험을 감수하지 않으려는 투자가들이 한정된 위험만을 감수하고 시세차익을 얻고자 할 때 이용되는 거래이다.

종목 간 스프레드 거래는 만기는 같으면서 대체상품이거나 수급 패턴이 비슷한 종목 간의 가격관계를 이용하여 거래하는 전략이다. 주가지수선물의 상품 간 스프레드는 주가의 상승이 예상되는 경우 변동폭이 큰 주가지수선물을 매입함과 동시에 변동폭이 작은 주가지수선물을 매도하고 주가하락이 예상되는 경우 변동폭이 작은 주가지수선물을 매입함과 동시에 변동폭이 큰 주가지수선물을 매도하는 것이다.

시장 간 스프레드는 같은 선물상품이면서 거래소 간에 일시적인 가격차이가 발생할 수 있음을 이용하여 서로 다른 거래소에서 같은 대상선물을 싼 곳에서 매입하여, 비싼 곳에서 매도하는 거래이다.

제 4 절 포트폴리오 위험관리

1. 헷지거래전략

1) 단순헷지비율의 결정

에더링턴(Ederington)[1)]에 의하면 헷지거래자는 현물과 선물가격변화량 간에 적절한 회귀식을 $R_p = \alpha + \beta R_f$과 같이 구성하고 추정된 회귀계수 $\widehat{\beta}$를 최적헷지비율로 선택할 수 있다. 이 경우 헷저는 현물 1단위를 매입하고 선물 β단위를 매도함으로써 순포지션의 분산이 최소가 되는 헷지를 하게 된다. 현물과 선물 간 순포지션의 분산을 최소화시킨다는 의미에서 이것을 최소분산헷지라고 한다.

헷지거래를 하기 위해서 선물 계약수를 계산하면 다음 식으로 표현될 수 있다. 그러나 이 헷지비율은 피그루스키(Figlewski)[2)]가 말한 최소분산 헷지비율과 에더링턴이 말한 최적헷지비율, 즉 현물과 선물가격변화량 간에 적절한 회귀식 $R_p = \alpha + \beta R_f$에서 추정된 회귀계수 β를 사용하였다.

$$\text{선물계약수} = \frac{h \times \text{주식포트폴리오 금액}}{\text{지수} \times \text{거래단위승수(즉, 1계약금액)}}$$

$$h : \text{헷지비율} = \frac{\text{선물계약수} \times \text{선물지수} \times \text{거래단위승수}}{\text{주식포트폴리오 금액}}$$

즉, 다시 헷지비율 h대신 β를 이용하여 나타내면 다음 식과 같다.

$$\text{선물계약수} = \frac{\beta \times \text{주식포트폴리오 금액}}{\text{지수} \times \text{거래단위승수(즉, 1계약금액)}}$$

---

1) L. H. Edrington, "The Hedging Performance of the New Futures Market," *The Journal of Finance*, 1979, pp. 157–170.

2) Stephen Figlewski, "Hedging Performance and Basis Risk in Stock Index Futures," *The Journal of Finance*, 1984, pp. 657–669.

이 식에 의거 헷지비율을 결정하면 주식을 투자하는 연금기금 운용자나 펀드 매니저 및 주식투자자들은 헷지를 위해 매도 또는 매수해야 할 선물계약수를 산출할 수 있다.

헷지의 종류 중 단순헷지의 목적은 주식포트폴리오의 위험을 최소화하는 것이다. 즉, 단순헷지는 위험의 완전제거가 목적이라 할 수 있다.

예를 들어 어떤 주식포트폴리오의 연금기금 운용자나 펀드 매니저가 장차 주식시장이 하락할 것으로 예상하여 주가지수선물을 이용하여 위험을 최소화하고자 하는 경우에 매도헷지를 실행하여 주식포트폴리오의 가격변동위험을 제거할 수 있다. 반대로 어떤 주식포트폴리오의 연금기금 운용자나 펀드 매니저가 장차 주식시장이 상승할 것으로 예상하여 주가지수선물을 이용하여 위험을 최소화하고자 하는 경우에 매수헷지를 실행하여 주식포트폴리오의 가격변동위험을 제거할 수 있다.

2 예제

주식 펀드 매니저가 주가지수선물을 이용하여 주가 하락에 대비하여 운용하는 펀드의 위험을 관리하려 한다. 현재 펀드 매니저가 보유한 주식포트폴리오 금액은 1,500억원이고 이 주식 포트폴리오의 β는 1.2이고 KOSPI200 선물가격은 200.0이라고 가정하자.

풀이

KOSPI200 변동에 대한 주식포트폴리오 변동의 민감도(β)는 1.2이므로 값을 헷지비율로 해야 한다. 따라서 주가의 하락이 예상되는 현재 매도할 선물계약수는 다음과 같다.

$$\text{선물계약수} = \frac{1.2 \times 1{,}500\text{억 원}}{200.0 \times 250{,}000\text{원}} = 3{,}600(\text{계약})$$

이 주식포트폴리오를 운용하는 펀드 매니저는 KOSPI200 선물 3,600계약을 매도해야 한다. 그러나 이와 같은 헷지를 통하여도 위험이 완전히 제거되지는 않는다. 그 이유는 다음과 같다.

첫째, 헷지비율로 사용하는 주식포트폴리오 베타는 과거의 데이터를 가지고 산출한 값이기 때문에 이 베타가 사후적으로도 정확한지는 알 수 없다.

둘째, 베타가 완전히 일치한다 하더라도 헷지 만기 시의 선물가격과 현물가격의 차이, 즉 베이시스가 당초 예상한 바와 일치하지 않으면 기대한 헷지효과를 달성할 수 없기 때문이다.

3) 베타조정헷지

베타조정헷지란 베타를 이용하여 전체 포트폴리오의 시장위험을 조절하는 헷지방법을 말한다. 위에서 본 단순헷지의 목적이 보유하고 있는 주식포트폴리오의 위험을 완전히 제거하는 데 있다. 그러나 베타조정헷지는 위험의 회피라는 헷지목적에서 더 나아가 시장상황에 따라 보유 포트폴리오의 위험 노출 정도를 조정하여 추가적인 수익도 얻고자 하는 보다 적극적인 개념이다. 즉, 주가가 하락할 것으로 예상되는 경우에는 주식포트폴리오와 주가지수선물을 포함하는 주식포트폴리오 베타를 낮춰줌으로써 증시하락에 따른 손실을 상대적으로 축소시키며, 주가가 상승할 것으로 예상되는 경우에는 주식포트폴리오 베타를 높임으로써 주가상승 시 이익을 향유코자 하는 것이다.

이러한 베타조정헷지는 전체 포트폴리오를 원하는 수준의 베타만큼 헷지비율을 조정함으로써 가능한데, 전체포트폴리오의 목표 β수준에 따라 헷지비율을 조정하는 구체적 방법은 다음과 같다.

$$R_T = R_S + h \times R_K$$

R_T : 주식과 주가지수선물전체 포트폴리오의 수익률
R_S : 주식포트폴리오 수익률
R_K : 주가지수선물의 수익률
h : 베타조정 헷지비율

여기에서 $\beta_T = \beta_S + h \times \beta_K$인데, β_K는 1.0이다. 왜냐하면 β_K는 선물지수 수익률 변동에 대한 선물지수 수익률 변동 정도이기 때문이다. 따라서 구하는 베타조정 헷지비율은 $h = \beta_T - \beta_S$가 된다.

$$\text{선물계약수} = \frac{(\beta_T - \beta_S) \times \text{주식포트폴리오 금액}}{\text{지수} \times \text{거래단위승수(즉, 1계약금액)}}$$

β_T: 목표베타

β_S: 포트폴리오베타

주식포트폴리오의 β를 낮추기 위해서는 구성주식을 β가 낮은 종목으로 다시 구성해야 하나 종목교체에는 많은 거래비용이 소요되기 때문에 효과적인 방법이 되지 못한다. 이때 주가지수선물을 이용하면 보유종목의 교체 없이 주식포트폴리오의 β값을 낮출 수 있다.

주식포트폴리오의 β를 조정하는 절차는 첫째, $h = \beta_T - \beta_S$에 의해 베타조정헷지비율을 구하고, 둘째, 베타조정헷지비율에 따라 헷지선물계약수를 산출한다.

---

3 예제

2022년 1월 말 현재 20종목으로 구성되어 있는 주식포트폴리오의 시가총액은 1,500억원이고 β는 1.2인 주식포트폴리오를 보유하고 있는 주식 펀드 매니저는 앞으로 주가가 하락할 것으로 예상되어 주가하락에 따른 보유주식의 가치하락위험을 축소시키고자 보유 주식포트폴리오의 β를 0.5로 낮추고자 한다. 현재의 KOSPI200 선물가격이 200.0이라 하자.

풀이

$$\text{선물계약수} = \frac{(0.5 - 1.2) \times 1,500\text{억 원}}{200.00 \times 250,000\text{원(1계약금액)}} = -2,100(\text{계약})$$

따라서 이 주식 펀드 매니저는 KOSPI200 선물 2,100계약을 매도하면 보유주식포트폴리오의 종목을 교체함이 없이 종목을 교체하여 주식포트폴리오의 β값을 0.5로 조정한 것과 같은 효과를 얻을 수 있다.

주식포트폴리오 매니저는 향후 주가가 상승할 것으로 예상되어 주식포트폴리오의 β를 1.8로 높여 주가상승 시 이익을 적극적으로 향유코자 한다. 이때에도 보유주식을 교체하지 않고 주가지수선물을 이용하면 된다.

한 후, 선물의 만기시나 현물과 선물가격이 축소된 시점에서 처음 거래와 반대거래를 한다. 이러한 거래를 현물매수-선물 매도하는 매수지수차익거래라 한다.

매수지수차익거래는 주가지수선물가격이 이론선물가격보다 높을 때 주가지수선물을 매도하고 일정 자금을 빌려서 대상 주가지수에 속한 주식들(포트폴리오)을 매입하며, 만기나 현물과 선물가격이 균형을 이룰 때 지수차익거래자는 처음의 시초 거래와 반대로 선물을 매입하고 보유하고 있던 주식들을 매도하여 빌렸던 자금을 상환하면 매수지수차익거래는 종료된다.

(2) 매도지수차익거래(현물매도-선물매수 지수차익거래)

매도지수차익거래는 매수지수차익거래와는 반대로 현물인 주식이 선물에 비하여 상대적으로 고평가 되었을 경우에는 현물인 주식을 공매도하고 동시에 선물을 매입한 후, 선물의 만기시나 현물과 선물가격이 축소된 시점에서 처음거래와 반대거래를 하는 것이다. 이러한 거래를 현물매도-선물매수 또는 매도지수차익거래라 한다. 매도지수차익거래는 선물가격이 이론선물가격보다 낮을 때 주가지수선물을 매입하고, 대상 주가지수에 속한 주식들을 공매도하여 공매도 자금을 빌려주어 운용하고 만기 시나 현물과 선물가격이 균형을 이룰 때 지수차익거래자는 처음 거래와 반대되게 선물을 매도하고, 운용자금으로 공매한 주식들을 매입함으로 매도지수차익거래는 종료하게 된다.

주요용어

- 선물거래(futures trading)
- 매도자(short position)
- 인도가(delivery price)
- 선물가격(futures price)
- 금융선물(financial futures)
- KOSPI200 선물(KOSPI200 futures)
- 선도거래(forward trading)
- 증거금(margin)
- 투기자(speculator)
- 시장가격 예시기능(price discovery)
- 베이시스(basis)
- 역조현상(backwardation)
- 유지증거금(maintenance margin)
- 변동증거금(variation margin)
- 매수자(long position)
- 기초자산(underlying asset)
- 인도일(delivery date)
- 상품선물(commodity futures)
- 주가지수선물거래
- 현물거래(spot trading)
- 청산기관(clearing house)
- 일일정산제도(daily marking to market)
- 헷지거래자(hedger)
- 보유비용(cost−of−carry)모형
- 콘탱고(contango)
- 개시증거금(initial or original margin)
- 추가증거금(additional margin)

연/습/문/제

01 선도거래와 선물거래의 차이점을 설명하라.

02 헷지거래와 투기거래의 차이점에 대하여 설명하라.

03 H주식에 투자하고 있는 투자자 A는 향후의 부정적인 경기전망으로 인해 주식을 매도하고자 고려중이다. 다만 H주식이 향후 모기업과의 M&A 가능성이 고조되고 있는 상황에서 주식을 매도하기가 망설여진다면 이 경우 선물시장을 이용하여 위험을 헷지하는 가장 적절한 벙법은 무엇인가? (AFPK 유사문제)

① 고평가된 선물을 매도하고 저평가된 현물을 매수한다. (매수차익거래)
② 저평가된 선물을 매수하고 고평가된 현물을 매도한다. (매도차익거래)
③ 주가지수 선물을 매도한다. (매도헷지)
④ 주가지수 선물을 매입한다. (매수헷지)

04 선물거래의 경제적 기능이 아닌 것은? (AFPK 유사문제)

① 주식시장의 체계적 위험을 관리할 수 없다.

② 활발한 차익거래로 금융시장의 효율성을 향상시킨다.

③ 신뢰도 높은 미래가격을 발견 예측하는 기능을 수행한다.

④ 투자자들에게 다양한 투자수단을 제공한다.

05 다음의 설명을 읽고, 선물의 이론가와 선물과 현물의 베이시스가 맞게 구성된 것을 고르시오. (CFP 유사문제)

2020년 12월 만기일 : 2020. 12. 13	만기일까지의 기간 : 102
90일 CD 수익률 6%	기간 중 배당금액 : 0.05
2020. 9. 2. KOSPI200 지수 80.00	

① 이론선물가격 81.21, 이론베이시스 1.21

② 이론선물가격 81.23, 이론베이시스 1.23

③ 이론선물가격 81.26, 이론베이시스 1.26

④ 이론선물가격 81.29, 이론베이시스 1.29

06 선물시장에서 원월물 가격이 근월물 가격보다 일반적으로 높게 형성된다. 경우에 따라서 원월물 가격보다 근월물의 가격이 높은 경우가 있다. 선물시장에서 말하는 이러한 시장을 고르시오. (파생상품투자권유자문인력 유사문제)

① 디스카운트 시장 ② 역조시장

③ 프리미엄 시장 ④ 정상시장

07 선물시장에 대한 다음 설명 중 틀린 것을 고르시오.

(파생상품투자권유자문인력 유사문제)

① 선물가격이 현물가격보다 높은 시장을 역조시장이라 하며, 역조시장의 베이시스를 Contango라고 한다.

② 선물만기일이 가까워 옴에 따라 재고유지비용이 감소되면서, 만기일에는 "0"이 되어 선물가격은 현물가격에 수렴한다.

③ 재고유지비용이란 현물을 선물만기까지 보유하는데 따른 비용을 말한다.

④ 베이시스는 현물가격과 선물가격의 차이를 말한다.

08 다음 중 주가지수 선물시장의 장점이 아닌 것을 고르시오.
(파생상품투자권유자문인력 유사문제)

① 낮은 거래 비용 ② 낮은 위험률
③ 공매 가능 ④ 유동성 증대

09 주식형 펀드를 운용하고 있는 한 펀드매니저는 향후 주가가 하락할 것으로 예상하고 있다. 다음 중 주식형 펀드를 운용하고 있는 이 펀드메니저가 취할 수 있는 가장 적절한 거래전략을 고르시오. (파생상품투자권유자문인력 유사문제)

① 현물 공매와 선물 매도
② 현물 매입과 선물 매도
③ 현물 매입과 선물 매입
④ 현물 공매와 선물 매입

10 다음 중 선물을 이용한 매입 헷지의 효과를 가장 잘 표현한 것을 고르시오.
(파생상품투자권유자문인력 유사문제)

① 현물을 보유한 투자자들의 가격하락 위험을 감소시킨다.
② 매입포지션을 취한 다른 거래자에게 위험을 전가할 수 있다.
③ 투기거래와는 다르게 위험이 없이 수익을 높일 수 있다.
④ 향후의 가격상승위험으로부터 보호를 받을 수 있다.

11 다음 중 주가지수선물의 장점에 대한 설명 중 틀린 것을 고르시오.
(파생상품투자권유자문인력 유사문제)

① 현물시장의 유동성을 높게 할 수 있다.
② 시장의 변동위험을 헷지 할 수 있다.
③ 완벽한 헷지가 가능하다.
④ 적은 비용으로 높은 레버리지 효과가 가능하다.

12 현재 배당 수익률이 5%이고, 이자율이 3%이다. 만기까지 45일 남은 상태에선 현재의 KOSPI지수는 200이다. KOSPI200 선물의 이론 가격은 얼마인가?

13 주식형펀드를 운용하는 자산운용사의 주식펀드 매니저가 있다. 현재 주식포트폴리오의 가치는 100억이며 만기까지 3개월 남아 있다. 이 주식포트폴리오의 베타가 1.2이다. 이 펀드 매니저는 향후 주가가 내릴 것으로 예상하여 KOSPI200주가지수선물을 이용하여 헷지하고자 한다. KOPSPI200 선물 몇 계약을 매도하여야 하는가? 현재의 KOPSPI200 선물의 종가는 200이고 3개월 후에 만기가 되는 주가지수선물의 종가는 210이다.

14 주식펀드 매니저는 현재 주식포트폴리오의 베타가 0.8 이고 100억으로 평가되는 주식형펀드를 운용하고 있다. 주식시장이 활황으로 예상되어 베타를 1.3로 높이고자 한다. 이 펀드 매니저는 어떤 전략을 취해야 할까? 현재의 KOSPI200 선물지수는 88이고 KOSPI200 지수는 200이다.

15 현재 KOSP1200 현물지수가 210pt이고, 선물지수가 212pt이고, CD금리는 5%이고, 배당수익률은 3%이고, 최종거래일까지의 잔존기간이 60일일 때 KOSP1200의 이론 선물가격은?

참고 선물 상품명세서

코스피200선물

코스피200 선물은 유가증권시장본부에 상장된 주권 200 종목의 시가총액 기준으로 산출된 코스피200 지수 [산출기준시점 1990.01.03]를 기초자산으로 하는 상품이다. 이처럼 코스피200 선물은 주가지수를 거래대상으로 하고 있어 최종결제방법으로 현금결제를 채택하고 있다.

상품명세

기초자산	코스피200지수
거래단위	코스피200선물가격×25만(거래승수)
결제월	3, 6, 9, 12월
상장결제월	3년 이내 7개 결제월(3,9월 : 각 1개, 6월 : 2개, 12월 : 3개)
가격의 표시	코스피200선물 수치(포인트)
호가가격단위	0.05 포인트
최소가격변동금액	12,500원 (25만원×0.05)
거래시간	09:00 ~ 15:45 (최종거래일 09:00 ~ 15:20)
최종거래일	각 결제월의 두 번째 목요일 (공휴일인 경우 순차적으로 앞당김)
최종결제일	최종거래일의 다음 거래일
결제방법	현금결제
가격제한폭	기준가격 대비 각 단계별로 확대 적용 ① ±8% ② ±15% ③ ±20%
단일가격경쟁거래	개장시(08:30~09:00) 및 거래종료시 (15:35~15:45)
필요적 거래중단 (Circuit Breakers)	현물가격 급변으로 매매거래 중단 시 시 선물거래 일시중단 및 단일가로 재개

출처: http://www.krx.co.kr

코스피200섹터지수선물

코스피200섹터지수선물은 코스피200지수 구성종목을 산업군별로 재분류하여 산출한 코스피200섹터지수를 기초자산으로 하는 상품이다. 코스피200섹터지수선물은 주가지수를 거래대상으로 하고 있으며, 최종결제방법은 현금결제방식을 채택하고 있다.

상품명세

기초자산	코스피200에너지/화학 코스피200금융 코스피200건설 코스피200헬스케어 코스피200생활소비재 코스피200정보기술 코스피200경기소비재 코스피200중공업 코스피200철강/소재 코스피200산업재
거래단위	코스피200섹터지수선물가격×10,000(거래승수)
결제월	분기월(3,9월) 2개, 반기월(6월) 2개, 연월(12월) 3개
상장결제월	3년 이내의 7개 결제월 {(3,9월) 2개, 반기월(6월) 2개, 연월(12월) 3개}
가격의 표시	코스피200섹터지수선물 수치(포인트)
호가가격단위	0.2 포인트
최소가격변동금액	2,000원 (1만원×0.5)
거래시간	09:00 ~ 15:45 (최종거래일 09:00 ~ 15:20)
최종거래일	각 결제월의 두번째 목요일 (공휴일인 경우 순차적으로 앞당김)
최종결제일	최종거래일의 다음 거래일
결제방법	현금결제
가격제한폭	기준가격 대비 각 단계별로 확대 적용 ① ±8% ② ±15% ③ ±20%
단일가격경쟁거래	개장시(08:30~09:00) 및 거래종료시 (15:35~15:45)
필요적 거래중단 (Circuit Breakers)	현물가격 급변으로 매매거래 중단 시 시 선물거래 일시중단 및 단일가로 재개

출처: http://www.krx.co.kr

코스닥150 선물

코스닥150선물은 코스닥시장의 기술주 섹터에 중점을 두면서 코스닥 종합지수의 흐름을 잘 따라가도록 시장대표성, 섹터대표성, 유동성 등의 기준으로 선정된 150개 종목으로 구성된 코스닥150지수[산출기준시점 2010. 1. 4., 1,000p]를 거래대상으로 하는 상품이다. 최종결제방법은 현금결제방식을 채택하고 있다.

상품명세

기초자산	코스닥150지수
거래단위	코스닥150선물가격×10,000(거래승수)
결제월	3, 6, 9, 12월
상장결제월	총 7개{분기월(3,9월) 2개, 반기월(6월) 2개, 연월(12월) 3개}
가격의 표시	코스닥150선물수치(포인트)
호가가격단위	0.10 포인트
최소가격변동금액	1,000원 (1만원×0.10)
거래시간	09:00~15:45(최종거래일 09:00~15:20)
최종거래일	각 결제월의 두 번째 목요일 (공휴일인 경우 순차적으로 앞당김)
최종결제일	최종거래일의 다음 거래일
결제빙법	현금결제
가격제한폭	기준가격 대비 각 단계별로 확대 적용 ① ±8% ② ±15% ③ ±20%
단일가격경쟁거래	개장시(08:30~09:00) 및 거래종료시 (15:35~15:45)
필요적 거래중단 (Circuit Breakers)	현물가격 급변으로 매매거래 중단 시 시 선물거래 일시중단 및 단일가로 재개

출처: http://www.krx.co.kr

KRX300 선물

KRX300 선물은 코스피 및 코스닥시장을 아우르는 우량기업으로 구성된 KRX300 지수를 기초자산으로 하는 선물상품이다. 최종결제방법은 현금결제방식을 있다.

상품명세

기초자산	KRX300 지수
거래단위	KRX300선물가격×50,000(거래승수)
결제월	3, 6, 9, 12월
상장결제월	1년 이내 4개 결제월(3, 6, 9, 12월)
가격의 표시	KRX300선물수치(포인트)
호가가격단위	0.2 포인트
최소가격변동금액	10,000원 (5만원×0.2)
거래시간	09:00~15:45(최종거래일 09:00~15:20)
최종거래일	각 결제월의 두 번째 목요일 (공휴일인 경우 순차적으로 앞당김)
최종결제일	최종거래일의 다음 거래일
결제방법	현금결제
가격제한폭	기준가격 대비 각 단계별로 확대 적용 ① ±8% ② ±15% ③ ±20%
정산가격	최종 약정가격 (최종 약정가격이 없는 경우, 선물이론정산가격)
기준가격	전일의 정산가격
상장일	2018년 3월 26일

출처: http://www.krx.co.kr

코스피200변동성지수선물

코스피200변동성지수선물은 코스피200옵션가격을 이용하여 미래(30일) 코스피200의 변동성을 나타낸 지수(V-KOSPI 200)를 기초자산으로 하는 상품이다. 변동성지수선물은 지수를 거래대상으로 하고 있어 최종결제방법은 현금결제방식을 채택하고 있다.

상품명세

기초자산	코스피200변동성지수
거래단위	코스피200변동성지수선물가격×25만(거래승수)
결제월	최근 연속 6개월
상장결제월	6개월 이내의 6개 결제월
가격의 표시	코스피200변동성지수선물 수치(포인트)
호가가격단위	0.05 포인트
최소가격변동금액	12,500원 (25만원×0.05)
거래시간	09:00 ~ 15:45 (최종거래일 09:00 ~ 15:35)
최종거래일	결제월이 속하는 월의 다음 월의 두번째 목요일(해당일이 휴장일인 경우에는 앞당김)부터 30일(Calendar Day) 전일에 해당하는 날(해당일이 휴장일인 경우에는 직전 거래일로 함)
최종결제일	최종거래일의 다음 거래일
결제방법	현금결제
가격제한폭	기준가격 대비 각 단계별로 확대 적용 ① ±30% ② ±45% ③ ±60%
단일가격경쟁거래	개장시(08:30~09:00) 및 거래종료시 (15:35~15:45)
필요적 거래중단	코스피200옵션시장의 거래중단인 경우 변동성지수선물거래도 일시중단

출처: http://www.krx.co.kr

주식선물

주식시장에 상장되어 있고 유통주식수가 1,000만주 이상, 소액주주수가 10,000명 이상, 1년간 총거래대금이 5,000억원 이상인 보통주식 중에서 시가총액과 재무상태 등을 감안하여 선정한 기업이 발행한 주식을 기초자산으로 하는 선물상품이다.

상품명세

<table>
<tr><th>기초자산</th><th>주식선물 기초자산 목록 (하단 참조)</th></tr>
<tr><td>계약금액</td><td>주식선물가격 × 10(거래승수)</td></tr>
<tr><td>결제월</td><td>기타월(1,2,4,5,7,8,10,11월) 2개, 분기월(3,9월) 2개, 반기월(6월) 2개, 연월(12월) 3개</td></tr>
<tr><td>상장결제월</td><td>3년 이내의 9개 결제월</td></tr>
<tr><td>가격의 표시</td><td>주식선물가격(원)</td></tr>
<tr><td>호가가격단위</td><td>
<table>
<tr><th rowspan="2">선물가격</th><th colspan="2">호가단위</th></tr>
<tr><th>유가증권시장</th><th>코스닥시장</th></tr>
<tr><td>① 1,000원 미만</td><td rowspan="3">10원</td><td>1원</td></tr>
<tr><td>② 1,000원 이상 – 5,000원 미만</td><td>5원</td></tr>
<tr><td>③ 5,000원 이상 – 10,000원 미만</td><td>10원</td></tr>
<tr><td>④ 10,000원 이상 – 50,000원 미만</td><td>50원</td><td>50원</td></tr>
<tr><td>⑤ 50,000원 이상 – 100,000원 미만</td><td>100원</td><td rowspan="3">100원</td></tr>
<tr><td>⑥ 100,000원 이상 – 500,000원 미만</td><td>500원</td></tr>
<tr><td>⑦500,000원 이상</td><td>1,000원</td></tr>
</table>
</td></tr>
<tr><td>거래시간</td><td>09:00 ~ 15:45(최종거래일 09:00 ~ 15:20)</td></tr>
<tr><td>최종거래일</td><td>각 결제월의 두 번째 목요일(공휴일인 경우 순차적으로 앞당김)</td></tr>
<tr><td>최종결제일</td><td>최종거래일의 다음 거래일</td></tr>
<tr><td>가격제한폭</td><td>기준가격 대비 각 단계별로 확대 적용 ① ±10% ② ±20% ③ ±30%</td></tr>
<tr><td>단일가격경쟁거래</td><td>개장시(08:30 ~ 09:00) 및 최종거래일 이외의 거래종료시(15:35 ~ 15:45)</td></tr>
<tr><td>필요적 거래중단
(Circuit Breakers)</td><td>현물가격 급변시 주식선물 거래 일시 중단</td></tr>
</table>

출처: http://www.krx.co.kr

주식선물 기초자산 목록

파생상품	기초시장	기초주권명	기초주권 약명
파생 선물 에스에프에이	코스닥	에스에프에이	에스에프에이
파생 선물 두산밥캣	유가증권	두산밥캣보통주	두산밥캣
파생 선물 현대엘리베이터	유가증권	현대엘리베이터보통주	현대엘리베이터
파생 선물 한세실업	유가증권	한세실업보통주	한세실업
파생 선물 원익 IPS	코스닥	원익아이피에스	원익 IPS
파생 선물 JW 중외제약	유가증권	JW 중외제약보통주	JW 중외제약
파생 선물 안랩	코스닥	안랩	안랩
파생 선물 파트론	코스닥	파트론	파트론
파생 선물 에스엠	코스닥	에스엠엔터테인먼트	에스엠
파생 선물 넷마블	유가증권	넷마블	넷마블
파생 선물 셀트리온헬스케어	코스닥	셀트리온헬스케어	셀트리온헬스케어
파생 선물 아이엔지생명	유가증권	아이엔지생명보험보통주	아이엔지생명
파생 선물 포스코컴텍	코스닥	포스코컴텍	포스코컴텍
파생 선물 영진약품	유가증권	영진약품보통주	영진약품
파생 선물 SKC코오롱PI	코스닥	에스케이씨코오롱피아이	SKC코오롱PI

3년국채선물

3년 국채선물은 만기일 기준으로 잔존기간 3년의 국고채를 대상으로 거래하는 계약을 말한다. 국고채는 정부가 발행하는 채권으로 유가증권시장본부와 같은 장내유통시장 또는 증권회사 등을 통한 장외유통시장에서 거래가 되고 있다.

계약명세

거래대상	표면금리 5%, 6개월단위 이자지급방식의 3년만기 국고채
거래단위	액면 1억원
결제월	3, 6, 9, 12월
상장결제월	6월 이내의 2개 결제월
가격의 표시	액면 100원당 원화(백분율방식)
호가가격단위	0.01 포인트
최소가격변동금액	10,000원 (1억원×0.01×1/100)
거래시간	09:00~15:45 (최종거래일 09:00~11:30)
최종거래일	결제월의 세 번째 화요일(공휴일인 경우 순차적으로 앞당김)
최종결제일	최종거래일의 다음거래일
결제방법	현금결제
가격제한폭	기준가격 대비 상하 ± 1.5%
단일가격경쟁거래	개장시(08:30~09:00) 및 최종거래일 이외의 거래종료시 (15:35~15:45)
상장일	2018년 3월 26일

출처: http://www.krx.co.kr

5년국채선물

5년 국채선물은 만기일 기준으로 잔존기간 5년의 국고채를 대상으로 거래하는 계약을 말한다. 국고채는 정부가 발행하는 채권으로 유가증권시장본부와 같은 장내유통시장 또는 증권회사 등을 통한 장외유통시장에서 거래가 되고 있다.

계약명세

거래대상	표면금리 5%, 6개월단위 이자지급방식의 5년만기 국고채
거래단위	액면 1억원
결제월	3, 6, 9, 12월
상장결제월	6월 이내의 2개 결제월
가격의 표시	액면 100원당 원화(백분율방식)
호가가격단위	0.01 포인트
최소가격변동금액	10,000원 (1억원×0.01×1/100)
거래시간	09:00~15:45 (최종거래일 09:00~11:30)
최종거래일	결제월의 세 번째 화요일(공휴일인 경우 순차적으로 앞당김)
최종결제일	최종거래일의 다음거래일
결제방법	현금결제
가격제한폭	기준가격 대비 상하 ± 1.8%
단일가격경쟁거래	개장시(08:30~09:00) 및 최종거래일 이외의 거래종료시 (15:35~15:45)

출처: http://www.krx.co.kr

10년국채선물

10년 국채선물은 만기일 기준으로 잔존기간 10년의 국고채를 대상으로 거래하는 계약을 말한다. 국고채는 정부가 발행하는 채권으로 유가증권시장 본부와 같은 장내유통시장 또는 증권회사 등을 통한 장외유통시장에서 거래가 되고 있다.

계약명세

거래대상	표면금리 5%, 6개월단위 이자지급방식의 10년만기 국고채
거래단위	액면 1억원
결제월	3, 6, 9, 12월
상장결제월	6월 이내의 2개 결제월
가격의 표시	액면 100원당 원화(백분율방식)
호가가격단위	0.01 포인트
최소가격변동금액	10,000원 (1억원×0.01×1/100)
거래시간	09:00~15:45 (최종거래일 09:00~11:30)
최종거래일	결제월의 세 번째 화요일(공휴일인 경우 순차적으로 앞당김)
최종결제일	최종거래일의 다음거래일
결제방법	현금결제
가격제한폭	기준가격 대비 상하 ± 2.7%
미결제약정한도	미적용(15.624일 규정 변경)
단일가격경쟁거래	개장시(08:30~09:00) 및 최종거래일 이외의 거래종료시 (15:35~15:45)

출처: http://www.krx.co.kr

미국달러선물

미국달러선물은 미래의 일정시점에 인수도할 미국 달러화를 현재시점에서 미리 매수하거나 매도하는 계약이다.

계약명세

거래대상	표면금리 5%, 6개월단위 이자지급방식의 10년만기 국고채
거래단위	US $10,000
결제월	분기월 중 4개와 그 밖의 월 중 8개
상장결제월	총20개(1년 이내 매월, 1년 초과 매분기월 상장)
가격의 표시	US $1 당 원화
최소가격변동폭	0.10원
최소가격변동금액	1,000원 (US $10,000×0.10원)
거래시간	09:00~15:45 (최종거래일 09:00~11:30)
최종거래일	결제월의 세 번째 월요일(공휴일인 경우 순차적으로 앞당김)
최종결제일	최종거래일로부터 기산하여 3일째 거래일
결제방법	인수도결제
가격제한폭	기준가격 대비 상하 ± 4.5%
단일가격경쟁거래	개장시(08:30~09:00) 및 거래종료시 (15:35~15:45), 최종거래일 거래종료시 (11:20~11:30)

출처: http://www.krx.co.kr

엔선물

엔선물은 엔/원 환율 변동위험을 회피하기 위하여 사전에 약속된 미래의 특정시점에 엔화(1계약당 1백만엔)를 사거나 팔 것을 약정하는 선물거래로, 일본엔화를 거래대상으로 하는 선물거래이다.

유로선물

유로선물은 엔선물과 마찬가지로 유로/원 환율변동위험을 관리할 수 있도록 유로화(1계약당 1만유로)를 거래대상으로 하는 선물거래이다.

계약명세

항목	엔선물	유로선물	비고
거래대상	일본엔貨	유로貨	–
거래단위	1,000,000엔	10,000유로	–
가격표시방법	100엔당 원화 (엔/원)	1유로당 원화 (유로/원)	–
최소가격변동폭	0.1원	좌동	미국달러선물과 동일
최소가격 변동금액	1,000원 (=0.1×1,000,000/100)	1,000원 (=0.1×10,000)	〃
상장결제월	분기월 중 4개와 그 밖의 월 중 4개, 총 1년 이내의 8개 결제월	좌동	〃
최종결제방법	인수도결제	좌동	〃
최종결제일	최종거래일로부터 가산하여 3일째 거래일(T+2)	좌동	〃
최종거래일	결제월의 세번째 월요일	좌동	〃
거래시간	09:00 ~ 15:45 (최종거래일 도래종목 09:00 ~ 11:30)	좌동	〃
가격제한폭	기준가격±(기준가격×5.25%)	좌동	–
단일가격경쟁거래	개장시(08:30~09:00) 및 거래종료시(15:35~15:45), 최종거래일 거래종료시(11:20~11:30)	좌동	동일

출처: http://www.krx.co.kr

위안선물

위안선물은 미래의 일정시점에 인수도할 위안화를 현재시점에서 미리 매수하거나 매도하는 계약이다.

계약명세

거래대상	중국위안화(CNH)
거래단위	CNH ¥100,000
결제월	분기월 중 4개와 그 밖의 월 중 4개
상장결제월	1년 이내의 8개 결제월 [6개 연속 결제월(1개월~6개월), 2개 분기월(9개월, 12개월)]
가격의 표시	CNH ¥1당 원화
최소가격변동폭	0.01원(현행 원/위안 현물 직거래 시장과 동일)
최소가격변동금액	1,000원(CNH ¥100,000×0.01원)
거래시간	09:00~15:45(최종거래일 09:00~11:30)
최종거래일	결제월의 세 번째 월요일(공휴일인 경우 순차적으로 앞당김)
최종결제일	최종거래일로부터 기산하여 3일째 거래일(T+2)
결제방법	인수도결제
가격제한폭	기준가격 대비 상하±4.5% (기미국달러선물과 변동성 수준 유사)
단일가격경쟁거래	개장시(08:30~09:00) 및 거래종료시 (15:35~15:45), 최종거래일 거래종료시(11:20~11:30)
증거금 (15.15.5일 기준)	거래증거금(2.6%), 위탁증거금(3.9%, 약 70만원) 예시) 180원/위안일 경우, 거래증거금 : 180×100,000×0.026=468,000원 위탁증거금 : 180×100,000×0.039=702,000원

출처: http://www.krx.co.kr

금선물

금선물이란 미래의 일정시점에 인수도할 금을 현재 선물시장을 통해 매매하는 계약이다. 금가격의 변동 리스크에 노출된 기업은 금선물을 이용하여 해지할 수 있고, 투자자는 재테크의 수단으로 금선물을 활용할 수 있다.

계약명세

거래대상	순도 99.99% 이상 1Kg 벽돌모양 직육면체 금지금
거래단위	100g
결제월	2,4,6,8,10,12월 중 6개와 짝수원이 아닌 월 중 1개의 총 7개
상장결제월	1년 이내의 7개 결제월
가격의 표시	1g 당 원화
호가가격단위	10원/g
거래시간	09:00~15:45 (최종거래일 09:00~15:20)
최종거래일	각 결제월의 세 번째 수요일
최종결제일	최종거래일로부터 기산하여 3일째 거래일
결제방법	현금결제
가격제한폭	기준가격 대비 상하 ± 10%
호가접수시간	개장시(08:30~15:45) 및 거래종료시 (08:30~15:20)

출처: http://www.krx.co.kr

돈육선물

돈육선물은 돼지 가격의 변동 위험을 위하여 사전에 약속된 미래의 특정 시점에 1계약당 1,000kg에 해당하는 돈육 대표가격을 사거나 팔 것을 약정하는 선물거래이다. 실제 돼지를 사고파는 것이 아닌 돈육의 가격을 거래대상으로 하는 선물거래이다.

계약명세

거래대상	돈육대표가격(산출기관 : 축산물품질평가원)
계약크기	1,000 Kg
결제월	분기월 중 2개와 그 밖의 월 중 4개
최장거래기간	6개월
가격의 표시	원/kg
호가가격단위	5원
최소가격변동금액	5,000원 (1,000Kg × 5원)
거래시간	10:15 ~ 15:45 (최종거래일 : 좌동)
최종거래일	각 결제월의 세 번째 수요일
최종결제일	결제월의 최종거래일부터 기산하여 3일째 거래일
결제방법	현금결제
가격제한폭	기준가격 대비 상하 ± 21%
단일가격경쟁거래	개장시(09:15 ~ 10:15) 및 거래종료시(15:35 ~ 15:45)

출처: http://www.krx.co.kr

제 14 장

옵션거래

• 학습내용
- 옵션거래의 개요
- 옵션프리미엄의 특성
- 옵션가격결정
- 옵션투자전략

■ 연습문제

제13장에서 다룬 선물을 통해서 시장위험을 제거할 수 있다는 사실을 배웠다. 제14장에서는 투자위험을 헷징할 수 있는 또 다른 수단인 옵션에 대해 학습한다. 우리나라에서도 1997년에 옵션거래가 시작되면서 투자자들의 옵션에 대한 관심이 고조되고 있다. 그 이유는 옵션이 불리한 가격변동에 대한 헷징수단이 될뿐만 아니라 상대적으로 적은 투자비용으로 높은 투자수익을 올릴 수 있는 레버리지(leverage) 수단으로 활용될 수 있기 때문이다.

이 장에서는 옵션은 무엇이며, 선물과는 달리 어떤 특성을 가지고 있는지를 설명하고, 콜옵션, 풋옵션 등 다양한 종류의 옵션을 소개하고 있다.

성공적으로 옵션에 투자하기 위해서는 무엇보다도 옵션의 가격이 어떻게 결정되는지를 설명해 주는 이항옵션가격결정모형과 블랙 숄즈(Black-Scholes)가격결정모형 등의 가격결정모형을 잘 이해할 필요가 있다.

우리는 이 장을 통해 콜옵션의 매입과 매도전략과 같은 기본적인 옵션투자전략 이외에도 다양한 옵션 헷지거래전략과 여러 가지의 옵션 차익거래전략을 학습하게 된다.

제1절 옵션거래의 개요

1. 옵션거래의 정의

옵션(option)거래는 특정 기초자산을 미래 일정시점이나 일정한 기간 내에 약정한 가격으로 사거나 팔 수 있는 권리를 매매하는 것이다.

선물거래와 옵션거래의 차이점은 선물거래의 경우에는 거래 쌍방이 모두 계약이행의무를 가지는 반면, 옵션의 경우에는 옵션매수자가 자신에게 유리한 경우 계약을 이행하고 그렇지 않다면 계약을 이행하지 않는 권리를 갖지만, 옵션매도자는 옵션매수자의 권리행사에 대해 계약이행의 의무를 가진다는 점이다.

옵션거래의 기본구조를 그림으로 살펴보면 [그림 14-1]과 같다.

그림 14-1 ▶
옵션거래의 기본구조

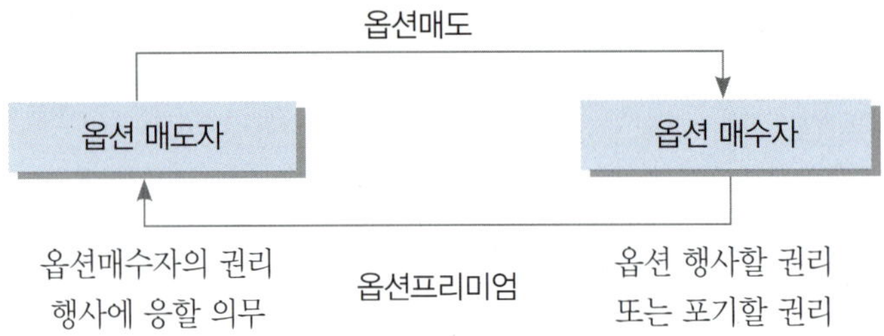

2. 옵션거래의 기본용어

옵션이란 금융상품이 한국에 도입된 역사가 짧기 때문에 옵션거래에서 사용되는 용어들이 생소할 수 있다. 그래서 먼저 옵션거래에 사용되는 기본적인 용어들에 대해 간략히 살펴보면 다음과 같다.

1) 옵션매수자와 옵션매도자

옵션매수자(buyer)는 옵션을 매수하는 자로서 옵션을 보유하게 되며 옵션을 행사할 수 있는 권리를 갖게 되고 매수약정(long position)을 보유하게 되며 옵션매수자를 소유자(holder)라고도 한다. 반면에 옵션매도자(seller)는 옵션을 발행하여 매도하는 자로서 옵션을 매도하는 결과 매도약정(short position)을 보유하게 되며 옵션매도자를 옵션 발행인(writer)이라고도 한다. 옵션매도자는 옵션매수자에게 매수 또는 매도할 수 있는 권리를 매매하고 그 대가로 옵션가격인 프리미엄(premium)을 받는다. 옵션매도자가 옵션매수자에게 매도한 옵션 position을 유통시장에서 반대매매로 청산하지 않으면 옵션매수자의 권리행사가 있을 경우에 옵션의 계약조건대로 의무를 이행해야 한다.

2) 콜옵션

콜옵션(call option)은 특정 기초자산을 일정 시점이나 일정 기간 내에 약정한 가격으로 살 권리가 부여된 옵션이다. 콜옵션은 권리행사에 의하여 행사가격으로 기초자산의 매수로 되는 거래를 성립시킬 수 있는 옵션을 말한다. 즉, 콜옵션 매수자에게는 콜옵션 매도자로부터 만기일 또는 만기일 이전에 언제든지 기초자산을 약정한 가격인 행사가격으로 매수할 권리(right)가 있으며, 콜옵션 매수자가 특정 자산을 매수하고자 권리를 행사 할 때 콜옵션 매도자는 권리 행사에 응할 의무(obligation)를 갖고 있다. 따라서 콜옵션 매도자는 콜옵션이 행사되었을 경우 행사가격으로 옵션의 기초자산을 매도해야 한다. 콜옵션 매수자는 미래 상황에 따라 권리를 행사하거나 또는 포기할 수 있다. 콜옵션의 권리행사는 콜옵션 매수자만 가능하고 콜옵션 매도자는 콜옵션 매수자의 요구에 응할 의무만이 있다.

3) 풋옵션

풋옵션(put option)은 특정 기초자산을 일정 시점이나 일정 기간 내에 약정한 가격으로 팔 수 있는 권리가 부여된 옵션이다. 풋옵션은 권리행사에 의하여 행사가격으로 기초자산의 매도로 되는 거래를 성립시킬 수 있는 옵션을 말한다. 즉, 풋옵션 매수자에게는 약정된 가격인 행사가격으로 풋옵션

매도자에게 만기일 또는 만기일 이전에 언제든지 기초자산을 팔 수 있는 권리가 있으며, 풋옵션 매도자는 풋옵션 매수자의 권리 행사에 응할 의무가 있다. 따라서 풋옵션 매도자는 풋옵션 매수자가 권리를 행사한 경우 행사가격으로 옵션의 기초자산을 매수하여야 한다. 풋옵션 매수자는 미래 상황에 따라 권리를 행사하거나 또는 포기할 수 있다. 풋옵션의 권리행사는 매수자만 가능하고 매도자는 매수자의 요구에 응할 의무만이 있다.

4) 기초자산

옵션거래에서 기초자산은 옵션계약에서 매수자측과 매도자측이 사고팔기로 약속한 대상으로 옵션의 권리를 행사할 경우 매수 또는 매도의 대상이 되는 특정 자산으로 선물거래의 기초자산(underlying assets)과 동일한 개념이다. 이 기초자산은 곡물, 금, 은, 구리 등의 일반상품인 상품옵션(commodity option)과 주식, 채권, 주가지수, 통화 등의 금융옵션(financial option) 등이 있다.

5) 행사가격

행사가격(exercise or strike price)이란 옵션계약에서 미리 정해진 기초자산의 가격으로 만기일이나 만기일 이전에 시장가격과 관계없이 기초자산을 사거나 파는 가격을 의미한다. 즉, 행사가격이란 옵션매수자가 권리를 행사하여 매수하거나 매도할 수 있는 가격이다. 콜옵션의 매수자는 콜옵션 소유자가 되어 기초자산을 매수할 수 있는 가격을 말하고 풋옵션의 매수자는 풋옵션 소유자가 되어 기초자산을 매도할 수 있는 가격을 말한다.

6) 만기일

옵션거래의 만기일(expiration date)은 옵션 보유자가 권리를 행사할 수 있는 정해진 날 또는 정해진 기간을 의미한다. 옵션은 소멸성 상품이므로 옵션

만기일인 일정시간까지 권리를 행사하지 않으면 옵션은 소멸되어 옵션 보유자의 권리는 없어진다. 따라서 만기일은 옵션 보유자의 권리가 만기가 되는 날을 의미한다.

7) 옵션프리미엄 또는 옵션가격

옵션계약은 옵션 보유자인 매수자에게 유리한 조건의 계약이며, 옵션 매도자에게는 불리한 조건의 계약이다. 따라서 유리한 조건의 계약을 체결한 옵션 보유자가 불리한 계약을 체결하는 옵션 매도자에게 일정한 대가를 지불해야 하며 이를 옵션프리미엄(option premium)이라 한다. 즉, 옵션프리미엄은 기초자산을 매수하거나 매도할 수 있는 권리확보의 대가로 옵션 매수자가 매도자에게 옵션계약 시 지불하는 금액이다.

따라서 옵션프리미엄은 현재 시장에서 거래되는 가격, 즉 옵션이 시장에서 거래되는 옵션의 시장가격(option price)으로 기초자산을 매수하거나 매도할 수 있는 권리확보의 대가라 할 수 있다.

8) 옵션클라스와 옵션시리즈

일정 시점에서 특정 기초자산에 대한 여러 가지 옵션계약이 거래될 수 있다. 어떤 기초자산에 대한 옵션이 4개의 만기일과 3개의 행사가격으로 거래되며 모든 만기일과 모든 행사가격에 대한 콜옵션과 풋옵션이 거래되면 총 24개의 상이한 옵션계약이 존재한다. 여기에서 같은 종류의 옵션(콜옵션 또는 풋옵션)을 옵션클라스(option class)라 한다. 즉, 특정 기초자산에 대한 콜옵션이 하나의 클라스이고 풋옵션이 하나의 클라스이다. 옵션시리즈(option series)는 동일한 클라스에 속하면서 행사가격과 만기일이 동일한 옵션을 말한다. 따라서 일정한 기초자산으로 콜과 풋의 두 클라스의 옵션이 존재하며 동일 클라스 중에는 행사가격과 만기일이 같은 여러 개의 옵션시리즈가 존재한다.

9) 본질가치와 시간가치

옵션의 프리미엄은 일반적으로 본질가치(intrinsic value)와 시간가치(time value)의 합으로 이루어져 있다.

옵션프리미엄 = 내재가치 + 시간가치

옵션의 내재가치는 옵션의 본질가치라고도 하며, 옵션을 당장 행사해서 얻을 수 있는 가치를 말한다. 즉, 기초자산의 가격과 행사가격의 차이로서 콜옵션의 경우는 행사가격이 기초자산의 가격보다 낮은 때에, 풋옵션의 경우는 행사가격이 기초자산의 가격보다 높은 때에 내재가치를 갖는다. 내재가치를 행사가치라고도 한다. 시간가치는 옵션만기 이전에 내재가치 이상의 가격으로 거래될 때 내재가치를 초과하는 부분을 말한다. 옵션 프리미엄에는 만기일까지 기초자산의 가격변동으로 옵션의 가치가 변동할 수 있기 때문에 시간가치를 포함하고 있다. 따라서 현재시점에서 내재가치가 영(0)인 경우에도 옵션프리미엄은 존재하게 된다. 즉, 현재 이후 만기일까지 시간이 흐르면서 기초자산의 가격변동으로 가치가 발생할 수도 있기 때문이다.

10) 미결제 약정수량

옵션거래에서 미결제약정수량(open interest)은 일정 시점에서 현재까지 존재하는 옵션계약의 잔고수를 말한다. 즉, 미결제약정수량은 이미 발행된 옵션 중 보유 잔고가 정리되지 않았거나 만기일이 도래하지 않은 총계약수를 말한다.

3. 옵션의 분류

옵션이란 특정 자산을 사전에 정한 시점에 사전에 정한 가격으로 살 수 있는 권리 또는 팔 수 있는 권리를 말한다. 옵션은 특정 자산을 살 수 있는 권리인 콜옵션과 팔 수 있는 권리인 풋옵션으로 나눌 수 있다. 옵션은 여러 가지 분류기준에 따라 다음과 같이 분류될 수 있다.

1) 권리행사 가능 시기에 따른 분류

옵션의 권리행사 가능 시기에 따라 유럽형 옵션(European option)과 미국형 옵션(American option)으로 나눌 수 있다. 유럽형 옵션은 만기일인 거래최종일에만 권리행사가 가능한 옵션이다. 우리나라 주가지수 옵션이 여기에 해당한다. 반면에 미국형 옵션은 만기일인 거래최종일 이전에 언제든 권리행사가 가능한 옵션이다. 따라서 미국형 옵션이 유럽형 옵션에 비해 유리하므로 다른 조건이 동일하다면 미국형 옵션의 옵션프리미엄이 더 비싼 것이 일반적이다.

2) 기초자산에 따른 분류

옵션은 옵션의 기초자산의 종류에 따라서 상품옵션, 현물옵션, 선물옵션(futures option), 주식옵션(stock option), 지수옵션(index option), 통화옵션(currency option), 이자율옵션(interest rate option) 등으로 구분된다.

3) 거래 장소에 따른 분류

옵션은 거래 장소에 따라 장내옵션(exchange-traded option)과 장외옵션(over-the-counter option)으로 분류된다. 장내옵션은 선물거래처럼 거래조건이 표준화되어 있고 체계적인 거래소에 상장되어 거래되는 옵션을 말한다. 반면에 장외옵션은 거래소 이외의 장소에서 계약 당사자 간의 합의에 의해 다양한 거래조건으로 거래되는 옵션을 말한다.

4) 기초자산가격과 행사가격의 차이에 따른 분류

기초자산의 가격과 행사가격의 차이에 따른 분류로는 등가격옵션, 내가격옵션 그리고 외가격옵션이 있다.

등가격옵션(ATM: at-the-money)은 기초자산의 가격과 행사가격의 차이가 없는 옵션이다. 즉, 등가격옵션은 기초자산가격과 권리행사가격이 같은 옵션으로 권리행사에 의해 매수자에게 이익을 발생시키지 않는 옵션으로 내재가치는 영(0)이다. 등가격옵션과 관련된 NTM(near-the-money)은 옵션이 정확하게 ATM에 도달하지않았으나ATM에가까웠을때의 옵션을 말한다.

내가격옵션(ITM: in-the-money)은 권리행사를 하면 매수자에게 이익이 발생하는 옵션을 내가격옵션이라 하며, 내재가치가 양(+)인 옵션이다. 콜옵션의 경우 기초자산 가격보다 낮은 권리 행사가격의 옵션, 풋옵션의 경우에는 기초자산 가격보다 높은 권리행사가격의 옵션을 내가격옵션이라 한다.

외가격옵션(OTM: out-of-the-money)은 권리행사를 하면 매수자에게 손실이 발생하는 옵션을 외가격옵션이라 하며 내재가치는 등가격옵션과 동일한 영(0)이다. 콜옵션에서는 기초자산 가격보다 높은 권리행사가격의 옵션, 풋옵션에서는 기초자산 가격보다 낮은 권리행사가격의 옵션을 외가격옵션이라 한다.

등가격옵션, 내가격옵션, 외가격옵션의 기초자산가격과 행사가격의 차이에 따른 분류는 〈표 14-1〉과 같다.

등가격옵션과 외가격옵션의 경우에도 만기일이 남아 있다면 기초자산의 가격이 변동함에 따라 내가격옵션이 될 가능성이 있으므로 거래가 이루어진다.

표 14-1 ▶ 기초자산가격과 행사가격의 차이에 따른 분류

구 분	콜옵션(call option)	풋옵션(put option)
등가격옵션(ATM)	기초자산가격 = 행사가격	기초자산가격 = 행사가격
내가격옵션(ITM)	기초자산가격 > 행사가격	기초자산가격 < 행사가격
외가격옵션(OTM)	기초자산가격 < 행사가격	기초자산가격 > 행사가격

4. 옵션거래의 특징

옵션거래의 일반적인 특징으로 첫째, 옵션은 파생상품이다. 옵션가격은 기초자산의 가격 움직임과 연동된다. 옵션은 그 자체로도 상품이지만 기초자산의 가격변동을 기초로 가격이 형성되는 상품이기 때문에 파생상품이라고 한다. 선물거래도 역시 기초자산의 가격과 연동하여 가격이 형성되기 때문에 파생상품이라고 한다.

둘째, 옵션은 기한부상품이다. 옵션거래는 살 권리 또는 팔 권리에 대한 매매이며 권리는 일정한 기간으로 제한되어 있다. 따라서 옵션은 일정 기간 내 권리를 행사할 수 있지만 그 기간이 지나면 권리를 행사할 수 없는 기한부상품이다.

셋째, 옵션은 소모성 상품(wasting assets)이다. 시간가치는 만료일이 가까워질수록 감소하여 만료일에는 없게 되기 때문에 옵션을 소모성 상품이라고 하며, 만료일에는 행사가치만 남게 된다.

넷째, 옵션은 손실이나 이익이 한정된다. 선물거래에서는 [그림 14-2]에서 보는 바와 같이 시장예상이 적중할 경우 시장가격 변동분이 전부 이익으로 실현되는 반면에 시장가격이 예상과 반대방향으로 진행될 경우 당초 거래가격에 비해 시장가격이 변동한 만큼 전액 손실을 입게 된다. 옵션거래는 [그림 14-3]에서 보는 바와 같이 손실이나 이익 중 어느 한 쪽이 제한되어 있다.

◀ 그림 14-2 주식 또는 선물의 매수와 매도 손익 그래프

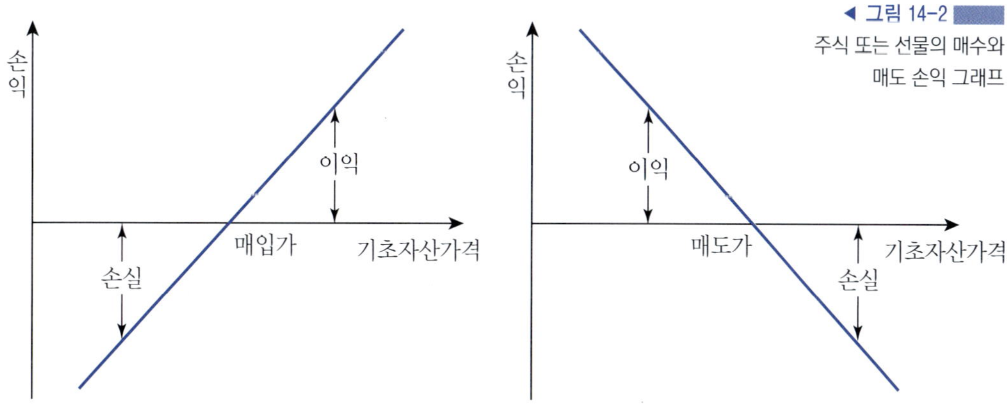

[주식이나 선물의 매입] [주식이나 선물의 매도]

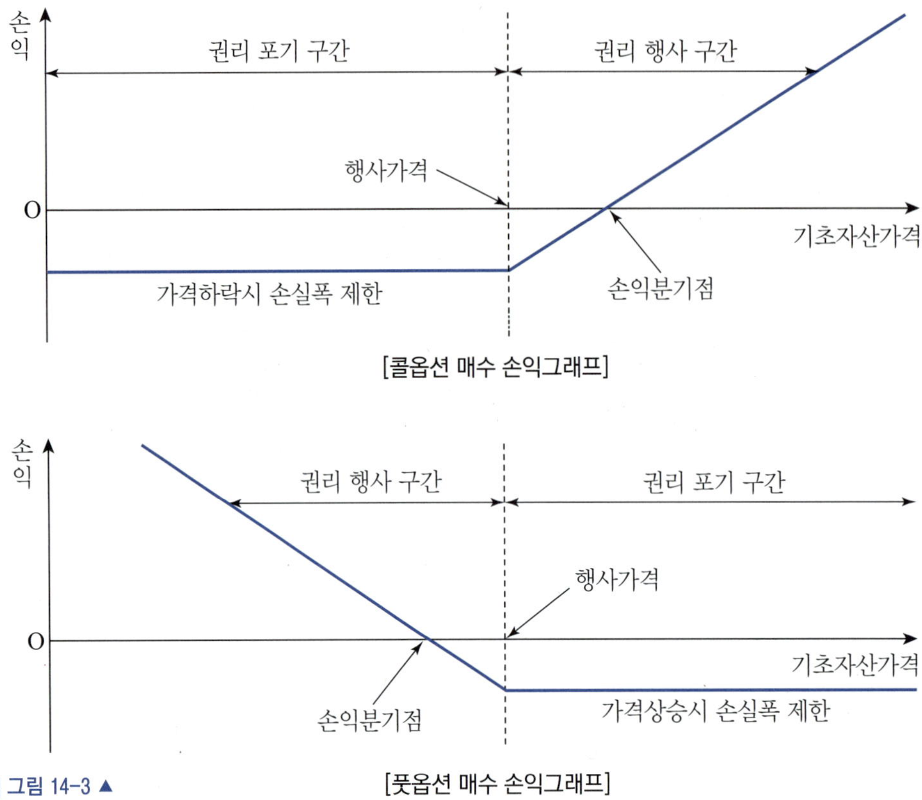

그림 14-3 ▲
콜과 풋의 매수 손익 그래프

표 14-2 ▶
옵션의 손익관계

콜옵션의 손익관계

구 분	매입자	매도자
가격↑	이익 ∞	손실 ∞
가격↓	손실 제한	이익 제한

풋옵션의 손익 관계

구 분	매입자	매도자
가격↑	손실 제한	이익 제한
가격↓	이익 ∞	손실 ∞

콜옵션 매입의 경우는 〈표 14-2〉 옵션의 손익 관계에서 보듯이 이익이 무제한적인 반면에 손실이 제한되어 있고 콜옵션 매도의 경우는 손실이 무제한적인 반면에 이익이 제한되어 있다. 즉, 선물거래에서는 손실과 이익이

대칭적이나 옵션거래에서는 비대칭적이다. 주식이나 선물의 매수매도의 경우는 [그림 14-2]의 그래프에서 보듯이 대칭적이나, 옵션의 경우는 [그림 14-3]의 그래프에서 보듯이 비대칭적이다.

콜옵션의 내재가치는 영 또는 기초자산의 가격에서 행사가격을 차감한 값이 되며, 풋옵션의 내재가치는 영 또는 행사가격에서 기초자산의 가격을 차감한 값이다.

1 예제

KOSPI200지수 콜옵션 만기일의 KOSPI지수가 행사가격보다 높은 경우 및 낮은 경우로 나누어 만기일의 손익구조와 권리 및 의무사항을 매수자와 매도자 입장에서 제시하라.

풀이

KOSPI200지수 > 행사가격인 경우
콜옵션 매수자는 권리를 행사함에 따라
{(KOSPI200지수 − 행사가격) − 지급한 옵션프리미엄} 만큼의 이익 발생
콜옵션 매도자는 의무 이행에 따라
{지급받은 옵션프리미엄 − (KOSPI200지수 − 행사가격인 경우)} 만큼의 손실 발생
KOSPI200지수 < 행사가격인 경우
콜옵션 매수자는 권리를 포기함에 따라 지급한 프리미엄만큼의 손실 발생
콜옵션 매도자는 의무가 소멸됨에 따라 지급받은 프리미엄만큼의 이익 발생

5. 옵션거래의 기능

옵션거래의 기능은 가격변동위험 관리수단의 제공인 헷지기능, 투자위험의 한정 기능, 다양한 투자전략 수립 기능 및 높은 레버리지 효과 등을 들 수 있다.

1) 가격변동위험 관리수단의 제공

옵션거래는 다양한 방법으로 기초자산의 가격변동위험에 대처할 수 있다. 즉, 옵션거래도 선물거래와 같이 기초자산 포지션에 대한 선물의 반대포

지션을 취하는 헷지거래처럼 할 수 있다. 또한 기초자산을 대신하여 옵션매입을 할 수 있고, 가격변동이 불리하게 나타나면 옵션은 선물거래와 달리 권리를 행사하지 않아도 된다.

2) 투자위험의 한정기능

옵션거래는 기초자산의 가격변동에도 불구하고 손실을 옵션프리미엄으로 한정시키고 이익을 극대화할 수 있는 기능이 있다. 예를 들어서 살펴보면, 콜옵션 거래의 경우, 매수자는 기초자산의 가격이 상승하면 권리를 행사하여 기초자산의 가격이 상승하는 데 따른 이익을 얻을 수 있지만, 반대로 기초자산의 가격이 하락하여 행사가격 이하로 떨어진 경우에는 매수할 수 있는 권리를 포기함으로써 기초자산의 가격하락에 따른 손실을 옵션 프리미엄 금액으로 한정시킬 수가 있다. 풋옵션 거래의 경우, 매수자는 기초자산의 가격이 하락하면 권리를 행사하여 기초자산의 가격이 하락하는 데 따른 이익을 얻을 수 있지만, 반대로 기초자산의 가격이 상승하여 행사가격 이상으로 상승한 경우에는 매도할 수 있는 권리를 포기함으로써 기초자산의 가격상승에 따른 손실을 옵션 프리미엄 금액으로 한정시킬 수가 있다.

3) 다양한 투자전략 수립 기능

옵션거래는 비대칭형의 독특한 손익구조를 하고 있어 다른 옵션포지션들과 결합하면 이론적으로는 투자자가 원하는 모든 다양한 형태의 손익구조의 투자 상품을 제공해 줄 수 있다. 따라서 옵션거래는 다양한 투자전략의 수립이 가능하도록 하는 기능을 한다.

4) 높은 레버리지 효과

콜옵션 매수자는 적은 금액의 옵션프리미엄으로 기초자산을 매입한 것과 같은 효과가 있고, 풋옵션 매수자는 적은 금액의 옵션프리미엄으로 기초자산을 매도한 것과 같은 효과가 있어서 투자 수익을 향상시킬 수 있다. 그러나 예측이 빗나갈 경우 손실이 확대될 수도 있다는 사실을 유념해야 한다.

제 2 절 옵션프리미엄의 특성

1. 옵션프리미엄의 결정요인

옵션프리미엄은 내재가치와 시간가치의 합이다. 내재가치는 기초자산과 행사가격을 통하여 간단히 알 수 있다. 반면, 시간가치는 여러 요인들에 의해 결정된다. 여기에서는 편의상 다른 요인들은 일정하다는 가정 하에 한 요인의 변화로 인해 옵션의 프리미엄이 어떻게 움직이는가를 살펴보고자 한다.

1) 기초자산의 가격

특정 기초자산의 가격은 옵션프리미엄의 결정에 가장 중요한 요인이라 할 수 있다. 콜옵션의 경우, 기초자산의 가격이 행사가격보다 높은 경우 권리행사에 따른 이익이 증가하여 옵션프리미엄은 상승하게 된다. 따라서 콜옵션의 경우, 기초자산의 가격은 옵션프리미엄에 양(+)의 영향을 미친다. 반면, 풋옵션의 경우에는 기초자산의 가격은 옵션프리미엄에 음(−)의 영향을 미친다.

2) 행사가격

옵션의 내재가치는 기초자산의 가격과 행사가격에 의해 결정된다. 콜옵션의 경우 행사가격이 낮을수록 옵션프리미엄은 증가하게 되며, 풋옵션의 경우에는 행사가격이 높을수록 옵션프리미엄은 증가하게 된다.

3) 만기일

만기일까지의 기간(잔존기간)이 길면 길수록 기초자산 가격의 변동 가능성은 증가하게 된다. 따라서 옵션의 시간가치는 잔존기간이 길수록 증가한다.

콜옵션의 경우 기초자산의 가격 상승 가능성이 클수록, 풋옵션의 경우에는 기초자산의 가격 하락 가능성이 클수록 옵션의 가치가 커지게 된다.

4) 가격변동성

변동성이 크면 클수록 기초자산 가격의 상승 또는 하락의 가능성도 높다고 할 수 있다. 따라서 변동성이 크면 클수록 콜옵션의 경우 기초자산 가격의 상승 가능성이 증가하므로 옵션프리미엄도 증가하며, 풋옵션의 경우에서도 기초자산 가격의 하락 가능성이 증가하므로 옵션프리미엄도 증가하게 된다.

5) 무위험이자율

무위험이자율이 옵션프리미엄에 미치는 영향은 명확하지는 않다. 이자율이 증가함에 따라 기초자산의 기대가격이 증가하는 경향과 옵션 매수자가 받게 될 미래 현금흐름의 현재가치가 감소하는 경향이 있다. 콜옵션의 경우에는 현재가치가 감소되는 효과보다 기초자산의 기대가격이 증가하는 효과가 더 크므로 무위험이자율이 상승하는 경우 콜옵션 프리미엄도 증가하게 된다. 반면, 풋 옵션의 경우에는 무위험이자율이 증가하면 옵션프리미엄은 감소한다.

한편, 옵션프리미엄은 배당금도 영향을 미친다. 배당으로 인해 주가가 하락하게 되면 콜옵션 매수자에게는 불리한 정보이나 풋옵션 매수자에게는 유리한 정보이다. 따라서 배당금의 크기가 클수록 콜옵션 프리미엄은 감소시키고 풋옵션 프리미엄은 증가하게 된다.

지금까지 설명한 내용을 〈표 14-3〉과 같이 정리할 수 있다.

◀ 표 14-3 변수별 옵션가격에 미치는 영향

<table>
<tr><th colspan="3" rowspan="2">변 수</th><th colspan="2">프리미엄의 변화</th></tr>
<tr><th>콜</th><th>풋</th></tr>
<tr><td rowspan="4">행사가치</td><td rowspan="2">기초자산의 가격(S)</td><td>상승</td><td>상승</td><td>하락</td></tr>
<tr><td>하락</td><td>하락</td><td>상승</td></tr>
<tr><td rowspan="2">행사가격(E)</td><td>높다</td><td>싸다</td><td>비싸다</td></tr>
<tr><td>낮다</td><td>비싸다</td><td>싸다</td></tr>
<tr><td rowspan="6">시간가치</td><td rowspan="2">잔존기간(T)</td><td>길다</td><td colspan="2">비싸다</td></tr>
<tr><td>짧다</td><td colspan="2">싸다</td></tr>
<tr><td rowspan="2">가격변동성(σ)</td><td>증대</td><td colspan="2">상승</td></tr>
<tr><td>감소</td><td colspan="2">하락</td></tr>
<tr><td rowspan="2">무위험이자율</td><td>상승</td><td>상승</td><td>하락</td></tr>
<tr><td>하락</td><td>하락</td><td>상승</td></tr>
</table>

2. 풋-콜 패러티

기초자산이 주가인 경우 옵션계약을 통하여 미래의 주가 변동과는 관계없이 일정한 투자수익을 얻게 하는 방법이 있다. 이것은 풋-콜 패러티(put-call parity)를 이용함으로써 가능하다. 풋-콜 패러티란 주가변동에 관계없이 일정한 투자수익을 가져오는 콜옵션과 풋옵션의 균형관계를 말한다.

이러한 균형관계로 콜옵션 가격을 구하면 풋옵션 가격을 구할 수 있다. 이는 콜옵션 가격과 풋옵션 가격 사이에 일정한 균형 관계를 갖고 있기 때문이다. 콜옵션 가격과 풋옵션 가격 사이에 일정한 균형 관계를 살펴보기 위해 다음과 같은 포트폴리오를 구성해 보자.

주식을 1주 매입, 주식에 대한 풋옵션 1개 매입, 풋옵션과 동일 만기와 행사 가격을 갖는 콜옵션 1개 매도하여 포트폴리오를 구성하고 다음과 같은 가정 아래 구성한 포트폴리오의 현금흐름을 살펴보자.

첫째, 거래 비용이나 신용 위험은 무시한다.

둘째, 연중 배당금은 지급되지 않는 무배당 주식이다.

셋째, 만기일에만 행사가 가능한 유러피언 옵션에 한정한다.

표 14-4 ▶ 헷징 포트폴리오를 이용한 풋-콜 패러티 유도

포트폴리오의 구성	현재의 가치 (초기투자비용)	만기의 현금흐름	
		$S_T > E$	$S_T < E$
주식 1주 매입	S_0	S_T	S_T
풋옵션 1개 매입	P_0	0	$E - S_T$
콜옵션 1개 매도	$-C_0$	$-(S_T - E)$	0
포트폴리오	$S_0 + P_0 - C_0$	E	E

앞에서 구성한 포트폴리오의 현금흐름은 〈표 14-4〉와 같다.

〈표 14-4〉에서 구성한 포트폴리오의 만기 현금흐름은 주가 변동과 관계없이 행사가격 수준으로 같다. 포트폴리오의 만기 현금흐름이 주가 변동과 관계없이 행사가격 수준으로 같다는 의미는 포트폴리오가 무위험 포트폴리오라는 것이다. 포트폴리오의 현재가치는 $S_0 + P_0 - C_0$이므로 무위험포트폴리오의 만기 현금흐름을 무위험이자율(r)로 할인한 현재가치는 무위험포트폴리오의 현재가치인 $S_0 + P_0 - C_0$와 같아야 된다. 이러한 관계를 식으로 나타내면 다음의 식과 같다.

$$S_0 + P_0 - C_0 = \frac{E}{(1+r)^T}$$

위의 식을 정리하면 다음의 식과 같은 풋-콜 패러티가 된다.

$$P_0 = C_0 - S_0 + \frac{E}{(1+r)^T}$$

옵션시장에서 풋-콜 패러티가 성립하지 않으면 언제나 차익거래의 기회가 존재하게 된다. 이러한 풋-콜 패러티의 유용성은 풋-콜 패러티를 이용한 다양한 합성 포지션을 구성할 수 있다는 것이다. 무위험 할인채권, 콜옵션과 풋옵션을 상호 결합하여 다양한 금융상품(financial contracts)을 만들 수가 있다. 풋-콜 패러티에서 주식 1주의 공매, 무위험 할인채권의 구입과 주식에 대한 콜옵션 1개의 구입으로 구성된 포트폴리오를 이용하여 다양한 합성 포지션을 다음과 같이 구성할 수 있다.

$$C_0 = P_0 + S_0 - \frac{E}{(1+r)^T}$$

$$S_0 = C_0 - P_0 + \frac{E}{(1+r)^T}$$

$$\frac{E}{(1+r)^T} = P_0 - C_0 + S_0$$

합성된 포트폴리오는 진정한 풋옵션, 콜옵션, 주식, 무위험 채권은 아니나 풋옵션, 콜옵션, 주식, 무위험 채권과 동일한 투자성과를 가져다 준다.

2 예제

주식에 대한 콜옵션과 풋옵션의 행사가격이 30,000원이며, 만기일은 1년 후이다. 그리고 현재 주가는 27,000원이며 1년 간의 무위험이자율은 5%이다. 배당금은 없는 경우 다음의 물음에 답하라.

(1) 주식, 콜옵션, 풋옵션을 이용하여 무위험포트폴리오를 구성하라.

(2) 콜옵션의 현재가격이 700원인 경우 풋옵션의 가치는 얼마인가?

풀이

(1) 무위험포트폴리오 구성

포트폴리오	투자액	만기의 현금흐름	
		$S_T > 30,000$	$S_T < 30,000$
주식 매입	27,000	S_l	S_l
풋옵션 매입	P	0	$30,000 - S_T$
콜옵션 매도	$-C$	$-(S_l - 30,000)$	0
포트폴리오 합계	$27,000 + P - C$	30,000	30,000

만기시 기초자산의 가격이 어떠한 경우라도 30,000원의 현금흐름이 발생하는 무위험포트폴리오

(2) $P_0 = C_0 - S_0 + \frac{E}{(1+r)^T}$

$= 700 - 27,000 + \frac{30,000}{(1+0.05)}$

$= 2,271.43$(원)

3. 옵션거래 지표

옵션거래는 주식과 선물 등 일반 상품매매와 달리 그 가격을 결정하는 데 많은 변수들이 영향을 미친다. 옵션가격결정에 많은 변수들이 영향을 미치는 것은 옵션을 거래할 때 위험요소로 나타나기도 한다. 옵션을 거래할 때 나타나는 위험요소들을 수치적으로 표현하여 위험을 파악하게 만든 것이 옵션거래지표이다. 옵션거래의 지표에는 델타(delta), 감마(gamma), 쎄타(theta), 베가(vega), 로우(rho)가 있다.

1) 델타

델타(delta)는 기초자산의 가격변화에 대한 옵션프리미엄의 변화 정도를 나타낸다. 즉, 기초자산의 가격이 변하는 정도에 따라 어느 정도의 비율로 옵션가격이 변하는가 하는 것을 나타내는 단위로 옵션가격곡선의 기울기에 해당된다. 이를 식으로 나타내면 다음과 같다.

$$\text{델타} = \frac{\Delta \text{ 옵션가격}}{\Delta \text{ 기초자산가격}}$$

만일 기초자산의 가격이 1,000만큼 증가하였다면, 델타값이 0.2인 옵션의 가격은 200만큼 증가하고 델타값이 －0.4인 옵션의 가격은 400만큼 하락할 것이다.

콜옵션의 경우 델타는 양(+)의 값을 가지며, 풋옵션의 경우 델타는 음(－)의 값을 갖는다. 이러한 델타값은 기초자산으로 옵션을 헷지할 때 헷지비율로 이용되며, 이를 델타헷징이라 한다.

2) 감마

감마(gamma)는 기초자산의 가격변화에 대해 델타변화 정도를 나타내는 지표이다. 이를 식으로 나타내면 다음과 같다.

$$감마 = \frac{\Delta \text{ 델타}}{\Delta \text{ 기초자산가격}}$$

감마의 절대값이 크면 델타의 값도 빠르게 변하여 기초자산의 가격변동에 민감하다는 것을 의미한다. 따라서 감마는 기초자산의 가격변동에 대해 헷지비율이 얼마나 많이 변화하는가를 나타낸다. 감마는 콜옵션, 풋옵션 모두 매수 포지션에서는 양(+)의 값을 갖고 매도 포지션에서는 음(−)의 값을 갖는다.

3) 세타

옵션가격은 만기일이 가까워짐에 따라 감소한다. 세타(theta)는 시간 경과에 따른 옵션의 가치가 변화하는 정도, 즉 만기까지의 기간의 장단에 대한 옵션가격의 변화를 나타내는 수치이다. 이를 식으로 나타내면 다음과 같다.

$$세타 = \frac{\Delta \text{ 옵션가격}}{\Delta \text{ 잔존기간(일수)}}$$

한편, 세타는 델타, 감마, 베가, 로우 등과는 달리 시간의 흐름은 확실하며 시간 흐름에 따른 옵션의 가치도 감소한다는 것은 확실하기 때문에 위험요인은 아니다.

4) 베가

베가(vega)는 기초자산의 가격변동성의 변화에 대한 옵션가격의 변화 정도를 나타내는 지표이다. 즉, 기초자산의 가격변동성이 1% 움직이는 데 따라서 옵션가격이 얼마만큼 변하는가를 측정하는 데 이용된다. 이를 식으로 나타내면 다음과 같다.

$$베가 = \frac{\Delta \text{ 옵션가격}}{\Delta \text{ 가격변동성}}$$

콜옵션과 풋옵션 모두 매수포지션의 경우 베가는 양(+)의 값을 매도포지션의 경우 베가는 음(−)의 값을 갖는다. 또한 베가는 잔존기간에 비례하여 만기일이 다가올수록 베가값은 감소하게 된다.

5) 로우(rho)

로우(rho)는 이자율의 변동에 대한 옵션가격의 변화 정도를 나타내는 지표이다. 이를 식으로 나타내면 다음과 같다.

$$\text{로우} = \frac{\Delta \text{ 옵션가격}}{\Delta \text{ 이자율}}$$

제 3 절 옵션가격결정

1. 이항옵션가격결정모형

이항옵션가격결정모형(binomial option pricing model)은 1978년에 콕스(Cox), 로스(Ross) 및 루빈스타인(Rubinstein)[1)]이 발표한 모형으로 이름의 첫 자를 따서 CRR모형으로도 불리기도 한다.

이항옵션가격결정모형은 기초자산의 가격이 오르거나 내리는 둘 중의 하나의 방향으로 움직인다는 점에 착안하여 모형을 개발하였다. 기초자산의 가격이 올랐을 때의 옵션가치와 기초자산의 가격이 내렸을 때의 옵션의 가치를 구한 후 이에 근거하여 계산한 만기 때 옵션의 기대가치를 무위험수익률로 할인하여 그 현재가치를 구하는 방법이다. 이항옵션가격결정모형의 전개에 필요한 가정은 다음과 같다. 첫째, 콜옵션의 만기 이전에는 배당을

---

1) C. S CoX, S. A. Ross and M. Rubinstein, "Option Pricing: A Simplified Approach," *Journal of Financial Economics*, 1979, pp. 229–264.

지급하지 않는다. 둘째, 주식이나 옵션의 공매에는 제한이 없다. 셋째, 주가는 다단계 이항분포과정(multiplicative binomial process)을 따른다. 넷째, 자본시장은 완전경쟁시장이다. 이러한 가정 하에 구한 이항옵션가격결정모형의 산식은 다음과 같다.

$$C = \frac{P \times C_u + (1-P) \times C_d}{1+r}$$

$$\text{단, } P = \frac{(1+r)-d}{u-d}$$

C : 콜옵션의 현재가치
P : 풋옵션의 현재가치
C_u : 주가가 상승했을 때의 콜옵션의 가치
C_d : 주가가 하락했을 때의 콜옵션의 가치
u : 주가의 상승률
d : 주가의 하락률
r : 무위험이자율

3 예제

대구(주)의 현재 주식가격은 30,000원이고, 1년 후 주가는 60,000원과 10,000원의 가능성이 있다. 행사가격이 33,000원인 콜옵션의 적정한 가격은 얼마인가? 단, 무위험이자율은 연 10%이며, 계산상의 편의를 위해 이자는 연 1회 지급된다고 가정한다.

풀이

$$P = \frac{(1+r)-d}{u-d}$$

$$P = \frac{1.1 - \frac{10,000}{30,000}}{\frac{60,000}{30,000} - \frac{10,000}{30,000}} = 0.46$$

$$C = \frac{P \times C_u + (1-P) \times C_d}{1+r} = \frac{27,000 \times 0.46 + 0 \times 0.54}{1.1} = 11,290.91(\text{원})$$

2. 블랙과 숄즈의 옵션가격결정모형 1)

블랙과 숄즈(Black and Scholes)의 옵션가격결정모형은 1973년에 발표된 모형에서 몇 가지 가정 아래 주식과 콜옵션으로 무위험 헷지포트폴리오를 구성할 수 있고, 무위험 헷지포트폴리오는 주가가 변함에 따라 주식과 콜옵션의 비율을 계속적으로 조정함으로써 유지될 수 있는 모형이다. 무위험 헷지포트폴리오의 수익률은 무위험이자율과 같아야 한다는 가정 아래 유러피언 콜옵션의 가격결정모형이 도출되었다. 블랙과 숄즈의 옵션가격결정을 위한 가정과 모형을 살펴보고 우리나라에서 사용되는 유럽형 지수옵션과 미국달러 옵션가격결정모형을 살펴보도록 하자.

1) 옵션가격결정을 위한 블랙과 숄즈의 가정

블랙과 숄즈는 콜옵션의 가격결정에 있어 주식과 콜옵션의 시장에 대한 가정은 다음과 같다.

첫째, 주식가격의 움직임은 연속적이며 일정한 순간 기대값과 일정한 순간 분산을 갖는 확률적 과정(stochastic process)이다. 따라서 특정한 기말에 주가의 분포는 로그노말분포(log-normal distribution)를 한다.

둘째, 공매(short sale)에 대한 제한은 없다.

셋째, 단기이자율로 얼마든지 차입이 가능하다.

넷째, 옵션의 잔존기간 동안 주식에 대한 배당 등의 자본분배가 이루어지지 않는다.

다섯째, 단기이자율 또는 무위험이자율은 알려져 있고 항상 일정하다.

여섯째, 주식이나 옵션에 대한 거래비용은 없다. 또한 이에 부과되는 세금도 존재하지 않는다. 즉, 완전자본시장을 가정한다.

일곱째, 옵션은 만기일에만 행사 가능한 유러피언옵션이다.

여덟째, 무위험차익거래는 존재하지 않는다.

---

2) F. Black & M. Scholes, "The Pricing of Options and Corporate Liabilities," *Journal of Political Economy*, 1973, pp. 637–654.

2) 블랙과 숄즈의 모형

블랙과 숄즈는 위의 여덟 가지 가정 아래 우선 먼저 무위험포트폴리오를 구성하여 옵션가격결정모형을 도출하였다. 무위험 헷지포트폴리오(hcdgcd portfolio)는 블랙과 숄즈의 옵션가격결정모형의 기초가 되며, 옵션가격결정모형은 다음의 식과 같다.

$$C = S \cdot N(d_1) - E \cdot e^{-rT} \cdot N(d_2)$$

여기서 $d_1 = \dfrac{\ln\dfrac{S}{E} + (r + \dfrac{\sigma^2}{2}) \cdot T}{\sigma\sqrt{T}}$

$d_2 = d_1 - \sigma\sqrt{T}$

$N(d)$: 표준정규분포의 누적확률

블랙과 숄즈의 옵션가격결정모형에서 콜옵션의 가격결정을 위해 사용되는 변수는 S, E, T, r, σ의 5개로 가격에 미치는 영향은 다음과 같다.

첫째, 주가(S)가 상승하면 콜옵션가격도 상승한다.

$$\frac{\partial C}{\partial S} = N(d_1) > 0$$

둘째, 행사가격(E)이 높아지면 콜옵션가격은 하락한다.

$$\frac{\partial C}{\partial X} = -e^{-rT} \cdot N(d_2) < 0$$

셋째, 만기까지의 기간(T)이 길수록 콜옵션가격은 상승한다.

$$\frac{\partial C}{\partial T} = E \cdot e^{-rT}(\frac{\sigma}{2\sqrt{T}} \cdot N(d_2) + r \cdot N(d_2)) > 0$$

넷째, 주가수익률의 분산(σ_2)이 증가할수록 콜옵션가격도 상승한다.

$$\frac{\partial C}{\partial \sigma^2} = E \cdot e^{-rT} N(d_2) \cdot \frac{\sqrt{T}}{2\sigma} > 0$$

다섯째, 무위험이자율이 증가할수록 콜옵션의 가격도 증가한다.

$$\frac{\partial C}{\partial r} = T \cdot e^{-rT} N(d_2) > 0$$

3. 유럽형 지수옵션과 미국달러 옵션가격결정모형

1) 유럽형 지수옵션 가격결정모형

우리나라에서 옵션가격결정에 사용되는 유럽형 지수옵션(European index option) 가격결정모형의 기본모형은 블랙과 숄즈 모형이다. 블랙과 숄즈 모형의 기초자산 S 대신에 배당을 고려한 S_δ를 사용한다는 점이 블랙과 숄즈 모형과 다르다.

$$C = S_\delta \cdot N(d_1) - E \cdot e^{-rT} \cdot N(d_2)$$

$$d_1 = \frac{\ln\frac{S}{E} + (r + \frac{\sigma^2}{2}) \cdot T}{\sigma\sqrt{T}}$$

$$d_2 = d_1 - \sigma\sqrt{T}$$

여기서, $S_\delta = S \cdot e^{-rT}$($\delta$는 지수의 배당수익률을 의미한다)
다른 변수 = 블랙과 숄즈 모형과 동일

2) 미국달러 옵션가격결정모형

우리나라 한국거래소에서 상장되어 거래되는 미국달러옵션의 이론가격은 블랙과 숄즈 모형에 의하여 산출된 수치(소수점 둘째자리에서 반올림한다)로 한다.

$$C = S \cdot e^{-r_f t} \cdot N(d_1) - X \cdot e^{-r_f t} \cdot N(d_2)$$

$$P = X \cdot e^{-r_f t} \cdot N(-d_2) - S \cdot e^{-r_f t} \cdot N(-d_1)$$

$$d_1 = \frac{\ln \frac{S}{X} + (r - r_f + \frac{\sigma^2}{2}) \cdot t}{\sigma \sqrt{t}}$$

$$d_2 = d_1 - \sigma \sqrt{t}$$

C : 콜옵션가격

P : 풋옵션가격

S : 전일의 기초자산 기준가격

σ : 변동성(산출종목이 속하는 풋옵션 또는 콜옵션별로 2개근월 종목 중 행사가격괴리율이 1.5% 이내인 종목을 대상으로 행사가격가중치 및 전일의 약정수량을 가중하여 한국증권선물거래소가 산출하는 전일의 평균 연 내재변동성을 말한다. 다만, 당해 평균 연 내재변동성이 적당하지 아니하다고 인정하는 경우에는 그때마다 한국증권선물거래소가 산출하는 기초자산의 연 변동성을 말한다.)

$$\text{행사가격가중치} = \frac{(\text{행사가격괴리율} - 0.015)^2}{0.015^2}$$

평균 연 내재변동성

$$= \frac{\Sigma(\text{연 내재변동성} \times \text{약정수량가중치} \times \text{행사가격가중치})}{\Sigma(\text{약정수량가중치} \times \text{행사가격가중치})}$$

X : 행사가격

r : 한국증권업협회가 공시하는 전일 11시 30분 현재의 만기 91일 양도성 정기예금증서의 연 수익률

r_f : 영국은행협회(BBA)에서 발표하는 3개월 만기 런던은행 간 금리(LIBOR)

t : 산출일부터 최종거래일까지의 산출잔존기간의 일수/365

ln: 자연로그함수

e : 지수함수

$N(d)$: 누적표준정규분포함수

4. 변동성

블랙과 숄즈 모형에서 옵션가격을 결정하는 요인들 중 행사가격과 잔존기간은 옵션의 계약시 결정되어 있으며, 기초자산의 가격과 무위험이자율 또한 시장에서 쉽게 관찰할 수 있다. 그러나 기초자산 가격의 변동성은 직접 관찰할 수 없다. 왜냐하면 현재까지 만기일까지의 변동성을 정확하게 추정한다는 것은 불가능하기 때문이다.

그러나 옵션가격은 변동성에 민감하게 반응하므로 변동성을 추정하는 것은 중요하다고 할 수 있다. 변동성을 추정하는 방법에는 역사적 변동성을 이용하는 방법과 옵션가격모형에 주어진 변수들의 값을 대입하여 추정한 내재변동성을 이용하는 방법 등이 있다.

제 4 절 옵션투자전략

1. 옵션투자전략의 유형

선물이나 주식투자전략은 향후 가격이 상승 또는 하락의 예상을 근거로 하는 전략인 반면, 옵션투자전략은 향후 가격의 방향을 근거로 한 투자전략뿐만 아니라 변동성 전략도 세울 수 있다.

옵션투자전략은 투자목적별로 분류해 보면 〈표 14-5〉와 같이 정리할 수 있다.

첫째, 옵션 기본전략으로는 콜 또는 풋을 사거나 파는 단순한 것부터 옵션거래와 선물거래를 조합시킨 것까지 여러 전략이 있다.

둘째, 옵션 헷지거래로는 기초상품의 가격변동위험회피와 운용이익의 향상을 꾀하고자 하는 것으로 보호풋옵션(protective put option)과 보증된 콜옵션(covered call option)이 있다.

◀표 14-5 옵션거래전략의 유형

투자전략			이익	손실
기초자산의 시장가격에 따른 투자전략	강세장의 투자전략	콜 매수	무제한	제한
		수직적 강세 풋 스프레드	제한	제한
		수직적 강세 콜 스프레드	제한	제한
		풋 매도	제한	무제한
	약세장의 투자전략	풋 매수	무제한	제한
		수직적 약세 풋 스프레드	제한	제한
		수직적 약세 콜 스프레드	제한	제한
		콜 매도	제한	무제한
기초자산의 가격변동성에 따른 투자전략	강세장의 투자전략	스트래들 매수	무제한	제한
		스트랭글 매수	무제한	제한
		버터플라이 매도	제한	제한
	약세장의 투자전략	스트래들 매도	제한	무제한
		스트랭글 매도	제한	무제한
		버터플라이 매수	제한	제한
헷지포지션전략		보호풋옵션	무제한	제한
		보증된콜옵션	제한	무제한
선물포지션 합성전략		합성선물 매수	무제한	무제한
		합성선물 매도	무제한	무제한
		컨버젼	정액	–
		리버설	정액	–

셋째, 옵션 차익거래로는 옵션 간의 가격왜곡과 옵션가격, 선불가격 또는 현물가격 간의 괴리를 포착하여 그 차익을 얻으려고 하는 것으로 컨버젼과 리버설이 있다.

넷째, 옵션 스프레드거래는 두 개 이상의 서로 다른 옵션을 결합하여 사용함으로써 다양한 수익/위험 구조를 창출해내는 고도의 투자기법이다. 행사가격과 만기일이 서로 다른 옵션들을 어떠한 방식에 의해 결합하는가에 따라서 옵션 스프레드는 크게 수직 스프레드(vertical spread), 수평 스프레드(horizontal spread) 등으로 나누어진다. 또한 시장상황을 어떻게 예측하고 스프레드를 형성하는가에 의해 강세 스프레드(bull spread), 약세 스프레드(bear spread)로 구분되기도 한다.

2. 옵션 기본투자전략

이하에서는 현재 우리나라에서 거래되고 있는 주가지수옵션을 대상으로 옵션투자전략에 대해 살펴보고자 한다.

1) 콜옵션 매수

콜옵션 매수전략의 유형은 방향성 예측에 따른 투자전략이다. 이 전략의 사용 시기는 KOSPI200이 강세일 것이라고 예상될 때 사용한다. 이 전략은 가격하락의 위험을 한정시키면서 다른 어떤 전략보다 큰 레버리지 효과를 거둘 수 있는 전략으로 예상되는 상승폭이 클수록 OTM 옵션을 매수하는 전략이다. 이 전략의 만기시의 손익분기점은 행사가격과 지불한 프리미엄(=행사가격+지불한 프리미엄)이 된다.

만기시의 이익은 [그림 14-4]에서 보는 것처럼 KOSPI200이 손익분기점보다 높으면 상승폭에 비례하여 이익이 발생하게 되고, 만기시의 손실은 KOSPI200이 손익분기점보다 낮은 경우에 손실이 발생하며 지수가 행사가격 이하일 경우 최대손실은 지불한 프리미엄으로 한정된다.

그림 14-4 ▶
콜옵션 매수의 손익구조

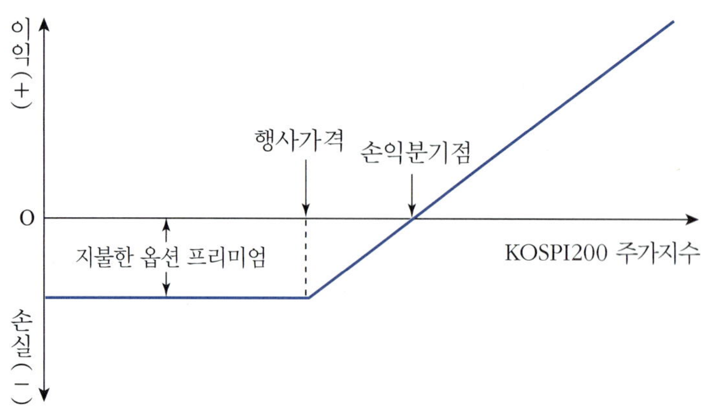

2) 콜옵션 매도

콜옵션 매도전략의 유형은 방향성 예측에 따른 투자전략이다. 콜옵션 매도전략 사용 시기는 KOSPI200이 상승할 가능성이 아주 적다고 확신할 때이다. 그러나 KOSPI200의 상승에 대하여 약간의 확신이 있으면 행사가격이 높은 콜옵션(OTM)을 매도하고, 가격하락 또는 횡보를 확신한다면 ATM 콜옵션을 매도한다.

콜옵션 매도전략의 만기 시 손익분기점은 행사가격과 수령한 옵션 프리미엄(= 행사가격 + 수령한 옵션 프리미엄)이 된다. [그림 14-5]에서 보는 바와 같이 콜옵션 매도전략의 만기 시 이익은 KOSPI200이 손익분기점보다 낮은 경우에 이익이 발생하며 지수가 행사가격 이하일 때 최대이익이 수취한 프리미엄으로 발생하고, 만기 시 손실은 KOSPI200이 손익분기점보다 높을 경우에 손실이 발생하며 지수가 상승할수록 손실은 커진다.

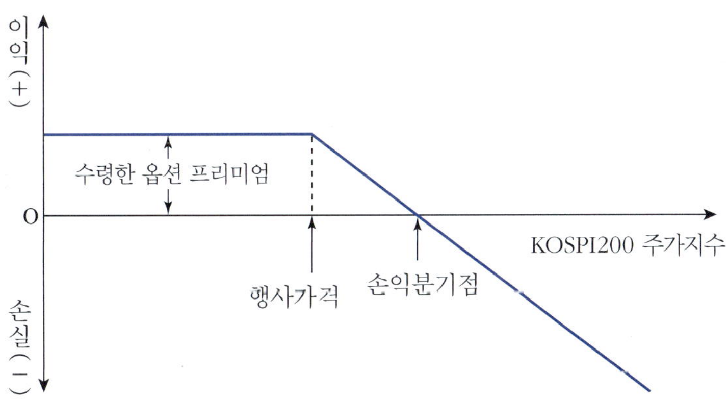

◀ 그림 14-5
콜옵션 매도의 손익구조

3) 풋옵션 매수

풋옵션 매수전략의 유형은 방향성 예측에 따른 투자전략이다. 풋옵션 매수전략의 사용 시기는 KOSPI200이 약세일 것이라 예상될 때이다. 예상되는 하락 폭이 클수록 행사가격이 낮은 옵션을 매수하는 전략이다. 풋옵션 매수의 만기시 손익분기점은 행사가격에서 지불한 옵션 프리미엄을 차감한 값(= 행사가격 − 지불한 옵션 프리미엄)이 된다. 풋옵션 매수의 만기시 이익은

KOSPI200이 손익분기점보다 낮은 경우 이익이 발생하며 하락폭에 비례하여 이익이 증가한다. 풋옵션 매수의 만기 시 손실은 [그람 14-6]에서 보는 바와 같이 KOSPI200이 손익분기점보다 높은 경우에 손실이 발생하며 지수가 행사가격 이상일 경우 최대손실은 지불한 프리미엄으로 발생한다.

그림 14-6 ▶
풋옵션 매수의 손익구조

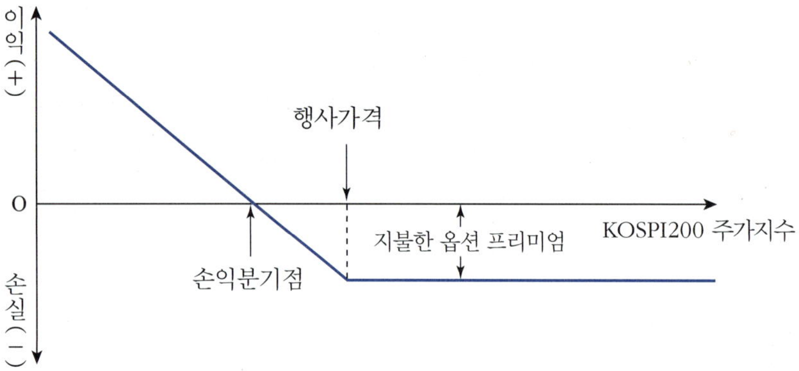

4) 풋옵션 매도

풋옵션 매도전략의 유형은 방향성 예측에 따른 투자전략이다. 풋옵션 매도전략의 사용 시기는 KOSPI200이 하락할 가능성이 아주 적다고 확신할 때이다.

KOSPI200의 하락 가능성에 대한 약간의 확신이 있으면 행사가격이 낮은 OTM 풋옵션을 매도하고, 상승 또는 횡보를 확신한다면 ATM 풋옵션을 매도한다. 풋옵션 매도의 만기시 손익분기점은 행사가격에서 수령한 옵션 프리미엄을 차감한 값(= 행사가격 − 수령한 옵션 프리미엄)이다. 풋옵션 매도의 만기시 이익은 KOSPI200이 손익분기점보다 낮은 경우에 이익이 발생하며 손실 폭은 지수하락 폭에 비례한다. 풋옵션 매도의 만기시 손실은 [그림 14-7]에서 보는 것 처럼 KOSPI200이 손익분기점보다 낮은 경우에 손실이 발생한다.

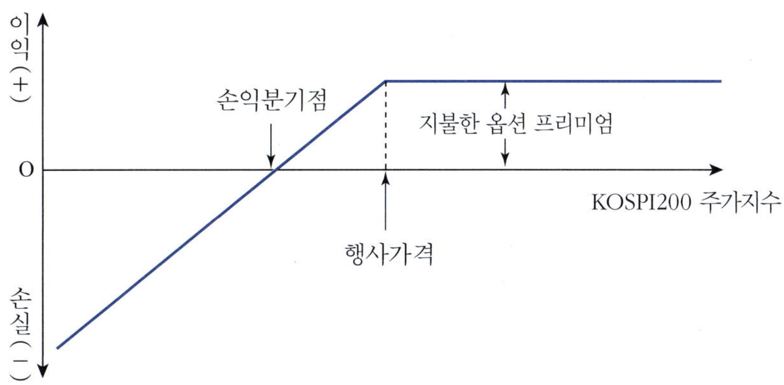

◀ 그림 14-7
풋옵션 매도의 손익구조

3. 옵션 헷지거래전략

1) 보증된 콜옵션

보증된 콜옵션(covered call)투자 전략의 유형은 헷지거래 중의 하나이다. 보증된 콜옵션 투자포지션의 내용은 현물포트폴리오(또는 선물매수)에 콜옵션을 매도한 포지션이다. 보증된 콜옵션의 투자전략의 사용 시기는 현물포트폴리오를 보유한 상태에서 지수가 별로 변동하지 않을 것으로 예상될 때이다. 상승 시 높은 이익을 원할 경우에는 OTM의 콜옵션을 매도할 수 있으나 하락 시에는 손실이 커진다. 따라서 하락시의 손실 최소화에 역점을 둘 경우 ITM의 콜옵션을 매도하는데 상승시의 이익은 그만큼 감소한다. 보증된 콜옵션투자전략의 만기시 손익분기점은 매수시의 KOSPI200에서 수령한 옵션 프리미엄을 차감한 값(= 매수시의 KOSPI200 − 수령한 옵션 프리미엄)이다. 보증된 콜옵션투자전략의 만기 시 이익은 KOSPI200이 손익분기점보다 높은 경우에 이익이 발생하며 최대이익은 콜옵션의 행사가격에서 KOSPI200 매수가격을 차감하고 수취한 옵션 프리미엄을 더한 값(= 콜옵션의 행사가격 − KOSPI200매수가격 + 수취한 옵션 프리미엄)이다. 또한 보증된 콜옵션투자전략의 만기 시 손실은 [그림 14-8]에서 보는 바와 같이 KOSPI200이 손익분기점보다 낮은 경우에 손실이 발생하며 하락 폭에 비례하여 손실은 증가한다.

그림 14-8 ▶
보증된 콜옵션의 손익구조

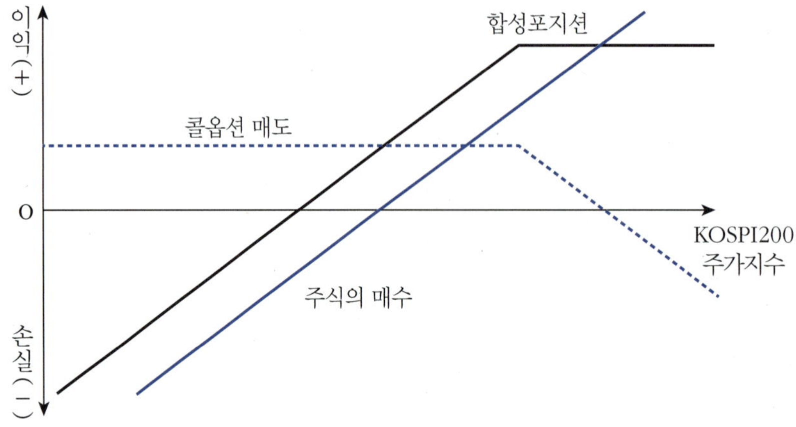

2) 방어적 풋옵션

방어적 풋옵션(protective put) 투자전략의 유형은 헷지거래전략의 하나이다. 방어적 풋옵션 투자전략의 포지션 내용은 현물포트폴리오(또는 선물거래)와 풋옵션을 매수한 포지션이다. 방어적 풋옵션 투자전략의 사용 시기는 현물포트포리오 보유 시 향후 지수가 크게 하락할 것으로 예상되는 경우이다.

지수 하락 시 최대손실을 일정액으로 제한하기를 원할 때에는 ITM의 풋옵션을 매수할 수 있으나 상승 시의 이익은 옵션 프리미엄만큼 낮아진다. 따라서 상승시의 이익확보에 중점을 둘 때는 OTM의 풋옵션을 매수한다. 보호풋, 방어적 풋옵션 투자전략의 만기 시 손익분기점은 매수 시의 KOSPI200에 지불한 옵션 프리미엄 합한 값(=매수시의 KOSPI200+지불한 옵션 프리미엄)이다. 보호풋, 방어적 풋옵션 투자전략의 만기시 이익은 KOSPI200이 손익분기점보다 높은 경우에 이익이 발생하며 그 상승폭이 클수록 이익이 증가하고, 만기 시 손실은 [그림 14-9]에서 보는 바와 같이 KOSPI200이 손익분기점보다 낮은 경우에 손실이 발생하며 지수가 행사가격 이하가 되었을 때 최대손실은 이미 지불한 옵션 프리미엄이 된다.

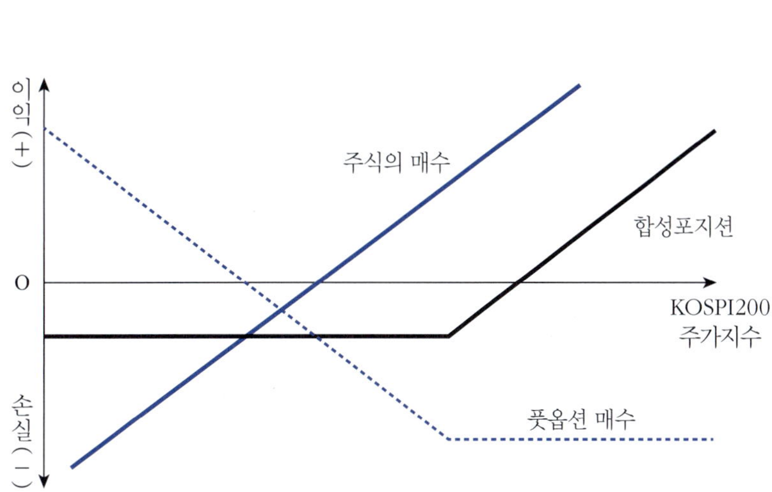

◀ 그림 14-9
방어적 풋옵션의 손익구조

4. 옵션 차익거래전략

1) 합성선물의 매수

직접 선물을 매수하지 않고 옵션을 이용하여 옵션을 합성하여 선물 매수와 동일한 손익구조를 가질 수 있다. 즉, [그림 14-10]과 같이 만기와 권리행사가격이 같은 콜옵션을 매수하고 풋옵션을 매도하여 선물매수와 동일한 포지션을 합성할 수 있다. 앞으로 주가의 상승이 예상될 경우의 투자전략인 동시에 기존의 선물과 같이 차익거래전략으로도 사용될 수 있다.

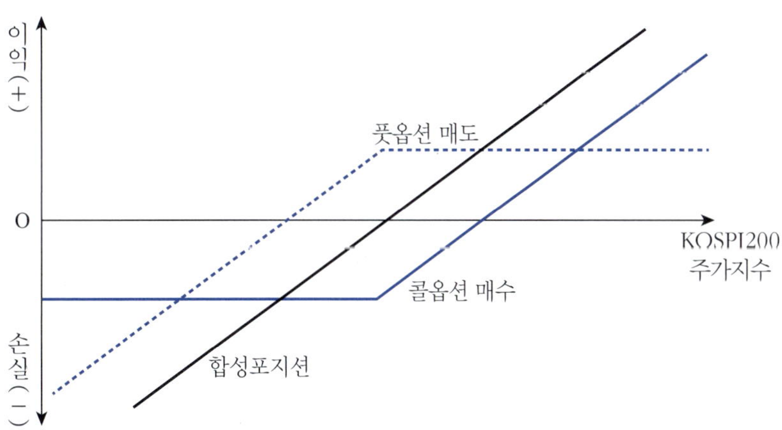

◀ 그림 14-10
합성선물 매수의 손익구조

2) 합성선물의 매도

선물의 매도도 마찬가지로 직접 선물을 매도하지 않고 옵션을 이용하여 옵션을 합성하여 선물매도와 동일한 손익구조를 가질 수 있다. 즉, [그림 14-11]과 같이 만기와 권리행사가격이 같은 콜옵션을 매도하고 풋옵션을 매입하여 선물매도와 동일한 포지션을 합성할 수 있다. 앞으로 주가의 하락이 예상될 경우의 투자전략인 동시에 기존의 선물과 같이 차익거래전략으로도 사용될 수 있다.

그림 14-11 ▶ 합성선물 매도의 손익구조

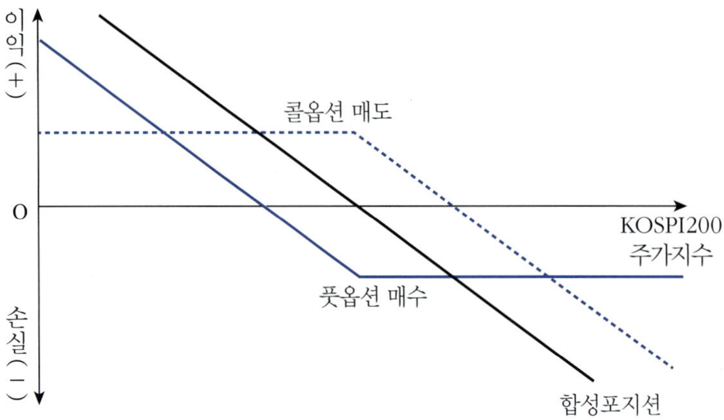

3) 컨버젼

컨버젼(conversion)은 콜옵션이 상대적으로 고평가되고 풋옵션이 상대적으로 저평가되었을 때 또는 선물이 저평가되었을 때 이용하는 차익거래전략이다. 따라서 컨버젼의 포지션은 [그림 14-12]와 같이 고평가된 콜옵션을 매도하고 저평가된 풋옵션을 매수하는 합성매도포지션과 저평가된 선물을 매수하여 구성한다. 컨버젼의 만기 시 차익은 다음과 같다.

> 컨버젼 순이익
> = (콜 프리미엄 − 풋 프리미엄) − (선물매수가격 − 옵션행사가격)

컨버젼 손익의 특징은 만료일의 선물의 가격수준과 관계없이 일정하다. 다만 차익이 거래비용을 초과해야 한다. 선물은 일일정산되는 데 반하여

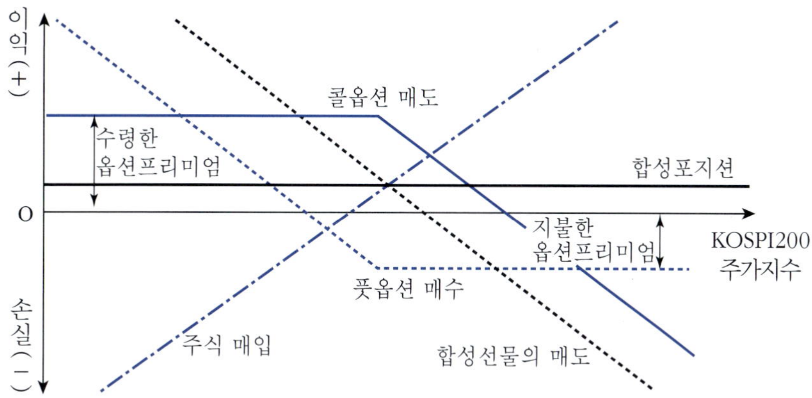

그림 14-12 컨버젼의 손익구조

옵션은 평가손익으로 계산됨에 따라 현금 증거금의 부족을 유발할 수 있으므로 충분한 증거금 확보가 전제된다.

4) 리버설

리버설(reversal)은 컨버젼과 정반대의 차익거래전략이다. 즉, 리버설은 콜옵션이 상대적으로 저평가되고 풋옵션이 상대적으로 고평가되었을 때 또는 선물이 고평가되었을 때 이용한다. 리버설의 포지션은 [그림 14-13]과 같이 고평가된 선물을 매도함과 동시에 저평가된 콜옵션을 매입하고 고평가된 풋옵션을 매도하여 구성한다. 리버설의 만기 시 차익은 다음과 같다.

> 리버설순이익
> = (풋 프리미엄 − 콜 프리미엄) − (옵션행사가격 − 선물매도가격)

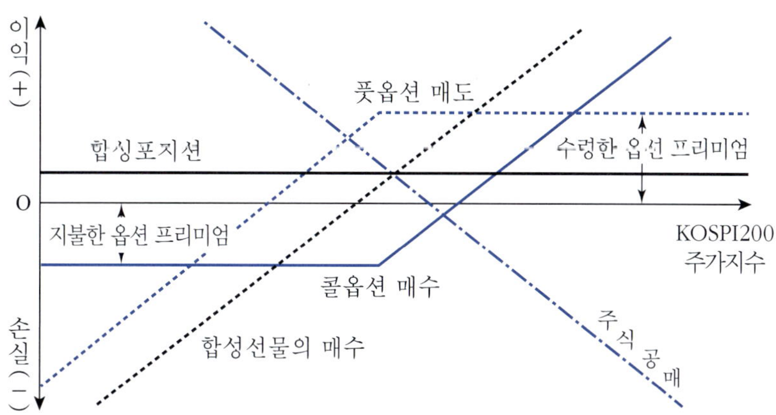

그림 14-13 리버설의 손익구조

리버설의 손익은 만료일의 선물가격수준과 관계없이 차익을 확보할 수 있다. 다만 차익이 거래비용을 초과해야 한다.

5. 옵션 스프레드거래전략

1) 수직적 강세 콜옵션 스프레드

수직적 강세 콜옵션 스프레드(bull call spread) 투자의 전략 유형은 방향성 예측에 따른 투자전략이다. 수직적 강세 콜옵션 스프레드 투자의 포지션 내용은 [그림 14-14]와 같이 콜옵션매수포지션과 콜옵션매도포지션을 합한 포지션이다. 수직적 강세 콜옵션 스프레드 투자의 사용 시기는 KOSPI 200이 어느 정도 강세일 것으로 예상이 되나 확신이 서지 않을 때이다. 상승의 이익이 한정적인 대신에 하락 시에도 손실을 한정할 수 있어 강세장에서 보편화된 전략이다.

그림 14-14 ▶ 수직적 강세 콜옵션 스프레드의 손익구조

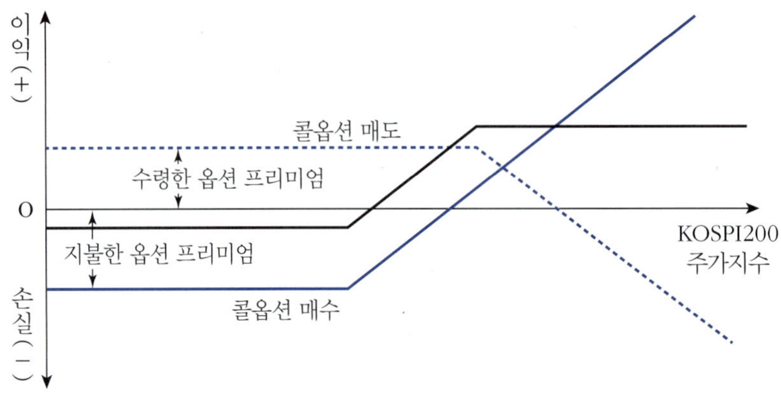

2) 수직적 강세 풋옵션 스프레드

수직적 강세 풋옵션 스프레드(bull put spread) 투자의 전략 유형은 방향성 예측에 따른 투자전략이다. 수직적 강세 풋옵션 스프레드 투자의 포지션 내용은 [그림 14-15]와 같이 풋옵션매수포지션과 풋옵션매도포지션을 합한 포지션이다. 수직적 강세 풋옵션 스프레드 투자의 사용 시기는 KOSPI200이

어느 정도 강세일 것으로 예상이 되나 확신이 서지 않을 때이다. 상승의 이익이 한정적인 대신에 하락 시에도 손실을 한정할 수 있어 강세장에서 보편화된 전략이다.

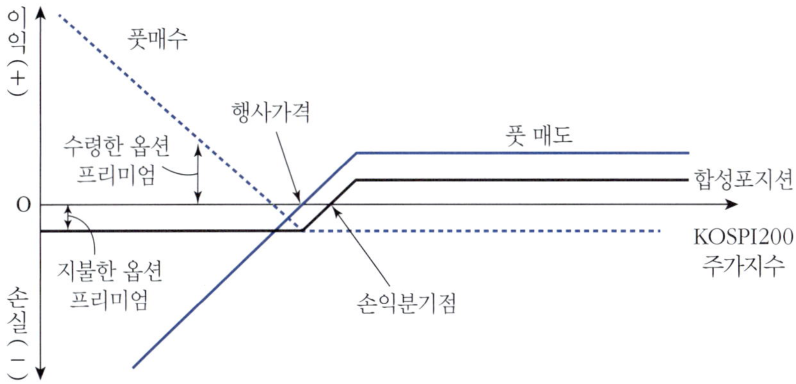

◀ 그림 14-15 수직적 강세 풋옵션 스프레드의 손익구조

3) 수직적 약세 콜옵션 스프레드

수직적 약세 콜옵션 스프레드 전략의 유형은 방향성 예측에 따른 투자전략이다. 수직적 약세 콜옵션 스프레드 전략의 포지션 내용은 [그림 14-16]과 같이 콜옵션매도포지션과 콜옵션매수포지션을 합한 포지션이다. 수직적 약세 콜옵션 스프레드 전략의 사용 시기는 KOSPI200이 하락할 것이라 예상될 때이고, 수직적 약세 스프레드와 동일하나 차이점은 프리미엄의 차액을 받을 수 있다는 점이다.

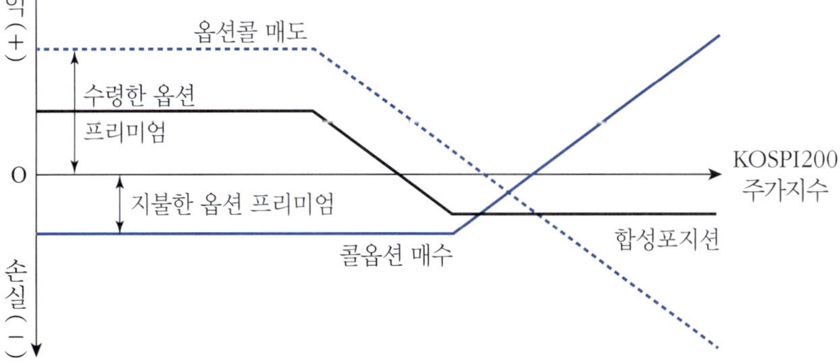

◀ 그림 14-16 수직적 약세 콜옵션 스프레드의 손익구조

4) 수직적 약세 풋옵션 스프레드

수직적 약세 풋옵션 스프레드 전략의 유형은 방향성 예측에 따른 투자전략이다. 수직적 약세 풋옵션 스프레드 전략의 포지션 내용은 [그림 14-17]과 같이 풋옵션매도포지션과 풋옵션매수포지션을 합한 포지션이다. 수직적 약세 풋옵션 스프레드 전략의 사용 시기는 KOSPI200이 하락할 것이라 예상될 때 또는 KOSPI200이 어느 정도 약세일 것으로 예상되나 확신이 서지 않을 때이다.

그림 14-17 ▶ 수직적 약세 풋옵션 스프레드의 손익구조

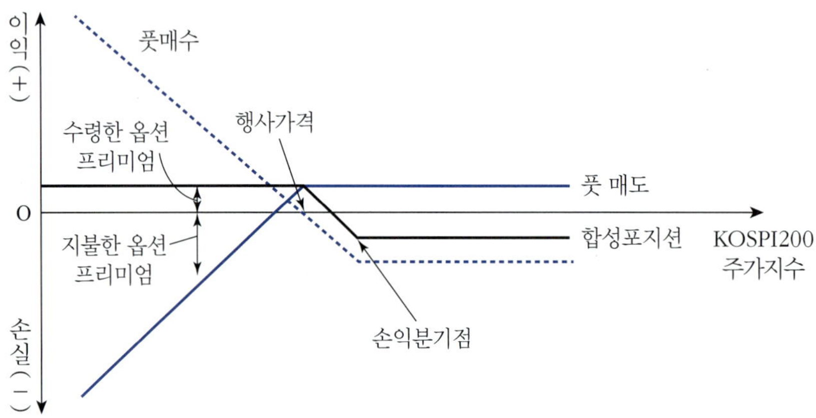

6. 기타 옵션 합성거래전략

1) 스트래들 매수

스트래들(straddle) 매수전략의 유형은 변동성 및 방향성 예측에 따른 투자전략이다. 스트래들 매수전략의 포지션 내용은 [그림 14-18]과 같이 콜옵션매수 포지션과 풋옵션매수포지션을 합한 포지션이다. 이때 행사가격과 만기가 동일해야 한다.

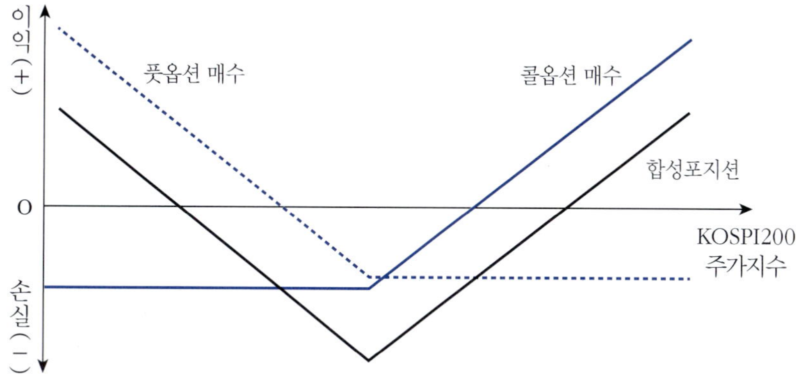

◀ 그림 14-18 스트래들 매수의 손익구조

2) 스트래들 매도

스트래들 매도전략의 유형은 변동성 및 방향성 예측에 따른 투자전략이다. 스트래들 매도전략의 포지션 내용은 [그림 14-19]와 같이 콜옵션매도포지션과 풋옵션매도포지션을 합한 포지션이다. 이때 행사가격과 만기가 동일해야 한다.

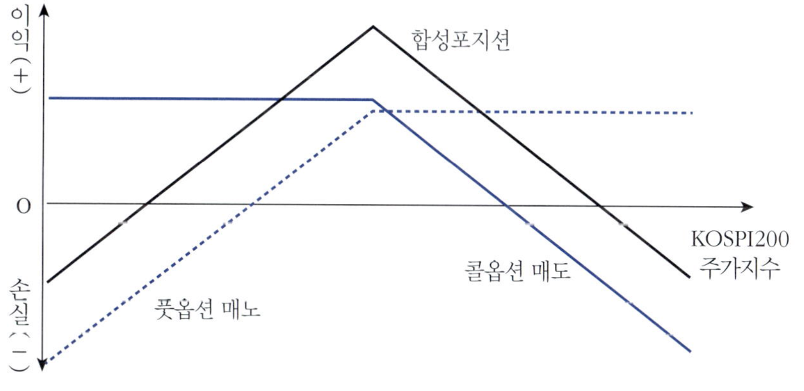

◀ 그림 14-19 스트래들 매도의 손익구조

3) 스트랭글 매수

스트랭글(strangle) 매수전략의 유형은 변동성 및 방향성 예측에 따른 투자 전략이다. 스트랭글 매수전략의 포지션 내용은 [그림 14-20]과 같이 콜옵션매수포지션과 풋옵션 매수포지션을 합한 포지션이다. 이때 행사가격은 틀리고 만기는 동일해야 한다.

그림 14-20 ▶
스트랭글 매수의 손익구조

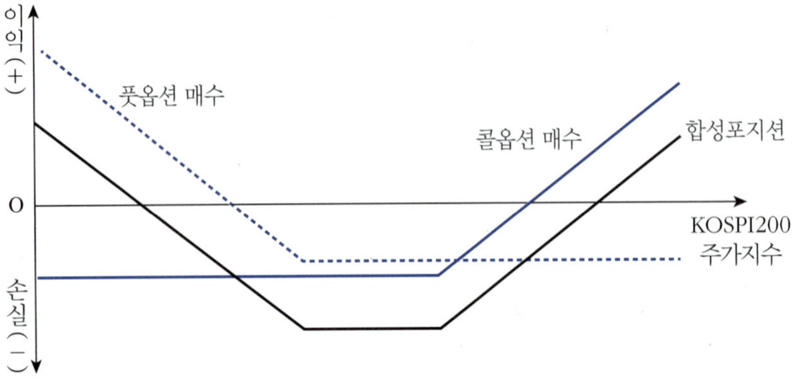

4) 스트랭글 매도

스트랭글 매도전략의 유형은 변동성 및 방향성 예측에 따른 투자전략이다. 스트랭글 매도전략의 포지션 내용은 [그림 14-21]과 같이 콜옵션매도포지션과 풋옵션매도포지션을 합한 포지션이다. 이때, 행사가격은 틀리고 만기는 동일해야 한다.

그림 14-21 ▶
스트랭글 매도의 손익구조

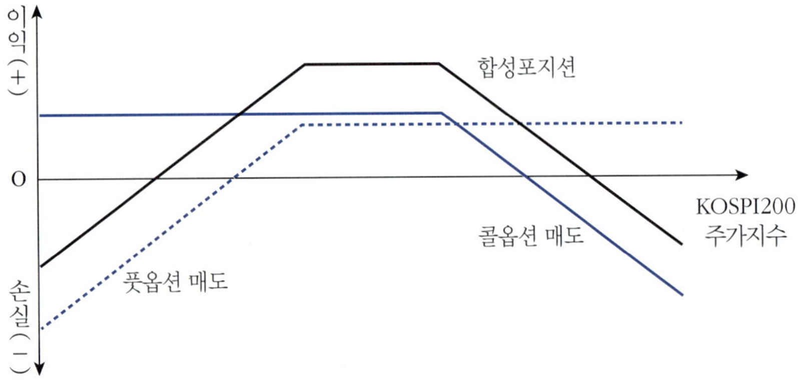

5) 나비형 스프레드 매수

나비형 스프레드(butterfly spread)는 변동성 예측에 따른 투자전략이다. 일반적으로 나비형 스프레드는 행사가격이 다른 세 종류의 옵션을 이용하여 포지션을 구성한다. 나비형 스프레드 매수(long butterfly spread)

전략은 [그림 14-22]와 같이 행사가격이 가장 낮은 옵션과 가장 높은 옵션은 각각 하나씩 매입하고 중간의 행사가격을 가진 옵션은 두 개를 매도하는 것이다. 나비형 스프레드 매수의 손익구조는 [그림 14-22]와 같다.

나비형 스프레드 매수는 주가의 변동이 미미할 때 이익을 얻을 수 있다. 따라서 이 전략은 주가의 방향은 불분명하나 변동성이 크지 않을 것으로 예상될 때 이용할 수 있다.

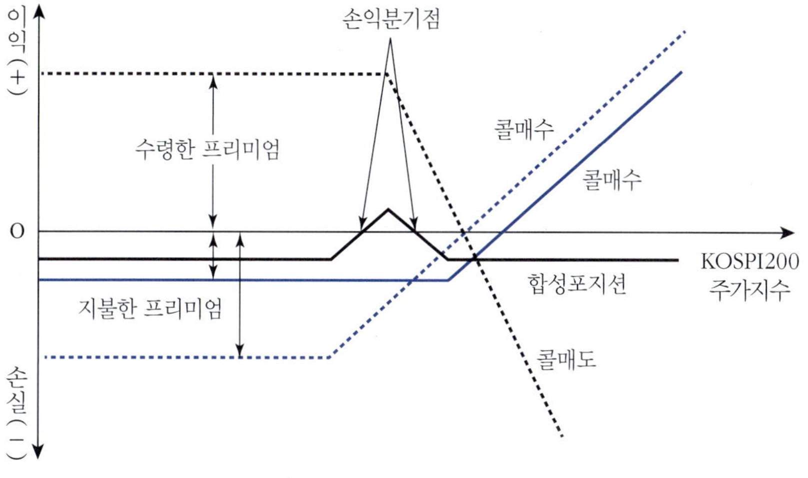

◀ 그림 14-22
나비형 스프레드 매수의 손익구조

6) 나비형 스프레드 매도

나비형 스프레드 매도(short butterfly spread)는 나비형 스프레드 매수와 정반대의 포지션으로 구성되기 때문에 역 나비형 스프레드(reverse butterfly spread)라고도 한다. 즉, 나비형 스프레드 매도의 포지션은 [그림 14-23]과 같이 행사가격이 가장 낮은 옵션과 가장 높은 옵션을 각각 하나씩 매도하고 중간의 행사가격을 가진 옵션을 두 개를 매수하여 구성한다. 따라서 이 전략의 손익구조도 나비형 스프레드 매수와 정반대로 나타난다. 주가의 변동이 클 때 이익을 얻을 수 있다.

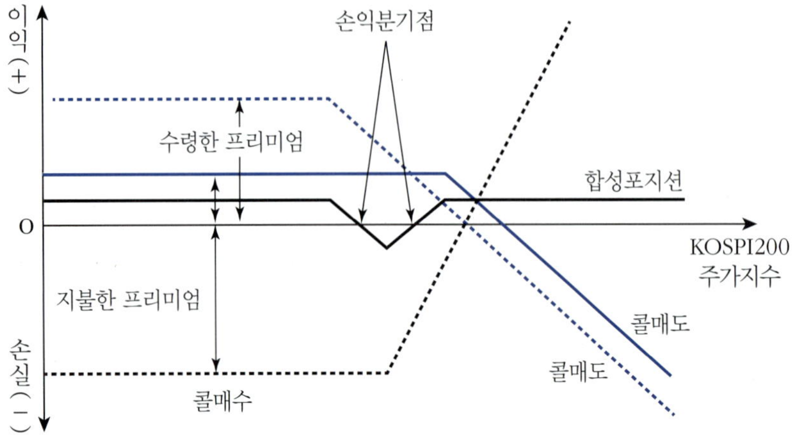

그림 14-23 ▶ 나비형 스프레드 매도의 손익구조

주요용어

- 옵션(option) 거래
- 콜옵션(call option)
- 풋옵션(put option)
- 기초자산(underlying assets)
- 상품옵션(commodity option)
- 금융옵션(financial option)
- 행사가격(exercise or striking price)
- 만기일(expiration date)
- 옵션클라스(option class)
- 옵션시리즈(option series)
- 미결제 약정수량(open interest)
- 유럽형 옵션(European option)
- 미국형 옵션(American option)
- 옵션가격 또는 옵션프리미엄(option price or option premium)
- 이항옵션가격결정모형(binomial option pricing model)
- 블랙과 숄즈의 옵션가격결정모형(Black and Scholes option pricing model)

연/습/문/제

01 옵션계약의 매입자와 매도자가 지니는 권리와 의무를 구분하여 설명하라.

02 콜옵션과 풋옵션의 매입자와 매도자의 순이익 패턴의 특징을 설명하라.

03 옵션의 내재가치와 시간가치의 차이점을 설명하라.

04 옵션가격의 결정요인에 대하여 설명하라.

05 옵션거래의 종류에 대하여 설명하라.

06 옵션가격의 결정요인에 대한 설명으로 틀린 것은? (AFPK 유사문제)

① 대상 기초자산 수익률의 분산이 증가하면 콜옵션의 가치는 상승하나 풋옵션의 가치는 감소한다.

② 대상자산의 행사가격이 상승하면 콜옵션의 가치는 감소하나 풋옵션의 가치는 증가한다.

③ 만기일까지 잔존기간이 길면 콜옵션과 풋옵션의 가치는 모두 상승한다.

④ 옵션의 기초자산인 주식에 대해 배당이 지급되면 콜옵션의 가치는 하락하고 풋옵션의 가치는 증가한다.

07 옵션거래와 관련된 다음 설명 중 잘못된 것은? (AFPK 유사문제)

① 옵션거래는 살 수 있는 권리 또는 팔 수 있는 권리를 사고 파는 거래이다.

② 행사가격은 옵션거래에서 기초자산에 대해 사전에 정한 매입가격 또는 매도가격이다.

③ 권리행사를 하면 매수자에게 이익을 발행사는 옵션을 외가격옵션(OTM)이라 한다.

④ 옵션의 가격 중 내재가치를 초과하는 부분이 옵션의 시간가치이다.

08 반도기입은 월스트리트로부터 다음과 같은 미완성 자료를 받았다. 다음 중 틀린 것은? (단, 5월 주가는 168이다) (AFPK 유사문제)

행사가격	Call		Put
	5 월	6 월	5 월
160	A	B	D
165	5.75	C	6
170			E

① B는 A, C보다 크다. E는 D보다 크다.

② call의 행사가격이 165일 때, 내재가치는 3이고 시간가치는 2.75이다.

③ put의 행사가격이 165일 때, 내재가치는 3이고 시간가치는 9달러이다.

④ 165call은 ITM이고 165put은 OTM에 있다.

09 향후 주식시장이 적은 변동성을 보일 것으로 예상될 때, 취할 수 있는 옵션전략은? (CFP 대비)

가. 스트래들 매수	나. 스트랭들 매도	다. 버터플라이 매도
라. 스트래들 매도	마. 스트랭글 매수	바. 버터플라이 매수

① 가, 나, 다 ② 가, 다, 라 ③ 나, 라, 바
④ 나, 다, 바 ⑤ 라, 마, 바

10 다음 중 옵션의 특성에 대한 설명 중 거리가 먼 것을 고르시오.
(파생상품투자권유자문인력 유사문제)

① 옵션의 시간가치는 등가격(At the money)상태에서 가장 크다.
② 옵션의 시간가치는 옵션의 현재가치와 내재가치와의 차이이다.
③ 옵션의 만기가 길수록 시간가치는 커진다.
④ 옵션의 시간가치는 옵션의 만기와 무관하다.

11 다음 중 시장의 강세가 예상될 때 유리한 전략을 고르시오.
(파생상품투자권유자문인력 유사문제)

① 풋 매수 ② 콜 매수
③ 수직 약세 스프레드 ④ 순수 매도 포지션

12 다음 중 Covered Call에 대한 설명 중 잘못된 것을 고르시오.
(파생상품투자권유자문인력 유사문제)

① 콜 옵션이 행사되면 보유하고 있는 주식을 인도함으로써 의무를 이행하게 된다.
② 가장 기본적인 헤지거래전략이다.
③ 보유주식 한 주에 대해 하나의 콜 옵션을 발행하는 것이다.
④ 주식을 보유하지 않은 상태에서 콜 옵션을 발행할 경우에도 옵션 발행자 부담위험이 무한정 커지는 것은 아니다.

13 투자해 씨는 H전자에 대한 주식을 10,000원에 매입하고 동 주식을 기초자산으로 하는 풋옵션에 매입하여 포트폴리오를 구성할 것을 구상하고 있다. 현재 시장에서 H전자 주식을 기초자산으로 하고 행사가격이 10,500원인 3개월 만기 풋옵션의 프리미엄이 2,000원일 경우 옵션 프리미엄 중 시간가치는 얼마인가?

14 무위험이자율은 연 10.25%이며, (주)상상의 주가는 현재 21,000원이다. 이 주식에 대한 콜옵션의 행사가격은 20,000원이며 콜옵션의 가격은 2,700원이다. 또한 이 주식에 대한 풋옵션의 행사가격은 20,000원이며 풋옵션의 가격은 500원이다. 두 개의 옵션 모두 만기는 6개월 후이다.

(1) 풋콜 패러티를 이용하여 어느 옵션이 과대 혹은 과소평가되었는가를 제시하고 차익거래 기회가 존재하는가?

(2) 차익거래를 위한 거래전략을 제시하고 차익거래에 의한 초과수익은 얼마나 얻어질 것인가?

참고 옵션 상품명세서

코스피200 옵션

코스피200 옵션은 유가증권시장본부에 상장된 주권 200 종목의 시가총액 기준으로 산출된 코스피200 지수 [산출기준시점 1990.01.03]를 기초자산으로 하는 상품이다. 이처럼 코스피200 옵션은 주가지수를 거래대상으로 하고 있어 최종결제방법으로 현금결제를 채택하고 있다.

상품명세

기초자산	코스피200지수
거래단위	코스피200옵션가격×25만(거래승수)
결제월	매월
상장결제월	비분기월 4개 및 분기월 7개(3,9월 각 1개, 6월 2개, 12월 3개)
행사가격의 설정	각 결제월의 최초 상장시 행사가격 설정방법 ① 최근 6개월 : 2.5포인트 간격으로 ATM 1개, ITM 16개, OTM 16개 ② 제 7 및 8근월물 : 5포인트 간격으로 ATM 1개, ITM 12개, OTM 12개 ③ 최종결제월이 가장 나중에 도래하는 3개 월물 : 10포인트 간격으로 ATM 1개, ITM 6개, OTM 6개 지수 변동에 따라 항상 ATM 기준으로 아래 행사가격 수가 유지되도록 추가 설정 ① 최근 6개월 : 33개 ② 제 7 및 8근월물 : 25개 ③ 최종결제월이 가장 나중에 도래하는 3개 월물 : 13개 최종거래일 도래로 신규결제월 상장 시 결제월 순서에 따라 상기와 같이 행사가격 추가 설정
가격의 표시	프리미엄(포인트)
호가가격단위	프리미엄 10 이상 : 0.01 포인트 프리미엄 10 미만 : 0.05 포인트
최소가격변동금액	프리미엄 10 이상 : 2,500원(25만원×0.01포인트) 프리미엄 10 미만 : 12,500원(25만원×0.05포인트)
거래시간	09:00 ~ 15:45 (최종거래일 09:00 ~ 15:20)

최종거래일	각 결제월의 두 번째 목요일(공휴일인 경우 순차적으로 앞당김)
최종결제일	최종거래일의 다음 거래일
권리행사	최종거래일에만 가능(European 형)
결제방법	현금결제
가격제한폭	기초자산 기준가격 대비 아래에 해당하는 옵션이론가격을 단계적으로 확대 적용 ① ±8% ② ±15% ③ ±20%
단일가격경쟁거래	개장시(08:30 ~ 09:00) 및 거래종료시(15:35 ~ 15:45)
필요적 거래중단 (Circuit Breakers)	현물가격 급변으로 매매거래 중단 시 선물옵션거래 일시 중단 및 단일가로 재개

출처: http://www.krx.co.kr

코스닥150 옵션

코스닥150 옵션은 코스닥시장의 기술주 섹터에 중점을 두면서 코스닥 종합지수의 흐름을 잘 따라가도록 시장대표성, 섹터대표성, 유동성 등의 기준으로 선정된 150개 종목으로 구성된 코스닥150지수[산출기준시점 2010. 1. 4, 1,000p]를 거래대상으로 하는 상품이다. 최종결제방법은 현금결제방식을 채택하고 있다.

상품명세

기초자산	코스닥150지수
거래단위	코스닥150옵션가격×1만(거래승수)
결제월	매월
상장결제월	비분기월물 2개 및 분기월 4개(3, 6, 9, 12월)
행사가격의 설정	각 결제월 거래개시일의 행사가격 설정방법 : 25포인트 간격으로 ATM 1개, ITM 8개, OTM 8개 지수변동에 따라 ATM 기준으로 항상 아래 행사가격 수가 유지되도록 추가설정 : ATM 상하로 가 8개가 유지되도록 설정(25포인트 간격) 최종거래일 도래로 신규결제월 상장 시 결제월 순서에 따라 상기와 같이 행사가격 추가 설정
가격의 표시	프리미엄(포인트)
호가가격단위	프리미엄 10 이상 : 0.01 포인트 프리미엄 10 미만 : 0.05 포인트

최소가격변동금액	프리미엄 10 이상 : 2,500원(25만원×0.01포인트) 프리미엄 10 미만 : 12,500원(25만원×0.05포인트)
거래시간	09:00 ~ 15:45 (최종거래일 09:00 ~ 15:20)
최종거래일	각 결제월의 두 번째 목요일(공휴일인 경우 순차적으로 앞당김)
최종결제일	최종거래일의 다음 거래일
권리행사	최종거래일에만 가능(European 형)
결제방법	현금결제
가격제한폭	기초자산 기준가격 대비 아래에 해당하는 옵션이론가격을 단계적으로 확대 적용 ① ±8% ② ±15% ③ ±20%
거래증거금 기준가격	최종 약정가격(최종 약정가격이 없는 경우, 옵션이론가격)
기준가격	전일의 거래증거금 기준가격
단일가격경쟁거래	개장시(08:30~09:00) 및 거래종료시(15:35~15:45)
상장일	2018년 3월 26일

출처: http://www.krx.co.kr

주식옵션

주식시장에 상장되어 있고 유통주식수가 1,000만주 이상, 소액주주수가 10,000명 이상, 1년간 총거래대금이 5,000억원 이상인 보통주식 중에서 시가총액과 재무상태 등을 감안하여 선정한 기업이 발행한 주식을 기초자산으로 하는 옵션상품이다.

상품명세

기초자산	주식옵션 기초자산 목록 (하단참조)
거래단위	주식옵션가격×10(거래승수)
결제월	비분기월 중 2개, 분기월 중 4개
상장결제월	1년 이내의 9개 결제월
행사가격의 설정	행사가격의 수 : 9개 행사가격의 간격 : 권리행사간격의 수준 및 잔존만기에 따라 달리 적용 권리행사간격의 간격폭 :

<table>
<tr><td></td><td>
<table>
<tr><th>권리행사간격의 수준</th><th>연속 3개 결제월</th><th>그 밖의 결제월</th></tr>
<tr><td>① 5,000원 이하</td><td>100원</td><td>200원</td></tr>
<tr><td>② 5,000원 초과 − 10,000원 이하</td><td>200원</td><td>400원</td></tr>
<tr><td>③ 10,000원 초과 − 20,000원 이하</td><td>500원</td><td>1,000원</td></tr>
<tr><td>④ 20,000원 초과 − 50,000원 이하</td><td>1,000원</td><td>2,000원</td></tr>
<tr><td>⑤ 50,000원 초과 − 100,000원 이하</td><td>2,000원</td><td>4,000원</td></tr>
<tr><td>⑥ 100,000원 초과 − 200,000원 이하</td><td>5,000원</td><td>10,000원</td></tr>
<tr><td>⑦ 200,000원 초과 − 500,000원 이하</td><td>10,000원</td><td>20,000원</td></tr>
<tr><td>⑧ 500,000원 초과 − 1,000,000원 이하</td><td>20,000원</td><td>40,000원</td></tr>
<tr><td>⑨ 1,000,000원 초과</td><td>50,000원</td><td>100,000원</td></tr>
</table>
</td></tr>
<tr><td>가격의 표시</td><td>프리미엄(원화)</td></tr>
<tr><td></td><td>
<table>
<tr><th>옵션가격</th><th>호가가격단위</th></tr>
<tr><td>① 1,000원 미만</td><td>10원</td></tr>
<tr><td>② 1,000원 이상 − 2,000원 미만</td><td>20원</td></tr>
<tr><td>③ 2,000원 이상 − 5,000원 미만</td><td>50원</td></tr>
<tr><td>④ 5,000원 이상 − 10,000원 미만</td><td>100원</td></tr>
<tr><td>⑤ 10,000원 이상</td><td>200원</td></tr>
</table>
</td></tr>
<tr><td>거래시간</td><td>09:00~15:45(최종거래일 09:00~15:20)</td></tr>
<tr><td>최종거래일</td><td>각 결제월의 두 번째 목요일(공휴일인 경우 순차적으로 앞당김)</td></tr>
<tr><td>최종결제일</td><td>최종거래일의 다음 거래일</td></tr>
<tr><td>권리행사</td><td>최종거래일에만 가능(European 형)</td></tr>
<tr><td>결제방법</td><td>현금결제</td></tr>
<tr><td>가격제한폭</td><td>기초자산 기준가격 대비 아래에 해당하는 옵션이론가격을 단계적으로 확대 적용
① ±10% ② ±20% ③ ±30%</td></tr>
<tr><td>단일가격경쟁거래</td><td>개장시(08:30 ~ 09:00) 및 최종거래일 이외의 거래종료시(15:35 ~ 15:45)</td></tr>
<tr><td>필요적 거래중단
(Circuit Breakers)</td><td>현물가격 급변시 주식옵션 거래 일시 중단</td></tr>
</table>

출처: http://www.krx.co.kr

주식옵션 기초자산 목록

파생상품	기초시장	기초주권명	기초주권 약명
파생 옵션 현대모비스	유가증권	현대모비스보통주	현대모비스
파생 옵션 삼성전기	유가증권	삼성전기보통주	삼성전기
파생 옵션 LG전자	유가증권	LG전자보통주	LG전자
파생 옵션 현대제철	유가증권	현대제철 보통주	현대제철
파생 옵션 현대중공업	유가증권	현대중공업보통주	현대중공업
파생 옵션 하나금융지주	유가증권	하나금융지주보통주	하나금융지주
파생 옵션 SK이노베이션	유가증권	SK이노베이션보통주	SK이노베이션
파생 옵션 LG디스플레이	유가증권	LG디스플레이보통주	LG디스플레이
파생 옵션 KB금융	유가증권	KB금융지주 보통주	KB금융
파생 옵션 LG화학	유가증권	LG화학보통주	LG화학
파생 옵션 미래대우	유가증권	미래에셋대우	미래에셋대우
파생 옵션 두산인프라코어	유가증권	두산인프라코어보통주	두산인프라코어
파생 옵션 SK하이닉스	유가증권	에스케이하이닉스보통주	SK하이닉스
파생 옵션 LG유플러스	유가증권	LG유플러스보통주	LG유플러스
파생 옵션 한국항공우주	유가증권	한국항공우주산업보통주	한국항공우주
파생 옵션 호텔신라	유가증권	호텔신라보통주	호텔신라
파생 옵션 삼성SDS	유가증권	삼성에스디에스보통주	삼성에스디에스
파생 옵션 아모레퍼시픽	유가증권	아모레퍼시픽보통주	아모레퍼시픽
파생 옵션 삼성물산	유가증권	삼성물산보통주	삼성물산
파생 옵션 한화케미칼	유가증권	한화케미칼보통주	한화케미칼
파생 옵션 카카오	유가증권	카카오보통주	카카오
파생 옵션 웹젠	코스닥	웹젠	웹젠
파생 옵션 셀트리온	유가증권	셀트리온보통주	셀트리온

미국달러옵션

미국달러옵션이란 미리 정한 환율로 최종 거래일에 달러화를 매수 또는 매도할 수 있는 권리를 매매하는 것이다. 매입할 수 있는 권리를 콜옵션, 매도할 수 있는 권리를 풋옵션, 미리 정한 환율을 옵션의 행사가격이라고 한다.

계약명세

거래대상	코스닥150지수
거래단위	US $10,000
결제월	분기월 중 2개와 그 밖의 월 중 2개
상장결제월	6개월 이내의 4개 결제월
행사가격의 설정	ATM을 기준으로 10원 간격으로 상하 각 3개(총 7개)
가격의 표시	프리미엄(원화)
호가가격단위	0.10원
최소가격변동금액	1,000원 (US $10,000 × 0.10)
거래시간	09:00 ~ 15:45 (최종거래일 09:00 ~ 15:30)
최종거래일	결제월의 세 번째 월요일(공휴일인 경우 순차적으로 앞당김)
최종결제일	최종거래일의 다음 날
권리행사	최종거래일에만 행사가능(European 형)
결제방법	현금결제
가격제한폭	기초자산 기준가격 대비 ±4.5%에 해당하는 옵션이론가격
단일가격경쟁거래	개장시(08:30~09:00) 및 거래종료시 (15:35~15:45)

출처: http://www.krx.co.kr

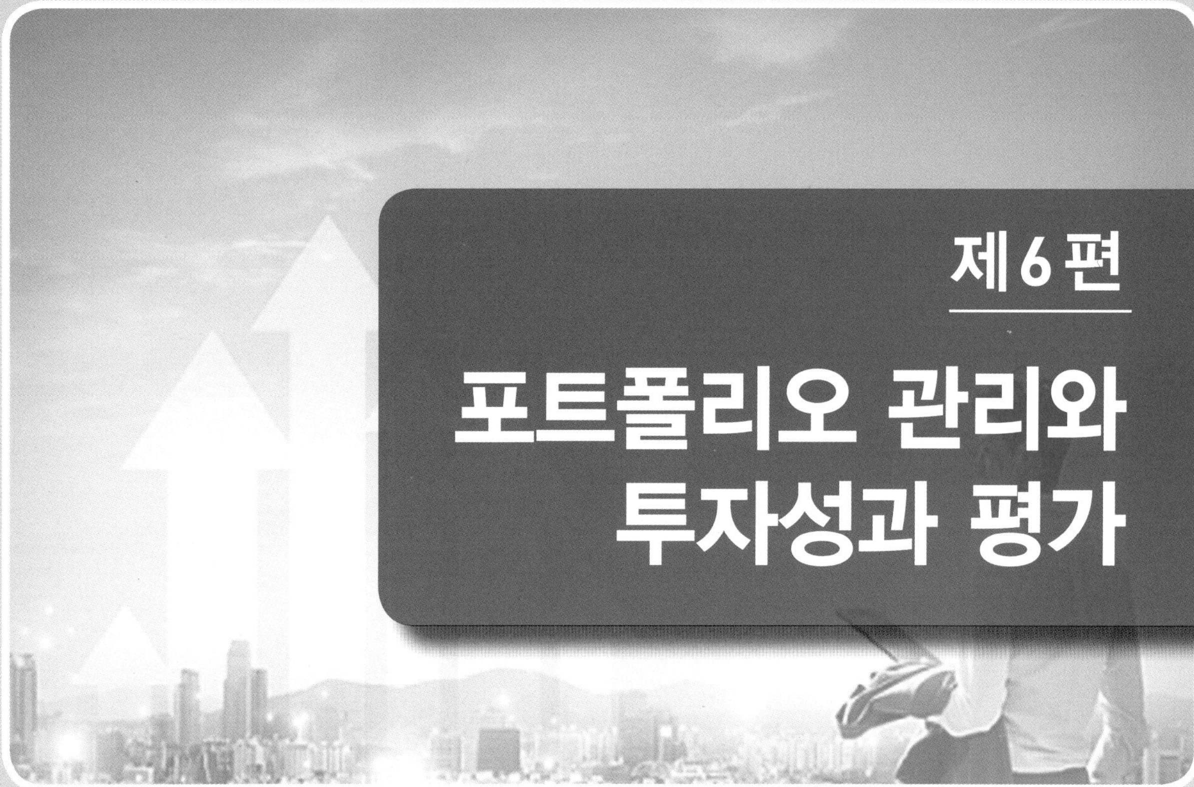

제6편 포트폴리오 관리와 투자성과 평가

투자도 하나의 관리활동이기 때문에 투자자가 투자를 할 때는 최적 포트폴리오를 구성하기 위해 투자계획, 투자실행, 투자평가의 과정을 반복한다.

제15장에서는 투자자가 투자목표를 설정하는 것을 포함하여 투자계획을 세우고, 최적 포트폴리오를 실행 또는 운용하는 전략을 학습한다. 제16장에서는 포트폴리오 관리의 마지막 과정인 투자성과 평가에 대해 학습한다.

제 1 편 투자론의 기초
- 제 1 장 투자론의 이해
- 제 2 장 증권시장과 금융자산
- 제 3 장 증권시장의 제도와 시장지표

제 2 편 주식의 가치평가와 분석
- 제 4 장 주식의 가치평가
- 제 5 장 기본적 분석
- 제 6 장 기술적 분석
- 제 7 장 증권시장 효율성

제 3 편 포트폴리오이론과 자본시장균형
- 제 8 장 불확실성하의 선택이론
- 제 9 장 포트폴리오 이론
- 제10장 자산가격결정모형

제 4 편 채권의 가치평가와 분석
- 제11장 채권의 가치평가모형
- 제12장 채권투자전략

제 5 편 파생금융상품
- 제13장 선물거래
- 제14장 옵션거래

제 6 편 포트폴리오 관리와 투자성과 평가
- 제15장 포트폴리오 관리
- 제16장 투자성과 평가

제 15 장 포트폴리오 관리

• 학습내용

- 포트폴리오 관리의 개요
- 소극적 포트폴리오 전략
- 적극적 포트폴리오 전략
- 자산배분

■ 연습문제

포트폴리오 관리는 어떻게 해야 하는가? 이것은 세 과정을 통하여 이루어진다. 첫째 과정은 투자목표를 설정하고 최적 포트폴리오를 선택하는 것이다. 두 번째 과정은 최적 포트폴리오에 포함된 자산을 매입과 매도를 통하여 실제로 운용하는 것이다. 마지막 과정은 포트폴리오 운용결과를 평가하는 것이다.

이러한 포트폴리오 관리는 투자자가 증권시장의 효율성의 정도에 따라 포트폴리오 관리전략이 달라진다. 즉, 증권시장이 효율적이라고 가정하는 사람은 인덱스펀드 전략과 같은 소극적 포트폴리오 전략을 구사하여 시장평균수익률을 얻는 것을 목표로 한다. 반대로 증권시장의 비효율성이 존재한다고 믿는 투자자는 적극적 포트폴리오 전략을 채택하여 투자수익을 극대화하기 위해 노력할 것이다.

제 1 절 포트폴리오 관리의 개요

1. 포트폴리오 관리의 기본체계

포트폴리오 관리는 투자의 목적, 제약조건(constraints)과 선호(preference) 등을 고려하여 계획(plan), 실행(do) 및 평가(see)의 활동을 통해 이루어진다. 이러한 포트폴리오 관리는 제9장에서 살펴본 바와 같이 마코위츠(Markowitz)의 포트폴리오 이론과 자본자산가격결정모형에 배경을 두고 있다.

포트폴리오의 관리는 투자자가 달성하고자 하는 투자목표에 맞춰 설정한 일련의 계획, 실행 및 평가의 활동을 말한다. 이러한 포트폴리오 관리의 기본체계는 [그림 15-1]과 같이 요약할 수 있다.

그림 15-1 ▶ 포트폴리오 관리의 기본체계

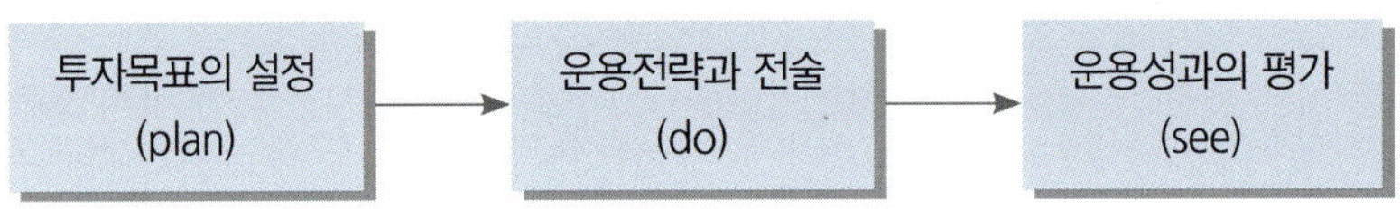

2. 포트폴리오의 관리과정

포트폴리오의 일반적인 관리과정은 투자목표의 설정(plan), 운용전략과 전술(do), 운용성과의 평가(see)의 3단계 과정으로 구분될 수 있는데 이들 사이의 관계는 [그림 15-2]와 같다.

1) 투자목표의 설정

어떤 일을 하든지 간에 가장 먼저 고려해야 할 것은 그 일의 목적 혹은 목표를 분명히 하는 것이다. 포트폴리오 관리의 첫 번째 단계 또한 투자목표(investment goals)를 설정하는 것이다. 투자목표는 투자자가 자신의 자금을 종합관리하는 차원에서 설정하는 것이 바람직하다. 사실 많은 투자자들이

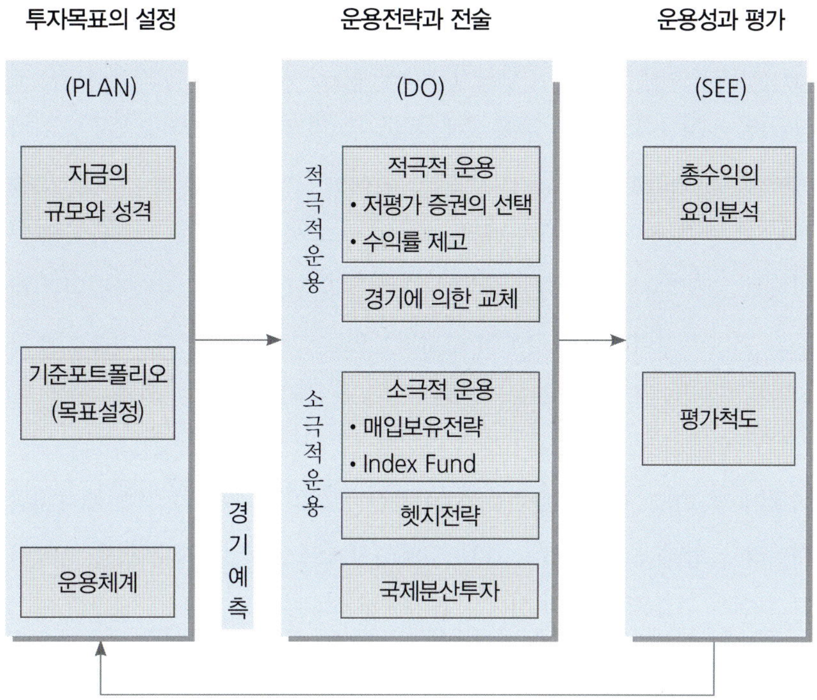

◀ 그림 15-2
포트폴리오의 관리과정

투자를 통해 달성하고자 하는 목표가 무엇인지를 명확히 설정하지 않은 채로 투자하는 경향이 있다. 또한 투자는 오직 많은 돈을 벌기만 하면 되는 것이라고 생각하여 구체적인 투자목표를 설정하는 것을 등한시하기도 한다. 그러나 투자의 목표는 보다 구체적이고 명확해야 한다.

우리가 공부를 하는 것은 오직 좋은 성적을 얻기 위한 것이 아니다. 열심히 공부하여 좋은 성적을 얻는 것은 이를 통해 보다 궁극적인 목표를 달성하기 위함이다. 가령 좋은 성적을 통해 원하는 직장을 얻을 기회를 높인다는 것이 한 예이다. 이처럼 투자의 목표도 단순히 많은 돈을 벌기 위한 것이 되어서는 안 된다. 무엇을 위해 많은 돈을 벌어야 하는지를 생각해야 한다. 예를 들면, 주택자금이나 자녀의 대학자금을 마련한다거나 노후를 대비한 여유자금을 축적한다거나 또는 여행을 위한 경비를 마련하는 것 등이 투자의 목표가 될 수 있을 것이다. 결국 투자를 통한 부의 축적은 궁극적 목표를 위한 수단이 되어야지 부의 축적 자체가 목표가 될 수 없는 것이다.

투자목표를 설정하기 위해서는 자금의 성격과 투자자의 위험수용도(risk tolerance levels), 투자자의 투자기간(time horizon), 자금의 규모와 내용, 세금관계, 투자자금의 성격, 유동성에 대한 시기별 요구액 등의 요소를 감안하여야 한다. 이러한 요소들은 투자자가 감내할 수 있는 위험의 수준을 결정하는 데 중요한 역할을 하기 때문이다. 즉, 투자자는 자신의 투자목표에 적합한 포트폴리오를 구성하는 데 있어 포트폴리오의 유동성, 수익성, 위험 허용도 등의 투자기준을 고려하여 투자지침으로 설정할 수 있다. 이렇게 투자지침에 의하여 구성된 포트폴리오를 기준포트폴리오라 한다. 투자목표를 달성하기 위해 구체적인 투자전략의 수립을 위해서는 정보수집과 투자분석의 과정이 필요하고 미래의 경기순환, 이자율 움직임 등 장단기 경제 예측뿐만 아니라 산업별 전망, 그리고 주요 투자대상별로 기대수익과 위험을 추정하는 작업이 필요한 것이다. 이러한 관점에서 본다면 투자목표의 설정은 장기투자목표를 설정하여 확정함과 동시에 기준포트폴리오를 구성하는 과정이라고 할 수 있다.

2) 운용전략과 전술

운용전략(portfolio strategy)은 장기투자목표 및 투자관리 기본지침에 따라 앞으로의 경기를 예측하여 투자수익률의 극대화 및 위험의 극소화할 수 있는 자산을 적절히 배분하는 것을 말하며, 운용전술(portfolio tactics)은 투자관리의 기본지침 및 투자전략에 입각하여 투자하되 위험부담 등을 감안하여 가장 유리한 증권을 선정하여 투자하는 것을 말한다. 운용의 전략을 투자목표에 따라 소극적 운용과 적극적 운용으로 나눌 수 있다. 이에 대한 구체적인 내용은 다음 절에서 다루기로 한다.

3) 운용성과 평가

운용성과 평가(performance evaluation)는 정기적으로 투자실적 및 총투자수익과 투자내역 등을 분석하여 장기투자목표가 달성되고 있는지 여부를 사후적으로 확인함과 아울러 포트폴리오 관리자의 운용전략과 운용전술이 타당하였는지 여부를 평가하고 분석하는 것을 말한다. 이에 대한 구체적인 내용은 본서 제16장에서 다루기로 한다.

제 2 절 소극적 포트폴리오 전략

포트폴리오 관리전략은 시장수익률을 초과하는 초과 수익을 획득하려는 노력 여부에 따라 소극적 포트폴리오 전략(passive portfolio strategy)과 적극적 포트폴리오 전략(active portfolio strategy)으로 나눌 수 있다. 시장수익률을 초과하는 수익을 획득하기 위해 부단히 노력하면서 포트폴리오를 관리하는 방법이 적극적 포트폴리오 전략이다. 반면, 시장수익률을 초과하는 수익을 획득하기 위한 적극적인 노력 없이 시장수익률 정도에 만족하는 포트폴리오 관리방법이 소극적 포트폴리오 전략이다.

소극적 포트폴리오 전략은 증권시장이 효율적인 것을 전제로 하여 시장수익률을 초과하는 수익을 얻고자 하는 노력 대신에 시장전체 평균수준의 투자수익을 얻거나 투자위험을 감수하고자 하는 포트폴리오 관리방법이다. 또한 소극적 포트폴리오 전략은 특별히 투자결정을 위하여 종목에 대한 분석이나 판단을 하지 않고 단지 시장 전체의 전반적인 예측대로 받아들여 정보비용을 극소화시키는 포트폴리오 관리전략이다. 이러한 소극적 포트폴리오 전략에는 단순 매입 보유전략, 인덱스펀드 투자전략, 평균투자법 등이 있다.

1) 단순 매입 보유전략

단순 매입 보유전략(naive buy-and-hold strategy)은 우량증권이나 포트폴리오를 선택하고자 하는 특별한 노력 없이 단순히 무작위적으로 선택한

증권을 매입하여 보유하는 투자전략이다. 단순 매입보유전략은 무작위적으로 증권의 종목수를 증가시켜서 포트폴리오를 구성하면 증권시장 전체의 평균적인 기대수익률을 얻을 수 있다는 포트폴리오 이론에 근거를 두고 있다.

단순 매입 보유전략에서 부담하게 되는 위험은 보유하는 포트폴리오의 구성증권의 수에 따라 달라지나 종목수가 많아지면 분산투자의 원리에 의하여 비체계적 위험은 없어지고 시장전체의 평균적 위험인 체계적 위험만 부담하게 된다.

2) 인덱스펀드 투자전략

인덱스펀드 투자전략(index fund strategy)은 특별히 투자결정을 위하여 종목에 대한 분석이나 판단을 하지 않고 단지 시장전체의 전반적인 예측대로 받아들여 정보비용을 극소화시키는 포트폴리오 관리전략으로 투자신탁회사 등이 설정하고 있는 인덱스펀드에 투자하는 것이다. 인덱스펀드(index fund)는 주가지수 산정에 포함되는 대표적인 주식으로 시가총액 비율대로 인덱스펀드의 편입종목이 구성된다. 인덱스펀드에 의한 포트폴리오 관리는 투자에 대한 수익과 위험이 시장평균수준에 머물게 하는 효과적인 방법이다.

3) 평균투자법

평균투자법(dollar cost averaging)은 일정하게 정해진 날 정기적으로 일정금액을 주가의 등락에 관계없이 주식에 계속 투자하는 방법이다. 주가가 하락한 경우에는 하락한 가격으로 많은 주식수를 매수할 수 있어 평균매수단가가 낮아지게 된다. 이러한 평균투자법은 주가가 하향추세일 때는 평균매수단가를 낮추는 효과가 있으나 상향추세일 때는 평균매수단가를 낮추는 효과가 없게 된다.

제 3 절 적극적 포트폴리오 전략

적극적 포트폴리오 전략(active portfolio strategy)은 일반적으로 비트더 마켓(beat the market) 전략이라 하여 시장수익률을 초과하는 수익을 얻도록 하는 포트폴리오 관리전략이다. 즉, 적극적 포트폴리오 전략은 일정한 위험수준에 상응하는 기대수익 이상의 초과수익을 얻기 위한 투자전략을 말한다. 시장수익률을 초과하는 수익을 얻기 위해서는 종목선정과 매매시점이 매우 중요하다. 따라서 적극적 포트폴리오 전략은 증권시장이 비효율적인 것을 전제로 내재가치와 시장가격 사이에 차이가 있는 증권을 선별하여 과소평가된 증권은 매입하고 과대평가된 증권은 매각하는 방법으로 포트폴리오를 관리한다.

제 4 절 자산배분

포트폴리오를 구성하는 중요한 부문은 투자할 대상의 유가증권 선정(security selection)과 자산배분(asset allocation)이다. 자산배분은 주식, 채권, 현금 등 각종 투자자산에 어느 정도로 투자하는 것이 투자성과를 가장 좋게 할 것인지 투자비율을 결정하는 것이다. 이러한 자산배분에는 일반적으로 전략적 자산배분, 전술적 자산배분이 있다.

1. 전략적 자산배분

전략적 자산배분(strategic asset allocation: SAA)은 중장기적인 펀드의 자산구성비율과, 중기적으로 개별자산집단이 취할 수 있는 투자비중을 결정하는 과정으로 단순하게는 투자대상상품의 개발과정을 의미한다. 전략적 자산배분에 고려되는 투자대상은 주식, 채권, 현금자산(콜론, 예금, 어음 등), 부동산, 각종 금융선물, 각종 금융옵션, 벤처 캐피탈 등의 다양한 종류에서 선택할 수 있다. 전략적 자산배분 시 펀드 매니저가 주식, 채권 등 각 개별 자산집단들의 과소 또는 과대평가를 판단할 수 없는 상황에서 지켜야 할 기준이 되는 포트폴리오를 정상포트폴리오(normal portfolio) 또는 기준포트폴리오(benchmark portfolio)라고 한다. 또한 이것을 투자성과 평가의 기준으로 사용한다. 브린슨과 비보어(Brinson and Beeboer)[1]의 연구결과에 의하면 대규모 기금의 경우 자산배분활동이 전체수익률의 90% 이상을 결정하므로, 자산배분을 결정하는 전략적 자산배분이 기금운용에서 있어서 가장 중요한 활동이라 할 수 있다. 따라서 전략적 자산배분은 반드시 기금이 장기적으로 지향해야 하는 목표와 유지해야 하는 기준을 명확하게 해야 한다.

2. 전술적 자산배분

전술적 자산배분(tactical asset allocation: TAA)은 시장의 변화동향을 예측하여 사전적으로 자산구성을 변동시켜 나가는 전략이다. 전술적 자산배분은 저평가된 주식 또는 채권 등의 자산을 매수하고, 고평가된 자산을 매도함으로써 펀드의 투자성과를 높이고자 하는 전략이다. 전략적 자산배분의 수립시점에서 세웠던 자본시장에 관한 각종 가정들이 변화함으로써 주식과 채권의 상대적인 투자가치가 변경되는 경우, 이러한 가치변화로부터 투자이익을 획득하기 위하여 매분기 또는 매월단위로 자산구성을 변경하는 적극적인 투자활동이다.

---

1) G.P. Brinson, L.R. Hood and G.L. Beeboer, "Determinants of Portfolio Performance," *Financial Analysts Journal*, July/August 1986.

주요용어

- 포트폴리오 관리(portfolio management)
- 투자목표(investment goals)
- 운용전략(portfolio strategy)
- 운용전술(portfolio tactics)
- 운용성과 평가(performance evaluation)
- 인덱스펀드 투자전략(index fund strategy)
- 평균투자법(dollar cost averaging)
- 자산배분(asset allocation)
- 정상포트폴리오(normal portfolio)
- 기준포트폴리오(benchmark portfolio)
- 소극적 포트폴리오 전략(passive portfolio strategy)
- 적극적 포트폴리오 전략(active portfolio strategy)
- 단순 매입 보유전략(naive buy–and–hold strategy)
- 전략적 자산배분(strategic asset allocation: SAA)
- 전술적 자산배분(tactical asset allocation: TAA)

연/습/문/제

01 포트폴리오 관리의 기본체계에 대하여 설명해 보라.

02 소극적 포트폴리오 전략에 대하여 설명해 보라.

03 적극적 포트폴리오 전략에 대해 논의해 보라.

04 자신배분의 방법을 논의해 보라.

05 전략적 자산배분을 논의해 보라.

06 전술적 자산배분에 대하여 설명해 보라.

07 다음 중 전략적 자산분배의 실행방법이 아닌 것은? (CFP 유사문제)

① 시장에서 차지하는 시가총액의 비율과 동일하게 포트폴리오를 구성한다.

② 기대수익과 위험간의 관계를 고려하여, 동일한 위험 수준하에서 최대한 보상받을 수 있는 지배원리에 의하여 포트폴리오를 구성한다.

③ 투자자별 위험인내력, 최소요구수익률을 투자목적의 우선순위 등을 고려하여 수립하는 투자전략이다.

④ 내재가치보다 고평가되면 매도하고, 내재가치 대비 저평가되면 매수한다.

⑤ 비슷한 재무목표와 제약조건을 가지고 있는 투자자들이 실제로 사용하고 있는 자산배분을 모방하여 전략적 자산구성을 하는 방법이다.

08 다음의 포트폴리오 운용전략 중에서 적극적 운용전략에 해당하지 않는 것을 고르시오.

① 경제환경 변화에 따라 자산배분을 적절히 시행한다.

② 경제사이클에 따라 상대적 강세가 예상되는 주식비중을 높인다.

③ 저평가된 주식을 발굴하여 매입하고 고평가된 주식을 처분한다.

④ 기준 포트폴리오와의 추적오차를 축소하는 데 주력한다.

⑤ 위험을 감수하고 보다 높은 수익률을 획득하고자 한다.

참고 국민연금의 자산배분 사례

국민연금 기금운용의 사례[2)]

1. 기금운용목적

국민연금기금의 운용목적은 연금재정 장기 건전성 유지에 기여하고 위험한도 내 기금운용 수익을 최대화한다.

2. 기금운용원칙

원칙	내용
수익성	국민연금기금은 가입자의 보험료 부담, 특히 미래세대 부담을 억제하고 기금의 실질가치를 유지하도록 기금의 장기적 안정성을 해치지 않는 범위 내에서 가능한 한 높은 수익을 추구하여야 한다.
안정성	국민연금기금은 투자하는 자산의 전체 수익률 변동성과 손실위험이 허용되는 범위 안에 있도록 안정적으로 운용하여야 한다.
공공성	국민연금은 전 국민을 대상으로 하는 제도이고, 적립규모가 국가경제에서 차지하는 비중이 크므로 국가경제 및 금융시장에 미치는 파급효과를 감안하여 운용하여야 한다.
유동성	국민연금기금은 연금급여의 지급이 원활하도록 유동성을 고려하여 운용하여야 하며, 특히 투자한 자산의 처분 시 금융시장 충격이 최소화되는 방안을 사전에 강구하여야 한다.
지속가능성	국민연금기금은 투자자산의 지속 가능성 제고를 위하여 환경, 사회, 지배구조 등의 요소를 고려하여 신뢰를 지켜 성실하게 운영하여야 한다.
운용독립성	국민연금기금은 상기원칙에 따라 운용하여야 하며, 다른 목적을 위하여 이러한 원칙이 훼손되지 않도록 관리 · 운용하여야 한다.

2) 국민연금의 자산배분 사례는 국민연금관리공단의 웹사이트(http://fund.nps.or.kr)에서 인용하였음.

3. 기금관리운용체계

국민연금기금의 관리 및 운용에 대한 의사결정체계는 국민연금법으로 규율되고 있다. 이에 따라 기금의 운용계획을 비롯한 성과평가 등의 주요 사안은 근로자 대표·지역가입자 대표·사용자 대표, 유관 정부기관 등이 참여하는 국민연금기금운용위원회가 심의·의결하며, 보건복지부 장관은 국민연금기금의 관리·운용 사업을 관장하되 그에 따른 업무를 공단에 위탁하여 투자 전문가로 이루어진 기금운용본부로 하여금 수행하도록 하고 있다.

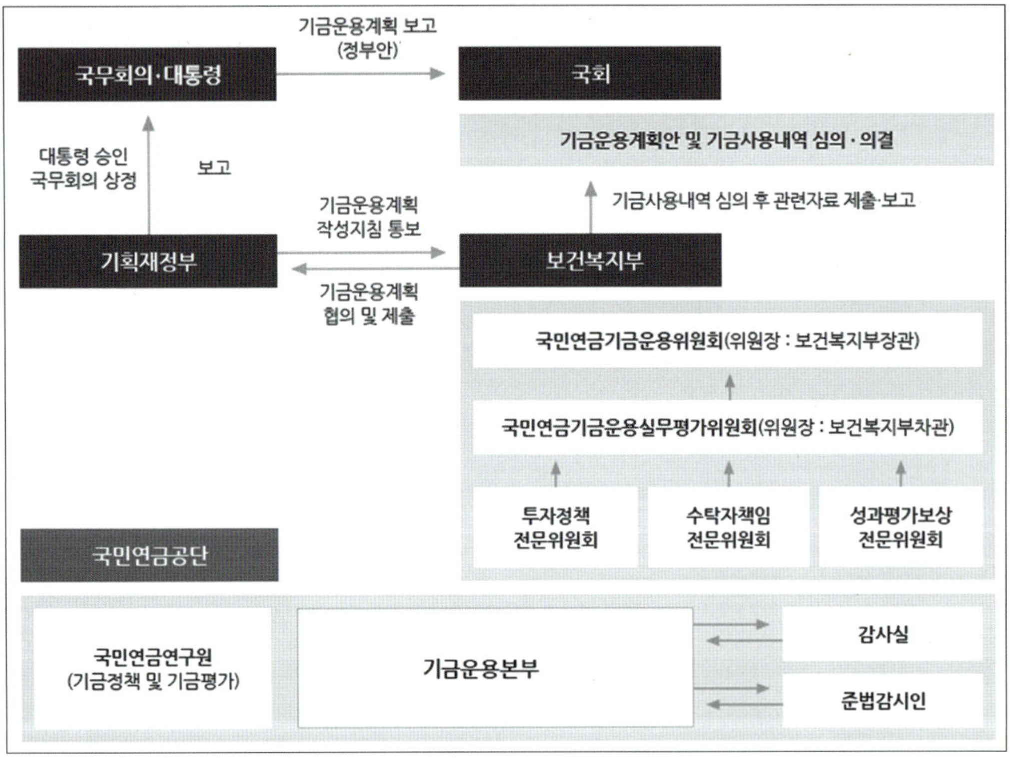

4. 기금운용위원회

국민연금기금운용위원회는 국민연금기금의 운용·관리에 관한 최고 의사결정기구로서 보건복지부장관을 위원장으로, 당연직 위원과 사용자·근로자·지역가입자 대표 및 관계전문가로 구성되어 있으며, 전문성을 제고하기 위하여 사전 심의기구인 실무평가위원회와 분야별 전문위원회를 운영하고 있다.

운영개요

설치 및 운영근거	국민연금법 제103조 및 국민연금법 시행령 제77조 내지 제79조
주요기능	기금운용의 최고의사결정기구로서 기금운용지침(투자정책서), 연도별 운용계획, 운용결과 평가 등 기금운용에 관한 중요 사항을 심의 · 의결
구성	보건복지부 장관(위원장), 관련 정부부처 차관(당연직 위원), 공단 이사장, 위원장이 위촉하는 자로서 사용자를 대표하는 위원, 근로자를 대표하는 위원, 지역가입자를 대표하는 위원, 관계전문가

기금운용위원회 위원

위원장	- 보건복지부 장관
당연직 위원(5인)	- 기획재정부 차관, 농림축산식품부 차관, 산업통상자원부 차관, 고용노동부 차관 - 국민연금공단 이사장
위촉위원(14인) 사용자 · 근로자 지역가입자대표, 관계전문가	- 사용자를 대표하는 위원으로서 사용자 단체가 추천하는 자 3명 - 근로자를 대표하는 위원으로서 노동조합을 대표하는 연합단체가 추천하는 자 3명 - 지역가입자를 대표하는 위원으로서 농어업인 단체가 추천하는 자 2명 - 지역가입자를 대표하는 위원으로서 농어업인 단체 외의 자영자 관련 단체가 추천하는 자 2명 - 지역가입자를 대표하는 위원으로서 소비자 단체 및 시민단체가 추천하는 자 2명 - 관계 전문가로서 국민연금에 관한 학식과 경험이 풍부한 자 2명

관련 위원회

국민연금기금운용 실무평가위원회	- 설치 및 운용근거 : 국민연금법 제 104조 및 국민연금법 시행령 제80조 - 주요기능 : 기금의 관리 · 운용에 관해 기술적이고 전문적인 의견을 제공함으로써 국민연금 기금운용위원회의 심의 · 의결 기능을 보좌하는 심의 · 평가 기구 - 구성 : 보건복지부 차관(위원장), 관련 정부부처 5인(당연직 위원), 사용자를 대표하는 위원, 근로자를 대표하는 위원, 지역가입자를 대표하는 위원, 관계전문가
투자정책 전문위원회	- 기금운용위원회의 결정사항 중 자산배분, 국내외 대체투자, 환헤지, 자원투자 등 기금운용 관련 주요 투자정책에 대하여 자문 *금융, 대체투자, 해외투자, 자원개발 분야 등에 대한 학식과 경험이 풍부한 관계전문가를 전문위원으로 위촉하여 투자정책 마련의 전문성을 확보
수탁자책임 전문위원회	기금이 보유하고 있는 주식에 대한 수탁자책임 활동을 위하여 기금운용위원회 산하에 설치 - 기금운용본부가 판단하기 곤란하여 전문위에 결정을 요청한 사안을 결정 - 전문위원회 주주권행사 분과 위원 3인 이상이 장기적인 주주가치에 미치는 영향이 크다고 판단하여 전문위원회에 회부할 것을 요구하는 사안 결정 - 공개중점관리기업 선정, 공개서한 발송 등 공개활동 관련 사안 결정 등을 수행
성과평가보상 전문위원회	- 내 · 외부 평가기관이 작성한 성과평가 보고서의 검토와 성과 및 보상 등에 관한 정책적제언 등을 수행 *기금운용에 대한 성과평가 심의내용은 실무평가위원회를 경유하여 기금운용위원회에 보고

제 16 장 투자성과 평가

• 학습내용
- 투자관리의 통제과정
- 투자성과 평가
- 위험조정 성과평가방법

■ 연습문제

개인 투자자나 기관투자자가 일정 기간 포트폴리오를 운용한 후에는 투자성과를 평가하게 된다. 그런데 개별투자자가 주식투자를 하여 1년간 30%의 투자수익률을 올렸거나 어떤 펀드가 1년 동안 25%의 투자수익률의 성과를 냈다면 이러한 투자성과를 어떻게 평가해야 할까? 16장은 바로 이와 같은 질문에 대한 답을 얻을 수 있도록 투자성과 평가의 원리와 방법을 설명하고 있다.

이 장에서는 크게 두 가지를 학습하게 된다. 먼저, 투자성과 평가에 필요한 산술평균수익률, 기하평균수익률 내부수익률과 같은 투자수익률의 산출방법에 대해 배운다. 이어서 샤프지수, 트레이너지수, 그리고 젠센지수와 같은 투자위험을 감안한 투자성과 평가방법에 대해 학습한다.

제 1 절 투자관리의 통제과정과 포트폴리오 수정

일정기간 포트폴리오를 운용한 후 투자성과를 측정하고 평가하거나 또는 투자의 목적 및 여러 투자환경의 변화 등에 따라 포트폴리오를 수정하는 과정이 필요하다. 이러한 과정을 통제과정이라 한다.

투자성과의 평가와 측정은 2절에서 다루기로 하고 여기에서는 포트폴리오 수정에 대해서 살펴보기로 한다.

포트폴리오를 구성하기 위해 그 시점의 주어진 환경을 고려하여 투자목표를 설정한 다음 포트폴리오를 구성하여 운용하였다. 일정 시간이 지난 후 기업을 둘러싼 여러 환경의 변화가 발생하는 경우, 이 변화에 순응하는 포트폴리오의 운용전략이 필요하다.

포트폴리오 수정(portfolio revision)이란 포트폴리오를 구성한 후 이전에 예측한 미래 상황을 수정할 필요가 있거나, 또는 이전에는 예측할 수 없었던 환경의 변화가 발생한 경우 포트폴리오의 구성을 새로이 변경하는 것을 의미한다. 또는 포트폴리오의 분석결과에 따라 투자 목적에 맞도록 포트폴리오 구성증권을 변화시키는 것으로 포트폴리오의 구성비와 구성종목을 변경하는 것을 의미한다. 포트포리오 수정방법에는 리밸런싱과 업그레이딩의 두 가지가 있다.

1) 포트폴리오 리밸런싱

포트폴리오 리밸런싱(portfolio rebalancing)이란 투자자가 구성한 포트폴리오의 위험과 수익률 특성이 변동한 경우 그 포트폴리오의 특성을 유지하기 위해 포트폴리오를 수정하는 것이다. 예컨대, 투자자가 각종 증권에 투자한 투자자금의 비중을 수익률의 변화에 따라 원래 수준으로 균형을 유지하는 것으로 여러 증권에 투자한 결과 투자수익률도 각 증권들마다 다르므로 투자자금의 비중이 달라졌으므로 이를 수정하는 것을 의미한다. 따라서 포트폴리오 구성 증권 중에서 가격이 상승한 증권을 매도하여 가격이 하락한 증권을 매입하는 전략으로 원래의 포트폴리오 구성과 동일한 투자비율이 되도록 하는 투자자금의 재배분전략이라 할 수 있다. 이를 고정목표수정전략이라고도 한다. 이를 통해 투자비율이 높은 종목의 비율을 낮추어 투자의 집중현상을 낮추어줌으로써 포트폴리오의 비체계적 위험을 감소시켜 원래 의도한 체계적 위험수준을 유지할 수 있다.

2) 포트폴리오 업그레이딩

포트폴리오 업그레이딩(portfolio upgrading)이란 투자환경의 변화에 대응하여 위험과 기대수익률을 고려하여 위험 대비 높은 수익률을 얻고자 하거나, 기대수익률 대비 낮은 위험을 부담하는 것을 목적으로 포트폴리오를 수정하는 것이다. 따라서 새로운 정보를 반영하여 포트폴리오 구성종목 중 큰 손실을 초래할 증권을 식별하여 그 증권을 포트폴리오 구성종목에서 제외하거나, 새로운 증권을 포트폴리오 구성종목에 편입함으로써 포트폴리오를 수정한다.

제 2 절 투자성과 평가

포트폴리오 관리의 마지막 과정은 일정기간의 투자성과를 평가하는 것이다. 과거 운용결과인 일정기간의 투자성과를 평가하는 것은 하나의 통제과정으로서 향후에 더 나은 포트폴리오 구성과 투자전략 수립을 위해 필요하다. 투자성과 평가는 어느 펀드 매니저의 투자성과가 우수한지를 평가하는 것으로 향후 투자관리에도 중요한 영향을 미친다. 또한 대규모의 투자자금을 운용하는 연금기금 등 기관투자가의 경우 각종 자금을 운용하는 펀드 매니저에 대한 투자성과를 평가하는 것은 기관투자가의 경영관리 차원에서 중요한 과제이다. 우리나라 국민연금기금의 성과평가 규정에도 기금운용성과 평가결과를 반영하여 기금운용의 개선과 발전을 도모하도록 되어 있다. 즉, 평가결과가 펀드 매니저의 순수한 운용능력 평가에 기여하고 자원의 효율적인 배분을 통한 기금의 순수익률을 제고하고 직접운용과 위탁운용 간의 효율성 판단 지표로 사용하고 있다.

투자성과를 투자수익(=기말 가치−기초가치)으로 평가하는 것은 투자안마다 투자금액이 각기 다르기 때문에 단순히 투자수익으로 투자성과를 평가하는 것은 적절하지 않다. 따라서 투자성과의 우월을 판단하기 위해서는 투자수익뿐만 아니라 투자금액도 함께 고려하여야 한다. 따라서 포트폴리오의 투자성과를 공정하게 평가하기 위하여 운용수익률의 측정방법이 신중하게 고려되어야 한다.

1. 운용수익률의 측정

투자자금이 단일기간(one period)에 운용된 경우 단일운용수익률(one period rate of return)로 투자성과를 측정하는데, 이는 계산이 간단하다. 단일기간에 운용한 운용수익률은 총투자수입을 기초의 투자금액으로 나누어 계산한다. 즉, 단일기간에 운용한 운용수익률은 단일기간의 투자수익을 기초투자금액으로 나눈 값이다.

$$\text{단일기간 수익률} = \frac{\text{총투자수익}}{\text{기초투자금액}} - 1$$

$$= \frac{\text{투자수익}}{\text{기초투자액}}$$

단일기간 동안 중도현금수익이 발생한 경우 이것을 총투자수익에 더해 주어야 한다. 예컨대, 주식의 경우 배당금이 발생한 경우에는 배당수입과 시세차익이 총투자수입이 되며, 채권의 경우는 이자수입과 시세차익이 총투자수입이 된다.

그러나 다기간에 걸쳐서 운용된 경우 투자기간 중 투자자금의 회수, 추가투자 등이 발생하는 다기간 투자수익률의 경우는 계산이 단순하지 않다. 다기간 투자수익률을 측정하는 방법에는 산술평균수익률, 내부수익률, 기하평균수익률 등이 있으며, 각기 장단점이 있으므로 주의해서 사용해야 한다.

2. 산술평균수익률과 기하평균수익률

산술평균수익률(arithmetic average rate of return)은 각 기간의 단일기간 수익률을 합하여 투자기간으로 산술평균한 수익률이다. 산술평균수익률은 기간에만 가중치를 부여하므로 시간가중평균수익률이라고도 한다. 또한 산술평균수익률은 투자기간 중의 현금흐름의 복리를 고려하지 않은 계산방법이다.

$$\text{산술평균수익률} = \frac{{}_0r_1 + {}_1r_2 + \cdots + {}_{n-1}r_n}{n}$$

${}_0r_1$: 1기 수익률　　${}_{n-1}r_n$: n기 수익률

${}_0r_2$: 2기 수익률　　n : 투자기간

1 예제

투자자인 최봉영 씨가 매수한 (주)해동의 주식의 가격이 10,000원이었다. 1년 후 주가는 상승하여 20,000원이 되었으나, 2년 후 주가는 하락하여 10,000원이 되었다. 이 경우 산술평균수익률을 계산하라

풀이

$$\text{산술평균수익률} = \frac{100\% + (-50\%)}{2} = 25\%$$

기하평균수익률(geometric average rate of return)은 각기간의 수익률을 합하여 투자기간으로 기하평균한 수익률로 투자기간 중의 현금흐름이 재투자되는 것을 고려한 계산방법이다.

$$\text{기하평균수익률} = \sqrt[n]{(1+{}_0r_1)(1+{}_1r_2)(1+{}_2r_3)\ \cdots\ (1+{}_{n-1}r_n)}-1$$

예제 2

예제 1의 경우 기하평균수익률을 구하라.

풀이 기하평균수익률 $= \sqrt[2]{(1+1.0)(1-0.5)}-1 = 0\%$

산술평균수익률이 상승지향적이기 때문에 산술평균수익률은 기하학적 평균보다 더 높은 것이 일반적이다. 산술평균수익률은 각 투자기간을 고려한 수익률인데 반해 기하평균수익률은 여러 해를 가정한 전체 보유기간에 대한 수익률을 고려한 수익률로 중도현금흐름의 재투자와 투자 최종시점의 부의 크기가 감안된 계산방법으로 산술평균수익률의 계산방법보다 더 합리적이다.

반면, 미래 기대수익률의 계산의 경우에는 기하평균수익률은 적절하지 못한 면이 있으며 산술평균수익률을 사용하는 것이 합리적이다.

예제 3

투자자 이현진 씨가 투자 대상으로 선정한 종목을 분석한 결과 앞으로 1년간의 투자수익률이 100%가 될 확률이 50%이고, 투자수익률이 −50%가 될 확률이 50%이다. 이 경우 산술평균수익률과 기하평균수익률을 계산하라.

풀이 산술평균수익률 $= (100\%)\times 0.5 + (-50\%)\times 0.5 = 25\%$

기하평균수익률 $= \sqrt[2]{(1+1.0)(1-0.5)}-1 = 0\%$

3. 내부수익률

내부수익률(internal rate of return: IRR)은 투자금액(cash outflow)의 현재가치와 미래의 현금흐름(cash inflow)의 현재가치를 같게 해주는 할인율이다.

제 3 절 위험조정 성과평가방법

포트폴리오 운용성과를 평가하는 데 일정기간 동안 운용한 운용수익만을 단순히 비교하여 평가하는 것은 적절한 평가방법이 되지 않는다. 투자성과를 평가하기 위해서는 수익률뿐만 아니라 위험도 고려하여야 한다. 즉, 높은 위험을 수반한 투자안으로부터 실현된 수익률이 부담한 위험을 보상할 만큼 충분한지 여부를 평가해야 한다. 따라서 투자성과를 평가하기 위해서는 위험을 고려한 평가가 이루어져야 한다. 이를 위험이 조정된 성과평가(risk-adjusted performance measure)라고 한다.

포트폴리오 운용에서 감수한 위험을 적절히 감안하여 투자성과를 평가하기 위한 투자위험의 조정방법은 어떤 종류의 위험을 중시하여 투자성과를 평가하는가에 따라 샤프지수, 트레이너지수, 젠센지수가 있다.

1) 샤프지수

샤프지수(Sharpe index)[1]는 자본시장선의 사후적 기울기를 이용하여 포트폴리오 운용성과를 평가하는 방법으로 투자수익률에 관련된 총위험을 충분하게 고려한 상태에서 펀드수익률의 우열을 판단하는 기준이 된다. 샤프

1) W.F. Sharpe. "Mutual Fund Performance," *Journal of Finance*, 1966, pp. 119–138.

지수는 총위험 1단위당 초과수익 비율이다. 즉, 1단위의 총위험을 감수하는 대신 얼마나 큰 초과수익을 얻는지를 보여주며 이 값이 클수록 투자성과가 우수하다. 샤프지수는 투자성과 대비 변동성 비율(reward to variability ratio: RVAR)이며, 포트폴리오의 초과수익률을 표준편차로 나눔으로써 계산되며, 자본시장선(capital market line: CML) 상의 무위험수익률과 펀드수익률을 연결하는 직선의 기울기이다.

$$RVAR = \frac{\overline{R}_p - \overline{R}_f}{\sigma_p}$$

$\overline{R}_p$: 포트폴리오 수익률의 산술평균
$\overline{R}_f$: 무위험 수익률의 평균
σ_p : 포트폴리오의 실제수익률의 표준편차

샤프지수를 측정했다면 그것을 어떻게 평가하고 해석해야 하는가? 평가자가 관심있는 펀드와 시장 포트폴리오의 성과를 비교하기를 원한다면 먼저 그 펀드와 시장 포트폴리오의 샤프지수를 각각 추정해야 한다. 그리고 어떤 펀드의 샤프지수와 시장 포트폴리오의 샤프지수를 비교하여, 해당 펀드의 샤프지수가 높으면 시장 포트폴리오보다 운용성과가 좋다고 판단하며 그 반대의 경우에는 운용실적이 부진했다고 평가한다.

2) 트레이너지수

트레이너지수(Treynor index)[2]는 투자성과에 관련된 위험 중 분산투자로 제거할 수 없는 주식시장의 전체적인 움직임과 관련된 체계적 위험(β)만을 고려한 상태에서 투자수익률의 우열을 판단하는 지수이다. 트레이너지수는 체계적 위험 1단위당 추가되는 투자수이률을 의미하며, 투자성과 대비 체계적 위험 비율(reward to volatility ratio: RVOL)이다. 즉, 트레이너지수는 총

2) J. Treynor, "How to Rate Management of Investment Funds," *Harvard Business Review*, 1965, pp. 63–75.

위험 중 시장 전체 움직임과 관련된 체계적 위험인 베타계수만을 고려한 상태에서 투자수익률의 우열을 판단하며, 자본자산가격결정모형(CAPM)에서 증권시장선(Security Market Line: SML) 상의 무위험 수익률과 펀드수익률의 점을 연결하는 직선의 기울기로 표시된다.

$$RVOL = \frac{\overline{R}_i - \overline{R}_f}{\beta_i}$$

$\overline{R}_i$: 자산 i의 평균수익률
$\overline{R}_f$: 무위험 수익률의 평균
β_i: 자산 i의 체계적 위험

트레이너지수는 체계적 위험에 대한 투자보수비율로 측정된 위험 한 단위당 실현된 초과수익의 양을 나타내므로 비율이 높을수록 주어진 위험에 대한 위험수준에서 초과수익이 크다는 것을 의미한다.

3) 젠센의 알파

젠센의 알파(α_p)[3]는 자본자산가격결정모형(CAPM)을 이용한 것으로 포트폴리오의 기대수익률과 증권시장선에 의한 기대수익률과의 차이를 말한다. 젠센의 알파가 양(+)의 값을 보이면 포트폴리오의 기대수익률이 증권시장선 상의 기대수익률보다 더 높은 수익률을 유지했다는 것을 의미하며, 젠센의 알파가 음(−)의 값을 보이면 포트폴리오의 기대수익률이 증권시장선 상의 기대수익률보다 낮은 수익률을 유지했다는 것을 의미한다.

$$\begin{aligned}\alpha_p &= \overline{R}_p - [\,\overline{R}_f + (\overline{R}_m - \overline{R}_f)\beta_p\,] \\ &= [\,\overline{R}_p - \overline{R}_f\,] - [\,\overline{R}_m - \overline{R}_f\,]\beta_p\end{aligned}$$

3) M. Jensen, "The Performamce of Mutual Funds in the Period 1945–1964," *Journal of Finance*, 1968, pp. 389–416.

$$\alpha_p = \overline{R}_p - \overline{R}_p^*$$

$$\overline{R}_p^* - \overline{R}_f = (\overline{R}_m - \overline{R}_f)\beta_p$$

$\overline{R}_p$: 실제 실현된 수익률
$\overline{R}_p^*$: 예측된 실현률
$\overline{R}_m$: 시장포트폴리오의 수익률

포트폴리오의 성과는 젠센의 알파(α)값으로 측정되고 α가 정(+)의 방향으로 클수록 투자성과가 높은 것을 의미한다.

4) 평가비율

평가비율(appraisal ratio)은 초과수익률 α_p를 잔차의 표준편차로 나눈 비율로 이 비율이 높을수록 위험 감수에 대한 초과수익이 높음을 의미한다.

$$\text{평가비율} = \frac{\alpha_p}{\sigma(\varepsilon_p)}$$

예제 4

펀드 매니저 A와 B의 포트폴리오와 시장포트폴리오의 투자성과가 다음과 같다.

	펀드 매니저 A	펀드 매니저 B	시장포트폴리오
평균 초과수익률 $(\overline{R}_p - \overline{R}_f)$	2.5	5.5	1.7
표준편차 σ_p	6.2	18.5	9.2
베타 β_p	0.71	1.42	1.00
잔차분산 $\sigma_p^2(\varepsilon)$	1.84^2	8.89^2	0.00^2
알파 α_p	1.51	2.98	0.00
결정계수 R^2	0.89	0.57	1.00

1) 샤프지수, 2) 트레이너지수, 3) 젠센지수 및 4) 평가비율에 의해 투자성과를 평가하라.

풀이

1) 샤프지수 $RVAR = \dfrac{\overline{R}_p - \overline{R}_f}{\sigma_p}$

A 샤프지수 $= \dfrac{2.5}{6.2} = 0.403$, B 샤프지수 $= \dfrac{5.5}{18.5} = 0.297$,

시장 샤프지수 $= \dfrac{1.7}{9.2} = 0.185$

A와 B 모두 시장포트폴리오의 투자성과보다는 양호하지만 A가 B보다 총위험 한 단위당 초과수익률을 얻는 정도가 크므로 A가 B보다 투자성과가 높다고 평가할 수 있다.

2) 트레이너지수 $RVOL = \dfrac{\overline{R}_i - \overline{R}_f}{\beta_i}$

A: $\dfrac{2.5}{0.71} = 3.521$, B: $\dfrac{5.5}{1.42} = 3.873$, 시장: $\dfrac{1.7}{1.00} = 1.700$

A와 B 모두 시장포트폴리오의 투자성과보다 높지만, 체계적 위험을 기준으로 평가한 경우에서는 샤프지수의 결과와는 달리 체계적 위험에 대한 투자보수비율이 B가 A보다 높게 나타나 B가 A보다 투자성과가 높다고 할 수 있다.

3) 젠센지수 $\alpha_p = \overline{R}_p - [\,\overline{R}_f + (\overline{R}_m - \overline{R}_f)\beta_p\,]$

$= [\,\overline{R}_p - \overline{R}_f\,] - [\,\overline{R}_m - \overline{R}_f\,]\beta_p$

A의 젠센지수 $= (2.5) - (1.7) \times 0.71 = 1.293$

B의 젠센지수 $= (5.5) - (1.7) \times 1.42 = 3.086$

젠센지수인 α_p로 투자성과를 평가하면 B가 A보다 양호하게 나타난다.

4) 평가비율 $= \dfrac{\alpha_p}{\sigma(\varepsilon_p)}$

A의 평가비율 $= \dfrac{1.51}{1.84} = 0.821$, B의 평가비율 $= \dfrac{2.98}{8.98} = 0.332$

평가비율로 투자성과를 평가하면 A가 B보다 양호하게 나타나고 있다.

11 다음의 뮤추얼 펀드에 대한 자료를 가지고 총위험 대비 수익률과 체계적 위험 대비 수익률이 가장 저조한 것을 고르시오.(단, 무위험 이자율은 4.5%)

(CFP 유사문제)

펀드명	평균수익률(%)	베타계수	표준편차
A	9	0.70	0.15
B	10	0.80	0.21
C	11	0.90	0.22
D	12	1.00	0.23
E	13	1.10	0.24

① *A, A*　② *B, A*　③ *C, D*
④ *D, E*　⑤ *E, C*

12 성공해 씨가 투자한 100,000원에 투자한 주식의 가격이 1년 후에 100,000원에서 150,000원으로 상승하고 2년 후에는 150,000원에서 75,000원으로 하락하였다고 가정하자. 성공해 씨가 2년 동안 투자한 주식의 산술평균수익률과 기하평균수익률은?

13 다음은 펀드 매니저 진 씨와 강 씨가 1년 동안 투자한 포트폴리오와 시장포트폴리오의 투자성과이다.

	펀드 매니저 진 씨	펀드 매니저 강 씨	시장포트폴리오
평균 초과수익률 $(\bar{R}_p - \bar{R}_f)$	4.5	9.9	2.4
표준편차 σ_p	8.4	20.5	13.7
베타 β_p	1.05	1.52	1.00
잔차분산 $\sigma_p^2(\varepsilon)$	$(2.58)^2$	$(10.83)^2$	0
알파 α_p	1.75	2.95	0
결정계수 R^2	0.85	0.55	1.00

1) 샤프지수, 2) 트레이너지수, 3) 젠센지수 및 4) 평가비율에 의해 투자성과를 평가하라.

14 다음은 1년 동안의 Pride 펀드의 투자성과 자료와 종합주가지수의 관련 자료이다. 1년 동안의 무위험이자율은 5%이다.

	투자수익률	베타 β	표준편차 σ	비체계적 위험 $\sigma(\varepsilon)$
Pride 펀드	30%	1.77	50	25
종합주가지수	20%	1.00	23	0

Pride 펀드의 투자성과를 종합주가지수와 비교하여 1) 샤프지수, 2) 트레이너 지수, 3) 젠센지수 및 4) 평가비율을 이용하여 평가하라.

참고 국민연금의 위험평가 사례[4)]

1. 국민연금 기금운용 성과평가[5)]

국민연금공단은 매년 기금운용본부로부터 독립된 내·외부 평가기관을 활용하여 기금운용 성과평가를 실시한다. 내부평가기관은 국민연금연구원이고 외부평가기관은 보건복지부장관이 선정한 전문평가기관으로 한다. 내·외부 평가기관의 평가결과는 성과평가보상전문위원회에서 검토한 후 실무평가위원회의 심의를 거쳐 기금운용위원회에서 의결한다.

기금운용 성과평가

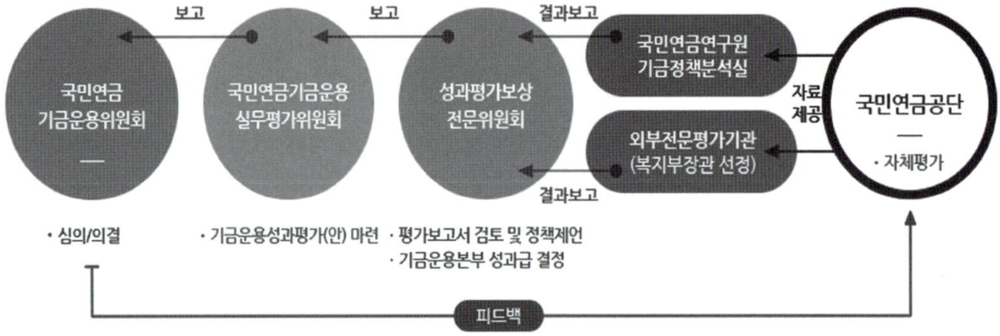

4) 국민연금기금의 위험평가 사례는 황정욱·강대일·태엄철·황준호, 2017년 국민연금 기금운용 성과평가, 국민연금관리공단 국민연금연구원(2019)에서 일부 인용한 사례임.

5) 국민연금 기금운용 성과평가는 국민연금관리공단의 웹사이트(http://fund.nps.or.kr)에서 인용한 사례임.

2. 총 위험

2017년 금융부문의 총 위험은 2.28%로 벤치마크 1.81% 대비 0.47% 높은 수준이다. 자산별로는 국내채권의 위험이 1.28%로 전전대비 1.58% 하락하였고 벤치마크나 장기적인 위험수준보다 비슷하거나 낮은 수준이다.

(단위 : %)

구분		2015년	2016년	2017년	3년 평균 ('15~'17)	5년 평균 ('13~'17)	10년 평균 ('08~'17)	15년 평균 ('03~'17)
국내채권	기금	2.40	2.86	1.28	2.26	2.05	2.68	2.44
	BM	2.41	2.84	1.29	2.26	2.05	2.61	2.37
해외채권	기금	2.76	3.12	2.38	2.73	2.85	3.35	-
	BM	2.96	3.45	2.29	2.90	2.83	2.80	-
국내주식	기금	9.67	6.20	8.76	8.57	9.00	16.86	17.96
	BM	9.48	6.43	8.72	8.42	8.75	17.23	18.20
해외주식	기금	12.20	10.18	6.13	9.56	9.03	16.68	-
	BM	12.80	10.42	5.52	9.79	9.38	12.94	-
대체투자	기금	7.13	8.56	7.80	7.67	6.84	5.38	-
	BM	0.20	1.84	1.35	1.64	1.32	5.04	-
금융부문 전체	기금	2.53	2.52	2.28	2.40	2.43	3.65	3.31
	BM	2.69	2.23	1.81	2.21	2.34	3.85	3.42

주 1) 총 위험은 월간수익률의 표준편차를 연율화하여 추정하였음
2) 해외자산은 2008년부터 원화기준 벤치마크가 설정되어 적용되었음
3) 대체투자 성과평가용 벤치마크는 2013년도부터 설정되어 적용되었으며 그 이전에는 정책벤치마크를 성과평가용으로 사용

▲표 1
국민연금기금의
자산종류별 총 위험
(실현변동성)

3. 샤프지수(Sharpe index)

2017년 위험조정 수익성과인 샤프지수는 표에서 보는 바와 같이 2.40 으로 기금이 위험 한 단위(1%)를 증가시킴으로 창출하는 무위험이자율 대비 초과수익률이 2.40%임을 의미한다.

표 2 ▶ 국민연금기금 위험조정 수익성과(샤프지수)

(단위 : %)

구분		2015년	2016년	2017년	3년 평균 ('15~'17)	5년 평균 ('13~'17)	10년 평균 ('08~'17)	15년 평균 ('03~'17)
국내채권	기금	2.40	2.86	1.28	2.26	2.05	2.68	2.44
	BM	2.41	2.84	1.29	2.26	2.05	2.61	2.37
해외채권	기금	2.76	3.12	2.38	2.73	2.85	3.35	-
	BM	2.96	3.45	2.29	2.90	2.83	2.80	-
국내주식	기금	9.67	6.20	8.76	8.57	9.00	16.86	17.96
	BM	9.48	6.43	8.72	8.42	8.75	17.23	18.20
해외주식	기금	12.20	10.18	6.13	9.56	9.03	16.68	-
	BM	12.80	10.42	5.52	9.79	9.38	12.94	-
대체투자	기금	7.13	8.56	7.80	7.67	6.84	5.38	-
	BM	0.20	1.84	1.35	1.64	1.32	5.04	-
금융부문 전체	기금	2.53	2.52	2.28	2.40	2.43	3.65	3.31
	BM	2.69	2.23	1.81	2.21	2.34	3.85	3.42

주 1) 총 위험은 월간수익률의 표준편차를 연율화하여 추정하였음
2) 해외자산은 2008년부터 원화기준 벤치마크가 설정되어 적용되었음
3) 대체투자 성과평가용 벤치마크는 2013년도부터 설정되어 적용되었으며 그 이전에는 정책벤치마크를 성과평가용으로 사용

4. 트레이너지수(Treynor index)

2017년 체계적 위험조정 수익성과인 트레이너지수는 표에서 보는 바와 같이 4.89로 벤치마크 대비 0.28% 상회한다.

표 3 ▶ 국민연금기금의 베타와 위험조정성과(트레이너지수)

(단위 : %p)

구분	2017			3년 평균('15~'17)			5년 평균('13~'17)			10년 평균('08~'17)			15년 평균('03~'17)		
	베타	기금	BM	베타	기금	BM	베타	기금	BM	베타	기금	BM	베타	기금	BM
국내채권	0.987	-1.31	-1.23	0.999	0.50	0.52	0.999	0.98	0.98	1.024	1.85	1.89	1.021	1.24	1.23
해외채권	1.006	-1.68	-1.76	0.920	0.23	0.55	0.976	0.92	1.55	0.870	2.66	1.82	-	-	-
국내주식	0.995	24.64	22.28	1.005	8.97	9.02	1.018	3.51	3.81	0.974	1.77	1.17	0.983	8.82	7.56
해외주식	1.035	8.58	7.76	0.956	7.48	6.58	0.935	9.85	8.93	1.200	-0.006	0.015	-	-	-
대체투자	2.688	0.01	0.00	2.489	0.03	0.06	2.609	0.03	0.05	0.057	0.72	0.04	-	-	-
금융부문	1.120	4.89	4.62	1.001	3.82	3.68	0.976	3.17	2.98	0.926	2.79	2.60	0.945	2.64	2.45

주 1) 트레이너지수는 베타로 측정한 체계적위험 한 단위당 창출된 무위험이자율 대비 초과수익률임. 무위험이자율은 3년 만기 국고채수익률로 가정함
2) 베타는 각 운용자산군 월별수익률과 해당 BM 월별수익률의 공분산을 운용자산군 및 해당 BM의 변동성으로 나눈 민감도로 측정함. BM의 베타는 자신의 시계열과의 공분산으로 분산이며 항상 1임

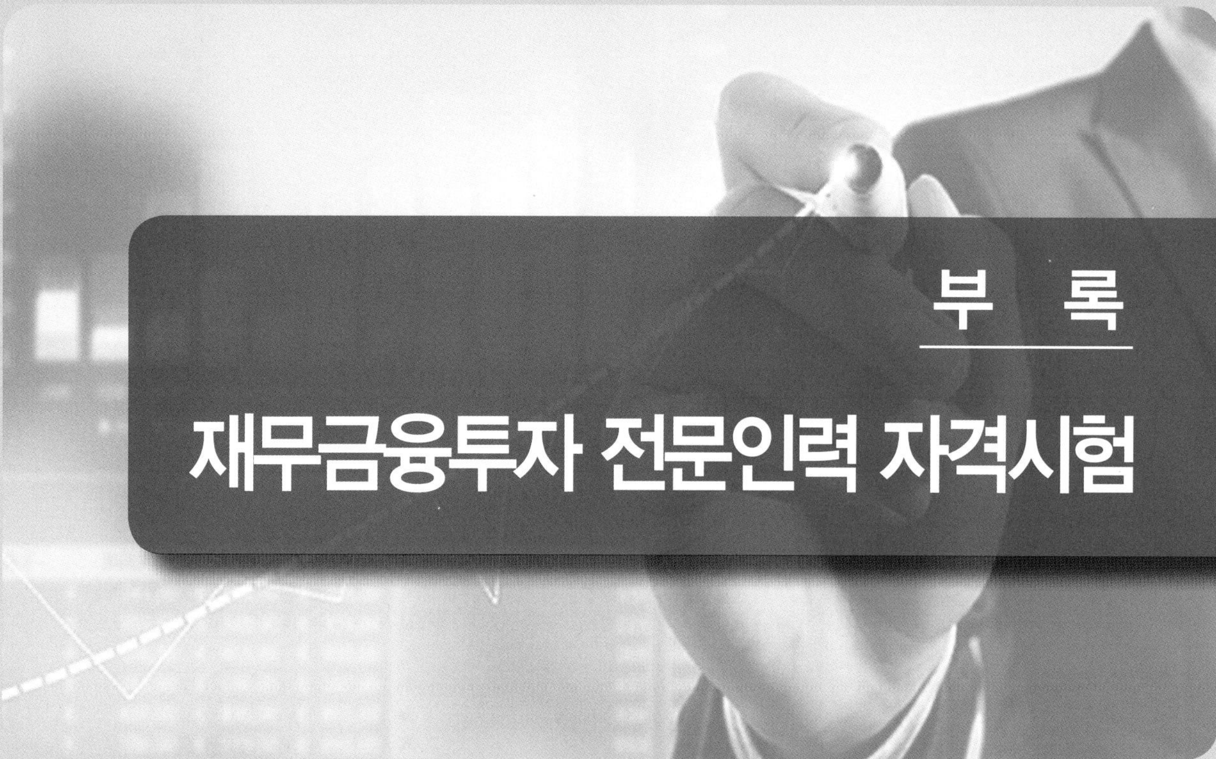

부 록

재무금융투자 전문인력 자격시험

부록 금융투자전문인력 자격시험

1. 금융투자협회 시행 자격증(2019년)

• 시행처: 금융투자협회(www.kofia.or.kr)

■ 펀드투자권유대행인

• 주요 업무: 집합투자증권(파생상품 등을 제외)의 매매를 권유하거나 투자자문계약, 투자일임계약 또는 신탁계약(파생상품 등에 투자하는 특정금전신탁계약은 제외)의 체결을 권유하는 자

• 시험정보

- 합격기준 : 응시과목별 정답비율이 40% 이상인 자 중에서, 응시 과목의 전체 정답 비율이 60%(60문항) 이상인 자. 과락 기준은 하단의 과목정보 참조.
- 과목정보 : 시험시간(1교시: 120분), 과목정보(3과목: 100문항)

과목정보				세부과목정보	
과목번호	과목명	문항수		세부과목명	문항수
		총	과락		
1	펀드투자	35	14	펀드 · 신탁의 이해	15
				투자관리	10
				펀드평가	10
2	투자권유	45	18	펀드 관련 법규	10
				영업실무	10
				직무윤리	10
				투자권유와 투자자분쟁예방	10
				투자권유 사례분석	5
3	부동산펀드	20	8	부동산펀드 관련 법규	5
				부동산펀드 영업실무	15

■ 증권투자권유대행인

- 주요 업무: 증권(집합투자증권 및 파생상품등을 제외한다.) 및 영 제7조 제3항 제4호에 해당하는 방법으로 단기금융집합투자기구의 집합투자증권의 매매를 권유하거나 투자자문계약, 투자일임계약 또는 신탁계약의 체결을 권유하는 자
- 시험정보
  - 합격기준 : 응시과목별 정답비율이 40% 이상인 자 중에서, 응시 과목의 전체 정답 비율이 60%(60문항) 이상인 자. 과락 기준은 하단의 과목정보 참조.
  - 과목정보 : 시험시간(1교시: 120분), 과목정보(3과목: 100문항)

과목정보				세부과목정보	
과목번호	과목명	문항수		세부과목명	문항수
		총	과락		
1	금융투자상품 및 증권시장	30	12	금융투자상품	10
				유가증권시장 · 코스닥 시장	10
				채권시장	6
				기타 증권시장	4
2	증권투자	25	10	증권분석의 이해	15
				투자관리	10
3	투자권유	45	18	증권 관련 법규	10
				영업실무	10
				직무윤리	10
				투자권유와 투자자분쟁예방	10
				투자권유 사례분석	5

■ 펀드투자권유자문인력(Certified Fund Investment Advisor)

• 주요 업무: 투자자를 상대로 집합투자기구의 집합투자증권(펀드)에 대하여 투자권유 또는 투자자문 업무를 수행하는 자

• 시험정보

- 합격기준 : 응시과목별 정답비율이 50% 이상인 자 중에서, 응시 과목의 전체 정답 비율이 70%(70문항) 이상인 자. 과락 기준은 하단의 과목정보 참조.
- 과목정보 : 시험시간(1교시: 120분) , 과목정보(3과목: 100문항)

<table>
<tr><th colspan="4">과목정보</th><th colspan="2">세부과목정보</th></tr>
<tr><th rowspan="2">과목번호</th><th rowspan="2">과목명</th><th colspan="2">문항수</th><th rowspan="2">세부과목명</th><th rowspan="2">문항수</th></tr>
<tr><th>총</th><th>과락</th></tr>
<tr><td rowspan="5">1</td><td rowspan="5">펀드일반</td><td rowspan="5">60</td><td rowspan="5">30</td><td>법규</td><td>13</td></tr>
<tr><td>직무윤리 · 투자자분쟁예방</td><td>15</td></tr>
<tr><td>펀드영업실무</td><td>8</td></tr>
<tr><td>펀드 구성 · 이해</td><td>16</td></tr>
<tr><td>펀드 운용평가</td><td>8</td></tr>
<tr><td rowspan="3">2</td><td rowspan="3">파생상품
펀드</td><td rowspan="3">25</td><td rowspan="3">13</td><td>파생상품펀드 법규</td><td>7</td></tr>
<tr><td>파생상품펀드 영업</td><td>8</td></tr>
<tr><td>파생상품펀드 투자 · 리스크관리</td><td>10</td></tr>
<tr><td rowspan="3">3</td><td rowspan="3">부동산
펀드</td><td rowspan="3">15</td><td rowspan="3">8</td><td>부동산펀드 법규</td><td>5</td></tr>
<tr><td>부동산펀드 영업</td><td>5</td></tr>
<tr><td>부동산펀드 투자 · 리스크관리</td><td>5</td></tr>
</table>

■ 증권투자권유자문인력(Certified Securities Investment Advisor)

• 주요 업무: 투자자를 상대로 증권(집합투자증권 및 법 제46조의2에 따른 "파생상품등"에 속하는 파생결합증권은 제외)에 대하여 투자권유 또는 투자자문 업무를 수행하거나 영 제7조 제3항 제4호에 해당하는 방법으로 단기금융집합투자기구의 집합투자증권에 대하여 투자권유 업무를 수행하는 자

• 시험정보

- 합격기준 : 응시과목별 정답비율이 50% 이상인 자 중에서, 응시 과목의 전체 정답 비율이 70%(70문항) 이상인 자. 과락 기준은 하단의 과목정보 참조.
- 과목정보 : 시험시간(1교시: 120분) , 과목정보(4과목: 100문항)

<table>
<tr><th colspan="4">과목정보</th><th colspan="2">세부과목정보</th></tr>
<tr><th rowspan="2">과목번호</th><th rowspan="2">과목명</th><th colspan="2">문항수</th><th rowspan="2">세부과목명</th><th rowspan="2">문항수</th></tr>
<tr><th>총</th><th>과락</th></tr>
<tr><td rowspan="3">1</td><td rowspan="3">증권분석</td><td rowspan="3">15</td><td rowspan="3">8</td><td>경기분석</td><td>6</td></tr>
<tr><td>기본적 분석</td><td>5</td></tr>
<tr><td>기술적 분석</td><td>4</td></tr>
<tr><td rowspan="4"></td><td rowspan="4">증권시장</td><td rowspan="4">20</td><td rowspan="4">10</td><td>유가증권시장</td><td>8</td></tr>
<tr><td>코스닥시장</td><td>3</td></tr>
<tr><td>채권시장</td><td>7</td></tr>
<tr><td>기타 증권시장</td><td>3</td></tr>
<tr><td rowspan="3">3</td><td rowspan="3">금융상품 및 직무윤리</td><td rowspan="3">30</td><td rowspan="3">15</td><td>금융상품분석 · 투자전략</td><td>13</td></tr>
<tr><td>영업실무</td><td>5</td></tr>
<tr><td>직무윤리 · 투자자분쟁예방</td><td>12</td></tr>
<tr><td rowspan="5">4</td><td rowspan="5">법규 및 세제</td><td rowspan="5">35</td><td rowspan="5">18</td><td>자본시장과 금융투자업에 관한 법률</td><td>11</td></tr>
<tr><td>금융위원회규정</td><td>9</td></tr>
<tr><td>한국금융투자협회규정</td><td>4</td></tr>
<tr><td>회사법</td><td>6</td></tr>
<tr><td>증권세제</td><td>5</td></tr>
</table>

■ 파생상품투자권유자문인력(Certified Derivatives Investment Advisor)

• 주요 업무: 투자자를 상대로 파생상품, 파생결합증권 및 법 제4조 제7항 제1호에 해당하는 증권에 대하여 투자권유 또는 투자자문 업무를 수행하는 자

• 시험정보

- 합격기준 : 응시과목별 정답비율이 50% 이상인 자 중에서, 응시 과목의 전체 정답 비율이 70%(70문항) 이상인 자. 과락 기준은 하단의 과목정보 참조.
- 과목정보 : 시험시간(1교시: 120분) , 과목정보(4과목: 100문항)

과목정보				세부과목정보	
과목번호	과목명	문항수		세부과목명	문항수
		총	과락		
1	파생상품 I	25	13	선물	13
				옵션	12
2	파생상품 II	25	13	스왑	8
				기타 파생상품 · 파생결합증권	17
3	리스크관리 및 직무윤리	25	13	리스크관리	8
				영업실무	5
				직무윤리 · 투자자분쟁예방	12
4	파생상품 법규	25	13	자본시장과 금융투자업에 관한 법률	9
				금융위원회규정	8
				한국금융투자협회규정	4
				한국거래소규정	4

■ 투자자산운용사

• 주요 업무: 집합투자재산, 신탁재산 또는 투자일임재산을 운용하는 업무를 수행하는 자

• 시험정보

- 합격기준 : 응시과목별 정답비율이 40% 이상인 자 중에서, 응시 과목의 전체 정답 비율이 70%(70문항) 이상인 자. 과락 기준은 하단의 과목정보 참조.
- 과목정보 : 시험시간(1교시: 120분) , 과목정보(3과목: 100문항)

과목정보				세부과목정보	
과목번호	과목명	문항수		세부과목명	문항수
		총	과락		
1	금융상품 및 금융세제	30	8	세제관련 법규/세무전략	7
				금융상품	8
				부동산관련 상품	5
2	투자운용 및 전략 II 및 투자분석	20	12	대안투자운용/투자전략	5
				해외증권투자운용/투자전략	5
				투자분석기법	12
				리스크관리	8
3	직무윤리 및 법규/투자운용 및 전략 I 등	50	20	직무윤리	5
				자본시장과 금융투자업에 관한 법률	7
				금융위원회규정	4
				한국금융투자협회규정	3
				주식투자운용 / 투자전략	6
				채권투자운용 / 투자전략	6
				파생상품투자운용 / 투자전략	6
				투자운용결과분석	4
				거시경제	4
				분산투자기법	5

■ 금융투자분석사

•주요 업무: 금융투자회사(법 제22조에 따른 겸영금융투자업자는 제외)에서 조사분석자료(금융투자상품의 가치에 대한 주장이나 예측을 담고 있는 자료)를 작성하거나 이를 심사, 승인하는 업무를 수행하는 자

•시험정보

- 합격기준 : 응시과목별 정답비율이 40% 이상인 자 중에서, 응시 과목의 전체 정답 비율이 70%(70문항) 이상인 자. 과락 기준은 하단의 과목정보 참조.
- 과목정보 : 시험시간(1교시: 120분) , 과목정보(4과목: 100문항)

과목정보				세부과목정보	
과목번호	과목명	문항수		세부과목명	문항수
		총	과락		
1	증권분석기초	25	10	계량분석	5
				증권경제	10
				기업금융/포트폴리오 관리	10
2	가치평가론	35	14	주식평가/분석	10
				채권평가/분석	10
				파생결합증권평가/분석	5
				파생상품평가/분석	10
3	재무분석론	20	8	재무제표론	10
				기업가치평가/분석	10
4	증권법규 및 직무윤리	20	8	자본시장과 금융투자업에 관한 법률	5
				회사법	5
				금융위원회규정	5
				직무윤리	5

■ 재무위험관리사

• 주요 업무: 금융투자회사에서 금융투자상품 등의 운용과 관련된 재무위험등을 일정한 방법에 의해 측정, 평가 및 통제하여 해당 회사의 해당 위험을 조직적이고 체계적으로 통합하여 관리하는 업무를 수행하는 자

• 시험정보

- 합격기준 : 응시과목별 정답비율이 40% 이상인 자 중에서, 응시 과목의 전체 정답 비율이 70%(70문항) 이상인 자. 과락 기준은 하단의 과목정보 참조.
- 과목정보 : 시험시간(2교시: 200분), 과목정보(4과목: 100문항)

1교시(100분) : 총 4과목, 100문항					
과목정보				세부과목정보	
과목번호	과목명	문항수		세부과목명	문항수
		총	과락		
1	리스크관리 기초	30	12	금융통계학	9
				채권분석	6
				규제 및 컴플라이언스	15
2	금융선물 및 옵션	20	8	주가지수/개별주식 선물/옵션	7
				금리 선물/옵션	7
				통화 선물/옵션	6
3	장외파생상품	15	6	스왑	8
				장외옵션	7
4	리스크 관리기법	35	14	시장리스크관리	15
				신용리스크관리	12
				기타리스크관리	5
				리스크관리 사례분석	3

2. 한국금융연수원 시행 자격증(2019년)

■ 자산관리사(FP)

• 주요 업무: 금융기관 영업부서의 재테크팀 또는 PB(Private Banking)팀에서 고객의 수입과 지출, 자산 및 부채현황, 가족상황 등 고객에 대한 각종 자료를 수집, 분석하여 고객이 원하는 Life Plan상의 재무목표를 달성할 수 있도록 종합적인 자산설계에 대한 상담과 실행을 지원하는 업무를 수행하는 금융전문가

• 시험정보: 한국금융연수원(www.kbi.or.kr)

- 합격기준 : 다음 각 호의 요건을 모두 충족한 경우

1. 시험과목별로 40점 미만(100점 만점 기준)이 없어야 하고
2. 1부 평균, 2부 평균이 각각 60점(100점 만점 기준) 이상이어야 함

※ 평균은 총 득점을 총 배점으로 나눈 백분율임

※ 1부 또는 2부 시험만 합격요건을 갖춘 경우는 부분합격자로 인정

<table>
<tr><th>구분</th><th>시험과목</th><th>세부내용</th><th>배점</th><th>시험시간</th></tr>
<tr><td rowspan="10">1부</td><td rowspan="3">자산관리 기본지식</td><td>재무설계의 의의 및 재무설계</td><td rowspan="3">40</td><td rowspan="10">1교시 : 100분
(09:00 ~ 10:40)</td></tr>
<tr><td>제동향분석 및 예측(15)</td></tr>
<tr><td>법률(15)</td></tr>
<tr><td rowspan="5">세무설계</td><td>소득세(4)</td><td rowspan="5">40</td></tr>
<tr><td>금융소득종합과세(8)</td></tr>
<tr><td>양도소득세(8)</td></tr>
<tr><td>상속 · 증여세(16)</td></tr>
<tr><td>취득세 및 재산세 · 종합부동산세(4)</td></tr>
<tr><td rowspan="2">보험 및 은퇴설계</td><td>보험설계(10)</td><td rowspan="2">20</td></tr>
<tr><td>은퇴설계(10)</td></tr>
<tr><td rowspan="9">2부</td><td rowspan="5">금융자산 투자설계</td><td>금융상품(16)</td><td rowspan="5">70</td><td rowspan="9">2교시 : 100분
(11:00~12:40)</td></tr>
<tr><td>주식투자(15)</td></tr>
<tr><td>채권투자(15)</td></tr>
<tr><td>파생금융상품투자(12)</td></tr>
<tr><td>금융상품 투자설계 프로세스(12)</td></tr>
<tr><td rowspan="4">비금융자산 투자설계</td><td>부동산 상담 사전 준비(9)</td><td rowspan="4">30</td></tr>
<tr><td>부동산 시장 및 정책 분석(9)</td></tr>
<tr><td>부동산 투자전략(9)</td></tr>
<tr><td>보유 부동산자산관리 전략(3)</td></tr>
</table>

■ 외환전문역 Ⅰ·Ⅱ

• 주요 업무: 국가공인 외환전문역 Ⅰ종:금융기관의 외환업무 중 외국환 법규 및 외환거래실무를 이해하고 고객의 외화 자산에 노출되는 각종 외환리스크를 최소화시키는 등 주로 개인 외환과 관련된 직무를 담당

국가공인 외환전문역 Ⅱ종:금융기관의 외환업무 중 수출입업무 및 이와 관련된 국제무역 규칙을 이해하고 외환과 관련된 여신업무를 수행하는 등 주로 기업 외환과 관련된 직무를 담당

• 시험정보: 한국금융연수원(www.kbi.or.kr)

- 합격기준 : 1, 2종 각각 시험과목별로 100점 만점을 기준으로 하여 과목 별 40점 이상이고 전과목 평균이 60점 이상 득점자

(전과목 평균은 총 득점을 시험과목 총 배점의 합으로 나눈 백분율임)

※ 외환전문역 Ⅰ종, 외환전문역 Ⅱ종은 별개의 자격으로 각각의 자격증을 따로 발급하며, Ⅰ종 또는 Ⅱ종만 따로 응시하거나 함께 응시할 수 있습니다

구분	시험과목	배점	시험시간
제Ⅰ종	외환관리실무	50	120분 (10:00 ~ 12:00)
	외국환거래실무	30	
	환리스크 관리	20	
제Ⅱ종	수출입 실무	50	120분 (13:00~15:00)
	국제무역규칙	30	
	외환관련여신	20	

■ 은행텔러

• 주요 업무: 창구에서 일어나는 제반업무에 대해 신속하고 친절한 업무수행과 정확한 업무처리로 고객에게 도움을 주고 상담을 통해 문제해결을 하도록 도와주는 금융전문가

• 시험정보: 한국금융연수원(www.kbi.or.kr)

- 합격기준 : 시험과목별로 100점 만점을 기준으로 하여 과목당 40점 이상이고, 전과목 평균이 60점 이상 득점자

(전과목 평균은 총득점을 시험과목 총 배점의 합으로 나눈 백분율임)

※ 과락기준 : 텔러기본지식 11점, 창구실무I 17점, 창구실무II 13점 이상을 득하여야 과락을 면함

구분	시험과목	배점	시험시간
텔러기본지식	금융경제일반(3)	27	120분 (10:00~12:00)
	창구실무법률(10)		
	고객서비스 및 창구마케팅(6)		
	내부통제 및 리스크관리(8)		
창구실무 I	일반수신(22)	42	
	가계여신(9)		
	외국환(7)		
	내국환(4)		
창구실무 II	출납 · 계산(5)	31	
	전자금융 및 지로 · 공과금(10)		
	신용카드(7)		
	신탁 및 집합투자(5)		
	방카슈랑스(4)		

■ 자금운용역

• 주요 업무: 효율적인 자산운용 전략 및 포트폴리오 구성에 필요한 전문지식을 습득하여 금융기관의 자산운용 능력을 제고시킬 수 있는 전문인력을 양성하기 위한 자격으로 해당 과정(채권운용전문가과정/ 주식운용전문가과정)을 정해진 조건에 따라 수료하면 부여함.

• 응시자격: 주식운용전문가 과정과 채권운용전문가 과정을 이수한 자

• 시험방법: 주관식, 객관식 또는 주/객관식 혼용으로 출제

• 시험정보

- 합격기준 : 총 수업시간의 85% 이상을 출석하고, 과목별 60점 이상, 평균 70점 이상인 자(100점 만점 기준)

<table>
<tr><th>구분</th><th>시험과목</th><th>세부내용</th><th>배점</th></tr>
<tr><td rowspan="6">채권운용 전문가</td><td>구조화채권</td><td>금리/신용연계 구조화채권의 개념과 발행구조</td><td>50</td></tr>
<tr><td>채권투자분석</td><td>채권수익률과 가격결정,
채권투자위함과 듀레이션</td><td>50</td></tr>
<tr><td>금리파생상품</td><td>금리선물, FRA, IRS, 금리옵션</td><td>80</td></tr>
<tr><td>채권 및 금리파생상품 투자전략</td><td>채권포트폴리오 및 금리파생상품 운용전략</td><td>70</td></tr>
<tr><td>채권 및 금리파생상품 투자실습</td><td>채권 및 금리파생상품 투자실습</td><td>50</td></tr>
<tr><td colspan="2">합계</td><td>300</td></tr>
<tr><td rowspan="4">주식운용 전문가</td><td>기본적/기술적 분석</td><td>경제/산업/기업분석, 질적/양적분석/추세/패턴/지표분석, 시장구조이론</td><td>100</td></tr>
<tr><td>주가지수선물 및 옵션거래</td><td>주가지수선물 및 옵션을 이용한 주식운용전략</td><td>100</td></tr>
<tr><td>포트폴리오 관리</td><td>전략적/전술적/보험자산배분/Passive/Active 주식포트폴리오 운용전략</td><td>100</td></tr>
<tr><td colspan="2">합계</td><td>300</td></tr>
</table>

4. 재무관련 자격증(2019년)

■ 재무관리사

• 한국 CFO협회와 매일경제에서는 자금의 조달과 관리업무에 대한 이론과 실무 지침서가 될 수 있는 국제기준의 종합적인 자금관리 교재를 편찬하고, 자금관리 업무 내용에 대한 자격검증시험을 운영함으로써, 기업에게는 해당 자금관리 전문가를 직접 양성해야 하는 시간과 비용을 절약하게 하고, 응시생에게는 기업의 자금관리 최고책임자(Treasurer)로 진출할 수 있는 길을 제공함으로써, 자격이 검증된 합격자가 기업의 자금관리 부서에 투입되어 바로 근무를 하는데 있어서 어려움이 없도록 하고자 한다.

• 시험정보: www.cfm.or.kr

– 합격기준 : 시험 난이도를 고려한 기본 베이스 점수 조정 후 65점 이상 득점자

시험종류		구분	출제내용	문항수	문항수
1급	I	중장기 간접금융	시설자금대출	4~5	18
			Project Finance(프로젝트파이낸스, PF)	4~5	
			Syndicated Loan(신디케이티드 론)	4~5	
			리스 및 할부금융	4~5	
	II	중장기 직접금융	자본조달과 자본시장	2~3	18
			회사채 발행을 통한 자금조달	3~5	
			주식발행을 통한 자금조달	3~5	
			자산유동화를 통한 자금조달	3~5	
			신종자본증권을 통한 자금조달	3~5	
	III	외환관리	외환거래와 환율	1~3	14
			환위험관리	1~2	
			현물환거래/선물환거래/외환스왑	1~3	
			통화선물	1~3	
			통화스왑	1~3	
			환변동보험	1~2	
			통화옵션	1~3	
	합 계				50
2급	I	자금 계획 수립 및 금융시장의 이해	기업자금 개요	2~3	20
			자금수지관리 및 계획 수립	2~4	
			기업의 금융환경	1~2	
			자금조달을 위해 필요한 개념과 지식	10~12	
			자금의 운용과 투자금융상품	2~3	
	III	단기운영자금	단기운영자금조달	4~6	20
			단기기업대출상품	7~10	
			전자결제(B2B)상품	2~4	
			수출입 관련 금융상품	2~4	
	합 계				40

■ 자금운용역

- 주요 업무: 효율적인 자산운용 전략 및 포트폴리오 구성에 필요한 전문지식을 습득하여 금융기관의 자산운용 능력을 제고시킬 수 있는 전문인력을 양성하기 위한 자격으로 해당 과정(채권운용전문가과정/ 주식운용전문가과정)을 정해진 조건에 따라 수료하면 부여함.
- 응시자격: 주식운용전문가 과정과 채권운용전문가 과정을 이수한 자
- 시험방법: 주관식, 객관식 또는 주/객관식 혼용으로 출제
- 시험정보
  - 합격기준 : 총 수업시간의 85% 이상을 출석하고, 과목별 60점 이상, 평균 70점 이상인 자(100점 만점 기준)

구분	시험과목	세부내용	배점
채권운용 전문가	구조화채권	금리/신용연계 구조화채권의 개념과 발행구조	50
	채권투자분석	채권수익률과 가격결정, 채권투자위험과 듀레이션	50
	금리파생상품	금리선물, FRA, IRS, 금리옵션	80
	채권 및 금리파생상품 투자전략	채권포트폴리오 및 금리파생상품 운용전략	70
	채권 및 금리파생상품 투자실습	채권 및 금리파생상품 투자실습	50
	합계		300
주식운용 진문가	기본적/기술적 분식	경제/산업/기업분석, 질적/양적분석/추세/패턴/지표분석, 시장구조이론	100
	주가지수선물 및 옵션거래	주가지수선물 및 옵션을 이용한 주식운용전략	100
	포트폴리오 관리	전략적/전술적/보험자산배분/Passive/Active 주식포트폴리오 운용전략	100
	합계		300

3. 한국 FPSB 시행 자격증(2019년)

■ AFPK

• 주요 업무: AFPK 자격인증은 재무설계업무에 관한 전문서비스를 제공할 수 있는 자격증으로서 개인종합재무설계업무에 대한 국내 전문자격에 해당합니다.

• 시험정보: http://www.fpsbkorea.org

- 전체합격기준 : 모듈1 과 모듈2 전체 시험에서 평균 100분의 70이상을 득점한 경우. 단, 각 과목에 대하여 100분의 40이상을 득점하여야 합니다.
- 부분합격기준 : 하나의 모듈에 대하여 평균 100분의 70이상을 득점한 경우. 단, 해당 모듈의 시험과목별로 100분의 40이상을 득점하여야 합니다.

구분	시험과목	시험문항수	시험시간
모듈1	재무설계 개론	15	1교시 (9:00 ~ 11:00)
	윤리관련 기본규정	5	
	은퇴설계	30	
	부동산 설계	25	
	상속설계	25	
모듈2	위험관리와 보험설계	30	2교시 (11:40~13:20)
	투자설계	30	
	세금설계	30	

■ CFP

- 주요 업무: CFP 자격인증은 재무설계업무에 관한 전문서비스를 제공할 수 있는 자격증으로서 개인종합재무설계업무에 대한 국제 전문자격에 해당합니다.
- 시험정보: http://www.fpsbkorea.org

- 전체합격기준 : 지식형과 사례형의 전체 시험에서 평균 100분의 70이상을 득점한 경우. 단, 제1일차의 지식형 시험의 경우, 윤리를 제외한 시험과목별로 각각 100분의 40이상을 득점하고 제2일차의 사례형 시험의 경우 100분의 40이상을 득점하여야 합니다.
- 부분합격기준

제1일차 지식형 시험의 부분합격기준 – 지식형 시험전체에 대하여 평균 100분의 70이상을 득점한 경우. 단, 시험과목별로 각각 100분의 40이상을 득점하여야 합니다.

제2일차 사례형 시험의 부분합격기준 – 사례형 시험전체에 대하여 평균 100분의 70이상을 득점한 경우.

<table>
<tr><th>구분</th><th>시험과목</th><th>시험문항수</th><th>시험시간</th></tr>
<tr><td colspan="4">제1일차(토요일)</td></tr>
<tr><td rowspan="8">지식형</td><td>재무설계원론</td><td>15</td><td rowspan="4">1교시
(15:00 ~ 17:00)</td></tr>
<tr><td>재무설계사의 윤리와 법률</td><td>5</td></tr>
<tr><td>위험관리와 보험 설계</td><td>25</td></tr>
<tr><td>투자설계</td><td>28</td></tr>
<tr><td>부동산설계</td><td>20</td><td rowspan="4">2교시
(17:30~19:20)</td></tr>
<tr><td>은퇴설계</td><td>25</td></tr>
<tr><td>세금설계</td><td>27</td></tr>
<tr><td>상속설계</td><td>25</td></tr>
<tr><td colspan="4">제2일차(일요일)</td></tr>
<tr><td rowspan="4">사례형</td><td>단일사례</td><td>30</td><td rowspan="2">3교시
(10:00~12:00)</td></tr>
<tr><td>복합사례</td><td>10</td></tr>
<tr><td>복합사례</td><td>20</td><td rowspan="2">4교시
(12:30~15:00)</td></tr>
<tr><td>종합사례</td><td>20</td></tr>
</table>

4. 재무관련 자격증(2019년)

■ 재무관리사

• 한국 CFO협회와 매일경제에서는 자금의 조달과 관리업무에 대한 이론과 실무 지침서가 될 수 있는 국제기준의 종합적인 자금관리 교재를 편찬하고, 자금관리 업무 내용에 대한 자격검증시험을 운영함으로써, 기업에게는 해당 자금관리 전문가를 직접 양성해야 하는 시간과 비용을 절약하게 하고, 응시생에게는 기업의 자금관리 최고책임자(Treasurer)로 진출할 수 있는 길을 제공함으로써, 자격이 검증된 합격자가 기업의 자금관리 부서에 투입되어 바로 근무를 하는데 있어서 어려움이 없도록 하고자 한다.

• 시험정보: www.cfm.or.kr

– 합격기준 : 시험 난이도를 고려한 기본 베이스 점수 조정 후 65점 이상 득점자

시험종류		구분	출제내용	문항수	문항수
1급	I	중장기 간접금융	시설자금대출	4~5	18
			Project Finance(프로젝트파이낸스, PF)	4~5	
			Syndicated Loan(신디케이티드 론)	4~5	
			리스 및 할부금융	4~5	
	II	중장기 직접금융	자본조달과 자본시장	2~3	18
			회사채 발행을 통한 자금조달	3~5	
			주식발행을 통한 자금조달	3~5	
			자산유동화를 통한 자금조달	3~5	
			신종자본증권을 통한 자금조달	3~5	
	III	외환관리	외환거래와 환율	1~3	14
			환위험관리	1~2	
			현물환거래/선물환거래/외환스왑	1~3	
			통화선물	1~3	
			통화스왑	1~3	
			환변동보험	1~2	
			통화옵션	1~3	
	합 계				50
2급	I	자금 계획 수립 및 금융시장의 이해	기업자금 개요	2~3	20
			자금수지관리 및 계획 수립	2~4	
			기업의 금융환경	1~2	
			자금조달을 위해 필요한 개념과 지식	10~12	
			자금의 운용과 투자금융상품	2~3	
	III	단기운영자금	단기운영자금조달	4~6	20
			단기기업대출상품	7~10	
			전자결제(B2B)상품	2~4	
			수출입 관련 금융상품	2~4	
	합 계				40

참고문헌

■국내 저서

구본열 · 국찬표, 「제3판 현대재무론」, 비봉출판사, 2001.
김석진 · 김주현 · 우영호 · 이원흠 · 장범식 · 차명준, 「제3판 한국자본시장론」 삼영사, 2014.
김대호 · 오세경, 「투자론」, 경문사, 2009.
박정식 · 박종원, 「제2판 현대투자론」, 다산출판사, 2005.
박정식 · 박종원, 「현대재무관리연습」, 연암사, 1997.
박정식, 「현대재무관리」, 다산출판사, 1993.
박진우, 「파생상품론」, 명경사, 2008.
선물거래협의회 편, 「선물거래」, 서울, 1990.
신동령, 「투자론의 이해」, 다산출판사, 2007.
신민식, 「선물시장론」, 법문사, 1994.
안창희, 「경제지표로 보는 주식시장 흐름읽기」, 한국경제신문, 2005.
염후권, 「알기쉬운 주가차트 100%활용법」, 국일증권연구소, 1998.
윤평식, 「고정수익증권론」, 탐진, 2010.
이규금 · 김재욱 · 오흰종 · 이헌상, 「투자론」, 대경, 2009.
이영기 · 남상구 공역, 「투자론」, 한국맥그로힐, 2004.
이종원, 「계량경제학」, 박영사, 1994.
장영광, 「제5판 현대투자론」, 신영사, 2007.
장영광, 「제4판 증권투자론」, 신영사, 2006.
장영광, 「신 재무관리연습」, 신영사, 1999.
지청 · 조담, 「제8판 투자론」, 학현사, 2008.
조승제, 「쉽게 배우는 실전 주가차트입문」, 중앙경제평론사, 2000.
한국은행, 「한국의 금융시장」, 2012.
한국선물협회, 「선물 · 옵션 이론 및 실무」, 경문사, 2002.
황선웅, 「제2판 증권투자론」, 문영사, 1999.

■국내 논문

윤영섭 · 선우석호 · 김선웅 · 장하성 · 최흥식, "한국주식시장에서의 주가변동 특성과 계절적 이례현상에 관한 연구", 증권학회지, 1994, Vol. 17, pp. 167~218.

장충식 · 이원흠, "우리나라 주가지수 선물거래도입의 타당성에 관한 연구", 증권학회지, 1990.

■국외 저서

Altman, Edward I., *Investing in Junk Bonds: Inside the Yield Debt Market*, New York: John Wiley & Sons, 1987.

Bodie Zvi, *Essentials of Investments*, 8/E (Paperback), McGraw-Hill, 2009.

Brealey, Richard, *An Introduction to Risk and Return from Common Stocks*, Cambridge, Mass.: MIT Press, 1969.

Douglas, George, *Risk in the Equity Markets: An Empirical Appraisal of Market Efficiency*, Ann Arbor, MI: University Microfilms, Inc., 1968.

Elton, Edwin J. & Gruber, Martin J., *Finance as a Dynamic Process*, Englewood Cliffs, NJ: Prentice-Hall, 1975.

Elton, Edwin J., Martin Gruber, Stephen Brown, & William Goetzmann, *Modern Portfolio Theory and Investment Analysis*, John Wiley & Sons, Inc., 2007.

Farrell, James, *Guide to Portfolio Management*, New York: McGraw-Hill, 1997.

Ibbotson, Roger, & Sinquefield, Rex, Stocks, *Bonds, Bills and Inflation: The Past and the Future*, Charlottesville, VA: Financial Analysts Research Foundation, 1982.

Markowitz, Harry, *Portfolio Selection: Efficient Diversification of Investments*, New York: John Wiley & Sons, Inc. 1959.

Sharpe, William, Portfolio *Theory and Capital Markets*, New York: McGraw-Hill, 1970.

Sharpe, William, *Investments*, Englewood Cliffs, N.J.: Prentice-Hall, 1978.

Schwartz, Robert, *Reshaping the Equity Markets*: A Guide for the 1990s, New York: Harper Business, 1991.

Sorensen, Eric, Salomon, R, S., Davenport, Caroline, & Fiore, Maria, *Risk Analysis: The Effect of Key Macroeconomic and Market Factors on Portfolio Returns*, New York: Salomon Brothers, 1989.

■국외 논문

Amihud, Y., & H. Mendelson, "Liquidity Asset Prices and Financial Policy", *Financial Analysts Journal*, Vol. 47, 1991, pp. 56-66.

Arbel, A., "Generic Stocks: An Old Product in a New Package", *The Journal of Portfolio management*, Summer 1985, pp. 4-13.

Banz, R. W., "The Relationship between Return and Market Value of Common Stocks", The *Journal of Financial Economics*, Mar, 1981, pp. 3-18.

Basu, S., "The Investment Performance of Common Stocks in Relation to Their Price-Earnings Ratios: A Test of the Efficient Market Hypothesis", *The Journal of Finance*, Vol. 32, 1977, pp. 663-682.

Black F. & M. Scholes, "The Pricing of Option and Corporate Liabilities", *The Journal of Political Economy*, Vol. 81, 1973, pp. 637-654.

Brinson G.P., L.R. Hood & G.L. Beebower, "Determinants of Portfolio Performance", *Financial Analysts Journal*, Vol. 51, 1995, pp. 133-138.

Chen N., "Some Empirical Tests of the Theory of Arbitrage Pricing", *The Journal of Finance*, Vol. 38, 1983, pp. 1393-1414.

Chen N., R. Ross & S. Ross, "Economic Forces and the Stock Market", *The Journal of Business*, Vol. 59, 1986, pp. 383-403.

CoX C. S., S. A. Ross & M. Rubinstein, "Option Pricing: A Simplified Approach", *The Journal of Financial Economics*, Vol. 3, 1979, pp. 229-263.

De Bondt, W. & R. Thaler, "Does the Stock Market Overreact?", *The Journal of Finance*, Vol. 40, 1985, pp. 793-805.

Ederington L. H. , "The Hedging Performance of the New Futures Market", *The Journal of Finance*, 1979, pp. 157-170.

Fama, E. F.,"The Behavior of Stock Market Prices", *The Journal of Business, Jan*. 1965, Vol. 38, pp. 34-105.

Fama, E. F., L. Fisher, N. C. Jensen & R. Roll, "The Adjustment of Stock Prices to New Information", *International Economic Review*, 1969, pp. 1-21.

Fama E. F., "Efficient Capital Market", *The Journal of Finance*, Vol. 25, 1970, pp. 383-417.

Fama. E. F., "Efficient Capital Market Ⅱ", *The Journal of Finance*, Vol. 46, 1991, pp. 1575-1627.

Fama, E. F., & K. R. French, "The Cross-Section of Expected Stock Returns", *The Journal of Finance*, June 1992, pp. 427-465.

Fama E. & K. French, "Multi-Factor Explanations Asset Pricing Anomalies", *The Journal of Finance*, Vol. 51, 1996, pp. 54-84.

Figlewski Stephen, "Hedging Performance and Basis Risk in Stock Index Futures", *The Journal of Finance*, Vol. 39, 1984, pp. 657-669.

French, K. R., "Stock Returns and Weekend Effect", *The Journal of Financial Economics*, Vol. 8, No. 1, 1980, pp. 55-69.

Jaffe, J., "Special Information and Insider Trading", *The Journal of Business*, July 1974, pp. 410-428.

Jensen M., "The Performamce of Mutual Funds in the Period 1945-1964", *The Journal of Finance*, Vol. 23, 1968, pp. 389-416.

Jensen, M., "Risk, the Pricing of Capital Assets, and the Evaluation of Investment Poryfolios", *The Journal of Business*, Apr. 1969, pp. 167-247.

Keim, D. B., "Size-related Anomalies and Stock Returns Seasonality: Further Empirical Evidence", *The Journal of Financial Economics*, Vol. 12, No. 1, Jun. 1983, pp. 13-32.

LeRoy, S. & R. Porter, "the Present Value Relation: Tests based on Implied Variance Bounds", *Econometrica*, May 1978, pp. 555-574.

Lintner J., "The Valuation of Risk Assets and the Selection of Risky Investments in Stock Portfolios and Capital Budgets", *The Review of Economics and Statistics*, Vol. 47, 1965, pp. 13-37.

Lo, A. & A. C. McKinlay, "Stock Market Prices Do Not Follow Random Walks: Evidence from a Sample Specification Test", *Review of Financial Studies*, Spring, 1988, pp. 41-66.

Markowitz Harry , "Portfolio Selection", *The Journal of Finance*, Vol. 7, 1952, pp. 77-91.

Mossin J., "Equilibrium in a Capital Asset market", *Econometrica*, Vol. 34, 1966, pp. 768-783.

Reinganum, M. R., "Portfolio Strategies Based on Market Capitalization", *The Journal of Portfolio Management*, Winter 1983, pp. 29-36.

Reingnum, M. R., "The Anatomy of a Stock Market Winner", *Financial Analysts Journal*, Mar.-Apr., 1988, pp. 16-28.

Rendleman, R., C. Jones & H. Latane, "Empirical Anomalies based on Unexpected Earnings and the Importance of Risk Adjustment", *The Journal of Financial Economics*, Nov. 1982, pp. 269-287.

Roll R. & S. Ross, "An Empirical Investigation of Arbitrage Pricing Theory", *The Journal of Finance*, Vol. 35, 1980, pp. 1073-1103.

Ross S., "The Arbitrage Theory of Capital Asset Pricing", *The Journal of Economic Theory*, Vol. 13, 1976, pp. 341-360.

Rozeff, M. & W. Kinne Jr., "Capital Market Seasonality: The Case of Stock Returns", *The Journal of Financial Economics*, Vol. 3, No. 4, 1976, pp. 379-402.

Sharpe W. F., "A Simplified Model for Portfolio Analysis", *Management Science*, Vol. 9, 1963, pp. 277-293.

Sharpe W. F., "Capital Asset Prices. A Theory of Market Equilibrium under Conditions of Risk", *The Journal of Finance*, 1964, pp. 425-442.

Sharpe W.F., "Mutual Fund Performance", *The Journal of Business*, Vol. 39, 1966, pp. 119-138.

Shiller, R. J., "Do Stock Prices Move too Much to Be Justified by Subsequent Changes in Dividends?", *American Economic Review*, June 1981, pp. 421-436.

Treynor J., "How to Rate Management of Investment Funds", *Harvard Business Review*, 1965, pp. 63-75.

③ 신주인수권의 가치 $=\dfrac{24,167-20,000}{5}=833.4$(원)

(주)무학증권의 신주 1주를 인수하면 4,167원의 이익이 발생하지만, 이를 위해서는 구주 5주가 필요하므로, 주식 1주에 포함되어 있는 신주인수권의 가치는 833.4원이다.

3-22 (1) 기준시점 단순주가평균 $=\dfrac{20,000+15,000}{2}=17,500$(원)

비교시점 단순주가평균 $=\dfrac{22,000+18,000}{2}=20,000$(원)

가격가중방식 주가지수 $=\dfrac{20,000}{17,500}\times 100=114.29$

(2) 기준시점 시가총액 $=20,000\times 20+15,000\times 40=1,000,000$(만원)

비교시점 시가총액 $=22,000\times 20+18,000\times 40=1,160,000$(만원)

시가총액방식 주가지수 $=\dfrac{1,160,000}{1,000,000}\times 100=116.00$

제 4 장 주식의 가치평가

4-01 ④

4-02 ②

4-03 ④

4-04 $P_0=\dfrac{900}{(1+0.1)}+\dfrac{900(1+0.15)}{(1+0.1)^2}+\dfrac{900(1+0.15)^2}{(1+0.1)^3}+\dfrac{45,000}{(1+0.1)^3}$

$=36,377$(원)

4-05 $P_0=\dfrac{D_1}{r-g}=\dfrac{1,000(1+0.08)}{0.1-0.08}=54,000$(원)

4-06 $g=$ 유보비율 $\times$ 투자수익률 $=(1-0.4)\times 0.1=0.6\times 0.1=0.06(6.0\%)$

$P_0=\dfrac{1,000(1+0.06)}{0.08-0.06}=53,000$(원)

4-07 (1) 성장률 $g=$ 유보비율 $\times\ ROE=0.4\times 0.18=0.072(=7.2\%)$

(2) $P_0=\dfrac{D_0(1+g)}{r-g}=\dfrac{1,200(1+0.072)}{0.12-0.072}=\dfrac{1,286.4}{0.048}=26,800$(원)

4-08 $g = (1 - \text{배당성향}) \times ROE = (1-0.4) \times 0.15 = 0.09(9\%)$

$r = E(R_i) = 0.05 + (0.09 - 0.05) \times 1.5 = 0.11(11\%)$

$$P_0 = \frac{2{,}000 \times 0.4}{0.11 - 0.09} = 40{,}000(\text{원})$$

4-09 (1) $D_1 = 2{,}000 \times (1+0.15) = 2{,}300$

$D_2 = 2{,}300 \times (1+0.12) = 2{,}576$

$D_3 = 2{,}576 \times (1+0.08) = 2{,}782$

$D_4 = 2{,}782 \times (1+0.04) = 2{,}893$

$$P_3 = \frac{D_4}{r-g} = \frac{2{,}893}{0.10 - 0.04} = 48{,}223(\text{원})$$

$$P_3\text{의 현가} = \frac{48{,}223}{(1+0.10)^3} = 36{,}230(\text{원})$$

최초 3년간의 배당금 현가

$$= \frac{2{,}300}{1+0.10} + \frac{2{,}576}{(1+0.10)^2} + \frac{2{,}782}{(1+0.10)^3} = 6{,}310(\text{원})$$

$\therefore\ P_0 = 36{,}230 + 6{,}310 = 42{,}540(\text{원})$

(2) $P_3\text{의 } t = 1\text{에서의 현가} = \frac{48{,}223}{(1+0.1)^2} = 39{,}853(\text{원})$

2년 및 3년 후 배당금의 1시점의 현가

$$= \frac{2{,}576}{(1+0.1)} + \frac{2{,}782}{(1+0.1)^2} = 4{,}641(\text{원})$$

$\therefore\ P_1 = 39{,}853 + 4{,}641 = 44{,}494(\text{원})$

4-10 (1) $EPS_1 = \frac{30\text{억원}}{1{,}500{,}000\text{주}} = 2{,}000(\text{원})$

$$P_0 = \frac{EPS_1}{r} = \frac{2{,}000}{0.08} = 25{,}000(\text{원})$$

신규사업을 하지 않는 경우의 주가는 25,000원이다.

(2) 성장기회의 순현가(NPVGO)는 현재시점에서 신제품 판매로 인한 순이익 증가의 순현가를 구하면 된다.

1년도 말에서의 순이익증가의 순현가

$$\frac{3\text{억 원}}{0.08}-10\text{억원}=27.5\text{억원}$$

현재시점에서의 순이익 증가의 순현가

$$\frac{27.5\text{억 원}}{1+0.08}=2{,}546{,}296{,}296\text{원}$$

$$\text{주당 } NPVGO=\frac{2{,}546{,}296{,}296\text{원}}{1{,}500{,}000\text{주}}=1{,}698\text{원}$$

따라서 성장기회를 고려한 경우의 주가는 다음과 같다.

$$P_0=\frac{EPS_1}{r}+NPVGO=25{,}000+1{,}697=26{,}698(\text{원})$$

(별해) 배당평가모형에 의한 결과 도출

1년도 말에 발생하는 순이익 30억원 중에서 신제품 생산을 위해 10억원이 투자되고, 나머지 20억원은 주주에게 배당할 것이다. 1년도 말의 주당배당금은 다음과 같다.

$$D_1=\frac{2{,}000{,}000{,}000}{1{,}500{,}000}=1{,}333(\text{원})$$

2년도 말부터 신제품으로 인해 매년 순이익 3억원이 증가되므로 주주들은 매년 다음과 같은 2년도 말 이후부터의 주당배당금(D_2)을 영속적으로 받을 수 있다.

$$D_2=\frac{3{,}000{,}000{,}000+300{,}000{,}000}{1{,}500{,}000}=2{,}200(\text{원})$$

각 연도 말 받게되는 주당배당금은 다음과 같다.

0	1	2	3	4	……	∞
	1,333	2,200	2,200	2,200	……	2,200

따라서 (주)스마트폰의 이론적 현재주가는 다음과 같이 계산된다.

$$\therefore\ P_0=[1{,}333+\frac{2{,}200}{0.08}]\frac{1}{(1+0.08)}=26{,}698(\text{원})$$

4-11 예상주가 $P=EPS\times PER=3{,}000\times 12=36{,}000(\text{원})$

4-12 $PER^*=\frac{1-g}{r-g}=\frac{1-0.6}{0.15-0.1}=8(\text{배})$

제 5 장 기본적 분석

5-09 ②

5-10 ②

5-11 (1) $EPS = \frac{당기순이익}{발행주식수} = \frac{20억원}{10만주} = 20,000(원)$

$\therefore PER = \frac{주가}{EPS} = \frac{160,000}{20,000} = 8.0(배)$

(2) (주)평강전자의 PER는 8.0으로 전자업종평균 PER(=11.0)보다 작으므로 주가가 저평가된 것으로 판단하여 매입한다.

5-12 (1) $ROE = \frac{당기순이익}{자기자본} \times 100 = \frac{320}{2,000} \times 100 = 16.0(\%)$

$부채비율 = \frac{타인자본}{자기자본} \times 100 = \frac{2,000}{2,000} \times 100 = 100(\%)$

$유동비율 = \frac{유동자산}{유동부채} \times 100 = \frac{1,000}{200} \times 100 = 500(\%)$

$매출채권회전율 = \frac{매출액}{매출채권} = \frac{5,500}{400} = 13.75(배)$

(2) $EPS = \frac{당기순이익}{발행주식수} = \frac{320억원}{100만주} = 32,000(원)$

$PER = \frac{주가}{EPS} = \frac{300,000원}{32,000원} = 9.375(배)$

기계장비업종의 평균 PER(8배)보다 (주)온달공업의 PER(9.375배)가 높으므로 현재 주가는 고평가되었다고 할 수 있다. 따라서 이 기업의 주가는 향후 하락할 것으로 예상된다.

제 6 장 기술적 분석

6-08 ③

6-09 ③

제 7 장 효율적 시장가설

7-04 ②

7-05 ③

제 8 장 불확실성하의 선택이론

8-01 ②

8-02 ②

8-03 ⑤

8-04 (1) 경기가 활황일 경우 : $E(R_i)=\dfrac{12{,}000-10{,}000+1{,}000}{10{,}000}=0.3$

경기가 보통일 경우 : $E(R_i)=\dfrac{10{,}000-10{,}000+500}{10{,}000}=0.05$

(2) 기대수익률 $E(R_i)=0.3\times0.3+0.05\times0.7=0.125$

8-05 $E(R_X)=\sum_{i=1}^{n}x_i\cdot P_i=0.4\times0.5+0.1\times0.5=0.25$

$E(R_Y)=\sum_{i=1}^{n}y_i\cdot P_i=0.30\times0.5+0.2\times0.5=0.25$

$\sigma_x^2=\sum_{i=1}^{n}[x_i-E(x)]^2\cdot P_i=(0.4-0.25)^2\times0.5+(0.1-0.25)^2\times0.5$

$=0.0225$

$\sigma_y^2=\sum_{i=1}^{n}[y_i-E(y)]^2\cdot P_i=(0.30-0.25)^2\times0.5+(0.20-0.25)^2\times0.5$

$=0.0025$

∴ ㈜청자의 주식(X)이 더 위험하다.

8-06

확률	기대수익률
0.5	1.0
0.5	−0.5

$E(R_i) = 0.5 \times 1.0 + 0.5 \times -0.5 = 0.25$

$\sigma_i^2 = [0.5(1-0.25)^2 + 0.5(-0.5-0.25)^2] = 0.563$

$\sigma_i = \sqrt{0.563} = 0.75$

8-07 $E(R_H) = 0.4 \times 0.3 + 0.6 \times (-0.2) = 0.0$

$\sigma_H^2 = 0.4 \times (0.30 - 0)^2 + 0.6 \times (-0.20 - 0)^2 = 0.036 + 0.024 = 0.06$

$\sigma_H = \sqrt{0.06} = 0.2450$

8-08 (1) $E(R_A) = (0.5 \times \frac{1}{3}) + (0.1 \times \frac{1}{3}) + (-0.20 \times \frac{1}{3}) = 0.13(13\%)$

$\sigma_A^2 = (0.5 - 0.13)^2 \times \frac{1}{3} + (0.1 - 0.13)^2 \times \frac{1}{3} + (-0.2 - 0.13)^2 \times \frac{1}{3}$

$= 0.0822$

$\sigma_A = \sqrt{0.0822} = 0.2868$

$E(R_B) = (0.1 \times \frac{1}{3}) + (0.05 \times \frac{1}{3}) + (0 \times \frac{1}{3}) = 0.05(5\%)$

$\sigma_B^2 = (0.1 - 0.05)^2 \times \frac{1}{3} + (0.05 - 0.05)^2 \times \frac{1}{3} + (0 - 0.05)^2 \times \frac{1}{3}$

$= 0.0017$

$\sigma_B = \sqrt{0.0017} = 0.408$

(2) 주식 A가 주식 B에 비해 기대수익률도 높으며 위험도 높다.

∴ 공격적 투자자이면 주식 A, 방어적 투자자이면 주식 B를 선택한다.

8-09 (1) U(0원) = 0, U(100원) = 10, U(200원) = 14.14

따라서 홍 군은 한계효용이 체감하는 투자자이다.

(2) 정기예금의 기대효용 $= 0.5 \times \sqrt{10{,}000} + 0.5 \times \sqrt{10{,}000} = 100$(효용)

주식의 기대효용 $= 0.5 \times \sqrt{13{,}000} + 0.5 \times \sqrt{7{,}000} = 98.84$(효용)

따라서 홍길동군이 현재 부가 0이라면 기대효용이 높은 정기예금을 선택한다.

8-10 (1) 한계효용 체감 투자자 : 투자자 갑

한계효용 일정 투자자 : 투자자 을

한계효용 체증 투자자 : 투자자 병

(2) 위험을 회피하는 투자자 : 투자자 갑

위험을 선호하는 투자자 : 투자자 병

위험에 대해 중립적인 투자자 : 투자자 을

8-11 $u_1 = 0.24 - 0.005(4)(0.21)^2 = 0.2391$

$u_2 = 0.21 - 0.005(4)(0.16)^2 = 0.2095$

$u_3 = 0.15 - 0.005(4)(0.50)^2 = 0.1450$

$u_4 = 0.12 - 0.005(4)(0.30)^2 = 0.1182$

기대효용이 가장 높은 투자안 1이 최적의 투자안이다.

8-12 주식 2에 투자하는 것이 좋다.

먼저, 지배원리에 의해서 주식 1은 주식 2보다 수익률이 낮으면서 위험도 크기 때문에 고려대상에서 제외된다. 또, 주식 2와 주식 3을 고려해볼 경우 위험회피적 투자자라면 수익률이 낮더라도 위험이 적은 주식 2에 투자하려고 할 것이다.

8-13 (1)

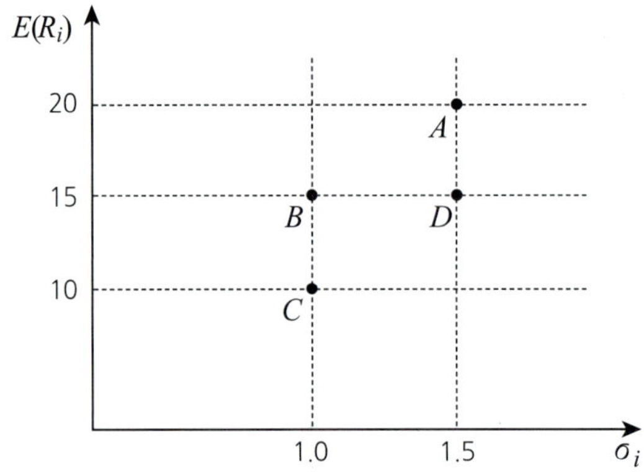

각 투자안들의 지배관계를 적용한 결과, 주식 C는 주식 B에 의해서 지배당하며, 주식 D는 주식 A에 의해서 지배당한다. 따라서 상호 지배관계를 말할 수 없는 주식 A와 주식 B가 효율적 투자대상이다.

(2) 최적 투자안은 효율적 투자대상과 투자자 개인의 무차별곡선이 만나는 점에서 결정된다.

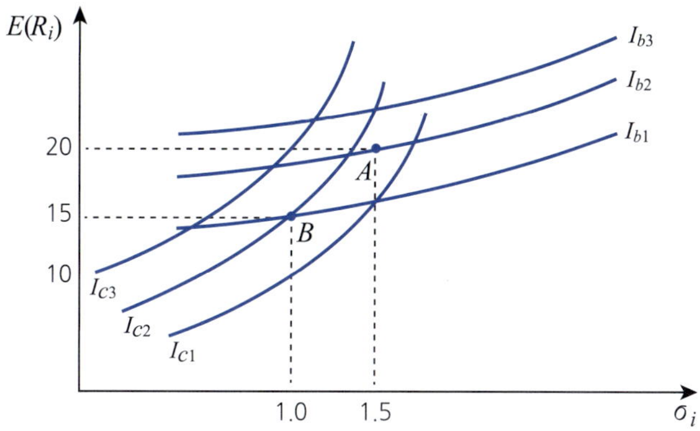

따라서 주식 *A*와 주식 *B* 중 어느 주식을 선택하느냐는 투자자 개인의 상대적 위험회피 정도에 달려 있다. 자신의 투자성향이 공격적이라면 주식 *A*를 선택할 것이고, 방어적인 성향이라면 주식 *B*를 선택할 것이다.

제 9 장 포트폴리오 이론

9-02 ②

9-03 ③

9-04 ②

9-05 ③

9-06 (1) **주식형 펀드**

$E(R_i) = (0.3)(0.5) + (-0.1)(0.5) = 0.10$

$\sigma_i^2 = 0.5(0.3 - 0.1)^2 + 0.5(-0.1 - 0.1)^2 = 0.04$

$\sigma_i = \sqrt{0.04} = 0.20$

채권형 펀드

$E(R_i) = (0.01)(0.5) + (0.10)(0.5) = 0.055$

$\sigma_i^2 = 0.5(0.01 - 0.055)^2 + 0.5(0.1 - 0.055)^2 = 0.002025$

$\sigma_i = \sqrt{0.002025} = 0.045$

(2) $E(R_p) = (0.1)(0.5) + (0.055)(0.5) = 0.0775$

(3) $\sigma_{ij} = \sum_{s=1}^{2} p_s [R_{si} - E(R_i)] [(R_{sj} - E(R_j)]$

$= 0.5(0.30 - 0.10)(0.01 - 0.055) + 0.5(-0.10 - 0.10)(0.10 - 0.055)$

$= -0.009$

$$\rho_{주식,\ 채권} = \frac{\sigma_{주식,\ 채권}}{\sigma_{주식} \times \sigma_{채권}} = \frac{-0.009}{0.20 \times 0.045} = -1$$

9-07 (1) 두 주식 간의 공분산

$E(R_1) = (0.3 \times 0.6) + (0.5 \times 0.1) + (0.2 \times -0.3) = 0.17$

$E(R_2) = (0.3 \times -0.1) + (0.5 \times 0.2) + (0.2 \times 0.5) = 0.17$

$\sigma_1^2 = Var(R_1)$

$= 0.3(0.6 - 0.17)^2 + 0.5(0.10 - 0.17)^2 + 0.2(-0.3 - 0.17)^2$

$= 0.1021$

$\sigma_1 = \sqrt{0.1021} = 0.32$

$\sigma_2^2 = 0.3(-0.10 - 0.17)^2 + 0.5(0.20 - 0.17)^2 + 0.2(0.50 - 0.17)^2$

$= 0.0441$

$\sigma_2 = \sqrt{0.0441} = 0.21$

$Cov(R_1,\ R_2) = 0.3(0.6 - 0.17)(-0.1 - 0.17) + 0.5(0.1 - 0.17)(0.2 - 0.17)$

$+ 0.2(-0.3 - 0.17)(0.5 - 0.17) = -0.0669$

(2) $\rho_{12} = \dfrac{-0.0669}{(0.32)(0.21)} = -0.996$

9-08 (1) $E(R_p) = 0.2(0.6) + 0.15(0.4) = 0.18$

$\sigma_p^2 = 0.6^2(0.3)^2 + 0.4^2(0.2)^2 + 2(0.6)(0.4)(-0.03) = 0.0244$

$\sigma_p = \sqrt{0.0244} = 0.1562$

(2) 포트폴리오의 위험은 개별증권 A와 B의 위험보다 줄어들었다. 그 이유는 두 증권 수익률 사이의 공분산이 음(−)이기 때문이다.

9-09 $w_x = (1 - w_y)$, 그러므로 $0.15 = w_x(0.08) + (1 - w_x)(0.16)$

$\therefore w_x = 0.125$

$w_y = 1 - w_x = 1 - 0.125 = 0.875$

증권 X에 총투자금액의 12.5%를 투자하고, 증권 Y에는 87.5%를 투자하면 포트폴리오의 기대수익률은 15%가 된다.

9-10 상관계수가 −1인 두 주식 A, B로 구성된 포트폴리오 위험은 다음과 같다.

$$\sigma_p = w_A\sigma_A - w_B\sigma_B$$

그런데 포트폴리오의 위험이 0이 되는 포트폴리오의 구성은

$$0 = w_A(0.4) - (1 - w_A)(0.6)$$

$$w_A = 0.6, \quad w_B = (1 - 0.6) = 0.4$$

$$E(R_p) = 0.6(0.08) + 0.4(0.13) = 0.1$$

따라서 포트폴리오의 기대수익률은 10%이다.

9-11 주식펀드의 비중을 w_s라고 할 경우,

$$\min.\ w_s = \frac{\sigma_b^2 - \sigma_{sb}}{\sigma_s^2 + \sigma_b^2 - 2\sigma_{sb}}$$

먼저, 채권펀드와 주식펀드의 공분산을 구한다.

$$\sigma_{sb} = \rho_{sb}\sigma_s\sigma_b = 0.2 \times 0.3 \times 0.2 = 0.012$$

공분산을 주어진 식에 대입하면,

$$w^* = \frac{\sigma_b^2 - \sigma_{sb}}{\sigma_s^2 + \sigma_b^2 - 2\sigma_{sb}} = \frac{0.2^2 - 0.012}{0.3^2 + 0.2^2 - 2 \times (0.012)} = 0.2642$$

따라서 주식펀드에 투자자금의 26.42%를 투자하고, 채권펀드에 73.58%를 투자할 때 위험이 최소화되는 포트폴리오를 형성할 수 있다.

9-12 (1) 주식펀드 A의 투자비율을 w라고 하면,

$$E(R_p) = wE(R_A) + (1 - w)R_f = R_f + w[E(R_A) - R_f]$$

$$\sigma_p^2 = w^2\sigma_A^2 + (1 - w)^2\sigma_{R_f}^2 + 2w(1 - w)\rho_{AR_f}\sigma_A\sigma_{R_f}$$

$$= w^2\sigma_A^2 (\because\ \sigma_{R_f} = 0)$$

$$\sigma_p = w\sigma_A$$

투자비율		$E(R_p)$	σ_p
주식펀드 $A(w)$	무위험자산$(1-w)$		
0.0	1.0	0.05	0.00
0.5	0.5	0.10	0.05
1.0	0.0	0.15	0.10

(2) 자본배분선(CAL)은 다음과 같다.

$$E(R_p) = R_f + \left[\frac{E(R_A) - R_f}{\sigma_A}\right]\sigma_P$$

$$= 0.05 + \left[\frac{0.15 - 0.05}{0.10}\right]\sigma_P = 0.05 + 1.0\sigma_P$$

9-13 $E(R_p) = R_f + \left[\frac{E(R_m) - R_f}{\sigma_m}\right]\sigma_P$

$$= 0.05 + \left[\frac{0.17 - 0.05}{0.08}\right]\sigma_P = 0.05 + 1.5\sigma_P$$

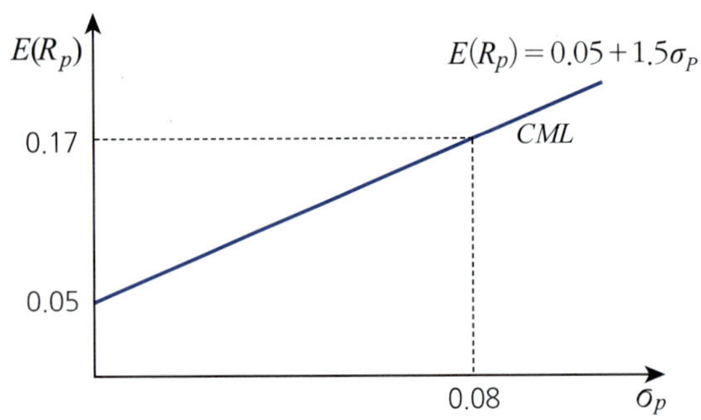

제 10 장 자산가격결정모형

10-01 ④

10-02 ②

10-03 기관투자자 을은 각 주식에 50% 투자하게 되므로 다음과 같이 각 주식에 투자자금을 배분하게 된다.

A 주식에 10만주 투자(=30,000원×10만주=30억원)

B 주식에 45만주 투자(= 20,000원 × 45만주 = 90억원)

C 주식에 15만주 투자(= 20,000원 × 15만주 = 30억원)

10-04 (1) $E(R_i) = 0.5 \times 0.1 + 0.5 \times 0.3 = 0.2$

$E(R_m) = 0.5 \times 0.05 + 0.5 \times 0.15 = 0.1$

$\sigma_m^2 = (0.05 - 0.1)^2 \times 0.5 + (0.15 - 0.1)^2 \times 0.5 = 0.0025$

$$Cov(R_i,\ R_m) = \sum_{s=1}^{2} [R_i - E(R_i)] \times [(R_m - E(R_m)] \times p_s$$
$$= (0.1 - 0.2)(0.05 - 0.1) \times 0.5$$
$$+ (0.3 - 0.2)(0.15 - 0.1) \times 0.5 = 0.005$$

$$\therefore\ \beta_i = \frac{Cov(R_i,\ R_m)}{\sigma_m^2} = \frac{0.005}{0.0025} = 2.0$$

(2) 예를 들어, 시장포트폴리오가 5% 상승한다면 (주)장강산업의 주가는 10% 상승할 것이다. 반면에, 시장포트폴리오가 5% 하락한다면 이 회사의 주가는 10% 하락할 것이다.

10-05 (1) $\beta_p = \frac{1,000}{2,000} \times 1.0 + \frac{1,000}{2,000} \times 3.0 = 2.0$

(2) $\beta_p = \frac{1,200}{2,000} \times 1.0 + \frac{800}{2,000} \times 3.0 = 1.8$

10-06 (1) $\beta_A = 0.0$ ($\because$ KOSPI와 상관계수가 0임.)

$$\beta_B = \frac{\rho_{Bm} \times \sigma_B \times \sigma_m}{\sigma_m^2} = \frac{0.3 \times 0.15 \times 0.15}{0.15^2} = 0.3$$

(2) $\beta_p = 0.2\,(0.0) + 0.8(0.3) = 0.24$

10-07 (1) 총위험은 표준편차 내지 분산의 크기로 평가된다. 따라서, (주)장자 주식의 총위험이 더 크다.

(2) 베타계수는 체계적 위험의 대용치이다. 따라서, 체계적 위험은 (주)노자 주식이 더 크다.

(3) 자본시장이 균형인 상태에서는 기대수익률은 SML($E(R_i) = R_f + [E(R_m) - R_f]\beta_i$)에 의해 추정한다. SML에서 무위험이자율과 시장포트폴리오의 수익률은 모든 주식에 공통되는

부분이므로, 특정 주식의 기대수익률은 베타계수에 따라 결정된다. 따라서, 기대수익률은 베타계수가 높은 (주)노자 주식이 더 높다. SML에 의한 기대수익률은 다음과 같다.

$$E(R_A) = R_f + [E(R_m) - R_f]\beta_A$$
$$= 0.05 + (0.15 - 0.05)1.5 = 0.20(20\%)$$
$$E(R_B) = R_f + [E(R_m) - R_f]\beta_B$$
$$= 0.05 + (0.15 - 0.05)0.8 = 0.13(13\%)$$

10-08 (1) $\beta_i = \dfrac{\rho_{im}\sigma_i\sigma_m}{\sigma_m^2} = \dfrac{\rho_{im}\sigma_i}{\sigma_m} = \dfrac{0.6\times0.1}{0.08} = 0.75$

(2) $E(R_i) = R_f + [E(R_m) - R_f]\beta_i$
$$= 0.05 + [0.10 - 0.05]0.75 = 0.0875(8.75\%)$$

10-09 $E(R_i) = 0.07 + (0.12 - 0.07)(1.2) = 0.13$

$$p_0 = \frac{21{,}000 + 600}{1 + 0.13} = 19{,}115(\text{원})$$

천마산업 주식의 이론적 균형가격은 19,115원이다.

10-10 $R_f = 0.08,\ E(R_m) = 0.15,\ \beta_A = 2.0$

$$E(R_i) = 0.08 + (0.15 - 0.08)\times 2.0 = 0.22$$

$$p_0 = \frac{D_1}{(1+E(R_i))} + \frac{P_1}{(1+E(R_i))} = \frac{1{,}200}{1+0.22} + \frac{40{,}000}{1+0.22} = 33{,}770(\text{원})$$

∴ (주)갓바위기업의 균형가격은 33,770원이 된다.

10-11 주식의 요구수익률(균형기대수익률)

$$E(R_i) = R_f + [E(R_m) - R_f]\beta_i$$
$$= 0.06 + (0.13 - 0.06)\times 0.9 = 0.123(12.3\%)$$

$$\text{예상수익률} = \frac{23{,}000 + 600}{20{,}000} - 1 = 0.18(18\%)$$

예상수익률(실제기대수익률) 18%>요구수익률(균형기대수익률) 12.3%이므로, 수익률 5.7%만큼 과소평가되어 있다. 송강 씨가 구입한 (주)양산박 주가는 과소평가된 수익률 부분만큼 상승할 것으로 기대된다.

10-12

P	R_j	PR_j	$R_j-\bar{R}_j$	$P(R_j-\bar{R}_j)^2$	R_m	PR_m	$R_m-\bar{R}_m$	$P(R_m-\bar{R}_m)^2$	$P(R_j-\bar{R}_j)(R_m-\bar{R}_m)$
0.2	−0.20	−0.04	−0.273	0.0149	−0.15	−0.003	−0.24	0.001152	0.0131
0.3	0.01	0.003	−0.063	0.0012	0.05	0.015	−0.04	0.00048	0.0008
0.4	0.20	0.08	0.127	0.0065	0.20	0.08	0.11	0.00484	0.0056
0.1	0.30	0.03	0.227	0.0052	0.25	0.025	0.16	0.00256	0.0036
	$E(R_j)=0.073$			$\sigma_j^2=0.0277$	$E(R_m)=0.09$			$\sigma_m^2=0.0194$	$\sigma_{jm}=0.023$

(1) $E(R_i)=R_f+[\,E(R_m)-R_f]\beta_i$

$=0.05+(0.09-0.05)\beta_i=0.05+0.04\beta_i$

(2) $\beta_j=\dfrac{Cov(R_j,\ R_m)}{\sigma_m^2}=\dfrac{0.023}{0.019}=1.211$

따라서 균형기대수익률 $E(R_j)^e=0.111$

여기서, 실제기대수익률 $E(R_j)^r=0.073$이다.

$\Rightarrow E(R_j)^r=7.3\%<E(R_j)^e=11.1\%$

$\alpha_i=E(R_j)^r-E(R_j)^e=0.073-0.111=-0.038$

(주)해금강의 주가는 과대평가되어 있다. 이에 따라 투자자는 이 주식을 매도할 것이고(초과공급), 주식가격은 하락한다(실제기대수익률이 상승된다).

10-13 (1) 기대현금흐름 = (1억 × 0.5) + (1억 2,000만 × 0.5) = 1억 1,000(만원)

기대수익률은

$E(R_i)=\dfrac{10{,}000\text{만원}-8{,}000\text{만원}}{8{,}000\text{만원}}\times 0.5$

$+\dfrac{12{,}000\text{만원}-8{,}000\text{만원}}{8{,}000\text{만원}}\times 0.5$

$=(0.25\times 0.5)+(0.5\times 0.5)=0.375(37.5\%)$

(2) 베타의 계산

$Cov(R_i,\ R_m)=\sum_{s=1}^{2}[R_i-E(R_i)][(R_m-E(R_m)]\cdot P_s$

$=(0.25-0.375)\times(0.05-0.1)\times 0.5+(0.5-0.375)\times(0.15-0.1)\times 0.5$

$=0.00625$

한편, 포트폴리오 A의 요인모형은 다음과 같다.

$$R_A = E(R_A) + 0.7F_R + 1.3F_G$$

공통요인 F_R과 F_G에 대해 1단위의 체계적 위험을 부담함으로써 투자자들이 얻는 위험프리미엄은 각각 $\lambda_R = 0.04(4\%)$, $\lambda_G = 0.08(8\%)$이다. 포트폴리오 위험프리미엄은 개별요인의 위험프리미엄에 각 베타값을 곱하여 합한 것이다. 따라서 포트폴리오 A의 위험프리미엄은 0.132(13.2%)이다.

$$\lambda_R \beta_{AR} + \lambda_G \beta_{AG} = (0.04)(0.7) + (0.08)(1.3)$$
$$= 0.028 + 0.104 = 0.132(13.2\%)$$

(2) 균형상태에서의 포트폴리오 A의 기대수익률은 다음과 같다.

$$E(R_A) = R_f + [E(R_{FR}) - R_f]\beta_{AR} + [E(R_{FG}) - R_f]\beta_{AG}$$
$$= R_f + \lambda_R \beta_{AR} + \lambda_G \beta_{AG}$$
$$= 0.10 + (0.04)(0.7) + (0.08)(1.3) = 0.232(23.2\%)$$

각 공통요인에 대한 체계적 위험을 고려하여 산출되는 균형기대수익률(23.2%)보다 기대수익률(20%)이 낮으므로 포트폴리오 A는 과대평가되어 있다. 따라서 포트폴리오 A를 공매하고 요인포트폴리오를 매입하는 다음과 같은 차익거래를 수행한다. 포트폴리오 A와 동일한 포트폴리오를 구성하기 위해 요인포트폴리오 R과 G에 각각 투자자금의 70%, 130%를 투자한다. 이 과정에서 추가로 100%의 자금이 더 필요하므로 이는 무위험이자율로 차입한다. 요인포트폴리오의 매입금액과 무위험이자율로 차입하는 금액은 β_{AR}, β_{AG} 및 $1-\beta_{AR}-\beta_{AG}$ 비율이 된다. 따라서 요인포트폴리오 R과 G의 투자비중은 각각 70%, 130% 이다. 이때, 투자자금의 100%에 해당하는 부분은 무위험이자율로 차입한다. 이 경우 포트폴리오 기대수익률은 다음과 같은 2요인 APM에 의해 추정되는 것이다.

$$E(R_A) = \beta_{AR}E(R_{FR}) + \beta_{AG}E(R_{FG}) + (1-\beta_{AR}-\beta_{AG})R_f$$
$$= R_f + [E(R_{FR}) - R_f]\beta_{AR} + [E(R_{FG}) - R_f]\beta_{AG}$$

〈표〉 차익거래포트폴리오의 차익거래과정과 투자성과

거래내용	투자액(만원)	투자위험(만원)	차익수익(만원)
포트폴리오 A 공매	+1,000	$-[0.20+0.7F_R+1.3F_G]\times 1,000$	
요인포트폴리오 R의 매입	−700ⓐ	$[0.14+1.0F_R+0.0F_G]\times 700$	
요인포트폴리오 G의 매입	−1,300ⓑ	$[0.18+0.0F_R+1.0F_G]\times 1,300$	
무위험이자율로 차입	+1,000ⓒ	$-[0.10+0.0F_R+0.0F_G]\times 1,000$	
차익거래포트폴리오	0	$[0.032+0.0F_R+0.0F_G]\times 1,000$	32

주) ⓐ $\beta_{AR}\times 1,000$만원, ⓑ $\beta_{AG}\times 1,000$만원, ⓒ $(1-\beta_{AR}-\beta_{AG})\times 1,000$만원

제 11 장 채권평가

11-04 ③

11-05 ②

11-06 ①

11-07 ④

11-08 $P_0=\frac{100}{1.1}+\frac{100}{1.1^2}+\frac{100+1,000}{1.1^3}=1,000$(만원)

11-09 $PV=\frac{100}{1.05^5}=78.35$(만원)

제 12 장 채권투자전략

12-03 ④

12-04 ③

12-05 ③

12-06 ③

12-07 ⑤

12-08 ⑤

12-09 2년 만기 채권의 만기수익률 : $1.05 \times 1.06 = (1 + YTM_{2년채})^2$

$\therefore\ YTM_{2년채} = \sqrt{1.05 \times 1.06} - 1 =$ 약 0.055(5.5%)

3년 만기 채권의 만기수익률 :

$1.05 \times 1.06 \times 1.08 = (1 + YTM_{3년채})^3$

$\therefore\ YTM_{3년채} = \sqrt[3]{1.05 \times 1.06 \times 1.08} - 1 =$ 약 0.063(6.3%)

제 13 장 선물거래

13-03 ③

13-04 ①

13-05 ④

13-06 ②

13-07 ①

13-08 ②

13-09 ①

13-10 ④

13-11 ③

13-12 $F_{o,\,t} = S_0 \times \left[1 + (r - D) \times \frac{T}{365} \right]$

$$= 200 \times [1 + (0.03 - 0.05) \times \frac{45}{365}] = 199.51$$

13-13 $\text{선물계약수} = \frac{\beta \times \text{주식포트폴리오 금액}}{\text{지수} \times \text{거래단위승수(즉, 1계약금액)}}$

$$= \frac{1.2 \times 100\text{억원}}{200 \times 50\text{만원}} = 120\text{계약(매도)}$$

13-14 $\text{선물계약수} = \frac{(\beta_t - \beta_s) \times \text{주식포트폴리오 금액}}{\text{지수} \times \text{거래단위승수(즉, 1계약금액)}}$

$$= \frac{(1.3 - 0.8) \times 100\text{억원}}{200 \times 50\text{만원}} = 50\text{계약 매수}$$

13-15 선물이론가격 = KOSPI 200지수 + KOSPI 200지수

$$= (\text{CD금리} - \text{배당수익률}) \times \frac{\text{잔존기간}}{365}$$

$$= 210 + 210(0.05 - 0.03) \times \frac{60}{365} = 210.69$$

제 14 장 옵션거래

14-06 ①

14-07 ③

14-08 ③

14-09 ③

14-10 ④

14-11 ②

14-12 ④

14-13 옵션의 가치 = 시간가치 + 행사가치

2,000원 = 시간가치 + 500원

∴ 시간가치 = 1,500원

14-14 (1) $S_0 + P_0 - C_0 = \frac{K}{(1+R_f)^T}$ 이를 정리하면

$$S_0 + P_0 = C_0 + \frac{K}{(1+R_f)^T}$$

위 등식 양변이 같아야 차익거래가 존재하지 않으며 과대 혹은 과소 평가된 자산이 없음을 의미함.

우변항은 $21,000(S_0) + 500(P_0) = 21,500$

좌변항은 $2,700 + \frac{21,000}{(1+0.1025)^{1/2}} = 22,700$

따라서 우변인 주식매수와 풋매수가 상대적으로 저평가 되었으며, 콜매수와 무위험이자율에 대한 투자 전략은 고평가되어 있다. 그러므로 차익거래 기회는 존재한다.

(2) 상대적으로 저평가 된 주식과 풋옵션을 결합한 포트폴리오를 매수하고, 고평가된 콜옵션 매도와 무위험이자율로 19,047.6원을 차입을 결합한 포트폴리오를 구성한다.

포트폴리오	기초가치	만기일의 현금흐름	
		$S_T > 20,000$	$S_T < 20,000$
주식 매수	−21,000	S_T	S_T
풋 매수	−500	$20,000 - S_T$	0
콜 매도	+2,700	0	$-(S_T - 20,000)$
자금 차입	19,047.6	−20,000	−20,000
계	+247.6	0	0

따라서 만기시 초과수익은 247.6원이다.

제 15 장 포트폴리오 관리

15-07 ④

15-08 ④

제 16 장 투자성과 평가

16-08 ⑤

16-09 ③

16-10 ③

16-11 ①

16-12 산술평균수익률$= \dfrac{50\% - 50\%}{2} = 0\%$

기하평균수익률$= \sqrt[2]{(1+0.5)\times(1-0.50)} - 1 = -0.134(-13.4\%)$

16-13 (1) 샤프지수$= \dfrac{\overline{R}_p - \overline{R}_f}{\sigma_p}$

진 씨 샤프지수 $= \dfrac{4.5}{8.4} = 0.536$

강 씨 샤프지수 $= \dfrac{9.9}{20.5} = 0.483$

시장 샤프지수 $= \dfrac{2.4}{13.7} = 0.175$

두 투자자 모두 시장포트폴리오의 투자성과보다는 양호하지만 진 씨가 강 씨보다 총위험 한단위당 초과수익률을 얻는 정도가 크므로 진 씨의 투자성과가 강 씨의 투자성과 보다 높다고 평가할 수 있다.

(2) 트레이너지수 $RVOL = \dfrac{\overline{R}_i - \overline{R}_f}{\beta_i}$

진 씨: $\dfrac{4.5}{1.05} = 4.286$, 강 씨: $\dfrac{9.9}{1.52} = 6.513$, 시장: $\dfrac{2.4}{1} = 2.400$

두 투자자 모두 시장포트폴리오의 투자성과보다 높지만 강 씨가 진 씨보다 투자성과가 높다고 할 수 있다.

(3) 젠센지수 $\sigma_p = \overline{R}_p - [\,\overline{R}_f + (\overline{R}_m - \overline{R}_f)\beta_p\,]$

$= [\,\overline{R}_p - \overline{R}_f\,] - [\,\overline{R}_m - \overline{R}_f\,]\beta_p$

진 씨의 젠센지수 $= (4.5) - (2.4) \times 1.05 = 1.980$

강 씨의 젠센지수 $= (9.9) - (2.4) \times 1.52 = 6.252$

젠센지수인 σ_p로 투자성과를 평가하면 트레이너 지수와 동일한 결과로 강 씨가 진 씨보다 투자성과가 높다고 할 수 있다.

(4) 평가비율 $= \dfrac{\alpha_p}{\sigma(\varepsilon_p)}$

진 씨의 평가비율 $= \dfrac{1.980}{2.58} = 0.767$

강 씨의 평가비율 $= \dfrac{6.252}{10.83} = 0.577$

평가비율로 투자성과를 평가하면 진 씨가 강 씨보다 투자성과가 더 높은 것으로 평가할 수 있다.

ㅇ

INDEX

C

Q

R

■ 저자소개

• 안승철

학력 : 영남대학교 상경대학 경제학과 졸업
경북대학교 대학원 경영학과(경영학 석사)
영남대학교 대학원 경영학과(경영학 박사)

경력 : 미국 Ball State University 연구교수
미국 University of Kentucky 연구교수
제주대학교 경영학과 교수 역임
영남대학교 산경연구소장, 교양학부장 역임
영남대학교 기초교육대학 학장, 경영대학원 원장 역임
(사)영상아카데미학회 회장 역임
(사)한국경영교육학회 회장 및 법인이사장 역임
現 영남대학교 경영대학 경영학과 교수

• 임병진

학력 : 아주대학교 경영대학 경영학과 졸업
서울시립대학교 대학원 경영학과(경영학 석사)
성균관대학교 대학원 경영학과(경영학 박사)

경력 : 대한투자신탁 주식운용부 펀드매니저
국민연금연구원 투자정책팀 책임연구원
AFPK, CFP 시험 출제위원
한국FP협회 교재 개발위원
열린사이버대학교 경영학부장, 교학처장 역임
영남대학교 경영대학원 경영학과장 역임
영남대학교 경영대학 부학장 역임
現 금융공학회, 무역연구, 경영교육학회 편집위원
영남대학교 경영대학 경영학과 교수

• 장승욱

학력 : 영남대학교 상경대학 경영학과 졸업
영남대학교 대학원 경영학과(경영학 석사)
영남대학교 대학원 경영학과(경영학 박사)

경력 : 영남대학교 객원교수, 경북대학교 초빙교수, 연구교수
한국재무관리학회, 한국금융공학회 편집위원
강릉원주대학교 경영학과장, 언론원장
現 강릉원주대학교 경영학과 부교수